CÉRÉMONIAL
DES ÉVÊQUES

COMMENTÉ ET EXPLIQUÉ

PAR LES USAGES ET LES TRADITIONS

DE LA

SAINTE ÉGLISE ROMAINE

AVEC LE TEXTE LATIN

PAR UN ÉVÊQUE SUFFRAGANT

DE LA PROVINCE ECCLÉSIASTIQUE DE QUÉBEC, AU CANADA, ANCIENNEMENT APPELÉ
NOUVELLE-FRANCE.

PARIS
JACQUES LECOFFRE ET Cie, LIBRAIRES
RUE DU VIEUX-COLOMBIER, 29.

CÉRÉMONIAL
DES ÉVÊQUES

PARIS. — TYP. SIMON RAÇON ET COMP., RUE D'ERFURTH, 1.

CÉRÉMONIAL
DES ÉVÊQUES

COMMENTÉ ET EXPLIQUÉ

PAR LES USAGES ET LES TRADITIONS

DE LA

SAINTE ÉGLISE ROMAINE

AVEC LE TEXTE LATIN

PAR UN ÉVÊQUE SUFFRAGANT

DE LA PROVINCE ECCLÉSIASTIQUE DE QUÉBEC, AU CANADA, ANCIENNEMENT APPELÉ
NOUVELLE-FRANCE

PARIS

JACQUES LECOFFRE ET Cⁱᵉ, LIBRAIRES

RUE DU VIEUX-COLOMBIER, 29

—

1856

PRÉFACE

1. Vivant dans un pays où la *liturgie romaine* a toujours été en vigueur, nous regrettions de trouver dans le *Cérémonial des évêques* plusieurs passages que nous ne savions comment mettre en pratique. C'est qu'à près de deux mille lieues de Rome nous n'étions pas à même de consulter les usages de l'Église mère qui nous les aurait expliqués.

2. Ce regret était d'autant mieux fondé, qu'il y avait pour nous une obligation stricte de nous conformer nous-même à ce livre liturgique, et de le faire observer aux autres. Il ne fallait, pour nous en convaincre, que lire les bulles de Clément VIII, Innocent X, Benoît XIII et Benoît XIV, qui sont en tête de ce Cérémonial, et qui peuvent se résumer dans les paroles suivantes, empruntées à la constitution d'Innocent X, du 30 juillet 1650 :

Cæremoniale hujusmodi... in universali Ecclesia ab omnibus... perpetuo observandum esse præcipimus... neminemque ex iis quibus ea exercendi... munus impositum existit, nisi formulis quæ hoc Cæremoniali continentur servatis, satisfacere posse perpetuo statuimus et ordinamus.

3. Député par notre métropolitain pour représenter la province ecclésiastique de Québec, à la grande fête de la définition du dogme de l'*Immaculée Conception* de la sainte

Vierge Mère de Dieu, nous avons saisi cette occasion précieuse, pour voir de nos yeux comment ce Cérémonial est mis en pratique par la sainte Église romaine, afin de remporter, avec la foi du nouveau dogme, le dépôt des saintes cérémonies bien comprises. Nous entrions en cela dans l'esprit du premier concile de Québec, qui avait décrété que l'on suivrait dans toute la province un Cérémonial commun, lequel serait le plus conforme au *Cérémonial des évêques*, etc. D'où l'on peut juger que notre jeune église du Canada s'est considérée, à l'exemple de toutes les autres églises du monde, comme fille et disciple de la sainte Église romaine, en recevant d'elle, avec une souveraine vénération, ses *rites sacrés*, aussi bien que sa foi. *A qua cæteræ Ecclesiæ veluti ejusdem filiæ atque discipulæ ritus ipsos desumpsere*. (*Catalanus*.)

4. Nous avons, dans cette vue, prolongé notre séjour à Rome, pour suivre, avec une attention sérieuse, les offices de la chapelle Sixtine, ainsi que ceux des grandes basiliques et des églises titulaires des cardinaux. Nous avons aussi voulu voir comment le Cérémonial de Baldeschi, qui a été traduit en français par M. le chanoine Favrel, est observé dans les églises de Rome, où l'on nous a dit que les cérémonies se faisaient avec plus de perfection.

5. Nous avons d'abord donné, comme nous le devions, une attention toute particulière aux offices pontificaux, parce que le *Cérémonial des évêques* est, à peu d'exceptions près, celui qui se suit à la chapelle papale, et qu'il y a des maîtres de cérémonies fort habiles, qui se font un devoir de se conformer à ce livre liturgique, dans les plus petites choses.

C'est ce que nous avons pu vérifier par nous-même chaque fois que nous avons assisté à ces offices ; car, ayant eu le soin de lire attentivement les chapitres de notre Cérémonial, dans lesquels se trouvaient expliquées les cérémonies auxquelles nous devions participer immédiatement, avant de nous y rendre, nous pouvions les suivre presque dans les plus petits détails et remarquer les plus légères omissions, s'il y en eût eu.

6. Nous avons donc pu constater *ex visu* ce que dit Catalan du *Cérémonial des évêques*, savoir qu'il a été fait sur le Missel et sur le Cérémonial de la chapelle pontificale : *Ex quibus (Missali et Cæremoniali capellæ Pontificiæ) Cæremoniale Episcoporum compactum est.*

7. Nous avons pu également nous convaincre de ce principe, qu'établit ce célèbre commentateur, savoir, que, dans les fonctions pontificales, les chanoines sont presque pour les évêques ce que sont les cardinaux pour le pape : *Quod in functionibus præsertim pontificalibus sunt cardinales respectu Papæ, idem fere sunt canonici respectu Antistitis sui.* Cela étant, on ne sera pas surpris que l'on revienne si souvent sur ce qui se pratique à Rome par le pape et par les cardinaux. Si quelquefois il nous arrive de décrire des cérémonies toutes papales, c'est dans l'unique but d'aller au-devant des pieux désirs de nos lecteurs, en les édifiant par des récits que nous prévoyons devoir intéresser leur foi. Car nous savons par expérience les merveilleuses impressions qui s'opèrent, dans les âmes religieuses, quand on leur parle de Rome, de son pontife et de ses augustes cérémonies.

8. Frappé de cette ressemblance qui se remarque entre les offices papaux et les offices épiscopaux, nous nous sommes, dans ces grandes solennités, laissé souvent aller au sentiment si naturel et si doux qu'inspire la munificence du chef suprême de l'Église, qui veut que chacun des évêques, qu'il s'est associés pour la conduite du troupeau de Jésus-Christ, soit honoré dans son diocèse à peu près autant qu'il l'est lui-même dans toute l'Église, et qu'il trouve dans son chapitre ce qu'il a lui-même dans le sacré collége, c'est-à-dire des hommes toujours prêts à l'assister par leurs prières et leurs conseils : ce sont les expressions de Catalan en parlant des cardinaux : *Ordinarium erat Papæ Presbyterium seu concilium perpetuum.*

9. Il nous semble donc qu'en observant, comme on le doit, le Cérémonial des évêques, l'on reproduit dans chaque cathédrale de l'univers les majestueuses cérémonies de l'Église

mère, dont le spectacle imposant attire à Rome chaque année tant de milliers d'étrangers.

L'on offre par là à la piété des fidèles de tous les pays du monde quelque chose, et beaucoup même, de la pompe des cérémonies romaines, ce qui est pour tant de bons chrétiens, comme heureusement il s'en trouve partout, un merveilleux sujet de consolation et d'édification; car il est très-vrai de dire qu'ils voient alors chez eux, en grande partie, ce qui se fait à Rome.

10. Les offices qui se font dans les grandes basiliques de Rome ont dû ensuite fixer notre attention. Car ce sont comme les cathédrales du premier des évêques, et elles doivent précisément, pour cette raison, en être les modèles. Nous avons, en cela, suivi l'exemple de Catalan, qui déclare qu'en composant ses *Commentaires* il a, pour mieux expliquer le *Cérémonial des évêques*, consulté les usages des basiliques. *Laudavimus*, dit-il, *praxim cæterarum Basilicarum Urbis ubi scilicet Ritibus a Cæremoniali præscriptis non adversentur.*

11. Nous sommes singulièrement frappé de cette restriction : *ubi scilicet Ritibus a Cæremoniali præscriptis non adversentur.* Ainsi, au jugement de ce célèbre commentateur, les antiques et vénérables basiliques de Rome ne peuvent fixer la pratique des autres églises qu'autant que leurs usages sont conformes au livre liturgique qui fait loi pour le monde entier. Point d'exception, comme on le voit, pour se soustraire à cette loi générale. C'est d'ailleurs pour ces antiques églises, comme pour les autres, un devoir de s'y conformer ponctuellement; et nous aurons occasion de remarquer souvent que notre Cérémonial y est vraiment bien observé. Car, en mentionnant minutieusement les usages de Rome, qui nous ont paru contraires au *Cérémonial des évêques*, notre intention a été de faire voir clairement qu'il y était suivi exactement, puisque, de fait, l'on s'en écartait rarement; ce qui, du reste, peut être attribué aux différentes situations des lieux. Enfin, il va sans dire que là, comme ailleurs, l'on doit se ressentir de la fragilité humaine. En outre, ces véné-

rables basiliques ont et doivent jouir de certains priviléges, pour constater et perpétuer la mémoire de certains faits merveilleux qui, comme on le verra, semblent apposer le sceau divin sur nos rites sacrés.

12. Nous en concluons tout naturellement que les diverses églises de la chrétienté, n'ayant ni la même antiquité ni la même dignité que ces basiliques, doivent, à plus forte raison, se soumettre à la loi commune qui fixe les fonctions du service divin, et que pour s'en écarter elles doivent exhiber, en faveur de leurs exemptions, des coutumes qui, en se perdant dans la vénérable antiquité, feraient croire qu'elles viennent des apôtres ou de leurs premiers successeurs; et c'est alors qu'elles pourraient passer vraiment pour *immémoriales*, et par là même *louables*.

Aussi est-ce la conclusion que tire Catalan, qui veut que le Cérémonial des évêques soit suivi strictement partout où il n'y a pas de ces coutumes *louables et immémoriales*, que l'on respecte comme sacrées, parce qu'elles sont munies du sceau inviolable de l'antiquité. *Cæremoniale episcoporum ad unguem servandum est, nisi adsit laudabilis et immemorialis consuetudo in contrarium* (Catalanus); nous ajouterions : *nisi etiam adsit indultum Apostolicum aut speciale privilegium a Summo Pontifice concessum.*

13. Les usages de ces basiliques, dans les choses qui ne sont pas prévues et réglées par le Cérémonial, nous ont paru des précédents dignes d'être proposés pour modèles à des églises qui ont à se faire des coutumes louables. Et, en effet, l'on sent qu'il vaut mieux, quand notre Cérémonial se tait, faire comme à Saint-Pierre, à Saint-Jean-de-Latran, à Sainte-Marie-Majeure, que d'inventer une nouvelle cérémonie; car l'on peut dire de ces usages particuliers ce que Catalan dit des décrets locaux de la sacrée Congrégation des rites : *Sunt pro norma ad casus similes decidendos.*

14. On ne sera donc pas surpris si quelquefois nous nous étendons un peu au long sur les coutumes diverses des grandes basiliques de Rome. Que si quelques-unes de ces

coutumes se trouvent en contradiction formelle avec le *Cérémonial des évêques*, elles ne sont plus pour nous une autorité, et on les laisse de côté pour s'attacher à un livre qui fait loi. Car, enfin, si un mot n'est français que lorsque l'Académie l'a admis dans notre langue, n'est-il pas plus important de n'admettre une cérémonie dans le culte public que lorsqu'elle est reconnue comme sacrée par l'Église?

15. Quoi qu'il en soit, notre intention, en citant les différents usages des basiliques de la Ville sainte, a été de fournir comme des exemples pour résoudre les difficultés que présentent nécessairement les différences de situations et de lieux, qui ne permettent pas quelquefois de faire partout de la même manière. Mais alors on ne laisse pas que d'être en règle, puisque, sans aller contre le Cérémonial, l'on fait comme dans quelques-unes des vénérables basiliques romaines. Toujours est-il qu'alors on évite *l'arbitraire*, qui, s'il était laissé à lui-même, aurait eu bientôt fait main-basse sur les rites les plus sacrés par leur antiquité et leur signification mystérieuse.

16. Enfin nous avons suivi avec grande attention les offices que célèbrent les cardinaux dans leurs églises titulaires, parce que là ils officient absolument comme les évêques dans leurs diocèses et en suivant à la lettre le Cérémonial qui fait loi pour eux comme pour nous. Aussi est-ce à ces offices qu'il faut surtout aller si l'on veut voir, à Rome, des cérémonies proprement épiscopales et telles qu'elles doivent se faire dans toutes les cathédrales du monde.

17. C'est ce qu'ignorait un bon ecclésiastique français qui, étant allé à Rome exprès pour y étudier les cérémonies, se plaignait un jour à nous de ce qu'il ne s'y faisait pas d'offices épiscopaux. A ce propos, nous sommes heureux de pouvoir dire ici que l'ecclésiastique dont nous venons de parler n'est pas le seul que nous ayons rencontré à Rome remplissant cette belle mission. Nous devons ajouter que l'affluence des prêtres français aux fêtes de la Ville sainte et leur bonne tenue dans les églises nous ont singulièrement édifié.

18. Si nous avions quelque conseil à donner ici, nous dirions à ceux qui vont à Rome avec une mission spéciale de leur évêque, pour se former à la liturgie romaine, de se mettre en rapports intimes avec quelques maîtres de cérémonies de la chapelle papale ; car ils trouveront dans ces hommes si bien exercés, pour toutes les fonctions sacrées, des guides sûrs, qui les mettront en bonne voie, en leur indiquant les livres qu'ils auront à consulter et les églises qu'ils pourront fréquenter pour y voir l'application des principes liturgiques. D'ailleurs, ils pourront probablement trouver, par leur moyen, à se placer avantageusement pour ne rien perdre des pompeux offices, qui sont une si grande ressource pour la science pratique de la liturgie comme pour le solide aliment de la piété.

19. En donnant ce conseil aux autres, nous devons avouer ingénument que nous l'avons suivi le premier, et que nous nous en sommes parfaitement bien trouvé. Et, si cet ouvrage a quelque mérite, nous devons en bonne partie l'attribuer à ces habiles cérémoniaires. Nous avons pu, en effet, dans les fréquents entretiens que nous avons eus avec quelques-uns d'eux, nous convaincre que le *Cérémonial des évêques* est, à Rome, à peu d'exceptions près, en pleine vigueur ; et maintenant, moyennant leurs observations, nous pensons pouvoir concilier aisément la théorie et la pratique du *Cérémonial des évêques*, qui, comme nous l'avons dit plus haut, nous offrait de sérieuses difficultés, et en grand nombre.

20. Il nous semble aujourd'hui que, dans notre pays lointain, nous pouvons faire précisément ce qui se fait à Rome, et, maintenant plus que jamais, il nous paraît que rien ne saurait être plus consolant pour nous et plus édifiant pour les fidèles que cette uniformité de pratique dans le service divin.

Et, en effet, il n'est rien de plus consolant pour un pasteur, qui est au bout du monde, que d'imiter ce qu'il sait se pratiquer dans l'Église qu'il aime et vénère comme sa mère. Il sent qu'il appartient à la grande famille de Dieu, quand il peut se rendre le témoignage qu'il prie, qu'il chante, qu'il fait tout comme le père commun ; et il est heureux quand il sait que, dans les autres églises du monde entier, on fait de même. Car il voit, dans cette merveilleuse harmonie et cet accord mélodieux de toutes les églises de la terre, une belle image du ciel, où les bienheureux chantent uniformément les mêmes cantiques, et font sans cesse les mêmes prosternations au pied du trône de l'*Ancien des jours*. Il y a là, il faut l'avouer, de ravissantes émotions et de délicieuses jouissances.

21. C'est aussi quelque chose de singulièrement édifiant pour les fidèles ; car tout ce qui vient de Rome, comme on le sait, fait sur les cœurs religieux les plus vives impressions. C'est tout naturel, car ça vient d'une mère, et de la meilleure des mères. Aussi, pour tout bon chrétien, est-ce un trésor précieux qu'un objet béni par le Saint-Père, et se le transmet-on dans la famille comme un héritage de bénédictions. Mais, si la vue seule des objets matériels que la bénédiction pontificale a sanctifiés suffit pour toucher ces bons cœurs, que penser des cérémonies qui ont été prescrites comme parties constituantes du culte public qu'il faut rendre à Dieu ?

22. Elles produisent, on n'en saurait douter, les fruits de vie et de sainteté pour lesquels elles ont été instituées, c'est-à-dire, comme l'exprime si bien Clément VIII : *Ad Dei gloriam augendam, et ad catholicæ fidei unitatem ubique retinendam* (Constitution du 10 février 1596). Si elles sont religieusement observées, dit Catalan, *elles édifient la foi, embrasent la charité et excitent la dévotion*. Nous ne saurions dire combien de fois nous avons vu les fidèles confiés à nos soins, touchés jusqu'aux larmes, après de grands et de pompeux offices ; et, si alors nous demandions à quelque pécheur, que nous voyions approcher du confessionnal, ce qui le ramenait à cette pratique religieuse que trop longtemps il avait négligée, nous ne recevions pour toute réponse que cette énergique exclamation : *Ah! le bel office!* Mais le seul fait du grand nombre de conversions qui s'opèrent chaque année à Rome prouve, mieux que tout le reste, la toute-puissante efficacité des saintes cérémonies romaines pour toucher les cœurs. Car c'est une chose

connue que les plus grands ennemis de la Religion ont souvent été gagnés par cet appât divin.

23. Cette considération nous portait donc naturellement à recueillir, avec un soin religieux, les plus minimes pratiques de cette antique et vénérable liturgie de l'Église mère, d'autant plus que nous ne pouvions ignorer le fait attesté par Clément VIII, savoir, que les nouvelles cérémonies qui, au temps du concile de Trente, avaient pris la place des rites antiques, avaient en grande partie perdu cette grâce attachée à ce qui est ancien et à ce qui procède de l'autorité : *Cæremoniarum ac rituum formularia, partim immutata, partim corrupta, veteris instituti atque auctoritatis gratiam magna ex parte amiserunt* (Constitution précitée). Nous avons nécessairement tiré cette conclusion, que nos usages, qui ne pouvaient remonter au delà de deux siècles, devaient faire place aux vénérables cérémonies de l'Église romaine, qui n'a jamais cessé de pratiquer elle-même ce qu'elle enseigne aux autres Églises.

24. Car, avec ces antiques cérémonies romaines, bien exécutées et bien expliquées aux fidèles, on n'a pas à craindre le ridicule dont l'impiété cherche à couvrir nos saints mystères. Et, en effet, le Saint-Esprit, qui en est l'auteur et qui connaît le cœur humain, ne manque pas de le prendre avec ces filets sacrés et de prouver par là que ces cérémonies sont sanctifiantes et pleines de délicieuses jouissances ; ce que l'on ne saurait dire des cérémonies instituées sans autorité, ou qui sont nouvelles dans l'Église. Aussi, dans la réforme des livres liturgiques, n'a-t-on fait, comme l'atteste encore Clément VIII dans la même Constitution, autre chose que de rétablir, dans toute leur pureté, les rites anciens : *Ut eædem formulæ in sacris præsulum ecclesiasticorum muneribus servandæ, recuperato prioris integritatis statu omnino restituerentur*. On serait donc dans l'erreur si l'on croyait que la sainte Église romaine a inventé de nouvelles cérémonies, quand elle a cru devoir corriger les livres de liturgie qui, par le malheur des temps, s'étaient altérés.

25. Comme donc nous avons obligation à cette sainte mère,

pour avoir conservé si soigneusement le dépôt vénérable des rites antiques, et pour l'avoir si fidèlement transmis aux autres Églises! Comme aussi nous devons être empressés de recueillir cet antique et précieux héritage! Pendant que nos musées se remplissent des rares objets de l'antiquité que le temps a épargnés, il faut, à plus forte raison, que nos sanctuaires resplendissent des rites anciens que l'Église a si religieusement recueillis de ses fondateurs.

26. En faisant ces notes sur le Cérémonial, nous avons donc travaillé sous l'intime conviction que la sainte Église romaine a reçu ses cérémonies de l'Esprit-Saint, par le ministère des apôtres et de leurs successeurs, qui ont été en cela, comme dans tout le reste, éclairés d'une manière spéciale. Sous cette vive impression, nous avons recueilli, avec un souverain respect, les parties les plus minutieuses en apparence de cette discipline sacrée.

27. En cela nous n'avons fait qu'entrer dans les religieux sentiments exprimés dans ces belles paroles de saint Jean Chrysostome : *Magistri nostri, hoc est apostoli, ecclesiarum institutores usque ad humilia et minuta præcepta deduxerunt diligentiæ disciplinam.* (Hom. 1, in Matth. apud Catalanum.) Nous n'avons fait aussi qu'imiter ceux qui exploitent les mines d'or de la Californie et de l'Australie, lesquels recueillent les plus minimes parties de ce métal si précieux à leurs yeux. De fait, il faut que les plus petites choses qui regardent le service divin soient importantes, puisque saint Léon IX déposa le diacre Unibert, parce qu'il refusait de se soumettre à son évêque, qui voulait qu'il chantât sa leçon selon le rit romain : *More romano*, dit Catalan. On sait que ce saint Pape avait été évêque de Toul avant d'arriver au souverain Pontificat, et qu'il demeura si attaché à son premier siége, qu'il voulut en conserver le titre avec celui du souverain Pontificat : *Adeo dilectam habuit (suam ecclesiam Tullensem) ut Romanus licet Pontifex Episcopi Tullensis nec sede nec nomine cedere voluerit.* (Légende du Bréviaire de Nancy.)

28. A cet exemple, si propre à montrer l'importance du

chant et des cérémonies de la sainte Église romaine, on en pourrait citer beaucoup d'autres s'il était nécessaire. Qu'il nous soit toutefois permis de dire ici, en passant, qu'à Rome les maîtres de cérémonies ne racontent aux étrangers qu'avec un attendrissement toujours nouveau comment Benoît XIII se délassait quelquefois des travaux de la papauté en exerçant lui-même ceux qui devaient l'assister dans les cérémonies pontificales. Au reste, tout le monde sait que ce religieux pontife étudia et pratiqua à la lettre le *Cérémonial des évêques* pendant cinquante ans d'épiscopat, et que, durant le temps qu'il était archevêque de Bénévent, son palais était devenu comme l'école de tous ceux qui voulaient apprendre d'un aussi grand maître les saintes cérémonies de l'Église romaine. On peut donc dire de ce pontife vénérable qu'il a fidèlement imité saint Grégoire le Grand, qui, lors même qu'il était obligé de garder le lit, enseignait aux jeunes clercs de Rome le chant qui a été depuis si justement appelé *Chant grégorien*, et, plus proprement encore, *Chant de l'Église*. Espérons, à ce propos, que Rome nous dira quelque jour dans quels livres se trouve consigné ce beau chant. C'est là un de nos ardents désirs, et nous ne sommes pas seul à le former.

29. En présence de ces faits, plus vivants sans doute à Rome que partout ailleurs, nous avons dû regarder comme rien le travail qu'il nous a fallu nous imposer pour faire ce *recueil* des usages de Rome. Nous y étions d'autant plus encouragé, qu'à nos yeux la sacrée liturgie et les saints canons se tiennent par la main, et que l'on peut à bon droit considérer un chœur parfaitement discipliné comme l'image d'un diocèse canoniquement gouverné.

30. Nous devons dire ici que nous n'avions d'abord en vue que de nous mettre en état de faire observer exactement, dans le diocèse dont la divine Providence nous a chargé, les cérémonies contenues dans le *Cérémonial des évêques*. Mais ensuite il nous a semblé devoir céder aux instances qui nous ont été faites pour permettre que ce *recueil* de pratiques romaines fût publié.

31. Dieu veuille qu'il puisse être de quelque utilité à l'Église de France, qui a tant fait pour l'Église du nouveau monde, à laquelle nous appartenons ! Et, en effet, lorsque, il y a deux siècles passés, elle établit le Canada, elle y fonda et dota une Église qui a conservé, avec sa foi antique, des mœurs encore assez patriarcales, pour rappeler les beaux jours de notre origine commune. Entre autres biens que nous tenons d'une mère qui fut pour nous si généreuse, en fait d'établissements d'éducation et de charité, nous ne pouvons oublier celui qu'elle nous fit en nous imposant d'elle-même la liturgie romaine.

32. Car notre premier évêque, Mgr Laval de Montmorency, en mettant pied à terre dans notre nouvelle France avec son petit clergé, entonna les hymnes de la sainte Église romaine, qui n'ont cessé de s'y chanter depuis avec bonheur. Aussi le nom de ce vénérable fondateur a-t-il toujours été et sera-t-il toujours béni sur toutes les rives que baigne le Saint-Laurent. C'est que, d'ailleurs, à ce grand nom se rattachent de grandes et belles œuvres, telles que l'on pouvait en attendre d'un homme qui cherchait à cacher dans les épaisses forêts du Canada toute la splendeur de sa noble famille. Ce nom, si plein de souvenirs dans l'Église qu'il a fondée, vient d'être inscrit sur le frontispice de notre *Université*, dont il est réputé le *fondateur*, parce que les biens qu'il a laissés au séminaire des Missions étrangères, qu'il a érigé, ont mis, avec le temps, cette maison en état de faire seule les frais d'un aussi grand et aussi important établissement. Notre attachement au romain date donc de bien haut, ou, pour mieux dire, nous l'avons comme sucé avec le lait. Aussi, enfants reconnaissants de la France, voyons-nous avec bonheur le retour de notre mère particulière vers la sainte Église romaine, notre bonne et commune mère à tous.

33. Bientôt, nous l'espérons, nous n'aurons plus qu'une même manière de rendre à Dieu, par le culte public, l'honneur qui lui est dû, comme déjà, ou plutôt comme toujours, nous n'avons fait qu'un cœur et qu'une âme. Nous ne voulions

que dire ici pourquoi nous nous sommes décidé à laisser imprimer ce Cérémonial, dans un temps où se publient, en France, tant d'ouvrages remarquables sur la liturgie romaine, auprès desquels, sans doute, celui-ci ne fera que pâlir.

34. Nous devons donc, avant tout, avertir nos lecteurs qu'ils n'ont pas à chercher, dans cet ouvrage, de la science liturgique, mais de la pratique; car nous nous sommes scrupuleusement attaché à rapporter ce qui se fait à Rome; de manière à pouvoir toujours dire : *Sic fit Romæ*. C'est là toute notre autorité, et nous savons que pour beaucoup d'autres, comme pour nous, cette autorité est décisive. C'est un livre élémentaire que nous avons voulu faire pour l'utilité des chanoines, curés, chapelains, directeurs de séminaires et colléges, cérémoniaires, séminaristes et autres, qui ont à remplir quelques fonctions dans les offices pontificaux.

35. Dans cette vue, voici ce que nous avons fait pour tâcher de le rendre utile à tous. Nous avons d'abord reproduit textuellement le *Cæremoniale Episcoporum, Benedicti papæ XIV jussu editum et auctum*, d'après un exemplaire de Rome reconnu pour authentique par Son Éminence le cardinal Sterckx, archevêque de Malines, et, pour l'expliquer, nous nous sommes scrupuleusement attaché à la pratique de Rome. On a donc, dans cet ouvrage, avec tout le texte de la loi, la coutume, qui en est la meilleure interprète. Comme on le voit, c'est le *romain* tout pur, sans aucun alliage étranger; et c'est ce que l'on veut sans doute; car, puisque nous sommes au *romain*, il faut y être tout de bon, nous surtout Français qui ne faisons jamais les choses à moitié. Si, pour nous décourager, on nous dit qu'il se fait des fautes à Rome, alors faisons mieux que ceux qui font mal à Rome; et, pour cela, faisons bien les cérémonies qui nous viennent de Rome, et n'en inventons pas de nouvelles. Les saintes cérémonies romaines, nous sommes certains de les trouver dans le livre liturgique que les souverains pontifes ont donné au monde entier avec l'obligation de le suivre en vertu de la *sainte obéissance*, et dans les usages approuvés de l'Église mère. Or ce sont ces usages que nous

avons recueillis avec le soin le plus religieux et que nous rapportons ici avec une scrupuleuse fidélité. Et, comme ce *commentaire pratique* n'est pas proprement notre ouvrage, nous n'hésitons pas de le recommander. Enfin, nous pensons que cet ouvrage peut être utile à tous pour s'assurer si tous les livres qui se publient sur la liturgie romaine sont de bon aloi ; car, en les confrontant avec le texte de la loi, expliqué par des coutumes approuvées, parce qu'elles sont suivies sous les yeux du Souverain Pontife, il sera facile à chacun de porter un jugement solide.

36. Nous nous sommes ensuite appliqué, en développant les principes liturgiques, à en faire l'application par des règles pratiques. Sous ce rapport, nous croyons que ce seul volume renferme beaucoup de cas que l'on chercherait longtemps, et peut-être en vain, dans plusieurs autres, plus savants sans doute, mais moins appropriés à nos besoins. Il nous paraît aujourd'hui plus évident que jamais que ceux qui ont rédigé le *Cérémonial des évêques* n'ont eu intention que de bien fixer les principes, et qu'ils ont laissé à d'autres le soin d'en faire l'application. Aussi voyons-nous, au chapitre v du premier livre, qu'il est conseillé aux maîtres de cérémonies de se procurer quelques autres cérémoniaux. Il nous semble aussi qu'en général ceux qui ont traité des cérémonies romaines ont trop facilement supposé que leurs lecteurs avaient vu ce qui se fait à Rome. En conséquence, ils ont cru inutile d'entrer dans certains détails, qui de fait auraient été minutieux pour ceux qui auraient été à même d'apprendre les choses en les voyant de leurs yeux, mais qui devenaient nécessaires à ceux qui n'avaient jamais rien vu de semblable. Les cérémonies, par exemple, qui s'observent à Rome par le prêtre assistant quand l'évêque assiste à quelque office, par les cardinaux qui sont les chanoines du pape, dans les *cercles*, par ceux qui montrent les *reliques* (chose qui est recommandée dans un temps de synode), et autres, ne sont pas suffisamment détaillées dans le Cérémonial. Aussi, pour toutes ces cérémonies et beaucoup d'autres, a-t-on besoin de voir comment on fait à

Rome. La simple lecture de cet ouvrage mettra chacun de nos lecteurs à même d'apprécier cette observation à sa juste valeur. De là la nécessité d'avoir pour beaucoup de cas embarrassants, à côté de la loi, le *commentaire pratique*, si l'on tient fermement à faire *comme à Rome*.

57. Maintenant il nous faut dire l'usage journalier que l'on peut faire des règles pratiques que nous avons cherché à déduire des principes posés par le *Cérémonial des évêques*. Eh bien, tout prêtre qui a l'honneur d'assister son évêque dans les offices pontificaux ou de le servir à la basse messe, quand il a occasion de le recevoir dans sa paroisse ou sa communauté, qui s'en va prendre part aux actes solennels du synode diocésain, qui a à faire dans son église les prières des quarante heures, ou qui veut y donner la bénédiction du saint sacrement, avec le ciboire ou l'ostensoir, qui doit régler une belle procession pour transporter quelque image de la bienheureuse Vierge ou quelques précieuses reliques, qui est appelé auprès de son évêque pour recueillir ses derniers soupirs ou lui rendre les derniers devoirs de sa piété sacerdotale, trouvera dans son Cérémonial des règles bien tracées pour le mettre en état de contribuer, en payant de sa personne, à la splendeur de ces augustes cérémonies. Mais le plus court est d'inviter chacun à voir par lui-même les riches trésors que renferme le Cérémonial de l'Église quand il est bien compris et ponctuellement exécuté, et quelles magnifiques pompes il permet d'étaler aux yeux des fidèles dans le culte qu'il fait rendre à la divine majesté.

58. Enfin, nous devons observer que nous ne nous sommes pas borné à l'extérieur des cérémonies, mais que, chaque fois que l'occasion s'en est présentée, nous avons cherché à en faire sentir le véritable esprit religieux qui y est caché comme dans une enveloppe mystérieuse, et à en tirer des conséquences vraiment pratiques. Ainsi, de ce que le Cérémonial professe, d'un bout à l'autre, une profonde vénération pour l'adorable sacrement de nos autels, nous avons été tout naturellement amené à rapporter ce qui se fait à Rome à l'hon-

neur de ce divin sacrement. Nous avons donc dit que le tabernacle qui le renferme est couvert d'un pavillon; que le ciboire qui le contient est enveloppé d'un voile précieux ; qu'il est toujours sous le dais ou l'*ombrello* chaque fois qu'il est transporté d'un lieu à un autre, etc. Pareillement, l'on voit percer à travers tous les rites sacrés l'esprit hiérarchique qui constitue l'Église de la terre comme celle du ciel. Et, en effet, toutes les dignités ecclésiastiques ne s'approchent que pour se vénérer, s'embrasser et s'aimer. Elles forment, dans leur ensemble majestueux et dans leur admirable variété, un trône élevé sur lequel s'assied le vicaire de Jésus-Christ. Les cardinaux sont les premiers qui entourent ce trône rayonnant, devant lequel ils aiment à s'anéantir pour relever l'éclat de la papauté. Aussi voit-on les plus vénérables d'entre eux par leur âge et leurs mérites s'agenouiller humblement au pied de ce trône pour encenser le pontife qui y est assis, et qui le bénit comme un père bénit son enfant. Les cardinaux, à leur tour, reçoivent les hommages de ceux qui siégent dans les degrés inférieurs de cette sainte hiérarchie. Les patriarches, les archevêques et les évêques se suivent, mais ne se confondent pas. Il y a des distinctions pour eux tous et pour chacun d'eux ; et le peuple fidèle peut les reconnaître à leur costume, aux places qu'ils ont au chœur, aux honneurs qui leur sont rendus, pourvu que l'on ne change rien à l'ordre établi.

39. Persuadé, comme nous le sommes, qu'il y a une vertu divine dans ces admirables institutions, nous avons noté, autant que nous l'avons pu, les prières et les cérémonies qu'emploie l'Église pour rendre sa constitution hiérarchique vénérable aux yeux des peuples. Ainsi on remarquera pourquoi les chanoines, en assistant l'évêque, font les *cercles* autour de lui; pourquoi les évêques s'abstiennent de bénir en présence de leur archevêque; pourquoi ceux-ci quittent la mozette devant un cardinal ; et pourquoi les cardinaux, devant le pape, prennent des mitres simples, couvrent leur rochet, se tiennent découverts, etc. Afin de fournir aux pasteurs qui voudront expliquer à leurs ouailles ce que c'est que la sainte hiérarchie

de l'Église, par les rites sacrés, ce que nous estimons être le plus à leur portée, nous avons, chemin faisant, recueilli diverses prières et cérémonies usitées dans le romain. Ainsi, pour donner une haute idée de la dignité métropolitaine, nous avons dit, dans le plus grand détail, comment se bénissent les agneaux qui fournissent leur laine pour faire leur *pallium*, comment ensuite se bénissent ces *pallium*, et comment, enfin, ils se donnent d'abord à Rome, puis dans l'église métropolitaine. Pour mieux faire connaître le cardinalat, nous avons rapporté comment les princes de la sainte Église romaine reçoivent le chapeau. Les seules paroles que prononce le pape, en leur donnant ce sublime symbole de grandeur et de confiance, prêteraient matière à plus d'un discours, et nous les avons, pour cette raison, relatées tout au long.

40. Ce qui regarde le pape est surtout, et comme de raison, ce qui intéresse le plus vivement toute l'Église. Nous nous sommes, en conséquence, plus spécialement arrêté, chaque fois que notre Cérémonial nous permettait de le faire, à ce qui pouvait faire connaître la pompe auguste dont l'Église l'entoure, afin que tous comprissent bien que sa dignité est au-dessus de toutes les dignités de la terre. C'est dans cette vue que nous avons parlé assez au long de la *création* du Souverain Pontife, de son *couronnement*, et de la splendide cérémonie qui a lieu quand un nouveau pape prend prossession des basiliques patriarcales. Les prières qui accompagnent ces augustes cérémonies sont si touchantes, que nous avons cru devoir les reproduire en partie. Chacun pourra y trouver d'excellents matériaux quand il voudra édifier son peuple par le récit de ce qui se fait à Rome dans ces circonstances solennelles, qui intéressent si vivement le monde entier. De même, après avoir expliqué les cérémonies de la messe pontificale, nous avons fait un petit chapitre supplémentaire dans lequel chacun pourra lire ce qu'il y a de particulier à la grand'messe célébrée par le pape, et surtout ce qui regarde la bénédiction *Urbi et orbi*, qu'il donne quatre fois l'an. Nous savons qu'il est encore des pays de foi, où les bons chrétiens, aux jours et

heures qui leur sont indiqués, se mettent à genoux pour recevoir en esprit cette bénédiction du *Père commun*, à laquelle leur piété filiale attache tant de prix, et qui, il n'en faut pas douter, fait couler dans le sein de leur famille d'abondantes bénédictions. On ne peut donc trop faire pour encourager de si précieux restes de la foi vive de nos pères ; et un bon moyen pour cela serait de faire voir aux peuples engourdis de notre siècle ce qu'il y a de touchant dans les prières que fait le bon Pasteur pour son immense troupeau, et de ravissant dans les cérémonies qui accompagnent ces prières. En les rapportant tout au long, nous avons donc prévenu les désirs des pasteurs et des prédicateurs, et satisfait d'avance la piété d'une infinité de bons chrétiens. Notre Cérémonial nous a aussi tout naturellement amené à dire quelque chose de la mort du premier des pasteurs et de ses obsèques, afin que tous les enfants de l'Église puissent prendre une juste part au deuil qui doit être porté par le monde entier, quand arrive ce lugubre décès.

41. Nous avons quelquefois eu recours au savant Catalan pour mieux préciser les coutumes de Rome, et quelquefois pour en rendre raison ; mais nous avons cru inutile de citer les lieux où se trouvent les passages que nous reproduisons, car chacun pourra les lire à l'endroit de son ouvrage où il explique les mêmes livre, chapitre et nombre du Cérémonial.

42. Nous nous sommes étendu un peu au long sur l'office *ad faldistorium*, qui est prescrit dans le Pontifical aussi bien que dans le *Cérémonial des évêques*, mais qui n'y est pas assez détaillé. Il importe cependant beaucoup de bien connaître comment doit se faire cette fonction; car, si l'on veut suivre le *romain* purement et simplement, on a fréquemment occasion de faire cet office, qui, au reste, met une distinction nécessaire entre les différents degrés de la sacrée hiérarchie. Ainsi, pendant la tenue d'un concile provincial, il ne conviendrait pas à un évêque suffragant d'officier au trône du métropolitain. Pareillement, un évêque étranger qui officie devant l'*Ordinaire* ne peut convenablement le faire qu'au fauteuil ; car il ne conviendrait pas que l'évêque diocésain assistât à l'office *ad*

stallum, pour laisser le trône à un collègue, surtout s'il est son supérieur, quelque désir qu'il eût de l'honorer. C'est toujours *ad faldistorium* que les cardinaux officient à Rome, excepté quand ils célèbrent dans leurs églises titulaires. On ne manque donc pas aux justes convenances en faisant ailleurs ce qui se pratique à Rome par les princes de l'Église eux-mêmes.

43. Il nous reste à dire pourquoi nous n'avons pas écrit cet ouvrage tout en latin ou tout en français. Nous avons reproduit le texte latin du Cérémonial, parce que nous avons dû pressentir le désir de tous nos lecteurs, qui, immanquablement, aimeront mieux se procurer un livre authentique par son texte original qu'une version. Quant aux commentaires, nous avons cru pouvoir mieux faire ressortir le texte en langue vulgaire. Si nous n'atteignons pas ce but, il sera facile, dans une autre édition, de réparer cette faute, comme toutes les autres qui ont pu nous échapper, et que nous nous ferons un devoir de réformer, si on a la charité de nous en avertir. Enfin, on nous pardonnera toutes les fautes contre la pureté du langage, si l'on fait réflexion que nous avons donné toute notre attention au fond des choses, pour ne donner que le pur *romain*. On voudra bien aussi avoir égard que nous appartenons au nouveau monde.

BENEDICTI XIV. PONT. MAX.

LITTERÆ APOSTOLICÆ

In forma Brevis, de nova *Ritualis, Cæremonialis Episcoporum*, necnon et *Romani Pontificalis* editione, in quibus ad verbum exscribuntur ea, quæ CÆREMONIALE EPISCOPORUM spectant.

BENEDICTUS PAPA XIV.

Ad perpetuam rei memoriam.

Quam ardenti studio, incredibili sollicitudine, assidua cura, et indefesso diuturnoque labore, adhibitis etiam, accitisque undequaque viris in sacra doctrina disciplinaque ecclesiastica versatis, æque ac de rerum liturgicarum peritia meritissimis, sedulam operam navaverint, atque contenderint prædecessores nostri Romani Pontifices, ut Rituale Romanum, Cæremoniale Venerabilium Fratrum Episcoporum, et Pontificale Romanum, sive emendatis erroribus, sive correctis inordinationibus, sive ablatis inutilibus, sive restitutis necessariis, ad eam tandem formam, normamque, juxta quam de præsenti usui sunt, maximo cum omnium virorum ecclesiasticorum commodo, et utilitate redigerentur; præstat in primis intelligere ex ipsis præsertim apostolicis in simili forma Brevis litteris eorumdem prædecessorum nostrorum, qui post sanctum Pium Papam V, felicis recordationis, Clemens VIII, Innocentius X, Paulus V, Urbanus VIII et Benedictus XIII ad gravissimum, dignissimumque hujusmodi opus omnibus numeris absolvendum sese pro viribus addiderunt.

Tenores autem memoratarum litterarum sunt, qui sequuntur:

Ac primum quæ pro Rituali Romano *statuit* Paulus Papa V, *Bulla incipiente,* Apostolicæ Sedi, *brevitatis gratia hic omittuntur. Sequitur vero Clementis* VIII *Bulla pro Cæremoniali Episcoporum:*

CLEMENS PAPA VIII.

Ad perpetuam rei memoriam.

Cum novissime Pontificale romanum, antea mendosum et corruptum, a piis et eruditis viris emendari et restitui, et demum ad Episcoporum, et aliorum ecclesiarum Prælatorum communem usum, et commoditatem divulgari, et in universali Ecclesia ab omnibus observari mandaverimus, operæ pretium visum fuit, si Cæremoniale Episcoporum omnibus ecclesiis (1), præcipue autem metropolitanis, cathedralibus, et collegiatis perutile, ac necessarium, in quo ritus, et cæremoniæ celebrandi missas, vesperas, et alia divina officia, ac in aliis ecclesiæ functionibus, et actibus, ab eisdem Episcopis, ac aliis Prælatis inferioribus in eisdem observandæ, ac modus etiam præcedendi tam inter personas ipsas Ecclesiasticas, quam etiam inter eas et laicos, similiter servandus continentur, quodque pridem multis mendis respersum fuerat, similiter reformari, et restitui curaremus.

Eapropter id ipsum Cæremoniale Episcoporum a nonnullis piis, ac eruditis, in hisque sacris ritibus, et cæremoniis apprime versatis viris examinari, corrigi, et in optimam, ipsique Pontificali reformato maxime congruentem formam redigi mandavimus. Quod opus cum ea, qua decuit, fide et diligentia jam absolutum fuisse accepimus.

Porro reliquum est, ut hujus operis labor eum, ad quem directus est, finem consequatur. Idcirco Cæremoniale Episcoporum hujusmodi jussu nostro emendatum et reformatum, motu proprio et ex certa scientia, ac de Apostolicæ potestatis plenitudine, perpetuo approbantes, illudque in universali Ecclesia ab omnibus et singulis personis, ad quas spectat, et in futurum spectabit, perpetuo observandum esse præcipimus et mandamus; ac Cæremoniale hujusmodi, sic emendatum et reformatum, nullo unquam tempore, in toto vel in parte mutari, vel ei aliquid addi, aut omnino detrahi posse, ac quascumque personas prædictas, quæ sacerdotalia munera exer-

(1) Nous avons tâché, dans les explications que nous avons données de ce *Cérémonial*, de le rendre utile à tous les prêtres, à ceux mêmes qui desservent les plus petites églises. Car le vénérable pontife qui nous parle ici a usé de ces expressions bien dignes d'attention : *Cæremoniale Episcoporum omnibus ecclesiis... perutile, ac necessarium.*

cere (1), aut alia quæcumque in ipso Cæremoniali contenta facere aut exequi debent, ad ea peragenda et præstanda juxta hujus Cæremonialis formam et præscriptum teneri, neminemque ex iis, quibus ea exercendi et faciendi munus impositum existit, nisi formulis, quæ hoc Cæremoniali continentur, servatis, satisfacere posse, perpetuo statuimus, et ordinamus.

Per præsentes autem antiqua Cæremonialia in his, quæ prædicto Cæremoniali reformato sunt conformia, minime aboleri, aut abrogata censeri volumus, sed illorum etiam usum, salva reformatione dicta, permittimus.

Non obstantibus præmissis ac constitutionibus et ordinationibus apostolicis, ac etiam in provincialibus et synodalibus conciliis editis generalibus, vel specialibus, necnon quarumvis ecclesiarum etiam juramento, confirmatione apostolica vel quavis firmitate alia roboratis statutis et consuetudinibus, cæterisque contrariis quibuscumque.

Volumus autem, et pari motu et auctoritate decernimus, ut qui in Romana Curia sunt præsentes, lapsis duobus mensibus, qui vero intra montes octo, et qui ultra ubique locorum degunt, duodecim integre excursis, vel alias ubi venalium hujus Cæremonialis voluminum notitiam et facultatem habuerint, sacras cæremonias et ritus in eodem Cæremoniali præscriptos, juxta illius modum et normam, in quibuscumque actibus, exercere et observare teneantur.

Ipsarum autem litterarum exempla, manu notarii publici, et sigillo alicujus personæ in dignitate ecclesiastica constitutæ, aut illius Curiæ obsignata, vel in ipsis voluminibus absque prædicto, vel alio quopiam adminiculo Romæ impressa, eam ubique locorum et gentium fidem faciant, quam præsentes facerent, si essent exhibitæ vel ostensæ.

Datum Romæ apud S. Petrum sub Annulo Piscatoris die xiv. Julii MDC Pontificatus nostri anno nono.

M. Vestrius Barbianus.

(1) L'on voit ici qu'en faisant ses fonctions sacerdotales, tout prêtre est tenu de se conformer à ce qui est prescrit dans ce livre liturgique. Tout autre Cérémonial ne saurait donc le diriger sûrement dans l'accomplissement d'un devoir si important que lorsqu'il ne s'écarte en rien des dispositions de celui-ci, qui est comme le fondement de toutes les saintes cérémonies que le Saint-Esprit a inspirées à l'Église. Aussi lisons-nous plus bas ces paroles, encore bien dignes d'attention : *Cæremonialia...* (huic) *Cæremoniali... conformia... permittimus.*

Deinde INNOCENTIUS PAPA X.

Ad perpetuam rei memoriam.

Etsi alias fel. rec. Clemens Papa VIII prædecessor noster, Cæremoniale Episcoporum omnibus Ecclesiis, præcipue autem metropolitanis, cathedralibus, et collegiatis perutile ac necesarium, in quo ritus et cæremoniæ celebrandi divina officia, ac in aliis Ecclesiæ functionibus et actionibus ab iisdem Episcopis, aliisque Prælatis inferioribus observandæ, ac modus etiam præcedendi, tam inter personas ipsas ecclesiasticas, quam etiam inter eas et laicos similiter servandus continentur, multis antea mendis refertum, corrigi et restitui curaverit; attamen successu temporis compertum est plurimos errores, et mendas in idem Cæremoniale, sive diuturnitatis injuria, sive Typographorum incuria, aliave de causa irrepsisse, illudque proinde iterata emendatione indigere.

Eapropter Nos pro pastorali nostra sollicitudine (1) id ipsum Cæremoniale Episcoporum a nonnullis Venerabilibus Fratribus nostris S. R. E. Cardinalibus, aliisque piis et eruditis, sacrorumque rituum et cæremoniarum apprime peritis viris, corrigi et emendari mandavimus. Quod cum ab illis accuratissime præstitum fuisse acceperimus, idcirco ne tam utilis Ecclesiæ Catholicæ hac in re Cardinalium et aliorum prædictorum labor optato frustretur effectu, motu proprio ac ex certa scientia nostris, deque Apostolicæ potestatis plenitudine, Cæremoniale Episcoporum hujusmodi jussu nostro, ut præmittitur, recognitum et emendatum, perpetuo confirmamus et approbamus, illudque in universali Ecclesia ab omnibus et singulis personis, ad quas spectat, et in futurum spectabit, perpetuo observandum esse præcipimus et mandamus, ac Cæremoniale hujusmodi, sic emendatum, nullo unquam tempore, in toto vel in parte mutari, vel ei aliquid addi, aut omnino detrahi posse, ac quascumque per-

---

(1) En réfléchissant seulement sur ce soin vigilant des pontifes romains, si occupés néanmoins, comme l'on sait, de tant d'autres soins, pour que la négligence n'altère en rien le sacré dépôt des cérémonies, l'on demeure pénétré de l'importance et de la nécessité de les accomplir toutes avec une religieuse ponctualité, sans jamais se permettre de les changer ou omettre à son gré. Aussi lisons-nous à la suite que *Cæremoniale hujusmodi... nullo unquam tempore, in toto vel in parte mutari, vel ei aliquid addi, aut omnino detrahi posse...*

sonas præfatas, quæ Sacerdotalia munera exercere aut alia quæcumque in ipso Cæremoniali contenta facere aut exequi debent, ad ea peragenda et præstanda juxta hujus Cæremonialis formam et præscriptum teneri, neminemque ex iis, quibus ea exercendi et faciendi munus impositum existit, nisi formulis, quæ hoc Cæremoniali continentur, servatis, satisfacere posse perpetuo statuimus et ordinamus.

Per præsentes autem antiqua Cæremonialia in his qui præfato Cæremoniali emendato sunt conformia, minime aboleri aut abrogata censeri volumus, sed illorum etiam usum, salva emendatione prædicta, permittimus.

Non obstantibus præmissis ac apostolicis, etiam in universalibus, provincialibusque et synodalibus Conciliis, editis generalibus vel specialibus constitutionibus et ordinationibus, nec non quarumvis ecclesiarum etiam juramento, confirmatione apostolica, vel quavis firmitate alia roboratis statutis et consuetudinibus, privilegiis quoque, indultis et litteris apostolicis, quibusvis ecclesiis et personis, in contrarium præmissorum quomodolibet concessis, confirmatis et innovatis. Quibus omnibus et singulis, illorum tenores præsentibus pro expressis habentes, ad præmissorum effectum specialiter et expresse derogamus (1), cæterisque contrariis quibuscumque.

Volumus autem, et pari motu et auctoritate decernimus, ut qui in Romana Curia sunt præsentes, lapsis duobus, qui vero intra montes octo, et qui ultra ubique locorum degunt, duodecim mensibus integre excursis, vel alias ubi venalium hujus Cæremonialis voluminum notitiam et facultatem habuerint, sacras cæremonias et ritus in eodem Cæremoniali præscriptos, juxta illius modum et normam, in quibuscumque actibus, exercere et observare teneantur.

Quodque earumdem præsentium litterarum exemplis manu notarii publici subscriptis, et sigillo alicujus personæ in dignitate ecclesiastica constitutæ, aut illius Curiæ, munitis, vel in ipsis voluminibus absque præfato, vel alio quopiam adminiculo, Romæ im-

---

(1) Le pasteur universel, ayant jugé que les coutumes des églises particulières, concernant les cérémonies, devaient céder à la loi générale, qui établit un mode uniforme de rendre à la divine Majesté le culte qui lui est dû, chaque pasteur n'a plus à craindre les conséquences qui peuvent résulter des changements à faire pour en venir à se conformer à ce Cérémonial, qui doit faire règle partout; car ces conséquences, comme on l'a observé ailleurs, ne peuvent être que très-heureuses.

pressis, eadem ubique locorum et gentium fides adhibeatur, quæ præsentibus ipsis adhiberetur, si essent exhibitæ vel ostensæ.

Datum Romæ apud Sanctam Mariam Majorem, sub Annulo Piscatoris, die xxx Julii MDCL, Pontificatus nostri anno sexto.

M. A. MARALDUS.

Demum BENEDICTUS PAPA XIII.

Ad perpetuam rei memoriam.

Licet alias felic. rec. Clemens VIII, ac subinde Innocentius X, Romani Pontifices prædecessores nostri, Cæremoniale Episcoporum edendum, atque a mendis expurgandum curaverint, processu tamen temporis compertum est, novos errores, non minus Typographorum imperitia quam aliorum culpa et negligentia, in illud irrepsisse, ac proinde Nos (1), qui in minoribus constituti per annos quinquaginta episcopi, ac metropolitæ munere et dignitate perfuncti sumus, cum nihil antiquius habuerimus, quam ut sacros ritus et cæremonias secundum antiquam ac laudabilem Romanæ Ecclesiæ disciplinam adamussim perageremus, diuturno eorum usu ac studio animadvertimus, utile ac necessarium maxime futurum, si rursus idem Cæremoniale novis curis recognitum ederetur, obscura quædam in eo et ambigua illustrarentur, corrupta alia et depravata emendarentur, nonnulla præterea inter se pugnantia et contraria conciliarentur, aliaque demum hactenus prætermissa suis locis opportune adderentur.

(1) Rien, en toutes choses, n'étant plus persuasif que le bon exemple, surtout quand il est donné par quelque personnage haut placé, nous devons observer ici que les souverains pontifes ne se sont pas contentés d'ordonner que le Cérémonial des évêques fût ponctuellement observé dans toute l'Église, mais qu'eux-mêmes se sont fait un devoir de s'y conformer dans tout ce qui, dans ce livre, leur est commun avec les autres évêques. Ce que dit ici Benoît XIII de lui-même est bien digne d'attention : *Nos qui in minoribus constituti per annos quinquaginta Episcopi... cum nihil antiquius habuerimus, quam ut sacros ritus et cæremonias secundum antiquam ac laudabilem Romanæ Ecclesiæ disciplinam adamussim perageremus*, etc. On a vu ailleurs que, devenu pape, ce zélé propagateur des rites sacrés se donnait encore quelquefois à lui-même la consolation d'*exercer* ceux qui devaient l'assister dans les divers offices. Ceux qui ont visité Rome ont vu de leurs yeux avec quelle auguste majesté notre immortel pontife fait ses cérémonies. Ils ont pu aussi remarquer avec quelle édifiante précision les éminents cardinaux qui l'assistent dans les chapelles papales et ailleurs s'acquittent de leurs glorieuses fonctions.

Ubi primum igitur ad summi Apostolatus fastigium, licet immeriti et obluctantes, evecti fuimus, in hanc etiam sollicitudinem cogitationes nostras direximus, Nosque ipsi hoc opus aggressi, illud nonnullis etiam adhibitis piis (1) ac eruditis viris, sacrorumque rituum apprime peritis, qui operam suam in ipso Cæremoniali emendando ac restituendo Nobis contulerunt, benedicente Domino, perfecimus.

Itaque, ne tam utilis Ecclesiæ Catholicæ hac in re labor suo frustretur effectu, motu proprio, ac ex certa scientia nostris, deque Apostolicæ potestatis plenitudine, Cæremoniale Episcoporum hujusmodi, a Nobis, ut præmittitur, recognitum et emendatum, perpetuo confirmamus et approbamus, illudque in universali Ecclesia ab omnibus et singulis personis ad quas spectat, et in futurum spectabit, perpetuo observandum esse, in virtute sanctæ obedientiæ præcipimus et mandamus (2), ac Cæremoniale hujusmodi sic emendatum, nullo unquam tempore, in toto vel in parte mutari, vel ei aliquid addi, aut omnino detrahi posse ; ac quascumque personas præfatas, quæ pontificalia, et sacerdotalia munera exercere, aut alia quæcumque in ipso Cæremoniali contenta, facere aut exsequi

---

(1) Notre religieux pontife, à l'exemple de ses prédécesseurs, ne manque pas de bien faire observer ici qu'il s'est servi, pour une nouvelle correction du Cérémonial, de *piis ac eruditis viris;* et l'on en doit tout naturellement conclure que tous ceux qui sont *pieux* aiment les cérémonies et travaillent à s'y rendre *habiles*. Cette étude rend *pieux*, et cette *piété* rend *studieux*. L'on sait que c'est ainsi que s'entretient l'esprit sacerdotal.

(2) La preuve la plus certaine qu'une communauté quelconque est fervente et régulière, c'est quand la règle y est constamment bien observée. Cette amoureuse fidélité à une règle commune est cette vertu héroïque dont Benoît XIV se serait contenté pour canoniser toute personne religieuse dont on lui aurait prouvé, sous ce rapport, la perfection. Cependant cette règle n'oblige pas en conscience, à moins qu'elle n'atteigne les vœux. Cela étant ainsi, que penser des cérémonies, qui sont les règles sacrées tracées par l'Église elle-même pour le bon gouvernement des chœurs, et dont elle fait à tous ses ministres une si grave et si stricte obbligation : *In virtute sanctæ obedientiæ?* D'un autre côté, à quelle sublime perfection n'arrivera pas bientôt le bon prêtre, et quels trésors de grâces et de mérites n'amassera-t-il pas tous les jours pour le ciel, si, sans jamais se démentir, il observe son Cérémonial en vue de Dieu et en esprit d'obéissance à son Église ? Si l'on s'attache tout naturellement aux usages et traditions de sa communauté, pour toujours conserver l'esprit primitif, quel ne doit pas être notre attachement aux antiques usages et traditions de la sainte Église romaine, afin que, célébrant comme elle les saints offices, nous puissions faire comme faisaient les saints apôtres qui l'ont fondée et tant de saints pontifes qui l'ont gouvernée! *Si quis ministrat, tanquam in virtute, quam administrat Deus.* (I Pet., IV, 11.) *Multi unum corpus sumus in Christo... habentes... sive ministerium in ministrando...* (Rom., XII, 5, 7.)

debent, ad ea peragenda et præstanda, juxta hujus Cæremonialis formam et præscriptum teneri, neminemque ex iis, quibus ea exercendi et faciendi munus impositum existit, nisi formulis, quæ hoc Cæremoniali continentur, servatis, satisfacere posse, perpetuo statuimus et ordinamus.

Per præsentes autem antiqua Cæremonialia in his, quæ præfato Cæremoniali emendato sunt conformia, minime aboleri aut abrogata censeri volumus; sed illorum etiam usum, salva emendatione prædicta, permittimus.

Non obstantibus præmissis ac apostolicis, et in universalibus, provincialibusque et synodalibus Conciliis, editis generalibus vel specialibus constitutionibus et ordinationibus, nec non quarumvis ecclesiarum, etiam juramento, confirmatione apostolica, vel alia quavis firmitate roboratis, statutis et consuetudinibus, privilegiis quoque, indultis, et litteris apostolicis, quibusvis ecclesiis et personis in contrarium præmissorum quomodolibet concessis, confirmatis et innovatis. Quibus, et singulis, illorum tenores præsentibus pro expressis habentes, ad præmissorum effectum specialiter et expresse derogamus, cæterisque contrariis quibuscumque.

Volumus autem, et pari motu et auctoritate decernimus, ut qui in Romana Curia sunt præsentes, lapsis duobus, qui vero citra montes octo, et qui ultra ubique locorum degunt, duodecim mensibus integre excursis, vel alias ubi venalium hujus Cæremonialis voluminum notitiam et facultatem habuerint, sacras cæremonias et ritus in eodem Cæremoniali præscriptos, juxta illius modum et normam, in quibuscumque actibus, exercere et observare teneantur.

Quodque earumdem præsentium litterarum exemplis manu notarii publici subscriptis, et sigillo alicujus personæ in dignitate ecclesiastica constitutæ, aut illius Curiæ, munitis, vel in ipsis voluminibus, absque præfato vel alio quopiam adminiculo, Romæ impressis, eadem ubique locorum et gentium fides adhibeatur, quæ præsentibus ipsis adhiberetur, si essent exhibitæ vel ostensæ.

Datum Romæ apud Sanctum Petrum, sub Annulo Piscatoris, die VII Martii MDCCXXVII, Pontificatus nostri anno tertio.

Pro E. Cardinale OLIVERIO,

Carolus Archiep. EMISSENUS.

Quæ pro Pontificali Romano *statuerunt Clemens Papa VIII, Bulla incip.* Ex quo in Ecclesia, *et Urbanus Papa VIII, Bulla incip.* Quamvis alias, *hic iterum brevitatis gratia omittuntur.*

Prosequuntur Litteræ Apostolicæ BENEDICTI PAPÆ XIV.

Quoniam autem Nos pro paterna charitate vehementer cupientes, ut Christi fidelibus in articulo mortis constitutis, quoad fieri posset, universis Apostolica Benedictio nostro nomine impertiretur, et plenaria omnium peccatorum suorum indulgentia elargiretur, per alias nostras sub plumbo litteras anno Incarnationis Dominicæ MDCCXLVII, nonis Aprilis, Pontificatus nostri anno septimo data omnibus ecclesiarum antistitibus hujusmodi facultatem, sub certis modo et forma expressum, tribuimus, atque insimul formulam Benedictionis et indulgentiæ hujusmodi dandæ præscripsimus; quemadmodum encyclicam etiam nostram epistolam die XIX mensis Martii anno MDCCXLVIII, ad dilectos filios Generales Ordinum Regularium, quibus a Sancta Sede indulta vel indulgenda erat facultas pontificiam benedictionem effundendi super populum statis diebus, scripseramus super modo et ritu, quibus prædicta benedictio danda est.

Præterea ad nonnullas lites et controversias exortas e medio tollendas, itidem per alias nostras in simili forma Brevis litteras confirmaveramus leges et instituta cæremonialia jussu nostro edita pro provinciarum Præsidibus, Gubernatoribus, Prælatis, et Apostolicis Vice-Legatis, quæ sunt tenoris sequentis:

BENEDICTUS PAPA XIV.

Ad perpetuam rei memoriam.

Quod Apostolus universis Christi fidelibus consulebat, ut, inter cætera officia sibi pariter exhibenda, honore etiam sese invicem prævenirent, et honorem tanquam debitum, cui deferendus esset honor, redderent, id maxime ab antistitibus et præsulibus vicissim inter sese in mutua tam civilium, quam sacrorum officiorum exhibitione præstandum esse intelligentes Romani Pontifices, prædecessores nostri, per Cæremoniale Episcoporum juxta uniuscujusque ordinis, gradus, et dignitatis conditionem, Leges et Statuta, quibus integerrime servatis, et unicuique ratio haberetur, et nemini inferretur præjudicium, sapientissime præscripserunt.

Quoniam autem quosdam abusus in honoribus sibi invicem deferendis inter Venerabiles Fratres Archiepiscopos et Episcopos ex una, et inter dilectos filios provinciarum status nostri ecclesiastici Præsides, Gubernatores, Prælatos, et Apostolicos Vice-Legatos ex altera parte, quocumque pacto, ac tempore etiam immemorabili, irrepsisse jamdudum, etiam dum in minoribus essemus, noveramus, ut eosdem penitus adimeremus, ne ullus unquam in posterum querelis, ac dissidiis inter utrosque forsan oborientibus, pateat aditus, nonnullis ex Venerabilibus Fratribus nostris Sanctæ Romanæ Ecclesiæ Cardinalibus, qui Congregationibus Sacrorum Rituum et Cæremoniarum præpositi sunt, negotium dedimus, ut Leges et Instituta cæremonialia pro corrigendis et auferendis iisdem abusibus opportuna et salutaria conderent.

Hujusmodi vero Leges et Instituta cæremonialia, ab iisdem Cardinalibus præscripta et a Nobis inspecta, cum probassemus, quo firmius subsistant et serventur exactius, tenore præsentium, apostolica auctoritate approbamus et confirmamus, atque ab omnibus et singulis, ad quos spectat, et in futurum spectabit, perpetuo observanda esse statuimus, præcipimus et mandamus.

Decernentes easdem præsentes litteras semper firmas, validas, et efficaces existere et fore, suosque plenarios et integros effectus sortiri et obtinere, ac illis, ad quos spectat, et pro tempore quandocumque spectabit, in omnibus et per omnia plenissime suffragari. Sicque in præmissis per quoscumque judices ordinarios et delegatos etiam causarum palatii apostolici auditores judicari et definiri debere, ac irritum et inane, si secus super his a quoquam quavis auctoritate scienter vel ignoranter contigerit attentari. Non obstantibus quibuscumque in contrarium præmissorum quomodolibet facientibus.

Volumus autem, ut earumdem præsentium litterarum transumptis, seu exemplis etiam impressis, manu alicujus notarii publici subscriptis, et sigillo personæ in ecclesiastica dignitate constitutæ munitis, eadem prorsus fides tam in judicio quam extra illud adhibeatur, quæ ipsis præsentibus adhiberetur, si forent exhibitæ vel ostensæ.

Datum Romæ apud Sanctam Mariam Majorem, sub Annulo Piscatoris die xv Maii MDCCXLI, Pontificatus nostri anno primo.

D. Cardinalis Passioneus.

DECRETUM.

Cum Sanctissimus Dominus noster Benedictus Papa XIV, ex Cardinalibus, qui Congregationibus Sacrorum Rituum et Cæremoniali præpositi sunt, quatuor selegisset Eminentissimos, nempe Rufum Sacri Collegii Decanum, Lercarium, Accorambonum et de Gentilibus, ut ab eisdem uniforme statueretur Cæremoniale a provinciarum Præsidibus, Gubernatoribus, Prælatis, et Vice-Legatis in suis respective provinciis, vel civitatibus, Sanctitate Sua prius approbante, posthac perpetuo et inconcusse observandum, ipsi Eminentissimi Patres, pluribus idcirco præhabitis sessionibus, hæc, quæ sequuntur, mihi peculiaris hujus Congregationis Secretario, Sanctitati Suæ referenda demandarunt.

Factaque per me de infrascriptis omnibus Sanctitati Suæ relatione, Sanctissimus non tantum ea approbavit, verum etiam pro omnimoda illorum observantia publicari mandavit.

Hac die 18 Aprilis 1741.

T. Card. Rufus, Episc. Ostien., et Veliternen.

Loco † Sigilli.

Ignatius Reali, Secretarius.

Insuper formulam itidem Benedictionis, et Traditionis Pallii, ac jurisjurandi a procuratoribus absentium Archiepiscoporum, antequam a dilecto filio nostro S. R. E. Cardinali Diacono idem pallium accipiant, ipsorum Archiepiscoporum nomine præstandi per nostram Constitutionem die xii mensis Augusti anno MDCCXLVIII, sub plumbo expeditam statuimus (1).

Porro accedit ad hæc methodus quoque scholæ sacrorum rituum in Gregoriano Collegio Romano hujus almæ Urbis nostræ, Nobis approbantibus, institutæ, non sine uberi per hoc tempus in sacris ritibus addiscendis profectu, aliarumque ad instar ejusdem scholæ alibi jam erectarum vel erigendarum, quæ methodus multis in libris, et

---

(1) Nous reproduisons, pages 119 et suivantes, ce qui est prescrit dans cette bulle du 12 août 1748, et dans le Cérémonial romain au sujet du *pallium*, afin que, dans chaque province ecclésiastique, l'on puisse quelquefois donner aux fidèles de pieuses instructions sur cet ornement, si plein de significations mystérieuses, dont l'Église décore son pontife le jour qu'elle le couronne, et dont lui-même décore chaque évêque qu'il élève au rang de métropolitain. On y trouvera aussi les formalités à suivre pour obtenir à Rome le *pallium*, par soi-même ou par procureur.

præcipue in decimo nostrorum operum volumine Romanæ editionis reperitur inserta, plurimumque a Nobis commendatur, eamque plurimum studiosis sacrorum rituum prodesse compertum est.

Ea propter, cum Nobis a quamplurimis humiliter supplicatum fuerit, ut typis iterum reimprimendi Rituale Romanum, Cæremoniale Episcoporum et Pontificale Romanum hujusmodi, et non solum in iisdem antedicta omnia a Nobis statuta addendi, verum etiam nostro jussu in lucem emittendi licentiam de apostolica benignitate et auctoritate concedere, et indulgere dignaremur.

Nos itaque probe scientes, et experientia edocti quantum prosit, ut in uno volumine simul collecta ad manus sint ea omnia, quæ sparsim ac divisim impressa reperiuntur (1), et considerantes, quan-

(1) Ce que dit ici l'illustre pontife, des avantages qu'il y a d'avoir sous la main et recueillies dans un seul volume beaucoup de choses qu'il faudrait chercher dans un grand nombre de livres, nous justifiera sans doute aux yeux de ceux qui seraient tentés de croire que nous nous sommes plusieurs fois écarté de notre sujet. L'éloge que fait ce grand maître de la *méthode* à suivre dans l'enseignement liturgique nous est une raison péremptoire de la reproduire ici. Nous le faisons d'autant plus volontiers, qu'ayant assisté à Rome à une séance académique de ce genre, en compagnie d'un éminent cardinal et d'un bon nombre de prélats, curés et autres ecclésiastiques, nous nous sommes convaincu que l'on pourrait aisément établir de semblables écoles dans les divers diocèses de la chrétienté, et que ce serait un puissant moyen d'exciter le zèle pour les saintes cérémonies.

METHODUS

IN SCHOLA S. RITUUM SERVANDA.

I. Singulis annis typis edetur volumen ducentas ad minimum complectens paginas, in quo sequentia contineantur; nimirum : 1. Titulus materiæ de qua agendum eo anno erit, et ipsius operis dedicatio. 2. Syllabus auditorum qui scholæ nomen dederint usque ad kalendas januarias. 3. Materia eo anno proposita, et viginti aliæ quæstiones, vel de eodem argumento, vel potius de aliis in sacra Rituum Congregatione agitari solitis. 4. Epistola summo Pontifici quotannis exhibenda. 5. Demum, duplex libellus pro totidem disputationibus.

II. Quoniam vero volumen hoc ducentas circiter complectens paginas, in Auditorum præsertim utilitatem cedere debet, hinc plura illius edentur exemplaria, quæ divisa per folia, ita dispertientur, ut exacto annuo scholæ curriculo, ducenti ex Auditoribus, qui scholæ assidui interfuerint, totum singuli volumen gratis obtineant.

III. Porro ex 200 iis paginis satis erit, si professor 100 quotannis repleat lucubrationibus a se de novo elaboratis; reliquas vero vel suis, vel aliorum iterum curis, prout utilius judicaverit, supplere poterit : imo Auditorum laboribus uti, si qui fortasse sui ingenii, atque studii præbere meruerint.

IV. Quotannis igitur duas exhibebit disputationes publicas; quarum altera versetur circa materiam, de qua illo anno actum in schola fuerit, vel totam comprehendendo, vel aliquam illius partem elucidando; altera vero circa materiam aliquam ex iis quæ in sacra Rituum Congregatione agitari solent, quæ plerumque ex vitam hujusmodi collectio utilitatem memoratæ scholæ liturgicæ in Collegio Societatis Jesu ejusdem almæ Urbis nostræ a Nobis instiginti ultimis exercitationibus primo anno propositis desumetur. Et huic duplici materiæ respondebit libellus, quem supra innuimus.

V. Si quando occasio tulerit, ut inter privatas scholæ exercitationes agendum sit de peculiari aliqua re, ut ita dicam, extra ordinem; non id fiet, nisi aliquot diebus ante Auditores præmoneantur, ut nempe tractari pro dignitate possit.

VI. Viginti illæ quæstiones, seu exercitationes, quas addendas duximus aliis octoginta circa materiam in titulo quotannis propositam discutiendis, tractabuntur privatim, cum iis scilicet Auditoribus, quibus major erit sui progressus cura, quibus etiam folia in ordinaria sacrorum Rituum Congregatione imprimi solita communicabuntur, et negotia ibidem contenta, atque sacræ Congregationis decreta.

VII. Tempus integrum octoginta propositis quæstionibus tribuendum totidem dies complectitur, numerandos a festo Præsentationis Beatissimæ Virginis usque ad festum S. Aloysii Gonzagæ.

VIII. Scholæ vero exercitium incipiet hora vigesima secunda cum dimidio, usque ad vigesimam tertiam. In primo quadrante fiet explicatio, in secundo unus ex Auditoribus aliquid ex proposita quæstione deducet, et argumenta ab alio Auditore objecta confutabit; ex qualibet vero quæstionum decade una pro disputatione semipublica, sive ut aiunt, menstrua seligetur, quam aliquis ex Auditoribus in primo quadrante elucidabit, et in secundo objectionibus tum Præceptoris, tum alicujus Auditoris satisfaciet.

IX. Ante S. Aloysii Gonzagæ festum, ut supra innuimus, Epistola Summo Pontifici exhibetur, in qua scholæ ratio reddatur, designeturque, quos eo anno progressus fecerint Auditores.

X. Denique sacrorum Rituum Professor, in rebus ad scholam pertinentibus, non tam propriæ eruditionis et doctrinæ laudem, quam Auditorum utilitatem præ oculis habebit; cum præsertim in Thesauri Liturgici collectione, quam curare debet, magnam sit habiturus materiam, in qua ingenium tum suum, tum amicorum exerceatur, si qui forte erunt, qui operi utilissimo adjutrices manus præstare velint.

XI. Materia singulis annis discutienda: 1° *De Sacrosancto Missæ sacrificio;* 2° *De divino Officio;* 3° *De Sacramentorum administratione;* 4° *De Benedictionibus et Precibus;* vel potius, *de Missali Romano; de Rituali Romano; de Pontificali Romano.* In primis duobus argumentis non solum Missale et Breviarium, sed etiam Cæremoniale Episcoporum et Martyrologium Romanum elucidari possunt; siquidem præfixus scholæ finis est, virum ecclesiasticum optime instructum reddere in intelligentia librorum liturgicorum, quibus Ecclesia Romana nunc utitur. Hujusmodi vero argumenta *Exercitationes nostræ liturgicæ* pertractant, ad quas magno præsidio nobis sunt Opera Benedicti XIV, in quibus de Missa, de Festis, et omnibus fere rebus ad Ecclesiasticam disciplinam pertinentibus fuse disseritur. Pro viginti tamen Exercitationibus de rebus in Congregatione S. Rituum agitari solitis, peculiares scholæ nostræ facimus octo tomos *de Canonizatione Sanctorum,* quos unico volumine in synopsim redactos complexi sumus.

XII. Thesaurus Liturgicus, et peculiares in eo dissertationes de rebus, quas Ecclesiastica, vel profana historia, Conciliaresque sanctiones ad sacrorum Rituum illustrationem suppeditabunt, non ad scholæ exercitium, neque ad ejusdem Auditores spectant, sed eas peculiari titulo dedicamus *Sacrorum Rituum Academicis* dignitate et scientia clarissimis, quorum plurimos vel codices et dissertationes nobis transmittendo, vel suppeditando materiam, vel protectione sua studia nostra provehendo, benevolentissimos nobis magno litterariæ reipublicæ bono experti sumus.

tutæ, aliisque ubique locorum erectis afferre possit, apostolica auctoritate tenore præsentium communibus tot insignium virorum, ac præsulum votis et supplicationibus benigne annuentes, facultatem tribuimus et impertimur, ut Rituale Romanum, Cæremoniale Episcoporum ac Pontificale Romanum sub iisdem modo et forma, quibus de præsenti impressa reperiuntur et usui sunt, una insimul cum omnibus et singulis, quæ, ut superius relatum est, a Nobis præscripta, ordinata et publici etiam juris facta sunt, necnon cum sæpe dicta methodo scholæ sacrorum rituum in operibus nostris jam editis inserta jussu nostro, non obstantibus quibuscumque in contrarium facientibus, typis reimprimantur, et in lucem emittantur.

Datum Romæ apud Sanctam Mariam Majorem, sub Annulo Piscatoris die xxv Martii anno MDCCLII, Pontificatus nostri anno duodecimo.

CAJETANUS AMATUS.

CÉRÉMONIAL DES ÉVÊQUES

CÉRÉMONIAL
DES ÉVÊQUES

LIVRE PREMIER

CHAPITRE PREMIER

DES ÉVÊQUES ÉLUS.

Corona nuper electi ad cathedram Metropolitanam, Episcopalem, seu majorem. Vestium forma et color. Quid agere debeant electi, in Curia præsentes. Quid absentes. Vestes eorum, qui ex ordinibus regularibus, aut militaribus assumuntur.

1. Cum primum aliquis certior factus fuerit, se alicui Ecclesiæ Metropolitanæ, Cathedrali, vel majori a Summo Pontifice in Consistorio præfectum (1), sive ille in Curia Romana degat (2), sive ab ea absens sit, statim curabit, sibi amplam coronam in capite decenter formari (3). Tunc, et non prius, super vestem inferiorem talarem, cum extra domum exibit, induet aliam vestem breviorem apertam, ita ut per scissuras brachia extrahi possint, quod genus vestis mantellettum vocant (4). Vestes autem hujusmodi erunt (5), vel ex lana, vel ex camelotto coloris violacei, nullo autem modo sericæ (6).

(1) Ce texte fixe le temps où il est permis à celui qui est élu à l'épiscopat d'en prendre les insignes.

(2) Ce ne fut, dit Catalan, que dans le douzième siècle que l'on commença à appeler l'Eglise romaine *Curia romana*. Ce mot: *Curia*, signifie *amplus alveus*, et il convient parfaitement

à l'Eglise-mère, qui porte dans son sein toutes les nations de la terre.

(3) On lit dans Catalan que les clercs portaient autrefois une tonsure semblable à celle des moines, et que ce ne fut que dans le treizième siècle que les premiers commencèrent à la porter plus petite.

Mais cette tonsure cléricale devait être plus ou moins grande, à raison des ordres auxquels on avait été promu. *Habentes (clerici) coronam decentis amplitudinis, secundum quod exegerit ordo quo fuerint insigniti.* (*Conc. Worcester apud Catalanum.*) Si donc le Cérémonial recommande ici à l'évêque élu de se faire faire une grande tonsure, c'est que, dit Catalan, *Episcopus religiones longe præstantissima religione excellat.*

(4) A Rome, les cardinaux et les évêques ne prennent pas le *mantelet* chaque fois qu'ils sortent, mais seulement quand ils doivent se trouver à quelque réunion solennelle, telle qu'à une distribution de prix dans les colléges; mais il est à remarquer qu'alors ils ne prennent pas le rochet, dont ils ne se servent que pour les cérémonies religieuses.

(5) Le Cérémonial désigne, par ces mots, la soutane : *Vestem inferiorem talarem,* aussi bien que le mantelet.

Il est à remarquer qu'à Rome les prélats ne laissent traîner leur soutane que quand ils officient, et qu'ils la tiennent toujours relevée quand ils assistent aux offices pontificaux. Le pape la tient également relevée quand il dit la basse messe, même en cérémonie, comme nous l'avons observé le jeudi-saint dernier, qu'il la disait devant une vingtaine d'archevêques et d'évêques, qui communièrent de sa main, ainsi qu'un cardinal, qui y assistait également.

Catalan dit que les ecclésiastiques ne doivent pas avoir de soutanes traînantes.

(6) A Rome, les prélats séculiers sont en laine l'hiver et en soie l'été. Cet usage de la soie pendant le temps des grandes chaleurs est sans doute légitimé par la nécessité. Catalan observe là-dessus que cette coutume est licite, puisqu'elle est au *vu* et au *su* du souverain pontife. Mais les prélats réguliers portent des habits de laine dans toutes les saisons de l'année.

2. Præsentes in Curia, induti ut supra (1), quamprimum poterunt, adibunt Summum Pontificem, et ei gratias agent de sua promotione, merita propria extenuando, et dignitatis gradum amplificando, seipsos, et Ecclesias ipsis commissas humiliter commendando, et tunc e Sanctitatis suæ manibus rocchettum accipient, et post oscula pedum gratias agent. Visitabunt deinde singulos Eminentiss. S. R. E. Cardinales in eorum domibus, eisque officiose gratias agent, se et suas Ecclesias illis commendando et offerendo (2).

(1) Les évêques élus en cour de Rome se présentent en soutane violette à la première audience du saint Père, pour recevoir de ses mains le rochet. A part cette circonstance, tous les évêques qui sont admis à l'audience publique et ordinaire du pape sont revêtus du rochet et du mantelet. On verra à la suite quel doit être leur costume pour les audiences privées.

(2) Les nouveaux évêques se revêtent du rochet et du mantelet pour faire aux éminents cardinaux la visite dont il est ici question. C'est du moins ce que nous avons vu pratiquer pendant que nous étions à Rome. Nous pensons qu'il en est de même de tout évêque qui fait une visite de cérémonie à un cardinal; c'est encore ce que nous avons vu et ce qui nous a paru très-convenable et tout à fait conforme à l'esprit du Cérémonial. Il ne sera pas hors de propos d'observer ici, en passant, que tous les évêques du monde, qui font cette visite aux princes de l'Eglise, en arrivant à Rome et avant d'en repartir, accomplissent un devoir aussi doux que légitime. Il nous semble convenable qu'ils soient aussi en rochet et mantelet, pour une pareille visite.

3. Absentes vero se ipsos rocchetto et vestibus, ut supra, induent (1), et gratiarum actiones, et Ecclesiarum suarum commendationis officium per litteras, tam apud Summum Pontificem, quam apud Eminentissimos dominos Cardinales peragere studebunt, et si erunt in propria sua diœcesi, vel provincia, cum de eorum promotione certum nuntium habuerint, utantur domi et foris, loco manteletti, mozzetta (2) ejusdem coloris supra rocchettum, et tam præsentes in Curia, quam absentes utantur, cum opus erit, galero nigro laneo, viridi serico ornato, cum cordulis ac floccis coloris viridis. Hæc, quæ de vestibus diximus, clericis seu Presbyteris sæcularibus, seu regularibus electis, tantum conveniunt.

(1) Les *élus*, avant même leur consécration, comme le remarque Catalan, commencent à porter le violet, ainsi que le ruban et les glands verts à leur chapeau.

(2) Le rochet et la mozette signifient que celui qui en est revêtu exerce, sur le lieu, la première juridiction. Ainsi, le pape porte le rochet et la mozette en tous lieux; les cardinaux, à Rome, en sont de même revêtus dans leurs églises titulaires, les archevêques dans toute leur province, et les évêques dans leur diocèse. Ceux qui ont droit de porter le rochet le couvrent, soit de la cape, soit du mantelet, soit du surplis, quand ils n'exercent pas sur les lieux cette première juridiction. Aussi, à Rome, le pape seul porte en tous lieux le *rochettum discoopertum*. Les chanoines des églises patriarcales à qui est accordé le privilége de porter le rochet ne peuvent jamais faire usage de la mozette. Là, les clercs qui sont employés aux offices du chœur ont la soutane rouge, ou violette, ou noire, selon les privilége particuliers des églises. Mais nulle part on ne voit ces clercs en mozette, parce que c'est l'ornement réservé à la haute prélature, comme on vient de l'observer.

4. Promoti vero ex regulari ordine non clericali, non utuntur rochetto (1), sed retinent in vestibus colorem habitus suæ religionis, et deferunt ubique mozzetam ejusdem coloris, et biretum nigrum (2) (galero tamen viridi. prout supradicti clerici utuntur); sed Canonici regulares utuntur etiam rocchetto, prout ante promotionem ad Episcopatum utebantur in sua Congregatione, et colore violaceo; sed non mozzetta, ut et Presbyteri S. Spiritus, et militiarum S. Joannis, S. Jacobi, et aliarum; qui tamen sui ordinis insignia in vestibus non deferunt, sed ejusdem ordinis crucem ad collum intus pendentem (3). Cum autem Episcopi, nulli regulari ordini adscripti, seu ex ordinibus militaribus assumpti, extra diœcesim fuerint, mozzetta super mantellettum utantur, ubi talis viget consuetudo (4).

(1) Les évêques réguliers, comme on le voit. ne peuvent user du rochet; mais ils prennent la mozette par-dessus le mantelet, et ces deux vêtements doivent être de la couleur en usage dans leur ordre.

(2) Par un privilége spécial accordé par Paul II, les cardinaux, dit Catalan, font usage de la barrette rouge, même aux offices des morts; celle des évêques séculiers, aussi bien que

celle des réguliers, est noire. A ce sujet, Catalan observe que l'évêque de Verceil, qui a le privilége d'être en rouge, comme les cardinaux, dans certaines solennités, garde néanmoins la barrette noire.

La barrette des cardinaux comme celle des prélats, est tricorne. Elle peut être de laine ou de soie, selon l'usage de Rome. On s'en sert comme il est marqué au Cérémonial.

Aux chapelles papales, les cardinaux qui sont *ad subsellia*, dans le chœur, n'ont la barrette à la main, pendant l'office, que lorsqu'ils sont encensés. Le cardinal qui remplit l'office de prêtre assistant, auprès du pape, tient sa barrette quand il est au trône, excepté quand il lui faut faire quelque chose qui exige qu'il ait les mains libres. Les cardinaux qui font diacres assistants ne portent pas la barrette et demeurent découverts, quand ils sont assis, aussi bien que les cardinaux qui sont *ad subsellia*, avec cette différence pourtant que ceux-ci n'ont pas même la calotte.

Les cardinaux ne se couvrent jamais de la barrette, en présence du pape; il va sans dire que les prélats assistants du trône n'en font pas non plus usage à ces offices; aussi la tiennent-ils tout le temps à la main.

La barrette *quadricorne* est l'insigne du doctorat, et les laïques, aussi bien que les ecclésiastiques, en font usage dans toutes les séances académiques où il est question de se montrer d'une manière officielle; mais aucun docteur, même évêque, ne peut se servir de cette barrette *quadricorne* dans les fonctions sacrées.

(3) Les évêques qui sont de quelque ordre militaire portent la croix de leur ordre, mais cachée sous leur habit. A ce sujet, nous observerons en passant qu'à Rome, chez les cardinaux, archevêques et évêques, l'usage s'est introduit, par un sentiment de pure convenance, de ne pas laisser paraître leur croix pectorale. Cet usage a continué nonobstant la permission générale que crut devoir donner Léon XII de faire le contraire. Ainsi les cardinaux la tiennent cachée sous leur mozette, et les évêques sous leur mantelet : à la maison, tous la tiennent sous la ceinture ou dans la soutane.

C'est sans doute en conformité à cet usage de Rome que les évêques qui sont dans des diocèses étrangers observent assez généralement de ne pas non plus laisser paraître leur croix.

(4) A Rome, les cardinaux et les patriarches portent le rochet, le mantelet et la mozette, tandis que les évêques séculiers et autres prélats privilégiés sont en rochet et mantelet seulement. Les prélats réguliers portent le mantelet et la mozette, sans rochet, et ils ne doivent prendre le surplis que pour officier.

La coutume à laquelle fait ici allusion le Cérémonial, d'user de la mozette et du mantelet par-dessus le rochet, quand on se trouve dans un diocèse étranger, mettrait toutes les Eglises de la chrétienté en harmonie avec la pratique de Rome. Catalan observe à ce sujet que saint Charles avait ordonné aux suffragants de se revêtir ainsi du mantelet, en présence du métropolitain, ce que, toutefois, le Cérémonial des évêques ne prescrit pas. Quoi qu'il en soit, les évêques peuvent permettre à d'autres évêques de porter, dans toute l'étendue de leur diocèse, le *Rochettum discoopertum*.

CHAPITRE II

DE L'ENTRÉE ET DE LA PRISE DE POSSESSION D'UN NOUVEL ÉVÊQUE

Procuranda ab Archiepiscopo et Episcopo ante accessum ad suam Ecclesiam. Quæ in itinere præstanda. Significandus ejus adventus Vicario, Capitulo et Magistratui Civitatis. Quæ præparari debeant pro ejus ingressu. Quo ordine processio peragenda. Ritus possessionis in Ecclesia capiendæ. Recessus ab Ecclesia ad ædem Episcopalem. Quid præstandum, si transeat per insignem locum suæ diœcesis, vel in eo hospitetur.

1. Accessurus Episcopus ad suam diœcesim, vel archiepiscopus ad suam provinciam, ante accessum poterit aliquas gratias, seu facultates a Sanctiss. D. N. Papa obtinere, præsertim Indulgentiam plenariam pro populo, suæ primæ Missæ adfuturo. Insuper præparabit, quæ in itinere et ingressu usui esse poterunt : ut vestes Episcopales ordinarias; cappam Pontificalem violacei coloris, seu, si regularis fuerit, coloris habitus sui; galerum Pontificalem cordulis ac floccis sericis coloris viridis ornatum; equi etiam, sive mulæ ornamenta opportuna; item libros necessarios, ut inter cæteros, Pontifi-

cale Romanum et hoc Cæremoniale; ac paramenta etiam sacra, quæ pro ingressu erunt necessaria, id est pluviale album cum stola, et mitra pretiosa, amictum, albam, cingulum, crucem pectoralem, et annulum, nisi ea ad majorem commoditatem a propria Ecclesia sumere velit. In discessu recitabit in Ecclesia, si commode fieri poterit, sin minus, antequam equum ascendat, cum suis clericis et familiaribus, itinerarium; idemque observabit quotidie mane post Missam, antequam equum ascendat, quamdiu erit in itinere : et si erit Archiepiscopus, quamprimum suam provinciam intraverit, faciet ante se deferri crucem (1) per aliquem ex suis Capellanis, imagine sanctissimi Crucifixi ad se versa; et sibi occurrentes subditos, qui genuflectere debent, signo crucis super illos facto benedicet, atque ita etiam faciet Episcopus cum suam diœcesim intraverit.

(1) Ce n'est plus l'usage, pour les archevêques, de faire porter devant eux la croix archiépiscopale quand ils sont en voyage ou qu'ils sortent dans la ville. Ainsi, cette croix ne sert plus que dans les fonctions sacrées qui exigent que l'archevêque ne paraisse qu'avec cet insigne de sa dignité. Les paroles qui suivent, et que nous lisons dans Catalan, sont si touchantes, que nous succombons à la tentation de les reproduire ici :

Nota qua mente, quo studio, quo fervore animi incalescere debent pontifices, quando crucem sequuntur præviam, ut nimirum inimicas crucis cupiditates omnes debellent, atque crucis et christianæ pietatis causam infracto semper pectore tueantur.

2. Cum autem erit unius diei, vel bidui spatio propinquus propriæ civitati, significabit Vicario suo et Canonicis, ac Capitulo, necnon Magistratui et Officialibus civitatis diem et horam sui ingressus, ut possint omnes se præparare, ut ei obviam eant, eumque debito honore prosequantur. Præmittet etiam aliquem ex suis, qui clerum et alios, ad quos spectat, admoneat, ut processionem habendam in hujusmodi ingressu indicent; præparari faciant baldachinum in porta civitatis, et deputari qui illud portent supra Episcopum, ut inferius dicetur; vias etiam, per quas eundum erit, mundari, ac floribus, vel frondibus conspergi in signum lætitiæ curent.

3. Die præstituta, Canonici et Capitulum cum toto clero debent processionali ritu proficisci extra portam civitatis, et prope illam consistere; Magistratus vero et Officiales cum civibus et populo Epis-

copum in porta excipere. Episcopus interim in aliquo sacello, seu honesto et convenienti loco, parum distante a porta civitatis, descendet de mula, vel equo, ac deposito itinerario habitu induet cappam Pontificalem, iterumque ascendet mulam ornatam Pontificalibus ephippiis et stragula violacei coloris (1), ac galerum Pontificalem solemniorem in capite geret; atque ita equitabit, suis familiaribus et domesticis ipsum comitantibus usque ad portam civitatis, ubi descendens e mula, genuflectet super tapete stratum et pulvinum ibidem paratum, et devote osculabitur crucem sibi per digniorem ex capitulo, pluviali albo indutum, oblatam. Mox surgens, in aliquo sacello, vel loco ad id parato, accipiet, deposita cappa, paramenta sacra, videlicet amictum, albam, cingulum, crucem pectoralem, stolam et pluviale album, ac demum mitram pretiosam, atque annulum, et conscendet equum, serico albo undique textum, et decenter ornatum.

(1) Il est ici question de la *selle* de cérémonie et du *tapis* orné qui couvrait la mule de l'évêque lorsqu'il faisait à cheval son entrée solennelle.

En Italie, cette *équitation* cérémonielle, qui rappelle tout naturellement l'entrée triomphante de Notre-Seigneur dans la ville de Jérusalem, se pratique encore quelquefois.

Les papes la faisaient autrefois avec grande pompe quand ils prenaient possession des basiliques de la ville sainte. L'on raconte que le dernier qui la fit, étant tombé à terre, se releva tranquillement en disant : *Verè sum Christi vicarius in terrâ.* A ce propos, on aimera à lire ici les belles paroles que prononce le cardinal-diacre qui fait assistant au couronnement d'un nouveau pape, en lui imposant la tiare : *Accipe tiaram tribus coronis ornatam, et scias te esse patrem, principem et regem, rectorem orbis, in terra vicarium Salvatoris Nostri J. C., cui est honor et gloria in sæcula sæculorum. Amen.*

4. Ordo autem procedendi erit. Equitabunt primo cives omnes, deinde familiares Episcopi, tum Magistratus et Officiales civitatis, barones et principes, si qui aderunt; mox clerus omnis pedibus incedens, præcedente sua cruce, quem cantores subsequentur cantantes, ut in Pontificali Romano; post hos Canonici et Capitulum Ecclesiæ, et si fuerit Archiepiscopus, antecedet crux Archiepiscopalis, inter quam et Archiepiscopum nemo erit, nisi Dignitates et

Canonici; demum Archiepiscopus, seu Episcopus mitratus equitabit sub baldachino, quod portabitur primo loco per Magistratum civitatis, deinde per nobiles cives usque ad Ecclesiam, sive per eos, quibus ex consuetudine, vel ex privilegio id convenit. Ipse Episcopus memor erit populo manu dextera aperta et extensa frequenter benedicere (1), signum crucis faciens. Post Episcopum equitabunt Prælati, si qui erunt, et reliqui togati.

(1) Comme on le voit, c'est de la droite *ouverte* et *étendue* que l'évêque bénit le peuple qui vient à sa rencontre ou se trouve sur son passage. On sait que le pape, pour bénir, n'ouvre et n'étend ainsi que les trois premiers doigts, tenant fermés l'annulaire et le petit doigt. Il est à remarquer que ce n'est pas continuellement qu'il lève ainsi la main pour répandre les bénédictions attachées à son ministère de pasteur, mais souvent.

5. Ante portam Ecclesiæ Episcopus descendet ex equo super tapete stratum ibidem extensum, et retenta mitra, capiet aspersorium de manu dignioris de Capitulo antedicti, ut supra induti, quo se et alios asperget aqua benedicta, incipiendo a digniore : ac ministrante eodem, qui aspersorium obtulit, naviculam, imponet in thuribulum, quod aliquis Acolythus tenet, thus cum benedictione; tum prædictus dignior ex Capitulo, accipiens thuribulum de manu Acolythi, stans, facta prius profunda capitis inclinatione ante Episcopum, thurificet illum stantem cum mitra, triplici ductu thuribuli; et præcedentibus clero, Canonicis et Dignitatibus, atque Hymnum *Te Deum laudamus*, etc., cantantibus, ad altare sanctissimi Sacramenti, si est aliud ab altari majori, consistet ibi Episcopus, et remoto tunc baldachino, deposita mitra per aliquem Capellanum, aut Canonicum, si sit ante SS. Sacramentum, etiam clausum in tabernaculo, et facta genuflexione usque ad terram ante ipsum SS. Sacramentum, genuflectet iterum super pulvino ibidem parato in genuflexorio, et orabit; deinde surget, et facta iterum reverentia cum genuflexione sanctissimo Sacramento, accipiet mitram, et procedet ad altare majus, ubi ante infimum gradum, deposita mitra, faciet cruci, super altare positæ, reverentiam, caput profunde inclinando; deinde genuflectet super pulvino et genuflexorio ibi parato, et orabit; et interim ille dignior, ut supra indutus, accedet ad altare, et in cornu Epistolæ, in anteriori parte super suppedaneum, stans quasi versus orantem Episcopum, finito Hymno *Te Deum laudamus*, etc.,

cantabit ex libro super altare posito versiculum *Protector noster*, etc., et alia, prout in Pontificali Romano. Post orationem, Episcopus surget a faldistorio, et facta altari reverentia, accepta mitra, ibit ad sedem suam Pontificalem, in qua sedens recipiet omnes Dignitates, Canonicos et alios de Capitulo ad osculum manus, cantoribus interim Antiphonam, vel Psalmum aliquem cantantibus, vel organista organum pulsante. Deinde accedet Episcopus ad altare, quod, deposita mitra ante infimum gradum, et facta iterum cruci reverentia, in medio osculabitur, et cantata prius Antiphona Sancti Tituli Ecclesiæ cum suis Versiculo et Responsorio a choro, vel cantoribus, cantabit ipse in cornu Epistolæ Orationem ejusdem Sancti ; qua finita, accipiet mitram, ad medium altaris revertetur, et dabit benedictionem solemnem, cantando prout inferius habetur *Cap.* xxv, *Lib.* I, *de forma dandi benedictionem solemnem*, etc., eo modo, quo datur in fine Missæ.

6. Deinde facta prius cruci reverentia, assumpta mitra, si est Archiepiscopus, vel alius crucem ante se habens, et apud sedem suam, depositis paramentis, et assumpta cappa, procedet ad locum suæ habitationis, quem dignior ille de Capitulo, dimisso pluviali, et alii Canonici in habitu Canonicali comitentur, si habitatio erit contigua, vel vicina Ecclesiæ ; si vero distantior, usque ad portam ipsius Ecclesiæ. Quod si adesset aliquis magnus Princeps, qui vellet Episcopum usque ad portam hospitii comitari, debebit Episcopus aliquantulum resistere, non tamen hujusmodi obsequii et pietatis officium omnino recusare ; præsertim si habitationis locus non multum distet, sed ei pro tali humanitate gratias agere.

7. Si contingeret, dum Episcopus ad suam civitatem proficiscitur, transire per aliquem locum insignem suæ diœcesis, vel in eo hospitari, et clerus, ac magistratus ejus loci eum honorare cupiant, permittet quidem, ut ei obviam eant, etiam extra locum, et eum comitentur usque ad Ecclesiam primariam ejus loci, et facta ibi oratione, usque ad locum ubi hospitaturus est, non mutato habitu itinerario, sed nulla fiet processio.

8. Quando vero Episcopus post ingressum in civitatem propriam, voluerit alias civitates, vel oppida insignia suæ diœcesis visitare, conveniens erit, ut prima vice recipiatur cum sacra cleri sæcularis et regularis processione. Ipse vero non erit mitra et pluviali indutus, sed equitabit super mulam ornatam Pontificalibus ephippiis cum cappa (1) et galero Pontificali, et offeretur ei in porta crux osculanda, et alia omnia fient etiam in Ecclesia, prout de civitate propria et primaria suæ diœcesis dictum fuit.

(1) Ce n'est plus nulle part, à ce qu'il paraît, l'usage de faire ainsi à cheval, et revêtu de la cape, la visite des diocèses.

Catalan, à propos de cette pompe extérieure dont l'Eglise semble investir l'évêque quand il a à exercer quelque ministère public, fait une réflexion qui mérite bien de trouver place ici : *Episcopis exterior ornatus et pompa permittitur, ne in contemptu veniant plebi... Hodie is servatur ritus, ut cum episcopi per suam diœcesim incedunt, cum proxime alicui sunt ecclesiæ, hujus statim campanæ pulsantur.* Ceci se pratique à Rome, car on sonne les cloches des églises devant lesquelles le pape passe lorsqu'il fait la promenade en usage dans cette ville.

Nous ne saurions mieux terminer nos notes sur ce chapitre qu'en reproduisant le passage suivant, dans lequel Catalan fait voir combien est ancien et important l'usage où sont les nouveaux évêques d'adresser, après leur avénement, des *mandements* ou *lettres pastorales* à leurs diocèses.

Servandus et illi est novo episcopo ritus, quamvis nulla de eo in nostro Cæremoniali mentio habetur, ut nimirum juxta antiquum ac recentiorem, ut omnibus servatum morem post consecrationem suam encyclicam pastoralem epistolam ad gregem suum scribat.

Nous observons en passant que les cardinaux se conforment à ce chapitre de notre Cérémonial quand ils prennent possession de leur *église titulaire;* et, comme cette suprême dignité intéresse vivement toute l'Eglise, nous ajoutons un mot sur la cérémonie qui s'observe quand ils reçoivent le chapeau en consistoire public. L'élu fait la profession de foi et prête le serment ordinaire en présence du sacré-collége assemblé. Pendant ce temps, le pape, revêtu de la chape et couvert de la mitre, et assisté de son cortége ordinaire, se rend à la salle du consistoire, où il entend les avocats consistoriaux qui sollicitent la béatification et canonisation de quelques saints.

Les cardinaux, revêtus de la cape, viennent ensuite dans cette salle, où le pape, sur un trône élevé, les reçoit à l'obédience. L'élu y va comme les autres, mais il se met à genoux pour lui baiser la main. L'obédience finie, le nouveau cardinal, assisté de deux cardinaux diacres, va recevoir le chapeau rouge, que le pape met sur sa tête en disant les paroles suivantes : *Formula qua summus pontifex imponit super caput cardinalis creati galerum rubrum.*

« *Ad laudem omnipoténtis Dei et sanctæ sedis apostolicæ ornamentum, accipe capellum rubrum, insigne singulare dignitatis cardinalatus, per quod designatur, quod usque ad mortem et sanguinis effusionem inclusive, pro exaltatione sanctæ fidei, pace et quiete populi christiani, augmento et statu sacrosanctæ Romanæ ecclesiæ te intrepidum exhibere debeas.*

« *In nomine Pa†tris et Fi†lii, et Spiritus † Sancti. Amen.* »

Cela fait, le nouveau cardinal va recevoir le baiser de paix, d'abord du pape, puis de chacun des cardinaux. Tous vont ensuite à la chapelle du palais en chantant le *Te Deum*, après lequel le cardinal-doyen chante l'oraison sur l'élu, qui demeure à genoux sur les degrés de l'autel.

Nous avons été témoin de cette cérémonie, et il nous en est resté un sentiment d'une plus profonde vénération pour tous ceux qui sont promus à cette éminente dignité. Les paroles de la formule que nous venons de rapporter nous ont surtout fait impression. Nous y trouverions matière à plusieurs instructions pour bien faire connaître au peuple ceux qui entourent la chaire de saint Pierre et assistent le souverain pontife dans le gouvernement de l'Eglise.

CHAPITRE III

DES HABITS DE L'ÉVÊQUE.

Vestes Archiepiscopi et Episcopi, in sua Provincia et diœcesi violaceæ, sint ex lana, sive ex camelotto, quibus superinduet Rochettum et Mozettam. Domi iisdem vestibus utendum. In congregationibus Concilii Provincialis, tam Metropolitanus, quam Episcopi Provinciales Mozzetta cum Rochetto discooperto utuntur. Vestes laneæ nigri coloris in Adventu, et a Septuagesima per totam Quadragesimam, exceptis diebus solemnibus, commendantur. Cappa sit lanea et coloris violacei, et aliquando ex camelotto ejusdem coloris. Cappa Episcoporum regularium sit coloris suæ religioni convenientis. Galeri Episcopalis forma et color. Vestes Episcopi itinerariæ.

1. Episcopus postquam ad suam diœcesim et civitatem, et Archiepiscopus ad suam Provinciam pervenerit, uti poterit vestibus viola-

ceis (1), sive laneis, sive ex camelotto, superinduta super rocchettum mozzetta (2). Et domi eodem utetur habitu, saltem dum sit aliqua congregatio (3) coram ipso Episcopo, vel ordinandorum examen, vel aliquid simile; ac etiam quoties erunt congregationes coram Metropolitano, dum celebratur Concilium Provinciale; quo habitu scilicet mozzetta cum rocchetto discooperto in dictis congregationibus utentur, tam ipse Metropolitanus, quam alii Episcopi Provinciales, qui ibidem pro Synodo celebranda convenerint.

(1) Les évêques ont le droit de porter le violet, non-seulement dans leur diocèse, mais encore en tous lieux, conformément à ce qui se pratique à Rome et à ce qui est dit au nombre 6 de ce chapitre des habits de l'évêque en voyage, lesquels doivent être de la couleur convenable au temps, savoir violets ou noirs, selon qu'il est mentionné au nombre suivant.

Néanmoins il est d'usage, pour les cardinaux comme pour les évêques, de porter à la maison la *zimarra*, qui est une soutane noire à collet tombant sur les épaules, avec nervures et boutons rouges.

Ils sont admis, ainsi vêtus, à l'audience privée du pape, ce qui montre qu'ils peuvent aller par la ville avec ce costume, qui d'ailleurs est approuvé, comme on le voit, par le décret suivant, de la congrégation du *Cérémonial*, qui règle, non ce qui regarde les cérémonies du culte, fonction qui est exclusivement du ressort de la congrégation des rites, mais ce qui tient aux préséances et convenances, ou à ce que l'on pourrait nommer l'étiquette de la cour romaine.

Ad quædam magis regulariter stabilienda circa modum accedendi ad audientias sanctissimi Domini nostri papæ, decori et honori personarum non modo, verum etiam dignitatum ipsarum, de mandato ejusdem sanctissimi Domini sequens emittitur

DECRETUM.

Firme permanente regula ut Emin. DD. cardinales, nec non prælati ad ordinarias audientias sese conferant, vestibus cardinalitiis temporis propriis, itemque prælatiis respective induti, mandatur ut quoad audientias privatas, diebus nempe et horis, quibus ordinariæ vacant admissiones, Domini cardinales et præ-

lati non amplius brevioribus vestibus utantur. Quæ vulgo « d'abate » dicuntur; sed primi ad audientias easdem accedant talari veste nigri coloris fibulas habente rubras, zona serica rubra sine aureis lemniscis, et cum laciniis tantum, quæ quatuor circiter habeat altitudinis digitos, et pallio vulgo ferrujolone rubro aut violaceo, juxta tempus; alteri veste pariter talari nigra cum fibulis coccineis, zona violacea sine lemniscis, et pallio etiam violaceo. Prælati demum, quos vulgo « di mantillone » vocitant, similiter veste talari nigra cum fibulis violaceis zona violacea sine lemniscis, et nigro pallio. Hæc autem vestium genera in aliis quibuscumque privatæ vitæ circumstantiis poterunt adhiberi.

Datum ex secretario S. C. Cæremonialis die septima januarii 1851.

(*Signatus.*) V. card. MACCHI, S. Collegii Decanus Præfectus.

(*Contrasignatus.*) Joseph DE LIGNE, a secretis.

Nous ajoutons à ce décret, qui peut servir de règle, pour le costume épiscopal en tous lieux, les deux passages suivants de Catalan, qui peuvent aussi au besoin servir de direction.

Episcopi ob mortem papæ, colore nigro uti debent. C'est ainsi que l'Église, par ses évêques, porte le deuil à la mort de son Père.

Episcopi nigro colore in vestibus uti non debent, occasione luctus propinquorum. C'est que, plus que les grands-prêtres de l'ancienne loi, les évêques demeurent étrangers à tout ce qui vit et meurt dans le monde.

(2) A Rome, les prélats ne vont ainsi par la ville, en habits de prélature, que quand ils se rendent aux églises pour quelque office; mais alors ils sont en voiture fermée, à moins que l'église ne soit à leur porte.

(3) Dans les trois congrégations qui se tinrent au Vatican, *in Aula ducali, ob negotium episcopis congregatis notum*, les 20, 21 et 23 novembre 1854, les trois cardinaux qui présidaient au nom du pape étaient en rochet, mantelet et mozette rouges, et les archevêques et évêques séculiers étaient en rochet et en mantelet violets. Les réguliers étaient à l'ordinaire en mantelet et mozette, sans rochet ni surplis. Il ne s'y trouvait pas de

patriarches, qui auraient pris la mozette violette par-dessus le mantelet.

Le même costume fut gardé dans le consistoire secret du 9 décembre, dans lequel se trouvaient réunis près de deux cents cardinaux, archevêques et évêques, et dans lequel le Saint-Père prononça la touchante allocution qui a été depuis publiée.

C'est d'ailleurs l'usage à Rome que les cardinaux et les secrétaires des congrégations qui ont droit au rochet et au mantelet soient revêtus comme ci-dessus à chaque congrégation.

On sait, au reste, que saint Charles et plusieurs autres saints prélats portaient habituellement le rochet et la mozette. On nous dit qu'il est aujourd'hui des prélats bien vénérables qui cherchent à faire revivre cet usage, du moins dans leurs visites pastorales. Ils ne peuvent, sans doute, qu'être loués pour ce zèle à se conformer à tout ce que l'Eglise a jugé à propos de régler pour que l'épiscopat n'apparaisse, aux yeux des fidèles, qu'avec une pompe imposante pour leur foi et leur piété. Le Cérémonial des évêques est formel là-dessus; mais on a vu plus haut que cela est tombé en désuétude.

2. Eodem quoque habitu Episcopus indutus erit, quoties per civitatem et terras, seu oppida suæ diœcesis incedet (1). Sed habenda est distinctio temporum ; nam in Adventu, incipiendo a Septuagesima, per totam Quadragesimam, item in omnibus Vigiliis, quibus jejunatur, et in Quatuor temporibus (exceptis his, quæ incidunt post Pentecosten), ac sextis feriis totius anni, differens erit vestium gestatio. Quia tunc Episcopum decet uti vestibus laneis et nigri coloris, excipiendo tamen aliquot dies, et quibus signum mœstitiæ ostendi non debet, videlicet a die Nativitatis Domini, et per totam octavam Epiphaniæ, a die Dominicæ Resurrectionis, usque ad Dominicam SS. Trinitatis, item per octavas Festorum SS. Sacramenti, Assumptionis gloriosæ Virginis Mariæ, et beatorum Apostolorum Petri et Pauli, et omnium Sanctorum, Titularis Ecclesiæ Cathedralis, et Sancti Patroni civitatis, ac Dedicationis propriæ Ecclesiæ; item in anniversariis electionis et consecrationis ipsius Episcopi; die adventus alicujus magni Principis, vel cum celebratur aliqua publica lætitia : in aliis vero octavis, ut Nativitatis gloriosæ Virginis, S. Joannis Baptistæ, S. Laurentii, dies tantum octavarum excipiuntur; similiter omnia

festa duplicia, quæ per annum incidunt extra Adventum, Septuagesimam et Quadragesimam ; sed Annuntiationis festo, etiamsi infra Quadragesimam occurrat, vestibus violaceis uti debet. Hæc quæ dicta sunt, circa vestes quotidianas observanda sunt.

(1) Ce n'est plus l'usage, même en Italie, de voyager ainsi, en habit de prélature. Maintenant, la dignité épiscopale y a-t-elle gagné ou perdu sous le rapport de la vénération qui lui est due, et de cet heureux *prestige* qu'elle doit produire sur les esprits et les cœurs? C'est ce que d'autres plus sages que nous décideront. Toujours est-il certain que l'Église n'a agi que selon l'esprit de Dieu en entourant l'épiscopat de ce majestueux appareil, qui est si propre à frapper les sens et à inspirer ce respect qui produit l'esprit d'obéissance d'une manière aussi *suave* que *puissante*.

3. Quoad cappas vero, quibus Episcopi in propriis Ecclesiis utuntur (1), id erit observandum, ut regulariter sint laneæ et violaceæ, et non alterius coloris. In solemnioribus tamen festis, quæ in rubricis Breviarii primæ classis vocantur, dempto triduo ante Pascha, poterit Episcopus uti etiam cappa ex camelotto coloris violacei, nullatenus alterius coloris, quibus quidem cappis pelliculæ circa collum et pectus de more consutæ sint, quæ deinde Vigilia Pentecostes, seu pro diversitate locorum citius, aut tardius, prout Episcopo opportunum videbitur, præintimatis etiam Canonicis, qui cappis utuntur, quo die mutari debeant, removentur, et loco pellicularum sericum rubrum apponitur. Canonici vero regulariter in Ecclesiis, ubi illis utuntur (2), eas deponunt, et loco earum assumunt cottas supra rocchettum (3).

(1) On voit ici que, pour les offices, les évêques doivent user, non de la mozette, mais de la cape. Ils s'en revêtent ordinairement *in Aula majori palatii*; et c'est là que les chanoines doivent se rendre pour assister à l'entrée dans l'église cathédrale, comme il sera dit ailleurs.

Catalan dit que l'évêque peut aussi se revêtir de la cape, soit à la porte de l'église, soit à l'entrée du chœur. C'est ce qui se pratique à Rome, où les cardinaux qui célèbrent pontificalement dans leurs églises titulaires déposent sous le portique la mozette et le mantelet, et prennent la cape pour faire l'entrée solennelle.

A toutes les chapelles pontificales, les cardinaux et évêques sont en cape, avec cette différence que les premiers portent la cape traînante, et que les derniers tiennent la leur relevée. Il en est de même de ceux des chanoines des basiliques patriarcales, qui ont le droit d'assister à ces offices.

(2) Le pape, en érigeant un chapitre, fixe le costume que devront porter les futurs chanoines. D'ordinaire, il accorde aux chanoines le droit de porter le rochet, avec la cape violette et l'hermine blanche, et aux chapelains celui de prendre, pardessus le surplis, la cape violette avec l'hermine brune. Le Cérémonial suppose ici qu'en général les chanoines portent la cape. Catalan dit qu'autrefois cette cape était noire.

Voici ce que signifie, selon Rupert, cité par Catalan, la cape dont l'Eglise revêt ses plus hauts dignitaires : elle exprime, dans son ensemble, l'éminence de la dignité sacerdotale, et, par sa longueur, la durée de cette suprême dignité, qui ne cessera qu'avec l'Eglise, à la fin des temps. Elle se porte ordinairement sous le bras, pour marquer que le sacerdoce ne déploie, aux yeux des hommes, ce qu'il a de majestueux devant Dieu, que dans la nécessité et pour le bien des peuples. Les peaux dont elle est garnie rappellent sans cesse à celui qui en est revêtu qu'il est pécheur, et pour cela même obligé, comme les autres malheureux enfants d'Adam, de se couvrir des restes des bêtes, pour gémir continuellement en la présence de Dieu, pendant les saints offices, de ce que l'humanité tout entière a été dépouillée de la robe d'innocence par le péché du premier homme.

On ne doit pas être surpris si l'Église accorde aux chanoines l'usage de la cape, qui est, comme on vient de le voir, l'insigne des premières dignités ecclésiastiques. C'est qu'ils sont, dit Catalan, la principale partie du clergé d'un diocèse, et même qu'ils représentent tout ce clergé auprès de l'évêque. On a vu dans l'Avertissement que le chapitre est pour l'évêque ce qu'est le sacré collége pour le pape. On peut donc, avec de justes proportions, appliquer à chaque chapitre le texte suivant, emprunté au célèbre Catalan : *Sanctus Cyprianus vocat clerum romanum florentissimum cum pontifice præsidentem.*

(3) Comme on le voit ici, les chanoines déposent la cape pour user du surplis par-dessus le rochet, dans la saison des chaleurs. Catalan dit que c'est le samedi-saint que les chanoines quittent ainsi la cape pour se revêtir du surplis, afin d'assister, avec ce nouvel habit de chœur, au premier *Alleluia* qui se chante à la messe, en signe de joie et de changement de vie. Nous avons vu s'opérer ce changement de costume à Saint-Jean-de-Latran, lequel s'est fait si à propos et avec un si bel ordre, que nous en avons été frappé.

Nous devons observer ici que le rochet et le surplis romains vont très-bien ensemble et font un bel effet dans un chœur. Les chanoines sont toujours revêtus de la sorte pour les processions, administration des sacrements et autres fonctions sacrées, car ils n'usent de la cape, en hiver, que pour l'office canonical et la messe qui en fait partie, et aussi pour prêcher.

A Rome, les évêques, comme les chanoines, ne prennent la cape ou le mantelet que pour les offices, et ils se revêtent du surplis par-dessus le rochet pour les autres fonctions sacrées. Ainsi, lorsque le pape dit la basse messe avec solennité, le jeudi saint, par exemple, ou le jour de la Fête-Dieu, comme nous en avons été témoin, ce sont deux évêques en rochet et surplis qui la lui servent en qualité de chapelains. Les évêques qui voudraient communier à cette messe devraient déposer, avant la communion, leur mantelet, pour prendre le surplis par-dessus leur rochet, comme nous l'avons vu faire aussi le jeudi-saint. On tolère toutefois l'usage de communier avec le mantelet, parce que, sans doute, il doit se trouver des évêques étrangers, qui, ne connaissant pas cette coutume, ne songent pas à se procurer le surplis en même temps que le rochet. Tout ce que l'on vient de dire rend raison de plusieurs décrets de la sainte congrégation des rites, qui ne permettent pas aux chanoines de servir la messe de l'évêque, ni de faire d'autres fonctions en habit canonial.

Quant aux chapelains, en déposant la cape, ils ne sont plus revêtus que du surplis, que le Cérémonial désigne indifféremment sous le nom de *cotta* ou *superpellicium*.

4. Cæterum quod dicitur de hujusmodi Episcoporum habitu, tam

capparum, quam cæterarum vestium, non est intelligendum de Episcopis regularibus, qui non mutant colorem sui habitus, neque induunt rocchettum, sed in Ecclesia propria uti debent cappa coloris, suæ religioni convenientis, pellibus, seu sericolaneo ejusdem coloris suffulta. Excipiuntur ab hac regula Clerici regulares, et uti dictum est *Cap.* I, *Lib.* I, Canonici regulares qui rocchetto utuntur et colore violaceo, ut et Presbyteri S. Spiritus, et militiarum S. Joannis, S. Jacobi, et aliarum.

5. Omnes autem, tam sæculares, quam religiosi Episcopi galero utuntur a parte exteriori nigro, cui ab interiori sericum coloris viridis suffulciatur, cordulis pariter et floccis sericis viridibus, ab eo pendentibus (1). Galerus quoque duplicis formæ habendus est, alter, quo in solemnioribus equitationibus utuntur ejusdem formæ (præter colorem) quo Eminentiss. Cardinales pontificaliter equitantes uti consueverunt : alter simplicior, uterque ex lana, ac serico virid exornati.

(1) Le chapeau épiscopal, à Rome, n'est distingué du *tricorne*, commun à tous les ecclésiastiques, que par son ruban et ses glands verts. Il paraît qu'en Espagne les évêques ont conservé l'usage de porter leur chapeau doublé en vert, comme il est marqué ici.

6. Extra diœcesim et Ecclesiam suam Episcopi non utuntur cappa, præterquam in Romana Curia, cum in Divinis, Pontifice Maximo, vel sacro Cardinalium Collegio præsente, assistunt. Dum iter agunt, utuntur brevioribus vestibus (1) cum manicis sub genu per palmum, vel ultra protensis, coloris temporum diversitati convenientis (2), ut supra explicatum fuit; circa collum vero fasciam sericam coloris nigri, latitudinis duorum palmorum, vel circa, longitudinis fere ad mensuram vestium pendentium habere consueverunt (3). In diœcesi autem, vel Provincia, mozzetta superinduenda est sine prædicta fascia.

(1) Il est ici question de la *soutanelle*, qui descend au-dessous du genou, et que les canons permettent aux ecclésiastiques de porter en voyage.

(2) Il est ici question des bandes d'étoffe, ressemblant assez à des manches pendantes, qui se renvoient par derrière, vis-à-vis chaque bras. Dans plusieurs communautés et colléges, à Rome, on fait usage de ces espèces de manches, qui s'atta-

chent à la soutane, et quelquefois au *justaucorps* ou *surtout*.

(3) Il s'agit ici d'une écharpe qui tenait lieu, à ce qu'il paraît, du collet romain, qui est blanc pour le pape, rouge pour les cardinaux, violet pour les évêques et prélats, et noir pour les ecclésiastiques.

Il est aisé de conclure de ce qui est dit dans ce nombre, du costume des évêques en voyage, que, si l'Église leur permet d'user alors d'un habit plus commode que la soutane, elle veut néanmoins qu'ils puissent, toujours et partout, être reconnus pour ce qu'ils sont à leur seul extérieur.

CHAPITRE IV

DES PRÉSÉANCES.

Archiepiscopus et Episcopus, in sua Provincia et diœcesi singulis benedicunt. A benedictionibus abstinent, præsente Cardinali Legato de latere, ac etiam Cardinali non Legato. Cardinalis Archiepiscopus, et Episcopus, celebrans coram Cardinali non Legato, omnes benedictiones dat. Episcopus, suo Metropolitano præsente, a privatis benedictionibus abstinet. Quid præstandum ab Episcopo, si adsit Nuntius Apostolicus, habens in eo loco facultates Legati de latere. Quid si sit simplex Nuntius, aut Collector generalis, vel facultates Legati ibidem non habeat. Quæ urbanitas a Legatis, Cardinalibus, Metropolitanis, aut Nuntiis exercenda sit erga Episcopum, ut munia Episcopalia obire possit. Episcopi semper civitatum Gubernatores, et Magistratus antecedunt. Quomodo Episcopi obviam ire debent Cardinali Legato, vel non Legato.

1. Quando Episcopus ambulat, vel equitat per suam civitatem, vel diœcesim, manu aperta singulis benedicit, et si est Archiepiscopus, crucem etiam ante se deferri facit. In Ecclesiis vero suæ diœcesis, vel Provinciæ, etiam exemptis, dabit benedictionem solemnem; aliaque omnia ad officium suum pertinentia faciet, prout passim suis locis declarabitur : sed si contingat Cardinalem Legatum de latere esse simul cum Episcopo in ejus diœcesi, vel Archiepiscopo in ejus Provincia, abstinebit Episcopus non solum a benedictionibus solemnibus, sed etiam privatis (1), et si erit Archiepiscopus, nullatenus permittet ante se deferri crucem, etiamsi ipse Archiepiscopus esset Cardinalis.

(1) C'est d'après ce principe que c'est au premier supérieur hiérarchique présent qu'est dévolu le droit exclusif de bénir, qu'à Rome on ne demande la bénédiction qu'au pape.

Il est à remarquer aussi que là les évêques qui officient dans les églises titulaires des cardinaux ne bénissent, ni le *familier* qui lui donne à laver, ni le diacre qui l'encense, ni le peuple qui est sur son passage, quand il se rend à l'autel ou quand il retourne à la sacristie.

Catalan dit en général que les évêques qui officient dans des diocèses étrangers, ne doivent pas donner ces bénédictions.

2. Quod si esset præsens Cardinalis non Legatus una cum Episcopo non Cardinali, abstinebit simili modo Episcopus non celebrans ab omnibus benedictionibus, nec crucem sibi præferri permittet, si erit Archiepiscopus, remittens omnia munia Episcopalia exercenda ipsi Cardinali præsenti : celebrans vero Episcopus debet per aliquem suum Capellanum Cardinali præsenti significare, ut omnia prædicta munia exercere, et benedictiones dare dignetur : quæ si Cardinalis facere et exercere ex urbanitate noluerit, poterit Episcopus celebrans prædicta omnia adimplere.

3. Si vero Episcopus ipse esset etiam S. R. E. Cardinalis, et non celebraret, præsente alio Cardinali, debet ipse Cardinalis Episcopus alium Cardinalem præsentem rogare, ut omnes benedictiones thuris, aquæ et ministrorum faciat, ac in fine populo solemniter benedicat : quæ si Cardinalis præsens facere recusaverit, poterit ipse Cardinalis Episcopus prædicta omnia, vel remittere ad celebrantem, vel ipse exercere; dummodo, quando in fine populo solemnem benedictionem daturus erit, non stet apud sedem, sed propter reverentiam Cardinalis præsentis accedat ad altare, et inde populo solemniter benedicat.

4. Si vero ipse Cardinalis Archiepiscopus, vel Episcopus celebraret, præsente alio Cardinali non Legato, ipse Cardinalis Archiepiscopus, habens ante se crucem, populo solemniter benedicet, omnes benedictiones, et alia munera Archiepiscopalia, vel Episcopalia dabit, et exercebit ipse Cardinalis celebrans. Præsente vero, seu adveniente suo Metropolitano, cessabit Episcopus a benedictionibus privatis. Sed propter adventum alterius Episcopi non cessabit obire sua munia prædicta, nec relinquet sua insignia, licet in cæteris honorifice eum tractare et recipere debeat; ac domi ponet eum a dextris, secus extra domum. Si erit præsens Nuntius Apostolicus habens in eo loco facultates Legati de latere, Episcopus ab eisdem abstinebit, a quibus illi cavendum esse dictum est, præsente Cardinali non Legato. Sed si non habeat hujusmodi facultates, sed sit simplex Nuntius, aut Collector generalis, vel etiam si habeat facultates non tamen

in ea civitate, vel loco, ditioni Episcopali subjecto; Episcopus fungetur officio suo, neque ob ejus præsentiam sua munia intermittet. Quod si præsens fuerit Visitator Apostolicus Episcopus, vel non Episcopus, et sit in loco suæ jurisdictionis, exhibendi erunt ei honores, qui *Cap.* xiii et xxiii, *Lib.* I, præscribuntur. Archiepiscopi porro, eodem Visitatore in locis demandatæ Visitationis præsente, poterunt ante se crucem deferre. Episcopi etiam, Cardinali Legato vel non Legato in eorum civitate Episcopali seu in Diœcesi commorante, ab usu mozzettæ non tenentur abstinere.

5. Ut autem Episcopus commodius sua munia Episcopalia exercere valeat, puta : consecrare, ordinare, conficere Oleum sanctum, et similia facere, ex urbanitate Legatus, seu Cardinalis, Nuntius, aut Metropolitanus in civitate præsentes, hujusmodi actibus intervenire non curent : ne ob eorum præsentiam et dignitatem, vel Episcopus a necessariis functionibus Episcopalibus abstinere cogatur, vel saltem interposita mora, et majori cum difficultate actus prædicti executioni demandentur.

6. Gubernatoribus vero civitatum præsentibus, præeminentia semper sit Episcopi, tam intra, quam extra Ecclesiam. Magistratus vero et alios Magnates, et viros nobiles, et præcipue Principes magnos et potentes, Episcopus pro eorum qualitate et gradu honorabit, non tamen ob eorum præsentiam cessabit unquam a suo officio ; neque ita illis sese submittet, ut qui patris locum tenet, ministri munus subire videatur, sed memor sit dignitatis suæ, quæ tantopere illi ex Tridentini Concilii gravissimo decreto commendatur.

7. Si vero Episcopus obviam iret alicui Cardinali Legato, vel non Legato ad ejus civitatem advenienti usque ad portam, vel extra eam, vel etiam si cum eisdem per urbem incederet, induet supra rocchettum mantellettum, et abstinebit a delatione crucis ante se, si erit Archiepiscopus, ob reverentiam officii, et dignitatis illius. Et si erit Cardinalis Legatus, abstinebit etiam ab usu mozzettæ (1). Secus si alicui maximo Principi, aut dignissimo Prælato, vel Nuntio Apostolico obviam iret, quo casu non mutat habitum. Equorum autem, seu mularum stragulæ et phaleræ (2) et ornamenta, Episcopo equitante, ex panno laneo coloris nigri seu violacei, ut supra, plus minusve composita erunt, prout ipse Episcopus solemnius, aut simplicius equitabit, nisi paratus pontificaliter equitaverit.

(1) Ceci confirme ce qui a été dit plus haut, savoir, que le *rochettum discoopertum* est le signe de la prééminence et juridic-

tion. C'est par respect pour le premier siége et pour honorer le souverain pontife, qui a une juridiction universelle, et qui la communique plus ou moins aux cardinaux, que l'evêque prend le mantelet et dépose la mozette, comme il vient d'être dit; car, dit Catalan, *legati a latere vocantur quidam legati cardinales... quia assumuntur de latere papæ.*

On sait l'heureux effet que produit sur l'esprit religieux des peuples cette vénération que témoigne, par ces actes extérieurs, le pasteur ordinaire pour le pasteur universel; et combien il se fait respecter lui-même par son troupeau en se montrant si respectueux pour le vicaire de Jésus-Christ. L'éclat radieux de la papauté se reflète nécessairement sur l'épiscopat. C'est comme le fruit délicieux qui se cueille à l'arbre hiérarchique que le divin fondateur a planté au milieu de son Église, comme l'arbre de vie au milieu du paradis.

Et si nous descendons un degré plus bas, nous verrons toujours les curés qui vénèrent leur évêque entourés de l'honneur et de la vénération de leurs ouailles. Toutes ces distinctions, tracées par l'Église sous l'impression de l'Esprit-Saint, ne sauraient donc être négligées comme inutiles ou peu importantes, et encore moins condamnées, comme des prétentions orgueilleuses et des exigences mondaines.

(2) Il est ici question des *guides* et des *tapis* qui servent à l'ornement des voitures, dont les évêques font usage dans les circonstances où il leur faut paraître avec l'éclat de leur suprême dignité. A Rome, l'on voit de ces *guides* et *tapis* aux voitures des cardinaux, à la différence qu'ils sont rouges, ainsi que les aigrettes qui surmontent la bride de chacun des deux chevaux attelés à leur carrosse.

Nous croyons devoir observer ici, en passant, que pour ces princes de l'Église, comme pour les évêques, tout est réglé par leur Cérémonial, et qu'il ne leur est pas permis de s'en écarter. Leur modestie en souffre sans doute, et l'on en demeure pleinement convaincu quand on a eu avec eux quelques rapports; mais ce sont des convenances de rigueur, et ils ne peuvent s'en écarter.

CHAPITRE V

DES CÉRÉMONIAIRES.

Duo Magistri cæremoniarum ab Episcopo statuendi. Quales esse debeant. Eorum munia in parandis iis, quæ ad celebranda divina Officia ac Mysteria, Cardinales, Principes, Ducesque excipiendos, pertinent. Eorum habitus, Sessionum ordines disponant. Stipendium eis constituatur.

1. Antequam cæremoniarum regulæ et usus explicentur, de ipsis cæremoniarum Magistris, quorum ministerio et cura omnia Ecclesiastica munia obeunda sunt (1), statuendum est. Curabit ergo Episcopus, ut duo, si fieri possit, de gremio suæ Ecclesiæ, aspectu et statura corporis convenienti, et multo magis scientia et bonis moribus præditi, experti et dociles, ad hujusmodi onus assumantur (2), quorum primus vigesimum quintum saltem attingat annum, sitque in Presbyterali ordine constitutus, bonis artibus instructus; et, si fieri posset, juris Canonici, vel Theologiæ intelligentiam habeat (3), divinorum Officiorum ac rituum Ecclesiasticorum assiduus et diligens perscrutator (4). Is erit in primis sollicitus circa personam Episcopi, aliarumque personarum dignitate, aut nobilitate præstantium; ut eis præsto sit, si quid petant (5), aut si qua de re admonendi erunt (6) : ac nihilominus omnia circumspiciat, singulorum munia perpendat (7).

(1) Ceci est parfaitement bien compris à Rome, car les cérémoniaires y sont vraiment l'âme des offices. Et, en effet, toutes les règles tracées par le Cérémonial seraient inutiles s'il n'y avait personne pour les faire exécuter.

(2) Catalan observe que, dans les cathédrales, il doit y avoir, comme le recommande ici le Cérémonial, deux maîtres de cérémonies, le premier, nommé par l'évêque, et le second choisi par le chapitre, et approuvé par l'évêque.

La chapelle papale se compose de quinze maîtres de cérémonies qui sont dirigés par un préfet qui, dans les offices pontificaux, se tient toujours auprès du pape. Ils ont chaque semaine une conférence sur les rites et cérémonies qu'ils ont à apprendre pour bien remplir leur office. Ils sont les consulteurs-nés de la grande congrégation des rites, et par conséquent obligés de travailler à se rendre habiles dans tout ce qui regarde la liturgie. Ils sont en outre consulteurs de la congrégation du *cérémonial* dont on a parlé plus haut, et employés comme *secrétaires*, substituts, etc… dans les diverses congrégations établies pour l'expédition des affaires. Ils portent le violet dans les offices, et hors de là ils sont en noir. Ils appartiennent à la prélature, et on les appelle *monseigneur*. Tout ce que nous venons de dire de la *chapelle papale* montre qu'à Rome l'on se conforme ponctuellement à ce qu'enseigne ici le Cérémonial de évêques.

(3) Pour peu que l'on se mette en rapport avec les maîtres de cérémonies de la chapelle pontificale, on est bien convaincu qu'ils sont parfaitement instruits du droit canon aussi bien que de la liturgie.

Catalan observe avec raison que pour acquérir une parfaite intelligence des rites sacrés, un cérémoniaire doit étudier non-seulement les saints canons, mais encore les Pères de l'Église, qui ont expliqué les cérémonies et en ont donné le sens mystique.

(4) Pour être un bon maître de cérémonies, il faut la théorie, qui s'apprend dans les livres, et la pratique qui s'acquiert par l'exercice.

Voici ce qui se pratique dans les conférences de la chapelle papale. Le préfet demande à celui dont il veut constater la science liturgique ce qu'il ferait pour diriger un office quelconque, par exemple une messe pontificale, une consécration d'évêque, une ordination, etc., etc. Il faut alors que celui qui est ainsi interrogé détaille d'un bout à l'autre et de mémoire tout ce qu'il aurait à faire lui-même, et tout ce qu'il aurait à faire faire aux autres dans une pareille cérémonie.

Il en résulte que chacun de ces maîtres de cérémonies a dans son esprit l'ensemble et le détail de l'office qu'il a à diriger. Aussi ne les voit-on jamais embarrassés dans les plus grands offices. Toutes les cérémonies se succèdent sans interruption et avec un accord parfait.

Pour ce qui est de la pratique, sans laquelle la théorie servirait peu, il importe beaucoup de suivre le conseil qui se lit dans Catalan. L'auteur qu'il cite recommande à tous les maîtres de cérémonies de se bien exercer en particulier, pour contracter par l'habitude la facilité et les bonnes grâces, qui donnent tant de relief à toutes les fonctions sacrées. Et il ajoute les paroles suivantes, qui sont tout à fait remarquables : *Cum omnia plene conceperit (magister cæremoniarium), tunc ipse demum intrepide et magistraliter agat, doceat, imperet.*

On atteindrait le même résultat, dans chaque diocèse, si l'on formait des chapelles ou congrégations qui pourraient se composer de maîtres de cérémonies, choisis entre les différents ecclésiastiques attachés au service de la cathédrale et autres églises, ou appartenant aux séminaires, colléges et communautés où se font les offices publics.

Ces maîtres de cérémonies, étant nommés *ex officio* par l'évêque, formeraient une congrégation régulière et canonique dont l'objet serait de faire disparaître tous les abus à mesure qu'ils s'introduisent, et de faire observer ponctuellement le Cérémonial de l'Église, en l'appliquant, selon le besoin, aux diverses localités qui exigent certaines modifications.

On sait que saint Charles établit à Milan une semblable congrégation, et que son exemple porta les pères du concile d'Avignon à en faire une ordonnance, comme l'atteste Catalan : « *Concinit sancto Carolo concilium avenionense, anni* 1594, *cap.* XXII, *de sacrificio missæ, ubi et illuc præcipitur ut congregationem pro cæremoniis et ritibus missæ exigant episcopi in sua quoque Ecclesia, in qua semel in hebdomada diligenter de cunctis ad missam, et cætera divina officia spectantibus edisceratur, et susceptæ cæremoniæ probentur.* »

Ceci s'observe exactement à Rome, comme on vient de le voir, et c'est en conformité à ce qui fut réglé par Benoît XIII, ce pontife si zélé pour le maintien de la discipline concernant le service divin.

Voici ce que dit encore Catalan là-dessus : « *Benedictus XIII, in concilio romano, anni* 1725, *diserte jussit ut operæ pretium ducant Episcopi, ac diligentiam adhibere non desistant, quousque congregationes, tum in civitatibus, tum in Diœcesibus, per omnes de choro sacris initiatos... semel in unaquaque hebdomada, certoque designando die... habeantur.* »

(5) On a pu remarquer plus haut que le préfet de la chapelle pontificale ne s'éloigne pas du pape. Il en est de même du premier cérémoniaire aux offices célébrés par les cardinaux et par les évêques. Il en faut dire autant des autres offices solennels qui se font à Rome, car presque toujours il y a deux maîtres de cérémonies qui se conforment à ce que dit ici notre Cérémonial.

(6) Il avertit, au besoin, de ce qu'ils ont à faire, les divers ministres employés dans l'office, soit de vive voix, en disant par exemple *submissa voce : surgant; genuflectant; salutationem faciant, etc.*, soit par quelques signes, mais toujours d'une manière respectueuse. Il est à remarquer qu'à Rome les cérémoniaires ne font qu'une inclination de tête au pape et aux cardinaux quand ils les avertissent de se lever, s'asseoir, etc..., et ils la font, non en face, comme chez nous, mais en se tenant à leur côté et en se tournant tant soit peu vers eux.

(7) Le premier cérémoniaire fait marcher, de sa place, tout l'office. Il se tient non au bas du trône, mais sur le marchepied, et ordinairement à la gauche du second assistant. A l'autel, il se place également auprès de l'évêque, en se tenant, soit à son côté, soit sur le second degré, et toujours tourné vers le célébrant, qu'il suit des yeux continuellement. En même temps, il est attentif à tout ce qui se passe dans le chœur; et si quelque chose s'y fait mal, et qu'il ne puisse y remédier autrement, il y va rétablir l'ordre.

2. Quando autem erunt celebranda Officia, quæ non ita frequenter occurrunt, et quæ solemniori ritu, apparatuque peragi solent; præsertim quando ad ea accederent Magnates, ut Cardinales, Principes, Duces, et similes, per diem, aut plures dies antea præsens videat et intelligat, an omnia recte disposita et ordinata sint (1), quæ ad celebrationem spectant; nempe an Ecclesia, altare, abacus, sedes Pontificalis, Canonicorum Magistratuumque sedilia sint decenter apparata, ornataque, an cætera ad ipsius celebrationis actum necessaria, ut sacræ vestes, paramenta et vasa, candelabra, cerei, funalia, aliaque ustensilia sint suo quæque loco præparata, et con-

grue disposita juxta normam et regulas, quæ sequentibus capitulis tradentur : nec gravetur aliquando, cum viderit necessarium, etiam suis manibus adjuvare ministros, cæterosque omnes quorum opera uti oportebit; præmoneat atque instruat, quos opus fuerit, exhibitis etiam schedulis (2), si quid enim erroris accidat, aut incaute fiat, ipsi uni Cæremoniario imputari solet.

(1) Cette recommandation méritait sans doute de trouver place dans le Cérémonial; aussi doit-on y faire une grande attention, car rien ne dérange autant un office que ces allées et venues qui se font dans un chœur, pendant le service divin, quand auparavant on n'a pas eu soin de mettre toutes choses à leur place.

C'est à Rome quelque chose de singulièrement remarquable que l'exactitude des maîtres de cérémonies en ce point. Tout est si bien préparé d'avance, que dans les plus grands offices qui demandent tant de détails rien ne manque, et que personne n'est à la peine, au temps du besoin, de courir çà et là. Pour cela, les cérémoniaires ne s'en fient qu'à eux-mêmes, et ils voient de leurs yeux si chaque chose est à sa place. On les voit assez souvent aider les sacristains à faire les préparatifs nécessaires, comme le recommande ici notre Cérémonial.

(2) Les *schedules*, dont il est ici question, sont des directions sommaires dans lesquelles chacun peut voir, comme dans un tableau, ce qu'il y a à faire. On ne manque pas, à Rome, d'en envoyer aux cardinaux, évêques et autres qui doivent être intimés pour les offices pontificaux.

5. Alter vero junior (1), qui saltem in sacro ordine sit constitutus, præcipuam curam geret circa personam celebrantis, ac ministrorum illius; cumque opus erit aliquos ducere, aut reducere, faciat id modeste, et discrete submissa voce, ac solo nutu, si fieri possit, quæcumque agenda sint demonstrans; non discurrat velociter, non caput volvat, aut manus jactet indecenter; caveat demum, ne in suis actibus affectionis vitio notetur, sed quidquid aget, cum gravitate, et congruenti mora, ac cum decoro corporis gestu ita peragere curabit, ut cæteris devotionem et reverentiam pariat, ipseque ab omnibus commendari mereatur; unus tamen alterius defectum, cum opus erit, modestia ac silentio corrigere et supplere studeat; ambo simul

conveniant, antequam in ipso rei gerendæ actu sint; prævideant, quæ sint agenda, ac onera inter se partiantur, concordesque sint, ne reprehendi ab aliis jure possint, qui docere et instruere omnes debent. Satius enim est unum, quam plures esse, nisi fuerint concordes.

(1) Le second cérémoniaire exécute parfaitement à Rome ce qui est marqué dans ce nombre, s'occupant, sous la direction du premier, du soin de diriger les ministres sacrés et autres qui sont à l'autel, tandis que le premier dirige ceux qui sont au trône.

4. Eorum habitus sit honestus (1) et clericalis, ipsaque vestis inferior, ubi commode fieri possit, coloris violacei, super quam, dum divina Officia celebrantur, cottam mundam induent. Ad eorum quoque officium spectabit, præsertim ubi non adest particularis Magister chori, curare, ut infra chorum nulla fiant colloquia, nec sint, qui risu, aliove incomposito, seu minus modesto actu rem divinam turbent; non qui cum cæterorum scandalo dormiant; litteras, aut alias scripturas legant; sed nec libros aut ipsum Breviarium, aut Diurnum in manibus habeant, aut ex illis privatim Horas, aut Orationes recitent, sed illas alta voce, una cum choro dicant, aut cantent, et ad id librum habere permittantur; ne quis gestum aliquem ab aliis differentem demonstret, ut cum alii stant, aliquis sedeat, vel genuflectat, vel e contra : sed detur opera ut omnes uniformi ritu (2) attente, devote et reverenter divinis mysteriis, atque Officiis assistere, eaque toto cordis affectu admirari et contemplari videantur, ac silentium diligenter servetur.

(1) Catalan observe que l'usage de la soutane et ceinture violettes n'est accordé aux maîtres de cérémonies que pour le temps des offices. On a vu plus haut que c'est ce qui se pratique à Rome.

(2) Il devrait y avoir un maître particulier de cérémonies pour diriger le chœur, afin d'y faire régner l'ordre prescrit dans ce nombre. Ceci s'observe non-seulement à la chapelle pontificale, mais encore dans plusieurs églises de Rome, comme dans celles de la propagande et de la mission, où nous avons plusieurs fois remarqué qu'il règne une discipline parfaite, et que nous pourrions pour cela citer comme des modèles de bonne tenue. En

assistant, dans d'autres églises de Rome, à de grands offices, comme sont ceux qui se célèbrent aux fêtes patronales, on regrette de ne voir au chœur d'autre clergé que les ministres sacrés et les servants.

5. Quæ omnia, ut sine contradictione quietius perficiantur, Episcopi cura erit omnes, tam Canonicos, quam alios de choro præmonere, ut ipsis Cæremoniariis in his, quæ ad cultum divinum spectant, sine contradictione obediant (1) ; nec tantum eorum verbis acquiescant, sed et oculos in ipsos convertentes observent ; et illico illius nutu, aut levi aliquo signo, vel intuitu, quod agendum sit significantibus, statim pareant.

(1) Plusieurs décrets de la congrégation des rites viennent à l'appui du Cérémonial en ce point important ; car les cérémoniaires ayant sur eux toute la responsabilité d'un office, il faut bien que tous ceux qui y sont employés fassent ce qu'ils exigent, pour que tout ce qui est prescrit dans ce Cérémonial et ailleurs soit parfaitement exécuté. Rien n'est plus édifiant que la condescendance du pape et des cardinaux à se laisser diriger par leurs maîtres de cérémonies. Il s'ensuit qu'il y a unité et ensemble dans ces grands offices.

6. Alia vero nonnulla, quæ ad ipsum Cæremoniarii officium spectant, velut thuribulum deferre ad Episcopum (1), et ad altare ducere et reducere Diaconum et Subdiaconum, aliosque omnes, tam majores, quam minores ministros, quorum opera in re sacra, aut alibi requiritur, inferius suis quæque locis in operis cursu exponentur. Si Ecclesia sit ampla, et numero Clericorum ac Beneficiatorum abundans, possent (2) arbitrio Episcopi, aut juxta consuetudines Ecclesiarum, aliqui ex ejusdem Ecclesiæ gremio subministri adhiberi, qui in aliquibus casibus, tam in choro, quam extra, ipsos Cæremoniarios adjuvarent ; velut indicendo silentium populo, atque occurrendo, quoad valerent, tumultui et scandalis, quæ forte in ipsa Ecclesia oriri possent ; atque etiam circumspiciendo per totam Ecclesiam, ne quid indecenter fiat ; neve extinguantur lampades et cerei ; aut ne flamma ex cereis ultra modum profluat ; vel quid indecorum super altaribus, aut aliis in locis eveniat.

(1) Il est à remarquer ici que, dans l'esprit du Cérémonial, c'est au plus digne à s'approcher de l'évêque, pour le servir

immédiatement dans les fonctions sacrées. Ainsi, ce n'est pas au diacre assistant, mais au prêtre assistant à faire bénir l'encens. D'après ce principe, on voit communément, à Rome, le cérémoniaire prendre la crosse des mains du ministre qui est chargé de la porter, pour la donner à l'évêque. Il en est de même de l'encensoir, que le premier maître de cérémonies met lui-même entre les mains du diacre, à la messe, ou en celles du prêtre assistant; ce qui pourtant souffre des exceptions.

Nous avons observé, à Rome, que le cérémoniaire ne s'assied jamais à l'office pontifical, et que, s'il a besoin de le faire, il se fait remplacer par un autre auprès du célébrant.

(2) C'est ce qui se remarque à tous les offices pontificaux, durant lesquels les maîtres de cérémonies se partagent entre eux les fonctions à remplir, et sont en outre aidés par des cérémoniaires secondaires. L'un est chargé d'apporter à temps le *faldistorium*, l'autre a pour office de conduire et de diriger le prédicateur, etc.

7. Item viros a mulieribus, cum commode fieri potest, distinguendo et separando, ordinem sessionum inter laicos advertendo, eosque admonendo (1), quando surgere, sedere, vel genuflectere debeant, aliaque hujusmodi prævidendo et operando, prout opportunum erit : atque a dictis duobus Cæremoniariis, cum opus erit, admonebuntur; quibus præterea subditi et obedientes esse debeant, et ut ab omnibus cognoscantur, eorumque officium commodius, ac majori cum auctoritate exercere et exequi valeant, posset eis concedi usus aliquarum ferularum (2) serico, vel panno tectarum, cum aliquibus ornamentis, aut insignibus Sancti Patroni, vel Ecclesiæ, vel Episcopi, componendarum, quas semper manibus gestarent.

(1) On ne remarque pas qu'il y ait dans les églises de Rome, chez les laïques, une tenue uniforme, excepté quand ils assistent en corps de société, comme on le verra ailleurs. On le regrette d'autant plus que notre Cérémonial ne dit que peu de choses ici et ailleurs de ce qu'ils ont à faire pour prendre part à l'office. Pour y suppléer, nous reproduisons ici le passage suivant de Catalan.

Expedit, ac etiam decet, ut magistratus, canonicique, ac reliqui omnes de clero et populo, rei divinæ præsentes, hanc nor-

mulam in suis sessionibus surrectionibus observent, ut quando sedendum erit, ab omnibus sedeatur pro quibus sedilia sunt deputata; item, cum stare oportet, omnes omnino sint recti, usque ad unum, et non aliter maxime ne qua inter eos unicum corpus repræsentantes disparitas appareat.

(2) *Ferula*, dit Catalan (*quam alibi vocat baculum*) *erit coloris violacei, vel alterius, cum extrema parte argentea, vel aurata, aliisque ornata insignibus arbitrio episcopi... Est insigne dignitatis... regiminis... correctionis.* » Maintenant on en fait très-rarement usage à Rome.

8. Ut autem ipsi cæremoniarum Magistri necessariis rebus pro victu et vestitu juxta eorum statum non indigeant, animumque diversis curis et perturbationibus defatigare et distrahere non cogantur, sed a cunctis aliis negotiis remoti, omni studio et diligentia, ac toto pectore in commissam ipsis curam, et munus suum facilius incumbere possint, providebit Episcopus, ut ipsis constituatur aliquod certum et competens stipendium; et insuper, ut eis applicentur emolumenta aliqua extraordinaria; item aliquibus privilegiis et prærogativis decorentur; ut promptiori animo suo muneri satisfaciant (1), ac libros necessarios sibi parare possint (2); videlicet, Pontificale Cæremoniale Episcoporum, librum de mysteriis Missæ Innocentii Papæ III, Rationale divinorum Officiorum, Joannem Stephanum Durantum de ritibus Ecclesiasticis, diversosque alios auctores de Officiis divinis, tam antiquos, quam recentiores, aliosque plures, quos sibi opportunos judicabunt; ut non solum actione et opere sint parati, sed etiam, cum opus fuerit, de his, quæ fiunt, rationem reddere, quoad ejus fieri possit, valeant.

(1) Catalan observe que l'office de cérémoniaire est ancien, et notre Cérémonial nous fait assez voir, dans ce chapitre, l'importance que l'Église y attache. On a vu plus haut sur quel pied honorable sont, à Rome, les maîtres de cérémonies, sur le zèle desquels repose toute la splendeur du culte divin.

(2) Tout maître de cérémonies qui voudra se faire une bonne bibliothèque de livres liturgiques, devra se procurer, outre ceux qui sont ici désignés, une collection complète des décrets de la sainte congrégation des rites, qui sont d'une si haute autorité pour régler ce qui concerne le service divin.

Observons ici, avec Catalan, 1° que tous les décrets de cette congrégation, qui sont approuvés par le pape, font loi dans toute l'Église; 2° qu'il en est quelques-uns qui n'ont été donnés que pour certains lieux et seulement en vue des usages particuliers qui y étaient établis; ce qui rend raison de la contradiction apparente qui se remarque entre quelques-uns de ces décrets; 3° que ceux qui ne contiennent pas de dispositions ou déclarations générales approuvées par le pape, et qui, pour cette raison, n'obligent pas en conscience par toute l'Église, doivent cependant servir de règle pour décider toutes les difficultés particulières dans des cas semblables.

On lit dans l'*Ordo* romain de 1855, publié *pro Clero universalis Ecclesiæ*, les paroles suivantes, qui se trouvent en tête du mois de janvier: *Communis doctorum sententia docet decreta S. C. R. vim legis habere quando jussu summi Pontificis emanant, qui simul mandet ea publicari et servari, cumque ex D. Thoma leges a superioribus fiant ut observentur, non ut contemnantur, violatores rubricarum, rituum et cæremoniarum obligantium solum sub levi, ob contemptum, peccatum mortale committunt.*

Comme on le voit, tous les decrets de la S. C. R. approuvés par le saint-père ont force de loi dans toute l'Église. Or voici un décret du pape régnant qui les approuve tous, de quelque nature qu'ils soient: *Decreta a S. C. emanata et responsiones quæcumque ab ipsa propositis dubiis editæ, eamdem habent auctoritatem ac si immediate ab ipso summo Pontifice emanarent, quamvis nulla facta fuerit de ipsis relatio Sanctitati Suæ.* (Décret du 23 mai 1846, approuvé le 17 juillet par N. S. P. le pape Pie IX.)

Il devra aussi se procurer les savants commentaires de Catalan sur le Cérémonial des évêques, le Pontifical romain, et sur les conciles, avec les ouvrages suivants, dans lesquels se trouvent compris ceux que mentionne ici notre Cérémonial.

« *Quales sunt, inter alios, ait* (Catalanus) *auctor Apostolicarum Constitutionum, quæ sancto Clementi papæ tribuuntur? S. Basilius et S. Joannes Chrysostomus in suis liturgiis, S. Isidorus Hispalensis episcopus de Divinis Officiis, auctores ordinum vete-*

rum romanorum apud Hiterpium et Mabillonium, itemque Amalasius, Alcuinus, Innocentius III, Joannes Belethus, Guillielmus Durandus, Honorius Augustodunensis, Rupertus Abbas Tuitiensis, Augustinus Patricius, Paris de Crassis, et inter recentiores, Stephanus Durandus, Joannes cardinalis de Bona, et Josephus cardinalis Thomasius, Hugo Menardus, Edmundus Martinius, Petrus Lebrun, Gavantus, Meratus, aliique plurimi qui de ritibus ecclesiasticis abunde scripsere. Quoniam enim, ut verbis utar Paridis Crassi (lib. I de Cæremoniis cardinalium et episcoporum in eorum diœcesibus, cap. II), in omni negotio principium est scire cur id fit, quod fieri oportet, ideo qui cæremonias exercere voluerit, ante omnia scientiam artis suæ, necnon usum... non modo habeat sed etiam calleat, ut possit... omnia... docte rationaliterque operari, necnon strenue et expedite ac eleganter exequi, ita ut non solum quæ ipse tanquam dux peragenda imperet, sed quæcumque alii velut commilitones exequuntur, irreprehensibilia sint »

Il serait inutile d'indiquer ici les nouveaux ouvrages qui se publient depuis quelque temps sur la liturgie romaine, puisqu'ils sont déjà connus de tous.

CHAPITRE VI

DU SACRISTAIN.

Sacrista in Cathedralibus et Collegiatis Ecclesiis constituendus. Qualis eligendus, et quæ ejus partes et munia.

1. Officium Sacristæ (1) in singulis Ecclesiis Cathedralibus et Collegiatis pernecessarium est : idcirco in Sacristam eligendus est, qui ad hujusmodi officium fideliter et strenue exercendum idoneus et aptus merito censeri possit. Assumendus autem est de gremio ipsius Ecclesiæ, vel aliunde, prout magis expedire videbitur, qui in Sacerdotali ordine sit constitutus, et cui præsto esse debebunt alii clerici coadjutores vel plures, vel pauciores, pro Ecclesiæ necessitate et facultatibus.

(1) Ceci est bien compris et pratiqué à Rome, car il n'est guère d'église qui n'ait pour premier sacristain un prêtre, dont

le ministère se réduit à remplir ce qui est dit de lui dans ce chapitre et ailleurs.

Assez généralement, une paroisse a son curé, son vicaire et son sacristain. Une communauté religieuse a son cardinal protecteur, son supérieur, son confesseur et son sacristain, outre un certain nombre de chapelains qui viennent y dire la messe à des heures fixes. Aussi, à toutes les heures de la matinée, a-t-on, à Rome, la facilité d'entendre la messe, et cette facilité est sans doute la raison pour laquelle chacun se fait un devoir d'y assister. Les étrangers sont surtout étonnés de voir tous les jours tant d'hommes à la basse messe.

2. Ejus præcipua cura erit, ut paramenta sacra, vasa, libri, cerei, ornamenta, instrumentaque pro usu Ecclesiæ et altarium, ac reliqua præterea suppellex Ecclesiastica sana, integra et munda conserventur, eaque, cum attrita aut lacera erunt, renovari, aptarique procuret. Sed in primis, ubi alias talis cura peculiariter non sit commissa alteri, diligentissime curabit, ut ea, quæ ad sacrosanctæ Eucharistiæ cultum et honorem spectant, nitide conserventur, locusque, seu tabernaculum, ubi custoditur, diligentissime, et fidis clavibus obseretur (1), lampades circa illam perpetuo ardeant, illaque saltem semel in hebdomada mutetur et renovetur (2); ad infirmos debita cum reverentia et honore deferatur. Pariter et circa fontem Baptismalem, et sacri Chrismatis, aliorumque sacrorum Oleorum conservationem, diligentissimam curam adhibebit, juxta præscriptam sibi ab Episcopo et aliis, ad quos spectat, normam. Et quod ad sacrum Oleum infirmorum attinet, procuret illud in vase ab aliis separato custodiri, illudque solum ab aliis sejunctum ad ungendos ægrotos deferri. Idem, et de sacris Sanctorum Reliquiis dicitur, ut scilicet fideliter et honorifice asserventur. Aqua benedicta singulis saltem hebdomadis renovetur, ac denique, ut tota Ecclesia, et singula illius sacella et altaria semper munda et nitida sint, nec per incuriam obsordescant.

(1) On exige, à Rome, que la clef du tabernacle soit gardée par un prêtre, et lorsque l'on donne la permission de conserver le saint sacrement dans les églises et oratoires qui, de droit commun, n'ont pas ce privilége, on ne manque pas d'insérer dans l'indult cette clause, que le prêtre chargé de la desserte de cette église aura besoin de garder lui-même la clef du ta-

bernacle. Cette sage précaution prouve que l'on veille à ce que cette prescription de notre Cérémonial soit strictement observée.

(2) L'usage se conserve, à Rome, de renouveler tous les huit ou dix jours les saintes espèces.

3. Curabit etiam pro tempore, dierumque festorum qualitate, ut ea decenter ornentur, prout latius infra *Cap.* XII *hujus Libri* dicetur. Cum Missæ, et cætera divina Officia solemniter celebranda erunt, sive per Episcopum, sive per alios, ipse peculiarem curam geret, ut altare majus, credentia, tribuna, chorus et secretarium, ubi Episcopus sacris vestibus paratur, necessariis rebus et ornamentis, quæ in eodem capitulo exprimuntur, instruantur opportune, ne eorum aliqua deesse contingat; in quibus perquirendis et expectandis, indecenter, atque incommode tempus teratur. Aderit apud altare in cornu Epistolæ, cum oblata erunt offerenda; et prægustabit de hostia, vino et aqua, porrigente Diacono. Ad eum etiam spectat, ut per campanarum sonum indicentur horæ Vesperarum, Matutinarum et Missæ, ac reliquarum Horarum canonicarum (1); item cum in Missa majori elevatur SS. Sacramentum (2), vel quando illud ad infirmos deferendum est (3); et ut matutino, meridiano ac vespertino tempore diebus singulis, salutationis Angelicæ signum detur (4). Demum, ut ab ipsa Sacristia laicorum nimia frequentia, indecentes sermones, jurgia, rixæ, actusque profani removeantur (5), diligentiam adhibeat; ut Sacerdotes Missas celebraturi opportuno tempore, et ordine exeant (6), pro populi, personarumque concursu.

(1) En entendant, à Rome, tant de cloches sonner le jour et la nuit pour annoncer les saints offices, l'on se pénètre de cette douce pensée, qu'il y a dans le monde une ville qui prie pour toutes les autres villes que le tourbillon des affaires temporelles entraine dans de continuelles distractions. En général, les cloches sonnent en branle et en tintons, mais d'une manière plus accélérée que chez nous.

(2) L'usage de sonner à l'élévation n'est pas, à Rome, aussi général que celui de sonner à la bénédiction du saint sacrement. C'est quelque chose de solennel que le son harmonieux de quelque grosse cloche qui avertit, au dehors comme au de-

dans d'une église, que Notre-Seigneur arrive du ciel en terre ou qu'il bénit son peuple.

Le profond silence qui doit alors se faire, ou qui ne doit être rompu que par le son doux et harmonieux de l'orgue, est bien propre à faire entrer dans l'âme de très-vives et délicieuses émotions. Aussi, comme on le verra ailleurs, le Cérémonial défend-il de chanter à la bénédiction et à l'élévation du saint sacrement.

(3) C'est quelque chose de singulièrement frappant, à Rome, que la pompe avec laquelle on porte la communion aux malades. Non-seulement les cloches sonnent, mais encore le prêtre est sous le dais ou l'*ombrello*, et accompagné de clercs et de beaucoup de fidèles, qui tous ont des flambeaux allumés à la main. Il y a même diacre et sous-diacre, avec chant, encens... quand il s'agit de porter solennellement, à certaines grandes fêtes, la communion aux infirmes qui ne peuvent aller communier aux églises. Là, ce qu'il y a de souverainement consolant pour les mourants, c'est que le prêtre ne les quitte pas qu'ils n'aient rendu le dernier soupir.

(4) L'*Angelus* s'appelle, à Rome, l'*Ave Maria* du matin et du soir, et l'*Angelus* du midi. Il doit sonner, le matin, *elucescente aurora*, et le soir à la chute du jour. Voilà pourquoi l'heure de l'*Ave Maria*, le matin et le soir, change continuellement d'un bout de l'année à l'autre. Quant à l'*Angelus*, il sonne toujours à midi, et c'est à un coup de canon du château Saint-Ange que toutes les cloches de la ville sainte se font entendre, pour inviter tout le monde à saluer la bienheureuse Mère de Dieu. L'*Ave Maria* du soir sonne aussi en même temps à toutes les églises; ce qui ne peut s'observer à l'*Ave Maria* du matin.

Les jours ordinaires, pour l'*Ave Maria*, on sonne d'abord *trois* tintons, ensuite *quatre*, enfin *cinq*, et au lieu du *branle*, on sonne un seul tinton. Mais aux grandes fêtes, on sonne et carillonne *lætiori modo* après ces tintons donnés.

Benoît XIII, qui fit revivre à Rome l'usage de sonner l'*Angelus*, tenait tellement à cette sainte pratique, qu'il ne manquait pas de descendre de carrosse pour le dire à genoux, quelque temps qu'il fît.

Une heure après l'*Ave Maria* du soir, on sonne à toutes les églises pour inviter les fidèles à réciter le *De profundis* pour les défunts et à gagner l'indulgence attachée à cette prière. L'on sonne encore, à toutes les églises, une heure après la sonnerie pour les morts, lorsqu'il y a le lendemain une grande fête.

Une grosse cloche sonne aussi, à l'entrée de la nuit, pour annoncer, dès la veille, le carême et autres temps solennels.

(5) On aime à voir écrit en grosses lettres le mot *Silentium*, qui se lit dans diverses sacristies, à Rome et ailleurs. Mais on regrette de ne pas toujours y trouver ce silence religieux qu'il conviendrait sans doute de garder dans un lieu qui touche au sanctuaire, surtout aux heures où il faut que chacun se prépare à monter à l'autel avec le profond sentiment de la présence de la divine majesté.

(6) Les prêtres chargés de la sacristie y demeurent habituellement. Ils ont soin que les messes de règle se disent à l'heure juste. Ils examinent le *celebret* des prêtres étrangers. Ils admettent à leur tour ceux qui doivent célébrer quand il y a concours. Ils indiquent à ceux qui ne le sauraient pas les oraisons *de mandato* et autres particularités.

4. Ad ipsum spectabit eleemosynas, quæ pro Missis celebrandis dantur, custodire, et adnotare in libris Sacristiæ (1), et inter illos ad quos spectat, distribuere. Habeatur tabella, in qua descriptæ sint Missæ et Anniversaria, infra annum statutis diebus celebranda, ut omni exacta diligentia benefactorum intentioni satisfiat. Invigilet idem Sacrista, ut mantilia, pro manibus Sacerdotum, qui celebraturi sunt, in promptu habeantur, eaque sint munda et nitida : omniaque alia providere studeat, quæ secundum Ecclesiæ ritum et consuetudinem providenda erunt. Ut vero magis accurate, tam Sacrista, quam ipsius adjutores munus suum adimpleant, optime factum erit, si unus, vel duo ex Canonicis eis præficiantur singulis annis, vel sæpius, uti plus expedire videbitur, mutandi, ut sic per vices majorem de rebus Ecclesiæ suæ notitiam assequantur.

(1) Il faut observer qu'à Rome l'on tient à faire acquitter les messes pour lesquelles les fidèles donnent des rétributions, sous le plus court délai possible, et le sacristain en est chargé,

comme on le voit ici. Il doit toujours être prêt à en rendre compte, moyennant les livres qui sont ouverts pour cela.

CHAPITRE VII

DU PRÊTRE ASSISTANT.

Dignior ex Presbyteris Episcopo, rem divinam facturo assistat. Sedeat prope Episcopum. Ejus munia, tam in Vesperis, quam in Missis, Episcopo celebrante.

1. Inter omnes Episcopi ministros, qui ei in divinis, et assistunt, et serviunt, primus et dignior est Presbyter assistens, qui idcirco debet esse dignior ex Presbyteris (1), tam Canonicis, quam dignitatibus, qui in choro cum aliis sedere solent; nec refert, quo nomine nuncupetur, an Archidiaconus, an Archipresbyter; sed attenditur, ut sit dignior omnino ex omnibus, et in Sacerdotio constitutus, atque in Sacerdotalibus officiis, expertus (2) : ut digne et decenter officium suum exercere valeat, et opportune Episcopo, rem divinam agenti, ministrare possit. Igitur Episcopo, Officium in Vesperis facturo, ipse simul cum aliis Canonicis capiet paramenta (3), videlicet amictum super rocchetto, aut cotta, et super eo pluviale, tempori congruum, sine tamen formalio ad pectus (4) et cum Episcopus paratus erit sacris paramentis, ipse imponet ei annulum (5). Cum vero Episcopus primam Antiphonam erit intonaturus, ipse librum supra caput sustinere debet, quem ministri, alias de libro et candela servientes, adjuvabunt.

(1) Le chapitre étant, comme on l'a vu plus haut, pour chaque évêque ce qu'est pour le pape le sacré collége, le Cérémonial suppose qu'il est constitué de la même manière, c'est-à-dire qu'il y a des dignités qui représentent les cardinaux-évêques et qui pour cela se revêtent de la chape aux offices, des prébendes de prêtres, qui représentent les cardinaux-prêtres, et prennent la chasuble aux vêpres comme à la messe, et enfin des prébendes de diacres et de sous-diacres, qui représentent les cardinaux-diacres, et servent, aux offices, en dalmatiques et tuniques. Quand un chapitre est constitué de la sorte, ce serait, dit Catalan, un abus si tous les chanoines se revêtaient de la chape pour assister l'évêque quand il célèbre pontificalement.

Ce ne serait pas le cas, ajoute-t-il, s'il n'y avait pas de prébendes distinctes. Néanmoins il vaudrait mieux, même alors, se revêtir de ces divers ornements comme s'il y avait distinctions d'ordres dans le chapitre.

(2) Ceci est digne d'attention, et c'est dans la vue de suppléer à ce que notre Cérémonial laisse à désirer, par rapport à l'office du prêtre assistant, que nous nous sommes particulièrement étendu sur ce chapitre, afin qu'au moyen des usages de Rome il puisse bien connaître les cérémonies qu'il a à faire; car, étant par son office le plus digne après l'évêque, il doit être le plus capable de tous, afin que son exemple encourage ceux qui sont au-dessous de lui à se rendre parfaits dans leur office.

(3) C'est au chœur et non au secrétaire qu'à vêpres l'évêque prend les ornements. Les ministres sacrés s'habillent dans un lieu séparé ou dans la sacristie, si le local le permet. Le Cérémonial ne suppose nulle part que l'on peut s'habiller *in sacello* pour les vêpres comme pour la messe. A Rome, c'est au chœur que les cardinaux qui officient dans leurs églises à vêpres se revêtent des ornements. Tous ceux qui les assistent s'habillent dans un lieu attenant au chœur.

(4) Il est à remarquer qu'à Rome les prêtre et diacre assistants ne prennent jamais l'étole, pas même les cardinaux quand ils assistent le Pape dans les offices les plus solennels.

(5) Cet anneau lui est présenté dans un bassin qu'il prend de la main gauche, pendant que, de la droite, il met l'anneau au doigt de l'évêque. C'est ainsi qu'on le pratique à Rome. Autrefois, dit Catalan, les évêques portaient au doigt plusieurs anneaux.

2. Intonata ergo prima Antiphona, eaque per chorum completa, inceptoque primo Psalmo, sedebit (1) in aliquo scabello, prope Episcopum, ante ipsius faciem a dexteris, vel a sinistris (2), prout loci situs patietur; regulariter tamen a dexteris, dummodo nec altari, neque Episcopo renes directe vertat, sed maneat semiconversus. Tertiam Antiphonam ipse Presbyter assistens, stans in eodem loco, ac præintonante sibi illam Subdiacono, vel alio ministro, intonabit voce intelligibili. Cum Episcopus erit intonaturus Hymnum, co-

dem modo librum sustinebit, prout de prima Antiphona dictum est : quo intonato, redibit ad locum suum (3), stans ibi usque ad finem Hymni. Idem faciet cum Episcopus intonabit Antiphonam ad *Magnificat*, qua intonata, et Episcopo sedente, capiet naviculam incensi de manu Acolythi, illamque cum cochleari prius deosculato ac manu quoque illius osculata, porriget Episcopo, ut ex ea imponat incensum in thuribulum, more solito, dicens *Benedicite, Pater Reverendissime.* Quo facto, reddet naviculam Acolytho, et expectabit stans vel sedens, quousque inchoetur *Magnificat;* quo Cantico incœpto, præibit ante Episcopum (4), ad altare euntem, ubi, postquam ille osculatus fuerit altare, offeret ei thuribulum ab Acolytho acceptum, cujus catenularum summitatem ipse manu dextera tenens, eamque deosculans, ad sinistram Episcopi porriget; thuribulum vero, quod ipse manu sinistra sustinet, in dextera Episcopi collocat, quam deosculatur; ac finita thurificatione, stans in cornu Epistolæ, recipit thuribulum de manu Episcopi, osculando prius ejus manum dexteram, illudque Acolytho dat. Cum Episcopus redierit ad sedem suam, tunc ipse, stans ante infimum gradum solii Episcopalis, recipit thuribulum de manu Acolythi, et thurificat triplici ductu Episcopum stantem cum mitra; cui Episcopus benedicit, ac rursus, deposito thuribulo in manu Acolythi, ipse accedit ad sedem suæ assistentiæ, et ibi stans thurificatur a Subdiacono, vel, eo deficiente, ab Acolytho duplici ductu thuribuli. Cum Episcopus cantaturus est Orationem, accedit, et sustinet librum, ut alias ; deinde revertitur ad locum suum.

(1) Ce petit banc, à Rome, est à peu près de la forme de nos tabourets ; mais il est boisé de haut en bas, et le nom du pape régnant est écrit, en lettres d'or, sur l'espèce de frise qui se trouve au-dessous de la planche qui lui sert de couverture, au milieu de laquelle est pratiquée une ouverture pour y passer la main, afin de pouvoir la transporter aisément d'un lieu à un autre. Le nom de la basilique auquel il appartient y est aussi marqué.

(2) Nos trônes, situés, comme ils l'ont été jusqu'ici, au bas du chœur et du côté de l'épître, exigent que le prêtre assistant soit à gauche; car, à droite, il ne pourrait se tenir à demi tourné vers l'évêque sans tourner le dos à l'autel et aux autres chanoines.

Lorsque le trône est au fond du chœur, en face de l'autel, comme à Saint-Pierre, le prêtre assistant doit être à droite; mais, lorsqu'il est du côté de l'évangile et près de l'autel, comme à la chapelle Sixtine, il doit être à gauche.

(3) Comme on le voit ici, le prêtre assistant, suivant sa position au trône, doit plus ou moins se déplacer, de manière à être en face de l'évêque, et non en côté, lorsqu'il lui présente le livre pour quelque intonation.

(4) Accompagné du thuriféraire, le prêtre assistant se rend d'avance au côté de l'épître, de manière à pouvoir monter à l'autel par ce côté lorsque l'évêque y monte, avec les diacres assistants, par le milieu. Lui ayant remis l'encensoir, il descend sur le pavé ou sur quelque degré en dehors du marchepied, où il demeure, tourné du côté de l'évangile. L'encensement fini, il monte de nouveau à l'autel pour y recevoir l'encensoir, qu'il remet de suite au thuriféraire, avec lequel il se rend au trône, comme il en est venu, et il attend au bas que l'évêque y soit monté pour l'encenser.

3. Cum vero Missa solemnis ab Episcopo erit celebranda, ejus præcipua cura erit, totam Missam prævidisse, omnesque ceremonias et actus, quos Episcopus facturus est, observasse, ac signacula in libro Missali, in quo lecturus est Episcopus, locis congruis disposuisse, ut præsto illi esse possit, suggerendo illi submissa voce, vel modesto nutu indicando, si in aliquo forte, vel memoriæ lapsu, vel alia de causa deficeret, aut titubaret; præsertim apud altare, dum sacrosancta Mysteria peragit. Igitur ipsa die, qua Missa celebranda erit, cotta, vel habitu suo canonicali indutus (1), postquam Episcopum ad Ecclesiam venientem comitatus fuerit, opportune aderit apud eum in secretario; et incœpta hora Tertia, atque incipiente Episcopo legere Psalmos *Quam dilecta*, etc., cum aliis sequentibus, ipse ad ejus sinistram stans alternatim respondebit, duobus quoque Diaconis assistentibus pariter cum ipso respondentibus; et lavante Episcopo manus, porriget ei mantile ad tergendum. Circa finem Tertiæ induet se amictu super rocchetto aut cotta, et super eo pluviali, et sic paratus sustinebit librum supra caput, cum Episcopus cantabit Orationem Tertiæ. Episcopo omnibus sacris paramentis induto, ac sedente, imponet annulum Pontificalem in digitum annularem dexteræ manus, illius annulo et manu prius deosculatis; mox navi-

culam incensi cum cochleari eidem ministret, ut imponat thus in thuribulum, antequam a secretario discedat. Cum autem Episcopus procedit versus altare, ipse ante illum incedit ad dexteram Diaconi, Evangelium cantaturi, et cum Episcopus ante infimum gradum altaris, facta cruci reverentia, incipit confessionem, ipse, ad ejus dexteram stans, respondebit simul cum Diacono stante a sinistris, et dum dicet in confessione *Tibi Pater*, et *Te Pater*, profunde versus Episcopum caput inclinabit.

(1) Ce texte montre évidemment que le prêtre assistant et les diacres d'honneur sont au trône en habit canonical et récitent, alternativement avec l'évêque, les prières de la préparation.

A Rome, cependant, il arrive quelquefois que les prières de la préparation se disent par l'évêque tout seul et tout bas; mais ce n'est que dans le cas où les assistants ne sont pas à portée de les dire alternativement avec lui, car on y est d'avis que le Cérémonial doit être suivi dans ce point comme dans tout le reste.

Ils se retirent tous trois du trône lorsque le diacre et le sous-diacre y viennent pour habiller l'évêque. Après avoir pris leurs ornements respectifs, ils reviennent au trône quand les diacres et sous-diacres ont achevé de revêtir l'évêque des ornements qu'il doit prendre alors.

Le prêtre assistant demeure au trône lorsque les diacres assistants cèdent leur place au diacre et au sous-diacre, qui y reviennent, après que tierce est finie, pour revêtir l'évêque des ornements de la messe.

4. Finita confessione, et osculato per Episcopum altari, dum Subdiaconus in cornu Evangelii porrigit librum Evangeliorum osculandum Episcopo, ipse adjuvat, manum ad librum apponendo, deinde retrahit se extra cornu Evangelii, dum Episcopus thurificat altare : et redeunte Episcopo ad sedem suam, ipse eum præit (1), et apud eum stat. Cum Episcopus, lecto introitu Missæ, dicit *Kyrie eleison*, ipse simul cum eo, ac duobus Diaconis assistentibus idem dicit; sedente vero Episcopo, et ipse sedet super scabellum, a dexteris, vel a sinistris, prout supra de Vesperis dictum fuit. Si vero forte Episcopus celebrans non in sede propria, sed in faldistorio sederet, tunc

ipse Presbyter assistens sedebit in aliquo scamno prope altare, versus cornu Epistolæ simul cum Diacono et Subdiacono, ad sinistram Episcopi ; sustinebit deinde librum supra caput, cum ex eo Episcopus erit cantaturus *Gloria in excelsis*, et *Credo*, quæ cum eo, et duobus Diaconis assistentibus submissa voce prosequitur. Adjuvabit eodem modo, prout de prima lotione dictum est, ad lotionem manuum, quoties opus erit in Missa, id est, post Offertorium, post Oblationem, et post Communionem. Si sermo habebitur per Episcopum, ipse sedebit a dexteris Episcopi cum Diacono a sinistris, remanente interim Subdiacono in suo scabello, si Episcopus erit in faldistorio ante altare. Si vero habebit sermonem in propria sede, sedebit in scabello suæ assistentiæ. Finito sermone, ac confessione per Diaconum decantata, ipse Indulgentias pronuntiabit in forma, prout suo loco dicendum erit. Si vero sermo habendus erit per ipsum Presbyterum assistentem, vel per aliquem Canonicum, qui eo casu servire debet Episcopo in officio Presbyteri assistentis cum pluviali, etiamsi non sit ex antiquioribus et dignioribus Canonicis; finito Evangelio, accedet ad osculum manus Episcopi, et profunde inclinatus ab eo petet benedictionem ; et sic paratus ascendet ambonem, sive pulpitum, et sermonem habebit ; ac finita confessione per Diaconum, ipse in eodem pulpito adhuc stans, publicabit Indulgentias (2) in forma.

(1) En supposant le trône placé du côté de l'évangile et près de l'autel, on voit, par ce texte, comme tout se fait naturellement ; car, l'évêque devant, après avoir été encensé, se rendre au trône par le plus court chemin, le prêtre assistant se trouve tout rendu pour monter au trône devant lui.

L'expression *Extra cornu Evangelii* veut dire *Extra suppedaneum;* car, si l'autel avait plusieurs degrés, il pourrait se tenir sur un des degrés, tourné vers le côté de l'épître. Enfin il se place de manière à ne pas empêcher l'encensement.

(2) Ce texte fait voir que le prêtre assistant prêche en chape, et qu'il ne se met pas à genoux lorsque le diacre chante le *Confiteor*, après le sermon.

5. Lecto per Episcopum Offertorio, ac lotis manibus, ipse portabit librum cum pulvino ad altare (1), comitante Cæremoniario, vel præmittet ministrum de eo servientem (2), ut ipse præsto sit ad lotionem manuum Episcopi. Cum Episcopus revertitur ad altare, ipse a sini-

stris, illum gradus altaris ascendentem adjuvat; et cum erit apud altare, accurate et opportune demonstrabit Episcopo omnia et singula, quæ ex libro erunt legenda, ea digito indicando. Dum autem Episcopus oblata et altare thurificabit, ipse, sumpto libro Missali cum pulvino, retrahit se extra cornu Evangelii, ne thurificationem impediat; et finita thurificatione altaris, reponet librum (3) cum pulvino super eo, ostendens ex illo, quæ successive erunt dicenda; ac dicet simul cum Episcopo *Sanctus*, etc., nec genuflectet, nisi cum elevatur Sacramentum (4), et cum Episcopus ipse genuflectit (5). Dicit *Agnus Dei*, etc., cum Episcopo (6) celebrante, et Diacono; quo dicto, locum permutat cum Diacono : ipse enim accedit ad dextram, Diaconus vero ad sinistrum latus Episcopi, cui relinquit curam libri. Ipse vero Presbyter assistens, dicta per celebrantem Oratione *Domine Jesu Christe, qui dixisti*, etc., genuflectit, et statim surgit (7) osculando altare simul cum celebrante, qui sinistram genam suam cum sinistra ipsius Presbyteri assistentis approximans, dat ei pacem dicens *Pax tecum*, cui ipse respondet *Et cum spiritu tuo*. Et iterum, ante Sacramentum genuflectens, et statim surgens, recedit cum Cæremoniario ad pacem dandam in choro, juxta ordinem in suo particulari capitulo descriptum.

(1) Aux offices papaux, on ne fait jamais usage de pupitre pour y placer le Missel, mais toujours d'un coussin.

(2) C'est l'usage à Rome que le prêtre assistant serve au lavement des mains quand l'évêque officie au trône. Il ira ensuite porter le livre à l'autel; il y attend l'évêque, qui s'y rend aussitôt après lui. Ceci n'occasionne aucun retardement quand le trône est près de l'autel; s'il en était très-éloigné, ce serait alors le cas de faire porter le Missel d'avance par celui qui est chargé du livre.

N. B. A l'office pontifical, c'est à l'évêque assistant qui en est chargé à porter le livre du trône à l'autel. Ceci montre que le livre doit être, dans cette occasion, porté avec solennité.

Un cérémoniaire ramène les bords de la chape du prêtre assistant par-dessus le Missel et le coussin, pour qu'ils en soient tout couverts, et l'accompagne à l'autel pour l'aider dans cette action.

(3) C'est pendant que l'évêque encense les *oblats* que le

prêtre assistant se retire avec le livre en dehors du marche-pied, du côté de l'évangile, et c'est pendant que le diacre encense l'évêque qu'il vient remettre le missel à sa place. A Saint-Pierre, il ne fait que descendre sur le second degré, lorsque l'évêque commence à encenser l'autel, après l'encensement de la croix; et il se tient en face de l'autel jusqu'à ce que le côté de l'évangile ait été encensé, et il remet de suite le livre à sa place.

(4) L'on voit que ce n'est pas au moment de la consécration, mais à celui de l'élévation, que le prêtre assistant se met à genoux; car, pendant la consécration, il soutient des deux mains le livre appelé *Canon*, dont l'évêque se sert depuis les *Secrètes* jusqu'à la *Communion*; et il a soin de tenir ce livre appuyé sur le coussin, qu'il lève et baisse de sa gauche au besoin, pour que le célébrant puisse lire facilement les paroles de la consécration. C'est ainsi que nous l'avons vu pratiqué à toutes les *chapelles pontificales*.

(5) Le prêtre assistant ne se met donc à genoux que lorsque l'évêque, après la consécration, fait la génuflexion, avant l'élévation. Hors de là, il demeure debout auprès du livre, sans faire aucune génuflexion avec l'évêque quand on découvre le calice ou lorsqu'on l'a couvert de la palle.

(6) Ce qui fait voir qu'il ne cède pas sa place, pour l'*Agnus Dei*, au sous-diacre, qui monte à la droite du diacre, pour le dire.

(7) On voit ici que le prêtre assistant ne doit pas demeurer à genoux tout le temps que l'évêque met à dire la première oraison avant la communion.

6. Advertat autem, ne cuiquam Canonico, neque alteri, etiam Principi, quantumlibet magno, priusquam ei pacem det, ullam reverentiam faciat, sed solum post datam ei pacem, quæ reverentia solis Canonicis, Magistratui et Principibus convenit, quando assistens qui pacem defert, est Canonicus. Dum autem eundo et redeundo ad chorum transit ante Episcopum, vel altare, servabit debitas reverentias, vel genuflexiones, prout ei a Cæremoniario monstrabitur, ac prout latius in capitulo de reverentiis exprimitur. Data pace, quibus per ipsum danda est, dat eam ultimo loco Cæremoniario, qui

eum duxit ; et redit ad altare, ubi transfert librum a cornu Evangelii ad cornu Epistolæ, nisi jam translatus esset a Diacono ; et adjuvat ad lotionem manuum Episcopi, ut alias ; deinde redit ad librum, ostendens Episcopo cætera, quæ supersunt ; et data benedictione, si Indulgentiæ non fuerint publicatæ, quod contingit, quando non fuit habitus sermo, eas tunc, petita prius licentia ab Episcopo, publicat in forma (1).

(1) Pour publier cette indulgence, le prêtre assistant se place sur le marchepied, du côté de l'épître, au lieu où se disent les oraisons ; et, tourné vers le peuple, il lit, dans un livre que lui présente le cérémoniaire, s'il ne la sait pas par cœur, la forme latine de l'indulgence, telle qu'au Cérémonial. Il pourrait la répéter en langue vulgaire, mais on ne le fait pas à Rome.

7. Episcopo vero non celebrante (1), sed Vesperis, aut Missæ solemni per alterum cantatæ, præsente, tunc Presbyter, Canonicus dignior post dignitates, assistit, prout et duo Canonici Diaconi, sed in habitu Canonicali sine paramentis, cujus officium tunc erit ministrare Episcopo naviculam incensi, quoties benedicendum et in thuribulo ponendum erit, et eumdem Episcopum thurificandi post Evangelium et post oblata, et si est paratus cum mitra, etiam in initio Missæ ; et post *Agnus Dei*, accipere pacem, eamque deferre Episcopo, qui statim eam dat duobus Diaconis assistentibus : ipse vero reversus ad sedem suam in choro, illam dabit Subdiacono, qui eam cæteris det ; nisi celebraret aliquis Prælatus, qui haberet proprium assistentem, quem tali casu convenit pacem accipere a Canonico Presbytero assistente, et distribuere cæteris ; et habebit locum idem Presbyter assistens prope sedem Episcopi in scabello, ut alias, usque dum inchoatur Præfatio, nisi dum fiunt circuli, ad quos ipse accedit cum aliis, et dum habetur sermo, quo tempore accedit cum aliis ad locum suum.

(1) C'est ici surtout que l'on a besoin des traditions de Rome, pour bien préciser les fonctions du prêtre assistant et autres ministres sacrés aux divers offices dans lesquels ils sont employés. L'on va à cette fin, dans les trois articles suivants, noter les usages suivis à Rome : 1° aux offices *ad faldistorium;* 2° aux offices auxquels l'évêque assiste *ad solium indutus pluviali vel cappa;* 3° aux offices auxquels l'évêque assiste *in ha-*

bitu ordinario, scilicet indutus mozzetta, non au trône, mais à la stalle.

ARTICLE PREMIER

DES OFFICES AU FAUTEUIL

1° L'évêque est chaussé à la sacristie, pendant qu'il récite seul et tout bas les prières de la Préparation. Il est alors assis au fauteuil, le dos tourné à la croix du vestiaire, et assisté de son cérémoniaire et de ses chapelains. Celui qui le chausse est appelé par le Cérémonial *scutiferus*. Les *scutiferi* servent au lavement des mains en portant le bassin et le *manuterge*, et aident les autres ministres à habiller l'évêque, en transportant les ornements. A la basse messe, ils portent les flambeaux que l'on allume pour l'élévation.

2° L'on va au chœur dans l'ordre suivant : deux cérémoniaires marchent devant; les diacres et sous-diacres viennent ensuite; ils saluent l'autel et le chœur, et vont au fauteuil, où ils attendent l'évêque, debout et le dos tourné à l'autel, le diacre à droite et le sous-diacre à gauche. Ils sont suivis des chapelains, qui marchent aussi deux à deux, saluent l'autel et le chœur, et vont à leurs places. Quand tous se sont ainsi placés, l'évêque, ayant à sa droite le prêtre assistant, qui est en surplis, et à sa gauche le cérémoniaire, vient au chœur en faisant les saluts convenables, prie quelque temps *ad pedes altaris*, et va au fauteuil, où l'attendent le diacre et le sous-diacre, qui lui font une inclination médiocre.

3° L'évêque, s'étant assis, quitte la mozette et le *mantelet*[1], et se lave les mains couvert de la barrette; puis, assisté du diacre et du sous-diacre, il se revêt des ornements pontificaux, qui sont transportés de l'autel au fauteuil par les chapelains, dans l'ordre qui sera marqué en son lieu. Il demeure pendant ce temps-là, ainsi que ses ministres, le dos tourné à l'autel.

4° Le prêtre assistant ne prend la chape que lorsqu'il lui

---

[1] On suppose que l'évêque qui officie *ad faldistorium* est dans un diocèse étranger, et que, conformément à notre Cérémonial (liv. I, ch. 1, n° 4), il est revêtu du rochet, du mantelet et de la mozette.

faut donner l'anneau à l'évêque; elle lui est apportée par un chapelain, et un autre lui présente le bassin contenant l'anneau. Cependant les diacres et sous-diacres prennent, à la crédence ou ailleurs, leurs manipules, qui leur sont apportés par deux chapelains. Le prêtre assistant se place alors à la droite de l'évêque, et le diacre et le sous-diacre à sa gauche, tournant comme lui le dos à l'autel. Ils vont commencer la messe avec les saluts ordinaires au chœur et à l'autel, et le sous-diacre porte, comme de coutume, le livre, avec le manipule dedans.

5° La confession et l'encensement se font comme aux autres messes pontificales; mais le prêtre assistant, au lieu de se tenir pendant l'encensement *extra cornu Evangelii*, se tient *extra cornu Epistolæ*, parce que c'est de ce côté qu'est le siége de l'évêque.

6° Lorsque l'évêque a été encensé, les diacre et sous-diacre montent se placer à ses côtés; ils font ensemble, du coin de l'épître, le salut à la croix, et vont *per breviorem* au fauteuil; le prêtre assistant s'y rend par le pavé. L'évêque s'assied en arrivant; les ministres sacrés se placent sur une même ligne devant lui, le diacre au milieu, le prêtre assistant à sa droite, et le sous-diacre à sa gauche. C'est de même qu'il leur faudra se placer avant d'aller s'asseoir au *Gloria in excelsis* et au *Credo*, comme aussi quand ils reviendront, à la fin, auprès du célébrant.

7° Pour réciter l'*Introït* et toutes les autres parties de la messe qui se disent au fauteuil, l'évêque et ses ministres sont tournés vers l'autel. Pour l'*Introït*, le prêtre assistant est à sa droite, et les diacre et sous-diacre, sur une même ligne, se tiennent un peu en arrière du célébrant. Après le *Kyrie eleison*, ils s'asseyent, s'il y a du temps. A Rome, le chant est tellement réglé sur les cérémonies, que d'ordinaire le dernier *Kyrie* se chante au chœur pendant qu'il se récite au fauteuil, de sorte que, presque toujours, le *Gloria in excelsis* s'entonne par l'évêque aussitôt qu'il a dit le dernier *Kyrie*. Cependant, à certaines messes solennelles, ce chant est très-long. D'autres fois, les chantres, pour ne pas faire attendre le célébrant, s'arrêtent lorsqu'il est prêt à entonner le *Gloria in excelsis*; mais alors les maîtres de cérémonies réclament contre cet abus.

8° Pour l'intonation du *Gloria in excelsis*, le prêtre assistant est à la droite de l'évêque, et les diacre et sous-diacre par derrière, tout comme s'il s'entonnait à l'autel. Ils montent ensuite à ses côtés pour le réciter avec lui, et tout se fait comme à l'ordinaire.

9° L'hymne finie, l'évêque se tourne vers le peuple et reçoit la mitre et le grémial du diacre. Il faut observer que, au fauteuil comme à l'autel, l'évêque doit toujours se tourner sur sa droite. C'est ce qui fait que, quand l'autel est au fond du chœur, comme dans la plupart de nos églises, il a l'air de tourner le dos à l'autel; mais, quand le grand autel se trouve près du balustre, comme dans beaucoup d'églises à Rome, le célébrant, en se tournant sur sa droite, vers le peuple, ne tourne pas alors le dos à l'autel.

10° Les ministres sacrés vont ensuite s'asseoir au lieu qui leur est préparé, et le cérémoniaire se met à la gauche de l'évêque. C'est l'usage invariable à Rome que l'évêque, assis au fauteuil, tourne le dos à l'autel, et qu'il y soit seul avec son cérémoniaire, qui se tient debout à sa gauche. Les officiers sacrés vont s'asseoir sur les degrés de l'autel; ce doit être sur le second quand il y en a plus de deux, le dos tourné à la croix; le prêtre assistant se place à peu près vis-à-vis de la croix, et les diacre et sous-diacre à sa droite. Ainsi rangés, ils semblent être sur une même ligne avec le célébrant; mais, s'ils sont chanoines, ils s'asseyent à une banquette préparée pour eux, au côté de l'épître, conformément à ce texte du Cérémonial des évêques, qui, sans faire de distinction, dit en général des ministres sacrés : *Si Episcopus in faldistorio sederet, tunc ipse Presbyter-Assistens sedebit in aliquo summo prope altare, versus cornu Epistolæ, simul cum diacono ad sinistram Episcopi.* (Lib. I, cap. vii, 4).

11° A la fin du *Gloria in excelsis*, les ministres sacrés vont au fauteuil et s'y placent comme il a été dit plus haut. Le diacre ôte la mitre, et le sous-diacre le grémial. Pour l'*Oraison*, ils se placent et font toutes choses comme si le fauteuil était l'autel.

12° Pour l'épître, le sous-diacre observe les cérémonies ordinaires, et il se place, pour la chanter, en face de l'évêque, mais à une certaine distance du fauteuil. Le prêtre assistant et le diacre vont s'asseoir pendant ce temps-là.

13° Le sous-diacre va, après l'épître, faire la génuflexion à l'autel et baiser la main de l'évêque, comme à l'ordinaire. Puis, ayant remis le livre au cérémoniaire, il prend le Missel, et il le tient ouvert devant le célébrant, pendant qu'il lit l'épître et l'évangile, en demeurant toutefois debout. Pendant ce temps-là, le prêtre assistant est à la gauche de l'évêque et tient le bougeoir. Il est à remarquer que, si l'évêque célèbre en présence de son archevêque ou d'un autre prélat supérieur, il ne fait pas usage du bougeoir, non plus qu'un cardinal qui célèbre devant le Pape. C'est toujours au prêtre assistant à tenir ainsi le bougeoir quand il en faut faire usage; à part cela, il le dépose sur la crédence ou sur l'autel, mais il ne tient pas le livre aux intonations. L'évêque lit le *Munda cor meum* dans le *Canon*, en se tenant assis et un peu incliné vers la croix de l'autel.

14° Lorsque l'évêque, en demeurant toujours assis, a lu l'évangile, le prêtre assistant et le sous-diacre vont s'asseoir. Le premier vient prendre sa place au fauteuil, avant que le diacre commence à chanter l'évangile, et le sous-diacre doit se tenir devant l'évêque quand il bénit le diacre, afin d'être prêt à partir avec les autres ministres pour le chant de l'évangile.

15° Lorsqu'il en est temps, le diacre reçoit, au lieu ordinaire, le livre des évangiles, et il va, avec les cérémonies et saluts accoutumés, le porter au milieu de l'autel. Il vient de suite, *per breviorem*, à la droite de l'évêque pour faire bénir l'encens; il retourne à l'autel encore *per breviorem*, dit le *Munda cor meum* sur le plus haut degré, et va au fauteuil, où, tenant le livre comme à l'ordinaire, il reçoit la bénédiction à genoux, et il baise l'anneau.

16° Pour la bénédiction du diacre, tous se placent comme il suit : les diacre et sous-diacre devant, en face de l'évêque; derrière eux, les cérémoniaire et thuriféraire, et, derrière ceux-ci, les deux acolytes. Ils demeurent dans cet ordre jusqu'à ce qu'il faille partir pour le chant de l'évangile. Pour le reste, tout se fait comme à l'ordinaire. C'est au diacre et non au prêtre assistant à encenser l'évêque après l'évangile, conformément au Cérémonial des évêques, qui dit : *Si Episcopus esset apud faldistorium ipse (diaconus) eum stantem... triplici ductu thurificare debet* (lib. I, cap. IX, 3).

17° Au *Credo*, l'on se comporte comme au *Gloria in excelsis*. A Rome, c'est assez l'usage, dans plusieurs églises, que le diacre reste debout près de l'évêque jusqu'à l'*Incarnatus est*, etc.; qu'il se met à genoux, conformément à la pratique universellement suivie : savoir, que ceux-là seuls se mettent à genoux quand on chante au chœur lesdites paroles. Il va ensuite porter la bourse à l'autel en la manière ordinaire; puis il s'assied jusqu'à la fin du symbole. Il pourrait aller s'asseoir avant que l'on chante *Incarnatus est*, etc., et quelques-uns le font.

18° A l'*Oremus* de l'offertoire, tous les ministres sacrés se placent comme aux oraisons. L'offertoire étant lu, le prêtre assistant va porter le Missel et le bougeoir à l'autel, et y demeure. Le diacre met la mitre et le grémial, et il sert au lavement des mains. Il observe ce qui suit du Cérémonial des évêques, ainsi que le sous-diacre, qui ne va à la crédence que lorsqu'il a aidé le diacre à ôter les gants de l'évêque. *Si Episcopus sedebit in faldistorio (finito symbolo, diaconus) aufert mitram: et lecto per eum offertorio, imponit eidem mitram pretiosam; et simul cum subdiacono aufert annulum et chirotecas* (lib. I, cap. IX, 4).

19° Pour le reste de la messe, tout se fait comme à la messe pontificale; mais il n'y a pas de *goûter*, et c'est au premier cérémoniaire à mettre et à ôter la mitre quand le diacre en est empêché. Le prêtre assistant n'a rien à faire à la bénédiction de l'encens et au lavement des mains.

20° Les saluts se font, comme d'ordinaire, à l'autel, à l'évêque et au chœur; mais on ne salue l'évêque, s'il est étranger, que par l'inclination, la génuflexion ne devant se faire qu'à l'ordinaire. L'évêque ne bénit le diacre qui l'a encensé et le familier qui sert au lavement des mains que lorsqu'il est l'*ordinaire*.

21° Les cérémoniaire, thuriféraire, acolytes, chapelains, etc., se comportent à peu près comme aux autres messes. On y suit toujours le Cérémonial des évêques, développé par ces règles pratiques et autres, que l'on peut voir dans Baldeschi et autres.

22° La bénédiction solennelle de la fin de la messe étant donnée, l'évêque commence au milieu de l'autel, mais tourné *versus cornu Evangelii*, l'Évangile de saint Jean, reçoit la mitre, descend au bas des degrés, salue l'autel et va au fauteuil. Les diacre et sous-diacre déposent leurs manipules entre les mains de quelques chapelains et déshabillent l'évêque. Le prêtre assistant quitte la chape aussitôt que la messe est finie. Tous retournent à la sacristie dans le même ordre qu'ils en sont venus. Là l'évêque est déchaussé pendant qu'il fait les prières de l'action de grâces.

N. B. Lorsque le célébrant doit aller se déshabiller à la sacristie, après avoir commencé l'Évangile de saint Jean, comme il vient d'être dit, il descend de l'autel par le côté de l'épître, prend la mitre quand il est au bas des degrés et va ainsi à la sacristie, dont la porte est supposée placée de ce côté-là.

DES VÊPRES AU FAUTEUIL

23° A vêpres, on observe ce qui suit quand l'office se fait au fauteuil : 1° Les deux assistants sont en chape et non en dalmatique. Il peut y avoir, outre cela, deux ou quatre chapiers, faisant l'office de chantres. 2° Le fauteuil se place, soit au haut de l'autel [1], à l'endroit où se chantent les oraisons, soit au bas des degrés comme à la messe, ou bien sur la plate-forme

---

[1] Nous pensons que le fauteuil ne se place ainsi sur le marchepied que lorsque c'est un cardinal qui célèbre *ad faldistorium* : c'est du moins ce que nous avons observé à Sainte-Marie-Majeure. A Saint-Jean-de-Latran, le fauteuil auquel célébrait le cardinal vicaire, à l'office du samedi saint, au matin, était placé sur une estrade qui s'élevait jusqu'au second degré de l'autel, ce qui encore doit être propre aux cardinaux; car, comme nous le verrons au chapitre XII de ce premier livre de notre Cérémonial, le *faldistorium*, quand on l'élève au-dessus du pavé, doit être *æqualis altitudinis a terra cum infimo gradu altaris*; encore cela ne doit-il se faire que *si super eo sessurus sit proprius Episcopus celebrans*.

du sanctuaire, s'il s'en trouve un séparé du chœur, mais toujours du côté de l'épître. 3° L'évêque pourrait se rendre au chœur à la suite du clergé et s'habiller à l'autel, comme pour la messe. 4° Quand, pendant les vêpres, il doit aller du fauteuil à l'autel, il descend sur le pavé, et il salue le chœur et l'autel avant de monter sur le marchepied; il fait enfin toutes choses comme si le fauteuil était placé en un lieu séparé de l'autel. 5° Les chapiers vont lui donner les intonations en montant sur le marchepied par le milieu de l'autel, si le fauteuil y est placé; sinon, ils demeurent pour cela sur le pavé, *prope infimum gradum, in medio altaris.* 6° Ils vont aussi auprès de lui quand il chante les oraisons et se tiennent de chaque côté, mais un peu en arrière. 7° Les acolytes vont pareillement auprès de l'évêque célébrant pour le capitule et pour l'intonation de l'hymne, et ensuite pour les oraisons comme aux autres vêpres. 8° L'évêque donne la bénédiction au milieu de l'autel. 9° Si l'on chante l'antienne de la sainte Vierge, il demeure au milieu de l'autel et y chante ou récite l'oraison. 10° Les chapiers assistants s'asseyent sur les marches de l'autel, suivant l'usage de Rome, ou à une banquette placée au côté de l'épître, si l'on s'en tient à la lettre du Cérémonial cité plus haut. 11° L'évêque se déshabille à la sacristie où il se rend à la suite du clergé et marchant entre ses deux assistants. Les autres chapiers marchent devant eux. Il se déshabille au chœur si les vêpres ne sont pas suivies de complies ou de quelque autre office.

ARTICLE II

DES OFFICES AUXQUELS L'ÉVÊQUE ASSISTE AD SOLIUM, PARATUS PLUVIALI VEL CAPPA.

1° Le cérémonial détermine assez clairement (liv. II, ch. IX) quelles sont les fêtes où l'évêque peut et doit assister *paratus* aux offices, et quels sont les ornements dont il doit alors se revêtir. Il détaille suffisamment les *cérémonies* à faire dans ces sortes d'offices, excepté en ce qui regarde le prêtre et les diacres assistants. On y supplée en donnant ici l'usage de Rome, d'après ce qui se pratique aux chapelles papales. Car le Pape suit le Cérémonial des évêques presque à la lettre, comme on l'a déjà observé. On aura donc, dans cet article, tout l'ensemble de cet office.

2° Le célébrant et ses officiers se rendent au chœur tout habillés, et attendent au côté de l'épître l'arrivée de l'évêque. Ils peuvent s'asseoir à la banquette s'ils sont obligés d'attendre longtemps ; mais ils se lèvent aussitôt que l'évêque entre au chœur. Les clercs doivent aussi se rendre d'avance ; car, suivant toutes les bonnes règles, ce n'est pas à l'évêque à attendre. Aussi, à Rome, quand un cardinal doit célébrer devant le pape, il ne manque jamais de se rendre d'avance au chœur, où quelquefois il est obligé d'attendre assez longtemps l'arrivée du souverain pontife. Dans le cas où ce serait un évêque qui officierait ainsi *ad faldistorium*, les prêtre assistant, diacre et sous-diacre demeurent debout, en attendant l'arrivée de l'évêque d'après le principe que *celebrans sedet solus ad faldistorium*, comme on a vu plus haut.

3° L'évêque revêtu, comme il est dit au Cérémonial, assisté de deux chanoines en habit canonial et marchant derrière, entouré et précédé des cérémoniaire, chapelains et familiers, et suivi des chanoines, va d'abord à l'autel du saint sacrement ; puis il se rend à l'autel où se fait l'office, et y prie *ad faldistorium* pendant quelque temps.

4° Pendant que l'évêque prie au fauteuil, le célébrant va se placer à sa gauche ; les chanoines assistants se tiennent derrière lui, et les diacre et sous-diacre se placent en arrière du célébrant, en se retirant vers le côté de l'évangile, pour être en face de l'autel. Les chanoines sont *ad subsellia*. Aussitôt que l'évêque se relève, l'introït s'entonne et la messe commence. Tous ceux qui sont au chœur, aussi bien que les ministres sacrés, font la confession deux à deux. Le célébrant la fait avec l'évêque, et le sous-diacre avec le diacre. Les deux chanoines assistants la font ensemble, en se tenant derrière l'évêque.

5° Après que le célébrant a répondu à *Indulgentiam*, il va se placer entre le diacre et le sous-diacre, avec lesquels il continue les prières de la confession, pendant que l'évêque les achève avec les chanoines assistants, qui, pour cela, se sont placés à ses côtés.

6° Après avoir salué l'autel, l'évêque reçoit la mitre et monte au trône. Il bénit, en passant, le célébrant et les ministres sacrés, qui, après l'avoir salué, montent à l'autel par le milieu, sans faire de génuflexion.

7° Le prêtre assistant, qui doit être le chanoine *dignior post dignitates*, va de sa place du chœur au trône, conduit par un cérémoniaire, et y fait bénir l'encens en la manière accoutumée. Il demeure ensuite au trône, *ad scabellum assistentiæ suæ*, jusqu'à ce qu'il ait encensé l'évêque, après que l'autel et le célébrant ont été encensés.

8° Le chœur s'assied aussitôt que l'on entonne le *Kyrie*, et demeure assis pendant l'encensement de l'autel. L'*Introït* se chante brièvement, pour que toutes les cérémonies de cette première partie de la messe puissent se succéder sans confusion. L'ordinaire, à Rome, est de psalmodier l'*Introït* et de chanter le *Kyrie* sur un ton plus solennel.

9° Après que le célébrant a été encensé, le thuriféraire vient au trône et présente l'encensoir au prêtre assistant, qui encense l'évêque, comme de coutume.

10° Pendant ce temps-là, les chanoines font le cercle, et le prêtre assistant, au lieu de monter au trône, va prendre sa place parmi eux. L'*Introït* et le *Kyrie* se disent alors et en même temps au trône et à l'autel. Le *Gloria in excelsis* s'entonne et se poursuit par l'évêque et les chanoines, aussi bien que par le célébrant et ses ministres, après que tous ont fait une inclination *versus crucem altaris* au mot *Deo*. Cela fait, tous s'asseyent à leur place. Le prêtre assistant monte alors au trône, où il s'assied *prope sedem Episcopi in scabello*.

11° La messe se continue avec les cérémonies prescrites *præsente Episcopo*. On va seulement marquer ici ce qui s'observe en pareil cas, à Rome, pour une plus parfaite intelligence du Cérémonial des évêques, qui là-dessus laisse quelque chose à désirer, quoique tout y soit marqué, dans divers chapitres, qu'il faut, à cette fin, rapprocher les uns des autres, pour se mieux assurer que la pratique de Rome y est tout à fait conforme.

12° Le célébrant salue l'évêque lorsqu'il est pour monter à l'autel aussitôt qu'il est en vue du trône. Il n'est encensé que de deux coups, avant l'introït et après l'offertoire ; et il ne l'est pas après l'évangile, si l'évêque assiste *paratus cum mitra et pluviale*. Il ne baise pas le livre après l'évangile. Il ne bénit pas l'eau à l'offertoire ; mais il dit à l'ordinaire la prière *Deus qui humanæ substantiæ*, etc. Il s'incline profondément vers l'évêque lorsque celui-ci donne la bénédiction après le sermon. Il est alors à la banquette. Il s'incline également vers l'évêque, en se retirant un peu vers le côté de l'épître[1], à la bénédiction solennelle qu'il donne avant le dernier évangile.

13° Le diacre salue l'évêque en faisant la génuflexion, 1° en allant à l'autel avec le célébrant ; 2° aussitôt qu'il a reçu le livre des évangiles, au côté de l'épître, et qu'il s'est mis en vue du trône ; 3° au pied du trône, quand il y arrive ou qu'il en part ; 4° quand il va porter la bourse, après l'*Incarnatus est*.

Après l'évangile, il n'encense pas le célébrant si l'évêque est en chape ; mais il va de suite à l'autel.

Quand il encense le prêtre et les chanoines assistants du trône, il fait un salut à chacun avant et après, et il les encense séparément, *sigillatim*, de deux coups chaque à l'ordinaire. Il se place à droite pour encenser ceux qui sont à gauche, et *vice versâ*, afin de n'être pas en face de l'évêque en encensant ses assistants.

Si le trône était au fond du chœur, en face de l'autel, il se tiendrait, quand il serait à sa place, derrière le célébrant, demi-tourné, pour ne tourner le dos ni à l'autel ni au trône.

Il chante le *confiteor* après le sermon, comme au cérémonial et conformément au décret suivant : *Diaconus in confessione cantanda, stabit ante gradum solii, celebrante Episcopo ; ante gradum altaris, assistente tantum Episcopo* (S. C. R., die 12 novembris 1831, *Marsonem. ad* 14) ; ce qui suppose que, quand l'évêque est tout rendu à l'autel pour donner lui-même le sermon, il y donne la bénédiction et l'indulgence ; mais ce qu'il y a de certain, c'est que le *Confiteor* se chante devant le trône

---

[1] On suppose que le trône est du côté de l'évangile.

lorsque le pape ne fait qu'assister *paré* à la messe. Il va ensuite prendre sa place à la banquette, où il reçoit à genoux la bénédiction. Il est à genoux sur son degré, à la gauche du célébrant et tourné vers l'évêque lorsqu'il donne la bénédiction à la fin de la messe, *ad solium*, et il demeure à sa place au milieu de l'autel pendant le dernier évangile.

14° Le sous-diacre fait la génuflexion à l'évêque : 1° quand il doit monter à l'autel avec le célébrant et le diacre ; 2° chaque fois qu'il va au trône, en arrivant et en partant ; 3° après avoir salué l'autel, avant de chanter l'épître ; 4° avant de monter à l'autel, pour y transporter le livre à l'évangile ; 5° quand il est descendu du trône, après avoir fait baiser à l'évêque le texte de l'évangile ; 6° quand il fait bénir l'eau, du coin de l'épître.

Après que le diacre a fini de chanter l'évangile, le sous-diacre va faire baiser le livre, en indiquant de la main droite le texte de l'évangile qui vient d'être chanté.

Pendant que le diacre met du vin dans le calice, il prend la burette à eau, et, faisant la génuflexion en se tournant vers l'évêque, il dit (*intelligibili voce*) : *Benedicite, Reverendissime Pater*.

Tout le temps que l'évêque est à genoux *ad faldistorium*, il se tient demi-tourné et un peu retiré vers le côté de l'épître. C'est là qu'il doit se mettre à genoux à l'élévation. Il observe ce qui est marqué ci-dessus si le trône est *sub tribuna*.

Après avoir dit l'*Agnus Dei*, il va à la place qu'occupe, au chœur, le prêtre assistant. Il y reçoit de lui la paix et va la porter au chœur. Au retour, il la donne au diacre, puis au cérémoniaire qui l'a accompagné. En portant la paix aux chanoines qui se trouvent du côté du prêtre assistant, il observe de la donner d'abord à la première dignité et ensuite au chanoine qui suit immédiatement le prêtre assistant. L'on comprend que le prêtre assistant, qui a déjà reçu la paix de l'évêque, empêche les chanoines qui sont à ses côtés de se rapprocher pour se la donner.

Il reçoit à genoux, à la banquette, la bénédiction de l'indulgence après le sermon, et il se met à genoux, sur le pavé ou sur un degré, en se retirant un peu vers le côté de l'épître et en se tournant vers l'évêque pour recevoir celle de la fin de la messe.

Il est bien à remarquer que les saluts qui se font au chœur par le célébrant, quand il va de la banquette à l'autel, et par les diacre et sous-diacre, avant comme après l'épître et l'évangile, ne se font pas quand l'évêque est présent ; car lui seul alors est salué.

15° Les diacres assistants observent ce qui suit : 1° Ils font ensemble la confession, en se tenant derrière l'évêque, comme il a été dit ci-dessus. 2° Ils demeurent, pour plus grande commodité, découverts tout le temps de la messe, n'ayant alors ni calotte ni barrette. 3° Ils sont debout tout le temps que l'évêque lit quelque partie de la messe, bénit ou fait quelque autre fonction ; ils ont soin alors de relever les bords de la chape, tourner les feuillets du livre et faire toutes choses conformément au Cérémonial, qui est là-dessus très-explicite. 4° Le premier met la mitre et le second l'ôte, comme aux messes pontificales. 5° Avant de s'asseoir, ils se saluent mutuellement. 6° A l'encensement, le prêtre assistant salue le premier diacre, et celui-ci salue le second, pour se déférer l'honneur de l'encensement. (A Rome, on dit alors : *Ecce odor*, ou *Tibi honor*.) 7° Pour recevoir la paix, ils descendent du trône, font l'un après l'autre la prostration au saint sacrement, puis l'inclination profonde à l'évêque. Ils montent ensuite au trône par le milieu, reçoivent la paix et reprennent leur place. 8° Ils s'inclinent profondément vers l'évêque pour recevoir la bénédiction. 9° Ils soulèvent les bords de sa chape quand l'évêque marche, comme au cérémonial. 10° Après avoir récité le *Sanctus*, ils conduisent l'évêque *ad faldistorium* ; et quand le second lui a ôté la mitre et qu'ils ont salué l'autel, ils vont prendre leurs places *ad subsellia*, où ils se mettent à genoux. Les cérémoniaire et chapelains assistent alors l'évêque, pour relever les bords de la chape et faire les autres services requis. 11° Après la seconde élévation, ils se rendent auprès de l'évêque, font avec lui la prostration au saint sacrement, et, le premier lui ayant mis la mitre, ils l'accompagnent au trône. 12° En y arrivant, le second lui ôte la mitre. 13° A *pax Domini*, etc., ils se signent et même temps que l'évêque et les autres du chœur, du pouce droit au front, à la bouche et à la poitrine. 14° De retour *ad sacellum*, après l'office, ils aident l'évêque à se déshabiller, comme ils ont dû l'aider à se revêtir de ses ornements avant l'office. 15° Ils lui mettent la cape et le conduisent *ad aulam episcopalem*, en marchant par derrière comme en venant. 16° Les assistants sont de l'ordre des diacres, comme il est dit au Cérémonial. 17° C'est au premier à tourner les feuillets du livre et au second à indiquer de la droite à l'évêque ce qu'il a à lire. 18° Ils observent pour cela et le reste ce qui est marqué dans le Cérémonial des évêques (liv. I, ch. VIII). 19° C'est toujours au premier à ôter et mettre la calotte, que l'évêque doit mettre par-dessous la mitre.

16° Voici ce qu'il y a de particulier, dans ces sortes d'offices, pour le prêtre assistant : 1° Il est, comme on l'a dit plus haut, le plus digne de l'ordre des prêtres, après les dignités; 2° en allant à l'église, il marche en son rang parmi les chanoines, et, en arrivant, il prend sa place avec eux *ad subsellia*, où il fait la confession; 3° après la confession, il monte au trône, y fait bénir l'encens, et encense l'évêque quand le temps en est venu; 4° pendant que l'*Introït* se dit au trône et à l'autel, il va prendre sa place dans le cercle des chanoines, et y dit avec eux les *Kyrie* et le *Gloria in excelsis*; 5° il remonte ensuite au trône, et s'y tient comme il a été dit plus haut, c'est-à-dire jusqu'à ce qu'il ait encensé l'évêque après l'évangile : il fait bénir l'encens quand il en est temps pour l'évangile, et il encense l'évêque quand il a baisé le livre; 6° il va ensuite à sa place du chœur, s'il y a sermon; sinon, il fait avec les chanoines le cercle pour le *Credo*; 7° il monte après cela au trône, et y demeure pendant qu'on chante le symbole : il fait à l'ordinaire bénir l'encens pour l'offertoire, encense l'évêque quand le diacre lui apporte l'encensoir, et il en est encensé aussitôt qu'il est remonté à sa place; 8° après que le célébrant a chanté le *Gratias agamus* de la préface [1], il retourne au chœur, où il demeure,

---

[1] C'est ainsi qu'on le pratique à Rome; et notre *Cérémonial*, au nombre 7 de ce chapitre, dit : *Habebit locum Presbyter Assistens prope sedem Episcopi in scabello, ut alias, usque dum inchoatur Præfatio.*

jusqu'à ce qu'il lui faille revenir au trône avec les autres chanoines pour le cercle de l'*Agnus Dei;* 9° après qu'il est dit, il fait, comme les autres, la génuflexion à deux genoux à l'autel, et monte à la droite du célébrant pour recevoir la paix; 10° il va ensuite porter la paix à l'évêque, comme au Cérémonial; 11° il se rend après cela à sa place du chœur, où il donne la paix au sous-diacre : son office particulier se borne là, et il n'a plus pour le reste qu'à se conformer au chœur; 12° quand il y a sermon, il va toujours au chœur pour l'entendre; 13° au trône, il demeure toujours découvert, mais il tient sa barrette à la main, excepté quand il a quelque chose à faire : il la donne alors au cérémoniaire, qui la dépose sur un tabouret et la lui remet au besoin. Il pourrait *stricto jure* se couvrir, mais ce n'est pas l'usage à Rome.

17° L'évêque qui veut assister *paratus* à la messe observe ce qui suit : 1° Il se rend *ad sacellum* ou à la sacristie, accompagné des chanoines, chapelains, familiers, etc., et revêtu de la cape. 2° Il y prend l'amict, l'aube, le cordon, la croix, l'étole, la chape, la mitre et la crosse, et, ainsi revêtu, il va à l'autel du Saint-Sacrement, puis au chœur, comme il a été dit ci-dessus : la confession, l'encensement, etc., se font comme il vient d'être dit. 3° Il laisse entonner le *Gloria in excelsis*, et, inclinant la tête au mot *Deo*, il poursuit cette hymne en la manière accoutumée. 4° Il dit de mémoire le *Kyrie*, le *Gloria*, le *Credo*, le *Sanctus* et l'*Agnus*. 5° Il lit dans un livre qui est tenu par un des chapelains, après qu'il a béni le sous-diacre, l'épître, le graduel et l'évangile : il est alors assis et couvert de la mitre. Il dit *Munda cor meum* avant de lire l'évangile, et il baise le livre des évangiles que lui présente le sous-diacre, en disant : *Per Evangelia*, etc. Il lit pareillement l'offertoire et la communion, mais il est alors debout et découvert. 6° Il bénit de la main, et sans rien dire, les personnes et les choses, comme il est dit au Cérémonial, et conformément à la décision suivante :

Episcopus benedicit canonicis cæterisque de clero, dum ascendit ad thronum, vel ex eo descendit, post circulos, et quotiescumque canonici collegialiter obsequium præstant Episcopo.

En bénissant l'eau, il dit : *Deus, qui humanæ substantiæ...*

7° Il lui faut faire usage de la mitre en allant de la sacristie au chœur et du chœur à la sacristie, comme aussi en allant du trône à l'autel et de l'autel au trône, même après l'élévation. Au trône, il est toujours assis, pour recevoir et déposer la mitre, et, à l'autel, il se tient invariablement debout, pour la quitter et la reprendre. Il est toujours en mitre quand il est assis au trône, comme aussi à la bénédiction du sermon ou de la messe, ainsi qu'il est prescrit au Cérémonial. 8° Il salue l'autel du saint sacrement d'une génuflexion qu'il fait sur le pavé, en arrivant et en partant; il salue la croix du grand autel d'une inclination profonde, et, le vendredi saint, d'une génuflexion. Après l'élévation, il se lève et se met à genoux pour faire la prostration, comme il sera dit ailleurs; puis, s'étant relevé, il reçoit la mitre et va au trône, où il s'assied, pour quitter la mitre, et il se relève aussitôt. 9° Quand il prêche, c'est de l'autel ou du trône qu'il le fait. 10° Il retourne *ad sacellum*, ou à la sacristie, comme il en est venu, excepté qu'il ne va pas à l'autel du saint sacrement. 11° Il va de la sacristie au palais, accompagné, comme en venant, des chanoines, chapelains, etc. 12° A l'entrée comme à la sortie, les cloches sonnent et l'orgue joue, du moins dans certaines grandes solennités, ou bien quand quelque évêque étranger vient assister à l'office.

18° Les chanoines se comportent comme il est dit en leur endroit. Les cérémoniaire, thuriféraire, chapelains, familiers, etc., trouveront dans les chapitres de ce Cérémonial qui les concernent, ou dans Baldeschi, ce qu'ils ont à faire dans ces sortes d'offices.

19° A vêpres, quand l'évêque y assiste *paré*, on observe ce qui suit : 1° Tout se fait comme à la messe, pour l'entrée et la sortie. 2° L'*Aperi* se dit pendant que l'évêque est à genoux *ad faldistorium*, mais à voix basse. 3° L'évêque, en mitre et en crosse, s'assied un instant en arrivant au trône. 4° Il quitte la crosse et la mitre, et se lève pour le *Pater noster*, etc., et l'*Ave*. 5° Le célébrant lui fait une inclination profonde avant d'entonner le *Deus in adjutorium*, et tout se fait comme au Cérémonial, *ad vesperas, præsente Episcopo*. 6° L'évêque est assis et couvert pendant les psaumes; il est debout et en mitre pendant le capitule, debout et découvert pendant l'hymne et le verset, assis et couvert pendant l'antienne du *Magnificat*, debout, découvert et tenant sa crosse pendant le *Magnificat*; il se signe, ainsi que tous les autres du chœur, à l'intonation de ce catique sacré; il prend la mitre et retient sa crosse pour être encensé; il est debout et découvert pendant les Mémoires et le *Benedicamus Domino;* il donne la bénédiction solennelle avant que le célébrant dise *Fidelium animæ*, etc.; il est debout ou à genoux, selon le temps, pour l'antienne de la bienheureuse Vierge, si on doit la dire après vêpres, avant de sortir du chœur. 7° Le prêtre assistant vient au trône pour y faire bénir l'encens, à l'antienne du *Magnificat*; il y demeure pendant qu'on le chante; il encense l'évêque et est ensuite encensé le premier par le chapier: il retourne à sa place pendant que l'on répète l'antienne du *Magnificat*. 8° Les diacres assistants se comportent comme à la messe; ce n'est pas à eux, mais aux chanoines qui sont au chœur, à entonner les antiennes. 9° Tous les autres officiers trouveront, dans les chapitres qui traitent de leurs cérémonies respectives, ce qu'ils auront à faire à cet office.

Lorsque l'évêque assiste en cape à la messe, on observe ce qui a été dit ci-dessus, excepté en ce qui concerne les ornements. Même observation pour les vêpres; mais, à la messe, il n'est encensé qu'à l'offertoire.

Si un évêque inférieur célébrait *coram ordinario parato*, on trouvera dans le chapitre ix, livre II, ce qu'il y a à faire.

ARTICLE III

DES OFFICES AUXQUELS L'ÉVÊQUE ASSISTE AD STALLUM, ET IN HABITU ORDINARIO, SAVOIR, EN ROCHET ET MOZETTE [1].

1° Lorsque l'évêque veut assister à l'office sans cérémonie, il se place à sa stalle, qui doit être garnie de tapis et coussins

---

[1] Il arrive assez souvent que l'évêque assiste à l'office dans des églises où il n'est

de la couleur convenable, c'est-à-dire violette si l'évêque est en violet, et verte si l'évêque est en noir. Un *faldistorium*, avec tapis et coussins de la même couleur, est placé à deux ou trois pas de l'autel, au milieu du chœur.

2° L'évêque, en rochet, mozette et barrette, précédé de ses familiers, entouré de ses chapelains et suivi de deux chanoines, se rend au chœur, après avoir été adorer le saint sacrement à sa chapelle. Son cérémoniaire marche toujours devant lui, en se tenant à sa gauche, et relevant au besoin sa soutane. Il prie au fauteuil, puis il fait avec les chanoines les prières de la confession, en demeurant *prope faldistorium*. Le célébrant et ses ministres, placés du côté de l'évangile et à demi tournés vers l'évêque, font ensemble la confession comme si l'évêque n'y était pas.

3° La confession faite, l'évêque va à sa stalle, où il demeure seul avec son cérémoniaire, qui se tient à sa gauche et toujours debout.

4° Les chanoines, après avoir conduit l'évêque jusqu'au bas de la stalle, le saluent et vont à leurs *subsellia* ou à leurs stalles. Les chapelains, familiers et autres, vont à leurs places ordinaires, près de la crédence.

5° L'évêque ne lit aucune partie de la messe, ne bénit pas l'encens, ne donne pas la bénédiction aux diacre et sous-diacre, ne chante pas la bénédiction à la fin de la messe, n'accorde pas l'indulgence après le sermon, ne baise pas le livre après l'évangile et n'est encensé qu'à l'offertoire; mais il bénit l'eau, et c'est le sous-diacre qui à l'ordinaire lui présente la burette, en se mettant à genoux au coin de l'épître.

6° Le premier assistant vient à la droite de l'évêque, pour dire avec lui les *Kyrie*, *Gloria*, *Credo*, *Sanctus* et *Agnus*. L'évêque, en finissant, bénit les chanoines et autres du chœur qui ont récité ces mêmes parties de la messe, quoiqu'il n'y ait pas eu de cercles.

---

pas possible d'élever un trône. On aura, dans le présent article, ce qu'il faut alors observer. A Rome, cette stalle est une petite estrade, sans dais, dressée du côté de l'évangile, quand il ne se trouve pas dans le chœur de stalles proprement dites.

7° Le même assistant encense l'évêque du bas de la stalle, ayant à sa droite le diacre qui lui a mis en mains l'encensoir, et à sa gauche le thuriféraire. De retour à sa place, il est encensé de deux coups par le diacre, qui fait à l'ordinaire l'encensement du chœur. Le célébrant n'est aussi, lui, encensé que de deux coups.

8° Le sous-diacre reçoit du diacre la paix à l'ordinaire. Ayant ensuite reçu de lui l'instrument de paix, après qu'il l'a baisé, il vient, conduit par un cérémoniaire, l'apporter au trône. Il y monte avec le premier chanoine, qui présente lui-même, avec les cérémonies ordinaires, l'instrument à l'évêque, qui le baise et le rend à l'assistant; celui-ci le remet au sous-diacre, qui le donne au cérémoniaire. Le sous-diacre suit le chanoine à sa stalle, et lui donne la paix; il la donne ensuite au reste du chœur, comme à l'ordinaire.

9° Le célébrant, avant de monter à l'autel, salue profondément l'évêque pendant qu'il est encore *ad faldistorium*, comme aussi avant de donner la bénédiction.

10° Les diacre et sous-diacre observent de faire à l'évêque les saluts accoutumés.

11° Les *Kyrie*, *Gloria*, *Credo*, *Sanctus* et *Agnus* se disent en même temps à l'autel et à la stalle de l'évêque. Il en doit être de même des signes de croix qui se font à *Indulgentiam*, *cum Sancto spiritu, et vitam venturi sæculi, amen*, et à *Benedictus qui venit in nomine...* Ceci s'observe aussi, autant que possible, quand il faut se frapper la poitrine. Pour cela les cérémoniaires de l'autel et de la stalle ont l'attention d'avertir au besoin ceux qu'ils dirigent. Au reste, c'est toujours de la sorte que l'évêque, qu'il soit au trône ou à la stalle, et le célébrant à l'autel, doivent dire et faire en même temps toutes ces choses.

12° L'évêque quitte le chœur quand le célébrant s'est retiré de l'autel, et tout se fait en allant comme en venant.

13° On observerait les mêmes cérémonies si l'évêque assistait à la messe *cum cappa*, mais à la stalle. C'est ainsi qu'on le pratique à Rome quand le Pape assiste à la messe à la stalle, comme nous avons pu nous en convaincre nous-même en assistant à cet office.

14° Si l'évêque désire assister ainsi aux vêpres, on observe ce qui suit : 1° le célébrant et les autres officiers le saluent comme de coutume; 2° il bénit lui-même l'encens à l'ordinaire, mais il est encensé à l'autel de deux coups; 3° le plus digne des chanoines après les dignités va encenser l'évêque et retourne à sa place, où il est encensé par le chapier ou le thuriféraire; 4° l'évêque ne donne pas la bénédiction, et il demeure à la stalle s'il y a, après les vêpres, salut et bénédiction du saint sacrement.

CHAPITRE VIII

DES DIACRES ASSISTANTS.

Duo Canonici in habitu Diaconi Episcopo celebranti assistunt. Eorum officium in Vesperis et Missa solemni. Episcopo non celebranti assistunt in habitu Canonicali.

1. Episcopo, sive ipse Missam celebret, vel ad Vesperas Officium faciat, vel si illis tantummodo sit præsens (1), convenit duos assistere Canonicos, qui, si in Ecclesia sint distincti ordines (2), seu præbendæ Presbyterales et Diaconales, erunt duo primi Canonici, ex ordine Diaconali. Quod si forte in aliqua Ecclesia, nec dignitates, neque ordines distincti essent, tunc erunt duo primi Canonici, vel dignitates immediate sedentes post primam dignitatem, vel primum Canonicum.

(1) Il faut entendre ceci de l'assistance au trône en habits pontificaux, comme on l'a vu plus haut, ou du moins en cape.

(2) Cette distinction d'ordres est supposée exister, quoiqu'elle ne soit pas d'obligation.

2. Hi autem, si Episcopus celebret, aut Officium faciat, induti esse debent habitu Diaconali, hoc est, dalmatica supra rocchettum, si ejus usum habeant; sin minus, super cottam et amictum; ac sedente Episcopo in sua cathedra episcopali (1), ipsi sedent hinc inde super scabellis nudis (2); ac procedente Episcopo a secretario ad altare, et ab altari ad sedem, et rursus a sede ad altare, ipsum medium facientes, ac fimbrias anteriores pluvialis hinc inde sublevantes, quando eo utitur, etiam apud altare, cum illud incensat; et si

opus erit, ejus brachia sustentantes, deducunt; videlicet senior, sive dignior illorum a dexteris, alter a sinistris, capitibus detectis ; et debent Episcopo solemniter celebranti assistere ultra alios duos, qui serviunt illi in officio Diaconi et Subdiaconi pro Evangelio et Epistola cantandis, de quorum officio et habitu paulo post dicetur in sequentibus capitibus. Quod intelligendum est, quando Episcopus celebrans sedet in sua sede et solio Episcopali; secus si sederet in faldistorio, quia tunc non requiritur alia assistentia, nisi Presbyteri assistentis, et prædictorum Diaconi et Subdiaconi, ad Evangelium et ad Epistolam in Missa servientium, qui eo casu supplent apud Episcopum loco illorum, imponendo et auferendo illi mitram et chirothecas, aliaque omnia faciendo, quæ ipsi duo Diaconi assistentes, cum Episcopus residet in sede sua pontificali, facere solent, prout statim inferius dicetur.

(1) Ceci explique pourquoi l'évêque est seul à son siége, quand il n'assiste pas à l'office en habits pontificaux, *ad solium*, mais qu'il veut occuper sa stalle.

(2) Les bancs ou tabourets des assistants au trône doivent être nus et sans dossiers. C'est ainsi qu'on le pratique à Rome, même pour les cardinaux qui font assistants au trône pontifical.

5. Officium ergo prædictorum Diaconorum assistentium est, ut, cum Episcopus in Vesperis genuflectit ante altare super faldistorio, ipsi aptent hinc inde decenter latera pluvialis super eo; et junior ex eis, qui assistit ei a sinistris, aufert illi mitram, quam dat ad manus ministri, de ea servientis; alter vero a dexteris aufert ei biretum (1), complanando leniter capillos. Cum vero Episcopo mitra imponitur, Diaconus assistens a dexteris, imposito bireto, illam imponet, altero a sinistris adjuvante, et vittas a tergo Episcopi aptante; et semper, quoties Episcopus apud sedem suam elevat manum dexteram signando se, aut alios signo crucis, velut cum benedicit thus, cum benedicit Presbyterum assistentem, qui eum thurificavit, vel alias quoties personas, aut res aliquas benedicit, sive pectus percutiendo, aut alia de causa, toties Diaconus a dextris parum elevat pluviale a latere suo, ac etiam cum thurificat altare. Cum autem elevat ambas manus, et quando est lecturus aliquid ex libro, seu daturus benedictionem solemnem, Diaconi assistentes hinc inde elevant fimbrias pluvialis; et cum Episcopus cantat, vel legit aliquid ex libro, ipsi Diaconi assistentes hinc inde apponunt manus super librum, et pri-

mus volvit folium, alter digito indicat textum, qui legi debet; sed celebranti Missam, quia non habet pluviale, sed planetam, non est necessarium fimbrias elevare, sed ei servient in cæteris rebus necessariis, et speciliater in ponendo et auferendo mitram, quod sæpius accidit : videlicet primo, cum pervenerit ante altare genuflexus (2); secundo, post thurificationem altaris in principio Missæ, cum ipse thurificatur; tertio, cum dicit Introitum, et *Kyrie eleison*, cum dicit *Gloria in excelsis Deo*, cum dicit Orationes; quarto, ad Evangelium, id est, statim data benedictione Diacono; quinto, statim finita confessione per Diaconum post sermonem, ubi sermo habetur, pro absolutione danda; sexto, ad Offertorium; septimo, cum post Offertorium ad altaris gradus pervenerit; sed hoc casu Diaconus, Evangelium cantans, aufert ei mitram : et regulariter cum Episcopus est apud altare, serviet ei Diaconus Evangelii, cum vero est apud sedem, serviunt ipsi assistentes, nisi ubi necessitas aliud suadeat, ut post thurificationes altaris ; quia tunc primus Diaconus assistens imponit ei biretum et mitram, cum Diaconus Evangelii tunc sit impeditus cum thuribulo, quod de manibus Episcopi accepit, ut eum thurificet. Regulare enim est, tam in Missis, quam in Vesperis quod, existente Episcopo apud sedem suam, sedenti semper aufertur et imponitur mitra : secus quando genuflectit pro oratione facienda; quia tunc stanti imponitur, genuflexo aufertur (3) (excepto casu primi accessus ad Ecclesiam, ut supra, *Cap.* I § v,) et quando est apud altare, in Missa stanti imponitur et aufertur. Hoc etiam observent ipsi assistentes, ut cum unus ex eis surgit, facturus aliquod ministerium, ad rem divinam spectans, pariter et alii coassistentes surgunt; cum autem sessuri sunt, nutu capitis se invicem ad sedendum invitant. Hæc, quæ diximus, observanda sunt, celebrante Episcopo solemniter.

(1) Voici ce qu'il faut observer, quant à l'usage de la calotte : 1° Cette calotte, pour les évêques, est toujours de couleur noire. 2° Quand il officie, elle se met avant la mitre, et elle s'ôte après. 3° Elle se met sur la mitre quand l'évêque ne s'en sert pas. 4° Quand par un indult particulier l'évêque peut porter la calotte en célébrant les offices publics, on lui ôte la mitre de manière à ne pas déranger sa calotte; ce qui, à Rome, se fait avec beaucoup de dextérité. 5° Avec ce privilége, il garde toujours la calotte, excepté pendant le chant de l'évangile jusqu'au commencement de la préface, que le cérémoniaire la

lui ôte, pour la déposer dans un bassin, qu'un des chapelains présente pour cela. Ce même cérémoniaire la lui remet aussitôt qu'il a pris le précieux sang, et il la garde le reste de l'office. 6° On la lui ôte également devant le saint sacrement exposé. 7° Ceux qui ont l'usage de porter la calotte aux offices doivent l'ôter : 1° quand ils saluent l'autel et le chœur; 2° quand ils sont aspergés ou encensés; 3° pendant l'évangile; 4° depuis le commencement de la préface jusqu'après la communion; 5° pendant les saluts, bénédictions et processions du saint sacrement; 6° pendant le *Confiteor*.

Le pape, quand il assiste aux offices, ne quitte la calotte que pendant la consécration et l'élévation, *et coram sancto sacramento exposito.*

Les réponses suivantes pourront diriger ceux qui ont l'habitude de porter la calotte aux offices.

Propositis ad instantiam Episcopi Niciensis in S. R. C. infra scriptis quatuor dubiis, videlicet :

Primum. *An presbyter (quicumque ille sit) assistens Episcopo tenere possit in capite pileolum, vulgo* berettino, *cum eidem porrigit incensum, ut illud benedicat, vel quando ipsum incensat, vel quando ipsi assistit ad missale, cum illud Episcopus legit sive in throno, sive in altari?*

Secundum. *An porrigens (quicumque ille sit) aspersorium Episcopo Ecclesiam ingredienti, possit in capite tenere dictum pileolum, sicuti etiam cæteri, qui aqua benedicta pariter asperguntur ab Episcopo?*

Tertium. *An canonici assistentes quomodocumque Episcopo ad Sedem Pontificalem possint semper tenere in capite dictum pileolum?*

Quartum. *An canonici assistentes quomodocumque Episcopo inservientes in functionibus pontificalibus quibuscumque, etiam quando assistit cum sola cappa magna, dictum pileolum in capite possint tenere?*

Eadem S. C. respondit ad primum et secundum: Negative; ad tertium et quartum : Affirmative, dummodo non ministrent, et ita declaravit, die 10 *januar.* 1695, *Nicien.*

Pro parte Rev. Episcopi Squillacen. supplicatum fuit per S. R. C. declarari.

Primo. *An canonici Cathedralis possint uti pileolo, dum in circulo recitant cum Episcopo Hymnum Angelicum,* Credo, Sanctus, *etc.?*

Secundo. *An possint uti eodem pileolo, dum porrigunt Episcopo pontificaliter celebraturo vestimenta sacra?*

Tertio. *An canonici assistentes possint eodem pileolo uti, dum stant Episcopo legente Introitum, Epistolam, Evangelium et Postcommunionem?*

Quarto. *An porrigens aspersorium Episcopo in ingressu Ecclesiæ, possit uti pileolo, et cum eodem pileolo aspergi cum cæteris canonicis?*

Et eadem S. C. respondit in omnibus Negative, et ita declaravit atque decrevit, die 31 *aug.* 1680, *Squillacen.*

(2) A l'autel, l'évêque est debout pour revevoir et quitter la mitre; et au trône, il s'assied toujours pour la prendre et la quitter. Tel est aujourd'hui l'usage invariable à Rome.

(3) A Rome, l'évêque qui doit prier à genoux se lève toujours pour déposer comme pour recevoir la mitre.

4. Si vero non celebret, sed Officio divino intersit, præfati assistentes Diaconi erunt apud Episcopum in habitu Canonicali, et omnia facient et observabunt, secundum regulas supradictas. Sciendum autem est, quod hujusmodi assistentia facienda est tantummodo Episcopo loci Ordinario (1), et nulli alteri, etiamsi sit Legatus, qui in sede Episcopi sederet.

(1) A Rome, chaque cardinal jouit, dans son église titulaire, des droits et priviléges accordés par le Cérémonial aux évêques dans leurs diocèses.

C'est un usage reçu qu'un cardinal peut en inviter un autre à le représenter dans son église, et il lui délègue alors tous les honneurs qui lui sont dus, à raison de son titre, excepté l'usage du septième cierge, que l'on appelle le *cierge pastoral,* qui ne se met à la messe que pour le titulaire; mais ce cardinal délégué ne peut accorder l'indulgence que par indult spécial du souverain pontife.

Il est aussi reçu par l'usage que le clergé de l'église titulaire d'un cardinal a, quand il y officie, les droits et priviléges des chanoines pour pouvoir l'assister avec plus de pompe. Alors les religieux ou prêtres séculiers qui desservent cette église se mettent en chasuble, dalmatique et tunique, dont ils se revêtent par-dessus le surplis dont les manches se relèvent à demi et s'attachent avec des ganses, pour ne pas les embarrasser dans leurs fonctions. S'il y a des évêques présents, ils prennent, par-dessus le rochet, l'amict et la chape, et ils font usage de la mitre de toile.

Le clergé de chaque église se comporte chez lui comme le chapitre dans la cathédrale. Ainsi, dans l'église de la Mission, qui passe pour être, en fait de cérémonies, la mieux disciplinée à Rome, les prêtres lazaristes font tout comme les chanoines dans la cathédrale, et cela habituellement. En conséquence ils sont encensés de deux coups, disent debout et deux à deux les prières de la confession, le *Kyrie*, etc.

D'après cette coutume, il serait toujours possible de rendre les cérémonies épiscopales très-solennelles. D'ailleurs, l'évêque pourrait nommer des chanoines honoraires pour la plus grande splendeur du culte, et se créer par ce moyen des officiers pour remplir ses saintes fonctions, conformément au Cérémonial, qui, comme on vient de le voir, se prête si naturellement à ce développement de tant de majestueuses cérémonies, qui sont comme dispersées et cachées dans cet admirable livre, mais qui, bien comprises et bien exécutées, font briller le culte catholique de tant d'éclat. On peut juger par là que pour avoir, *au romain*, un grand nombre d'*officiers parés*, il n'est pas nécessaire de recourir à des *induts*.

CHAPITRE IX

DU DIACRE DE LA MESSE.

Officium Diaconi in Missa solemni, quæ ab Episcopo celebratur. Induit Episcopum sacris paramentis. Evangelium cantat. Quando recitare debeat Confessionem. Episcopum sacris paramentis exuit.

1. Diaconus, qui Evangelium cantaturus est (1), Episcopo solemniter Missam celebrante, debet simul cum aliis Canonicis Episcopum

ad Ecclesiam comitari; nam et ipse ex Canonicis Diaconis esse debet (2), nec refert an sit de antiquioribus, necne, cum tale onus inter ipsos per vices, vel alias arbitrio Episcopi, vel juxta consuetudinem Ecclesiæ (3) distribuendum sit : et dum alii Canonici accipiunt paramenta, ipse quoque eodem loco accipiet sua, aliquo ex Clericis Ecclesiæ adjuvante; et primo accipiet amictum, quem in medio osculabitur, qui crucis figura carere non debet; eumque sibi aptabit circa collum, ita ut collaria tegat : mox albam et cingulum accipit, succinctus albam sibi circumcirca aptari faciat, ut æqualiter fluat; tum stolam prius in medio, ubi crux est, deosculatam, super humerum suum sinistrum imponet, et sub suo brachio dextero firmiter alligari faciet (4); demum accipiet dalmaticam, nisi essent tempora, quibus ipse et Subdiaconus planetis plicatis uti debeant, sicuti in *Capitibus* xiii et xviii, *Lib.* II, explicatur; manipulum vero non hic, sed postea accipiet; qui sic paratus, simul cum Subdiacono, postquam Episcopus laverit manus (5), stabit ad ejus dexteram, et simul cum Subdiacono stante ad sinistram, capiet paramenta Episcopi de manibus Acolythorum, ea suo ordine ferentium : illisque induet Episcopum modo et ordine in *Cap.* viii, *Lib.* II, late et distincte expositis. Episcopo parato, accipiet suum manipulum : et cum Episcopus procedet ad altare, ipse immediate ibit ante illum ad sinistram Presbyteri assistentis; faciet deinde confessionem cum Episcopo ante altare stans ad ejus sinistram, et cum dicit *Tibi Pater* et *Te Pater*, conversus ad Episcopum, profunde se inclinat. Postquam Episcopus osculatus fuerit librum Evangeliorum super altare, porriget illi naviculam incensi, cochleari prius, et manu Episcopi osculatis, et imposito thure in thuribulum, reddit naviculam Acolytho, a quo accipit thuribulum, quod Episcopo porrigit, summitatem catenularum ponens in manu sinistra ipsius Episcopi, thuribulum vero in dextera cum debitis osculationibus; et dum Episcopus thurificat altare, ipse brachium ejus sustentat; quo thurificato, recipit thuribulum de manu Episcopi, cum osculo manus et catenularum, et thurificat Episcopum in cornu Epistolæ cum mitra stantem, triplici ductu, ante et post thurificationem profunde se inclinans, ac reddit thuribulum Acolytho. Recedente Episcopo ab altari, ipse ibi remanet cum Subdiacono (6), et dicente *Kyrie eleison* Episcopo, ipsi idem dicunt inter se (7), stante in eodem loco versus altare; sedente postea Episcopo, et ipsi sedent in scamno aliquo (8) parato in cornu Epistolæ altaris. Et cum Episcopus intonaverit canticum *Gloria in excelsis Deo*, etc., una cum Subdiacono illud usque ad finem prosequitur.

(1) Ce chapitre est très-détaillé, et, par conséquent, il n'exige pas de longs commentaires ni une grande connaissance des usages de Rome pour être compris.

(2) Nouvelle preuve que les chapitres devraient être distingués par les divers ordres de la sacrée hiérarchie.

Aux offices pontificaux, on voit toujours figurer les mêmes officiers, qui composent la chapelle papale, comme aussi on entend toujours les mêmes voix à l'orchestre.

(3) Aux offices de la chapelle Sixtine, ou à ceux de Saint-Pierre, quand le pape y assiste *paré*, le prêtre assistant de l'autel est un chanoine de Saint-Jean-de-Latran; le diacre est chanoine de Saint-Pierre, et le sous-diacre chanoine de Sainte-Marie-Majeure : ce sont toujours les mêmes ministres; aussi sont-ils parfaitement exercés.

(4) On voit ici que l'étole devrait s'attacher quand on s'en revêt; cependant, à Rome comme ailleurs, cette étole a une attache fixe.

(5) C'est après que l'évêque s'est lavé les mains, aidé du prêtre assistant, que les assistants du trône vont s'habiller, et que le diacre et le sous-diacre de la messe se présentent pour le revêtir des ornements pontificaux.

(6) L'évêque se rend au trône, quand il est au côté de l'évangile, par le marchepied, et descend par le côté de l'évangile pour monter de suite au trône, c'est-à-dire qu'il y va *per breviorem*.

Les diacre et sous-diacre n'ont donc pas à monter à l'autel quand l'évêque a été encensé, mais ils demeurent à leur place, du côté de l'épître; car ils y ont leur banquette, à peu près en face du trône. C'est là qu'ils doivent dire les *Kyrie*, *Gloria* et *Credo*, sans venir pour cela au pied de l'autel.

(7) Ce qui est dit ici des diacre et sous-diacre s'applique, à Rome, à tous ceux qui sont au chœur, grands et petits; car tous récitent ces prières, deux à deux, à voix haute par conséquent.

(8) Ce banc est ce que l'on appelle chez nous *banquette*, dont on verra ailleurs la description.

2. Cantata per Subdiaconum Epistola, cum per chorum cantatur ultimus versus Gradualis, sive Tractus, aut Sequentiæ, seu ante

Alleluia, aut etiam citius, prout distantia altaris exquiret, portabit ante pectus ad altare, debitas faciendo reverentias, librum Evangeliorum clausum, collocans illum in medio altaris. Deinde accedit ad Episcopum cum debitis reverentiis, illiusque manum osculatur; mox redibit ad altare, et genuflexus super infimo ejus gradu in medio (1), dicit secrete *Munda cor meum, etc.*; tum surgens resumit librum de altari, et rediens ad Episcopum, inclinatus petit ab eo benedictionem, dicens *Jube domne benedicere*. Et habita benedictione, accedit ad Evangelium cantandum, portans, ut supra, ante pectus (2) librum Evangeliorum clausum, et incedens ultimo loco post omnes suos comministros (3); cum erit in loco, ubi solet Evangelium cantari, ponit librum apertum in manibus Subdiaconi, vel in legili, aut alias, juxta consuetudinem Ecclesiæ, ut in prædicto *Capite* vIII, *Lib*. II, et, junctis manibus ante pectus, dicit cantando *Dominus vobiscum*. Et cum dicet *Initium*, vel *Sequentia sancti Evangelii, etc.*, signat pollice dexteræ manus initium Evangelii, ac seipsum in fronte, ore et pectore; et dum respondetur a choro *Gloria tibi, Domine*, accipit thuribulum de manu Acolythi, sive Cæremoniarii, et librum triplici ductu thurificat, primo in medio, tum a parte dextera libri, mox a sinistra; et reddit thuribulum Cæremoniario, ac manibus junctis, incipit Evangelium.

(1) C'est sur le degré supérieur, et au milieu de l'autel, que, dans toutes les autres messes, le diacre dit le *Munda cor meum*; le cas actuel est donc comme une exception à la règle générale.

(2) Le livre des évangiles se porte à la hauteur de la poitrine, à peu près verticalement, mais on ne l'appuie en aucune manière sur soi.

(3) Ceci montre que ce n'est pas de front que doivent marcher tous ceux qui servent au chant de l'évangile, mais les uns devant les autres; car, dit Catalan : *Evangelii cantandi gratia* (fit) *processio solemnis in ecclesia*.

C'est pourtant de front, ou à peu près, qu'ils marchent à Saint-Pierre, quand ils vont de l'autel au trône, et du trône à l'autel, ou au lieu où se chante l'évangile.

Cum erit in loco ubi solet Evangelium cantari.

A Rome, pour chanter l'épître et l'évangile, les diacre et sous-diacre se placent de manière à ne tourner le dos ni à l'autel ni à l'évêque. Quant au sous-diacre et aux acolytes qui servent au chant de l'évangile, ils ne sont pas assujettis à cette règle pratique, car ils sont là comme *legile et candelabra*. Les cérémoniaire et thuriféraire observent de même de ne pas tourner le dos à l'évêque ou au célébrant.

3. Quo finito, factis debitis reverentiis (1), revertitur ad altare, ad locum suum; sed si Episcopus esset apud faldistorium, ipse eum stantem, lecto Evangelio, triplici ductu thurificare debet; si vero Episcopus est in sede sua, id spectat ad Presbyterum assistentem. Si fiat sermo per Episcopum sedentem in faldistorio apud altare, statim finito sermone, ipse stans ad ejus sinistram (2) modicum inclinatus recitabit confessionem in tono, prout infra in *Cap.* xxxix. *Lib.* II. *de tono confessionis, etc.* Et cum in ea dicet *Et tibi, Pater*, profundius inclinabit, sic etiam in fine cum dicet *Et te, Pater*. Idem faciet, si sermo per alium habeatur; sed quia tunc Episcopus sedet in solio suo, ipse stans apud infimum gradum solii, faciet confessionem eodem tono et modo ut supra. Cum Episcopus incœperit cantare Symbolum *Credo in unum Deum, etc.*, ipse cum Subdiacono illud submissa voce prosequetur apud altare; ita tamen, ut non præire, sed subsequi debeant Episcopum; et cum a choro recitatus fuerit versiculus *Et incarnatus est* usque ad finem, ad quem ipse, sicut alii Canonici, profunde se inclinat (3), accedit ad abacum, et capit bursam cum corporalibus quam, ad oculos usque elevatam, ambabus manibus portat ad altare, incedens solus, gravi et decoro incessu, et solitas reverentias Episcopo et altari faciens (4); ibi extrahit ex bursa corporale, quod explicat, et extendit in medio altaris, collocans a parte Evangelii bursam, ita ut altare non impediat, et redit ad locum suum (5), et ibi sedet.

(1) C'est au lieu où se chante l'évangile, et avant de retourner à l'autel, que se fait le salut à l'évêque; mais le sous-diacre qui porte le livre ne salue pas alors.

(2) Ce texte explique clairement ce qui a été dit plus haut, savoir, que si l'évêque a donné l'instruction lui-même à l'autel, il y demeure pour dire les prières de l'absolution et de l'indulgence.

(3) Il est à remarquer qu'à Rome l'inclination qui se fait à *Incarnatus est*, comme aussi au *Gloria Patri*, etc., n'est pas notre inclination profonde, mais celle que nous appelons

la plus profonde des *médiocres*. L'inclination profonde, telle qu'elle est en usage parmi nous, ne se fait, à Rome, qu'à la croix de l'autel et au Pape.

(4) Le diacre, en portant la bourse à l'autel, salue l'évêque aussitôt qu'il est en vue du trône, et l'autel en arrivant au milieu.

(5) Après avoir déployé le corporal et salué la croix, il retourne à sa place *per breviorem*, sans saluer personne.

4. Finito Symbolo, si Episcopus sedebit in faldistorio, aufert ei mitram; et lecto per eum Offertorio, imponit eidem mitram pretiosam; et simul cum Subdiacono aufert annulum et chirothecas. Quod si Episcopus erit in sede sua episcopali, Diaconi assistentes auferent et imponent ei mitram, et auferent chirothecas. Redeuntem Episcopum ad altare, et gradus altaris ascendentem ipse a dexteris adjuvat; mox ut Episcopus pervenit ad medium altaris, Diaconus accedit ad cornu Epistolæ, et accepta una ex duabus hostiis, quas invenit a Sacrista in patena paratas, cum illa tangit alteram, et patenam, et calicem circumcirca intus et foris, et dat illam prægustandam eidem Sacristæ. Idem similiter facit de vino et aqua, modicum de illis effundens in pateram (1), ad id paratam. Tunc porrigit Episcopo patenam cum altera hostia, pro sacrificio offerendo, cum osculo patenæ et manus.

(1) Le goûter, tel qu'il est prescrit dans ce nombre, se pratique aux grand'messes chantées par le Pape, et à celles célébrées pontificalement par les cardinaux dans leurs églises titulaires. Le vase appelé *patera* est une coupe qui ressemble assez à nos anciens gobelets d'argent.

5. Dum Episcopus dicit *Suscipe, sancte Pater*, etc., Diaconus ex ampullis mittit in calicem, quem prius purificatorio extersit, vinum pro consecratione, et post admistas illi per Subdiaconum paucas aquæ, tunc per Episcopum benedictæ, guttas, offert calicem Episcopo cum osculis etiam calicis et manus, cum eo tangens et ipse calicem, dicit *Offerimus tibi, Domine*, etc., et posito per Episcopum calice super corporale, ipse illum palla cooperit : et accedente thuriferario, ministrat Episcopo naviculam, et mox ponit in ejus manibus, ut supra dictum est, thuribulum, ut thurificet oblata et altare, quem adjuvat, supponendo sinistram brachio illius, et retrahendo dalmaticam, dexteram vero ad pedem calicis ponendo, ne, dum Episcopus

oblata thurificat, thuribulo tactus, e loco removeatur, vel aliquid ex illo effluat : et cum thurificanda erit crux altaris, ipse opportune calicem e medio removebit, et cruce thurificata, in eodem loco illum reponet. Finita thurificatione altaris, accipiet thuribulum de manu Episcopi, cum deosculationibus, et eum stantem cum mitra in cornu Epistolæ triplici ductu thurificat; mox accedit ad thurificandum dignitates, et Canonicos, et alios de choro, ordine in *Cap.* XXIII, *Lib.* I, descripto. Quo facto, dat thuribulum Acolytho, vel Cæremoniario, a quo et ipse, stans post celebrantem (1) in gradu altaris infra suppedaneum, thurificatur. Finita præfatione, accedit ad dexteram Episcopi, dicens cum eo *Sanctus, Sanctus, etc.*, et statim redit ad locum suum post celebrantem; et cum celebrans incipit verba Canonis : videlicet *Te igitur, clementissime Pater, etc.*, attente advertat, ut opportune partem dalmaticæ ad brachium illius sublevet, et discooperiat, et cooperiat calicem (2), quoties opus fuerit; prout in rubricis Missalis explicatur; et cum celebrans elevat hostiam, ipse genuflectit ad ejus dexteram, et sinistra elevat aliquantulum posteriorem partem planetæ. Reposita hostia super corporale, surgit, detegit calicem, et statim genuflectit, et iterum sublevat planetam, dum celebrans calicem elevat, quem repositum super altare palla cooperit, genuflectit, et redit ad locum suum post celebrantem; advertens, dum celebrans signat super hostiam et calicem, ut partem dalmaticæ circa brachium ejus semper aliquantulum sustineat; et cum dicit ea verba Canonis, videlicet *Benedicis et præstas nobis, etc.* ipse accedens, detegit calicem; et quoties calicem detegit, toties genuflectit, adorans SS. Sacramentum prius et post. Cum celebrans signat dicens *Per ipsum et cum ipso, etc.*, retinebit duobus digitis dexteræ manus pedem calicis; et reposita hostia super corporale, tegit calicem palla, et redit ad locum suum. Circa finem *Pater noster, etc.* videlicet, dum celebrans dicit *Et dimitte nobis, etc.*, ascendit ad cornu Epistolæ, et accepit patenam de manu Subdiaconi, cum purificatorio detersam, osculatamque ab ipso, videlicet, dum dicit verba Canonis *Libera nos, etc.*, ponit eam in manu dextera ipsius celebrantis, quam similiter osculatur : et cum Episcopus supponit patenam hostiæ, ipse detegit calicem, ac posita per celebrantem particula hostiæ in calicem, illum tegit, et cum celebrante dicit *Agnus Dei, etc.*, et supplet loco assistentis Presbyteri ad librum, donec ille redeat ab osculo pacis, infunditque vinum in calicem pro purificatione celebrantis.

(1) C'est immédiatement derrière le célébrant, mais tourné

vers le côté de l'épître, que le diacre se fait encenser. Le cérémoniaire, qui l'a accompagné pendant l'encensement du chœur, et qui doit l'encenser ensuite, n'est pas le premier qui, comme on l'a remarqué ailleurs, ne quitte pas le célébrant, mais le second ou un autre désigné pour cela. Le thuriféraire est, aux termes du Cérémonial, un des cérémoniaires. Il pourrait par conséquent accompagner le diacre à l'encensement du chœur, sans s'écarter de la lettre du Cérémonial.

(2) Pour remplir ces offices facilement et avec grâce, le diacre doit se tenir à une petite distance de l'évêque, mais toujours en arrière. C'est ainsi qu'on le pratique à Rome.

6. Si facienda erit Communio generalis, postquam Episcopus celebrans se, et Diaconum et Subdiaconum communicaverit, ante purificationem, et antequam digitos abluat, ipse Diaconus, stans in cornu Epistolæ inclinatus, confessionem alta voce cantabit, aliaque faciet, prout in die Paschæ dicitur. Advertendum autem est, quod, etiamsi non fiat Communio generalis, semper a Diacono et Subdiacono, nisi sint Sacerdotes, et velint celebrare, accipienda est Communio ab Episcopo celebrante (1), a quo et immediate osculum pacis accipere debent, ut dicitur in *Cap*. xxix. *Lib*. II. et in *Cap*. xxiv. *Lib*. I.

(1) Cet usage s'est conservé à Saint-Pierre, du moins dans certaines solennités. A la messe chantée par le Pape, les diacres et sous-diacres communient presque toujours. Les cardinaux diacres, les nobles et autres communient pareillement à cette messe, du moins dans certaines solennités.

7. Postquam celebrans digitos abluerit, Diaconus, translato libro cum pulvino ad cornu Epistolæ, imponit mitram pretiosam in capite Episcopi, qui abluit manus; mox eidem mitram aufert, et vadit post eum; et dicto post ultimam Orationem *Dominus vobiscum*, ipse stans conversus ad populum, sive ad altare, quemadmodum Episcopus, cantat *Ite Missa est* in tono competenti, vel *Benedicamus Domino*, prout tempus exigit. Et, si celebrans est daturus benedictionem, imponit ejus capiti mitram pretiosam, nisi sit Archiepiscopus qui sine mitra propter reverentiam crucis benedicit.

8. Si celebrans sit Archiepiscopus, et cum pallio celebraverit, data benedictione et publicata Indulgentia, Diaconus extrahit illi

pallium, et super altare illud deponit; denique comitatur Episcopum, donec, depositis manipulis per ipsum Diaconum et Subdiaconum, illum exuat sacris paramentis : quo exuto, etiam ipse sua deponit, et recedit in pace.

9. Si celebratur pro Defunctis observabit, quæ in Missali de Missa Defunctorum dicuntur. In Collegiatis, vel absente Episcopo, et in Dominicis Adventus et Quadragesimæ, ac feriis, servabit quæ de iis in propriis capitibus, et in rubricis Missalis Romani leguntur.

CHAPITRE X

DU SOUS-DIACRE.

Canonicus antiquior, ex ordine Subdiaconorum, seu dignior ex eodem ordine, assistat Episcopo solemniter celebranti. Quæ paramenta afferat Episcopo. Quando imponere debeat manipulum Episcopo. Epistolam cantat. Ministrat ampullas vini Diacono, et infundit aquam in calicem, patenam sustinet, calicem abstergit, et reponit, ac Diaconum adjuvat in exuendo Episcopum.

1. Eodem tempore, eodemque loco et modo, prout de Diacono dictum est, Subdiaconus, qui et ipse de numero Canonicorum erit, et, si inter Canonicos distinctus erit ordo Subdiaconalis, antiquior, seu dignior ex eodem ordine, comitabitur Episcopum (1) ad Ecclesiam procedentem, et accipiet paramenta sibi convenientia, quæ eadem fere sunt, quæ superius Diacono conveniunt, excepta stola, qua Subdiaconus non utitur; accipiet autem super alba tunicellam, quæ ejusdem formæ est, cujus est dalmatica Diaconi, nisi quod strictiores, longioresque aliquantulum manicas habet (2).

(1) On voit ici qu'un ordre de sous-diacres devrait faire partie du chapitre pour mieux entrer dans l'esprit de l'Église, qui a voulu que ce corps ecclésiastique fût une image de la sainte hiérarchie.

(2) La forme des dalmatiques et tuniques, à Rome, diffère de celle que l'on a adoptée pour les nôtres. On doit remarquer ici que les manches de la tunique doivent être plus étroites et plus longues que celles de la dalmatique.

2. Episcopo igitur incipiente legere Psalmos *Quam dilecta, etc.* affert illi caligas et sandalia, ex credentia sumpta, quæ portat super bacili, vel super velo, alio velo serico cooperta (1), ambabus mani-

bus ad oculos usque elevatis; et adjuvante uno ex familiaribus Episcopi, induit primo tibiam et pedem dexterum Episcopi, mox sinistrum, genuflexus sub cappa illius, et cum tempus erit, simul cum Diacono adjuvabit Episcopun, dum cæteris paramentis sacris induitur; quod munus licet ad Diaconum præcipue spectet, Subdiaconus tamen coadjuvat, ubi opus est, ut infra in *Cap.* vııı, *Lib.* II. Et postquam Episcopus fuerit paratus, ipse accipiet manipulum, et procedente Episcopo ad altare, immediate ibit post crucem (2), librum Evangeliorum clausum ante pectus portans, in quo inclusus erit manipulus Episcopi ; et facienti Episcopo confessionem, ipse parum retro stans apud Diaconum, respondet simul cum Presbytero assistente, et Diacono, et interim deponit dictum librum Evangeliorum in manibus Cæremoniarii, et cum Episcopus dicit *Indulgentiam, absolutionem, etc.*, accipiet ex dicto libro manipulum, illumque a latere osculatur; et Episcopo, ubi est signum crucis, osculandum porrigit a sinistris (3), mox illum imponit sinistro brachio Episcopi, et manu Episcopi osculatur; et eidem, cum supremum altaris gradum ascenderit, adjuvante Presbytero assistente, porrigit osculandum dictum librum Evangeliorum apertum, ubi est principium Evangelii illius Missæ : stans in cornu Evangelii a sinistris Episcopi, ab ea parte adjuvat illum, altare thurificantem, sicut Diaconus a dextris. Redeunte autem Episcopo ad suam sedem, ipse remanet cum Diacono Evangelii apud altare (4). Et cum Episcopus dicit *Kyrie eleison, etc.*, *Gloria in excelsis Deo, etc.*, et *Credo in unum Deum, etc.*, ipse in eodem loco ea dicit cum Diacono (5); et quando sedendum est, sedet cum eodem. In fine Orationis, seu Orationum, cum Episcopus dicit *Per Dominum nostrum Jesum Christum, etc.*, accipiens librum Epistolarum, et factis reverentiis altari et Episcopo, comitante Cæremoniario, Episcopo sedente cum mitra, ipse, librum tenens, incipit alta voce cantare Epistolam in loco consueto.

(1) Lorsqu'il en est temps, le sous-diacre va à la crédence. Là un cérémoniaire lui met sur les épaules un long voile de soie, de la couleur des ornements du jour, et lui donne le bassin qui contient les chaussures de cérémonie, lesquelles sont couvertes d'un autre petit voile, et il couvre ce bassin des extrémités du grand voile, de manière qu'il n'en paraisse rien. Ils vont ensuite tous deux au trône.

Le sous-diacre se tient debout, en face de l'évêque et près de celui des familiers qui ôte à l'évêque ses souliers ordinaires, et il lui présente les bas et sandales de cérémonie au fur et à mesure qu'il en a besoin. Le familier est couvert par la cape dont on l'entoure ; aussi n'est-il pas nécessaire d'avoir, comme chez nous, un voile pour cacher ce serviteur. Il est *sub cappa Episcopi*. Cela fait, le sous-diacre retourne à la crédence, où il dépose le voile et le bassin ; il va ensuite à la banquette se joindre au diacre, qui y attend, tout habillé, qu'il faille aller revêtir l'évêque de ses habits pontificaux. C'est à cette même banquette que se placent les diacres d'honneur quand ils ont pris la dalmatique, en attendant qu'il leur faille aller au trône. Ils devront y retourner lorsque les diacre et sous-diacre d'office se présenteront, après tierce, pour achever d'habiller l'évêque pour la messe.

Tel est aujourd'hui l'usage suivi assez généralement à Rome, quant à la manière de chausser l'évêque. Les cérémoniaires vous disent, quand on leur représente que, d'après le Cérémonial, ce serait au sous-diacre à mettre et à ôter à l'évêque les chaussures de cérémonie, et au *familier* à lui ôter et à lui remettre ses souliers ordinaires, que c'est bien la règle ; mais que le sous-diacre n'est pas assez adroit pour remplir cet office, n'étant pas accoutumé à le faire.

Le pape est chaussé au petit trône dressé du côté de l'épître. C'est là qu'il prend les ornements de la messe pendant que l'on chante tierce. Les cardinaux qui officient pontificalement dans leurs églises titulaires sont chaussés dans la *chapelle* ou *secrétaire*. On a vu que les évêques qui officient au fauteuil le sont à la sacristie.

(2) On se rend processionnellement de la *chapelle* ou *secrétaire* au chœur, par le plus long chemin, en descendant au bas de l'église, pour remonter par le milieu. Le sous-diacre portant le missel contenant le manipule, marche immédiatement derrière la croix, à moins qu'il n'y ait des clercs en surplis ; car dans ce cas, ceux-ci marchent immédiatement après la croix. Après eux viennent les chanoines parés, s'il y en a, puis enfin le sous-diacre et les autres ministres, comme au Cérémonial.

(3) Le sous-diacre qui est à gauche fait baiser à l'évêque le

manipule, à l'endroit où se trouve la croix, après l'avoir baisé lui-même auparavant : *illumque a latere osculatur*, comme le dit ici notre Cérémonial.

(4) Le sous-diacre se tient à la gauche du diacre quand celui-ci encense l'évêque. L'un et l'autre se trouvent tout rendus à la banquette, à laquelle ils demeurent quand l'évêque se tourne au trône.

(5) Ce texte confirme ce qui a été dit plus haut, savoir : que c'est près de l'autel, *apud altare*, c'est-à-dire à la banquette qui leur est préparée, et non à l'autel, que le diacre et le sous-diacre doivent dire ensemble ces parties de la messe.

3. Qua finita, accedit ad Episcopum, cui profunde inclinatus, librum super ejus genibus ponit, et osculatur illius manum super libro positam ; accedit deinde cum Diacono ad lectionem Evangelii, procedens manibus junctis immediate ante illum ; et illi, legenti Evangelium, tenet ambabus manibus librum apertum ante pectus (1), vel legile manibus tenet, aut adhæret Diacono, si in ambone, aut pulpito Evangelium legatur (2), ut in *Cap.* viii, *Lib.* II, latius explicatur : et si forte Diaconus, proferendo aliqua verba Evangelii, inclinaret se, aut genuflecteret, librum, vel legile tenens, ipse nullatenus movetur, cum repræsentet legile immobile.

(1) C'est bien à la hauteur de la poitrine qu'il tient le livre des épîtres. Mais il le doit porter verticalement, de sorte que le haut ne s'appuie point sur la poitrine, comme cela se fait quelquefois.

(2) Le sous-diacre se place à la gauche du diacre, quand celui-ci chante l'évangile à l'*ambon*, sur lequel se place le livre. Ils sont alors tournés vers le peuple, selon la disposition de l'*ambon*.

4. Finito Evangelio, tenens adhuc librum apertum, nulla tamen facta reverentia, illum sic apertum offert Episcopo osculandum in loco, ubi est principium Evangelii cantati ; quo osculato, et clauso libro, facit Episcopo reverentiam, et revertitur ad altare.

5. Postquam vero Episcopus lavit manus post Offertorium, ipse accedit ad abacum, et extenso sibi, adjuvantibus Acolythis, circa humeros velo serico, quo calix, patena, et alia super dicta mensa cooperiebantur, ita ut a latere dextero longius pendeat, accipit manu sinistra calicem cum patena, et hostiis palla tectis, eaque omnia

longiori illa parte veli cooperit, altera manu super ea apposita, caute advertens, ne aliquid forte decidat, et accedit ad cornu Epistolæ altaris, eodem tempore, quo Episcopus illuc pervenerit; eaque omnia, remoto velo, dat in manibus Diaconi; mox eidem Diacono tradit ampullam vini ab Acolytho receptam, ampullam vero aquæ ipse Episcopo ostendit, et petit, ut benedicat, dicens : *Benedicite, Reverendissime Pater*, ex qua benedicta infundit paululum in calicem.

6. Post oblationem hostiæ et vini factam, accipit de manu Diaconi patenam, quam veli prædicti, extremitate, adjuvante Cæremoniario, contegit, eamque elevatam sustinet usque ad finem *Pater noster, etc.*, stans retro in loco consueto et conveniente; nec movet se, nisi cum ad elevationem SS. Sacramenti genuflectit : quo elevato, statim surgit; et cum celebrans dicit in Oratione Dominica *Et dimitte nobis, etc.*, facta debita genuflexione, accedit ad altare in cornu Epistolæ, dictamque patenam Diacono offert, qui eam, a Cæremoniario, vel a seipso velo discoopertam, accipit (1) : tunc ipse Subdiaconus, deposito velo in manibus Cæremoniarii, vel Acolythi, redit ad locum suum, et supplet a dextera Episcopi pro Diacono (2), dum ille inservit loco Presbyteri assistentis a sinistra, discooperiendo calicem, et alia faciendo, quæ erunt necessaria et opportuna, donec Episcopus communionem sumpserit; et eo communicato, ipse post Diaconum accipit Communionem et pacem ab eodem Episcopo, *ut in proxime præcedenti Cap.*, § vi, de Diacono dictum est. Mox imponit vinum in calicem pro purificatione, nisi prius redierit ad locum suum Presbyter assistens, quia tunc hoc facit Diaconus, reversus ad dexteram Episcopi. Demum accepta per Episcopum purificatione dum lavat manus, ipse tergit calicem, plicat corporalia, illaque simul cum palla, purificatorio et bursa ad abacum reportat cum debitis reverentiis; mox redit ad locum suum post Episcopum, et ibi stat usque ad finem Missæ (3), et, ea finita, adjuvat Diaconum in exuendo Episcopum (4).

(1) Ceci montre que le cérémoniaire est là tout prêt pour remplir cet office et les autres qui lui sont propres.

(2) Le sous-diacre monte à la droite du diacre, et non à la gauche de l'évêque pour dire l'*Agnus*. Il descend ensuite à sa place et remonte pour recevoir la paix. Il demeure ensuite à la droite de l'évêque jusqu'à ce qu'il ait pris le précieux sang.

Quand il doit communier, il ne reçoit la paix qu'après avoir reçu la sainte hostie. Il est présent à la purification et ablution, et il va ensuite purifier le calice du côté de l'évangile.

(3) Ceci indique assez qu'il ne doit pas monter à l'autel pour l'évangile de saint Jean : c'est parce que l'évêque ne fait que le commencer au milieu de l'autel, et qu'il le continue en se rendant au trône.

(4) Aussitôt la messe finie, le sous-diacre se rend au trône en marchant à la gauche du diacre, et il change de côté avec lui en y arrivant pour se trouver encore à la gauche de l'évêque pendant qu'il aide le diacre à le déshabiller. Il quitte avant tout le manipule.

Lorsqu'il est temps de déchausser l'évêque, il va à la crédence, et il se comporte alors comme avant la messe. Après avoir déposé de nouveau le voile et le bassin à la crédence, il va à la sacristie, où il quitte ses habits sacrés.

7. Si celebrabitur pro Defunctis, alio ordine et ritu multa faciet, ut in *Cap.* XI, *Lib.* II. Idem dicitur quoad habitum, et alia quædam in Missis, quæ celebrantur in Dominicis Adventus et Quadragesimæ, et in aliquibus feriis. In Collegiatis vero, et Episcopo absente, ipse servit loco assistentis in danda pace, ac etiam Episcopo præsente, si celebratur Missa ab aliquo Canonico, vel alio qui non habeat Presbyterum assistentem (1).

(1) Ceci pourrait être considéré comme une preuve certaine qu'à la messe chantée par un simple prêtre, il ne devrait pas y avoir de prêtre assistant. Cependant Catalan dit que, quand c'est l'usage, un chapelain en chape peut faire assistant à la messe solennelle chantée par un chanoine. Nous n'en avons pas vu toutefois d'exemple, à Rome, quoique nous ayons souvent assisté aux messes célébrées par des chanoines; et la congrégation des rites déclare qu'il faut abolir l'usage de donner, outre le diacre et le sous-diacre, un prêtre assistant aux simples prêtres chantant la messe. (*In Pistorien.* 15 *Mart.* 1721.)

Le décret suivant pourrait résoudre plusieurs difficultés relativement au prêtre, qui fait assistant à la messe chantée par un nouveau prêtre.

1. *An celebrante solemniter prima vice novo sacerdote, Patrinus seu Presbyter assistens possit in Dominicis antea aspergere populum aqua benedicta, ac deinde ad sacristiam accedere et sacerdotem ipsum ad altare adducere cum ministris?*

2. *An subtus pluviale ipse Patrinus possit stolam gestare ac fidelibus cum patena ministrare, quoties Eucharistica communio instituenda est?*

3. *An Patrinus debeat, vel saltem possit celebrantem incensare loco diaconi?*

S. C. respondit ad 1 : *Negative in omnibus; ad* 2 : *Spectare ad diaconum in utrumque; ad* 3 : *Negative. Die* 11 *Martii* 1857.

Ce prêtre assistant n'a pas autre chose à faire que de suivre attentivement le nouveau prêtre; mais il ne lui est pas défendu d'être en chape.

CHAPITRE XI

DES ACOLYTES.

Episcopo, Vesperas solemniter cantanti, præter Presbyterum et duos antiquiores Diaconos, septem Acolythi serviant. Dum Missam solemniter celebrat, alii sex ministri addantur. Munia ministri de libro, de candela, de baculo, de mitra, de thuribulo, de candelabris, de gremiali, de ampullis et de abaco explicantur. Si celebrans est Cardinalis, vel Archiepiscopus, aut Episcopus valde insignis, convenit, ut Magistratus, vel proceres civitatis bacilia et aquam opportune ministrent. Magistratus et nobiliores sedeant in loco, eis assignato extra Presbyterium.

1. Ut Episcopales functiones, præsertim in Ecclesia, et in divinis Officiis commodius, digniusque exerceri valeant, plures necessarii sunt ministri, licet pauciores in Vesperis sufficiant, quam in Missis. Cum ergo Episcopus Vesperas solemniter cantabit, ultra Presbyterum assistentem, duosque antiquiores Diaconos assistentes, qui cæteris digniores sint, de quorum officio supra dictum est, ubi commode fieri poterit, septem saltem alios ministros habere eum convenit, aspectu, habitu et tonsura decentes, ac cottis mundis indutos. Primus erit, qui de libro; secundus, qui de candela servient; tertius, de baculo pastorali; quartus, de mitra (qui quatuor, si adsit consuetudo, induantur etiam pluvialibus) (1); quintus, de thuribulo et navicula; sextus et septimus, de candelabris et cereis.

(1) C'est l'usage, à Rome, que les porte-livre, bougeoir, crosse et mitre soient en chape aux messes pontificales chantées par les cardinaux dans leurs églises titulaires.

Au pied du trône, ils forment deux lignes en se regardant en face. Le porte-livre est toujours du côté du prêtre assistant et le porte-bougeoir vis-à-vis. Le porte-crosse se place du côté gauche de l'évêque et le porte-mitre à l'opposite.

Ils observent ponctuellement les cérémonies détaillées dans ce chapitre et ailleurs. Ils s'asseyent sur les marches du trône, tournant le dos à l'évêque; mais ils déposent auparavant à la crédence les insignes dont ils sont porteurs. A l'autel, ils se placent derrière les diacres assistants, de manière à faire deux lignes parallèles en regardant l'autel. Le porte-bougeoir devrait être auprès du livre; mais, comme on a déjà pu le remarquer, c'est ordinairement le prêtre assistant qui le tient quand il faut s'en servir.

2. Cum vero Missam solemniter celebrat, ultra prædictos, ac Diaconum et Subdiaconum, de quorum officiis etiam supra dictum est, habebit alios sex, quorum duo eodem habitu clericali, et cottis induti servient, alter de gremiali, alter de ampullis (1). Reliqui quatuor poterunt esse cubicularii, sive familiares Episcopi, clericali habitu, sed sine cottis stantes apud abacum (2); et hi quidem ministri omnes, si haberi non poterunt ex gremio Ecclesiæ vel de familiaribus ipsius Episcopi, poterunt jussu Episcopi convocari ex Parochiis et Ecclesiis civitatis; iidemque omnes, præter jam dictos quatuor familiares, servient etiam Episcopo, cum induitur (3) et exuitur sacris paramentis, tam in Vesperis, quam in Missis, dicta paramenta portando et reportando; ex quibus qui de baculo pastorali, de mitra, de thuribulo, de candelabris, de ampullis vini et aquæ serviunt, ubi commode fieri potest, sint in ordine Acolythatus, ut disciplinæ dignitas, quoad ejus fieri possit, conservetur.

(1) Le porte-grémial est toujours en surplis et se place à la crédence avec les autres familiers. Le porte-burettes est différent des céroféraires et a aussi sa place à la crédence.

(2) Ceux qui ont chez l'évêque quelque emploi forment comme sa famille et se nomment *familiares*. Ceux qui vaquent aux bas offices s'appellent *cubicularii*. Ceux qui remplissent des offices relevés retiennent le nom de *familiares*.

Lorsque l'évêque célèbre à Rome, on voit à la crédence au moins deux familiers, l'un en soutane et portant la tonsure, et l'autre en habit laïque. Tous deux portent le manteau de soie noire, de la forme ordinaire du grand manteau romain; mais celui du laïque est plus court. Celui-ci est proprement un des camériers (*cubicularius*) ; et c'est lui qui chausse et déchausse l'évêque, Tous deux servent au lavement des mains, le clerc porte le manuterge dans un bassin, et le laïque tient l'aiguière et le plat pour recevoir l'eau. De simples clercs *in habitu clericali*, mais sans surplis, remplacent les *familiers* dans les fonctions qui ne sont pas aussi solennelles. La place de ces familiers est à la crédence (*apud abacum*) ; et ils servent, suivant le besoin, en recevant le mantelet et la barrette de l'évêque, et en les rapportant au fauteuil quand il en est besoin, etc. On les appelait autrefois *scutiferi*.

(3) Il doit y avoir, s'il est possible, autant de *familiers* qu'il y a d'ornements déposés sur l'autel pour l'office : *Septem saltem alios ministros habere eum convenit*. Pour tierce et vêpres il en faut sept, et pour la grand'-messe, quand tierce se chante auparavant, il en faut ajouter sept autres pour transporter la tunique, la dalmatique, les gants, la chasuble, la mitre, la crosse et le manipule. Au besoin, les mêmes peuvent être employés à transporter plusieurs ornements.

Voici comment on procède pour transporter les ornements, du trône à l'autel et de l'autel au trône. Le second cérémoniaire monte à l'autel et se tient sur le marchepied, un peu en dehors du milieu de l'autel, et observant de ne pas tourner le dos à l'évêque. Pour cela, il se tient du côté de l'évangile ou de l'épître, selon la position du trône. Il fait, en y arrivant, une génuflexion à la croix, et le premier familier qui est au bas la fait en même temps que lui.

Pour cette fonction, les familiers observent ce qui suit. Ils montent à l'autel en faisant la diagonale de l'angle de l'épître au milieu du marchepied, et en descendent par le milieu de l'autel, de manière que ceux qui montent et qui descendent se rencontrent sans se nuire. Au fur et à mesure qu'ils reçoivent les ornements, ils se placent au bas de l'autel sur une ou plusieurs lignes, selon le local, en observant que les premiers sont du côté de l'évangile et les derniers du côté de l'épître. Il faut observer encore qu'au signal qu'en donne le cérémoniaire, trois font ensemble la génuflexion. Celui qui a reçu son ornement, quand il est descendu à sa place, celui qui est au haut de l'autel, avant qu'il reçoive le sien, et celui qui doit monter ensuite pour recevoir celui dont il doit être porteur. L'on voit que, quand ils auront formé leur ligne, en se plaçant comme on vient de dire, le porte-amict se trouve le premier du côté de l'évangile, et le porte-mitre le dernier du côté de l'épître. Lorsqu'il s'agira des ornements de la messe, le porte-tunique sera le premier du côté de l'évangile, et le porte-manipule du côté de l'épître.

Étant ainsi tous rangés suivant l'ordre des ornements, tel qu'au missel, ils font en même temps la génuflexion à l'autel ; et, se tournant vers le trône, ils se trouveront tous placés pour donner les ornements dans l'ordre prescrit. Ils font la génuflexion deux à deux au pied du trône, savoir celui qui en est descendu après avoir remis son ornement, et celui qui doit y monter immédiatement. Ils défilent ainsi successivement et par ordre, et vont à leurs places à la crédence.

Lorsque le trône est éloigné de l'autel, ou que l'évêque officie au fauteuil, ou bien encore lorsqu'il leur a fallu, à cause de l'exiguïté du local, former plusieurs lignes au pied de l'autel, il leur sera facile de faire les évolutions nécessaires pour se trouver à ne former qu'une ligne droite pour se rendre, comme on vient de dire, auprès de l'évêque.

Si les porte-crosse et mitre doivent prendre la chape avec les porte-livre et bougeoir, ils ne le feront que quand ils auront transporté leurs ornements de l'autel au trône, pour qu'il n'y ait pas de bigarrure par rapport à leur habit entre les familiers lorsqu'ils sont à remplir tous à la fois une même fonction.

Ce fonctionnement se fait assez à temps pour que l'évêque n'ait pas à attendre quand il aura à se revêtir des ornements pontificaux ; pour la même raison, toutes les parties de la messe doivent être cherchées d'avance et bien marquées avec les signets : *Ne cum dicendum aliquid erit, indecenter huc illuc folia vertere cogatur*, dit notre Cérémonial.

A la fin de la messe, on suivra le même ordre pour transporter les ornements du trône à l'autel ; mais on ne forme pas alors, comme au commencement, une ou plusieurs lignes au pied des degrés. Cet ordre se suit à Rome, à tous les offices pontificaux, et produit un bel effet.

3. Igitur primi ministri officium erit, cum Episcopus celebrabit Vesperas, aut Missas solemniter, curare, ut signacula in libro, ex quo Episcopus Antiphonas, aut Hymnum est intonaturus, aut Orationem cantaturus, sint recte suo loco disposita, ne cum dicendum aliquid erit, indecenter huc illuc folia vertere cogatur; librum ipsum custodiet, et reponet in loco decenti (1), quem, cum opus erit illum Episcopo offerre, sustinebit ambabus manibus ab inferiori parte libri positis, altius, vel demissius pro statura celebrantis, nec se loco movebit, nec umquam genuflectet, etiamsi ipsemet celebrans et alii omnes genuflecterent, cum, ut dictum est *Cap. præcedenti* de Subdiacono, instar legilis sit; nisi cum fortasse ob commoditatem Episcopi legentis, eum genuflectere magis expediret; uti cum librum tenebit pro Psalmis a Pontifice legendis, antequam paramentis Missalibus induatur. Locus autem ejus erit prope altare. Cum vero Presbyter assistens paratus, librum sustinebit ante Episcopum in cantu legentem, ipse a sinistris Episcopi stans, adjuvabit in sustentatione libri ipsum assistentem.

(1) On voit, par ce texte, que l'usage de Rome est conforme au Cérémonial; car, comme on l'a observé plus haut, les familiers qui portent les insignes les déposent à la crédence ou autre lieu décent, quand l'évêque ne doit pas s'en servir.

4. Alter in eodem habitu de candela, serviet etiam ad altare.

5. Tertius minister eodem habitu, sed pluviali indutus, juxta locorum et Ecclesiarum consuetudinem, ipsius baculi custodiendi, portandique ante Episcopum, quoties opus erit, curam habebit, quem manu dextera cottæ extremitate cooperta tenebit, sed nudum, nulloque panniculo appenso, illum Episcopo, cum opus erit, offeret. Quo autem tempore, et in quibus actibus Episcopus baculo pastorali uti debeat, inferius in suo capite describetur.

6. Quartum ministrum de mitra servientem oportet; velum, seu mappam sericam oblongam a collo pendentem gerere, qua utitur ad mitram sustinendam (1), nisi, ut supra, sit pluviali indutus, ne illam nudis manibus tangat : caute autem advertat, ut cum ea Episcopo imponenda, auferendave erit, immediate lateri Diaconi assistentis illam imposituri, vel ablaturi adhæreat, mitram offerens, vel recipiens. In Vesperis, incœpto primo Psalmo, deposita mitra pretiosa super altari (2) in cornu Epistolæ, offert simplicem; incœptaque Antiphona Cantici *Magnificat anima mea, etc.*, offert pretiosam, et simplicem super altari in eadem parte locabit. In Missis, dicto per

Episcopum celebrantem, seu non celebrantem, Hymno Angelico, adsit cum mitra simplici, vel auriphrygiata, imponenda Episcopo sedenti, ipsa pretiosa super altari deposita. Ut plurimum enim solent Episcopi in Missa uti pretiosa usque ad dictum Hymnum Angelicum, postmodum simplici, aut auriphrygiata, usque ad finem Symboli; tum lecto Offertorio, reassumere pretiosam, eamque tenere usque ad finem Missæ, suo tempore. Cum prædictus minister mitram tenet, habeat vittas, seu infulas illarum versus seipsum (3), et cum illas deponit, sive super altari, sive super mensa, aut abaco, vittæ exterius pendeant (4).

(1) Le voile, à Rome, est plus simple et plus élégant que le nôtre, et c'est à tort que l'on fait tant de dépenses pour avoir des voiles si précieux, que la sueur des mains a bientôt rendus malpropres. Il est à remarquer que celui qui porte la mitre doit toujours avoir le voile en question, excepté quand il est en chape.

(2) L'usage de déposer ainsi la mitre sur l'autel ou sur la crédence est général à Rome. L'on y voit si peu d'inconvénients, que même on regarde cela comme un ornement; ce qui est si vrai, qu'à la chapelle Sixtine, celle des mitres du pape qui ne sert pas reste sur l'autel tout le temps de la messe, quoique ce soit un cardinal qui officie.

(3) On voit là la vraie manière de tenir la mitre, dont le porteur tourne la partie postérieure de son côté, et laisse pendre les fanons qui, à Rome, où l'on ne double pas les ornements avec du bougran, sont flexibles.

(4) C'est toujours l'usage de laisser ainsi pendre en dehors les fanons de la mitre, qui se place verticalement, la partie postérieure tournée vers le chœur. Lorsque la crédence ordinaire n'est pas assez grande pour contenir tous les ornements que l'on devrait y déposer, l'on dresse *ad hoc* de petites tables qui se placent près du trône, suivant le local.

7. Quintus minister Acolythus thuribulum et naviculam incensi ministraturus, debet aliquanto cæteris robustior eligi, quo pondus illorum sustentare possit; eaque debet elevatis æqualiter manibus tenere (1); videlicet, thuribulum dextera, pollice in annulum majorem immisso, medio (2) vero ejusdem manus digito minorem annulum catenulæ elevanti, coopertorium thuribuli appositum reget et sustinebit; sinistra manu pedem naviculæ cum incenso et cochleari

caute gestabit, cottam super brachia prius reflectens, ne forte contingat illam cum thuribulo, aut navicula implicari, aut comburi. Quo autem loco et ordine incedere, stare, vel genuflectere cum aliis ministris, ad Evangelium euntibus et redeuntibus debeat, et de aliis, quæ ad suum officium spectant, suo tempore a Cæremoniariis docendus erit.

(1) On voit que, pour faire cela, le thuriféraire doit être debout, et c'est ce qui s'observe invariablement à Rome, où le thuriféraire demeure dans cette posture, en excitant le feu, même pendant les saluts et bénédictions du saint sacrement.

L'encensoir se porte ainsi de la droite quand l'encens y a été mis et bénit par le célébrant; avant, il se tient de la gauche, comme il est dit dans Baldeschi et selon l'usage de Rome.

(2) Avec cette manière de tenir l'encensoir, il est très-facile d'exciter le feu et de faire bénir l'encens. Le passage suivant de Catalan fera connaître plusieurs usages de Rome concernant l'office du thuriféraire, qu'il importe de ne pas ignorer. Après avoir dit que tous conviennent que c'est avec le pouce que l'on doit tenir le gros anneau de l'encensoir, il ajoute : *In eo autem dissentiunt quod alii, ut Crassus, aliam catenulam quæ coopertorium thuribuli elevat, velint minimo ejusdem manus digito teneri stricte debere elevatam* (c'est ainsi qu'on le pratique à la chapelle Sixtine); *quidam inter quos Bauldryus (digito annulari); paragraphus noster in hoc novissime emendato Cæremoniali (medio), in anterioribus vero ante emendationem Benedicti XIII Cæremonialibus (indice). — Cum vadit (thuriferarius) ad locum evangelii cantandi, primus post cæremoniarium ante ceroferarios, cum eis æqualiter genuflectat oportet, ac surgat firmetque se ad latus dextrum diaconi, etiamsi renes altari vertat* (c'est en effet ce qui se pratique à Rome), *et in tempore det et accipiat thuribulum a cæremoniario sicut ille petit; et dum dicitur totum Evangelium sit, vel post cantantem, vel ad aliam partem commode versus ad illum* (c'est encore ce qui s'observe à Rome), *et continue thuribulum moveat; et non ideo ut incensetur cantans, sed ne ignis extinguatur, et finito cantu, non amplius incensetur liber, sed factis reverentiis altari, etc.*

8. Acolythi duo ceroferarii debent et ipsi robusti, et in statura,

quantum fieri potest, æquales eligi, ut lumina æqualiter teneant et deferant; cumque sumpturi sunt candelabra, accipient quidem manu dextera, ita ut, qui a parte dextera incedit, ponat manum sinistram ad pedem candelabri, dexteram vero ad medium candelabri globum, et qui incedit a parte sinistra, ponat dexteram ad pedem, sinistram ad eumdem globum : cumque reverentias erunt facturi, illas æqualiter et eodem tempore faciant : ac denique eundo, stando, ac redeundo in omnibus actibus inter seipsos, et cum aliis ministris se conforment, prout per Cæremoniarium admonebuntur. Quod si, dum cantatur Evangelium, genuflectendum sit, ac propterea omnes genuflectant, ipsi stabunt (1) simul cum Subdiacono librum tenente, ac si immobiles essent.

(1) Il n'y a que pendant le chant de l'évangile que les acolytes ne se mettent pas à genoux; dans tout autre temps, ils le font, même avec leurs chandeliers à la main, v. g., pendant que l'évêque bénit le diacre avant l'évangile : c'est ce qui se pratique constamment à la chapelle Sixtine.

9. Duo præterea alii, sed in Missa tantum, adhibentur ministri, quorum unus de gremiali, alter vero, qui saltem sit Acolythus, de ampullis serviat; et qui gremiale ministrat, intentus esse debet, ut cum celebrans Episcopus surgit, antequam mitra ei auferatur, ipsum gremiale per assistentem a sinistris, de gremio Episcopi ablatum, reverenter accipiat, illudque complicatum ante pectus ambabus manibus teneat; et, cum opus erit, alteri assistenti a dextris porrigat, reponendum in gremio Episcopi sedentis; ac demum post lotionem manuum Episcopi, lecto Offertorio, illud super abaco reponet, cum eo amplius utendum non sit.

10. Acolythus autem, qui de ampullis servit (1), post lectum Offertorium, curam habebit portandi ampullas, sive urceolos vini et aquæ, super aliquo parvo bacili pariter dispositos, sequens immediate Subdiaconum, calicem et patenam ad altare portantem; easdemque ampullas opportune ipsi Subdiacono porriget; et vino et aqua ex illis in calicem immissis, eas ad abacum reportabit : et demum easdem ad altare post Communionem, iterum pro purificatione afferet, et pariter ad abacum reportabit.

(1) Ceci condamne notre usage de ne jamais porter à l'autel les burettes dans leur bassin. A Rome, l'on se conforme généralement à ce point du Cérémonial. Catalan observe qu'autrefois l'usage y était contraire.

11. Quatuor ministri familiares (1), de quibus supra mentio habita est, serviunt ad lotionem manuum Episcopi, incipiendo a juniori, seu minus digno, unusquisque per ordinem vice sua : quater enim Episcopus in Missa solemni lavat manus; primo, antequam capiat paramenta; secundo, statim post lectum Offertorium ; tertio, post incensationem oblatorum; quarto et ultimo, post Communionem.

(1) Ceci s'observe à Rome aux offices pontificaux, dans lesquels le lavement des mains est toujours quelque chose de solennel. Ce sont des nobles qui, comme il est marqué au Cérémonial, sont conduits par des cérémoniaires *au trône*, en grande pompe; ce sont les *conservateurs*, ou membres du Sénat, qui jouissent de ce privilége et qui y tiennent. C'est ainsi que l'on se conforme à ce qui suit : *Possent ad hujusmodi ministerium ablutionis manuum... invitari aliqui ex magistratu.*

12. Si celebrans esset S. R. E. Cardinalis, vel Archiepiscopus, aut Episcopus valde insignis, possent ad hujusmodi ministerium ablutionis manuum ipsius celebrantis invitari aliqui ex Magistratu, vel proceribus, et nobilibus viris illius civitatis, qui velo serico circum spatulam extenso (1), duas argenteas lances, seu fontes, si commodum erit, vel bacile et buccale, cum aqua odorifera, extremitate ejusdem veli coopertos, suo tempore ministrent, præeunte clavigero, seu mazziero (2), cum clava argentea, si est Cardinalis, quo casu convenit (3) etiam prægustationem dictæ aquæ fieri apud abacum a ministris, vel scutiferis, illam ipsi nobili exhibentibus, omnesque prædicti, sive ex familiaribus Episcopi, sive ex nobilibus civitatis sint, eundo et redeundo genuflectunt usque ad terram ante altare, ante Legatum, si adsit, et ante Episcopum; sed præsente Legato Cardinali, Cardinali non Legato, vel Metropolitano, non ita profunde ante Episcopum genuflectant. Eorum locus, si fuerint ex familiaribus Episcopi, erit apud abacum, ubi stabunt inter mensam et murum, nisi abacus ipse adhæreat parieti, capite semper detecto, et versa facie ad Episcopum; si ex Magistratu, vel ex nobilioribus civitatis, sedebunt in loco pro ipsis deputato extra Presbyterium (4), unde suo tempore per Cæremoniarium vocabuntur, et associabuntur euntes et redeuntes. Iidem ministri adhibentur (5), si Episcopus celebrans non sit proprius illius civitatis, perinde ac si in propria Ecclesia celebraret, excepto Acolytho de baculo pastorali, nisi hujus usum ei concederet loci Episcopus. Dicti omnes ministri necessarii

sunt etiam in Missis, non per Episcopum celebratis, in Ecclesiis Collegiatis, præter illos, qui ministrant mitram, baculum pastoralem et gremiale, quæ sunt Episcopalis dignitatis propria. Familiares autem minime sunt necessarii, cum nec abacus, aut mensa erigatur, sed ad ablutionem manuum celebrantis post Offertorium serviet Acolythus.

(1) Celui qui donne à laver reçoit sur ses épaules un long voile avec lequel le cérémoniaire, qui l'accompagne, couvre tellement l'aiguière et le bassin, qu'ils ne paraissent pas du tout.

(2) Ceci se pratique encore à Rome, quand c'est un cardinal qui officie dans son église titulaire.

(3) Ce goûter n'a pas lieu à Rome, et, comme on le voit, il n'est que de convenance (*convenit*).

(4) On appelle *presbyterium* la partie de l'église qu'occupe le clergé, et que nous appelons *chœur*. Quelques décrets de la sacrée congrégation romaine, publiés à la suite du Cérémonial, prouveront, mieux que tout le reste, que le Cérémonial, qui défend aux laïques de se tenir dans le chœur, est en pleine vigueur.

(5) Ceci paraîtrait autoriser la pratique de Rome, où les cardinaux se délèguent, dans leurs églises titulaires, les honneurs épiscopaux, même celui d'avoir des diacres assistants au trône, ce qui semblerait toutefois être contraire au Cérémonial, comme on le voit ailleurs. Ici, l'évêque étranger est dit pouvoir célébrer : *Perinde ac si in propria ecclesia celebraret*.

CHAPITRE XII

DU SACRISTAIN ET DE L'ORNEMENT DES ÉGLISES.

Ornatus Ecclesiæ in diebus festis et solemnioribus splendidior esse debet, quam in aliis. Valvæ, porticus et parietes Ecclesiæ, sedes episcopi et subsellia, quibus ornamentis instrui debeant. Apparatus altarium. Ubi, et quo ordine collocanda sint paramenta Missalia pro Episcopo. Quid observandum circa ornatum Ecclesiæ, Episcopo non celebrante, et in Collegiatis Ecclesiis.

1. Quia regulariter in Ecclesia solemnia sacra peraguntur, consentaneum est, ut de ejus ornatu, ac de Officiis et sacrificiis, quæ

ibidem fiunt, sermo nunc habeatur. Igitur habenda est ratio, in iis ordinandis, temporis et loci, ac personarum. Decet enim, ut in diebus festis splendidior appareat (1), quam in aliis non festivis, eoque magis, quo ipsi dies festivi erunt solemniores. Sic major etiàm cura adhibenda erit in ornatu Ecclesiæ Cathedralis, aut Collegiatæ, quæ et numerosum clerum habeat, et supellectilem amplam, quæve congruenter situata, et in suis partibus apte distincta, commodiorem ornandi præbeat facultatem.

(1) Il faut avoir vu les églises de Rome dans leur grande parure, pour bien comprendre ce chapitre. On va se contenter de noter ici ce qui peut s'adapter à nos églises.

2. Personarum etiam, quæ ad Ecclesias in celebritatibus conveniunt, et divinis Officiis præsunt, aut intersunt, dignitas, prout major, vel minor erit, majorem, minoremve apparatum exposcit.

3. Si igitur festivitas erit præcipua, et de solemnioribus illius Ecclesiæ, primum a parte exteriori ornandæ erunt valvæ ipsius floribus, ramis et frondibus virentibus, bracteolis, aut fasciis diversi coloris, appensis, vel colligatis, quo splendidius pro locorum consuetudine, ac temporum qualitate fieri poterit, supra vero portæ superliminare imago Sancti, vel Sanctorum, quorum dies festus agitur, pariter ornata, et sub illis insignia Summi Pontificis, Legati, Cardinalium, aut Nuntii Apostolici, Episcopi, Reipublicæ, Principis, aut civitatis, pro libito ponentur, servando in eorum positione ordinem dignitatum; inferioris vero ordinis hominum, maxime laicorum, insignia non sunt apponenda.

4. Si Ecclesia habebit porticum, congruum erit, etiam illum pannis aliis pulchris ex serico, sive ex corio, ex aliave honesta materia confectis, seu elaboratis, prout haberi poterunt, exornari; in quibus tamen picturæ intextæ, seu pictæ, non sint profanæ, vel indecentes; quod et in aliis pannis, in apparatu interiori et exteriori Ecclesiæ observandum erit, et maxime ut non ponantur ibidem ullæ effigies, nisi Sanctorum, vel Summorum Pontificum.

5. Intus quoque, si fieri poterit, parietes Ecclesiæ similiter aulæis, tribunæ vero holosericis, aut nobilioribus cortinis, coloris cæterorum paramentorum, pro festi qualitate contegantur.

6. In primis autem sedes Episcopalis (1) aliquanto etiam pulchrioribus sericis ornetur, ejusdem coloris, festivitati congruentis. Similiter et sedes Legati Apostolici, aut alterius Cardinalis, qui forte sacris Officiis interesse debeat, ornamentis condecentibus præparabitur.

(1) Les garnitures du trône consistent dans un dais carré de

la longueur du marchepied, de manière à ombrager l'évêque et ses trois assistants, et dans une draperie qui tombe de ce dais et descend jusqu'à ce marchepied. Cette draperie est une simple tenture qui couvre le fond du trône; mais il n'y a pas de rideaux sur les côtés comme chez nous. A Saint-Pierre et à la chapelle Sixtine, les garnitures du trône pontifical sont rouges et toujours les mêmes; mais, pour distinguer les couleurs courantes, on applique, sur la draperie du fond, un large coupon de soie de la couleur du jour, formant un carré long et couvrant une bonne partie de cette draperie.

Dans certaines églises de cardinaux, on a des garnitures pour toutes les couleurs; mais généralement les dais sont garnis en étoffe de soie rouge.

7. Subsellia quoque pro Prælatis, Canonicis (1), Magistratibus, aliisque Magnatibus, nobilibusque laicis (2), pro Ecclesiarum locorumque consuetudine commoditateque ornari decet.

(1) Ces *subsellia* sont de longs bancs à dossiers élevés, couverts d'une étoffe violette les jours de fête, et verte les jours de féries, lorsque, selon le Cérémonial, l'évêque doit être en noir. Les bancs forment, par la manière dont on les arrange, de larges enceintes qui deviennent de vrais chœurs, dans les églises où il n'y a pas de balustres, ou hors des balustres quand les chœurs sont trop petits pour y faire décemment les offices. On y monte par une ou deux marches. Les étoffes qui les couvrent sont quelquefois diversement ouvragées, et d'autres fois elles sont toutes simples. A l'intérieur des enceintes ainsi formées par ces *subsellia*, le pavé est ordinairement couvert de drap tout vert, jusqu'aux degrés de l'autel, qui sont couverts de tapis plus riches, tels que sont ceux que l'on voit ordinairement dans les salons. Ainsi se trouvent exécutées les prescriptions du Cérémonial, où on lit ces mots : *Quod totum* (presbyterium) *usque ad infimum gradum altaris convenienter debent pannis viridibus contegi*, etc. Au moyen de ces *subsellia*, on forme, à Saint-Pierre, des chœurs temporaires dans les diverses chapelles de cette basilique, pour le chapitre qui va y faire l'office canonial à certains jours de fêtes.

(2) On forme aussi, avec ces *grands bancs*, des enceintes

pour les laïques de distinction, les membres de confréries qui assistent en corps à certains offices, etc. Ces enceintes sont séparées de celles des ecclésiastiques, mais ornées à peu près de la même manière.

C'est un bon moyen à prendre pour recevoir convenablement les sociétés et confréries, aux jours de leurs fêtes, et leur accorder les honneurs de l'Église, comme on le verra plus loin.

8. Cum Episcopus est venturus ad Ecclesiam, prius præparandum est faldistorium (1), seu genuflexorium accommodatum ad genuflectendum ante altare Sanctissimi Sacramenti, et ante majus, panno viridi, seu violaceo, pro qualitate temporum coopertum; sed Episcopus erit Cardinalis, serico, vel panno rubei, seu violacei coloris, prout erunt vestes ipsius Cardinalis, pro temporum diversitate: appositis pulvinaribus superius et inferius, super quæ Episcopus genuflexus orabit. Aliud simile, ante altare, seu alium locum, ubi est SS. Sacramentum : quod diversum esse solet ab altari majori (2), et ab eo, in quo Episcopus, vel alius est Missam solemnem celebraturus. Nam licet sacrosancto Domini nostri Jesu Christi Corpori, omnium Sacramentorum fonti, præcellentissimus ac nobilissimus omnium locus in Ecclesia conveniat, neque humanis viribus tantum illud venerari et colere unquam valeamus, quantum decet, tenemurque; tamen valde opportunum est, ut illud non collocetur in majori, vel in alio altari, in quo Episcopus, vel alius solemniter est Missam, seu Vesperas celebraturus; sed in alio sacello, vel loco ornatissimo, cum omni decentia et reverentia ponatur. Quod si in altari majori, vel alio, in quo celebrandum erit, collocatum reperiatur, ab eo altari in aliud omnino transferendum est, ne propterea ritus et ordo cæremoniarum, qui in hujusmodi Missis et Officiis servandus est, turbetur.

(1) Le *faldistorium*, qui se voit dans toutes les églises de Rome, est un fauteuil à bras, mais sans dossier. Il y en a qui sont mobiles dans leurs bases, et que l'on ouvre et ferme à volonté; d'autres sont fixes et consistent tout simplement dans quatre petits piliers ou montants croisés par des barres qui servent d'accoudoirs, et vers le milieu desquels est placé le siége. Ce fauteuil, quoique simple dans sa forme, est susceptible de beaucoup d'ornements, et il y en a de somptueux pour la matière et le travail. Le siége est couvert d'un coussin, et

7

au pied se met un carreau quand l'évêque a à s'en servir comme de prie-dieu, car le Cérémonial, en le désignant sous le nom de *faldistorium seu genuflexorium*, fait par là même assez connaître l'usage que l'on en fait, pour s'asseoir ou s'agenouiller.

(2) Ceci est ponctuellement observé à Rome, aussi bien que ce qui suit : *Maxime decens esset ut in altari ubi SS. Sacramentum situm est, Missæ non celebrarentur, quod antiquitus observatum fuisse vidimus.* Car, dans chaque église, se voit la chapelle du Saint-Sacrement, et l'office se célèbre toujours à un autel différent de celui où se trouve la *réserve*.

9. Quod si aliquando contingeret, coram Episcopo, vel per ipsum Episcopum celebrari, existente SS. Sacramento super altari, quod feria quinta in Cœna Domini, et feria sexta in Parasceve, et in Missa, quæ celebratur in festo SS. Corporis Christi, vel cum exponitur oratio quadraginta horarum, ante processionem evenire solet; tunc omnes genuflexiones et reverentiæ ad unguem observari debent; et Episcopus nunquam sedere, sed stare sine mitra, prout suis locis declaratur, et ideo non congruum, sed maxime decens esset, ut in altari, ubi Sanctissimum Sacramentum situm est, Missæ non celebrarentur, quod antiquitus observatum fuisse videmus; aut saltem celebrans in eo, sive solemnes, sive planas Missas, reverentias et genuflexiones prædictas omnino observare debet. Ante SS. Eucharistiam Episcopus genuflectens, prius in plana terra, deinde super faldistorio, vel genuflexorio ibidem præparato orabit, priusquam ad altare majus se conferat; et surgens iterum genuflectet, ut prius. Ante altare majus caput cruci profunde inclinabit, postea genuflectet et orabit; demum surgens, iterum caput, ut prius, inclinabit.

10. Faldistorium quoque (1), si eo utendum erit pro sessione Episcopi celebrantis, parum distans ab infimo gradu altaris, a latere Epistolæ collocandum est, ita ut Episcopus celebrans in eo sedens, habeat ad dexteram suam altare, respiciens eamdem partem, quam ipsa anterior facies altaris respicit, sive illa versa sit ad tribunam, sive ad reliquum corpus Ecclesiæ, et populum, secundum varios altarium situs : quod quidem faldistorium coopertum sit undique ad terram serico ejusdem coloris, cujus erunt cætera paramenta, et sub dicto serico tegumento aptetur pulvinus. Regulariter autem faldistorium hujusmodi ponitur in plano, seu pavimento Presbyterii, quod totum usque ad infimum gradum altaris convenienter deberet pannis viridibus contegi.

(1) L'usage général est, à Rome, de placer le fauteuil, dont il est question dans ce nombre, au lieu où le sous-diacre a coutume de chanter l'épître; de sorte que l'évêque qui officie *ad faldistorium* n'a pas tout à fait l'autel à sa droite, comme il est dit ici : *Habeat* (Episcopus) *ad dexteram suam altare.* Le *faldistorium* qui sert à la messe doit être garni en soie de la couleur du jour; mais celui qui est préparé pour que l'évêque y fasse sa prière en arrivant à l'église l'est en violet ou en vert, selon le temps, comme on l'a observé plus haut.

11. Sed si altare haberet plures gradus, ita ut faldistorium in pavimento positum remaneret nimis depressum, posset ei supponi aliquod suggestum, seu tabulatum æqualis altitudinis a terra cum infimo gradu altaris, si super eo sessurus sit proprius Episcopus celebrans, qui tamen regulariter non in faldistorio, sed in propria Episcopali sede stare et sedere debet. Ipsum vero altare majus in festivitatibus solemnioribus, aut Episcopo celebraturo, quo splendidius poterit, pro temporum tamen varietate et exigentia, ornabitur : quod si a pariete disjunctum et separatum sit (1), apponentur, tam a parte anteriori, quam posteriori illius, pallia aurea, vel argentea, aut serica, auro per pulchre contexta coloris festivitati congruentis, eaque sectis quadratisque lignis munita, quæ telaria vocant, ne rugosa, aut sinuosa, sed extensa et explicata decentius conspiciantur. Tum in superna linea mappæ mundæ tres saltem explicentur, quæ totam altaris planitiem et latera contegant. Nullæ tamen coronides ligneæ circa altaris angulos ducantur, sed earum loco apponi poterunt fasciæ, ex auro, vel serico elaboratæ, ac variegatæ, quibus ipsa altaris facies apte redimita ornatiorque appareat. Supra vero in planitie altaris adsint candelabra sex argentea, si haberi possunt; sin minus ex aurichalco, aut cupro aurato nobilius fabricata, et aliquanto altiora, spectabilioraque his, quæ cæteris diebus non festivis apponi solent, et super illis cerei albi, in quorum medio locabitur crux ex eodem metallo, et opere præalta, ita ut pes crucis æquet altitudinem vicinorum candelabrorum (2), et crux ipsa tota candelabris supermineat cum imagine SS. Crucifixi, versa ad interiorem altaris faciem. Ipsa candelabra non sint omnino inter se æqualia (3), sed paulatim, quasi per gradus ab utroque altaris latere surgentia, ita ut ex eis altiora sint immediate hinc inde a lateribus crucis posita.

(1) Il y a, à Rome, beaucoup de ces autels placés de la sorte; aussi sont-ils garnis de parements des deux côtés.

(2) Il est à bien remarquer ici que le pied de la croix doit être d'alignement avec le haut des chandeliers qui sont de chaque côté de la croix. Ainsi, il ne faut pas confondre le haut des chandeliers avec le bout des souches ou des cierges placés sur ces chandeliers. Cette régularité se remarque surtout dans certains chandeliers de la chapelle Pauline, qui ont été faits précisément en conformité avec cette règle du Cérémonial. C'est bien aussi à peu près ce qui s'observe ailleurs lorsque l'on fait usage d'une croix faite pour les chandeliers.

(3) On voit de ces chandeliers, ainsi disposés en herse, sur plusieurs autels, et surtout à Saint-Pierre; mais, ailleurs, ils sont généralement de même hauteur.

12. Celebrante vero Episcopo, candelabra septem super altari ponantur, quo casu crux non in medio illorum, sed ante altius candelabrum in medio cereorum positum locabitur, a cujus lateribus, si haberentur aliquæ Reliquiæ, aut tabernacula cum Sanctorum Reliquiis, vel imagines argenteæ, seu ex alia materia, staturæ competentis, congrue exponi possent; quæ quidem sacræ Reliquiæ et imagines, cum sex tantum candelabra super altari erunt, disponi poterunt alternatim inter ipsa candelabra; dummodo ipsa altaris dispositio et longitudo id patiatur; sed et vascula cum flosculis, frondibusque odoriferis seu serico contextis, studiose ornata adhiberi poterunt.

13. Quod si altare parieti adhæreat, applicari poterit ipsi parieti supra altare pannus aliquis (1) cæteris nobilior et speciosior, ubi intextæ sint Domini nostri Jesu Christi, aut gloriosæ Virginis, vel Sanctorum imagines, nisi jam in ipso pariete essent depictæ et decenter ornatæ : desuper vero in alto appendatur umbraculum (2), quod baldachinum vocant, formæ quadratæ, cooperiens altare, et ipsius altaris scabellum, coloris cæterorum paramentorum. Quod baldachinum etiam supra statuendum erit, si altare sit a pariete sejunctum ; nec supra habeat aliquod ciborium ex lapide, aut ex marmore confectum.

(1) Cette draperie se remarque à la vérité dans quelques églises, mais elle est généralement remplacée par des tableaux ou statues.

(2) L'usage des dais au-dessus des autels est assez rare, même à Rome. Il s'en trouve un, de forme ovale, dans la cha-

pelle du chapitre de Saint-Pierre; mais, à la place de la draperie, l'on voit le grand tableau de l'*Immaculée Conception*, que le pape couronna après avoir prononcé le décret dogmatique de cette conception immaculée. Il ne paraît pas que l'on en ait pour toutes les couleurs. Il s'en trouve dans plusieurs autres églises de Rome. Ceux qui existent couvrent plus ou moins l'autel et les degrés supérieurs du marchepied. Saint Charles, dans son quatrième concile de Milan, fait de cet article une ordonnance : *Tegmen omnino habeat* (*altare*), etc.

14. Si autem adsit tale ciborium (1), non est opus umbraculo, sed ipsum ciborium floribus, frondibusque exornari poterit.

(1) On voit des *ciboria* dans plusieurs églises, dans celles surtout où l'on a pratiqué, comme à Saint-Pierre, des confessions pour y déposer avec honneur les corps des saints : *Martyria dicebantur* (hæc loca sacra) *martyrum sepulchra, memoriæ confessiones* (Cat.). Dans chacune de ces confessions est une petite fenêtre (*fenestella*) fermée avec un grillage, et devant laquelle on a coutume de toujours faire brûler au moins une lampe (n° 17 de ce chapitre). Les lieux saints sont ornés de fleurs, herbes odoriférantes, aux jours de fêtes (n° 16 de ce même chapitre). Nos tabernacles peuvent être considérés comme des *ciboria*, quoiqu'ils n'en aient pas la forme. Voici ce que dit là-dessus Catalan :

« *Quanquam vero varia sit appellatio ciborii, hic certe nihil aliud significat quam turritam ædiculam quatuor columnis innixam, altari impositam, ut videre est Romæ, in variis basilicis, ac præsertim S. Petri, S. Joannis Laterani, S. Mariæ Majoris.* »

15. Cum Episcopus erit celebraturus Missam solemnem, ponentur omnia paramenta Pontificalia in medio altaris ordine retrogrado, videlicet, annulus inclusus in aliqua capsula seorsum ab aliis, planeta, chirothecæ, dalmatica, tunicella, stola, crux pectoralis, cingulum, alba et amictus; manipulus vero ad partem ibidem ponetur. Sed in Ecclesiis, ubi esset secretarium, sive locus, ubi Episcopus paretur, paramenta prædicta possent ibi præparari, non autem super altari, ut suo loco dicetur. Libri vero (1), Missalis, Evangeliorum,

Epistolarum, tecti serico ejusdem coloris, quo cætera paramenta, cum pulvino ex eodem serico, vel parvo legili argenteo aut ligneo, affabre tamen elaborato, ponuntur super credentia in cornu Epistolæ.

(1) Aux messes pontificales, on observe à la lettre ce qui est marqué ci-dessus; on s'y sert toujours du coussin. Les couvertures des missels sont magnifiques; mais on ne tient pas à cette règle les jours ouvriers ou fêtes moins solennelles. L'usage du pupitre est plus commun que celui du coussin.

16. Gradus omnes altaris inferiores cooperiantur aliquo amplo et pulchro tapete, ut, si fieri potest, sint magis conspicui et ornati, quam reliqua pars Presbyterii, quæ pannis veridibus contegitur. Si vero tale tapete amplum haberi non posset, saltem scabellum, seu suppedaneum, quod est proximum altari, sit tapete aliquo coopertum; similiter et locus, qui in plerisque Ecclesiis sub altari majori esse solet, ubi SS. Martyrum corpora requiescunt, qui Martyrium, seu Confessio appellatur, decet floribus, frondibusque, omnique ornamento decorari. Cætera altaria per Ecclesiam, pariter palliis concoloribus decentibusque ornentur absque coronide, et cum fascia, ut supra de majori dictum est; et habeant quælibet duo saltem candelabra cum cereis, et in medio crucem cum imagine Crucifixi argenteam, vel ex aliquo metallo, aut cupro aurato : scabella eorum, si fieri possit, tapetibus, vel saltem pannis cooperiantur. Altare vero, vel locus, ubi est repositum SS. Sacramentum, præ cæteris sumptuosius ac nitidius exornandum est.

17. Lampades quoque ardentes numero impari in Ecclesiis adsint, tum ad cultum et ornatum, tum ad mysticum sensum, ut et multa ex superius narratis pertinent. Hæ vero in primis adhibendæ sunt ante altare, vel locum, ubi asservatur SS. Sacramentum, et ante altare majus, quibus in locis lampadarios pensiles esse decet, plures sustinentes lampades (1), ex quibus, qui ante altare majus erit, tres ad minus, qui ante Sacramentum, saltem quinque lucernas habeat. Ante vero reliqua singula altaria singulæ possunt lampades appendi; quæ quidem in præcipuis festis, saltem dum Vesperæ et Missa solemnis decantantur, continue ardeant. Ante SS. Sacramentum, si non omnes, ad minus tres accensæ tota die adsint. Sed et ante locum et fenestellam Confessionis supradictæ, ubi consuetudo est lampadem ardere, servanda est. Possunt etiam in altari majori, vel aliis, quæ habent ciboria, circumcirca lampades appendi (2).

(1) Ce qui est ici recommandé par le Cérémonial, pour l'usage des lampes, est à Rome largement exécuté; aussi, rien de plus splendide que les églises illuminées, surtout aux grandes fêtes. On voit ces *lampadarios pensiles* dans beaucoup d'églises.

Lampadarius, inquit Catalanus, est... instrumentum quoddam quo lampades pensiles certo numero sustinentur (vel in orbem ductum, vel e trabe parvula bene firma, vel in forma trianguli).

On y voit suspendues, assez communément, sept lampes qui descendent par étages, et dont la plus élevée est au milieu.

(2) Comme à Saint-Pierre, où cent lampes brûlent continuellement sous le *ciborium* qui couvre le tombeau des saints apôtres.

18. Ambones, ubi Epistolæ et Evangelia decantari solent, si qui erunt, necnon et pulpitum, ubi sermo, vel concio haberi solet, consentaneum est, pannis sericis ejusdem coloris, cujus sunt cætera paramenta, exornari, ita tamen, ut locus Evangelii pulchrius ornetur.

19. Restat, ut de mensa, seu abaco, quam Credentiam vocant, pauca subjiciamus. Ea vero in Missis tantum solemnibus præparari solet a latere Epistolæ in plano Presbyterii, si loci dispositio patiatur, atque a pariete parumper disjuncta; ita ut inter illam et parietem stare possint familiares Episcopi, ad manuum lotionem destinati, nisi propter loci angustiam id fieri non possit; *ut supra, Cap.* xi, § 12; quo casu fiet, prout melius poterit. Ejus mensura regulariter erit palmorum octo in longitudine, in latitudine quatuor, vel circa, in altitudine quinque, vel modicum ultra; lineoque mantili mundo super strato, usque ad terram circumcirca pendenti contegetur. Super ea ponentur duo candelabra cum cereis albis, altitudinis et formæ, prout duo minora ex his, quæ super altari posita sunt, et in ipsius medio calix cum patena, palla, purificatorio, et bursa, corporalia continens : libri item Missales, et legile, atque ibi proxime capsula cum hostiis, et pelvicula cum ampullis vini et aquæ, eaque omnia cooperientur velo pulchriori, quo uti debebit Subdiaconus, cum patenam tenebit. Super eadem mensa apponentur mitra pretiosa, vel auriphrygiata, et altera simplex cum bireto parvo, quod mitræ supponitur, necnon velum pro Capellano serviente de mitra, pelvis pro abluendis manibus, et urceus argenteus cum aqua pro manuum lotione, quatuor mappulæ ad tergendas

manus, thuribulum cum navicula, et in ea cochlear et thus, cum quo possint misceri aromata bene olentia, dum tamen thuris quantitas superet; gremiale, caligæ et sandalia, liber pro Psalmis legendis, ac denique omnia, quæ usui esse possunt celebranti, præter paramenta Missalia, quæ super altari, vel in secretario ponuntur, ut supra dictum fuit, et baculum pastoralem, qui manu ministri, ad id constituti, sustinebitur.

20. Vasa quoque argentea ampla et magnifica, si haberentur, ad ornatum adhiberi possent, maxime celebrante aliquo S. R. E. Cardinali : sed neque crux, neque Sanctorum imagines in ea ponendæ sunt. Prope ipsam mensam in loco opportuno, et ab oculis populi, quantum fieri potest, remoto, vel in sacristia, erit vas cum carbonibus accensis, ac forcipibus pro usu thuribuli. Funalia pariter cerea pro elevatione SS. Sacramenti ad minus quatuor, ad summum octo, item alia sex, vel septem ad summum funalia apponi possent in alto loco, in frontispicio tribunæ (1), maxime si celebraret aliquis S. R. E. Cardinalis, et locus esset ad id aptus.

(1) Comme à la chapelle Sixtine, où six grands chandeliers sont placés au haut de la grille qui sépare la nef du chœur. Il n'est pas rare de voir de ces grands et beaux chandeliers qui, dans d'autres églises, se placent sur les balustres ou auprès des autels.

21. Hæc, ut diximus, observanda erunt in solemnioribus Ecclesiæ festivitatibus, ac celebrante Episcopo; plus autem, vel minus, pro celebrantis qualitate et gradu. Non celebrante Episcopo, sed præsente, simpliciori ornatu erit agendum.

22. In Ecclesiis Collegiatis, ubi Episcopus, nec celebrans, nec præsens est, eadem circa ornatum Ecclesiæ et altaris conveniunt, exceptis his, quæ Episcoporum sunt propria. Paramenta vero in sacristia parari convenit. Mensa multo brevior et demissior erit adhibenda, cum pauca sint in ea reponenda, nempe pelvicula cum urceolis vini et aquæ, calix cum bursa et corporalibus, et quandoque quædam alia pro celebrationis necessitate et usu; ideoque satis erit scamnum oblongum, coopertum aliquo tapete, aut panno (1), aptari a latere Epistolæ, in quo sedeat Sacerdos celebrans cum Diacono et Subdiacono.

(1) La banquette est un simple banc dont la longueur est calculée pour que les trois officiers sacrés puissent s'y asseoir

en même temps; elle a un dossier assez surbaissé pour que l'on puisse faire pendre par derrière la chasuble et les dalmatiques; elle est couverte en violet ou en vert, selon le temps, comme on l'a observé ailleurs.

En terminant ce chapitre, nous allons faire connaître les différents siéges en usage dans les chœurs de Rome, où l'on ne voit jamais paraître les siéges de salon (*sedes camerales*), que la sacrée Congrégation des rites a réprouvés par les décrets suivants : *An tolerandus sit abusus, qui nimium invaluit, adhibendi in missis solemnibus pro celebrante, loco scamni cooperti tapete, sedes camerales serico damasceno ornatas, et pro ministris similia scabella, vel potius reprobandus.* — S. C., *die* 17 *sept.* 1822, *resp. negative ad primam partem; affirmative ad secundam.* — *An decretum diei* 17 *sept.* 1822 *prohibens pro celebrante sedem cameralem, loco scamni cooperti tapete, comprehendat ritum dominicanum?* — *Resp., die* 8 *augusti* 1835, *affirmative.*

Le *sedes cathedralis* (cathedra), dont on a fait mention plus haut, est le siége de l'évêque, qui ne se place que sur le trône, lequel a un dossier fort élevé, terminé en ovale, et est garni de coussins et draperies de la couleur des ornements du jour : il y a double coussin, l'un sur le siége, et l'autre au dossier de cette chaise épiscopale.

Le *faldistorium*, dont on vient de donner la description, et qui sert à l'évêque pour s'asseoir et s'agenouiller, comme on l'a vu plus haut, est employé aux divers offices mentionnés dans le Cérémonial et le Pontifical.

Le *subsellium*, qui est le banc dont on vient aussi de parler, peut être plus ou moins orné et plus ou moins long, et sert à Rome aux cardinaux, évêques, prélats, chanoines, quand ils assistent aux offices.

Le *scamnum* est la banquette affectée au célébrant et aux ministres sacrés, laquelle peut servir aux vêpres comme à la messe, quand le célébrant est assisté de deux chapiers, comme au Cérémonial.

Le *scabellum* est un petit banc qui ressemble, comme on a vu plus haut, à notre tabouret, avec les différences que l'on a pu remarquer. La planche ci-jointe pourra donner une juste idée de ces divers siéges de chœur.

1. Cathedra. — 2. Faldistorium. — 3. Subsellium. — 4. Scamnum. — 5. Scabellum. — 6. Sedile.

Le *stallum* est notre stalle, qui est en usage à Rome dans les chapitres, ainsi que dans certaines maisons religieuses.

Le *sedile* est un terme commun qui s'applique indifféremment aux divers siéges dont nous venons de parler, comme on pourra s'en convaincre en faisant attention aux circonstances dans lesquelles le Cérémonial en fait usage. La planche suivante donne de ces divers siéges et de leur position dans le chœur une idée exacte. Ce qui frappe d'abord, c'est la vue de l'autel, garni de chandeliers placés en triangle aux deux côtés de la croix. Le trône se trouve placé du côté de l'évangile et tout près de l'autel. Avec ses trois degrés et son marchepied, sa *cathedra*, sa draperie et son dais, il est comme au Cérémonial. Les siéges du prêtre et des diacres assistants (*scabella assistentiæ*) sont dans l'ordre qu'ils doivent occuper, comme on l'a vu plus haut. Les siéges des chanoines (*subsellia*) règnent de chaque côté du chœur, absolument tels qu'on les voit à la chapelle Sixtine. En face du trône, ou à peu près, est le siége du célébrant et de ses ministres (*scamnum*) à la messe et aux vêpres. Enfin, au-dessous du trône et de la banquette du célébrant, entre les *subsellia* des chanoines, sont les bancs des chantres à vêpres, que l'on appellera, si l'on veut, *sedilia*, et qui sont sur le travers du chœur.

23. In solemnitatibus majoribus, quæ ubique per annum occurrunt, videlicet in Nativitate Domini, Paschate et Pentecoste, etc., eadem erunt servanda, nisi quod valvæ, porticus et parietes Ecclesiæ non ornantur regulariter; sed, si in aliquibus Ecclesiis consuetudo esset tunc quoque ornandi, retinenda hæc erit, cum circa majorem ornatum semper sit laudabilis. Id tamen in hujusmodi festis non omittatur, ut saltem tribuna, altare majus, et alia minora, sedes Episcopalis, abacus et ambones eadem forma ornentur.

24. Dominicis diebus, et aliis festis quibus populi ab opere cessant, in ornatu altarium, sedis Episcopalis, sedium Canonicorum et aliorum, eadem, sed aliquanto parcius fieri debent, videlicet, ut paramenta non sint ita sumptuosa, coloris tamen tempori congruentis, et omnino pretiosiora illis, quæ festis duplicibus minoribus, semiduplicibus et octavis, feriis Quadragesimæ, Adventus, Quatuor Temporum et Vigiliarum adhibentur : quibus quidem die-

bus sufficient in altari quatuor candelæ in candelabris; sed in festis simplicibus et feriis per annum duæ. Eadem respective etiam in Collegiatis observantur.

25. Erit autem valde opportunum, ubi fieri possit, præsertim in Ecclesiis majoribus et opulentioribus, si constituatur minister aliquis, cui curæ sit, ut Ecclesia continuo in omni ejus parte munda sit expolita, tam in pavimento, quam in parietibus, columnis, fornicibus et laquearibus, nec per eam discurrere permittat mendicos, canes, aut alia animalia, divina Officia perturbantia. Quædam vero alia, quæ in quibusdam solemnitatibus, aut Officiis specialius requiruntur, suis locis dicentur.

CHAPITRE XIII

DU TRÔNE.

Sedes Episcopi in qua parte collocanda. Tribus gradibus ad eam ascenditur. Ejus forma et ornatus. Si chorus sit in medio Ecclesiæ, Episcopus assistit ibi in sede pro ipso ordinata. Cardinalis Legatus vel non Legatus, assistit in sede Episcopali, et Episcopus sedet interim in faldistorio. Si Episcopus sit Cardinalis, et assistat Legatus, Episcopus Cardinalis habet æqualem sedem prope Legatum. Ubi sedere debeant Metropolitanus, Nuntius Apostolicus habens facultates Legati de latere, vel eas non habens. Visitator Apostolicus Episcopus, Vicarius Generalis, Protonotarii Apostolici, Magistratus, aliique Proceres.

1. Sedes Episcopi (1) vario modo collocatur pro diversitate altarium, apud quæ statui debet. Nam aut altare est in medio sub tribuna, pariete disjunctum, ita ut in spatio illo constitutus sit chorus, et tunc sedes Episcopalis e regione altaris parieti applicabitur, ita ut Episcopus, in ea sedens, respiciat recta linea mediam altaris partem, habebitque hinc inde sedilia Canonicorum.

(1) Voici ce que dit à ce sujet Catalan : *Certe convenit ut sedeat episcopus propius altare ad partem evangelii, si velit.... Episcopi sedes ita locanda est ut cunctos ipse respiciat, et omnium oculi in illum respiciant.* Il ajoute que ce trône doit avoir trois degrés, outre le marchepied sur lequel est placé le siége épiscopal. Ce marchepied, sur le trône pontifical, est très-élevé. L'on voit dans ce nombre que, si l'autel est *in medio sub tri-*

buna, comme à Saint-Pierre, le trône se place au fond de l'église, en face de l'autel.

2. Si vero chorus sit in medio Ecclesiæ (1), et altare adhæreat parieti, vel ab eo modico sit intervallo separatum, ipsa sedes Episcopalis erit collocanda a latere Evangelii.

(1) Lorsque l'autel est au fond de l'église, comme à la chapelle Sixtine, le trône se place du côté de l'évangile.

3. Utroque autem casu tribus gradibus ad eam ascendatur, qui pannis, aut tapetibus tegantur. Forma sedis erit præalta et sublimis, sive ex ligno, sive ex marmore, aut alia materia fabricata in modum cathedræ et throni immobilis, quales in multis Ecclesiis antiquioribus videmus : quæ debet tegi et ornari aliquo panno serico concolori cum aliis paramentis, non tamen aureo, nisi Episcopus esset Cardinalis : et super eam umbraculum, seu baldachinum ejusdem panni et coloris appendi poterit, dummodo et super altari aliud simile, vel etiam sumptuosius appendatur; nisi ubi super altari est ciborium marmoreum, vel lapideum : quia tunc superfluum est, nec aptari commode potest. Hujusmodi sede utetur Episcopus, dûm Vesperæ et Missæ per ipsum solemniter celebrantur. Cum vero Missis non solemnibus, et Horis matutinis, aut aliis Episcopus assistit; si fuerit in medio Ecclesiæ chorus ante altare, poterit ibi in sede, pro ipso ordinata, residere, quæ remanebit in eo loco, ubi ex consuetudine Ecclesiæ esse solet, sive longius, sive propius ab altari distet. At ubi chorus est sub tribuna, poterit in sede Episcopali supradicta, tam in solemnibus, quam non solemnibus Officiis esse.

4. Si forte aliquis S. R. E. Cardinalis Legatus de latere, vel non Legatus, rei divinæ interesset, convenit ei sedes Episcopalis supradicta, Episcopus vero, si celebret, in faldistorio in cornu Epistolæ; si non celebret, et chorus sit in Presbyterio sub tribuna, sedebit in digniore parte chori.

5. Quod si Episcopus quoque esset S. R. E. Cardinalis, si Legatus haberet sedem a latere Evangelii, sedebit quoque Episcopus Cardinalis non celebrans in eodem loco, et plano, et sedibus æqualibus prope Legatum.

6. Eodem quoque modo sedebunt, si plures adessent Cardinales, dummodo Episcopus Cardinalis sit omnium postremus; celebrans vero in faldistorio, ut supra.

7. Si vero Legatus esset in sede Episcopali sub tribuna, sedebit

Episcopus Cardinalis, et alii Cardinales, si adessent, prope Legatum, ut supra dictum est; ipse autem simplex Episcopus sederet, vel ex opposito in sede humiliori, vel in digniori parte chori, aut in faldistorio, prout dictum est de Cardinali Legato, vel non Legato præsente, pro diversitate situationis chori et Episcopi celebrantis, vel non celebrantis.

8. Quod si Episcopus sit Cardinalis, et intersit alius, vel plures Cardinales non Legati, poterunt omnes ab eadem parte Evangelii, ubi solet esse sedes Episcopalis, sedere in sedibus æqualibus, vel in digniori parte chori, quando est sub tribuna ; dummodo Cardinalis Episcopus sit omnium postremus. Et Episcopalia munia remittet exercenda Cardinali præsenti, vel si plures sint, priori in ordine. Quæ si Cardinalis præsens facere recusaverit, poterit Episcopus Cardinalis omnia prædicta munia, vel remittere ad celebrantem, vel ipse exercere, et in fine quando benedictionem solemnem erit daturus, accedere ad altare, et inde populo benedicere, ut supra *Cap.* IV, § 3, dictum est..

9. Metropolitanus, absente Legato, vel alio Cardinali, habebit aliam sedem ex opposito in cornu Epistolæ, similiter ornatam, ut sedes Episcopalis : alii vero Episcopi hospites sedebunt in digniori loco post Episcopum Diœcesanum supra omnes Canonicos (1). Abbates Diœcesani benedicti, habentes usum mitræ et baculi, habebunt locum condecentem pro judicio et prudentia Episcopi : dummodo non sit supra, nec inter Canonicos.

(1) A Rome, aux chapelles papales, les *subsellia* de devant sont exclusivement pour les cardinaux; celles placées derrière sont pour les évêques, pourvu qu'ils soient en cape. Une troisième rangée est destinée aux généraux d'ordres. Ces divers siéges sont couverts de tapis dans lesquels dominent les couleurs verte et violette; aussi sont-ils les mêmes à toutes les fêtes.

10. Nuntii Apostolici, habentes in eo loco facultates Legati de latere, sedebunt in alia sede ornata, prout de Metropolitano dictum est, non tamen in sede propria Episcopi, et habebunt honores ante Episcopum non celebrantem. Alii vero Nuntii Apostolici, non habentes facultates Legati de latere, vel habentes, sed non in eo loco, et dum sunt in itinere, et contingat eos transire per aliquas civitates, vel Ecclesias Cathedrales, seu Metropolitanas, sedebunt in digniori et eminente sede chori, et habebunt honores immediate post Episcopum, et in processionibus et aliis actibus similibus habebunt

præeminentiam supra omnes Protonotarios, et supra Canonicos.

11. Visitator Apostolicus, si erit Episcopus, habebit sedem sicut Nuntius, non habens facultatem Legati de latere; nisi talis Nuntius esset præsens, cui tunc cedit, sedens post eum.

12. Vicario Generali dabitur locus, quem habere solet pro consuetudine diversarum Ecclesiarum. Protonotarii Apostolici non participantes, post Abbates; participantes vero præcedunt Abbates. Post Protonotarios, Generales Ordinum, deinde alii Prælati Apostolici.

13. Sedes autem pro nobilibus, atque illustribus viris laicis, Magistratibus ac Principibus, quantumlibet magnis, et primariæ nobilitatis, plus minusve, pro cujusquam dignitate et gradu ornatæ, debent extra chorum et Presbyterium collocari, juxta sacrorum Canonum præscriptum, laudabilisque antiquæ disciplinæ documenta, jam inde ab exordiis Christianæ Religionis introductæ, ac longo tempore observatæ.

CHAPITRE XIV

DES DAIS.

Umbraculum, seu baldachinum, et super altare, et super sedem Episcopi statuatur. Ejus forma et color. Alterum umbraculum pro rebus sacris in processionibus gestandis. A quibus hoc umbraculum deferendum, et quo ordine.

1. Umbraculum seu baldachinum duplex est, aliud quod appendi in sublimi debet supra altare, et supra sedem Episcopi, forma quadrata, colore, ubi commode fieri possit (1), conformi colori cæterorum paramentorum, pro temporum ac celebritatum varietate; aliud, quod supra Episcopum (2), ac res sacras in processionibus gestari consuetum est, sex, vel octo hastis sublevatum, quæ quidem per nobiliores laicos deferri solent; ita ut, cum via est longior, qua procedendum est, primo loco illustriores viri illas deferant, quæ ante Episcopum gradatim primæ conspiciuntur. Porro color baldachini et umbellæ in processionibus (3), in quibus defertur SS. Sacramentum, sit albus.

(1) Cette latitude fait qu'à Rome on ne tient pas à la couleur des draperies du trône, comme on a pu l'observer plus haut.

(2) Ce dais, à Rome, n'est pas sur un cadre, comme le nôtre, mais c'est une simple draperie qui, fixée à des bâtons, prend à peu près la forme de nos dais, avec les nuances différentes,

qui se trouvent bien représentées dans les gravures que nous en avons. Ce dais, bien porté, est vraiment plus gracieux que le nôtre, qui est comme une vraie charpente.

(3) A Rome, les dais du saint sacrement, ainsi que les *ombrelli*, sont invariablement de couleur blanche. Pour avoir une juste idée de l'*ombrello* ou petit dais, il faut en avoir un sous les yeux. Les tabernacles où repose le saint sacrement ont une couverture de la couleur du jour, mais ils sont, à l'intérieur, doublés en soie blanche. Les ciboires sont toujours couverts d'un voile blanc.

2. Ordo autem hujusmodi hastas gestandi talis est, ut dignior ferat primam hastam, quæ est ante Episcopi dexteram; secundus alteram, quæ prima est ante Episcopi sinistram; tertius aliam, quæ immediate est sub prima a parte dextera; quartus aliam, quæ succedit primæ a parte sinistra; quintus tertiam hastam a parte dextera; sextus tertiam a parte sinistra, et sic deinceps; ita ut minus digni habeant postremas hastas post tergum Episcopi. Deinde, si via erit longior, distribuendum erit onus ferendi hastas prædictas (1) cæteris civibus et nobilibus civitatis, seu Officialibus, vel sodalitatibus, aut aliis pro locorum consuetudine, judicio Episcopi moderanda, ubi opus videbitur, ne rixæ, aut contentiones oriantur.

(1) La Congrégation du Cérémonial a fixé là-dessus les rangs et les droits des personnes ecclésiastiques et laïques, afin de prévenir les sérieuses difficultés qui naissent quelquefois dans les actions les plus saintes.

On pourrait en faire autant dans chaque diocèse, en se conformant, autant que possible, aux règles de cette Congrégation.

3. Quod si inter digniores et illustriores plures essent, qui de æquali gradu, aut præeminentia contenderent, adeo ut omnibus his primo loco hastæ baldachini assignari nequirent, relinquitur his ultimus locus, id est, ubi processio jam pervenit ad Ecclesiam, ad quam dirigitur; talis enim locus reputatur primo æqualis.

4. Illud etiam observari solet, ut cum SS. Sacramentum in processione sub baldachino defertur, primo loco deferant hastas Sacerdotes digniores de Capitulo, sive sint Dignitates, sive Canonici, sive Beneficiati, aut Mansionarii digniores, juxta consuetudinem Ecclesiæ, sive illi sint parati sacris vestibus, sive non, prout processio fit cum paramentis, vel sine illis, sicut in *Cap.* xxxiii, *Lib.* II, dicitur.

CHAPITRE XV

DE L'ENTRÉE DE L'ÉVÊQUE.

Habitus Episcopi accessuri ad Ecclesiam pro re divina facienda. Canonici omnes in habitu Canonicali ad illum proficiscantur, ac eum cappa indutum ad Ecclesiam comitentur. Ordo procedendi, si est Archiepiscopus, vel cruce utatur. Quomodo Episcopus excipere debeat Cardinalem Legatum, vel non Legatum, qui rei divinæ interfuturi sint. Certis diebus in accessu Episcopi ad Ecclesiam campanæ pulsandæ, et in solemnioribus etiam organa. Ubi orare, et parari debet Episcopus. Quando Canonici sumere debent sacra paramenta. Ordo procedendi ad Missam solemnem. Quo ritu procedendum sit ad Vesperas, et ad Missam in Ecclesiis Collegiatis.

1. Cum Episcopus rei divinæ peragendæ causa ad Ecclesiam venturus erit, sive ipsemet celebraturus sit, sive alter, debent Canonici omnes in eorum Ecclesiastico et Canonicali habitu (1), appropinquante hora, ad illum accedere, eumque cappa indutum; cujus caudam Capellanus, seu Caudatarius talari veste incedens, sustinet atque defert, et si Episcopus Missam Pontificali ritu sit celebraturus, vel in sede cum pluviali assistet, tunc Caudatarius superpelliceo indutus, eam deferat, ex ea aula, seu cubiculo quod ad hoc destinaverit, ad Ecclesiam progredientem, comitari et deducere.

(1) Les chanoines des églises patriarcales de Rome portent en hiver le rochet et la cape, et, en été, la *cotta* ou surplis par-dessus le rochet.

Il paraît, par le chap. III, n° 3 de ce premier livre, que dans d'autres chapitres on porte aussi la cape garnie d'hermine en hiver.

2. Præibunt familiares Episcopi, et, si aderit, Magistratus, aut alii nobiles et illustres viri, immediate ante Episcopum; tunc ipse Episcopus, et post eum sequuntur Canonici bini (1), juxta antiquam et canonicam disciplinam. Quod si fuerit Archiepiscopus, aut alius, utens cruce, ipsa crux immediate ante Archiepiscopum per aliquem Capellanum deferetur, imagine Crucifixi ad Archiepiscopum conversa, inter quam et Archiepiscopum nullus omnino incedat; est enim insigne ipsius.

(1) Chaque fois que l'évêque vient en cape à la cathédrale,

les chanoines doivent l'accompagner depuis le palais jusqu'à l'église. Voici ce que dit Catalan là-dessus : 1° Les chanoines sont tenus de se rendre chez l'évêque, quand même il demeurerait à cent soixante pas de la cathédrale. 2° Lorsque l'évêque vient à l'église, *inchoato officio*, ou lorsqu'il s'en retire avant que l'office soit fini, trois ou quatre chanoines vont le recevoir et le reconduire à la porte de l'église. 3° Si l'évêque s'en retourne après la messe, tous les chanoines le reconduisent à la porte de l'église et reviennent au chœur pour sexte. 4° Lorsque le suffragant doit célébrer à la place de l'évêque diocésain, quelques-uns des chanoines doivent aller le recevoir à la porte de l'église.

Après les chanoines viennent les autres de chœur ; car il ne doit y avoir devant l'évêque que ses familiers et les nobles. S'il y a des évêques étrangers, ils marchent immédiatement derrière l'évêque et devant les chanoines.

Le clergé, la croix en tête, vient, par l'intérieur de l'église, attendre l'évêque à la grande porte quand il fait l'entrée solennelle pour célébrer pontificalement. Le premier dignitaire se trouve là pour le recevoir. L'orgue joue et les cloches sonnent quand l'évêque entre. Le dignitaire lui présente le goupillon, avec les saluts et baisers ordinaires. L'évêque s'asperge en la manière accoutumée. S'il y a des évêques, il leur présente le goupillon, que chacun touche de la main droite pour y prendre de l'eau bénite et s'asperger lui-même. Catalan remarque que les évêques seuls peuvent ainsi prendre de la main l'eau bénite. L'évêque asperge ensuite le dignitaire, qui fait les honneurs de la réception, puis les chanoines, le clergé et le peuple. Il se rend ensuite à la chapelle du saint sacrement, bénissant les clercs et les fidèles qui se mettent à genoux. Catalan dit que c'est à genoux qu'il faut recevoir la bénédiction de l'évêque, à laquelle sont attachées des indulgences. Il passe entre les deux rangées de clercs, qui se placent deux à deux par derrière pour aller à la chapelle du saint sacrement et de là *ad sacellum seu secretarium*, où l'évêque doit faire la préparation et s'habiller.

3. Eo ordine procedunt usque ad portam primariam Ecclesiæ;

ibi dignior ex Capitulo porriget Episcopo aspersorium cum osculo aspersorii et manus. Episcopus asperget primo seipsum, detecto capite, deinde Canonicos et alios circumstantes, incipiendo a digniori.

4. Sed si forte S. R. E. Cardinalis Legatus, vel non Legatus venturus esset ad Ecclesiam, et rei divinæ interfuturus, tunc Episcopus ei obviam ire debet usque ad portam Ecclesiæ prædictam, et aspersorium porrigere ipsi Legato cum solitis osculis aspersorii et manus, qui se et alios asperget. Si vero esset Cardinalis non Legatus, debet quidem Episcopus ei obviam ire usque ad prædictam Ecclesiæ portam; sed aspersorium non Episcopus, sed prima dignitas, jubente Episcopo, Cardinali non Legato porriget. Interim, nisi celebretur pro Defunctis, vel in diebus ferialibus, nisi, etiam quoad dies feriales, alia sit consuetudo, campanæ Ecclesiæ pulsabuntur, et in festis solemnibus etiam organa.

5. Mox perget Episcopus ad altare SS. Sacramenti, ubi genuflexus super pulvino, aut genuflexorio (1), ibi parato, orabit; sed ante dictam genuflexionem, genuflectet prius in plano solo absque pulvino; et similiter, cum voluerit discedere ab oratione, ob reverentiam SS. Corporis Christi; mox accedet ante altare majus, ubi pariter, post profundam cruci inclinationem, genuflexus orabit.

(1) Comme on le voit ici, l'évêque peut se mettre à genoux sur un simple coussin ou à un pric-dieu, qui est le *faldistorium* décrit plus haut. Catalan observe que de droit il n'y a que l'évêque qui puisse faire usage du prie-dieu ainsi garni de coussins et tapis, quoiqu'il puisse céder son droit à ses collègues.

S'il y a, à l'entrée, des évêques étrangers, on leur prépare des coussins pour qu'ils puissent se mettre à genoux sur une même ligne avec l'évêque diocésain.

6. Si fuerit festus, solemnisque dies, et ipsemet Episcopus Vesperas sit celebraturus, postquam pervenerit ad Ecclesiam ordine supradicto, dum genuflexus orabit ante altare majus, vel aliud, ubi Vesperæ sunt celebrandæ, poterit in genuflexione aliquantisper morari (1), dum Canonici sumant sacra paramenta, post Episcopum stantes (2), videlicet, illi, qui habent Dignitates, pluvialia; Presbyteri, casulas; Diaconi et Subdiaconi, dalmaticas et tunicellas coloris convenientis, acceptis prius per eosdem Canonicos, et circa collum compositis, amictibus. Sed, si haberi non possunt paramenta pro

omnibus, saltem quatuor, aut sex primi, habeant pluvialia. Episcopus autem capiet paramenta in sede sua (3).

(1) Il demeure à genoux tout le temps que les chanoines mettent à se vêtir de leurs ornements. Il est à observer que le cérémoniaire étend le devant de la cape de l'évêque de manière à couvrir et envelopper tout le *faldistorium*.

(2) A Rome, les chanoines et autres s'habillent ainsi derrière l'évêque, quand le local ne leur permet pas de prendre les ornements dans un lieu séparé.

(3) C'est au trône, comme on le voit, qu'à vêpres l'évêque prend les vêtements sacrés; c'est aussi ce qui se pratique à Rome. Catalan observe que les prières qui doivent se réciter quand on se revêt des ornements sacrés, ne se disent *qu'à la messe*.

7. Cum vero Episcopus Missam solemnem celebraturus erit, postquam ingressus fuerit Ecclesiam, et ante SS. Sacramentum tantum, et non ante aliud altare oraverit, ibit recta ad sacristiam, vel ad alium locum (1) præparatum intra Ecclesiam, et ibi induet paramenta, pro se ipso præparata, recitando solitos Psalmos, Versiculos et Orationes, stantibus in gyrum, vel sedentibus Canonicis, jam alio loco paratis, prout Episcopus interim stabit, vel sedebit; quo tempore per chorum decantabitur hora Tertia, ut dicitur in *Cap.* viii, Lib. II.

(1) Lorsque le pape célèbre à Saint-Pierre, l'on ferme de rideaux la chapelle de Notre-Dame des Sept-Douleurs, qui est tout à fait au bas de l'église, pour la faire servir de *secretarium*. Une chapelle latérale et la sacristie y attenante pourraient chez nous être changées en *secretarium*. Lorsque cette chapelle n'existe pas, voici comment, dit Catalan, il faut procéder : *Si vero sacellum non habeatur, parati canonici in sacristia processionaliter ad Altare procedent, ubi, cum pervenerit Episcopus, in medio genuflexus, aliis pariter suis locis genuflectentibus, aliquantisper orabit : tum ab oratione surgens cum assistentibus ad sedem suam accedet, ubi stans detecto capite, dicit prius secreto* Pater noster *et* Ave Maria, *dein vero,* Deus in adjutorium... *Cantatoque hymno intonabit antiphonam, cantoribus inchoan-*

tibus Legem pone... *Episcopus sedet, et, adstantibus Diaconis assistentibus, paratis cum Diacono Evangelii et Subdiacono, omnibus sacris vestibus indutis, excepto manipulo, legit alternatim cum assistentibus psalmos* : Quam dilecta, etc. Il est à remarquer que, dans cette circonstance, le prêtre et les diacres assistants ne demeurent pas en habit canonial pendant que l'évêque dit les psaumes de la préparation, *indutus cappa,* comme nous l'avons observé ailleurs.

8. Deinde, finita Tertia, et parato Episcopo, cum solitis cæremoniis procedetur ad altare processionali modo ; quo casu Canonici parati, ut supra, antecedent Episcopum immediate. Crux vero Capituli deferatur per alium Subdiaconum paratum tunicella inter duos ceroferarios, præeunte Acolytho cum thuribulo et navicula, ante omnes Beneficiatos, aliosque de clero illius Ecclesiæ. Sed, si celebrans erit Archiepiscopus, crux Archiepiscopalis deferetur per Subdiaconum, ut supra, ante Canonicos paratos tantum, non autem ante alios de clero, imagine Crucifixi ad illum conversa.

9. Ideo autem hoc casu Canonici parati antecedunt Episcopum, quia itur sacra Processione ; secus quando non sunt parati, nec Episcopus procedit cum pluviali et mitra, vel cum planeta, sed tantum in cappa, tunc enim ipse debet anteire, Canonici vero subsequi, ut dictum fuit, quia non est processio sacra.

10. Valde tamen probandum esset (1), si in solemnioribus festivitatibus, Episcopus, etiam non celebraturus, procederet ad Ecclesiam, et tam Vesperis, quam Missæ interesset, amictu, alba, cingulo, cruce pectorali, stola, pluviali et mitra paratus.

(1) On a vu plus haut que le pape assiste quelquefois à l'office, *ad stallum,* c'est-à-dire sans presque aucune cérémonie ; mais cela est fort rare, car, quand il ne célèbre pas lui-même à quelque office, il y assiste *paré,* c'est-à-dire en chape et mitre et entouré du sacré collége. Notre Cérémonial désire, dans ce nombre, qu'il en soit de même de l'évêque, que l'Église entoure de toute la splendeur qu'il faut pour que les fidèles vénèrent en lui Jésus-Christ.

11. In redeundo idem ordo servatur, non tamen cum sacris paramentis, quæ statim, expletis Vesperis, aut Missa, deponuntur ibi-

dem in choro (1). Itaque in accessu Episcopi et Canonicorum ad Ecclesiam, ac reditu eorumdem serventur ea, quæ *Lib.* I, *Cap.* II, § 6 et *Cap.* XII *ac* XVIII præscribuntur.

(1) A Rome, lorsqu'on laisse le chœur pour ne plus y revenir, on s'y déshabille, comme cela a lieu après la messe.

Que s'il faut se déshabiller pour assister à un autre office, v. g. à complies, qui se chanteraient après vêpres, à un sermon, à un salut, etc..., on va se déshabiller à la sacristie.

12. In Ecclesiis Collegiatis, diebus solemnibus, Canonici in eorum habitu Canonicali ad Vesperas procedent a sacristia bini, præcedentibus duobus ceroferariis cum cruce, et aliis de Capitulo ; ultimo loco celebrans paratus pluviali, Officio et festo, quod celebratur, convenienti, et ante ipsum quatuor, aut sex alii pluvialibus induti.

13. Ad Missas eodem ordine procedunt, nisi quod celebrantem paratum planeta et reliquis paramentis Missalibus, præcedunt Diaconus et Subdiaconus, parati dalmatica et tunicella, vel, pro temporis qualitate, planetis ante pectus plicatis, ut suo loco dicitur : Diaconus scilicet immediate ante celebrantem, Subdiaconus vero ante Diaconum manibus junctis, nec alii præter ipsos erunt parati (1).

(1) On voit ici qu'à la messe il ne doit pas y avoir de chapien.

14. Dominicis vero diebus, quia clerus, et populus ante Missam aqua benedicta per celebrantem est aspergendus, oportet illum incedere pluviali indutum, inter Diaconum a dexteris, et Subdiaconum a sinistris de more paratos, qui postea, facta aquæ benedictæ aspersione, et dicta Oratione, et deposito pluviali, accipiet manipulum et planetam et incipiet Missam (1). Calix vero cum patena et bursa, liber Missalis, et alia necessaria præparentur prius per clericos apud altare in mensa ad id erecta.

(1) C'est à la banquette que le célébrant doit aller prendre le manipule et la chasuble ; cependant à Saint-Pierre, où il y a aspersion le dimanche, la chasuble se dépose, non sur la banquette, mais au milieu de l'autel ; et, aussitôt que l'oraison de l'aspersion est chantée, le célébrant en est revêtu à la même place, et de suite il commence la messe. Il faut remarquer que ce n'est pas le seul privilége dont use cet illustre chapitre.

CHAPITRE XVI

DU PALLIUM.

Pallium extra Romanam Curiam ex mandato Summi Pontificis tradendum est ab Episcopo, cui id munus committitur, die præstituta in Ecclesia Metropolitana, vel alia magis commoda in Provincia Electi. Qui tradit pallium, Missam celebret. Quo ritu tradatur. Quibus diebus eo uti liceat. Modus pallii imponendi. Electus, ante receptionem pallii, neque Patriarcha, neque Metropolita vocandus. Qui pallio utuntur, cum eo sepeliendi sunt.

1. In tradendo pallio (1) extra Romanam Curiam, consuetudo ab immemorabili tempore est ut Summus Pontifex uni, aut duobus Episcopis committat illius traditionem, qui præstituta die (2) convenire debent cum ipso Electo, cui pallium tradendum est, in Ecclesia Metropolitana, vel alia magis commoda suæ Provinciæ, nisi necessitas aliud suadeat; ubi Missa celebranda erit, et post communionem celebrantis, ponetur in medio altaris pallium extensum, serico coopertum; ac finita Missa, diei propria, quam maxime deceret, ut Episcopus, qui pallium traditurus est, celebraret, ipsemet Episcopus, sive Episcopi Commissarii in faldistorio ad cornu Epistolæ, Electo, alio loco jam parato, induantur amictu, stola, pluviali et mitra simplici, ac sedentes ante altare super faldistoriis, aut aliis sedibus, juramentum fidelitatis, nomine Sedis Apostolicæ accipient ab ipso Electo genuflexo et induto omnibus paramentis Pontificalibus, præter chirothecas et mitram; nisi illud prius præstitisse legitime docuerit, juxta formam Litterarum Apostolicarum felicis recordationis Sixti Papæ V.

(1) Avant de parler des cérémonies à observer dans la tradition du *pallium*, nous allons dire quelque chose de cet ornement, si digne de vénération. Nous ne ferons pour cela qu'extraire quelques passages du Cérémonial romain, et, en suivant ce guide fidèle, nous allons dire comment se fait le *pallium*, comment il se bénit et comment il se donne à l'*élu* ou à son procureur.

1° *Comment se fait le pallium?*

Cura conficiendorum et conservandorum palliorum ad Subdiaconos apostolicos pertinet, qui ex lana munda et alba illa hoc pacto conficiunt. Sanctimoniales monasterii S. Agnetis, vel Religiosi, qui sunt in illa Ecclesia, offerunt quotannis agnos duos albos super Al-

tare illius Ecclesiæ in die festivitatis sanctæ Agnetis, dum in Missa solemni cantatur : « *Agnus Dei.* » *Qui agni recipiuntur a duobus Canonicis Ecclesiæ Lateranensis, et ab eis postea consignantur Subdiaconis Apostolicis, qui agnos ipsos in pascua mittunt, quoad veniat tempus tundendi ipsos agnos opportunum. Ex his agnis lana tunditur, quæ mixta cum alia lana alba et pariter munda reducitur in filum ex quo pallia hujusmodi contexuntur...* (Suit la description du pallium, que chacun est à même de voir de ses yeux en visitant l'église métropolitaine.)

La bénédiction des agneaux se fait, comme on le voit, le 21 janvier à l'église de Sainte-Agnès *extra muros*, par l'abbé de Saint-Pierre-aux-Liens, qui use de la crosse et de la mitre pour cette cérémonie. Les agneaux sont ornés de fleurs et de guirlandes, avec beaucoup d'art et placés aux deux bouts de l'autel, l'un du côté de l'épître et l'autre du côté de l'évangile, chacun sur un coussin de damas blanc richement orné. Voici la belle prière qui se fait pour la bénédiction de ces heureux agneaux, qu'il nous a été donné de voir dans ce jour solennel.

La messe étant terminée, on chante au chœur l'antienne suivante :

Ant. *Stans a dextris ejus agnus nive candidior, Christus sibi sponsam et martyrem consecravit.*

L'abbé qui célèbre chante ensuite à l'autel les versets et l'oraison qui suivent :

℣. *Adjutorium nostrum in nomine Domini.*
℟. *Qui fecit cœlum et terram.*
℣. *Domine, exaudi orationem meam.*
℟. *Et clamor meus ad te veniat.*
℣. *Dominus vobiscum.*
℟. *Et cum spiritu tuo.*

OREMUS.

Deus, qui per Moysen famulum tuum, pontificibus tabernaculo inservientibus indumenta instituisti, et per sanctos apostolos tuos sacerdotibus et præsulibus evangelicis vestimenta sacra providisti; effunde tuam sanctam bene†dictionem super hos agnos de quorum vellere sacra pallia pro summis Pontificibus, Patriarchis et Archiepiscopis conficienda sunt, ut qui eis utantur una cum plebe commissa perveniant ad æternam beatitudinem, per intercessionem beatæ Agnetis, et merita Domini nostri Jesu Christi qui tecum vivit et regnat in unitate Spiritus sancti, Deus, per omnia sæcula sæculorum. ℟. *Amen.*

Puis il asperge, à l'ordinaire, d'eau bénite ces agneaux.

2° *Comment se bénit le pallium ?*

C'est Benoît XIV, dont la constitution du 12 août 1745 est rapportée tout entière dans le Cérémonial romain, qui va nous tracer l'ordre de cette bénédiction vraiment solennelle.

Singulis annis palliorum numerus sufficiens pro Ecclesiarum opportunitate, in Vigilia Apostolorum de mane, a prædictæ basilicæ canonico altarista, cum consueto comitatu, ad confessionem B. Petri deferatur, ibique decenter... collocetur... expletis... (primis) *vesperis, descendat ad confessionem unus ex Auditoribus causarum Palatii Apostolici, sacris subdiaconalibus vestibus indutus, præcedentibus duobus servientibus armorum, Mazzeriis papæ nuncupatis, comitantibus hinc et inde duobus aliis Auditoribus collegis, cum suppara, et superpelliceo, et subsequentibus Pontificiæ consistorialis aulæ Advocatis; atque is, præparata pallia coram Pontifice, aut Cardinale pontificalia exercente, afferat et sistat... Pontifex seu... Cardinalis... pallia... asperget aqua benedicta, tum incenso adolebit... deinde dicit :*

℣. *Adjutorium nostrum in nomine Domini.*

℟. *Qui fecit cœlum et terram.*

℣. *Dominus vobiscum.*

℟. *Et cum spiritu tuo.*

OREMUS

« *Deus, pastor æterne animarum, qui eas, ovium nomine designatas, per Jesum Christum Filium tuum Beato Petro Apostolo, ejusque successoribus, boni pastoris typo regendas commisisti, atque ipsis sacrarum vestium symbolis Pastoralis curæ documenta significari voluisti; effunde per ministerium nostrum super hæc pallia de Beatorum Apostolorum principum altari sumpta, copiosam benedictionis ☨ et sanctificationis ☨ tuæ gratiam, ut quam mystice repræsentant Pastoralis officii plenitudinem, atque excellentiam, pleno quoque operentur effectu. Humilitatis nostræ preces benignus excipe, atque eorumdem Apostolorum meritis et suffragiis concede, ut quicumque ea, te largiente, gestaverit, intelligat se ovium tuarum pastorem, atque in opere exhibeat, quod signatur in nomine. Sit boni magnique illius imitator Pastoris qui errantem ovem humeris suis impositam cæteris adunavit, pro quibus animam posuit. Sit ejus exemplo in custodia gregis sibi commissi sollicitus, sit vigil, sit circumspectus, ne qua ovis in morsus incidat, fraudesque luporum. Sit disciplinæ zelo districtus, quod perierat requirens, quod alienum reducens, quod confractum alligans, quod pingue et forte custodiens. Videat humeris suis impositam crucem, quam Filius tuus proposito sibi gaudio sustinere non recusavit, sitque illi crucifixus mundus, et ipse mundo. Tollat injectum collo suo Evangelicum jugum, sitque ei ita leve ac suave ut in via mandatorum tuorum cæteris exemplo et observatione præcurrat. Sit ei hoc symbolum unitatis, et cum Apostolica sede communionis perfectæ tessera, sit charitatis vinculum, sit divinæ hæreditatis funiculus, sit æternæ securitatis pignus; ut in die adventus et revelationis magni Dei pastorumque principis Jesu Christi, cum ovibus sibi creditis stola potiatur immortalitatis, et gloriæ. Per eumdem, etc. »*

Nous avons eu aussi le précieux avantage de voir cette touchante cérémonie et d'entendre le chant de la céleste bénédiction qui l'accompagne : nous en avons été si pénétré, que nous n'avons pu nous défendre de suivre la pensée qui nous vint alors d'en faire part à ceux qui voudraient bien jeter un coup d'œil sur ce *recueil* de traditions romaines.

3° *Comment se donne le pallium à Rome?*

Notre savant pontife va continuer à nous instruire dans la même constitution, dont nous allons extraire quelques passages, auxquels nous ajouterons quelques extraits du *Cérémonial romain*.

Peracta... benedictione, eadem sacrata pallia includuntur arculæ argenteæ auro obductæ, quam semper in ipsa confessione

Beatri Petri Apostoli et prope sacrum illius corpus, in loco ad id designato asservari mandamus... Volumus... autem, ut hujusmodi arculæ cura, et custodia spectet ad ipsius Basilicæ Canonicum altaristam pro tempore existentem; illius vero clavis a primario pontificiarum cæremoniarum magistro retineatur. (Bened. XIV, loco citato.)

Cum autem aliquis Prælatus indiget pallio, illud primo, per quempiam ex advocatis consistorialibus procuratorem ab eo ad hoc specialiter constitutum a Summo Pontifice in consistorio instanter, instantius et instantissime petitur. Pontifex, excluso advocato, exquirit patrum sententias, an dandum sit pallium. Deinde committit priori Diaconorum, ut pallium Prælato, vel ejus procuratori assignet; expediuntur super ea re Litteræ apostolicæ in forma consueta, et prior Diaconorum Cardinalium imponit locum et diem, ubi, et in quo pallium consignare debeat... Statuto die Prælatus, si est præsens, vel ejus procurator in absentia, cum speciali mandato, venit ad locum ordinatum. Adsunt Dominus prior Diaconorum Cardinalium, et subdiaconus apostolicus cum ipso pallio qui pallium explicat super medium altaris. Prælatus, si est præsens, indutus super rocchettum, sive superpelliceum planeta genuflexus in gradu altaris ubi legitur Evangelium, petit sibi dari et consignari pallium his verbis:

« *Ego N. electus Ecclesiæ N. instanter, instantius et instantissime peto mihi tradi et assignari pallium de corpore Beati Petri sumptum, in quo est plenitudo pontificalis officii.* »

Tunc Dominus prior Diaconorum accipiens pallium de altari, imponit illud super humeros Prælati genuflexi, dicens:

« *Ad honorem omnipotentis Dei, et Beatæ Mariæ semper Virginis, atque Beatorum Apostolorum Petri et Pauli, nec non Ecclesiæ N. tibi commissæ, tradimus tibi pallium de corpore Beati Petri sumptum, in quo est plenitudo pontificalis officii cum patriarchalis, vel archiepiscopalis nominis appellatione, ut et utaris eo intra Ecclesiam tuam certis diebus, qui exprimuntur in privilegiis ab Apostolica Sede concessis. In nomine Patris, et Filii, et Spiritus sancti. Amen.* »

Et illud cum Subdiacono aptat, non tamen infigit spinulas, et recipit illum ad osculum pacis. Demum clericus Cæremoniarum extrahit illi pallium, et advocatis testibus rogat illos de illo actu testificari, plicat pallium et illud portat ad dictum Prælatum, vel illud reservat in loco sacro, quoad Prælatus recedat, et tunc dat illi pallium cum publico instrumento… Si autem pallium tradendum sit procuratori in absentia Prælati, procurator indutus superpelliceo, genuflectit, ut de Prælato diximus, et petit pallium, et jurat in hanc formam. (Cæremonialis Romanæ Ecclesiæ, tom. I, tit. x, § 6.)

« *Ego N. procurator, et procuratorio nomine, et pro parte reverendissimi in Christo Patris et Domini electi Ecclesiæ N. instanter, instantius et instantissime peto, mihi tradi et assignari pallium de corpore Beati Petri sumptum, in quo est plenitudo pontificalis officii, et promitto illud reverenter portare, vel portari facere eidem reverendissimo Patri Domino N.. sic me Deus adjuvet, et hæc sancta Dei Evangelia.* » (Bened. XIV, in loco citato.)

Diaconus autem Cardinalis accipiens pallium de altari imponit illud super humeros procuratoris, dicens :

« *Ad honorem omnipotentis Dei et Beatorum Apostolorum Petri et Pauli, et Domini nostri Papæ, ac sanctæ Romanæ Ecclesiæ, assigno tibi pallium de corpore B. Petri sumptum, in quo est plenitudo pontificalis officii cum archiepiscopalis nominis appellatione nomine, et pro parte reverendi in Christo Patris Domini N. et Ecclesiæ N. ad quam electus est, ut eo utatur intra Ecclesiam suam certis diebus, qui exprimuntur in privilegiis ab Apostolica Sede concessis.* »

Et in fine procurator osculatur illi manum, et rogat clericum Cæremoniarum, et petit instrumentum. Clericus extrahit illi pallium (et omnia facit ut supra)… Qui pallium accipiunt… portabunt duas faculas cæreas, quæ ardeant super altare, dum pallium traditur, et sericum pannum ad induendum pallium, cum quo illud ad ecclesiam suam deferunt. (Cærem. S. R. Ecclesiæ, loco citato.)

(2) Le Cérémonial et le Pontifical qu'il faut suivre en donnant le *pallium*, n'ont besoin d'aucun commentaire. Notre but, dans ce *Recueil*, n'étant que de faire connaître les usages de la sainte Église romaine, nous n'avons rien à ajouter ici, parce que nous n'avons pu, à Rome, voir donner cet ornement comme il doit se donner dans toutes les églises métropolitaines de la

chrétienté. Les passages que nous avons empruntés au Cérémonial romain serviront à montrer de plus en plus combien est vénérable le *pallium* dont l'Église veut que les métropolitains soient décorés : *In quo tanta est antiquitatis veneratio et auctoritas*, dit ici notre Cérémonial.

Nous avons cru devoir réunir, dans ce Recueil, les divers passages que l'on vient de lire pour donner aux prêtres qui ont à faire des instructions sur les rites saints, usités dans la sainte Église, des matériaux abondants concernant la dignité archiépiscopale. Les peuples ne peuvent que s'édifier de tous ces détails, si propres à nourrir leur piété et à les pénétrer de plus en plus de respect pour leurs pasteurs : en voyant que ceux qui les conduisent dans les voies du salut reconnaissent eux-mêmes des supérieurs et les vénèrent, ils se soumettent plus volontiers au joug de l'obéissance.

2. Quo præstito, surgent Episcopi, vel Episcopus, cum mitris, et accipient de altari pallium, quorum senior illud super humeros Electi, ante se genuflexi, imponet, dicens : *Ad honorem omnipotentis Dei, etc.*, ut in Pontificali habetur. Quo facto, surget Patriarcha, vel Archiepiscopus, cum pallio, ascendet ad altare, crucem ante se habens, et detecto capite, populo solemniter benedicet, dicens : *Sit nomen Domini, etc.* Deinde dimissis in Ecclesia, vel in secretario paramentis, omnes recedent.

3. Pallio autem utitur Archiepiscopus in singulis Ecclesiis Provinciæ suæ, non autem extra Provinciam, et dumtaxat, dum Missam solemnem celebrat, præscriptis quibusdam diebus, qui in privilegiis Ecclesiæ Metropolitanæ exprimi solent.

4. Quod si non reperiantur expressi, recurrendum erit ad communem consuetudinem, quæ est, ut eo utatur diebus infra scriptis ; videlicet, Nativitatis Domini nostri Jesu Christi, S. Stephani Protomartyris, S. Joannis Apostoli et Evangelistæ, Circumcisionis et Epiphaniæ Domini, Dominica in ramis Palmarum, Feria quinta in Cœna Domini, Sabbato Sancto, Dominica Resurrectionis Domini cum duobus festis sequentibus ; Dominica in Albis ; in Ascensionis, Pentecostes, S. Joannis Baptistæ, duodecim Apostolorum festivitatibus ; in festo Corporis Christi, quatuor festivitatibus gloriosæ Virginis, id est Purificationis, Annuntiationis, Assumptionis et Nativitatis, in festo omnium Sanctorum, in dedicationibus Ecclesiarum, in prin-

cipalibus festivitatibus Ecclesiæ Metropolitanæ, in ordinationibus clericorum, consecrationibus Episcoporum, Abbatum et Virginum, in diebus anniversariis dedicationis Ecclesiæ principalis et consecrationis suæ. Aliis autem diebus in privilegiis non expressis, vel inter prædictos non comprehensis, Archiepiscopus, si voluerit in Pontificalibus celebrare, uti non debet pallio.

5. Quando autem pallium imponitur Archiepiscopo, semper imponitur super planeta, ita ut pars duplex pallii ponatur super sinistrum humerum. Modus autem impositionis pallii, et trium spinularum gemmatarum, quæ in illud infiguntur, exponitur in *Cap.* VIII, *Lib.* II.

6. Electi vero ad Patriarchales, vel Metropolitanas Ecclesias, non ante Patriarchæ, vel Archiepiscopi appellari possunt, quam pallium receperint; sed nec translati de una Ecclesia Metropolitana ad aliam, uti possunt pallio, quod pro prima Ecclesia acceperant; nec pallio sui prædecessoris defuncti, nec translati : sed opus est, ut iterum pro nova Ecclesia petatur, et habeatur novum pallium; nec interim ipsis Electis licet Pontificalia munia exercere.

7. Post obitum debent Archiepiscopi cum pallio sepeliri, si quidem sepeliantur in Provincia sua, circa humeros supra planetam : si vero extra Provinciam, ponendum erit pallium plicatum sub eorum capite. Curent igitur Archiepiscopi, ut pallium, in quo tanta est antiquitatis veneratio et auctoritas, digne et honorifice asservetur, puta serico involutum, ac in capsula intus et extra pulchre ornata, vel serico obducta inclusum, tanquam venerabile ipsius Archiepiscopi insigne, mysticis significationibus plenum.

CHAPITRE XVII

DE LA MITRE.

Mitræ usus, et ejus species triplex. Pretiosa quando Episcopus utatur. Quando auriphrygiata, et quando simplici. Baculo pastorali utitur in civitate et sua diœcesi tantum, et quando.

1. Mitræ usus antiquissimus est, et ejus triplex est species : una, quæ pretiosa (1) dicitur, quia gemmis et lapidibus pretiosis, vel laminis aureis, vel argenteis contexta esse solet; altera auriphrygiata (2) sine gemmis, et sine laminis aureis, vel argenteis; sed vel ex aliquibus parvis margaritis composita, vel ex serico albo, auro intermisto, vel ex tela aurea simplici sine laminis et margaritis; tertia,

quæ simplex (3) vocatur, sine auro, ex simplici serico Damasceno, vel alio, aut etiam linea, ex tela alba confecta, rubeis laciniis, seu frangiis et vittis pendentibus.

(1) La mitre précieuse se distingue des autres, non par l'étoffe dont elle est faite, mais par les riches pierreries dont elle est ornée; elle peut donc être de drap d'argent aussi bien que de drap d'or.

(2) L'*auriphrygiate* se distingue par la qualité de l'étoffe dont elle est faite, laquelle peut être ou un tissu de soie blanche et de fils d'or, avec quelques pierreries d'un moindre prix, ou un simple drap d'or sans fleurs ni perles, etc. Toutes celles que nous avons vues à Rome sont de cette dernière espèce.

(3) La mitre simple se distingue par le fond, qui est de soie ou de toile, avec des fanons garnis de franges de soie rouge. En présence du pape, les cardinaux portent la mitre de soie, et les évêques celle de toile. En présence des cardinaux, les évêques gardent la mitre de toile, s'ils assistent parés à quelque office célébré par un cardinal. A part cela, ils se servent de la mitre précieuse et de l'auriphrygiate, comme au Cérémonial.

2. Pretiosa utitur Episcopus in solemnioribus festis, et generaliter quandocumque in officio dicitur Hymnus *Te Deum laudamus, etc.*, et in Missa *Gloria in excelsis Deo, etc.* Nihilominus in eisdem festis etiam auriphrygiata uti poterit (1), sed potius ad commoditatem, quam ex necessitate; ne scilicet Episcopus nimis gravetur, si in toto Officio pretiosa utatur; propterea usu receptum est, tam in Vesperis, quam in Missis, ut pretiosa utatur Episcopus in principio et in fine Vesperarum et Missarum solemnium, ac eundo ad Ecclesiam, et redeundo ab eadem, cum paramenta sumit, ac deponit in secretario; et quando lavat manus, et dat benedictionem solemnem. Intermedio autem spatio, loco pretiosæ, accipit auriphrygiatam, juxta normam jam superius declaratam in *Cap.* xi, *Lib.* I, § 6, ubi de officio et cura servientis de mitra dictum fuit.

(1) Le pape ne se sert ordinairement que d'une mitre, qui est la *précieuse* aux fêtes solennelles, de l'*auriphrygiate* dans l'avent, le carême, etc., et de la *simple* aux offices des morts. Celle dont il ne se sert pas se dépose sur l'autel, et y demeure tout le temps de l'office.

3. Auriphrygiata mitra utitur Episcopus ab Adventu Domini usque ad festum Nativitatis, excepta Dominica tertia Adventus, in qua dicitur Introitus *Gaudete in Domino semper*, etc.; ideoque in signum lætitiæ utitur tunc pretiosa. Item a Septuagesima usque ad feriam quartam majoris Hebdomadæ inclusive, excepta Dominica quarta Quadragesimæ, in qua dicitur Introitus *Lætare, Hierusalem*, etc. Item in omnibus vigiliis, quæ jejunantur, et in omnibus quatuor Temporibus, in Rogationibus, Litaniis et Processionibus, quæ ex causa pœnitentiæ fiunt; in festo SS. Innocentium, nisi veniat in Dominica; et benedictionibus, et consecrationibus, quæ privatæ aguntur. Quibus quidem temporibus abstinet Episcopus a mitra pretiosa. Poterit tamen Episcopus, dum utitur auriphrygiata, uti etiam simplici eodem modo et forma, prout de pretiosa et auriphrygiata dictum est.

4. Simplici vero mitra utitur Episcopus feria sexta in Parasceve, et in Officiis et Missis Defunctorum. Sed quia, cum Episcopus utitur mitra, utitur etiam baculo pastorali in sua Diœcesi, de eo etiam breviter dicendum est.

5. Utitur ergo Episcopus baculo pastorali (1) in sua tantum civitate, vel Diœcesi, et etiam alibi, ex permissione loci Ordinarii, et ubi consecrationes, aut ordinationes, vel benedictiones personales facere, ipsi Apostolica auctoritate conceditur.

(1) A Rome, la crosse n'est ni aussi longue ni aussi grosse que chez nous; aussi ressemble-t-elle davantage au bâton pastoral des premiers siècles, comme nous avons pu nous en convaincre par celui que nous avons vu à Metz, lequel est fort ancien; cette belle légende y est gravée :

Gens subjecta tibi te sentiat effera grandem;
Spe trahe dilapsos, pungeque tardigrados.

Aux offices pontificaux, le pape n'en use pas; les cardinaux s'en servent aux offices qu'ils célèbrent dans leurs églises titulaires. Aux offices qui se font au fauteuil il n'y a de crosse que pour les ordinations, consécrations, etc.

6. Utitur autem in omnibus Processionibus, quæ si longioris viæ fuerint, faciet illum ante se immediate deferri a ministro, qui de eo servit, pluviali induto, quem portabit ambabus manibus a terra elevatum; si in aliqua Ecclesia sit consuetudo, vel privilegium, ut aliquis de Capitulo dignitatem habens, baculum ante Episcopum deferat, servari poterit. Si vero Processionis via fuerit brevis, poterit

ipsemet Episcopus sinistra manu illum deferre ; quod intelligendum est, quando Episcopus erit paratus pluviali et mitra (1).

(1) Ceci ferait voir que la crosse ne va qu'avec la mitre, quoique la mitre puisse aller sans la crosse. Ainsi, on voit en quel sens *Mitra et baculus sunt correlativa.*

7. Item in Vesperis Pontificalibus, dum procedit paratus de altari ad sedem, vel e contra, et dum dicitur Canticum *Magnificat anima mea, etc.*, ac dum populo benedicit.

8. Item in Missa Pontificali, dum procedit de secretario ad altare, et cum ad eumdem locum revertitur (1) ; et quoties de altari ad sedem, vel de sede ad altare procedit; dum Evangelium cantatur : cum in medio Missæ, et in fine dat benedictionem solemnem ; videlicet, dum incipit producere signum crucis, et non prius ; et in omnibus actibus Pontificalibus, qui per ipsum Episcopum exercentur, ut in ordinationibus, benedictionibus, consecrationibus, et hujusmodi, quæ in suis locis propriis habentur; dummodo, ut dictum est, Episcopus sit paratus pluviali et mitra, aut saltem mitra et stola; nam mitra et baculus in Episcopis sunt correlativa.

(1) Ces paroles indiquent assez clairement que l'on peut toujours, après la messe, aller *ad secretarium* pour y déposer les ornements sacrés. C'est toujours là que le pape va se déshabiller quand il a célébré ou assisté *paré* à l'office. C'est encore dans cette chapelle qu'il prend et qu'il dépose les ornements quand il célèbre les vêpres.

9. Excipiuntur tamen ab hac regula Officia et Missæ pro Defunctis, in quibus usus baculi cessat.

CHAPITRE XVIII

DES GÉNUFLEXIONS, SALUTS, ETC.

Quo ritu Episcopus in accessu ad Ecclesiam genuflectere, orare et reverentias facere debeat. Quo item Canonici, cæterique de Clero. Ubi permanere, et quando genuflectere, et surgere eos oporteat, Episcopo orante, vel divinis Officiis, aut Missa incœptis. Item quid observandum, si Prælatus, vel laicus ex Magistratu superveniat. Quando assurgere et reverentias facere conveniat inter divina mysteria. Ad lotionem manuum Episcopi, ministri genuflexi officium expleant. Quoties aliquid Episcopo celebranti porrigitur, ac ab eo recipitur, toties ipsa res et manus Episcopi celebrantis, aut Legati præsentis, vel alterius celebrantis osculandæ, præterquam in Missis Defunctorum.

1. Episcopus, a quo cæteri exemplum sumunt, cum primum Ecclesiam ingreditur (1), detecto capite, sumptaque aqua benedicta, ut suo loco declaratum fuit, procedet ad locum Sanctissimi Sacramenti; deinde ad altare majus, et utrobique genuflexus, orabit devote, et congruenti mora, et facta prius ante altare Sanctissimi Sacramenti genuflexione in plana terra, antequam in genuflexorio genuflectat; et similiter finita oratione, antequam discedat, ut explicatum fuit in *Cap.* xii, § 9, *Lib.* 1.

(1) L'évêque ne doit pas marcher dans l'église couvert de sa barrette; et, si quelquefois cela se voit à Rome, on le regarde comme une faute contre cet article du Cérémonial.

2. Si mitram habebit, ut dictum est supra *Cap.* ii, § 5, *et Cap.* xii, § 9, deponet illam, dum orat, et post orationem resumet; et cum ea (1) faciet altari majori reverentiam, caput inclinando, antequam inde discedat, et cum incipit ascendere ad sedem suam, salutat modica capitis inclinatione Canonicos hinc inde stantes (2).

(1) Nous avons remarqué qu'à Rome ce salut à l'autel se fait toujours *tête nue.*

(2) Les chanoines *ad subsellia*, dans le chœur et près de l'autel, forment deux lignes qui expliquent le *hinc* et *inde stantes* dont il est ici question. Cette expression ne se comprend pas aussi bien, et surtout on ne pratique pas aussi facilement ce qu'elle signifie avec notre façon de stalles.

3. Ipsi vero Canonici, cum pervenerint ad altare majus, simul

cum Episcopo profunde se inclinant (1), et statim accedunt ad loca sua in choro, ubi etiam genuflectunt, et permanent orantes, quamdiu Episcopus orat; quo surgente, et ipsi surgunt; et cum Episcopus eos salutat, capite detecto, profunde se inclinant : et regulariter quoties ipsi Canonici transeunt directe ante altare, vel ante Episcopum, caput et humeros profunde inclinant : Beneficiati autem, et cæteri de clero genuflectere debent (2), transeundo tam ante altare, quam ante Episcopum.

(1) C'est ainsi que les cardinaux saluent l'autel et le pape; leur inclination profonde est précisément la nôtre.

(2) Cette génuflexion se fait jusqu'à terre comme la nôtre; et c'est ainsi que l'on salue les cardinaux dans leurs églises titulaires; hors de là, on ne leur fait qu'une inclination de la tête et des épaules. Mais il est à remarquer que ceux qui forment le clergé de ces églises saluent les cardinaux, comme les chanoines saluent l'évêque. Notre demi-génuflexion n'est pas connue à Rome; car toujours on la fait jusqu'à terre, en saluant l'évêque aussi bien qu'en saluant l'autel.

4. Si autem quispiam Canonicus superveniat, inchoato jam Officio, vel Missa, absque eo, ut aliquos salutet, vel ab aliis salutetur, statim genuflectit (1), versus altare, parumper orans; mox surgit, et facit reverentiam profundam altari et Episcopo, deinde salutat Canonicos et alios de choro circumstantes, tunc, et non prius ei assurgentes, et eum resalutantes (2), et vadit ad locum suum. Et, si forte tunc esset principium Horarum, et diceretur in choro : *Deus in adjutorium, etc.*, vel *Gloria Patri, etc.*, aut Hymnus, vel in Missa Oratio, aut Epistola, aut Evangelium, vel denique aliquid aliud fiat, ad quod chorus, vel stat, vel est inclinatus, vel genuflectit per aliquam moram, expectabit (3) respective, stans, vel inclinatus, vel genuflexus separatim in medio chori, prout ipse chorus, donec ea perficiantur; mox factis reverentiis et salutationibus, ut supra, ibit ad locum suum.

(1) Un chanoine qui entre au chœur après les autres se met à genoux au lieu où il arrive, sans aller au milieu de l'autel. Après sa prière, il salue le chœur du lieu où il se trouve et sans tourner le dos à l'autel, quand même il y aurait beaucoup de chanoines derrière lui, et il va à sa place.

(2) Pour répondre au salut d'un supérieur ou d'un égal, on ne se lève, comme on le voit dans ce nombre, que quand on a été salué. C'est ainsi que le pratiquent les cardinaux qui arrivent à la chapelle Sixtine; ils prient au bas du chœur en y arrivant, se lèvent et saluent les cardinaux qui sont déjà à leurs places; ce n'est qu'alors que ceux-ci se lèvent pour répondre à ce salut.

(3) On suit cette règle à Saint-Pierre, et elle est la plus simple et la plus claire pour diriger tous ceux du chœur qui ont à aller de côté et d'autre pendant les offices.

5. Idem observatur, si aliquis Prælatus, aut nobilis laicus, vel ex Magistratu, aut Officialibus civitatis, qui divinis Officiis interesse soleat, supervenerit, Officio, vel Missa jam incœpta : non enim prius ad suum locum ibit, quam fecerit genuflexus orationem versus altare, deinde reverentiam altari et Episcopo; et Canonicos, aliosque nobiles laicos, aut Magistratum, suosque æquales capitis nutu salutaverit : et, si aliquid ex supradictis recitabitur in Missa, vel in choro, expectabit finem, stans, ut de Canonicis dictum est; et mox, surgentibus eisdem Canonicis et laicis, quos ipse salutaverit, ab eis resalutabitur.

6. Mansionariis vero, seu Beneficiatis (1), et aliis de clero supervenientibus, ut supra, facta oratione et debita reverentia altari, Episcopo et Canonicis; nullus ex Canonicis, aut ex Magistratu, vel Nobilibus supradictis assurgat, sed tantummodo alii Mansionarii et Clerici eorum æquales, vel inferiores. Et qui solent gestare almutium, dum assurgunt, a scapulis ad brachia dimittant.

(1) Les *mansionarii* sont tous bénéficiers, c'est-à-dire qu'ils font partie de la seconde classe du chapitre. Ils sont ainsi appelés parce qu'ils sont attachés aux services de l'église, dont ils sont comme les *commensaux*, en logeant dans des maisons qui y sont attenantes, afin de pouvoir donner au lieu saint des soins plus assidus.

7. Illud quoque pro regula observandum erit, ut æqualiter omnes prædicti, qui de eodem corpore sunt, cum sedendum erit, sedeant, cum vero surgendum est, surgant. Sunt enim diversa corpora, seu chori ministrantium, dum divina res solemniter celebratur; primus siquidem chorus est assistentium et ministrantium Episcopo cele-

branti ; alter Canonicorum in suis subselliis residentium ; alter Magistratuum, vel nobilium laicorum ; alter Beneficiatorum, et reliquorum Clericorum.

8. Cum igitur aliquis ex assistentibus Episcopo surgit, facturus aliquid ad officium suæ assistentiæ pertinens pariter et alii coassistentes, et ministri circumstantes surgere debent; non tamen Episcopus ; et sic stare, donec ille sedeat : nec ideo tunc reliqui Canonici in choro sedentes, nec alii de choro surgunt, tanquam diversi chori.

9. Similiter aliquo ex Canonicis in choro residentibus surgente, ut aliquid faciat ad publicum et commune chori officium spectans, puta cum intonatur Antiphona, seu aliquid simile, omnes alii Canonici, ac etiam Beneficiati, et clerici ab utroque latere chori assurgunt, præter prædictos, qui Episcopo assistunt.

10. Inter laicos quoque (1), uno surgente ratione officii, ut cum datur illis incensum, aut pax, cæteri quoque surgunt, secus vero, surgentibus aliis non sui ordinis.

(1) Il est ici question de laïques qui, comme on l'a observé ailleurs, assistent à l'office *ad subsellia* ou autre lieu de distinction. Ils observent les cérémonies du chœur; ils sont encensés; ils reçoivent la paix, mais avec un instrument.

11. Si Episcopus non celebraret (1), sed aliquis Suffraganeus, vel alius Episcopus, præsente ipso Episcopo, adhuc efficeretur alius chorus ministrantium celebranti, qui eamdem regulam servare debent, quoad sedendum et surgendum, prout de aliis dictum est.

(1) On voit qu'un évêque qui officie au fauteuil forme avec ses officiers un chœur à part.

12. Cum autem Episcopus surgit, singuli chori, tam Canonicorum et Beneficiatorum, quam laicorum et celebrantis, consurgere debent.

13. Est et alia regula circa reverentias observanda; videlicet, cum aliquis ex Canonicis, vel ministris, transeundo ante celebrantem, altare et Episcopum, vel aliquem majorem, facturus erit plures reverentias, non inspicitur, cui prius, vel postea reverentia exhibeatur, sed tantum commoditas gradientis; puta si ille discedit a celebrante, iturus ad Episcopum, et transiturus ante altare, primo faciet reverentiam celebranti, tum altari, et ultimo loco Episcopo,

et pari ratione, si discedit ab Episcopo, iturus ad celebrantem, primo Episcopo, deinde altari ante quod transit, ultimo celebranti reverentiam faciet. Et breviter reverentia fieri debet semper primo ei, a quo disceditur, et ultimo ei, ad quem itur, nullo habito respectu, quis eorum sit major.

14. Regula etiam est, ut si plures in eodem loco veniant Prælati, ac etiam Legatus et Cardinales, uni tantum ex ipsis (1), qui erit major, puta Legato, et celebranti reverentia exhibeatur.

(1) Ceci fixe la pratique des saluts quand il se rencontre plusieurs évêques dans un chœur pour quelque office.

15. Cum Episcopus celebrat, familiares, vel nobiles, qui ei ad lotionem manuum ministrant, genuflexi officium suum peragunt, nisi adesset Legatus Cardinalis, vel suus Metropolitanus, quo casu, ob reverentiam illorum, non genuflexi, sed inclinati ministrant. Et pari modo, si aliquis Suffraganeus, vel alius Episcopus celebraret, præsente proprio Episcopo.

16. Illud quoque sciendum est, quoties aliquid offertur Episcopo, celebranti, aut Legato, qui rei divinæ intersint : ac etiam cum aliquid ab eis recipitur, toties osculanda est res, quæ offertur, ac deinde manus recipientis, et cum ab eisdem aliquid recipimus, primo manus, deinde res, quæ recipitur : præterquam in Missis Defunctorum, in quibus talis deosculatio omittitur, ut suo loco dicitur. Idem observandum est erga alios celebrantes, absente Episcopo.

CHAPITRE XIX

DE LA MANIÈRE DE JOINDRE LES MAINS, ETC.

Ordo et modus jungendi, disjungendi, elevandi, tenendique manus per Episcopum, vel alium celebrantem. Quomodo vertere et convertere se debeat ad altare, vel faldistorium, et e contra. Quid observabit in osculatione altaris.

1. Illud in primis observandum erit ab Episcopo, ut cum, sacris vestibus paratus, ad Missam, seu Vesperarum solemnia progreditur, nisi pastoralem baculum deferat, semper junctis manibus incedat, hoc est, palmas extensas, ac simul junctas ante pectus habeat, pollice dextero super sinistro in crucis modum posito; interdum tamen

illas disjungit, ut populo manu dextera aperta benedicat, ac mox iterum jungit : easque sic junctas semper tenet, dum genuflexus orat dumque ab altari ad sedem, vel a sede ad altare progreditur.

2. Cum autem sederit, sive in sede sua Episcopali, sive in faldistorio, si est paratus planeta, palmas disjunctas apertas super gremiali hinc inde positas, quasi illud retinens, habebit.

3. Sed cum surgit, dicturus *Gloria in excelsis Deo, etc.*, *Pax vobis*, seu *Dominus vobiscum*, vel *Credo in unum Deum, etc.*, et similia, easdem sic junctas tenens, cum ea verba incipit proferre, aliquantulum disjungit, et mox, dum pronuntiat ultima verba ex prædictis, eas iterum ante oculos elevatas jungit (1), et cum aliqua ex prædictis, versus altare dicit, ut *Gloria*, *Credo*, et similia, caput aliquantum versus altaris crucem inclinat. Idem facit, cum in Præfatione dicit *Gratias agamus, etc.*, et cum ante Orationes dicit *Oremus*. Cum vero Orationes cantat, manus ipsas elevatas, ac rectas ad humerorum æqualitatem retinet (2), ita ut palma palmam respiciat usque ad conclusionem Orationis, id est *Per Dominum nostrum, etc.* Quod cum dicere incipit, illico manus jungit, et cum profert nomen Jesu, caput inclinat. Quoties autem dextera, oblata super altari, vel alia signat, sinistram super altari tenet, et dextera manu aperta benedicit. Ubicumque vero seipsum signat, sinistram extensam tenet infra pectus. Quoties autem, et quomodo post lectum Offertorium usque ad Communionem signare super hostiam, aut calicem, tam ante, quam post Consecrationem debeat, ac quo pacto manus et digiti sint extendendi, late declaratur in *Cap.* viii, *Lib.* II, et habetur in Rubricis Missalis, ideo supervacuus labor esset illa hic repetere.

(1) Ceci détermine clairement la manière de joindre les mains à différentes parties de la messe, et explique la rubrique du missel, qui n'est pas claire là-dessus.

(2) La position des mains pendant les oraisons, la préface, etc., est ici clairement déterminée.

4. Quando vero, et quomodo vertere et convertere se debeat, hoc regulariter observandum erit, ut quando Episcopus, vel Suffraganeus, aut alius Prælatus celebrat apud faldistorium, prout Episcopo occurrere potest, præsente Legato, vel alio Cardinali, ut alibi dictum fuit, tunc diverso modo observatur. Si altare erit sub tribuna, ita ut sedes Episcopalis sit e regione illius parieti adhærens, habens hinc inde sedilia Canonicorum, quo casu Episcopus sedens in faldistorio (1), vertit terga populo, et tunc surgens salutaturus populum,

dicendo *Pax vobis*, vel *Dominus vobiscum*, vertit se per latus suum dexterum versus altare ad populum ; et per idem latus revolvit se, stans facie conversa ad altare, et cantat Orationes, seu legit, quæ sunt legenda, et pariter ab eodem latere vertit se versus altare, cum dicturus est *Gloria in excelsis Deo*, aut *Credo in unum Deum, etc.* Si vero altare sit adhærens parieti, et sedes Episcopalis in latere Evangelii juxta differentiam positam in *Cap.* XIII, *Lib.* I, § 2, tunc, quia celebrans in faldistorio sedens, habet faciem suam versus populum (2), cum surgit, salutaturus populum non vertit se, sed eo salutato, volvit se per latus sinistrum, non versus altare, sed potius versus credentiam, et legit quæ sunt legenda ex libro.

(1) Ceci a lieu quand l'autel est près des balustres, et que le chœur se trouve entre cet autel et le fond de l'église.

(2) C'est ce qui arrive quand l'autel est tout à fait au fond de l'église. Ce texte est l'explication et la preuve de ce qui a été dit plus haut de la manière de se tourner quand l'office se fait *ad faldistorium*. Que l'on fasse attention que le prêtre, à l'autel, se tourne toujours sur sa droite vers le peuple, et l'on verra que l'évêque, au fauteuil, en fait autant.

5. Hi autem modi vertendi et convertendi se apud faldistorium, secundum diversas positiones altaris, quanquam videantur inter se diversi, tamen in substantia non differunt : nam utroque casu id fit respectu altaris, quod primo casu præsupponitur esse ante faciem celebrantis; ideo cum se vertit ad populum, vertit se per latus suum dexterum : secundo vero casu, quia celebrans sedet in faldistorio versa facie ad populum, præsupponitur vertere terga altari, ideo salutato populo, vel cum dicturus est *Gloria in excelsis Deo*, aut *Credo in unum Deum*, absque salutatione vertit se ad faldistorium, quasi ad altare per latus suum sinistrum, prout faceret quisque celebrans, stans apud altare, qui, ut dictum est, regulariter vertit se ad populum per latus suum dexterum, et per idem latus se revolvit, quod revolvendo est sibi sinistrum; numquam enim perficit circulum, nisi cum vertit se dicendo *Orate fratres*, et in fine Missæ, quando dat benedictionem ; nam tunc vertit se per latus Epistolæ, et convertit per latus Evangelii perficiendo circulum.

6. Postremo advertendum est, dum celebrans stat ante altare, et se ad populum vertit, ut prius osculetur altare in medio, nullam tamen ibi crucem manu, vel pollice designans : et regulariter, quoties a sede, vel faldistorio ad altare accedit, illud in medio osculatur.

CHAPITRE XX

DES PORTE-LIVRE ET BOUGEOIR.

Prope Episcopum, si Missam solemnem celebret, sive eidem assistat, liber Missalis tenendus est a ministro, cotta induto, cui additur minister de candela. Quænam ex eodem libro legat. Quid observandum, si Missæ intersint Legatus de latere, aliquis Cardinalis, Metropolitanus, et Nuntius Apostolicus cum facultate Legati de latere.

1. Cum Episcopus in Missis solemnibus præsens est, quamvis ipsemet Officium minime faciat, sive sit pluviali et mitra, seu tantummodo cappa Pontificali indutus, tenendus est prope ipsum liber Missalis (1), quem aliquis ipsius Minister cotta indutus, custodiet, et cum opus erit, illum super caput apertum tenens, offeret ante Episcopum, accedente cum eo regulariter ad dexteram altero ministro, parvum instrumentum argenteum, quod vulgo *bugiam* vocant, cum candela desuper accensa, tenente, etiamsi aer sit lucidus, ita ut opus non sit lumine ad legendum.

(1) L'évêque doit donc être ou en chape, ou en cape, et non en camail, pour lire les prières de la messe et recevoir les honneurs épiscopaux. Ceci rend raison de ce qui a été dit plus haut de l'office auquel l'évêque assiste en mozette. C'est, au reste, la pratique en Italie, car c'est ou en chape ou en cape que les évêques assistent aux offices. Nous pensons néanmoins que, chaque fois que l'évêque assiste à la messe *ad solium*, il fait usage du livre et du bougeoir, quoiqu'il soit en mozette.

2. Ex hujusmodi libro Episcopus quatuor leget infra posita: videlicet, primo Introitum; secundo Epistolam, Graduale, Alleluia, Sequentiam sive Tractum, et cætera usque ad Evangelium inclusive; tertio Offertorium; quarto Postcommunionem.

3. Observandum tamen est, quod si forte hujusmodi Missæ interesset aliquis S. R. E. Cardinalis, sive Legatus de latere, sive non, aut aliquis Prælatus, ipso Episcopo superior, ut suus Metropolitanus, et Nuntius Apostolicus habens in eo loco facultates Legati de latere, tunc ob eorum reverentiam Episcopus libro hujusmodi non utetur.

4. Cum vero ipsemet Episcopus celebrat, omnia prorsus, quæ ad Missam pertinent, ex libro recitabit, ut latius in *Cap.* VIII, *Lib.* II, de

Missa solemni, quæ ab Episcopo celebratur, exponitur. In Vesperis autem Episcopus nihil ex libro legit, nisi Orationem, quam cantat in fine, ut in *Cap.* i, *Lib.* II, de Vesperis dicitur.

CHAPITRE XXI

DES CERCLES DES CHANOINES.

Quoties Episcopus sacris paramentis induitur, Dignitates et Capitulum stent circa ipsum, facientes circulum per ordinem. Quater in Missa solemni, quæ coram Episcopo celebratur, circuli fiunt. Qui ordo servandus a Canonicis in reverentiis faciendis, et in circulis peragendis. Circuli in Missis tantum fiunt, non Vesperis, nec aliis, præterquam proprio Episcopo.

1. Quotiescumque Episcopus sacris paramentis induitur in secretario, vel alibi ad Missam solemnem, vel ad Processionem iturus, Dignitates et Canonici debent circa illum stare (1), dum paramenta capit, detectis capitibus, quos tamen semel aut iterum invitari ab Episcopo decet, ut caput tegant, cui illi reverenter obtemperent, se cooperiendo.

(1) C'est en se tenant tout autour du *secretarium*, qui ne saurait être un local spacieux, que les chanoines font ce cercle. Le trône qui y est placé se trouvant du côté de l'évangile, les moins dignes, pour être plus près de la porte, afin de sortir les premiers, doivent se trouver *à dextris episcopi*. Catalan dit que les chanoines font les cercles *ad denotandum membrorum unionem cum suo capite, id est episcopo*. Il ajoute qu'un évêque-chanoine doit faire les cercles, quand même il serait titulaire d'une autre église que celle dont il est chanoine.

2. Quo casu dignior ex omnibus tam Dignitatibus, quam Canonicis stare debet a sinistris Episcopi, et alii per ordinem apud illum, facientes circulum usque ad ultimum, qui versus dexteram Episcopi stabit; quod ita fiet, ut commodior et facilior sit exitus, cum ultimi, qui ad dexteram consistunt, debeant esse primi exeundo a dicto loco : alias regulariter digniores semper a dexteris Episcopi stare debent.

3. In Missa quoque solemni, quæ non ab Episcopo, sed coram eo celebratur, quater circuli fiunt (1); primo cum Episcopus stans in sua sede legit Introitum, et dicit *Kyrie eleison, etc.*, et successive Hymnum Angelicum *Gloria in excelsis Deo, etc.*, postquam into-

natus erit a celebrante, si recitandus sit. Canonici enim opportuno tempore, discedentes ab eorum sedilibus, procedunt ad medium chori, factis altari et Episcopo reverentiis, et se sistunt in circulum ante Episcopi faciem, quod diversimode fit pro diversitate situationis altaris et sedis Episcopalis. Si enim altare adhæreat parieti, et sedes Episcopalis sit in latere Evangelii, incipient procedere juniores Canonici a sedili Diaconorum, ita ut ultimus Canonicus consistat ante faciem Episcopi, quos gradatim alii sequuntur, perficiendo circulum ; et dignior Canonicus sive Dignitas, modicum a suo sedili digressus, stat ad dexteram Episcopi. Si vero altare erit sub tribuna, et sedes Episcopalis ex opposito altaris, tunc Canonici venientes ad circulum, procedunt simul ab utraque parte, non perficientes circulum, ne terga vertant altari, sed facientes hinc inde semicirculum, et sic stantes, dicunt cum Episcopo *Kyrie eleison*, quo dicto, si dicendum sit *Gloria in excelsis Deo*, etc., expectant ibidem, donec celebrans incipiat *Gloria in excelsis Deo*, et ipsi cum Episcopo prosequantur usque ad finem. Quo finito, producente super eos Episcopo signum crucis, quod sic semper in fine circuli observatur, factaque illi et altari reverentia, recedunt ad loca sua, eumdemque ordinem servant, quoties in Missa veniunt ad circulum; quod secundo erit, cum dicitur Symbolum, si dicendum est, in quo simul cum Episcopo genuflectunt ad articulum *Et incarnatus est de Spiritu sancto ex Maria Virgine, et homo factus est*. Et si forte, cum redeunt ad loca sua, idem articulus cantetur a choro, ubicumque erunt, pariter genuflectent, donec articulus perficiatur; tertio loco veniunt ad circulum circa finem Præfationis, ut dicant cum Episcopo *Sanctus, Sanctus*, etc., non tamen pectus percutientes : dicto *Benedictus qui venit in nomine Domini*, etc., et facto super eos signo crucis ab Episcopo, recedunt; quarto, et ultimo, paulo antequam celebrans dicat *Per omnia sæcula*, etc., ante *Pax Domini*, etc., iterum veniunt ad circulum, ut dicant cum Episcopo *Agnus Dei*, etc. Et tunc, dum veniunt ad circulum, et dum discedunt, ambobus genibus versus altare genuflectant propter reverentiam SS. Sacramenti, quod est super eo.

(1) Nous allons, pour ce que nous avons à dire ici, nous régler sur ce qui se pratique à Saint-Pierre et à la chapelle Sixtine quand les cardinaux font les cercles devant le pape, assistant *paré* à la messe. Il faut avant tout remarquer qu'à Saint-Pierre le trône est au fond, en face de l'autel de la confession, et,

comme le dit ici le Cérémonial, *sub tribuna*, et qu'à la chapelle Sixtine il est du côté de l'évangile et tout près de l'autel. A l'article du prêtre assistant, on a déjà fait observer comment il lui faut procéder pour se trouver réuni aux autres chanoines pour les cercles.

1° Aussitôt que l'évêque, au commencement de la messe, a été encensé, il lit l'*Introït* au trône pendant que le célébrant le lit à l'autel. Pendant ce temps-là, les chanoines descendent des *subsellia*, et le prêtre assistant, qui a encensé l'évêque, va prendre sa place parmi eux. Descendus sur le pavé du chœur et ayant formé le cercle ou le demi-cercle, ils font tous ensemble le salut à l'autel et à l'évêque, ils récitent avec lui les *Kyrie*, puis ils attendent que le célébrant ait entonné le *Gloria in excelsis*. Ils le continuent ensuite avec l'évêque; ils lui font à la fin une inclination profonde, à laquelle il répond par la bénédiction. Ils saluent ensuite l'autel et remontent à leurs places.

2° On peut conclure de ce qui vient d'être dit que les chanoines ne vont pas au pied de l'autel pour le saluer et aller ensuite au trône. Mais, en descendant des *subsellia*, ils se forment en cercle en se rapprochant, sans beaucoup s'éloigner de leurs places. A Saint-Pierre, les cardinaux font deux demi-cercles, pour ne pas tourner le dos à l'autel; et, à la chapelle Sixtine, ils forment un cercle plein, parce qu'ils ont devant eux le trône et l'autel.

3° S'il n'y a point de sermon après l'évangile, les chanoines forment leur cercle pendant que le prêtre assistant encense l'évêque, s'il le doit être; sinon, pendant que le diacre encense le célébrant. L'encensement fini, le prêtre assistant prend sa place dans le cercle, et le célébrant entonne le *Credo*, qui se continue au trône et à l'autel, comme il a été dit du *Gloria in excelsis*. Les chanoines se mettraient à genoux au lieu où ils se trouveraient si le chœur chantait : *Et incarnatus est*, etc., avant qu'ils se fussent assis à leurs places. C'est l'usage à Rome que ceux-là seuls se mettent à genoux qui se trouvent debout quand on commence à chanter ce verset. Ceux qui sont alors assis demeurent assis.

S'il y a sermon, c'est après la bénédiction que donne l'évêque que se forme le cercle, comme ci-dessus.

4° Les chanoines quittent leurs places pour former le troisième cercle (celui du *Sanctus*) lorsque le dernier d'entre eux a été encensé, et ils partent pour faire le quatrième, celui de l'*Agnus Dei*, lorsque le célébrant chante le *Per omnia*, etc., avant le *Pater*. Le Cérémonial dit : avant *pax Domini*. Cette dernière fois, ils font à l'autel, en arrivant et en partant, la génuflexion à deux genoux, du lieu où ils se trouvent formés en cercle, sans venir au pied de l'autel. Ils ne saluent pas l'évêque cette fois, à cause du saint sacrement présent sur l'autel.

5° Comme il est marqué au Cérémonial, les moins dignes partent de leurs places les premiers pour former les cercles, et les plus dignes remontent *ad subsellia* les premiers. Cette régularité a quelque chose de bien imposant, mais il paraît que c'est aussi quelque chose de bien difficile dans l'exécution; car les cardinaux, qui d'ailleurs font si bien leurs cercles, ont l'air de s'ébranler tout à la fois pour descendre des *subsellia* et y remonter. Le nombre suivant mérite donc attention.

4. Cum Canonici a circulis revertuntur ad sedes suas, faciunt contrario modo, quam faciunt veniendo; quia primo revertuntur seniores, mox juniores.

5. Illud demum sciendum est, hujusmodi circulos fieri tantum in Missis, non autem in Vesperis, et cum Episcopus præsens est Missæ per alterum cantatæ, sive diebus festis, sive ferialibus, nunquam autem, quando ipsemet Episcopus celebrat; nec fieri ante ullum, quantumvis Episcopo superiorem, etiam Legatum de latere, aut ejus Metropolitanum, et multo minus ante inferiorem, vel Suffraganeum, vel alium Episcopum, sed dumtaxat ante ipsum proprium Episcopum : qui tamen circuli, præsente Legato de latere, vel Prælato superiore, ob eorum reverentiam omittuntur.

6. In Missis vero Defunctorum circuli non fiunt, nec feria sexta in Parasceve (1).

(1) Il n'y en a pas non plus, le mercredi des Cendres, à la chapelle Sixtine.

CHAPITRE XXII

DU SERMON.

n Missa solemni, quæ ab Episcopo celebratur, decet haberi concionem, vel per ipsum Episcopum, vel per Presbyterum assistentem. Si Episcopus non celebret, habeatur per alium idoneum. Quis erit ejus habitus, si fuerit clericus, et quis, si regularis, Concionator benedictionem ab Episcopo petat, et indulgentias. Finita concione, e suggestu Indulgentias publicat. Si sermo ob aliquam graviorem causam habendus est, finita Missa, habeatur. Oratio funebris post Missam Defunctorum dicenda.

1. Quemadmodum in *Cap.* VIII, *Lib.* II, de Missa solemni dicitur, Episcopo solemniter celebrante, non decet omnino sermonem haberi, nisi vel ab ipsomet Episcopo, vel ab aliquo Canonico, qui eo casu servit Episcopo in officio Presbyteri assistentis; atque ibidem, et in *Cap.* VII, *Lib.* I, § 4, declaratur, qua forma et modo id agere debeat.

2. Si vero Episcopus non celebret, sed Missæ per alium cantatæ intersit, tunc ab aliquo ex clericis idoneo, de Episcopi licentia, sermo habendus erit; ejus habitus erit cappa supra rocchettum (1), vel alius, qui fuerit in Ecclesia proprius habitus Canonicalis. Si autem fuerit Regularis (2), in habitu, ab ipso deferri solito in concionando. Sermo vero regulariter infra Missam debet esse de Evangelio currenti (3). Quicumque sermonem habiturus, finito Evangelio, ducendus est per Cæremoniarium cum debitis reverentiis ad osculum manus Episcopi, quam nisi fuerit Canonicus genuflexus osculatur; Canonicus autem stans, profunde inclinatus, osculatur manum; deinde benedictionem petit (4), dicendo *Jube, Domne, benedicere*, cui Episcopus respondet : *Dominus sit in corde tuo, et in labiis tuis, ut digne et fructuose annunties verba sancta sua. In nomine Patris,* † *et Filii, et Spiritus sancti. Amen.*

(1) Chaque fois que notre Cérémonial a occasion de parler du costume canonial, il mentionne toujours le rochet et la cape. Tout chanoine qui prêche s'en revêt, comme on le voit ici, quoiqu'il doive prendre le surplis pour les autres fonctions du ministère, comme on l'a vu plus haut. C'est ce qui se pratique à Rome, où nous avons vu un chanoine ainsi revêtu lorsqu'il donnait un sermon à la chapelle Sixtine.

(2) Les réguliers, à Rome, prêchent sans surplis.

(3) On voit là l'esprit et le désir de l'Église, qui veut que ses enfants comprennent bien le saint Évangile. Elle ne défend pas toutefois de prêcher sur d'autres sujets, et c'est ainsi qu'on l'entend et le pratique dans la chapelle Sixtine. Le Cérémonial lui-même l'entend ainsi, puisqu'il dit ici : *Sermo... regulariter... debet esse de Evangelio.*

(4) La formule prescrite ici au prédicateur pour demander la bénédiction, est, comme on le voit, la même qui se dit par le lecteur avant de chanter sa leçon. Mais la bénédiction que donne l'évêque au prédicateur n'est pas tout à fait la même que celle qu'il donne au diacre avant l'évangile, ce qui mérite attention.

3. Accepta ab Episcopo benedictione, petit mox ab eodem Indulgentias (1), dicendo *Indulgentias, Pater Reverendissime,* cui Episcopus concedit Indulgentias consuetas; quibus habitis, cum debitis reverentiis recedit, ac vadit ad ambonem, seu pulpitum, in quod cum conscendit, aliquantulum quiescit, ac se componit, cooperiens caput; et statim, capite detecto, signat se signo crucis, et genuflexus recitat Salutationem Angelicam, non *Regina cœli,* etiam tempore Paschali, voce intelligibili et devota, mox surgit, et capite cooperto incipit sermonem.

(1) Il dit : *Indulgentias, reverendissime Pater.* — L'évêque répond : *Indulgentias consuetas;* ou bien : *Indulgentiam plenariam,* quand il est autorisé par indult apostolique à la donner.

Tout ce qui est marqué dans ce nombre s'exécute ponctuellement aux offices de la chapelle papale. Mais il faut remarquer que le prédicateur seul se met à genoux, et qu'il dit seul et tout haut l'*Ave Maria.* Notre usage de chanter le *Regina cœli* dans le temps pascal est ici réprouvé formellement. Catalan remarque qu'aucun évêque ne doit demander la bénédiction avant le sermon, quand même il prêcherait devant un cardinal, qui serait l'ordinaire du lieu.

4. Inter concionem, cum convertit orationem ad Episcopum, aut Legatum ibi præsentem, caput profunde inclinat. Finito sermone, capite detecto, genuflexus exspectat finem confessionis, quam facit

Diaconus, et ea finita surgit, et stans in eodem pulpito, seu suggestu, publicat Indulgentias (1) ab Episcopo concessas, et statim descendit, receditque in pace ; advertat propterea, ut formam pronuntiandi Indulgentias memoriter teneat.

(1) A Rome, l'indulgence ne se publie qu'en latin, soit à la chapelle Sixtine, soit dans les églises titulaires des cardinaux.

A Rome, le prédicateur lit la formule de l'indulgence sur une carte qui lui est présentée par le cérémoniaire qui l'a conduit en chaire.

Les deux nombres suivants sont singulièrement dignes d'attention et doivent s'exécuter très-fidèlement.

5. Si vero habendus sit sermo extraordinarius, velut ad publicandum aliquod Jubilæum, vel pro gratiarum actione ad Deum de aliquo felici nuntio, aut publicatione fœderis, seu in adventu alicujus maximi Principis, vel ex alia quacumque simili occasione, non debet infra Missam fieri, sed illa finita, nec tunc petitur benedictio.

6. Idem dicitur, si in Missa Defunctorum, vel in laudem alicujus magni viri defuncti habeatur; quo casu fit statim, finita Missa, antequam fiat absolutio, ut in *Cap.* xi, *Lib.* II, de Missa Defunctorum dicitur, et in habitu ordinario.

CHAPITRE XXIII

DE L'ENCENSEMENT.

Quo ordine et modo thus in thuribulum imponatur, illudque benedicatur. Quo ritu fiat ab Episcopo, vel celebrante thurificatio in Vesperis solemnibus. Crux altaris triplici ductu thurificatur. Altare, reliquiæ, seu imagines Sanctorum quomodo incensandæ. Ritus thurificandi in Missa solemni. Quando incensandi sint Legatus de latere, vel alius Cardinalis, Episcopus, Dignitates et Canonici. Quo ritu thurificandum SS. Sacramentum in altari expositum. A quibus, et quo ordine thurificandi sint Legatus, Rex, Princeps magnus, Magistratus et nobiliores.

1. Circa thuris benedictionem hoc servandum est, ut cum Acolythus sive Cæremoniarius affert thuribulum (1) cum prunis ardentibus, sinistra; naviculam autem cum thure et cochleari, dextera ad Episcopum, aut celebrantem, illico adsit, vel primus Presbyter assi-

stens, vel, si Episcopus celebrans est apud altare, Diaconus Evangelii, juxta regulas suis locis traditas, et accipit de manu prædicti Acolythi naviculam semiapertam, et cochlear in ea existens, cum osculo cochlearis et manus Episcopalis, offert eam Episcopo, dicens *Benedicite, Pater Reverendissime;* Episcopus vero, accepto cochleari, sumit cum eo ter ex navicula thus, illudque etiam ter in thuribulum mittit, dicens interim : *Ab illo benedicaris, in cujus honorem cremaberis.*

(1) Ceci confirme ce qui a été dit plus haut et ce qui est prescrit par Baldeschi. Mais il ne faut pas oublier que c'est par le haut des chaînettes que l'encensoir doit se tenir pendant que l'on excite le feu.

2. Quo facto, ac reddito cochleari eidem ministro, qui rursus manum et illud osculatur, ipse Episcopus format manu dextera signum crucis super thus in thuribulo; ipse vero Acolythus thuribulum deferens, illud portat (1), et, cum opus est, operculum per catenulam sursum trahit, juxta normam in *Cap.* xi, *hujus Lib.* I, § 7, positam.

(1) C'est de la droite, mais toujours par le bout des chaînettes, qu'il faut porter l'encensoir après la bénédiction de l'encens, comme on l'a vu plus haut.

Thuribulum sustinet ita ut illud commode ducere versus crucem... et ad se retrahere possit.

Incensat altare ter ducens thuribulum.

Dum Episcopus... Altaris thurificationem facit, advertat ut se in ea graviter... gerat, non personam, aut caput, dum thuribulum ducit reducitque movens, sinistram, quæ summitatem catenularum retinet, firmam stabilemque ante pectus tenebit; dexteram vero manum, ac brachium commode ac tractim cum thuribulo movebit, ita ut, cum thuribulum ad se retrahit, illud sub brachio leviter et competenti mora reducet.

Ces divers nombres sont ici réunis pour que l'on puisse mieux juger de la vraie manière d'encenser. Or rien de plus explicite que cette règle quand il s'agit d'encenser la croix et l'autel, et voici ce qu'il faut en conclure pour la pratique, d'après les maîtres de cérémonies les plus expérimentés, que nous avons consultés à Rome là-dessus. 1° Il faut saisir les chaines près de l'encensoir, et non pas à l'extrémité de ces chaînes. 2° En encensant, on ne lance pas en l'air l'encensoir, mais de la droite on le conduit et ramène (*ducere versus... reducere ad se*). 3° On conduit ainsi l'encensoir trois fois pour encenser l'autel, ou, selon notre manière de nous exprimer, on l'encense de trois coups. 4° Celui qui encense doit s'observer de manière à ne faire aucun mouvement de corps ou de tête qui ne convienne à la gravité religieuse. 5° Il tient de la gauche l'extrémité des chaînes, en l'appuyant sur sa poitrine, et de la droite il met l'encensoir en mouvement, de manière que la main et le bras soient seuls en action, en tirant une ligne avec aisance et bonne grâce. 6° Il ne laisse pas tomber l'encensoir par son propre poids, mais il le ramène doucement et par un mouvement régulier sous le bras droit.

D'après ces règles, l'on n'encense jamais à Rome en tenant l'encensoir par le bout des chaînes. On ne donne pas non plus deux coups, un petit et un grand, qui, chez nous, sont censés n'en faire qu'un; car le Cérémonial dit positivement : *Incensat... ter ducens thuribulum*. Cependant il est d'usage, quand on encense l'autel et les dignitaires, de faire en élevant l'encensoir *versus crucem vel dignitatem*, une petite pause, en tenant l'encensoir immobile pendant un instant : ce qui n'empêche pas que l'on ne suive le Cérémonial, puisque l'on ne tire vraiment qu'un seul trait en offrant l'encens à l'objet encensé. Ceci demande à être vu pour être bien compris, et il faut aussi que ce soit bien exécuté, car autrement, au lieu d'un coup, on en donnerait deux ; ce qui ferait vraiment *six* coups au lieu de *trois*. Il est à bien remarquer que notre Cérémonial ne dit pas *ictu*, mais *ductu... ducere... reducere... retrahere... tractim movere*, etc.

3. Materies autem, quæ adhibetur, vel solum, et purum thus esse debet suavis odoris; vel, si aliqua addantur, advertatur, ut quantitas thuris longe superet.

4. Hujusmodi thurificatio principaliter fit versus altare et crucem, ac Reliquias et imagines Sanctorum super eo positas, hoc ordine. Nam imposito et benedicto thure, ut supra, Episcopus, vel celebrans

capit de manu Diaconi in Missa, vel de manu Presbyteri assistentis in Vesperis, thuribulum, videlicet sinistra catenulas, quibus thuribulum sustinetur in earum summitate, dextera vero easdem catenulas simul junctas, prope thuribulum tenet, ac thuribulum sustinet; ita ut illud commode ducere versus crucem et imagines prædictas, et ad se retrahere possit; quod recte fit, si ipse Episcopus, aut celebrans, accepto thuribulo, teneat dexteram, quo fieri potest, proximiorem ipsi thuribulo, ita ut parvum catenularum spatium remaneat inter ipsius manum dexteram et thuribulum, præsertim cum thurificantur oblata; nam, si nimis thuribulum pendeat, nec commode, nec secure, nec decore illam actionem expedire posset, et facta cruci profunda reverentia, thurificet illam triplici ductu.

5. Mox iterum facta cruci reverentia, incensat altare, ter ducens thuribulum æquali distantia, prout distribuuntur candelabra, a medio ejus usque ad cornu Epistolæ, ubi demissa manu, thurificat illius postremam partem inferiorem, mox superiorem, duplici ductu thuribuli : deinde conversus ad altare, elevans manum, ab eodem latere illius planitiem, seu mensam ipsam in parte superiori, triplici ductu usque ad medium, ubi facta cruci reverentia, procedit thurificando aliud latus altaris triplici ductu usque ad cornu Evangelii, et pariter incensata inferiori et superiori parte ipsius cornu Evangelii similiter duplici ductu, adhuc stans ibidem, elevat thuribulum, et ter incensat superiorem tabulæ partem versus medium altaris, ut fecit in cornu Epistolæ, deinde manu aliquantulum demissa, incensat frontem, seu anteriorem partem altaris, ter ducens thuribulum; dum procedit a cornu Evangelii usque ad medium altaris : ubi denuo facta cruci reverentia, incensat similiter triplici ductu reliquam partem anteriorem usque ad cornu Epistolæ, ubi sistat.

6. Si vero in altari fuerint Reliquiæ, seu imagines Sanctorum, incensata ter Cruce, et facta ei reverentia, antequam discedat a medio altaris, primum incensat eas, quæ a dextris sunt, id est a parte Evangelii prope Crucem, bis ducens thuribulum, et iterum facta Cruci reverentia, similiter incensat bis alias, quæ sunt a sinistris, hoc est a parte Epistolæ, deinde prosequitur incensationem altaris, ut supra, ter ducens thuribulum in unoquoque latere, etiamsi in eo essent plures Reliquiæ, vel imagines, seu etiam plura, vel pauciora candelabra.

7. Finita hoc modo incensatione, sistens in cornu Epistolæ, reddit thuribulum Diacono, seu Presbytero assistenti, et, si celebret Missam, accepta mitra, ibidem triplici ductu thurificabitur, ut infra dicetur.

8. Dum autem Episcopus, seu alius celebrans prædictam altaris thurificationem facit, advertat ut se in ea graviter et decore gerat, non personam, aut caput, dum thuribulum ducit reducitque, movens; sinistram, quæ summitatem catenularum retinet, firmam stabilemque ante pectus tenebit; dexteram vero manum ac brachium commode ac tractim cum thuribulo movebit; ita ut, cum thuribulum ad se retrahit, illud sub brachio leviter et competenti mora reducat; et dum procedit thurificando altare, eundo et redeundo, semper illum pedem prius moveat, qui proximior est altari; totque omnino passus faciat, quot thuribuli tractus, ut manus pedesque in motu decenter concordent.

9. Hæc, quæ dicta sunt, observantur cum Episcopus, vel alius in Vesperis, vel in principio Missæ thurificat altare.

10. Cum vero post Offertorium, oblata et altare iterum thurificantur, Diaconus Evangelii porrigens naviculam Episcopo, vel celebranti, dicit, ut prius : *Benedicite, Pater Reverendissime;* cui ille respondet : *Per intercessionem beati Michaelis, etc.*, et accipiens thuribulum de manu Diaconi, nulla facta tunc Cruci reverentia, ter facit signum crucis cum eo super calicem et hostiam simul in modum crucis, et ter circum calicem et hostiam, scilicet bis a dextera ad sinistram, et semel a sinistra ad dexteram, Diacono interim pedem calicis tenente manu dextera, dispensans verba in qualibet incensatione, hoc modo. In prima incensatione *Incensum istud*, in secunda *a te benedictum*, in tertia *ascendat ad te, Domine*, in quarta *et descendat super nos*, in quinta et sexta *misericordia tua*.

11. Deinde facta reverentia Cruci, incensat illam et altare, eo modo, quo paulo ante dictum est, assistente semper ibi Diacono, qui, cum Episcopus Crucem incensat, amovet calicem ad partem Epistolæ, et incensata Cruce, reponit in loco suo. Cum vero Episcopus incipit thurificare Crucem, inchoat illa verba : *Dirigatur, Domine, oratio mea, etc.*, et reliqua sequentia prosequitur in incensatione Reliquiarum et imaginum, si ibidem sint, atque ipsius altaris, ita ut ea taliter distribuat, ut eodem tempore finiantur verba et thurificatio.

12. Cum reddit thuribulum Diacono, dicit *Accendat in nobis Dominus ignem sui amoris, etc.* Peragenda autem est hujusmodi thurificatio a quocumque celebrante, semper detecto capite.

13. Et in Vesperis quidem semel tantum altaris et celebrantis, deinde Episcopi, nisi ipsemet celebret, mox aliorum thurificatio fit, videlicet, inchoato Cantico *Magnificat, etc.*, sed in Missis solemnibus ter modo supradicto thus benedicitur; videlicet, in principio, ante-

quam dicatur Introitus, et tunc thurificatur altare, celebrans et Episcopus, quando adest in Missa per alium celebrata cum pluviali et mitra, et non alii ; secundo ante Evangelium, et tunc thurificatur tantummodo liber Evangeliorum, et Episcopus post Evangelium illico, si est paratus pluviali et mitra, et nulli alii, præterquam, si adesset Cardinalis Legatus, vel alius Cardinalis ; quia tunc post Evangelium non thurificatur Episcopus, sed Legatus, vel Cardinalis ; nam Episcopus, præsente Legato, vel alio Cardinali, non debet assistere Missæ paratus cum pluviali et mitra. Tertio post oblata, et tunc thurificantur oblata, altare, celebrans, Episcopus, mox Dignitates et Canonici, et alii omnes eo ordine, quo infra dicetur ; ita ut Episcopus mitratus ter in Missa thurificetur. Quod similiter observandum est de Cardinali Legato, vel alio Cardinali mitrato, qui Missæ assistit : nullus vero neque Legatus, neque Cardinalis, neque Episcopus, si non sunt mitrati, incensatur in Missa, nisi semel, scilicet post oblata.

14. Imponitur autem et benedicitur thus ab Episcopo, si celebret, regulariter apud sedem suam, vel apud faldistorium, præterquam in principio Missæ, et ad oblata, quia tunc imponit et benedicit thus stans apud altare : si non celebret sed cum pluviali et mitra, vel saltem cum cappa assistat Missæ solemni, semper imponit et benedicit thus apud sedem suam.

15. In Vesperis pro Defunctis nulla prorsus, nec altaris, nec hominum fit thurificatio, sed in Missis Defunctorum, semel tantum post oblata ; et tunc oblata, altare, celebrans, et Episcopus tantum, si ipse non celebrat, et nulli alii thurificantur, et fit benedictio thuris ; prout in aliis Missis ad oblata, videlicet, dicendo *Per intercessionem beati Michaelis, etc.* Advertat autem Thuriferarius, ut, cum dat thuribulum in manibus, vel Presbyteri assistentis, vel Diaconi, qui mox illud ad manus Episcopi, altare thurificaturi, porrigunt, catenularum summitatem in dextera, thuribulum vero in sinistra dicti ministri ponant, ut ipse deinceps minister commode ad manus Episcopi contrario modo porrigat : videlicet, catenulas in sinistra, thuribulum in dextera.

16. Illud observandum est, ut Episcopus, sive Archiepiscopus, sive etiam Legatus, aut alius S. R. E. Cardinalis, sive paratus sacris indumentis, sive non, nunquam sedens, sed stans thurificetur, aliquando tamen cooperto capite, aliquando eo detecto. Nam in principio Missæ, altari thurificato, Episcopus, si est paratus, stans cum mitra thurificatur, post vero Evangelium sine mitra : post oblata cum mitra ; si vero non est paratus, post oblata tantum, stans capite detecto.

17. In Vesperis, si ipse Episcopus paratus celebrat, thurificato altari, capit mitram, et revertitur ad sedem, ibique mitram retinens thurificatur. Si vero interest Vesperis non paratus, sed in cappa ; thurificato per celebrantem altari, ipse apud sedem suam stans, detecto capite thurificatur. Nullatenus autem permittat, sive paratus, sive non, sedentem se ab ullo genuflexo thurificari, neque in principio Missæ, neque post oblata, quæ est specialis prærogativa Summi Pontificis.

18. Si SS. Sacramentum super altari expositum sit, semper ab Episcopo, vel alio celebrante genuflexo thurificandum est triplici ductu : quod si ipsum solum Sacramentum sit thurificandum, ut in principio et fine Processionis feria quinta, et sexta majoris Hebdomadæ, et in festo ejusdem SS. Corporis Christi, et cum ponitur Oratio Quadraginta horarum, nunquam debet ab Episcopo, neque ab alio thus benedici, sed simpliciter poni in thuribulum, et porrigitur sine osculatione manus Episcopi : similiter, et quando per Cæremoniarium, vel Acolythum, aut Subdiaconum in Elevatione thurificatur, quo casu ab eodem Acolytho, seu a quocumque alio clerico ponitur in thuribulum simpliciter absque benedictione.

19. Sed si thurificandum est altare, super quo positum sit SS. Sacramentum apertum, ut in Vesperis festivitatis ejusdem Corporis Christi, tunc benedicitur thus, sed thurificatio Sacramenti fit cum genuflexione; et quoties ante illud transit celebrans, toties genuflectit. Cum in Missa post thurificationem oblatorum, Episcopi et Canonicorum, seu Dignitatum ad ejus latus assistentium, fit generalis omnium thurificatio in choro, omnes, præter Episcopum et dictos ejus assistentes, stant (1).

(1) A Saint-Pierre, lorsque les chanoines ont été encensés, ils s'asseyent pendant que les bénéficiers le sont à leur tour; mais on sait qu'ils jouissent de plusieurs priviléges.

20. Ipsi autem, quibus thus datur (1), observare solent, ut alter alterum immediate subsequentem capitis nutu modeste invitet ad thurificationem prius capiendam, sive Ecclesiastici, sive sæculares sint : et si is, qui thurificat, sit æqualis dignitatis, cum eo, qui thurificandus est, aut etiam majoris, invicem capite inclinato, sibi reverentias faciunt ante et post thurificationem : si vero, qui thurificat, minor est, ipse quidem versus majores caput profunde inclinat ante et post, illi autem parum, vel nihil versus thurificantem correspondent pro qualitate ipsius thurificantis, qui et ipse thurificando alios

post Canonicos, parum, vel nihil versus eos caput inclinat, pro eorum qualitate.

(1) Voici ce qui se pratique généralement à cet égard, dans toutes les églises de Rome. Celui du chœur, qui doit être encensé le premier, voyant venir celui qui doit l'encenser, se tourne vers son suivant, et ils se saluent mutuellement. (Le premier dit au second : *Ecce odor*, d'après un usage établi dans les grandes églises de Rome.) (*Tibi honor*, disent quelques-uns en se saluant mutuellement.) Pendant que l'on encense le premier du chœur, le second salue le troisième de la même manière, et ainsi de suite. Ainsi, pendant que l'un est encensé, les deux suivants se saluent mutuellement pour se déférer l'honneur de l'encensement.

21. Sed Episcopus, vel Legatus, cum thurificatur, nullatenus versus thurificantem caput, nec modicum quidem, inclinet, sed manu dextera super eum signum crucis faciat.

22. Personæ autem, quibus hoc officium thurificandi alios competit, solent esse diversæ pro diversitate celebrantium, et solemnitatum, ac personarum quæ thurificandæ sunt. Nam Episcopus solemniter celebrans Vesperas, thurificato per ipsum altari, thurificatur, stans apud sedem, a primo Presbytero assistente parato, qui postmodum dat thuribulum in manibus Subdiaconi (1), qui in crastinum cantaturus est Epistolam in Missa ; vel alicujus Acolythi, vel alias, ut dicitur in *Cap.* I, *Lib.* II, qui thurificat reliquos omnes de choro.

(1) A Rome, c'est un sous-diacre qui, conformément à cette règle, encense le chœur quand l'évêque chante vêpres au trône. Mais il est à bien remarquer qu'à ces vêpres pontificales il y a des dignités en chape, des chanoines en chasuble et des bénéficiers ou jeunes chanoines en dalmatique et tunique.

23. In Missa vero, cum Episcopus est apud altare, thurificatur semper a Diacono Evangelii parato : cum vero est apud sedem, videlicet finito Evangelio, thurificatur a prædicto Presbytero assistente, pluviali parato, qui accipit thuribulum de manu Acolythi, qui illud tenebat.

24. Sed si celebret apud faldistorium, puta præsente Legato, vel Metropolitano, thurificatur ab eodem Diacono (1), qui et alios de

choro thurificat : deinde dat thuribulum in manu alicujus Acolythi, qui primo ipsum Diaconum, a quo recipit thuribulum, mox alios, si qui in choro supersunt, et reliquum populum thurificat. Diaconus vero tunc revertitur ad officium suum.

(1) L'usage de Saint-Pierre est que si le sous-diacre ou le diacre qui encense est chanoine, il n'encense que les chanoines et tous ceux qui sont au-dessus. Dans ce cas, le cérémoniaire ou le thuriféraire encensera le reste du chœur.

Il est à remarquer qu'alors le cérémoniaire qui a assisté à l'encensement encense le diacre, puis le premier cérémoniaire, et ensuite ceux du chœur qui n'ont pas été encensés par le diacre. Il encense aussi les acolytes, selon que l'occasion se présente de le faire plus facilement. Il est encensé par le thuriféraire qui va encenser la nef. Au reste il y a beaucoup d'usages différents là-dessus.

25. Quod si adesset Legatus, Rex, aut Princeps magnus, nihilominus eædem personæ ipsos thurificarent, quas diximus, Episcopum celebrantem thurificare, et non aliæ, præsertim, quæ in dignitate Episcopali sunt constitutæ, quas nullo modo convenit alios, quantumlibet maximos Principes, thurificare.

26. Si autem Episcopus non celebrat, sed interest Vesperis, vel Missæ per alium celebratæ, ipse Episcopus semper a primo Presbytero assistente thurificandus est. Canonici vero, et alii de choro in Vesperis ab aliquo Acolytho, in Missa a Diacono, qui cantat Evangelium thurificantur, qui et cæteros omnes thurificat. Antequam inchoetur Evangelium, videlicet, lecto per Diaconum titulo Evangelii, ipse ter thurificat librum Evangeliorum ; primo in medio, tum a parte dextera libri, mox a sinistra.

27. Ordo autem thurificandi, sive in Vesperis, sive in Missa, erit talis. Primo in Vesperis, thurificato altari, thurificatur Episcopus celebrans, vel alius quicumque celebrans cum dicitur *Magnificat anima mea, etc.* Idem observatur in Missa, tam in principio, quam post oblata ; tum Legatus Cardinalis, si aderit, vel etiam Cardinalis non Legatus ; mox Archiepiscopus illius Provinciæ, si aderit, et post eum Episcopus non celebrans, sed præsens in sacrificio ; post quem immediate Presbyter assistens, et duo Diaconi assistentes, nisi adsint majores Episcopo ; et casu, quo non fiat Episcopo assistentia.

28. Si forte aderunt Nuntius Apostolicus cum facultate Legati de latere, intra fines suæ Legationis, aut Visitator Apostolicus Episcopus, thurificantur ante Archiepiscopum et Episcopum : sed si Nuntius Apostolicus non habeat talem facultatem, vel Visitator non sit Episcopus, post Episcopum et Archiepiscopum ; et hoc intelligatur quando Nuntius et Visitator sunt in loco eorum jurisdictionis. Si aderunt Episcopus, vel Archiepiscopus hospites, thurificandi sunt post proprium Episcopum.

29. Si forte aliquis S. R. E. Cardinalis esset Episcopus Suffraganeus, præsente suo Metropolitano non Cardinali, thurificandus est prius ipse Cardinalis ob reverentiam dignitatis Cardinalitiæ; post prædictos thurificantur, si aderunt, Protonotarii de numero participantium (1) ; deinde Nuntii Apostolici prælati, non existentes in loco eorum jurisdictionis, sed transeuntes ; tum Dignitates et Canonici secundum eorum ordinem ; videlicet, primo dignitates, deinde Canonici Presbyteri, tum Diaconi, mox Subdiaconi, si Præbendæ sint distinctæ; tum, si aderunt, Abbates benedicti ; et post eos, si erunt aliqui Protonotarii supernumerarii, nisi essent consanguinei alicujus maximi Principis, qui pro judicio et prudentia Episcopi thurificari poterunt loco convenienti, ante Dignitates et Canonicos. Vicarius vero Episcopi pro consuetudine Ecclesiarum (2) : et hæc quoad personas Ecclesiasticas.

(1) Ce sont des protonotaires qui participent au bénéfice de certains émoluments, et que l'on distingue ainsi de ceux qui n'ont plus de cette dignité que le titre.

(2) A Rome, le vicaire général du pape est un cardinal, qui a par conséquent un titre spécial à l'honneur de l'encensement. On ne peut donc citer l'usage romain pour fixer la pratique à cet égard ; mais voici ce que l'on en peut conclure : c'est que le grand vicaire, s'il est chanoine titulaire ou honoraire, peut prendre son rang parmi les chanoines, dont il porte l'habit, de la même manière que le cardinal-vicaire prend son rang parmi les cardinaux. Or il est à bien remarquer que son titre de vicaire général du pape, qui lui fait remplir les importantes fonctions de l'évêque de Rome, ne lui donne pas le droit de siéger à la tête du sacré collége. Mais quelle sera au chœur la place du grand vicaire, et de quel habit sera-t-il revêtu s'il veut y paraître en sa *qualité de grand vicaire?*

Notre Cérémonial ici renvoie à l'usage des lieux, et quand il n'y a pas d'usage établi, la congrégation des rites y supplée en disant que le grand vicaire est placé avant les chanoines, et qu'il reçoit le premier les honneurs du chœur, comme l'encensement, la paix, à moins que les chanoines ne soient *parés* de chapes ou autres ornements sacrés. Quant à son habit de chœur, la congrégation y pourvoit encore en disant dans son décret (*in adjac.* 2 decem. 1690) *Vicarium habitum esse subtanam cum mantello talari et bireto.* Cet habit si simple est très-significatif, puisqu'il signifie que celui qui le porte est partout l'homme de l'évêque, exerçant sa juridiction et prononçant en son nom des jugements. Voilà pourquoi il conserve au chœur l'habit qu'il porte dans tout le diocèse en exerçant son office ; et c'est aussi pour cela que, sous un habit commun, il reçoit les honneurs de l'Église.

30. Quod vero ad laicos, Princeps magnus Dominus loci non recognoscens superiorem, thurificatur immediate post Episcopum. Imperator tamen et Reges indistincte ante Episcopum sunt thurificandi. Proreges vero et Gubernatores Regnorum ac Provinciarum immediate post Episcopum ; Magistratus civitatum thurificantur post Dignitates et Canonicos, nisi sint de majoribus et perpetuis, qui thurificantur ante Canonicos; nisi rursus Canonici sint parati ; quia tunc et ipsi thurificantur post Canonicos paratos; Barones et Domicelli sine titulo post Magistratus omnes. Hi omnes ab iis thurificantur, ad quos ex consuetudine id munus pertinet.

31. Si adesset aliqua mulier insignis, ut Regina, vel magna Principissa, utique et ipsi thus dari convenit in loco, ubi daretur ejus viro, si adesset. Demum advertere debet Thurificator, ut numerum thurificationum observet pro qualitate rerum et personarum, quæ thurificantur.

32. Nam SS. Sacramentum, Crux altaris, Episcopus, vel Archiepiscopus thurificantur triplici ductu (1); Dignitates et Canonici duplici ductu ; inferiores unico ductu. Si adesset Legatus, vel alii Cardinales, ipsi ter, et Episcopus et celebrans bis; Dignitates et Canonici semel, cæteri transeundo. Si vero adsit Dominus loci laicus, vel alius Princeps major, ter, ut Episcopus : celebrans, Dignitates et Canonici bis, cæteri semel, ut supra, nisi rursus adessent Legatus, vel alii Cardinales, quo casu duplici ductu thurificantur, sicut Episco-

pus, Dignitates vero et Canonici tunc unico tantum ductu thurificantur, ut proxime dictum est. Illud igitur observandum est, ut celebrans semper triplici ductu incensetur, si nullus sit eo major, cui triplex ductus debeatur. Porro Nuntius Apostolicus cum facultate Legati, Visitator Apostolicus Episcopus in loco eorum jurisdictionis triplici ductu incensantur; quemadmodum triplici ductu thurificantur Dominus loci laicus, et Princeps maximus, qui thurificari debent ab iis, qui ex consuetudine hæc munia explere solent.

(1) L'évêque est encensé de trois coups; le célébrant et les chanoines, de deux ; les bénéficiers, d'un seul, et les autres du chœur *per modum unius*. Les chanoines sont salués privément avant et après l'encensement. Les bénéficiers le sont d'un salut commun. Celui qui fait l'encensement donne à chacun un coup, mais en marchant et sans s'arrêter, si le local le permet. Tel est l'usage de Saint-Pierre, qui pourtant varie suivant la qualité des personnes à encenser. C'est, au reste, à l'évêque à fixer là-dessus l'usage d'après les principes établis par le *Cérémonial des Évêques* et la coutume de Rome. Nous devons faire observer ici qu'en encensant ceux du chœur, on se tourne vers eux et non vers l'autel.

CHAPITRE XXIV

DE LA PAIX.

Ordo dandi pacis osculum. Si Episcopus celebrat solemniter, dat osculum Presbytero assistenti, qui illud per chorum ordine distribuit. Diaconus Evangelii, et Subdiaconus Epistolæ pacem accipiunt ab Episcopo celebrante, cum ab eo communicantur. Presbyter assistens, osculum ferens, nulli reverentiam facit, antequam ei pacem dederit. Ordo servandus in pace distribuenda. Si Episcopus assistat, Presbyter assistens capit pacem, quam defert Episcopo, qui eam duobus Diaconis assistentibus dat. Quid servandum, si Prælatus celebret, Episcopo assistente. In Ecclesiis Collegiatis pax a Subdiacono per chorum distribuitur.

1. Pacis osculum alio modo, ac per diversos ministros præberi consuevit, cum scilicet Episcopus ipse celebrat solemniter Missam; aliter cum Missæ per alium Prælatum, vel non Prælatum cantatæ interest; aliter cum, ipso Episcopo absente, vel in Collegiatis Ecclesiis Missa solemnis celebratur; et demum aliter in Missa plana.

2. Episcopo igitur celebrante, postquam cum Presbytero assistente

a sinistro, ac Diacono a dextero latere, dixerit : *Agnus Dei, etc.*, ipse Presbyter assistens accedit ad ejus dexteram, et genuflectit ante SS. Sacramentum, ac surgens, osculatur altare simul, et eodem tempore cum ipso celebrante ; mox appropinquans sinistram genam sinistræ celebrantis, accipit ab eodem celebrante dicente *Pax tecum* osculum pacis, cui ipse respondet *Et cum spiritu tuo*, factaque ibi iterum genuflexione, discedit, comitante Cæremoniario, osculumque prædictum per chorum ordine distribuit, incipiendo a dignioribus.

3. Ordo autem idem erit, prout in *Capite* xxiii, *Lib.* I, § 27, proxime præcedenti de thuris ministratione dictum fuit, hoc excepto, quod ipse assistens non dat osculum Diacono Evangelii, et Subdiacono Epistolæ (1), nec duobus Diaconis assistentibus : isti enim capiunt pacem ab eodem celebrante statim, postquam illam dederit Presbytero assistenti, genuflectentes prius et post, ante SS. Sacramentum, non tamen osculantes altare. Illi vero, hoc est, Diaconus Evangelii, et Subdiaconus Epistolæ capiunt pacem ab eodem Episcopo celebrante, cum ab eo accipiunt communionem.

(1) De ce que les diacre et sous-diacre de la messe sont nommés ici avant les diacres assistants, on en pourrait conclure que, s'ils ne communient pas, ils doivent recevoir la paix de l'évêque avant eux.

4. Sed si fuerint Sacerdotes, et jam celebraverint, aut velint hac die celebrare, tunc postquam Presbyter assistens cum pluviali, pacem ab Episcopo celebrante acceperit, ut eam per chorum distribuat, ab eodem celebrante pacem etiam accipiunt cum Diaconis assistentibus, Diaconus Evangelii, et Subdiaconus Epistolæ.

5. Observabit autem ipse Presbyter assistens, osculum deferens, ut nulli quantumvis supremo Principi, etiamsi esset Imperator, vel Rex, ullam reverentiam faciat, antequam ei pacem det, sed post datam pacem ; cui etiam ipsi, qui acceperunt pacem ab eo, debita reverentia correspondent, cum sit ex primis Dignitatibus, vel Canonicis Ecclesiæ. Legatus tamen, aut Princeps supremus parum correspondent in reverentia.

6. Regulare est, ut pax detur primo cujusque ordinis (1), videlicet, primo ex Canonicis Presbyteris, primo ex Canonicis Diaconis, et primo ex Canonicis Subdiaconis, ubi distinctæ sunt Præbendæ ; vel, ubi Præbendæ non sunt distinctæ, primo ab utroque latere stanti, qui successive pacem dat alteri subsequenti, et ille dat alteri : et si aderunt laici (2), ut Magistratus, et Barones, ac nobiles, detur

illis pax cum instrumento, quod instrumentum osculetur prius Presbyter assistens.

(1) Celui qui porte la paix, à Rome, entre dans les stalles pour aller trouver ceux à qui il doit la donner. Lorsque celui du chœur qui doit recevoir le premier la paix voit venir celui qui la lui apporte, il salue le second, qui après avoir répondu à ce salut, se tourne de suite vers le troisième, et ainsi de suite jusqu'au dernier de cet ordre. On en fait autant à chaque ordre ou partie distincte du chœur. Cette manière de se saluer avant de recevoir la paix est générale à Rome. Tous, petits comme grands, se donnent la paix. A Saint-Pierre, les petits élèves qui assistent à l'office sont très-bien exercés à se donner mutuellement la paix, et observent ce qui vient d'être dit.

(2) Nonobstant cette règle, l'on voit les laïques, à Rome, recevoir et donner la paix comme les ecclésiastiques ; mais l'on convient que le Cérémonial devrait être observé en ce point.

7. Postquam vero prædictus assistens (1) pacem Dignitatibus et Canonicis, ac magistratui dederit, dabit eam alicui Acolytho, vel Cæremoniario, qui cæteris de choro distribuit. Nulli autem Ecclesiastico osculum hujusmodi dandum est, nisi stanti.

(1) Le second cérémoniaire qui conduit le prêtre assistant pour la paix la reçoit de lui en arrivant à l'autel. Puis il la donne au premier cérémoniaire, et ensuite au premier des familiers, parmi lesquels se trouvent les acolytes et les thuriféraires, puis enfin au premier de chaque rangée de clercs qui ne l'auraient pas reçue du prêtre assistant.

8. Quando Episcopus ipse non celebrat, sed Missæ per alium celebratæ præsens fuerit, idem Presbyter assistens accipiet pacem a celebrante, acceptamque Episcopo deferet, qui eam duobus Diaconis assistentibus dat (1).

(1) On a remarqué plus haut comment les diacres assistants devaient descendre du trône, saluer l'autel et l'évêque, et remonter pour recevoir la paix.

9. Advertendum tamen est (1), si is, qui celebrat, sit Prælatus, ita ut habeat Capellanum assistentem cum pluviali in Missa, tunc ipse

Capellanus assistens, postquam Episcopus pacem dederit duobus Diaconis assistentibus, accedit in choro ad locum dicti Presbyteri assistentis, qui dedit pacem Episcopo; et ab eo accipit pacem, quam ad alios de choro ordine superius dicto defert.

(1) Quand il y a à l'autel un prêtre assistant, un cérémoniaire doit le conduire au lieu où se trouve, au chœur, le prêtre assistant du trône. Il reçoit de lui la paix et va la porter au chœur. Au retour, il la donne au diacre, qui à son tour la donne au sous-diacre. L'ordre à suivre en donnant ainsi la paix est celui que l'on a suivi en encensant le chœur.

10. Quod si is, qui celebrat, non sit Prælatus, nec habeat Capellanum assistentem cum pluviali, eodem modo Presbyter Episcopo assistens accipit pacem a celebrante; eamque ad Episcopum defert, qui dat illam Diaconis assistentibus, ut supra : mox stans in loco suo inter Canonicos, illam dabit Subdiacono, qui cantavit Epistolam in Missa, qui ad alios defert, nisi adesset major Episcopo; quia tali casu semper illi dabitur pax ab eodem Presbytero assistente, qui pacem dat Episcopo, ut in *Cap.* xxiii, § 22, de thurificatione dictum est.

11. Absente Episcopo, ut in Ecclesiis Collegiatis, servabitur ordo, ut in Rubricis Missalis; videlicet, ut Subdiaconus, accepta pace a Diacono, illam per chorum distribuat; sed quicumque sit, qui pacis osculum defert, sive Presbyter assistens, sive Capellanus, sive Subdiaconus, eadem observabit, quæ de Presbytero assistente supra dicta sunt, quoad reverentias et formam dandi osculum.

12. In Missis planis quæ coram Episcopo dicuntur, adhiberi solet instrumentum pacis, ut in *Cap.* xxx, *Lib.* I, dicetur. Itaque ad ordinem distribuendæ pacis, ac ejus ministros quod attinet, servetur laudabilis locorum consuetudo.

CHAPITRE XXV

DE LA BÉNÉDICTION ET DE L'INDULGENCE.

Quo ritu danda sit benedictio solemnis ab Episcopo. In Missis datur, finito sermone, et confessione per Diaconum cantata, ac Indulgentia publicata. Datur ab Episcopo stante in medio altaris. Ritus dandi benedictionem in fine Missæ ac Vesperarum. Indulgentia, quæ ab Archiepiscopo et Episcopo, pro benedictione, conceditur, est quadraginta dierum; quæ a Cardinali vero, centum dierum.

1. Duobus modis dantur benedictiones ab Episcopis (1) in Missis, uno nempe, quando infra Missam sermo habetur; tunc enim, finito

sermone, Diaconus, qui cantavit Evangelium, stans ante infimum, vel in supremo gradu altaris (2), conversus ad Episcopum, capite inclinato, cantat confessionem in tono, qui notatur in fine hujus Cæremonialis, et dum dicit *Tibi Pater*, et *Te Pater*, si fuerit Canonicus; se inclinat profundius; si vero non fuerit Canonicus, genuflectit. Deinde, finita confessione, sermocinator, qui in pulpito, dum cantatur confessio, manet genuflexus, surgens, publicabit Indulgentiam in forma sequenti :

Reverendissimus in Christo Pater, et Dominus, Dominus N. Dei et Apostolicæ Sedis gratia hujus sanctæ N. Ecclesiæ Episcopus dat, et concedit omnibus hic præsentibus quadraginta dies de vera Indulgentia in forma Ecclesiæ consueta : rogate Deum pro felici statu sanctissimi Domini nostri N. divina Providentia Papæ N. Dominationis suæ Reverendissimæ, et sanctæ Matris Ecclesiæ.

(1) On a vu plus haut comment se chante le *Confiteor* au trône ou à l'autel.

Le ton de la bénédiction est celui de l'oraison fériale *extra Missam*, c'est-à-dire que chacune de ces oraisons se termine par *fa ré*.

(2) Ceci signifie que le diacre pour chanter le *Confiteor*, lorsque l'évêque donne la bénédiction et l'indulgence à l'autel, doit se tenir en dehors du marchepied (*extra suppedaneum*). Si donc l'autel n'a qu'un seul degré, il se tient *ante infimum gradum*; mais, s'il y en a plusieurs, il doit se tenir *in supremo*. C'est ce qui nous porte à dire que c'est *non in medio altaris*, mais *ad cornu Epistolæ* qu'il doit alors se tenir.

2. Publicata Indulgentia, quæ, Episcopo prædicante, ab assistente Presbytero stante ad dexteram Episcopi annuntiatur, Episcopus, deposita mitra, stans leget ex libro, per ministrum de illo servientem, supra caput sustentato, si non celebret solemniter, si vero solemniter celebret, per Presbyterum assistentem, in tono orationis, conversus ad populum, quæ sequuntur :

Precibus et meritis beatæ Mariæ semper Virginis, beati Michaelis Archangeli, beati Joannis Baptistæ, SS. Apostolorum Petri et Pauli, et omnium Sanctorum, misereatur vestri omnipotens Deus, et dimissis peccatis vestris, perducat vos ad vitam æternam. ℟. *Amen.*

3. Deinde accepta mitra, et elevans oculos et manus, quas ante faciem jungit, sinistra baculum accipit, et benedicit populo, dicens :

Et benedictio Dei omnipotentis Pa † *tris, et Fi* † *lii, et Spiritus* † *sancti descendat super vos, et maneat semper.* ℞. *Amen.* Cum autem hæc verba profert, signat versus latus suum sinistrum, videlicet in verbo *Patris*, deinde, cum dicit *et Filii*, directe ante faciem suam, et demum dum dicit *et Spiritus sancti*, signat versus latus suum dexterum : cum autem dicit *super vos*, *etc.*, dimisso baculo, manus junctas ante pectus applicat.

4. Si vero benedicens fuerit Archiepiscopus vel alius, qui utitur cruce, statim publicata Indulgentia, Capellanus portabit ante illum Crucem, quam genuflexus tenebit, deinde Archiepiscopus, vel ille, qui utitur cruce, deposita mitra, cruci caput inclinabit, et dabit benedictionem, sicut dictum est supra.

5. Alio modo datur benedictio in fine Missæ : dicto scilicet *Placeat tibi, sancta Trinitas, etc.*, tunc enim Episcopus, qui non utitur cruce, accepta mitra, stans in medio altaris, pollice dexteræ manus format sibi signum crucis in pectore, cantans : *Sit nomen Domini benedictum*, interim sinistram super altari retinens, et dum a choro respondetur *Ex hoc nunc, et usque in sæculum*, etiam ipsam manum dexteram super altari tenet ; deinde dicens *Adjutorium nostrum in nomine Domini*, eadem dextera manu signat se signo crucis a fronte ad pectus, et a sinistro humero in dexterum, tangens se in unoquoque verbo, videlicet, dum dicit *Adjutorium* in fronte, *nostrum* infra pectus *in nomine* in sinistro humero, *Domini* in dextero, et iterum ipsam manum dexteram super altare reponit, donec a choro respondeatur *Qui fecit cœlum et terram.* Deinde dicens *Benedicat vos omnipotens Deus*, elevat ad cœlum simul oculos et manus, quas ante faciem jungit, et accipiens manu sinistra baculum, dum dicit *Pater*, vertit se ad latus Epistolæ, et ibi signat populum, et dicens *et Filius*, vertit se directe ad populum in medio Ecclesiæ existentem, signans iterum : dicens vero *et Spiritus sanctus*, vertit se totum ad latus Evangelii, et ibi tertio signat populum, perficiendo circulum.

6. Si vero erit Archiepiscopus, vel alius crucem ante se habens, versus ad illam sine mitra, dabit integram benedictionem, incipiens ab iis verbis : *Sit nomen Domini benedictum.* Ubi vero populus non ante ipsius altaris faciem, sed post illam stat, Episcopus, sive Archiepiscopus, non vertit se, sed stans ante medium, signat primo latere Evangelii, deinde in medio, demum a latere Epistolæ.

7. Simili modo in fine Vesperarum, ac Matutini, seu Laudum, Episcopus, sive Archiepiscopus benedicit, cum ipse solemniter facit Officium. Hanc eamdem benedictionis formulam servabit Episcopus, quando danda erit in fine alicujus Processionis ; quæ etiam in usu

est in primo ingressu Episcopi, vel Archiepiscopi ad civitates, et oppida suæ Dioecesis, vel Provinciæ, postquam ad Ecclesias pervenit, ut diximus in *Cap.* II, §. 5 et 8, *hujus Lib.* I. Quod si Episcopus assistat cum cappa, dabit benedictionem, tecto capite cum caputio cappæ vel cuculli, vel etiam cum bireto (1).

(1) Ce n'est plus l'usage, pour les évêques, de se couvrir avec le capuce de la cape pour donner la bénédiction ou assister à l'office, mais avec la barrette. Le *capuce* d'un évêque régulier s'appelle *cucullus* et celui d'un séculier *caputium*.

8. Reliquum est, ut de publicatione Indulgentiarum pauca subjiciantur. Consuevit enim, cum datur benedictio solemnis per Episcopum, plerumque, non tamen in Vesperis, concedi etiam Indulgentias pro concedentis facultate. Si enim est Episcopus, vel Archiepiscopus, dierum quadraginta, de jure communi; si vero Episcopus esset S. R. E. Cardinalis, centum : quæ quidem Indulgentia, cum datur benedictio infra Missam, post sermonem et confessionem ab ipso sermocinante publicatur, statim finita confessione, antequam detur benedictio; quo casu non publicatur amplius post benedictionem in fine Missæ. Cum vero non habetur sermo, in fine Missæ Pontificalis, statim post solemnem benedictionem publicatur per Presbyterum assistentem, si Episcopus celebret, vel eo non celebrante, per ipsummet Prælatum, vel Canonicum celebrantem, præsente Episcopo (1).

(1) A Rome, c'est le cardinal célébrant, en présence du pape, qui publie l'indulgence.

9. In primo vero ingressu Episcopi, vel Archiepiscopi ad civitates, vel oppida suæ Dœcesis, aut Provinciæ, publicatur per unum ex illorum ministris, sive beneficiatis Ecclesiæ, alta voce, dicendo : *Reverendissimus in Christo Pater, et Dominus N. etc.* ut supra § 1. Si vero Episcopus esset Cardinalis, dicitur in hunc modum : *Eminentissimus et Reverendissimus in Christo Pater, et Dominus, Dominus N. Tituli sancti N. sanctæ Romanæ Ecclesiæ Presbyter Cardinalis N. et Episcopus N. dat, et concedit omnibus hic præsentibus centum dies de vera Indulgentia, in forma Ecclesiæ consueta, etc.*

10. Ad quem autem spectet has benedictiones dare, cum adest simul cum Episcopo Legatus de latere, aut etiam Cardinalis non Legatus, aut Metropolitanus, aut Nuntius Apostolicus, vel alii Prælati, officio et auctorite præstantes, jam supra in *Cap.* IV, § 4, *Lib.* I. expositum fuit.

11

CHAPITRE XXVI

DES SUPPLÉANTS.

Si Dignitates, et Canonici pro gradu, quem obtinent in Ecclesiis, legitime impediti fuerint, alii proximiores de Capitulo in divinis Officiis vices subeant. Qui sine justa causa deficiunt, arbitrio Episcopi, seu secundum Ecclesiæ consuetudinem, mulctentur. Presbyter Canonicus proximior, Presbyteri assistentis locum suppleat. Si unus, aut duo ex Diaconis assistentibus absint, subsequentes Diaconi et Subdiaconi suppleant, et ex necessitate ultimus Presbyter, dalmatica Diaconali indutus, ad sinistram Episcopi. Si aliquis ex Dignitatibus Diaconi assistentis vices gerat, induat quidem dalmaticam, sed maneat ad dexteram Episcopi. Ubi non sunt ordines distincti Canonicorum, duo Canonici sint loco assistentium Diaconorum. Eadem regula, quoad supplendas vices, servetur inter inferiores de Capitulo.

1. Plerumque evenit (1), ut ex his, qui in aliquo peculiari ministerio, dum Officia divina peraguntur, servire solent, sive illi Dignitates, sive Canonici, seu etiam inferioris ordinis, sint legitimo impedimento detenti; ut quia absentes, vel infirmi, vel senio languentes, seu aliis justis de causis occupati, munus eis competens obire nequeant. Quo casu, ne debitum ministerium deseratur, dum alter alterius onus, aut curam subire negligit, vel recusat, deficientium vices ab aliis suppleri debent; et nihilominus, si qui sine justa causa deficiunt, arbitrio Episcopi, vel juxta consuetudinem Ecclesiæ, in divisione distributionum mulctandi erunt; et quidem regulariter majores minorum vices non supplent, nisi ex necessitate; sed contra, inferiores superiorum vices subeunt, præterquam in iis, quæ sunt ordinis peculiaria, velut, si in aliqua Ecclesia gradus et ordines distincti sint; nempe Dignitates, Canonici Presbyteri, Diaconi et Subdiaconi, tum Beneficiati et Clerici.

(1) Ce chapitre règle la manière de suppléer ceux qui manquent à l'office, afin qu'il n'y ait jamais ni confusion, ni retardement, ni désordre.

A Saint-Pierre, le cérémoniaire va, à la fin de chaque nocturne, avertir les trois chanoines ou bénéficiers qui auront à chanter les trois leçons suivantes; car il arrive que quelquesuns ne sont pas rendus à temps, et il en résulterait du désordre si l'on ne prenait pas ce moyen de remplacer les retardataires.

Ce chapitre, comme tous les autres, doit être lu avec

attention et observé avec soin ; car, moyennant les sages précautions ou prévoyances qui y sont suggérées, on préviendra beaucoup de désordres au chœur.

2. Deficiente ergo prima Dignitate, seu primo Presbytero Canonico, in officio Presbyteri assistentis, supplebit alter ei proximus, sive sit Dignitas, sive Presbyter Canonicus ; quo etiam deficiente, subintrant alii Presbyteri proximiores : sic etiam ex duobus Canonicis Diaconis assistentibus, si alter, vel ambo deficiant, alii subsequentes Diaconi supplebunt : quod si unus tantum Diaconus, vel Subdiaconus adesset, tunc ex necessitate ultimus Presbyter, licet major, supplet loco Diaconi, vel Subdiaconi deficientis, et si Canonici essent sacris vestibus parati, ut quia Episcopus celebraret, ipse ultimus Presbyter induere deberet dalmaticam more Diaconi, cujus loco servit; sed eo casu Diaconus, qui aderit, sedebit a dexteris Episcopi, cui imponet et deponet mitram : nempe cum proprium suum ministerium exerceat; Presbyter autem Canonicum a sinistris loco secundi Diaconi assistentis adjuvabit.

3. Quod si omnes prorsus Diaconi et Subdiaconi deficerent, duo ultimi Presbyteri eorum locum implerent. Diaconi autem nullatenus loco Dignitatum Presbyteralium, aut Presbyterorum Canonicorum supplent.

4. Si nullus Presbyter Canonicus adesset, præter Dignitates, tunc aliquis ex ipsis Dignitatibus, dalmatica similiter more Diaconi indutus, suppleret locum Diaconi deficientis : sed tali casu ipse, Dignitatem obtinens, maneret ad dexteram Episcopi ; Diaconus vero ad sinistram : sed ipse Diaconus a sinistris manens, serviret in ministerio imponendi et deponendi mitram Episcopo.

5. Hæc autem, quæ diximus, procedunt, ubi ordines et Præbendæ sunt distinctæ ; ubi vero ordines non sunt distincti, duo Canonici, immediate sedentes post Canonicum, qui servit in officio Presbyteri assistentis, erunt apud Episcopum loco Diaconorum assistentium.

6. Eadem ratione et regula etiam alii inferiores de Capitulo, ut Beneficiati et Clerici, alterius sibi immediate præcedentis vices, cum opus erit, supplebunt.

CHAPITRE XXVII

DU TON DES ORAISONS.

Duo sunt Orationum, seu Collectarum toni, solemnis et simplex. Solemni utendum in festis duplicibus et semiduplicibus. Simplici in ferialibus, ac festis simplicibus, pro Defunctis, ac etiam in diebus solemnibus, extra Matutinum, Missas et Vesperas. Regulæ canendi ex libris choralibus sumendæ.

1. Sciendum est, duos esse Orationum tonos, alterum solemnem, alterum simplicem ; seu alterum festivum, alterum ferialem : et tono quidem solemni utimur in festis duplicibus et semiduplicibus in Matutinis, Missis et Vesperis (1); altero vero simplici in ferialibus, et festis simplicibus, ac pro Defunctis, et in aliis, quæ occurrunt extra Matutinum, Missas et Vesperas, etiamsi diebus solemnibus recitentur, ut in cæteris Horis Canonicis, in benedictionibus Candelarum, Palmarum, et similibus. Differentia autem inter solemnem et simplicem tonum (2) est juxta antiquum ritum et observantiam Capellæ Papalis ; quia solemnis duas tantum habet variationes, et regulariter prima variatio fit per duas notas descendendo, et redeundo ad eumdem tonum, videlicet, ut hic demonstratur :

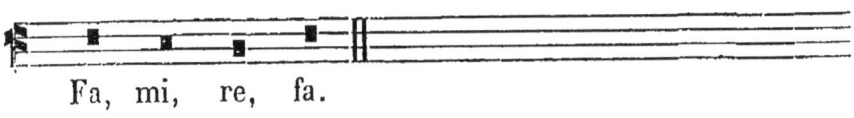

Fa, mi, re, fa.

et in prima clausula Orationis, quæ habet verbum videlicet in fine dictæ clausulæ, quæ gemino puncto a sequenti clausula solet designari secundum rectam orthographiam ; quemadmodum apparet ex propositæ Orationis modulatione :

De-us, qui inter cæte-ra potenti-æ tu-æ mi-racu-la,

e-ti-am in sexu fragi-li victori-am marty-ri-i contu-

listi :

Secunda variatio fit per unam notam descendendo, videlicet,

Fa, mi.

In fine secundæ clausulæ sequentis, quæ pariter, vel gemino puncto, vel puncto et virgula constat :

Concede propi-ti-us.

Ac deinceps, sequente clausula finali, uniformi tono sine declinatione vocis completur, videlicet :

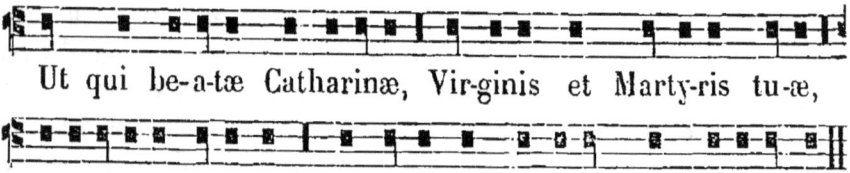
Ut qui be-a-tæ Catharinæ, Vir-ginis et Marty-ris tu-æ,

nata-li-ti-a colimus, per e-jus ad te exempla gradi-amur.

Conclusiones etiam earumdem Orationum in tono solemni diversimode variantur, prout ipsæ conclusiones diverso modo sunt conceptæ. Aut enim dicitur *Per Dominum nostrum*, etc., aut *Qui vivis et regnas*, etc. Primo casu fit variatio per unicam notam in fine primæ clausulæ sine verbo, videlicet :

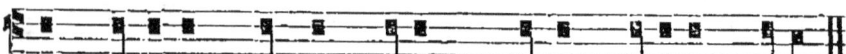
Per Dominum nostrum Jesum Christum Fi-li-um tu-um.

In secunda vero clausula per duas notas, scilicet :

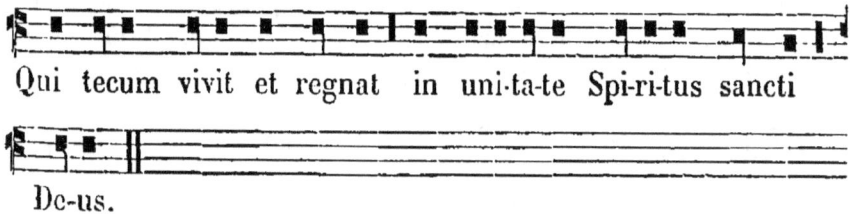
Qui tecum vivit et regnat in uni-ta-te Spi-ri-tus sancti

De-us.

In tertia vero et ultima, nulla fit variatio, prout de Oratione dictum est; nimirum :

Per omni-a sæcu-la sæculorum.

Secundo casu, cum dicitur *Qui vivis et regnas, etc.*, in qua sunt duæ tantum clausulæ, prima variatur per duas notas, videlicet :

Secunda, et finalis non variatur. Tonus vero simplex, et ferialis nullam habet variationem, sed cum eo utimur, uniformi tono et voce proferimus Orationes a principio usque ad finem; et pari modo in earum conclusionibus, ut patet in sequenti modulationis exemplo :

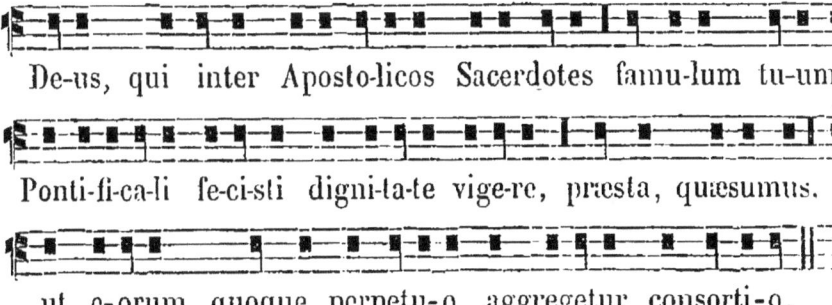

Excipiuntur etiam ab hac regula Orationes et Versiculi, qui cantantur pro Defunctis extra Missas, ut in Vesperis et Matutinis, et aliis Officiis, in quibus in fine Orationum et Versiculorum deprimitur vox per tertiam, hoc est *a Fa ad Re* in ultimis syllabis, ut pariter ex proximo alio exemplo constat :

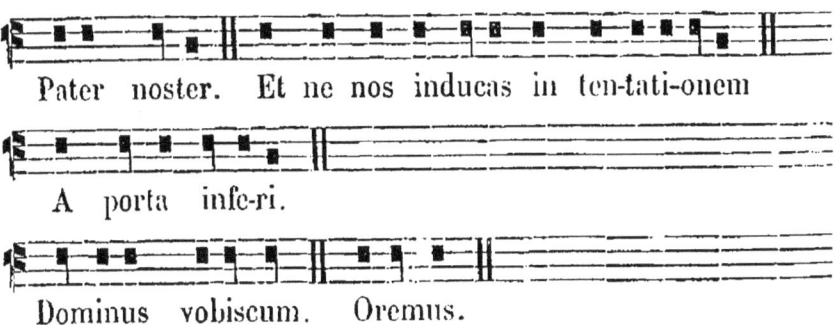

Regulare autem est, ut in utroque tono, voce gravi et competenti, interposita aliqua mora, in fine cujuslibet clausulæ, et præsertim in clausula finali, cum decore et gravitate recitentur Orationes. De tonis vero Evangeliorum et Epistolarum, Capitulorum, Antiphonarum, et aliorum multorum, quæ frequenter in Ecclesiis recitantur, nulla in hoc libro fit mentio, cum libri impressi reperiantur, qui de his abunde loquuntur, ut in Pontificali Romano, Sacerdotali Romano, Directorio chori, et similibus, ex quibus singuli instrui possunt. Nam hic ea tantum apposuimus, quæ ad personam celebrantis in proferendis Orationibus spectant, ob varium usum illas recitandi.

(1) Le ton solennel est aussi en usage à laudes, comme à vêpres, à tous les saluts, processions et bénédictions du saint sacrement, ainsi qu'à tierce, quand c'est l'évêque qui y préside en faisant la préparation à la messe solennelle.

(2) L'usage général, à Rome, est de chanter les oraisons sur les tons indiqués dans ce chapitre. On remarque seulement qu'au ton solennel on fait diverses modulations fort agréables, mais qui semblent s'éloigner de la simplicité avec laquelle l'Église veut que le prêtre chante et prie à l'autel. Hors le temps de la messe, chacune des oraisons fériales se distingue par la finale *fa ré*, quand on en chante plusieurs de suite.

CHAPITRE XXVIII

DE L'ORGUE.

Organa in Ecclesia adhibentur in omnibus Dominicis et festis per annum. Pulsari non debent in Adventu, et a Quadragesima ad Pascha, exceptis Dominica tertia Adventus, et quarta Quadragesimæ, ac festis quibusdam per ea tempora occurrentibus. Pulsantur in ingressu Episcopi ad Ecclesiam, quoties ille solemniter celebrat. Item in ingressu Legati Apostolici, Cardinalis, Archiepiscopi et alterius Episcopi, ubi primum ad Ecclesiam accedunt, donec orant. Quando, et quomodo tangenda sint in Matutinis solemnibus, in Vesperis, et in versibus Hymnorum, et in Missa. Num adhibenda sint in Horis Canonicis. Sonus organi, et cantus modulatio, ne levitatem, aut lasciviam præferant. Nec musica, nec organum in Officiis et Missis Defunctorum adhibeatur.

1. In omnibus Dominicis, et omnibus festis per annum occurrentibus, in quibus populi a servilibus operibus abstinere solent, decet in Ecclesia organum, et musicorum cantus adhiberi (1).

(1) Il n'y a pas d'église, à Rome, qui n'ait son orgue, et partout l'on entend de beaux chants en musique. Il n'y a qu'aux offices pontificaux, à Saint-Pierre, à la chapelle Sixtine et ailleurs, que l'orgue ne se fait jamais entendre; mais on en est dédommagé par la belle musique vocale qui remplace le son de cet instrument. La musique militaire joue à l'entrée solennelle du pape quand il se rend à l'église pour y officier, à l'élévation, à la procession de la Fête-Dieu, et à celle qui se fait quand il y a bénédiction pontificale au balcon.

2. Inter eas non connumerantur Dominicæ Adventus (1) et Quadragesimæ, excepta Dominica tertia Adventus, quæ dicitur *Gaudete in Domino*, et quarta Quadragesimæ, quæ dicitur *Lætare Hierusalem*, sed in Missa tantum, item exceptis festis, et feriis infra Adventum aut Quadragesimam occurrentibus, quæ cum solemnitate ab Ecclesia celebrantur; ut die Sanctorum Mathiæ, Thomæ Aquinatis, Gregorii Magni, Josephi, Annuntiationis, et similibus infra Adventum et Quadragesimam occurrentibus. Item feria quinta in Cœna Domini ad Missam tantum, et Sabbato Sancto ad Missam, et ad Vesperas; et quandocumque occurreret celebrare solemniter et cum lætitia, pro aliqua re gravi.

(1) On tient strictement, à Rome, à cette règle de ne pas jouer l'orgue en avent et en carême, excepté dans les cas mentionnés dans ce nombre.

3. Quotiescumque Episcopus solemniter celebraturus, aut Missæ solemni per alium celebrandæ in festis solemnioribus interfuturus, Ecclesiam ingreditur; aut, re divina peracta, discedit, convenit pulsari organum.

4. Idem fit in ingressu Legati Apostolici (1), Cardinalis, Archiepiscopi, aut alterius Episcopi, quem Episcopus Diœcesanus honorare voluerit, donec prædicti oraverint et res divina sit inchoanda.

(1) L'usage est aussi à Rome que l'orgue joue à la basse messe d'un cardinal, quand il célèbre dans l'église de son titre, ou quand il va honorer de sa présence quelque autre église dans ses solennités. On commence à jouer quand il entre dans l'église, où il se rend toujours revêtu du rochet, du mantelet et de la mozette.

5. In Matutinis, quæ solemniter celebrantur in festis majoribus possunt pulsari organa, prout et in Vesperis, a principio ipsorum.

6. Regulare est (1), sive in Vesperis, sive in Matutinis, sive in Missa, ut primus versus Canticorum et Hymnorum, et pariter versus Hymnorum, in quibus genuflectendum est, qualis est Versiculus *Te ergo quæsumus*, etc., et versiculus *Tantum ergo Sacramentum, etc.*, quando ipsum Sacramentum est super altari, et similes, cantentur a choro in tono intelligibili, non autem ab organo : sic etiam Versiculus *Gloria Patri*, etc., etiamsi Versiculus immediate præcedens fuerit a choro pariter decantatus; idem servatur in ultimis versibus Hymnorum.

(1) Assez communément, à Rome, tout se chante à l'orgue, parce qu'il y a très-peu d'églises où il y ait un chœur de clercs. On regrette vraiment d'y voir les chœurs si nus, lorsque tout le reste est si magnifique. Nous ne parlons pas ici des églises patriarcales et collégiales, parce que l'on y suit d'ordinaire ce que prescrit ici le Cérémonial. Il en est de même des églises où se fait journellement l'office canonial.

7. In aliis autem Horis canonicis (1), quæ in choro recitantur, non est consuetum interponere organum. Sed si in aliquibus locis consuetum esset organa pulsari etiam inter Horas canonicas, aut aliquas earum, ut est hora Tertia; præsertim quando cantatur, dum Episcopus, solemniter celebraturus, capit sacra paramenta, poterit talis consuetudo servari; sed advertendum erit, ut, quandocumque per organum figuratur aliquid cantari, seu responderi alternatim versiculis Hymnorum, aut Canticorum, ab aliquo de choro intelligibili voce pronuntietur, id, quod ab organo respondendum est (2). Et laudabile esset, ut aliquis cantor conjunctim cum organo voce clara idem cantaret (3).

(1) Le Cérémonial ajoute dans ce nombre que l'on joue aussi l'orgue à tierce et complies, aux grandes solennités où l'évêque préside à ces deux heures canoniales. A Rome, l'usage varie là-dessus, car nous avons vu quelque part que l'on ne jouait pas l'orgue à tierce, quoique ce fût un cardinal qui y présidât, et que l'on jouait à complies dans une autre où un cardinal était également le célébrant.

(2) Ceci s'observe ponctuellement dans diverses églises, et surtout dans celle de la *Mission*, où il y a un chœur parfaitement exercé et où l'on chante toujours les offices en chant grégorien. On entend, par tout le chœur, la voix qui supplée ainsi à ce qui se joue à l'orgue. Mais il faut remarquer que, à Rome, l'orgue ne s'astreint jamais à figurer notre plain-chant. Ce sont des airs toujours nouveaux, parce que d'ordinaire ils sont le fruit des impressions du moment. Il faut convenir que ces organistes romains sont d'une habileté qui ravit.

(3) Ceci s'observe principalement quand l'office se chante en musique, car alors l'orgue accompagne les voix; quand il se fait en chant grégorien, il est assez ordinaire que l'orgue joue seul, et alors on n'a pas l'usage de figurer le plain-chant, comme on vient de le remarquer.

8. In Vesperis solemnibus organum pulsari solet in fine cujuslibet Psalmi (1); et alternatim in Versiculis Hymni, et Cantici *Magnificat, etc.*, servatis tamen regulis supradictis.

(1) Ceci ne s'observe pas à Rome comme chez nous; car quelquefois les chantres qui sont à l'orgue chanteront les antiennes en belle musique, d'autres fois ils ne feront que les psalmodier, d'autres fois, enfin, ils entonneront le psaume aussitôt que l'antienne aura été donnée.

9. In Missa solemni pulsatur alternatim (1), cum dicitur *Kyrie eleison*, et *Gloria in excelsis, etc.*, in principio Missæ; item finita Epistola; item ad Offertorium; item ad *Sanctus, etc.*, alternatim; item dum elevatur SS. Sacramentum (2), graviori et dulciori sono; item ad *Agnus Dei, etc.*, alternatim; et in Versiculo ante Orationem post Communionem, ac in fine Missæ.

(1) Pour la raison ci-dessus mentionnée, cet *alternatim* n'est pas gardé à Rome. De grandes et de belles messes en musique ont pris la place du chant grégorien, quoique toujours il soit si beau et si majestueux. On y reviendra sans doute, car il fait mieux l'affaire du chœur, si la musique fait mieux celle de l'oreille. On regrette vraiment de ne pas y entendre plus souvent la majestueuse et mélodieuse voix de saint Grégoire dans les grands offices.

(2) A la chapelle Sixtine, où il n'y a pas d'orgue, il se fait pendant l'élévation un grand et solennel silence qui pénètre. Ailleurs, l'on fait entendre le son grave et doux de l'orgue, mais l'on ne chante alors quoi que ce soit. Le célébrant attend que le chant du *Sanctus* soit terminé pour faire la consécration et l'élévation; le *Benedictus* ne se chante qu'après la dernière élévation.

10. Sed cum dicitur Symbolum in Missa (1), non est intermiscendum organum, sed illud per chorum cantu intelligibili proferatur.

(1) L'orgue, à Rome, accompagne ordinairement les voix qui chantent le symbole en musique.

11. Cavendum autem est, ne sonus organi sit lascivus (1), aut impurus, et ne cum eo proferantur cantus, qui ad Officium, quod agitur, non spectent, nedum profani, aut lubrici, nec alia instrumenta musicalia, præter ipsum organum, addantur (2).

(1) L'orgue n'a pas, à Rome, cette gravité que requerrait le caractère des peuples du Nord, mais il n'a rien de lascif. La sacrée Congrégation des rites y veille de près, et fait au besoin sortir des décrets qui ramènent les organistes à l'ordre; le cardinal-vicaire use ensuite de sa puissance pour les faire observer.

(2) L'on n'entend communément, dans les églises de Rome, aucun autre instrument de musique que l'orgue, dont le son est quelquefois mêlé à celui d'un autre instrument très-doux et très-harmonieux. Il y a quelques années, la sacrée Congrégation des rites défendit sévèrement l'usage de ces instruments de musique, qui commençait à s'introduire, de manière qu'aujourd'hui les églises de Rome sont en général, sous ce rapport, parfaitement en règle.

12. Idem quoque cantores et musici observent, ne vocum harmonia, quæ ad pietatem augendam ordinata est, aliquid levitatis aut lasciviæ præ se ferat, ac potius audientium animos a rei divinæ contemplatione avocet; sed sit devota, distincta et intelligibilis (1).

(1) Pour des cœurs italiens, la musique en usage à Rome

est vraiment dévote, distincte et intelligible, quoiqu'elle ne paraisse pas toujours telle aux étrangers, à ceux surtout qui sont des pays du Nord, où en général on tient à tout ce qui est grave.

13. In Missis et Officiis Defunctorum, nec organo, nec musica, quam figuratam vocant, utimur, sed cantu firmo (1), quem etiam tempore Adventus et Quadragesimæ in ferialibus diebus convenit adhiberi.

(1) A Rome, l'orgue ne s'entend jamais aux offices des morts, ni à ceux de l'avent et du carême; mais les messes de *Requiem*, du moins dans les grandes églises, sont en musique.

CHAPITRE XXIX

DE LA MESSE BASSE DE L'ÉVÊQUE.

Episcopus Missam privatam celebraturus, ex ipso altari sumit paramenta. Quæ, et ubi præparanda a Capellanis pro ipsius Missæ celebratione. Utatur paramentis coloris tempori congruentis. Munia Capellanorum in eadem Missa. Pacis osculum cum instrumento, per primum ex Capellanis deferatur Cardinali, Prælato, aut Principi, hujusmodi Missam audienti. Liber Evangelii, quo Episcopus in celebratione Missæ utitur, nemini osculandus deferatur, sed alius Evangelii liber. Quoties Episcopus in hac Missa lavet manus. Paramenta deponenda ante altare.

1. Cum Episcopus celebrabit Missam, convenit, ut paramenta Missæ non de sacristia (1), sed ex ipso altari, in quo celebrabit, ordine disposita accipiat, postquam, aliquo ejus familiari ministrante, laverit manus.

(1) C'est l'usage général à Rome que les évêques s'habillent à l'autel, au pied duquel un de ses *familiers* lui donne à laver. A ce *familier* se joint un clerc ou autre servant qui présente l'essuie-mains dans un bassin. L'un et l'autre se mettent à genoux en faisant ce service.

Quelquefois, l'évêque qui dit la messe basse avec solennité a deux familiers en habits laïques, qui se tiennent à la crédence, deux chapelains qui demeurent à ses côtés, et un clerc qui se tient au pied de l'autel, au côté opposé au livre, et qui porte à l'autel les burettes et fait le service ordinaire d'un servant de messe.

2. Calix igitur (1), Missale, et alia necessaria prout in Rubricis Missalis Romani, et Canone Pontificali, prius per aliquem ejus Capellanum, partim super ipso altari, partim super aliqua mensula præparabuntur. Ideo valde conveniens esset, ut duos saltem Capellanos, cottis mundis indutos, apud se ministrantes haberet, qui ea omnia disponere sciant et possint.

(1) Avant la messe, on met sur l'autel le livre appelé *Canon*, qui se place au milieu et remplace les cartons ordinaires, et le Missel, qui se met, comme de coutume, au côté de l'épître. Le calice demeure à la crédence jusqu'à l'évangile.

3. Paramentis in Missa utetur coloris congruentis tempori et festis, illis tantum, quæ in Rubricis Missalis pro Prælatis expressa sunt, et non aliis indumentis Pontificalibus, præter crucem pectoralem et annulum.

4. Altare quoque, in quo celebraturus est, sit mundis tobaleis, et pallio condecenti ornatum, pro qualitate temporum et festorum. Nam in festis solemnibus decet in eo apponi quatuor candelabra cum candelis accensis, et in eorum medio erit crux argentea, vel ex alia materia : in aliis festis non ita solemnioribus et feriis, sufficiunt duo candelabra (1).

(1) A la messe des évêques, il n'y a jamais, à Rome, moins de quatre cierges allumés.

Aux messes conventuelles, ou à celles qui se disent avec quelque solennité, on met à l'autel plus de deux chandeliers et on y allume plus de deux cierges, quoique ce soient de simples prêtres qui les célèbrent. Les cierges surnuméraires s'allument uniquement à raison de la solennité, et pour cela l'on ne croit pas manquer à la règle qui défend d'allumer plus de deux cierges à la messe d'un prêtre, quelle que soit sa dignité.

5. Præfati duo Capellani servient ei in Missa (1), in respondendo, in transferendo librum ab uno latere altaris ad aliud, cooperiendo et discooperiendo calicem, cum opus fuerit, in porrigendo mantili, cum lavat manus, in ministrando ampullas, et in cæteris omnibus faciendis usque ad finem Missæ necessariis.

(1) L'usage invariable, pour les chapelains, est de se tenir à genoux pendant les prières de la confession, et debout tout le reste de la messe, excepté à l'élévation, et ils se placent là où il est nécessaire qu'ils soient pour assister l'évêque.

Quand il y a deux clercs en surplis, avec un chapelain, ils sont à genoux au pied de l'autel, et non à la crédence, qui est la place des familiers tout le temps de la messe, excepté quand ils ont quelque service à faire. Le premier chapelain se tient auprès de l'évêque pour faire tout ce qui est marqué par le Cérémonial.

Voici ce qui se pratique invariablement à l'église des religieuses sacramentines, près du Quirinal. Nous citons la pratique de cette église parce que le saint sacrement, y étant exposé du matin au soir, on aura par là l'usage de Rome à la messe basse *coram sanctissimo Sacramento*.

1° Un chapelain prêtre et deux clercs en surplis servent la messe.

2° En présence de l'autel, sur lequel est exposé le saint sacrement, est un large prie-dieu, avec un tapis et deux coussins, l'un sous les genoux, et l'autre sous le livre du *Canon*, qui est toujours là avec un bougeoir pour la préparation.

3° L'évêque s'habille à une crédence placée du côté de l'épître et hors la vue du saint sacrement.

4° Le chapelain et les deux clercs servent au lavement des mains. Les deux derniers sont à genoux; l'un verse l'eau, et l'autre tient et présente le bassin, contenant l'essuie-mains, que le chapelain déploie et présente à l'évêque.

5° A la confession, ils sont tous trois à genoux au pied des degrés, et répondent aux prières de la messe.

6° Après l'*Indulgentiam*, le chapelain se lève et met le manipule à l'évêque.

7° Pendant la messe, les deux clercs restent à genoux aux deux bouts de l'autel, et le chapelain assiste l'évêque. Il est à sa droite quand le livre est du côté de l'épître, et à sa gauche quand il est du côté de l'évangile. Lorsqu'il n'est pas occupé ailleurs, il tient le bougeoir, qu'il dépose sur l'autel quand il a quelque office à remplir.

8° Le livre se transporte au côté de l'évangile par un des clercs, et le bougeoir par l'autre.

9° Quand il en est temps, le chapelain apporte à l'autel le calice tout garni; il présente la patène et l'hostie, met du vin et de l'eau dans le calice, et le présente à l'évêque. Il couvre et découvre le calice, se tient auprès du livre quand il n'est pas occupé à la droite de l'évêque, fait avec lui toutes les génuflexions, se met à genoux à l'élévation, présente la patène au *Pater*, achève de purifier le calice après la communion, verse l'eau et le vin pour la purification et l'ablution, reporte le calice à la crédence quand il l'a couvert du voile, assiste aux dernières oraisons, indique du doigt tout ce que l'évêque a à lire, reçoit à genoux la bénédiction, se tient à gauche pendant le dernier évangile, et aide l'évêque à se déshabiller à la crédence.

Suivant l'usage de Rome, après que l'évêque a dit les secrètes, le *Canon* se place sur le pupitre, à la place du missel, qui se dépose à la crédence, et qui se remet sur le pupitre pour la communion et les dernières oraisons. Le chapelain ne fait jamais usage de l'étole, si ce n'est lorsque, avant la messe, il y a communion des religieuses, et que, pour cela, il doit tirer le ciboire du tabernacle, comme aussi pour le remettre après la communion. C'est dans le *Canon* que se lit l'évangile de saint Jean.

10° Les clercs se tiennent au pied de l'autel tout le temps de la messe; ils transportent le livre et le bougeoir du côté de l'épitre à celui de l'évangile, et le rapportent après la communion : le premier va porter les burettes dans leur bassin à l'autel; tous deux se présentent pour le lavement des mains. Au commencement de la préface, ils vont allumer deux grands cierges, et reviennent au chœur au *Sanctus*. Ils reportent leurs flambeaux après l'élévation, excepté en carême et les jours de férie, qu'ils ne les éteignent qu'à la communion, c'est-à-dire qu'ils font à la basse messe ce qui est de règle pour la grande; car notre Cérémonial dit ici formellement que les flambeaux de l'élévation ne s'éteignent que lorsque l'évêque a pris le précieux sang. Le premier porte les burettes pour la purification et l'ablution; tous deux assistent au lavement des mains, comme les deux premières fois. Ils aident le chapelain à déshabiller l'évêque, en recevant les ornements et les plaçant sur la crédence; enfin ils lui donnent à laver. Après cela, le chapelain aide l'évêque à prendre le mantelet et la croix; celui-ci va ensuite au prie-dieu, où il trouve tout ouvert le livre du *Canon* pour l'action de grâces, avec le bougeoir allumé qui est auprès.

N. B. C'est par un indult particulier que, dans cette communauté, qui a l'adoration perpétuelle, les deux messes de règle se disent toujours à l'autel sur lequel le saint sacrement est exposé, mais il ne s'y en dit pas d'autres. La crédence sur laquelle les évêques s'habillent, quand ils célèbrent à cet autel, est placée de manière qu'ils sont censés s'habiller dans un lieu séparé.

6. Si erunt tres Cappellani, poterunt duo ex his, dum elevatur SS. Sacramentum, post Episcopum celebrantem, genuflexi a lateribus sustinere duos cereos majores accensos, tertius vero Episcopo assistere; et cum opus erit, tintinnabulum tangere; videlicet, ter dum elevatur hostia, et toties dum elevatur sanguis, et non ultra (1).

(1) Quant à la sonnerie aux basses messes, voici ce que l'on peut regarder comme bien et dûment établi par l'usage, ou avoué comme de règle par les maîtres de cérémonies :

1° On ne sonne pas quand le saint sacrement est exposé;

2° On ne sonne pas non plus à la messe du pape;

3° Au *Sanctus*, on sonne la clochette jusqu'à *Benedictus*, sans règle fixe quant à la manière de sonner;

4° A chaque élévation, on sonne trois fois, la première, lorsque le célébrant fait la première génuflexion; la seconde, quand il tient la sainte hostie et le calice élevés au-dessus de sa tête; et, la troisième fois, quand il fait la seconde génuflexion;

5° On ne sonne jamais à la communion;

6° L'on convient qu'aux termes du Cérémonial l'on ne doit sonner qu'à l'élévation, quand c'est l'évêque qui célèbre, quoique par l'usage on sonne pour lui comme pour un simple prêtre.

Quant à la sonnerie hors le temps des basses messes, on peut regarder comme un fait bien établi que l'on ne sonne jamais aux grandes messes célébrées par le pape, ni à celles célébrées en sa présence par les cardinaux ou évêques. Aux bénédictions du saint sacrement, il est extrêmement rare d'entendre le son de la clochette. On ne l'entend jamais aux messes qui se disent dans une église où le saint sacrement est exposé.

Quant à la manière de sonner *ter, dum elevatur hostia*, il y a différents usages. Dans certaines églises, on fait rouler le battant de la clochette par trois fois ; dans d'autres, on fait aussi, à trois reprises, frapper du même coup le battant de la clochette sur les deux parois opposées ; cette pratique est celle des églises où les cérémonies passent pour se faire plus exactement ; enfin on sonne aussi quelquefois un seul tinton par trois fois, aux trois instants de l'élévation marqués plus haut.

Aux grandes messes, pendant l'élévation, le coup de clochette et le coup d'encensoir se donnent en même temps, comme pour honorer Notre-Seigneur par le parfait accord du son et de l'encens de l'Église.

7. Si vero non adsint tres Capellani, poterunt ad cereos supplere duo scutiferi, aut alii familiares, arbitrio Episcopi, decenter vestiti ; sed, et si copia non esset eorum, qui sustinerent dictos cereos, poterunt iidem positi super duobus candelabris magnis accendi, dum elevatur Corpus et Sanguis Domini, et post Communionem extingui.

8. Si forte intersit aliquis Prælatus (1), Cardinalis, aut Princeps hujusmodi Missæ, primus ex dictis Capellanis : postquam Episcopus celebrans dixerit *Agnus Dei, etc.*, accepto instrumento pacis argenteo, cum velo appenso, genuflexus a dextero latere Episcopi, illud ipsi Episcopo offeret osculandum, cui episcopus dicit *Pax tecum*, et ille respondet *Et cum spiritu tuo* ; deinde idem instrumentum cum pace portat osculandum Prælato uni, vel pluribus, aut Principibus præsentibus, dicens unicuique *Pax tecum*, qui respondent *Et cum spiritu tuo*. Sed advertat, ut nullatenus genuflectat, nec se inclinet, nec ullum reverentiæ signum faciat alicui ex dictis Prælatis, aut Principibus, antequam dictam imaginem eis porrexerit osculandam, sed tantum post illam osculatam ; quia ante non habetur consideratio ipsius ministri deferentis, sed pacis, quæ a sacrificio Altaris ad illum defertur ; post vero datam pacem, convenit ministrum,

12

pro qualitate Prælati, aut Principis, reverentiam facere genuflexum, vel inclinatum.

(1) A la basse messe célébrée l'année dernière par le pape, avant la procession de la Fête-Dieu, en présence des cardinaux et des évêques, l'instrument de paix fut baisé par le pape et porté par un des chapelains aux premiers des cardinaux-évêques, prêtres et diacres, qui, après l'avoir baisé, donnèrent ensuite aux cardinaux de leur ordre, comme à la grande messe, le baiser de paix. A cette messe, le pape prit la mitre pour le lavement des mains, et un des cardinaux-évêques alla lui présenter le manuterge.

Lorsque le pape, les cardinaux et les évêques célèbrent la basse messe aux solennités, ils font usage de la mitre chaque fois qu'ils se lavent les mains, quand ils donnent la bénédiction, quand ils viennent à l'autel commencer la messe, s'ils se sont habillés à la sacristie, et lorsqu'ils s'en retournent, s'ils ne quittent pas les ornements à l'autel. Cet usage, introduit chez nous, donnerait de la solennité aux basses messes que dit l'évêque dans de grandes occasions.

9. Liber Evangelii, celebrante Episcopo, nulli (1), etiam magno Principi, aut Prælato, Missæ præsenti, datur osculandus, post lectum Evangelium; sed si adesset aliquis maximus Princeps, vel S. R. E. Cardinalis, cui liber Evangelii osculandus, porrigendus esset, non utique liber Evangelii, quo utitur Episcopus, sed alius liber consimilis illi porrigatur.

(1) A la messe susdite du pape, le livre des évangiles ne fut porté à aucun des cardinaux.

10. Episcopus manus bis lavat in hujusmodi Missa (1); videlicet, post Offertorium, et post Communionem; et semper in lotione, familiaris aliquis ministrat aquam et pelvim; Capellani vero mantile.

(1) L'usage général est qu'il se lave aussi les mains, après comme avant la messe, en se couvrant pour cette action de la barrette. Cette barrette se dépose dans un bassin, après le premier lavement des mains, et elle se rapporte de même pour le dernier Pendant la préparation et l'action de grâces, les deux

chapelains ou les deux clercs se tiennent debout aux côtés de l'évêque, le premier le servant pour le livre, qu'il soulève au besoin et dont il tourne les feuillets, etc., et le second pour le bougeoir. S'il arrive que l'évêque, après avoir fermé le *canon*, continue à prier, alors ses chapelains ou clercs se mettent à genoux, en tenant, l'un le livre, et l'autre le bougeoir, et accompagnent l'évêque quand il se retire.

11. In fine Missæ Episcopus celebrans dabit benedictionem, more Episcopali dicens : *Sit nomen Domini benedictum,* etc., sed non utitur in ea baculo, nec mitra (1), nec cruce, si sit Archiepiscopus. Cætera omnia Episcopus celebrans servat, prout alii sacerdotes observare consueverunt, nempe juxta Rubricas Missalis.

(1) Ceci s'entend, à Rome, pour les messes ordinaires ; car, comme on vient de l'observer, on fait usage de la mitre dans les basses messes solennelles. On y ferait également usage de la crosse si c'était la coutume ; mais on sait que le pape n'en fait pas usage aux grandes messes solennelles.

CHAPITRE XXX

DE LA MESSE BASSE, EN PRÉSENCE DE L'ÉVÊQUE.

Quo ritu Episcopus in locis suæ jurisdictionis Missam audiat Liber Evangeliorum, finito Evangelio, ei osculandus defertur. Si adsint cum eo Prælati exteri, aliique eo majores, liber primo osculandus defertur majori, vel digniori eorum. Si plures æquales fuerint, nulli deferatur. Qui ordo servandus in pace danda. Extra propriæ jurisdictionis loca Rubricæ Missalis ritus tantum adhibendus.

1. Episcopus præsens Missæ per alium celebratæ (1), juxta ea, quæ præscribuntur in Rubricis Missalis de Missa, quæ coram Episcopo celebratur, genuflectit super genuflexorio, sibi parato ante medium altaris, vel e regione in cornu Epistolæ, nisi aliud situs loci suadeat ; et sic genuflexus, audit totam Missam, nec surgit (2), nisi cum dicitur Evangelium ; quo finito, iterum genuflectit, et defertur ei liber Evangeliorum deosculandus per Capellanum, cotta indutum, qui Missæ assistit.

(1) C'était ainsi qu'était placé le pape, à la messe basse qui

se célébra en sa présence, après la consécration de la basilique de Saint-Paul, le 10 décembre 1854.

(2) Quoiqu'à Rome l'on ait, dans certaines églises, l'usage de se tenir debout pendant le *Credo*, il n'en est pas moins vrai que l'on s'en tient à la règle ci-dessus, de ne se lever que pour l'évangile. Car tous, cardinaux, évêques et autres, se mirent à genoux pendant le *Credo* à la susdite messe de la consécration de l'église de Saint-Paul, célébrée par le cardinal Sforza, et à celles du jeudi saint et de la Fête-Dieu, célébrées par le pape lui-même. Il est à remarquer qu'à Saint-Paul, quelques-uns des évêques demeurèrent debout au commencement du *Credo*; mais vers le milieu tous étaient à genoux, probablement à l'invitation des cérémoniaires papaux qui, distribués dans tous les coins, veillaient à ce que tout se fît *juxta ordinem*.

2. Et pariter post *Agnus Dei, etc.* (1), ab eodem offertur ei pacis instrumentum, quod Episcopus osculatur; semper tamen Capellanus, sive Evangelium, sive pacem deferens observet, ne ullam prius reverentiam faciat Episcopum versus, aut alios, quam librum, aut instrumentum pacis osculandum præbuerit.

(1) A la susdite messe de la consécration de Saint-Paul, un des chapelains alla chercher la paix à l'autel, reçut, à genoux, l'instrument du cardinal célébrant, le porta au pape, et fit toutes choses comme il est prescrit dans le Cérémonial de Baldeschi.

3. Et si forte simul cum Episcopo adessent alii Prælati exteri, seu etiam ipso majores, ut Archiepiscopus, aut Cardinales, vel alii, de quibus in *Cap.* xxiii, § 28 et 29, dictum fuit, liber Evangelii dabitur osculandus semper majori, seu digniori omnium; et, si essent plures æquales, nulli ipsorum; nec ipse celebrans deosculatur. Pax vero primo digniori, deinde aliis, juxta ordinem et regulam in præcedenti *Cap.* xxiv, *Lib.* I, § 3, traditam. Ad Offertorium Episcopus non benedicet aquam (1), nec in fine dabit benedictionem, sed celebrans, qui antequam in fine Missæ benedicat, faciet Episcopo profundam reverentiam.

(1) Le pape, à la susdite messe de la consécration, bénit l'eau. Si celui qui célèbre devant l'évêque est lui-même évê-

que, on doit allumer des flambeaux et les apporter au *Sanctus*. Ceux qui les portent ont soin, pour ne pas tourner le dos à l'évêque, de se mettre à genoux en face les uns des autres. Les flambeaux se tiennent ainsi allumés, *usque ad sumptionem*, tel qu'au Cérémonial (liv. I, chap. xxix, n° 7). On alluma ainsi des flambeaux à la messe de la consécration de Saint-Paul, à celles du jeudi saint et de la Fête-Dieu. On ne manque jamais de le faire pour tous les évêques, à l'église des Sacramentines. A l'église de la Mission, le cierge de l'élévation s'allume toujours et à chaque messe. La rubrique, quoique tombée en désuétude à Rome comme ailleurs, n'y est pas toutefois complétement oubliée, comme on le voit. Le cierge de l'élévation doit se placer, non sur l'autel ou la crédence, mais sur quelque *chandelier à branche*, appelé à Rome *brachium*, et fixé du côté de l'épître, au rétable ou à une colonne, en dehors de l'autel, de manière à ce qu'il puisse être vu de tous.

Comme, d'après l'usage de Rome, l'évêque peut quelquefois dire la basse messe avec solennité, comme on l'a vu plus haut, il en peut être de même d'un autre évêque qui célébrerait devant lui. C'est ce qui se fit à Saint-Paul.

Le cardinal Sforza arriva à l'autel couvert de la mitre. Pour la confession, il se plaça du côté de l'évangile, à demi tourné vers l'autel et le pape. Il s'inclina profondément vers le pape à *Tibi Pater* et à *Te Pater*, et encore après avoir dit : *Oremus*. Il monta ensuite à l'autel par le milieu des degrés. Il ne baisa pas le livre après l'évangile. Il prit la mitre pour le lavemement des mains, la bénédiction de la fin de la messe et pour s'en retourner à la sacristie. Il n'aurait pu s'habiller et se déshabiller à l'autel sans tourner le dos au pape.

Ce cérémonial d'usage conviendrait parfaitement pour la messe conventuelle ou synodale, pendant la tenue des conciles ou des synodes. Seulement rien n'empêcherait alors le célébrant de s'habiller à l'autel avant l'arrivée de l'archevêque et des autres évêques.

4. Et hæc intelligantur, existente Episcopo in sua Diœcesi, vel Archiepiscopo aut Legato in sua Provincia, alias servabitur ordo Rubricarum Missalis.

CHAPITRE XXXI

DU SYNODE.

Qui ritus et cæremoniæ adhibeantur pro celebratione Synodi Provincialis, vel Diœcesanæ. Dies futuræ Synodi denuntiandus intra Missarum solemnia in festo Epiphaniæ. Per duos, vel saltem unum mensem ante inchoationem, schedula indictionis affigatur valvis Ecclesiæ Metropolitanæ, et Cathedralis. Dies Synodi denuntietur etiam per tres proximiores Dominicas in ipsa Metropolitana a Concionatore, et in singulis Parochiis a Parochis, qui populum ad orationes, jejunia, perceptionem Sacramentorum Pœnitentiæ et Eucharistiæ, aliaque pia opera hortentur. Modus vivendi eorum, qui Concilio interfuturi sunt. Ecclesia ornanda solemni et festivo ritu. Sedilia in Concilio Provinciali quomodo disponenda. Sedes Metropolitani, ubi collocanda. Quando item assideant, qui Synodo Diœcesanæ intersunt. Campanæ omnes civitatis ante diem Synodi, et ipsa die sequenti, quando et quomodo pulsandæ. Quæ paramenta sumenda ab iis, qui interesse debent, tam Concilio Provinciali, quam Diœcesano. Cujus coloris esse debeant. Quo ritu ad Synodum procedatur. Missa ab Archiepiscopo, et Episcopo cantanda. Ordo sedendi et proferendi vota. Laudabile est, ut singulis quintis feriis, tempore Synodi, Missa de Spiritu sancto cantetur. Qui ministri in Conciliis deputandi. Quo ritu Concilium absolvatur.

1. In Synodo Provinciali, quæ a Patriarcha, Primate, vel Metropolitano, ac etiam in Synodo Diœcesana, quæ a proprio cujusque Diœcesis Episcopo congregatur, nonnulli ritus et cæremoniæ sunt observandæ, ultra illas, quæ in Pontificali Romano sub Rubrica de ordine ad Concilium Provinciale, seu Synodum celebrandum, explicantur, quas juxta Sanctorum Patrum traditiones, diversorumque Conciliorum decreta, retineri maxime decet.

2. Omissis igitur his, quæ potius ad legem jurisdictionis Diœcesanæ pertinent, quam ad cæremonias, videlicet, quando, et quoties, tam Provinciales, quam Diœcesanæ Synodi indici debeant; quæ personæ convocandæ sint; quo anni tempore; qui in eis consultivum, vel decisivum votum habeant; quæ in his tractanda sint, et similia, quæ tum ex aliis, tum ex Sacro Tridentino Concilio, diversisque Sacrorum Canonum interpretibus intelligi possunt.

3. Primo erit advertendum, præsertim in Concilio Provinciali habendo, ut dies inchoationis hujusmodi Concilii per publica documenta, omnibus, qui de jure, vel consuetudine interesse debent, denuntietur, et ut plenius divulgetur, in die Epiphaniæ (1), dum frequenti populo intra Missarum solemnia festivitates ejus anni solemniores denuntiantur, poterit loco suo inter ipsos dies festos pro-

nuntiari et promulgari, tam in Ecclesia Metropolitana, quam in quibuscumque aliis Cathedralibus ei subjectis : et per duos, aut saltem unum mensem, ante dictam diem, shedula manu Notarii, seu Cancellarii subscripta, Ecclesiæ Cathedralis valvis affigi sub hujusmodi, aut simili tenore : *Concilium Provinciale,* seu *Synodus Diœcesana N. per Reverendiss. Dominum D. N. Archiepiscopum,* vel *Episcopum N. indictum,* vel *indicta hoc anno, etc. mense, etc. die, etc. Deo adjuvante, in Metropolitana,* seu *Cathedrali Ecclesia inchoabitur.*

(1) Cette publication des grandes solennités ne se fait pas à la chapelle papale. Nous n'avons pu constater si elle se fait ailleurs.

4. Rursus tribus proximis diebus Dominicis, ante dictam diem, conveniens erit, si tam in ipsa Ecclesia Metropolitana per concionatorem, quam in singulis Parochialibus per Parochos iterum atque iterum denuntietur, populique fideles ad devotionem, orationes, jejunia, sacramentum Pœnitentiæ, SS. Eucharistiæ sumptionem, aliaque pia opera adhortentur, ut actio hujusmodi, Deo opitulante, dignum sortiatur exordium, felicemque, et fructuosum progressum et exitum habeat.

5. Illi vero, qui in ipso Concilio interfuturi sunt, moneantur ut ea sedulo curent observari, quæ persancte præfatum Concilium Tridentinum in Sessione secunda salubri decreto statuit, nempe de modo vivendi, et aliis in Concilio servandis.

6. Cum autem prædicta Concilii dies appropinquaverit, ornabitur Ecclesia, ubi Synodus habenda est, festivo et solemni ritu, modo et forma in *Cap.* xii, *Lib.* I, de ornatu Ecclesiæ contenta.

7. Sedilia in ea disponentur (1); in Provincialibus quidem capacia pro numero Episcoporum, Abbatum, aliorumque ecclesiastica dignitate fulgentium; item pro Canonicis, ac etiam pro laicis, si qui interfuturi sunt.

(1) Ces siéges ne doivent pas être des fauteuils ornés et garnis comme le fauteuil de l'archevêque, mais de simples tabourets, tels que sont ceux des cardinaux qui assistent le pape sur le trône, et dont on a donné plus haut la description.

8. Sedes Metropolitani collocabitur apud altare, ut in indicato Pontificali habetur; et ante faciem ipsius sedilia Episcoporum per

gyrum; deinde conduplicatis sedilibus post Episcopos, cæteri proximiores, vel remotiores, pro graduum diversitate, ut mox dicetur.

9. In Diœcesanis vero (1), quia non interveniunt Episcopi, disponentur Dignitates et Canonici Ecclesiæ Cathedralis parati hinc inde a lateribus Episcopi, vel ante Episcopum, semicirculum facientes.

(1) Avec des lettres de chanoines honoraires, les prêtres qui assistent au synode pourraient aussi être *parati;* ce qui donnerait à cette assemblée une très-grande splendeur.

10. Pridie ejus diei, qua Synodus inchoanda erit, debent campanæ Ecclesiæ Cathedralis aliarumque Ecclesiarum, in eadem civitate existentium, solemni ritu pulsari a primis Vesperis per totam diem, et ipsa die sequenti, quousque Archiepiscopus, vel Episcopus ingressus fuerit Ecclesiam.

11. Ipsa die inchoationis Concilii, summo mane, congregatis Episcopis et aliis, qui Concilio interesse debent, in domo ipsius Archiepiscopi, vel alio convenienti loco, Episcopi capiant sacra paramenta, hoc est, supra rocchettum, amictum, pluvialia, et mitras auriphrygiatas uniformes; Archiepiscopus vero, Concilio præsidens, indutus erit amictu, alba, cingulo, stola et mitra pretiosa; Abbates benedicti pariter cum pluvialibus, et mitris simplicibus; Dignitates et Canonici pluvialibus, planetis et dalmaticis, pro qualitate ordinis eorumdem, ut dictum fuit *Cap.* xv, *Lib.* I, § 6. Paramenta omnia erunt coloris rubri.

12. Ibunt autem omnes supplicantes psallentesque processionali modo; prout in Processionibus, quæ Litaniæ appellantur, ut suo loco dicitur, campanis et organo in Ecclesia continuo pulsatis ac resonantibus.

13. Quibus omnibus Ecclesiam ingressis, et ostensis, si ostendendæ erunt, Reliquiis (1), cantabitur Missa de Spiritu sancto solemniter per Archiepiscopum, qui in ea utetur pallio, cum cæremoniis in *Cap.* viii, *Lib.* II, explicatis; vel, eo impedito, ab antiquiore ejusdem Provinciæ Episcopo; et si Festum erit Duplex, vel Dominica, sine commemoratione illorum, et sine Evangelio Dominicæ in fine.

(1) Il y a à Rome différentes manières d'exposer les saintes reliques à la vénération des fidèles. On ouvre et orne splendidement les souterrains, dans lesquels se conservent les corps

de quelques saints, et chacun a alors la liberté de satisfaire sa dévotion en visitant ces restes précieux. Quand les reliques sont dans des reliquaires portatifs, on les expose sur les autels, ou dans des lieux séparés et ornés avec soin. Quand on veut donner à cette exposition plus de solennité, on les montre du haut d'une tribune, les unes après les autres, et c'est de cette manière qu'il faut les faire vénérer au commencement du synode. Or voici comment on procède dans ce cas :

1° On orne de draperies la tribune de l'exposition, qui est une espèce de balcon ou un petit jubé, en vue de la nef, pour que le peuple puisse tout voir. On allume des cierges, que l'on espace d'un bout à l'autre de ce balcon ou tribune.

2° A l'heure marquée, on sonne une clochette à la tribune, et aussitôt un prêtre en surplis et en étole se présente à cette tribune avec deux clercs à ses côtés, aussi en surplis ; et il montre d'abord un reliquaire. Un chantre qui est à la tribune dit, sur le ton des leçons, ce qu'a fait de plus insigne le saint dont on fait vénérer les reliques. Quand il a fini, le prêtre qui tient cette relique, sans sortir de sa place, fait avec ses bras un mouvement de gauche à droite, comme pour faire voir cette relique à tous ceux qui sont dans l'église.

3° Quand il a fini, il donne ce reliquaire au clerc qui est à sa droite, et il en reçoit un autre de celui qui est à sa gauche. Alors le chantre fait pour ce second reliquaire ce qu'il a fait pour le premier. Après quoi le prêtre qui tient ce reliquaire le montre aux fidèles comme il a fait du premier, et il le remet entre les mains du clerc qui est à sa droite.

4° On fait de même pour tous les autres reliquaires que l'on veut montrer au peuple pour satisfaire sa piété.

5° Lorsque l'on fait vénérer la sainte croix, on fait avec le reliquaire qui la renferme le signe de la croix.

6° Lorsque ce sont de très-insignes reliques, telles que sont, à Saint-Pierre, la lance, la sainte face et la partie si considérable de la vraie croix, que l'on y conserve, on les montre comme suit, l'une après l'autre :

Un prêtre, revêtu comme il a été dit plus haut et accompagné de deux clercs, sort de la tribune portant d'abord la sainte lance. Il la montre, 1° au milieu; 2° à l'angle de la tribune qui est à sa droite; 3° au milieu encore; 4° à l'angle gauche. Puis il la fait vénérer en faisant avec la relique le signe de la croix, 1° au milieu; 2° à l'angle droit; 3° à l'angle gauche. Puis il rentre dans la tribune, où il prend la relique de la sainte face pour faire absolument ce qui vient d'être dit. Enfin il fait de même avec l'insigne relique de la vraie croix. Il faut remarquer qu'en allant de l'angle droit à l'angle gauche de la tribune, pour faire honorer ces précieuses reliques, il ne fait que les montrer au milieu sans aucun signe de croix, parce que c'est au milieu qu'il a commencé à les faire vénérer.

Ces insignes reliques étant parfaitement connues de tous, il serait inutile qu'un chantre les annonçât comme ci-dessus. Mais, à la place, celui qui les expose à la vénération publique récite tout haut des prières avec ses deux assistants.

14. Qua finita, non autem data benedictione, quæ datur in fine Sessionis semper, Archiepiscopus, depositis paramentis, Missæ propriis, usque ad tunicellam inclusive, et accepto pluviali, genuflexus ante altare super genuflexorio ibi parato, omnibus aliis etiam genuflectentibus, incipit Antiphonam *Exaudi, Domine, etc.*, deinde successive fiet prout in Pontificali Romano.

15. In Sessione vero, et ordine proferendi vota (1), observatum est, ut Episcopi procedant juxta ordinem eorum promotionis, nullo habito respectu ad dignitatem, vel præeminentiam Ecclesiarum. Dignitates et Canonici Cathedralis Ecclesiæ, cum capitulariter procedunt, aut sunt, præferuntur cæteris omnibus; alias Abbates titulares, et habentes usum mitræ præcedunt, et post eos Commendatarii, deinde Dignitates, mox procuratores Capitulorum Ecclesiarum Cathedralium, deinde cæteri pro cujusque dignitate, et gradu, ut *Cap.* XXIII, § 19, *Lib.* I, de ordine thurificandi colligere licet.

(1) L'ordre des préséances est celui de la promotion : *Juxta ordinem promotionis, nullo habito respectu ad dignitatem aut præeminentiam ecclesiarum.* Ceci est à observer par les curés en synode.

16. Eadem omnia fere observantur, quoties in Concilio habetur Sessio; non tamen necessaria est solemnis supplicatio, nisi prima

vice, et si ultra tres sessiones fiant, repetentur eadem Evangelia, quæ in Pontificali posita sunt.

17. Durante autem Concilio, decens est, ut singulis quintis feriis in Ecclesia Cathedrali cantetur Missa solemnis de Spiritu sancto ; ut in Concilio Tridentino eadem sessione secunda sancitum fuit.

18. Officiales quoque, et ministri necessarii deputandi sunt in hujusmodi Conciliis, veluti Notarii, Ostiarii, Magistri cæremoniarum, et alii, ut habetur in Concilio Toletano quarto, canone quarto.

19. In fine Concilii Provincialis, post ejus approbationem, dicto per Diaconum *Recedamus in pace*, et factis acclamationibus, omnes Episcopi surgentes, accedunt ad osculum pacis a Metropolitano accipiendum, quod deinceps inter se dant et accipiunt, ut charitatem conjunctionemque animorum ostendant. Quod in dicto Concilio Toletano quarto similiter statutum legitur.

20. In Synodis autem Diœcesanis magis deceret, ut acclamationes et oscula pacis omitterentur (1).

(1) Saint Charles cependant, dans le cinquième concile provincial de Milan, ordonna que l'on fît les acclamations dans les synodes : *Tum postea*, est-il dit dans ce concile, *acclamationes sanctefiant in formula ab Episcopo præscripta*.

Tous les prêtres vont dans ce cas recevoir de l'évêque le baiser de paix, et se le donnent ensuite mutuellement. Mais, si le clergé est nombreux, chaque doyen rural ou archiprêtre reçoit ce baiser de paix de l'évêque, et le donne aux prêtres de son canton ou archiprêtré qui se baisent ensuite mutuellement (*Catalan*).

LIVRE DEUXIÈME

CHAPITRE PREMIER

DES VÊPRES SOLENNELLES CHANTÉES PAR L'ÉVÊQUE.

Episcopus in crastinum Missam solemnem celebraturus, pridie Vesperas solemnes ipse peragat. Qui sint dies, quibus ab Episcopo Vesperarum solemnia sunt peragenda. Quo ordine ad ecclesiam procedat. Quo loco Episcopi et Canonici parentur, et quibus paramentis induantur. Ritus incipiendi Vesperas, et præintonandi Antiphonas, et sedendi ad Psalmos. Capitulum a quo, ubi, et quomodo cantandum. Hymnus et Antiphona Cantici, a quo præintonentur. Incensum quomodo ministrandum. Quo ordine ad incensandum altare Episcopus procedat, et ab eo redeat. Quomodo, et a quo Episcopus incensetur. Quomodo item reliqui. Oratio quomodo dicenda. Quo ritu benedictio danda. Si Cardinalis præsens est, vel Metropolitanus, urbaniter benedictionem ab Episcopo dandam remittat. Paramenta, quando, et quo loci deponenda.

1. Sacræ solemnitates regulariter a primis Vesperis initium sumunt. Explicatis igitur in superiori Libro his, quæ ad divina Officia in Ecclesia præparanda pertinent, consequens est, ut de ipsis Vesperis nunc loquamur.

2. Si ergo Episcopus erit solemniter Missam sequenti die celebraturus, Vesperæ solemnius peraguntur, quam si non esset celebraturus. Quod præcipue in his vigiliis observari solet, videlicet, Nativitatis Domini nostri Jesu Christi, Epiphaniæ, Ascensionis, Pentecostes, SS. Apostolorum Petri et Pauli, Assumptionis beatæ Mariæ Virginis, Omnium Sanctorum, Dedicationis Ecclesiæ, Sancti Titularis Ecclesiæ, et Patroni Civitatis.

3. Secundæ Vesperæ poterunt etiam per Episcopum eadem solemnitate celebrari, saltem in Dominica Resurrectionis, et in die Nativitatis Domini nostri Jesu Christi, ac in festo Sancti Titularis Ecclesiæ, et Sancti Patroni Civitatis.

4. Postquam ergo Episcopus ad Ecclesiam pervenerit, orationemque ante SS. Sacramentum et altare majus fecerit, ordine superius

in *Cap.* xv, § 5, *Lib.* I, narrato : quo tempore Canonici sument paramenta, scilicet amictum super cottam, aut rocchettum, et alia; paratisque omnibus Canonicis amictibus et sacris paramentis, juxta normam in eodem *Capite,* § vi, traditam, ipse Episcopus pauxillum sedet in sua sede; deinde surgens, deponet cappam, capietque sacra indumenta, ordine sumpta ex altari ab Acolythis et ministris ; videlicet, primo amictum, quem in medio, ubi est parva crux, osculatur; deinde albam, tum cingulum, mox crucem pectoralem, et stolam a collo pendentem, quas similiter osculatur in medio ; deinde pluviale cum pectorali in conjunctura illius ; et sedens, mitram pretiosam, ac annulum : quibus omnibus paramentis induitur per Diaconos assistentes paratos, præter annulum, qui imponitur ei per Presbyterum assistentem. Interim, si adest organum in Ecclesia, pulsatur.

5. Cum Episcopus sic paratus paululum sederit, surgit (1), deposita mitra, surgentibus omnibus, versus ad altare dicit secreto *Pater noster, etc.,* et *Ave Maria, etc.,* integre : et tenens sinistram manum infra pectus, dextera aperta facit sibi crucis signum a fronte ad pectus, cantans intelligibili voce *Deus, in adjutorium meum intende.* Et pro unoquoque verbo tangit manu, primo frontem, deinde pectus, mox humerum sinistrum, ultimo dexterum, et in fine jungit manus ante pectus.

(1) Toujours on s'assied ainsi, à Rome, avant de commencer l'office, excepté quand le saint sacrement est exposé. Ce petit repos est sans doute donné pour que tous, étant à leur place, se préparent à l'office de manière à n'avoir plus autre chose à penser. Il favorise d'ailleurs le recueillement auquel Notre-Seigneur invite tous ceux qui le suivent dans le calme et la solitude du sanctuaire : *Venite seorsum, et requiescite pusillum.* A Rome, l'évêque reçoit la crosse et la tient à la main pendant qu'il est ainsi assis, avant vêpres.

6. Cum chorus cantat Versiculum *Gloria Patri, etc.,* Episcopus et omnes caput inclinant versus crucem (1) super altari usque ad Versiculum *Sicut erat, etc.*

(1) A Rome, l'on s'incline ainsi vers la croix, non-seulement au *Gloria Patri,* etc., mais encore à toutes les paroles qui exigent une inclination semblable, par exemple, à la doxologie, au saint nom de Jésus; cela se fait aussi, à la messe, au *Gloria*

in excelsis, au *Credo*, etc., même quand on est assis. L'évêque *ad faldistorium*, qui tourne le dos à l'autel, quand il est assis, s'incline comme les autres vers la croix à toutes ces paroles.

7. Interim Cæremoniarius ducit Subdiaconum (1), vel alium, ad quem de Ecclesiæ consuetudine spectat, intimare Antiphonas in habitu, in quo reperitur ante Episcopum, factis debitis reverentiis altari et Episcopo ; cui, dicto per chorum Versiculo *Sicut erat, etc.*, et *Alleluia*, vel *Laus tibi, Domine, etc.*, Subdiaconus præintonat primam Antiphonam ; et donec per Episcopum non fuerit præintonatio repetita, Cæremoniarius, et Subdiaconus præintonator expectant, ibidem stantes, ea autem repetita intelligibili voce, sive ex libro, sive memoriter, prout magis Episcopo placuerit, factis iterum debitis reverentiis Episcopo et altari, ad sua loca redeunt. Episcopus vero sic perstat, donec expleta per chorum Antiphona, incœptus fuerit Psalmus; tunc sedet, accepta mitra leviori, si placeat, et omnes pariter sedent.

(1) On a déjà vu dans quelles circonstances le sous-diacre va intimer les antiennes. Il semble que ce serait au cérémoniaire à porter, en allant et venant, l'antiphonaire dont le sous-diacre a besoin pour donner les intonations comme cela se pratique à tierce, pour le chant du capitule. Il est à remarquer qu'ils ne saluent pas le chœur, puisque le Cérémonial dit positivement ici : *Factis debitis reverentiis altari et episcopo;* et que ce n'est pas tournés en face, mais vers l'évêque et les autres qui doivent entonner les antiennes, qu'ils attendent : *Expectant ibidem stantes.*

8. Psalmi decantari debent a choro, et ab ipsismet Canonicis et Beneficiatis, aliisque de Capitulo in tono et cantu Gregoriano (1) cum gravitate et decore: ita ut eorum verba ab omnibus intelligantur; sed Versiculus *Gloria Patri, etc.*, poterit solemniori vocis modulatione recitari (2), ad quem Episcopus cum mitra, et omnes alii, detectis capitibus, sedentes, vel, prout reperiuntur, se inclinant : et si placuerit, finito quolibet Psalmo, poterit Antiphona per organum repeti, dum tamen per aliquos mansionarios, aut alios, ad id deputatos, eadem Antiphona clara voce repetatur. Et si quis adesset, qui cum organo cantare vellet, nihil aliud cantet quam ipsam Antiphonam, ut latius in *Cap.* xxviii, *Lib.* I, § 7 *et* 8, de organo et organista, etc. explicatur.

(1) Les psaumes se chantent en musique, à Rome, aux fêtes solennelles; cependant il n'est pas rare qu'alors même on n'entremêle des psaumes en chant grégorien; mais, à part ces grandes solennités, on y suit cette règle.

(2) Cette modulation différente pour le *Gloria Patri*, etc. se remarque surtout à Saint-Pierre; c'est quelquefois une belle musique, et d'autres fois un changement de ton, avec une mesure plus grave, ou même ce que nous appellerions *faux-bourdon*.

9. Reliquæ quatuor Antiphonæ juxta debitum et decentem ordinem, ritumque antiquum, per eumdem Subdiaconum, seu alterum, ad quem spectat, præintonari debent, hoc ordine, videlicet (1), secunda Diacono assistenti a dexteris Episcopi; tertia Presbytero assistenti; quarta primo Canonico in choro manenti, sive ille sit Archidiaconus, sive Archipresbyter, sive Presbyter; quinta Diacono assistenti a sinistris Episcopi.

(1) Voici ce qui s'observe à Rome pour les trois assistants du trône : ils demeurent assis et couverts pendant que le sous-diacre leur intime l'antienne qu'ils ont à entonner; puis, s'étant levés, ils saluent profondément l'évêque et chantent leur intonation; ils saluent de nouveau l'évêque et s'asseyent.

10. Eadem omnia etiam in præintonatione aliarum Antiphonarum observantur, quæ in prima servari debere dictum est; nisi quod erga Canonicos parcior fiet reverentia, videlicet, sola capitis inclinatione. Surgente autem Canonico, cui præintonatur Antiphona, Canonici et omnes alii in choro præsentes surgunt; sed quando præintonatur alicui ex assistentibus Episcopi, surgunt tantummodo alii coassistentes.

11. Expleta Psalmorum et Antiphonarum decantatione, ducitur per Cæremoniarium idem Subdiaconus, seu alius, cui, ex consuetudine Ecclesiarum, Capitulum cantare convenit (1), in habitu, in quo reperitur, factis debitis reverentiis, ad locum, ubi decantari solet Epistola in Missa, qui tenens sibimet librum, cantabit capitulum alta et æquali voce, ad quod Episcopus cum mitra, reliqui omnes, detecto capite, surgunt, et responso per Cantores *Deo gratias*, ducitur per Cæremoniarium aliquis Canonicus, seu alius, ad quem de Ecclesiæ consuetudine spectat, qui præintonat Episcopo, cum mitra stanti,

Hymnum, et Episcopus statim, deposita mitra, præintonationem Hymni repetit, quem chorus prosequitur in cantu plano, vel musicali, prout magis placuerit; dummodo verba distincte intelligantur; cui etiam intermisceri organum poterit; dum tamen verba ipsa Hymni clara voce per aliquos, ad id deputatos, repetantur, vel cum organo cantentur.

(1) A Rome, c'est le même sous-diacre qui a annoncé les antiennes qui chante le capitule, au lieu où se chante l'épître. C'est aussi à lui à donner les intonations de l'hymne et de l'antienne de *Magnificat*, et à encenser le prêtre assistant et les autres du chœur.

12. Si vero fuerint Hymni *Veni Creator Spiritus* (1), aut *Ave maris stella*, dum Episcopus intonat, omnes genuflectunt, et statim ipse quoque Episcopus ibi in suo genuflexorio ante altare, si adest, genuflectit; sin minus, in sua ipsa sede super aliquo pulvino, ad id parato, permanens in genuflexione usque ad finem primi versus; quo finito, surgit, surgentibus omnibus, et stat, quousque perficiatur Hymnus cum Versiculo et Responsorio. Tunc per Cæremoniarium ducitur idem Subdiaconus, seu alter, qui prius Antiphonas Psalmorum præintonavit, cum eisdem reverentiis ante Episcopum, cui stanti adhuc sine mitra præintonat Antiphonam Cantici *Magnificat*, qua repetita, Episcopus sedet, et accipit mitram pretiosam, et pariter omnes sedent. Et dum cantatur per chorum Antiphona, imponit thus in thuribulum, per Acolythum thuriferarium allatum, Presbytero assistente naviculam thuris porrigente, sub ea forma, et verbis, quæ in *Cap.* xxiii, § 1, *Lib.* I, explicatur.

(1) Pendant la première strophe du *Veni Creator* et de l'*Ave maris stella*, etc., l'évêque et ses assistants sont à genoux, soit au trône, soit *in plano, ad faldistorium*. L'usage est, à Rome, de s'agenouiller alors au trône, et ce n'est qu'à la messe que le pape descend du trône pour se mettre à genoux, *ad genuflexorium*, après avoir dit : *Sanctus*.

13. Interim duo Acolythi (1) præcedunt ad altare, elevantes hinc inde anteriorem partem superioris tobaleæ, seu veli, super altare positi illamque conduplicant usque ad medium.

(1) Le second cérémoniaire conduit les acolythes à l'autel,

pour y rouler le tapis *usque ad medium;* pour cela, ils font tous trois ensemble la génuflexion à la croix en face de l'autel; ils montent sur le marchepied, *conduplicant* (tobaleam) *usque ad medium*, reviennent au bas de l'autel, et y font à la même place la génuflexion. Après l'encensement de l'autel, ils font de même pour remettre le tapis comme il était auparavant; ce tapis, du moins dans les grandes fêtes, n'est rien moins qu'une belle nappe de lin ou autre étoffe blanche, bordée avec un large galon d'or ou de soie.

14. Cum vero chorus incipit, Canticum *Magnificat*, surgit Episcopus cum mitra, omnibus surgentibus, et facto sibi crucis signo a fronte ad pectus, acceptoque sinistra manu baculo pastorali, medius inter Diaconos assistentes, pluviale hinc inde elevantes, pergit ad altare, ante cujus infimum gradum, depositis baculo et mitra et facta cruci, super altari positæ, reverentia, ascendit ante medium ipsius altaris, et eo osculato, capit de manu Presbyteri assistentis thuribulum (1) quod ipse assistens de manu thuriferarii acceperat et thurificat crucem et altare, Diaconis assistentibus fimbrias pluvialis elevantibus. Qua autem forma dictum thuribulum ad manus Episcopi porrigatur, ac rursus, quo ordine et modo ipsum thuribulum sit dicendum, et altare thurificandum, in dicto *Cap.* xxiii, *Lib.* I, latius demonstratur.

(1) On a vu plus haut ce qu'a à faire ici le prêtre assistant pour l'encensement de l'autel et celui de l'évêque.

15. Thurificato altari (1), ibique mitra et baculo receptis, Episcopus redit ad sedem suam, ubi, stans cum mitra, ab assistente Presbytero thurificatur; et duo Acolythi supradicti velum, seu tobaleam paulo ante plicatam reducunt, prout erat super altari; ipse vero Episcopus, mitra deposita, retento tamen baculo inter manus junctas, stat usque ad finem Cantici, et Versiculum *Sicut erat, etc.*

(1) C'est au haut de l'autel que l'évêque prend la mitre et la crosse; il salue la croix et va, *per breviorem*, au trône, que l'on suppose être du côté de l'évangile.

16. Interim per Subdiaconum, seu alium, qui Antiphonas præintonavit, thurificatur primo Presbyter assistens, deinde Diaconi assistentes, mox Canonici et alii, ordine suo, ut in dicto *Cap.* xxiii. § 27 et 28, explicatur. Quod si interim, expleto Cantico, Episcopus

inciperet Versiculum *Dominus vobiscum*, pro Oratione dicenda, debet cessare thurificatio : animadvertendum tamen, ut cantus *Magnificat* ita protrhatur, ut et thurificatio simul terminetur (1).

(1) Ceci s'observe ponctuellement à Rome. Pour cela, l'orgue joue, entre les versets de ce cantique, assez longtemps pour que les autels et les personnes à encenser l'aient tous été quand on chante *Gloria Patri*, etc.

17. Cum per chorum repetitur Antiphona Cantici, Episcopus deponit baculum, sedet, et recipit mitram. Interim Cæremoniarius medius inter duos Acolythos ceroferarios, eos cum debitis reverentiis ducit ante Episcopum, qui, finita Antiphona et organo silente, deposita mitra, surgit, et stans versus altare, ex libro, sibi per assistentem porrecto, cantat Versiculum *Dominus vobiscum*, deinde *Oremus*, et mox Orationem competentem, manibus junctis, omnibus iterum stantibus. Qua finita, dum repetit *Dominus vobiscum*, Cæremoniarius cum ceroferariis, factis debitis reverentiis, discedunt et redeunt ad altare (1), et in suo loco reponunt candelabra.

(1) Si, à la fin de vêpres, l'évêque avec ses assistants et tous les autres ministres doivent aller déposer leurs ornements à la sacristie ou au *secrétaire*, les acolytes, au *Dominus vobiscum*, vont se placer, non à l'autel, mais à une certaine distance des degrés, pour être prêts à marcher devant eux. Il est à remarquer ici, en passant, que l'évêque ne se déshabille pas au chœur quand il y a complies ou autre office après les vêpres.

18. Dicto per chorum *Benedicamus Domino*, a duobus cantoribus (1), qui, secundum locorum consuetudines, induti erunt pluvialibus, vel cotta, dum respondetur per eumdem chorum, sive per organum *Deo gratias*, Episcopus, reassumpta mitra, stans in sua sede, si inde a populo commode videri potest, sin minus, accepto baculo pastorali, accedit ad altare, et facta ibidem profunda reverentia cum mitra, benedictionem dat, dicens : *Sit nomen Domini benedictum*, juxta formam in *Cap.* xxvi, *Lib.* I, traditam.

(1) Cette expression, *per chorum*, semble rendre raison de la diversité de pratiques qui se remarque à Rome par rapport au chant du *Benedicamus Domino*; car on le chante soit *in me-*

dio chori, soit *ante infimum gradum altaris*. Il est aussi à remarquer qu'il ne se chante pas seulement par deux chantres en chape, mais encore par tous les chapiers : c'est du moins ce qui s'observe plus communément.

19. Si vero sit Archiepiscopus, aut alias utens cruce, allata illæ per Capellanum ante se, deposita mitra, illi caput profunde inclinat; mox benedictionem dat. Indulgentiæ in Vesperis numquam publicantur.

20. Si autem adesset Cardinalis non Legatus, vel Metropolitanus, Episcopus mittit ad eum Cæremoniarium, sive aliquem Capellanum, ut placeat illi benedictionem dare quam Cardinalis non Legatus, seu Metropolitanus, remittit ex urbanitate, ab ipso Episcopo celebrante dandam ; mox revertitur ad suam sedem, sive ad faldistorium, si eo utatur; ibique exuitur suis paramentis, et pariter Canonici in suis locis deponunt paramenta sacra (1), quibus induti erant et deinde Episcopum saltem extra portam Ecclesiæ comitantur, ut supra *Cap.* xv, § 11, *Lib. I*, dictum fuit, organo interim hilari modulatione continuo personante.

(1) On peut prendre pour règle que les chanoines déposent leurs ornements dans le même lieu et en même temps que l'évêque, et cela pour être prêts à le reconduire. C'est la pratique de Rome, et notre Cérémonial paraît, en toute occasion, la favoriser.

CHAPITRE II

DES VÊPRES CÉLÉBRÉES PAR L'ÉVÊQUE QUAND IL NE DOIT PAS CHANTER LA MESSE LE LENDEMAIN,
ET DE CELLES OU IL EST SEULEMENT PRÉSENT.

Episcopus, in crastinum non celebraturus, quomodo Vesperas perficiat. Sacris paramentis induatur, in sede resideat, incipiat et absolvat Vesperas. Qui, et quomodo Canonici parari debeant. Antiphonæ a quibus præintonandæ sint. Capitulum a quo recitandum. Quid præstandum, si Episcopus hujusmodi Vesperis cum cappa intersit. Canonicus celebrans ubi sedere debeat. Thurificatio quomodo perficiatur. Oratio a quo dicenda. Quo loci benedictio ab Episcopo danda.

1. Episcopus, si ob aliquod impedimentum, vel alia de causa in festis, in *Capite præcedenti* enumeratis, vel in aliis festis et Domini-

cis principalibus non sit ipsemet solemniter Missam celebraturus, velit tamen Vesperis sive primis, sive secundis interesse, et Officium facere, observabit eadem fere omnia, quoad se, ac si in crastinum esset celebraturus. Nam et eisdem sacris paramentis indutus erit, et in eadem sede residebit, incipiet et perficiet Vesperas, prout dictum est.

2. Differentia solummodo erit (1) in infrascriptis, quia hoc casu non omnes Canonici, sed quatuor, aut sex tantum (2), cum pluvialibus parantur; assistentes vero Canonici Diaconi, hinc inde a lateribus Episcopi erunt in eorum habitu Canonicali (3), sic et Presbyter assistens (4).

(1) Tout se fait, dans ce cas, comme il est marqué dans le chapitre précédent et autres où il est question des vêpres célébrées par l'évêque. Il s'agit donc ici seulement de noter quelques différences entre ces deux sortes d'offices.

(2) Ces chanoines *parés* ne sont pas pour faire cortége à l'évêque, mais pour faire chantres. En conséquence, ils observent ce qui est dit ailleurs des chantres en chape. Comme on le voit ici, il peut y en avoir jusqu'à six aux grandes fêtes, mais pas plus.

(3) Ceci prouve qu'en effet les chanoines *parés* ne sont pas pour l'assistance de l'évêque. Les diacres assistants observent ce qui a été dit dans les chapitres où l'on traite de leur office.

(4) Comme on le voit, il faut qu'à vêpres, aussi bien qu'à la messe, il y ait, outre deux diacres, un prêtre assistant, lequel est aussi en habit canonial. Devant assister l'évêque de la même manière que les diacres, il s'ensuit qu'il doit demeurer au trône tout le temps des vêpres, quand c'est l'évêque qui les chante.

3. Antiphonæ vero non eodem ordine (1), nec per Subdiaconum, sed per aliquem ex Canonicis (2), aut alium, ad quem de consuetudine Ecclesiæ spectat, præintonantur, primo ipsi Episcopo, deinde aliis Canonicis, incipiendo a dignioribus, prout Ecclesiarum circa hoc usus observabit. Capitulum autem per aliquem ex cantoribus alta voce recitabitur in loco suo, vel alio solito (3). Cætera omnia fiunt, et dicuntur, prout in *Cap.* I, *Lib.* II, expositum fuit (4).

(1) Les antiennes s'entonnent, non par les assistants de l'é-

vêque au trône, mais par les autres chanoines qui sont au chœur : *Deinde aliis canonicis*, est-il dit dans ce même nombre, *nec per subdiaconum*... Comme il n'y a pas, à cet office, de sous-diacres *parés*, c'est-à-dire revêtus de la tunique, aucun ne saurait être employé à aller donner les intonations.

(2) On comprend que tout naturellement ce chanoine, qui donne les intonations, est un de ceux qui sont en chape. Cette expression, *per aliquem ex canonicis*, démontre que c'est un abus que de laisser deux, quatre, et même six chantres donner tous ensemble et à pleine voix une intonation qui bien souvent est reprise par une voix faible, que l'on entend à peine. Mais, quoiqu'un seul doive donner l'intonation, cela n'empêche pas quelques-uns des autres chantres de l'accompagner, comme on l'a observé ailleurs.

(3) C'est par un des chanoines *parés*, et faisant l'office de chantre, que se chante le capitule; il peut pour cela demeurer à sa place, si tel est l'usage; mais il est plus conforme à l'esprit du Cérémonial, qu'il aille le chanter au milieu du chœur.

(4) Il faut donc rapprocher le premier chapitre du second, pour en avoir une plus parfaite intelligence.

4. Quod si Episcopus velit hujusmodi Vesperis interesse cum cappa, tunc minime convenit, ut ipse in tali habitu Officium faciat (1), qui etiam ipsemet sibi debet biretum imponere et auferre (2). Sed Canonicus hebdomadarius indutus amictu et pluviali super cottam, seu rocchettum, si illo utatur, totum Officium faciet, petita prius ab Episcopo licentia (3), incipiendo *Deus, in adjutorium, etc.*, usque ad finem, stans a latere Epistolæ (4), assistentibus sibi quatuor aut sex Beneficiatis (5) pro diversitate festivitatum, prout suo loco dicetur, pariter cum pluvialibus, quibus absque aliis paramentis simpliciter super cottam, vel rocchettum induuntur. Episcopus vero in sua sede tantummodo benedicet incensum, et in fine solemnem benedictionem dabit (6).

(1) Ceci réprouve notre usage de chanter vêpres en rochet et mozette. On voit que l'Eglise veut que l'évêque n'apparaisse aux yeux des fidèles qu'avec un appareil imposant.

(2) La raison qui empêche l'évêque de chanter vêpres *in cappa*, c'est qu'il lui faudrait ôter et mettre lui-même sa bar-

rette, et que cela ne convient pas à un évêque célébrant. Cela nous donne occasion d'observer qu'à une certaine époque l'usage s'était introduit à Rome, parmi les prélats, de se faire mettre et ôter la barrette par quelque chapelain. La sacrée Congrégation des rites a réprouvé cet usage comme contraire au Cérémonial; d'où il faut conclure avec quel soin la sacrée Congregation des rites veille à ce qu'il ne s'introduise rien de nouveau dans les cérémonies.

(3) Cette permission se demande par une inclination profonde à l'évêque, qui répond par un léger signe de tête.

(4) A Rome, c'est l'usage général que le célébrant, à vêpres, soit du côté de l'épître. Le trône étant du côté de l'évangile, le célébrant se trouve être en face de l'évêque. Il est pourtant à observer que, dans les chapitres, on a quelquefois l'usage de placer le *chorus* alternativement au côté de l'évangile et à celui de l'épître.

(5) On remarque qu'à cet office ce sont des bénéficiers, et non des chanoines, qui sont en chape, pour établir une différence entre les solennités, et que ces bénéficiers ne prennent pas l'amict, pour que, par les ornements mêmes, on puisse reconnaître ceux qui appartiennent aux diverses classes du chapitre : *Absque aliis paramentis simpliciter super cottam vel rochettum induuntur (pluvialibus).*

(6) Ceci s'observe à Rome quand l'occasion s'en présente, ce qui est assez rare, parce que les cardinaux ne vont communément à leurs églises titulaires que pour y célébrer les offices, et non pour y assister.

5. Antiphonæ autem præintonantur ab aliquo ex dictis Beneficiatis paratis; primo ipsi Canonico celebranti, deinde aliis Canonicis dignioribus, juxta morem Ecclesiæ. Organi sonus eodem modo poterit intermisceri, prout in *Cap.* xxviii, *Lib.* I, de organo, etc., declaratum fuit.

6. Ipse celebrans Canonicus, una cum quatuor aut sex Beneficiatis assistentibus, dum Psalmi recitantur, sedere poterunt cooperto capite in aliquo sedili, seu scamno præparato, et ornato a latere Epistolæ (1); videlicet, celebrans in medio, primi assistentes vero hinc inde (2), vel alias (3), prout in illa Ecclesia usitatum est : reliqui autem assistentes in scabellis, vel scamno contra altare (4).

(1) On voit bien là que notre Baldeschi s'accorde avec le Cérémonial des évêques pour l'appareil des siéges du célébrant et de ses assistants, et l'on verra ailleurs que l'on s'y conforme à Rome.

(2) Par ce texte, il est clair qu'à vêpres le célébrant occupe la banquette de la messe (*in sedili seu scamno*), et que les deux premiers chapiers l'assistent, au lieu des diacre et sous-diacre de la messe.

(3) A Saint-Pierre et dans d'autres églises de Rome, le célébrant, à vêpres, est toujours seul, à la stalle ou à la banquette, et les chapiers s'asseyent à un banc séparé. On voit que cet usage n'est pas contraire au Cérémonial; on peut donc faire l'un et l'autre.

(4) Les chantres, appelés aussi assistants, vont s'asseoir aux siéges qui leur sont préparés sur le pavé du chœur. A Sainte-Marie-Majeure, ces siéges sont des tabourets; à Saint-Pierre, ce sont de petits bancs sans dossiers, couverts de drap vert. Notre Cérémonial permet de se servir des uns ou des autres par ces mots : *Assistentes in scabellis, vel scamno.* Ils sont placés en arrière du siége du célébrant et à une certaine distance de sa banquette. Quand ils y sont assis, ils se trouvent tournés vers l'autel : *Contra altare.* Quand il n'y a que deux chantres, ils se placent à celui des deux bancs qui est du côté du célébrant; s'ils sont quatre ou six, ils se partagent pour être deux ou trois du côté de l'épître, et autant du côté de l'évangile.

7. Capitulum cantabitur ab aliquo cantore (1), Hymnus et Antiphona ad *Magnificat* præintonatur ab eodem assistente ipsi celebranti.

(1) Ce chantre est le premier chapier remplissant cet office, et c'est par lui que se donne l'intonation de l'hymne et de l'antienne de *Magnificat* : *Præintonatur ab eodem assistenti ipsi celebranti.*

8. Dum cantatur per chorum Antiphona ad *Magnificat*, dignior Canonicus ex Presbyteris, accedente Acolytho thuriferario (1), offert naviculam incensi Episcopo, qui imponit et benedicit incensum more consueto.

(1) Le prêtre assistant fait bénir l'encens, *more consueto*. Pendant les vêpres, ce prêtre assistant se tient, comme on l'a vu plus haut, à sa place au chœur, et, quand il en est temps, il va faire bénir l'encens au trône, où il demeure jusqu'à la répétition de l'antienne de *Magnificat*, qu'il retourne à sa place au chœur. Tel est l'usage de Rome ; ce qui montre qu'il y a encore cette différence entre les vêpres chantées par l'évêque et celles où il ne fait qu'assister.

9. Incœpto Cantico prædicto, ipse Canonicus celebrans cum suis assistentibus surgit (1), et facta reverentia Episcopo (2), thurificat more solito altare : quo thurificato, ipse, stans in cornu Epistolæ, capite detecto, ab altero ex dictis duobus Beneficiatis assistentibus (3), pluviali induto, thurificatur duplici ductu thuribuli ; mox Episcopus stans, capite detecto, a Presbytero Canonico assistente thurificatur (4) apud suam sedem triplici ductu : et demum omnes Canonici et alii ordine suo thurificantur (5).

(1) Les autres chapiers se joignent aux deux assistants du célébrant pour assister à l'encensement de l'autel, mais ils demeurent au pied des degrés.

(2) Si le célébrant est en vue de l'évêque, au siége qu'il occupe, il le salue de sa place avant de partir pour aller encenser l'autel, sinon, il s'avance de quelques pas pour saluer l'évêque, et il se rend ensuite à l'autel.

(3) On ne peut conclure de ces paroles que c'est au premier assistant à encenser le célébrant, comme aussi à donner l'intonation de l'hymne et de l'antienne de *Magnificat;* car, par le mot *assistentibus*, on entend indistinctement tous les chapiers, ceux qui font chantres aussi bien que ceux qui font *assistants*, comme le démontrent les paroles citées ci-dessus, mais il faut entendre ceci du premier chantre en chape, qui, à Saint-Pierre, encense toujours le célébrant. Ainsi les assistants proprement dits n'ont pas autre chose à faire que de se tenir aux côtés du célébrant, de soulever les bords de sa chape, etc., comme font les diacres assistants au trône, lesquels n'encensent jamais l'évêque.

(4) Le prêtre assistant qui encense l'évêque observe, pendant vêpres, ce qui est marqué plus haut concernant son office.

(5) Lorsque le célébrant a été encensé par un de ses assistants, et l'évêque par le chanoine prêtre qui l'assiste, le dernier chapier encense tout le chœur.

10. Finito Cantico, et repetita per chorum Antiphona, celebrans cantat Orationem, stans versus altare a latere Epistolæ, duobus Acolythis ceroferariis candelabra cum cereis accensis afferentibus, et alio, inter illos medio, librum tenente (1).

(1) S'il n'y a pas de pupitre pour soutenir le livre des oraisons, un des clercs se place entre les acolytes, et soutient ce livre de la manière accoutumée pendant chaque oraison. Ceci fait croire que ces pupitres sont d'un usage libre et uniquement pour la commodité. Il faut aussi conclure de ce texte que le célébrant, pour pouvoir chanter les oraisons les mains jointes, ne doit pas tenir de livre.

11. Qua finita, et dicto per chorum *Benedicamus Domino*, etc., Episcopus stans in sua sede, si inde a populo videri possit, alias apud altare, capite cooperto, nisi sit Archiepiscopus, aut alias utens cruce, quia capite detecto versus crucem, quæ per aliquem ejus Capellanum genuflexum tenetur, solemniter benedicit : non tamen tunc utitur baculo pastorali, quia non est paratus, Reliqua omnia fiunt, prout *in antecedenti Capite* dictum fuit (1).

(1) Après la bénédiction, le célébrant dit à l'ordinaire le *Fidelium animæ*, etc.

CHAPITRE III

DES VÊPRES (ABSENTE EPISCOPO).

Quo ritu in Ecclesiis Cathedralibus, absente Episcopo, vel in Collegiatis, Vesperæ celebrandæ sint. Canonicus hebdomadarius pluviali paratus, una cum aliquot Presbyteris similiter paratis, et aliis ministris a sacristia ad altare processionali ritu procedat. Ubi inchoandum Officium Vesperarum. Antiphonæ, et Psalmi, et Canticum *Magnificat* a quibus intonentur. Ordo thurificationis. Orationes ubi dicendæ, et quomodo Vesperæ compleantur. In diebus solemnioribus sex Presbyteri cum pluvialibus parentur: in aliis non solemnioribus quatuor tantum : in Dominicis et aliis Festis, duo.

1. In Ecclesiis Cathedralibus, absente Episcopo, et in Collegiatis Canonicus hebdomadarius paratur in sacristia pluviali coloris tempori

convenientis super rocchetto, si eo utatur, aut super cotta, et cum eo parantur quatuor, aut sex Presbyteri de gremio ipsius Ecclesiæ, non tamen Canonici ; coadunatisque Canonicis, et aliis de clero, in chorum, prædictus Canonicus celebrans procedet e sacristia hoc ordine : præcedunt duo Acolythi deferentes candelabra (1) cum candelis accensis, deinde Cæremoniarius, et aliqui ministri cottis induti; mox Presbyteri, pluvialibus parati, bini et bini; ultimo loco Canonicus celebrans, pluviali indutus, medius inter duos ex dictis Presbyteris : qui fimbrias anteriores pluvialis ipsius parumper elevant; parati vero procedunt manibus junctis, et cooperto capite (2).

(1) A Saint-Pierre, le porte-croix marche entre les acolytes. A l'église de la *Mission*, il n'y a point de croix, quoique le célébrant vienne à l'autel à la suite du chœur. L'usage de la croix nous paraît être un des nombreux priviléges du chapitre de la basilique du Vatican.

(2) On a vu plus haut qu'il faut se découvrir en entrant dans l'église, et l'on remarque ici comme tous doivent marcher les mains jointes.

2. Cum perveniunt ante altare, stabunt omnes recta linea ; ceroferarii erunt omnium postremi hinc inde a lateribus : in eorum medio Presbyteri pluvialibus parati, et inter ipsos medius Canonicus celebrans paratus; simulque omnes, detecto capite, genuflectent, genuflexique parumper orabunt (1), præter Acolythos ceroferarios et ministros supradictos (2), cottis indutos, qui statim discedunt ad latera altaris, ibique Acolythi candelabra cum cereis extinctis super gradu, vel plano inferiori deponunt.

(1) C'est l'*Aperi* qu'il faut alors dire *submissa voce*, parce que c'est une prière de dévotion qui ne fait pas partie de l'office.

(2) La croix de procession, si elle sert à l'entrée, se dépose au côté de l'épître, en un lieu apparent et honorable, de manière qu'elle soit en vue des fidèles.

Les acolytes, après avoir déposé leurs chandeliers *super gradu inferiori, vel in plano ad latera altaris*, font la génuflexion et vont se placer à la crédence, où ils se mettent à genoux. Comme on le voit, c'est aux côtés de l'autel, et non devant, que se déposent les chandeliers. Les cierges doivent s'éteindre, *cum cereis extinctis*. L'usage est pourtant à Rome de les laisser allumés. Les autres clercs employés dans les cérémonies, comme le thuriféraire et le second cérémoniaire, se placent à la crédence, si le local le permet.

3. Presbyteri parati cum Canonico celebrante, postquam oraverint, surgunt, et profunde altari caput humerosque inclinant. Si vero sanctissimum Sacramentum in eo asservetur, denuo genuflectunt; deinde salutant, ab utraque parte chori, Canonicos, capitis inclinatione.

4. Canonicus vero paratus celebrans, accedit ad scamnum (1), panno coopertum (2), in cornu Epistolæ præparatum (3), vel ad stallum (4), seu primam sedem chori ab ea parte, quæ eidem illa hebdomada obtigerit, in qua sede ponetur pulvinum, et alterum cum tapete super alio scamno (5), seu genuflexorio, ante se posito ; super quo etiam ponitur liber, serico coloris cæterorum paramentorum tectus; et ubi non adest tale scamnum, in aliquo legili (6), quod ponitur ante celebrantem, et removetur prout opus est; quo casu tapete sternitur ante ipsum celebrantem.

(1) Le *scamnum* est la banquette dont on a donné ailleurs la description. Elle est la même qu'à la messe, parce que les assistants en chape devront s'asseoir aux côtés du célébrant. Catalan fait voir que le célébrant ne doit pas, même lorsque l'évêque est absent, user d'un siége à dossier, c'est-à-dire d'un fauteuil (*Non cum sede postergali, sed in scamno oblongo*).

(2) La banquette doit être garnie aux vêpres comme à la messe.

(3) A vêpres, comme à la messe, le célébrant se place du côté de l'épître quand il est à la banquette.

(4) Quand à vêpres il s'assied à la stalle, il est *ad turnum* au côté de l'épître et à celui de l'évangile : *Seu ad primam sedem chori ab ea parte, quæ eidem illa hebdomada obtigerit.* Cette stalle doit être la première du chœur, c'est-à-dire celle qui est la plus proche de l'autel; et cela, quand même quelque évêque étranger assisterait à l'office, comme cela se pratique à Saint-Pierre.

(5) Ce *genuflexorium* de vêpres est comme notre prie-dieu ou le devant de la stalle de l'officiant. Sur ce prie-dieu est un tapis avec un coussin sur lequel se place le livre du célébrant,

et on met dans la stalle un autre coussin, sur lequel s'assied le célébrant ; *in qua ponetur pulvinum.*

(6) Ce *legile* est une espèce de petite échelle brisée qui s'ouvre et se ferme à volonté. Un tapis fixé au bout supérieur et attaché aux quatre montants forme un pupitre quand ce *legile* est ouvert. Ces montants sont revêtus d'étoffes plus ou moins précieuses, selon la solennité des fêtes et la dignité des personnes auxquelles il doit servir. Ces montants se terminent quelquefois par de belles pommes de cuivre ou autre métal. On voit de ces pupitres portatifs dans toutes les églises de Rome. Ils sont de fait très-commodes et assez gracieux.

5. Sedet ibi paululum, Presbyteri vero parati stant ante eum in plano (1), et cum per Cæremoniarium fit signum inchoandi, ipse Canonicus celebrans surgit, surgentibus omnibus de choro, qui secreto dicit *Pater noster, etc.,* et *Ave Maria, etc.,* integre ; quibus dictis, elevatur ei pars dextera pluvialis aliquantulum per Cæremoniarium (2), vel per primum assistentem paratum, si sit in scamno; et ipse se signat signo crucis a fronte ad pectus, dicens clara voce, et in cantu competenti *Deus in adjutorium, etc.,* prout supra, celebrante Episcopo, dictum est.

(1) Ce sont les chapiers-chantres qui se tiennent ainsi debout, en attendant que le célébrant se soit assis. Ils vont ensuite à leur place, où ils s'asseyent comme tous les autres du chœur : c'est ce que l'on doit conclure de ce qui est dit au nombre suivant, savoir, qu'ils vont donner au célébrant la première antienne. A Saint-Pierre, cependant, ces chapiers demeurent debout au bas de la stalle du célébrant, jusqu'à ce qu'ils aillent au milieu du chœur pour entonner le premier psaume.

(2) Lorsqu'il n'y a pas de chapiers, c'est au cérémoniaire, comme on voit, à relever le bord de la chape du célébrant et à faire tout le reste du service qui concerne son office. Il se place pour cela à droite et près du célébrant, pour n'avoir pas à se déplacer quand il a quelque devoir à remplir auprès de lui. S'il y a des assistants, il a soin qu'ils s'acquittent de leur office avec ponctualité. Il est toujours là auprès pour voir à ce que tout se fasse régulièrement. L'expression *si sit in scamno*

semble décider une chose, savoir : que le célébrant n'a d'assistants à ses côtés que lorsqu'il est à la banquette. Et, en effet, il ne semble pas possible qu'il en ait quand il est à la stalle.

6. Tunc unus ex dictis Presbyteris paratis (1), facta altari reverentia, ac ducente Cæremoniario (2), accedit ante ipsum Canonicum celebrantem, et illi se profunde inclinat; et expleto per chorum Versiculo *Sicut erat, etc.*, et *Alleluia*, vel *Laus tibi, Domine, etc.*, ipse stans, præintonat illi Antiphonam primi Psalmi, qua per Canonicum celebrantem repetita, ipse, iterum facta reverentia ante illum et altare, ut prius, recedit cum Cæremoniario ad sedilia in plano chori disposita hinc inde contra altare, et ornata panno viridi, aut tapetibus, ubi sedet cum aliis Presbyteris paratis.

(1) S'il y a quatre chantres en chape, ils se placent comme il a été dit plus haut. S'il n'y en a que deux, ils font l'office d'assistants auprès du célébrant, et dans ce cas les chantres sont en surplis. A Saint-Pierre, cependant, ces deux chapiers font chantres, et ils se placent, comme on a vu plus haut, du côté du célébrant, qui est seul à sa stalle.

(2) C'est à un second cérémoniaire à conduire les chantres, acolytes, etc.; car le premier ne s'éloigne pas de la personne du célébrant. En jetant un coup d'œil sur la planche, page 106, on aura une idée exacte du placement des chantres, *ad sedilia in plano chori disposita hinc inde contra altare*.

7. Expleta per chorum Antiphona, duo cantores, cottis induti, intonant Psalmos in medio chori (1), et incœpto primo versu Psalmi, omnes sedent; et sic remanent sedentes usque ad Capitulum, nisi quatenus pro intonatione Antiphonarum surgunt, ut mox dicetur.

(1) Ceci s'entend quand il n'y a pas de chantres en chape; car s'il y a des chapiers, c'est à eux à aller entonner les psaumes au milieu, comme c'est à eux à aller donner les intonations des antiennes, etc. Il doit y avoir un pupitre (*legile*) au milieu du chœur pour servir aux intonations. Les chantres vont s'asseoir à leur place quand ils ont chanté le premier verset du psaume.

8. Cum dicitur Versiculus *Gloria Patri, etc.*, in fine cujuslibet Psalmi, omnes caput detegunt, illudque sedentes profunde inclinant, sic permanentes usque ad Versiculum *Sicut erat, etc.* Cantores duo prædicti (1), vel ultimus ex dictis Presbyteris (2), pluvialibus paratis, si sint plures quam duo (3), præintonant cæteras Antiphonas Canonicis ab utraque parte (4) chori per ordinem, incipiendo a dignioribus; et cum aliquis ex Canonicis reassumpturus Antiphonam (5), surgit, pariter omnes tam Canonici, quam alii de clero surgunt, et illo sedente, sedent.

(1) Ces deux chantres en surplis, s'il n'y a pas de chapiers, vont aussi donner les intonations des antiennes et celle de l'hymne.

(2) On doit se rappeler ce qui a été dit plus haut, savoir que les deux chapiers vont toujours ensemble pour les intonations, quoiqu'il n'y en ait qu'un qui doive annoncer l'antienne.

(3) Ceci indique assez clairement que, s'il n'y a que deux chapiers, ils font l'office d'assistants et non celui des chantres.

(4) Les plus dignes donnent les premières antiennes, mais alternativement, comme il est dit ici, c'est-à-dire que c'est successivement au côté de l'évangile et à celui de l'épître que doivent se donner les antiennes. Le contraire se pratique quelquefois à Saint-Pierre, où le plus digne des chanoines entonne les antiennes, en quelque lieu qu'il soit.

(5) Tout le chœur doit se lever quand un chanoine se lève pour donner une antienne. L'expression *reassumpturus antiphonam surgit* dit assez clairement qu'il ne se lève que lorsque le chantre lui a intimé l'antienne. On a vu plus haut que c'est ainsi qu'on le pratique à Rome.

9. Finitis Psalmis, duo Acolythi simul deferentes candelabra (1) cum candelis accensis, cum dictis Presbyteris paratis, accedunt ad Canonicum celebrantem, eique faciunt reverentiam, et hinc inde ad ejus latus assistunt in plano chori (2): ipse vero Canonicus, finita Antiphona, seu sono organi, surgit, capite detecto; junctisque manibus, cantat Capitulum (3): et, eo finito, primus ex dictis Presbyteris paratis (4), accedens propius ante ejus faciem, intonat illi

Hymnum; quo per eum repetito, prædicti Acolythi, ac Presbyteri parati, facta Canonico reverentia, recedunt ad loca sua (5), ubi parati stant manibus junctis (6) donec perficiatur Hymnus.

(1) Les acolytes, après avoir allumé leurs cierges, vont auprès du célébrant *cum dictis presbyteris*. Pour cela il est convenable qu'ils s'attendent pour saluer l'autel ensemble et se rendre en même temps auprès du célébrant. Ils sont conduits par un cérémoniaire. Ceci pourtant ne se fait pas ainsi à Rome, car les acolytes vont seuls à la stalle du célébrant, pendant que les chantres s'y rendent de leur côté.

(2) Les chantres en chape et les acolytes, après avoir salué le célébrant, se tournent en face, et se placent de manière que le pupitre soit entre eux, si le local le permet.

(3) Ce qui prouve d'abord que le livre dont se sert le célébrant doit être ou placé sur le pupitre, ou tenu par un clerc, et ensuite qu'il doit joindre les mains au capitule et aux oraisons de vêpres.

(4) Le premier des chantres donne les intonations au célébrant, et le second les donne aux autres. S'ils sont quatre, ils vont donner les antiennes deux à deux, *ad turnum*. C'est ce que nous avons vu se pratiquer à Sainte-Marie-Majeure.

(5) Il convient qu'ils fassent ensemble, en allant comme en venant, leur salut au célébrant et à l'autel. Le contraire se pratique à Saint-Pierre, où les chantres et les acolytes vont à leur place *per breviorem*, et ils ne saluent l'autel que quand ils passent devant.

(6) Les chantres joignent les mains pendant l'hymne, et par conséquent ils ne peuvent tenir à la main ni livre ni barrette. Ils sont alors au lutrin, et font usage de gros livres de chant qui sont portés par ces lutrins. Ayant donc les mains libres, ils doivent tout naturellement les joindre. Il en doit être de même de tous ceux qui sont au chœur quand ils n'ont pas les mains occupées. On a vu ailleurs que le célébrant assis à la banquette appuie les mains sur les genoux par-dessus la chasuble. Ceci peut servir de règle pour ceux qui, étant assis au chœur, se trouvent avoir les mains libres.

10. Quo expleto, duo ultimi ex eisdem paratis (1), accedentes ad

medium chori ante altare (2) cum debita reverentia æqualiter ibi stantes, cantant simul versum voce altiori, quibus chorus respondet : primus vero ex ipsis rediens ante celebrantem (3), cum debita reverentia præintonat illi Antiphonam ad *Magnificat*, qua per celebrantem repetita, ipse celebrans, et alii omnes in choro sedent : et cum inchoatur Canticum *Magnificat*, quod a duobus cantoribus, cottis paratis intonatur (4), omnes surgunt, et ipse celebrans (5), salutans hinc inde Canonicos capitis inclinatione, qui ei assurgere debent capitibus detectis, vadit ad altare cum dictis Presbyteris paratis, ordine quo venerant (6), et faciunt altari profundam reverentiam, aut, si super eo sit SS. Sacramentum, genuflectunt ante infimum gradum : celebrans (7) cum duobus ex dictis paratis ascendit ad medium altaris, quod osculatur, mox vertens se versus cornu Epistolæ altaris, ubi thuriferarius ante eum stans inclinatus, offert illi thuribulum apertum cum prunis ardentibus, ministrante ei Presbytero parato, a dextera illius assistente, naviculam cum cochleari, imponit thus in thuribulum, et benedicit more consueto ; acceptoque thuribulo de manu ejusdem Presbyteri parati, thurificat altare debito ritu ; mox thuribulum reddit eidem Presbytero parato, a quo acceperat, et ille thuriferario : et facta altari reverentia, simul cum dictis Presbyteris paratis, ordine quo venerant, recedunt ad sua loca (8), salutatis iterum redeundo Canonicis, ab utraque parte chori, ut prius.

(1) On suppose ici qu'il y a plus de deux chapiers, et l'on règle que les deux derniers seulement doivent aller chanter le verset de l'hymne.

(2) Ce n'est donc pas au pied de l'autel que se chante le verset, mais au milieu du chœur, en face de l'autel et au pupitre, dont il a été parlé plus haut.

(3) Le premier chantre, accompagné de tous les autres et conduit par le cérémoniaire, donne seul l'intonation du *Magnificat* au célébrant.

(4) C'est aussi au milieu du chœur que le *Magnificat* s'entonne par les chantres en *cotta*, s'il n'y a pas de chapiers.

(5) Le célébrant salue le chœur, de sa place, avant de partir pour aller encenser l'autel, s'il se trouve à portée de le faire convenablement ; sinon il s'avance autant qu'il faut pour être en vue de ceux qu'il doit saluer. Il salue d'abord ceux qui

14

sont du même côté que lui ; puis, s'avançant de quelques pas, il salue ceux de l'autre côté.

C'est de même qu'il faut faire chaque fois qu'il y a à saluer le chœur, et c'est aussi ce qui se pratique invariablement à Rome.

(6) Les chapiers chantres vont se placer auprès du célébrant aussitôt qu'ils ont entonné le *Magnificat*, au milieu du chœur. Si le célébrant se trouvait à une grande distance de l'autel, les chapiers marcheraient devant lui deux à deux. Que s'il se trouvait tout près, ils défileraient devant lui avec ordre et se placeraient de front au pied de l'autel, lui laissant le milieu, et tous saluent l'autel en même temps.

(7) Les chapiers assistants montent seuls à l'autel avec le célébrant pour l'assister à l'encensement. Les autres demeurent au pied de l'autel.

(8) Ils descendent de l'autel par le milieu des degrés, saluent chaque côté du chœur, vont tous au lieu qu'occupe à vêpres le célébrant, et y demeurent pendant qu'il est encensé.

11. Canonicus celebrans (1), stans in loco suo, in choro, invitato prius ad honorem incensationis proximiore Canonico, caput inclinando, aut, si absit, Vicario Episcopi, vel alio digniori, qui immediate post eum debeat incensari, incensatur a primo ex dictis Presbyteris paratis triplici ductu thuribuli cum profunda capitis inclinatione ante et post incensationem.

(1) On voit par là que le célébrant défère, avant d'être encensé lui-même, l'honneur de l'encensement au plus digne du chœur ; et ce plus digne est d'abord le chanoine qui est le plus près de lui, et s'il n'y en a pas, ce doit être le vicaire général de l'évêque, ou un autre plus digne.

12. Thuriferarius, vel ultimus ex assistentibus paratis (1), quatenus sint sex, vel quatuor, accepto de manu ejusdem Presbyteri thuribulo, thurificat omnes Canonicos ordine suo cum reverentiis ante et post, duplici ductu ; deinde cæteros de choro unico ductu, primo tantum in ordine capite inclinato.

(1) C'est au thuriféraire à encenser le chœur s'il n'y a pas au moins deux chantres en chape, outre les deux chapiers assis-

tants du célébrant. Le premier des chantres encense le célébrant, et le dernier encense les officiers et autres du chœur.

Il est d'usage, à Saint-Pierre, que si le chantre en chape qui encense le chœur est chanoine, il n'encense que les chanoines et tous les prélats qui lui sont supérieurs. Que s'il est bénéficier, il encense tous ceux qui sont au-dessus de lui ou d'égale condition. Le thuriféraire doit encenser tous ceux du chœur et de la nef, que le dernier chapier n'a pas encensés. Il devra se rappeler ce qui a été dit plus haut de l'encensement.

13. Advertant interim cantores (1) et organista, ut cantum et sonum invicem alternatim ita dimetiantur, ut ante repetitionem Antiphonæ incensatio sit expleta. Cum repetitur a choro Antiphona, omnes sedent. Interim Acolythi duo cum candelabris, ac cereis accensis, et Presbyteri parati, accedunt (2) ad Canonicum celebrantem, assistendo, ut supra, factis solitis reverentiis.

(1) On a déjà observé plus haut comme à Rome on est attentif à ce point du Cérémonial, pour que tous ceux qui sont au chœur puissent être encensés.

(2) Pendant que l'on répète au chœur l'antienne de *Magnificat*, tous les chantres en chape viennent ensemble se placer devant le célébrant, ainsi que les acolytes.

14. Expleta Antiphona, omnes surgunt ; Canonicus vero celebrans (1) stans junctis manibus, cantat *Dominus vobiscum, Oremus* et Orationem competentem cum sua conclusione, vel plures, pro qualitate temporum, secundum regulas et Rubricas Breviarii.

(1) Quand il y a des suffrages, les chantres vont les chanter au pupitre qui est au milieu du chœur ; et les acolytes demeurent auprès du célébrant. On verra ailleurs comment se comportent les chantres aux oraisons des mémoires et suffrages.

15. Qua, seu quibus finitis (1), duo ex ultimis dictis Presbyteris paratis accedunt ad medium chori, ad altare versi, et ibi voce altiori cantant *Benedicamus Domino*, et redeunt ad celebrantem, qui dicto *Fidelium animæ, etc.*, si Completorium continuetur (2) salutatis Canonicis ab utraque parte chori, discedit cum prædictis paratis, ordine quo venerat : si vero non sequatur Completorium (3), expletis a celebrante Orationibus cum suis conclusionibus, ac eodem loci, dicto

remissiori voce *Fidelium animæ, etc.*, et secreto *Pater noster*, et in fine mediocri voce *Dominus det nobis suam pacem*, incipit Antiphonam B. Mariæ, stans ibidem, seu genuflectens, stantibus pariter, vel genuflectentibus omnibus, quando, juxta regulas Breviarii, standum, vel genuflectendum est, pro ratione temporis, quam postea submissa voce prosequitur (4), et in fine dicit voce item submissa Versiculum, Orationem, et *Divinum auxilium, etc.*, deinde discedit ut supra.

(1) Le *Benedicamus Domino* se chante, comme on le voit, non au pied de l'autel, mais au pupitre (*legile*) qui est au milieu du chœur. Les chantres en chape vont ensuite auprès du célébrant. S'ils étaient en surplis, ils iraient à leur place au chœur.

(2) Lorsque l'on doit chanter au chœur complies, les acolytes vont, au *Dominus vobiscum*, se placer à une certaine distance de l'autel, et y attendent que le célébrant soit prêt à retourner à la sacristie, en faisant les saluts et cérémonies accoutumés.

(3) Dans ce cas, les acolytes vont prendre leurs places à l'autel, et les chantres en chape vont auprès du célébrant. C'est là que, debout ou à genoux, doit se chanter ou se réciter l'antienne de la bienheureuse Vierge : *Eodem loci... incipit* (celebrans) *antiphonam B. Mariæ... dicit versiculum, orationem, et divinum auxilium, etc.* A Rome, cette antienne s'entonne par le célébrant au pied de l'autel, et ce sont les chantres qui chantent le verset. La raison de cette pratique, contraire à la lettre du Cérémonial, est peut-être parce que, d'après le Cérémonial, tout devrait se dire *submissa voce*.

(4) Cette antienne devrait se réciter après vêpres, quand on doit quitter le chœur; mais c'est à Rome, comme chez nous, l'usage de la chanter alors sur le ton solennel. Il convient, en effet, que le peuple ne soit pas privé du bonheur d'entendre un chant si beau et si propre à nourrir le cœur de toutes les émotions tendres et filiales qu'il ne manque pas d'exciter dans les cœurs dévots à Marie.

16. Eodem modo (1) et ordine semper, diebus Dominicis et festivis, quæ a populo observantur, a Canonico hebdomadario, tam in Collegiatis, quam in Cathedralibus Ecclesiis, absente Episcopo,

Vesperarum Officia celebrantur : ea tamen moderatione adhibita, quod in festis solemnioribus (2), ut in Natali Domini nostri Jesu Christi, Epiphania, Paschate Resurrectionis, Ascensione, Pentecoste, in Festo Corporis Christi, SS. Apostolorum Petri et Pauli, Assumptionis beatæ Mariæ Virginis et omnium Sanctorum, Sancti Titularis Ecclesiæ, et Patroni Civitatis, vel Ecclesiæ Dedicationis, sex pluvialia a Presbyteris, seu Clericis totidem, hebdomadario assistentibus, sumantur.

(1) Vêpres se chantent plus ou moins solennellement, selon la qualité des dimanches et fêtes chômées. Le célébrant est toujours en chape ces jours-là, mais les chantres ne prennent pas la chape à tous les offices ; alors des chantres en surplis font tout ce qui a été dit ci-dessus. Ils vont tous deux ensemble donner les intonations et chanter au lutrin les versets, ainsi que le *Benedicamus Domino* · c'est là aussi qu'ils entonnent les psaumes.

(2) Ici sont désignées les fêtes où il faut six chapiers, tous appelés *assistants* : *Clericis totidem hebdomadario assistentibus*, mais dont deux seulement assistent le célébrant, en se tenant à ses côtés.

17. In aliis festis immediate subsequentibus diem Nativitatis Domini, Paschæ et Pentecostes ; item in festis Circumcisionis Domini, Purificationis, Annuntiationis, et Nativitatis beatæ Mariæ Virginis, sanctissimæ Trinitatis, et sancti Joannis Baptistæ, quatuor tantum pluvialia sumantur (1), in Dominicis vero (2), et aliis festis, duo. In duplicibus autem minoribus, semiduplicibus, simplicibus et feriis, non oportet celebrantem, seu hebdomadarium esse paratum, nec fieri thurificationes (3).

(1) Deux de ces chapiers, comme on l'a vu, assistent le célébrant. Au rang des fêtes dont la solennité requiert quatre chapiers devraient être placées, ce semble, l'*Immaculée Conception* et la *Visitation* de la bienheureuse Mère de Dieu.

(2) Dans ce cas, les deux chapiers sont les *assistants* du célébrant, et deux chantres en surplis feront tout ce qui a été marqué ci-dessus. Il est à bien remarquer qu'il doit y avoir des chapiers tous les dimanches.

(3) Le principe est donc que, sur semaine, l'*hebdomadier* ne

prend pas la chape aux doubles mineurs et aux fêtes d'un rite inférieur.

C'est donc aussi un principe que *point de chape, point d'encensement*. On nous pardonnera les fréquentes répétitions qui se trouvent dans ce chapitre; elles nous ont paru nécessaires pour fixer plus clairement la pratique des cérémonies à vêpres, celle surtout concernant les assistants du célébrant, les chantres et les acolytes.

CHAPITRE IV

DES COMPLIES.

Episcopus, si Completorio intersit et Officium faciat, ubi et quo habitu consistere debeat. Quomodo inchoabit et perficiet Completorium. Quæ dicenda sint a choro et ab hebdomadario. Altaris thurificatio ad Canticum prætermittenda. Organum non adhibendum, nisi solemnius Completorium celebretur. Quæ præstanda sint ab hebdomadario versus Episcopum. Quo ritu Completorium dicendum in Collegiatis Ecclesiis.

1. Si Episcopus Completorio interesse et Officium facere voluerit (1), assistet cum sua cappa in choro in suo loco, seu stallo, panno aliquo, vel tapete cum pulvinaribus ornato.

(1) On voit ici que c'est *in loco suo, seu stallo*, et *in cappa*, que l'évêque préside à complies. Catalan ajoute: *Vel in sede, prout voluerit*. Mais, à Rome, l'usage est que le cardinal qui a chanté vêpres, dans son église titulaire, dépose les vêtements sacrés, prenne la cape, et aille à la stalle pour complies.

2. Officium vero ipsius erit circa hæc (1); videlicet, ut dicente cantore *Jube, Domne, benedicere*, ipse stans respondeat *Noctem quietam, etc.*, et post lectionem brevem *Adjutorium nostrum, etc.*, deinde *Pater noster, etc.*, tum confessionem et absolutionem, et alia usque ad *Deus in adjutorium, etc.*, inclusive, et incœpto Psalmo sedebit.

(1) On voit clairement, dans ce nombre, ce qu'a à faire l'évêque qui chante complies.

3. Cætera omnia dicentur per chorum (1), et hebdomadarium

usque ad Orationem (2), quam ipse Episcopus cantabit, et demum benedictionem dabit, dicens *Benedicat et custodiat nos omnipotens et misericors Dominus, etc.* Nulla autem fiet altaris thurificatio ad Canticum *Nunc dimittis, etc.*, nec organum pulsabitur, nisi forte in aliquibus Ecclesiis hujusmodi hora solemnius celebrari aliquando consueverit, quo casu organum adhiberi poterit (3), juxta normam superius traditam.

(1) Le semainier donne l'antienne *Miserere*, etc., et chante le capitule; il se tient au côté opposé à celui de l'évêque. Il est en habit de chœur; il a devant lui un pupitre (*legile*).

Deux chantres, en surplis, entonnent à leur place le premier psaume, et on le chante, ainsi que les suivants, en deux chœurs; ils viennent au milieu du chœur chanter l'hymne et les versets *In manus tuas, Domine,* etc.

(2) Comme on le voit, c'est au semainier à continuer l'office jusqu'à l'oraison. L'évêque chante l'oraison et les versets qui suivent. En disant : *Pater et Filius*, etc., qui terminent le *Benedicat vos*, etc., il donne la bénédiction de la main, et tout le chœur se signe. A *Nunc dimittis*, etc., il est d'usage que tout le chœur se signe, comme à *Magnificat*. Il n'y a pas d'encensement. Comme on l'a vu plus haut, ce serait à l'évêque célébrant à entonner l'antienne de la bienheureuse Vierge, et à chanter le verset et l'oraison. Mais, à Rome, l'antienne est entonnée par les chantres, qui disent aussi le verset. Le *Divinum auxilium* se dit aussi par l'évêque.

(3) Aux grandes solennités l'orgue peut jouer à complies; mais il faut, dans ce cas, ou que des voix l'accompagnent pour prononcer les paroles correspondantes, ou que quelques-uns du chœur (*mansionarii*) disent tout haut ce qui n'est pas chanté par le chœur.

4. Cum vero Episcopus præsens erit (1), et Officium non faciet, omnia prædicta per hebdomadarium in suo habitu canonicali fient, observatis tamen debitis reverentiis versus Episcopum; nam ipse hebdomadarius ad Versiculum *Indulgentiam et absolutionem*, etc., in principio, et ad Versiculum *Benedicat, et custodiat nos omnipotens et misericors Dominus*, etc., in fine, inclinabit se profunde versus Episcopum.

(1) Ce qu'il y a de particulier, lorsque l'évêque assiste à complies sans y officier, consiste en ce que le semainier salue l'évêque en disant le *Confiteor*, à ces mots : *Tibi Pater* et *Te Pater*, et de même avant de dire : *Indulgentiam*, comme aussi avant de dire : *Benedicat et custodiat*, etc.

L'évêque est à sa stalle et en cape; il y fait la confession en même temps que le chœur.

Nous terminerons ce chapitre par de courts extraits de Catalan sur les auteurs des antiennes à la bienheureuse Vierge qui se chantent à la fin de complies et de laudes.

Trithemius Hermanno monacho... (qui obiit 1054) tribuit antiphonam « Salve Regina... » (Cui antiphonæ addita sunt hæc verba : « O clemens, o pia, o dulcis virgo Maria, » quæ protulit S. Bernardus, faciendo tres genuflexiones, cum in ecclesia Spirensi caneretur hæc antiphona.)

Tribuitur quoque Hermanno « Alma Redemptoris Mater, » etc.

Quisnam fuerit auctor antiphonæ « Ave, Regina cœlorum, » etc... ignorari ait Gavantus... Antiphonam tandem « Regina cœli, lætare, » etc., ab angelis inventam et editam ex antiqua traditione scribit Sigonius... Ei antiphonæ additum ultimum versum « Ora pro nobis Deum, » etc. a S. Gregorio quando tempore paschali pestis inguinaria devastabat Urbem, testatur auctor vitæ ejusdem pontificis.

5. In Collegiatis Ecclesiis, vel absente Episcopo, eadem observantur per hebdomadarium.

CHAPITRE V

DES MATINES, CÉLÉBRÉES PAR L'ÉVÊQUE.

Quo ritu Episcopus ad Matutinum accedat, et illud incipiat. Antiphonæ a quo præintonandæ. Lectiones a Canonicis cantandæ, quomodo, et quo loci. Quæ differentia observanda in benedictionibus dandis. Nona lectio ab Episcopo cantanda, et quomodo. Hymnus *Te Deum* Episcopo præintonandus, si est celebraturus. Organum Hymno intermiscendum.

1. Quando in Matutinis Episcopo placuerit Officium facere, hora competenti veniet cum sua cappa, associatus a Canonicis more solito :

et factis orationibus ante SS. Sacramentum et altare majus, accedat ad chorum in loco suo jam ornato (1), ut supra, ubi sedebit (2) aliquantulum, cucullo cappæ supra caput reducto, vel etiam cum bireto, prout magis placebit, aptatis in gyrum fimbriis cappæ per aliquem Capellanum, vel cæremoniarium Magistrum. Apud eum nulli erunt Canonici assistentes.

(1) C'est au trône, qui est orné comme ci-dessus, que l'évêque doit aller en arrivant au chœur.

Le trône ne se dresse et ne s'orne que quand l'évêque doit y officier; il disparaît ensuite. C'est ce qui se pratique à Saint-Pierre, par rapport au pape, et dans les églises titulaires, par rapport aux cardinaux. On a vu plus haut dans quelles fêtes l'évêque doit assister *paré* à la messe et aux vêpres.

(2) La cape s'étend par derrière et sur les côtés du *faldistorium*, quand l'évêque y est assis, de manière à l'envelopper en tous sens. Par devant, elle descend jusqu'à terre. C'est d'abord quelque chose de vraiment majestueux en soi; puis cet arrangement a de plus l'avantage d'empêcher que ce vêtement ne soit fripé. Lorsque l'évêque est pour se lever, le cérémoniaire vient relever sa cape jusqu'au-dessus des bras.

2. Post modicam moram Episcopus surget, surgentibus omnibus, et stans, capite detecto, versus altare (1), dicet secreto *Pater noster*, *Ave Maria*, et *Credo* integre : quibus completis, signans sibi cum pollice dexteræ manus labia parvo signo crucis, altiori voce cantando, dicet : *Domine, labia mea, etc.*, deinde *Deus in adjutorium, etc.*, quod cum dicit, facit sibi signum crucis a fronte ad pectus, prout supra in Vesperis dictum est : et sic permanet stans, donec per chorum decantatum sit Invitatorium (2), cum Psalmo *Venite exultemus Domino, etc.*, sed cum cantatur *Venite adoremus, et procidamus ante Deum*, ipse et omnes de choro, ac alii ministri genuflectunt. Deinde surgunt et stant, donec finiatur Hymnus, quem ipse Episcopus, decenter aliquo præintonante, competenti voce incipiet (3), si erit celebraturus, alias non (4).

(1) Le chœur doit, comme l'évêque, se tenir tourné vers l'autel, ce qui s'entend également de toutes les autres parties des divins offices où il doit se tenir tourné de la sorte, conformément au Cérémonial. On peut donc prendre pour règle que

ce qui est dit à ce sujet de l'évêque s'applique également à tous ceux qui sont au chœur.

(2) Deux chantres vont chanter l'invitatoire et le psaume *Venite exultemus*, etc., au pupitre qui est au milieu du chœur, à moins qu'il ne se chante à l'orchestre, comme cela a lieu à la chapelle Sixtine.

(3) Les chantres *in cotta* qui ont chanté l'invitatoire, etc., vont tous deux au trône, et le premier donne à l'évêque l'intonation de l'hymne.

Lorsque l'hymne doit se chanter en musique, ou qu'il y a pour cela quelque autre raison, elle s'entonne à la tribune.

(4) Cette exception mérite attention. On a déjà vu que les vêpres sont moins solennelles quand l'évêque qui les chante ne doit pas célébrer le lendemain.

3. Incœpto primo Psalmo (1), sedebit, et omnes de choro, ac alii ministri sedebunt. Psalmi decantabuntur cantu Gregoriano cum pausa ad puncta et ad flexiones, et clara voce per Canonicos, et alios de choro reverenter; et ad Versiculum *Gloria Patri*, etc., omnes se inclinabunt, prout supra in Vesperis dictum fuit.

(1) Tous les psaumes de matines et de laudes, ainsi que les cantiques, s'entonnent au milieu du chœur (*ad legile*) par deux chantres *in cotta*, quand ils ne sont pas en chape.

A Saint-Pierre, le célébrant et les chantres sont en chape, à matines aussi bien qu'à laudes, aux grandes fêtes. C'est la même chose à Saint-Jean-de-Latran, et nous pensons que l'on fait de même dans les autres églises de Rome.

4. Antiphonæ per aliquem Mansionarium, vel eum, cui ex consuetudine Ecclesiæ competit, præintonabuntur Canonicis, incipiendo a dignioribus gradatim (1). Primæ autem sex lectiones a totidem Canonicis junioribus, incipiendo a juniore, prius a Cæremoniario instructis, competenti voce et tono recitabuntur, apud legile in medio chori collocatum ; septimam et octavam cantabunt hi, qui futuri sunt assistentes a lateribus Episcopi in Missa ; nona vero et ultima lectio dicetur ab ipsomet Episcopo.

(1) Les chantres qui sont assis au premier banc de devant, du côté du trône, lequel est couvert en drap violet ou vert,

comme il a été dit ci-dessus, et est placé *in plano*, au-dessous mais à une petite distance de l'évêque, vont, avec les cérémoniaires ordinaires, donner les intonations au chœur.

5. Igitur finitis tribus Psalmis primi Nocturni, cum cantatur Versiculus (1), omnes surgunt, detecto capite, etiam Episcopus, et Cæremoniarius ducit juniorem Canonicum (2), qui est cantaturus primam lectionem, ad legile (3), paulo ante, cum libro lectionum (4), præparatum in medio chori nudum, id est sine aliquo panno, vel coopertorio; et ibi, facta reverentia altari et Episcopo cum profunda inclinatione, respicit aliquantulum in libro lectionem, quam lecturus est, et sic stans expectat, donec Episcopus post cantatum Versiculum, et Responsorium, incœperit alta voce *Pater noster, etc.*, et illud secreto perfecerit usque ad Versiculum *Et ne nos, etc.*, et successive ex libro, sibi allato (5), vel memoriter cantaverit absolutionem, videlicet *Exaudi, Domine, etc.*, cui responso per chorum *Amen*, ipse Canonicus stans apud legile, inclinat profunde se versus Episcopum, et petit ab eo intelligibili voce benedictionem, dicens *Jube, Domne, benedicere* (et non *Domine*), ad quem sic inclinatum permanentem Episcopus conversus, stans, respondet benedicens, videlicet *Benedictione perpetua, etc.*, non tamen manu signans, et responso per chorum *Amen*, Episcopus sedet cooperto capite, et cappæ fimbriæ in gyrum aptantur, ut supra, et pariter omnes sedent.

(1) Les chantres vont chanter au lutrin (*legile*) les versets de chaque nocturne sur le ton solennel.

(2) C'est le second cérémoniaire qui remplit cet office, car le premier demeure auprès de l'évêque.

(3) Car c'est là que doivent se chanter toutes les leçons, excepté la dernière.

(4) Pendant que l'on dit tout bas le *Pater*, le cérémoniaire conduit au pupitre, avec les cérémonies marquées dans ce nombre, celui qui doit chanter la première leçon.

A Saint-Pierre, les deux chantres en chape se tiennent devant le célébrant pendant le *Pater*; et, quand il n'y a pas de cérémoniaire, l'un d'eux va au pupitre indiquer au lecteur la leçon qu'il doit chanter; quand elle est commencée, ils vont tous deux s'asseoir à leur place.

(5) Quand l'évêque ne chante pas les absolutions et bénédictions de mémoire, il fait tenir par un chapelain le livre dont il

a besoin. Nous avons remarqué que le pape lit toujours dans le livre qui lui est présenté par un évêque assistant au trône, accompagné d'un autre qui porte le bougeoir, les absolutions et bénédictions.

6. Canonicus vero tunc, et non prius (1), incipit et prosequitur suam lectionem altiori voce, distincte et modeste, in tono, prout suo loco, et in *Cap.* xxvii, *Lib.* I, indicatur. Qua finita, inclinans se profunde versus altare, dicit *Tu autem, Domine, etc.*, et facta solita reverentia Episcopo, qui versus eum facit signum crucis, revertitur ad locum suum, absque osculo manus Episcopi.

(1) C'est-à-dire qu'il attend que l'évêque et le chœur soient assis pour commencer sa leçon.

7. Idem per omnia facit secundus et tertius Canonicus, ac successive alii in secundo et tertio Nocturno, lectiones cantaturi; idemque per Episcopum et chorum observatur, quoad absolutiones, benedictiones et alia, quæ occurrunt, dum Psalmi et lectiones cantantur, quod in primo Nocturno servatum fuit : hoc tantum excepto, quod ad primam, quartam et septimam benedictiones Episcopus stat, prout stetit, cantans absolutiones; ad alias vero sedet, sedentibus etiam omnibus, præter lectionem cantaturum.

8. Cum cantatur per Canonicum textus Evangelii pro septima lectione, Episcopus et reliqui omnes stant, donec dicatur per dictum Canonicum : *Et reliqua*, et postea sedent. Ipse autem Canonicus non debet, recitando textum Evangelii, librum, nec seipsum signare, nec manus junctas tenere, sed super libro, prout in aliis lectionibus. Ad octavam lectionem Episcopus dat benedictionem, sedendo, ut supra.

9. Nonam lectionem cantat ipse Episcopus, stans in sua sede Pontificali cum cappa, detecto capite, conversa facie ad altare, ad quem tunc, et non prius, accedunt duo Diaconi assistentes (1), et minister de candela, et alius de libro serviens. Episcopus autem, si non aderit in choro major se, stans, ut supra, dicit cantando versus altare *Jube, Domine, benedicere* (et non *Domne*), cui absolute respondetur per chorum *Amen.* Si vero adesset Legatus, aut aliquis Prælatus se major, Episcopus versus ad illum, peteret benedictionem; ille vero stans in loco suo, responderet *Ad societatem civium, etc*, vel *Per evangelica dicta, etc.*, factis tamen prius mutuis reverentiis inter Episcopum et Legatum, seu alium Superiorem ma-

jorem. Et dum Episcopus cantat suam lectionem, omnes pro ejus reverentia stant, detecto capite. Qua finita, Episcopus, profunde caput versus altare inclinans, dicit *Tu autem, Domine, etc.*, et responso per chorum *Deo gratias*, accedit cum debitis reverentiis prædictus præintonator ante Episcopum, et præintonat ei *Te Deum laudamus, etc.*, si est celebraturus. Quo per Episcopum repetito ex libro, vel memoriter, prout magis placuerit, chorus illum prosequitur, cui et organum intermisceri poterit, cum regula superius tradita; dummodo Versiculus *Te ergo quæsumus, etc.*, exprimatur voce clara, alioquin cum suavi harmonia sine organo. Qui Versiculus dum recitatur, Episcopus et omnes genuflectunt in locis suis (2).

(1) Les diacres assistants, en habit canonial, montent au trône pour la neuvième leçon, que chante l'évêque. Les porte-livre et bougeoir se présentent en même temps, pour tenir le livre et l'éclairer.

(2) Aux offices pontificaux, célébrés par les cardinaux dans leurs églises titulaires, on apporte à tous les évêques présents des coussins quand ils ont à s'agenouiller à quelques parties de ces offices. Il faut faire attention à ce que dit ici le Cérémonial et à ce que l'on ne manque pas de faire à Rome, savoir, que le *Te ergo quæsumus*, etc., se chante : *cum suavi harmonia sine organo*.

CHAPITRE VI

DES MATINES (ABSENTE EPISCOPO).

Quo ritu Matutinum in Cathedralibus et Collegiatis Ecclesiis, absente Episcopo, sit celebrandum. Ordo ad Matutinum accedendi. A quibus inchoandum. Psalmi cum suis Antiphonis quomodo cantandi. Quo pacto absolutio dicenda, lectiones et responsoria cantanda. Nona lectio, a quo dicenda, et quo ritu. Hymnus *Te Deum* a quo præintonandus.

1. In Cathedralibus et Collegiatis Ecclesiis, absente Episcopo, hora competenti congregantur in sacristia omnes Canonici, ubi induuntur suo habitu Canonicali. Canonicus quoque, seu alius dignior Presbyter Ecclesiæ, Missam celebraturus, induitur eodem

habitu Canonicali, vel alio suæ dignitati convenienti, quo in Ecclesia uti consuevit; qui sic congregati, incipiunt progredi versus chorum.

2. Præcedunt Magistri cæremoniarum; deinde duo clerici cantores; tertio loco Canonicus, seu Presbyter facturus Officium, sequuntur alii Canonici seniores et digniores, deinde juniores et minus digni.

3. Cum pervenerint ante altare, omnes genuflexi aliquantum orent; Canonicus, seu Presbyter facturus Officium, cum suis clericis post ipsum in plano chori, seu ante altare; alii hinc inde in eodem plano ab utraque parte chori.

4. Surgente Canonico, aut Presbytero prædicto cum suis Clericis, omnes pariter surgunt. Qui, facta hinc inde Canonicis reverentia, ascendit chorum in primo stallo, seu sede ex ea parte, ubi ea hebdomada chorus assignatur. Sistit se, et prope ipsum stat unus Magister cæremoniarum. Sub ipso in plano chori erunt duo cantores, qui simul venerunt; alii omnes ad sua loca ascendunt.

5. Interim Canonicus facturus Officium sedet in pulvinari, supra sedem suam posito, habens ante se tapetem super scabello cum pulvinari, super quo positus sit liber apertus, continens Antiphonas, Hymnum et Orationem, quæ legenda sunt, vel super legili, ut dictum est in Vesperis.

6. Postquam omnes venerint ad loca sua, indicante Cæremoniario, surgit Canonicus prædictus, ac dicit secreto *Pater noster*, *Ave Maria*, et *Credo*. Deinde signans sibi pollice dexteræ manus os, cantat in tono competenti *Domine, labia mea aperies*, et, responso a choro *Et os meum annuntiabit laudem tuam*, eadem manu dextera producens sibi crucem a fronte ad pectus, eodem tono dicit : *Deus, in adjutorium meum intende*, cum dicitur Versiculus *Gloria Patri, et Filio, etc.*, tam ipse quam alii omnes profunde se inclinant.

7. Cum dicitur *Sicut erat in principio, etc.*, surgunt, et interim duo illi cantores accedunt ad medium chori, facta prius altari genuflexione, cantant ex libro super legili, ante se posito, Invitatorium, quod a choro resumitur, et Psalmum *Venite exultemus, etc.* Interim omnes stant usque ad primum Versiculum primi Psalmi Nocturni.

8. Cum cantatur *Venite adoremus et procidamus ante Deum*, tam ipsi cantores et celebrans, quam alii omnes genuflectunt, postea surgunt et prosequuntur *Ploremus coram Domino, qui fecit nos, etc.* Repetito Invitatorio, duo illi cantores accedunt ad Canonicum, Officium facientem, et stantes in plano ante ipsum, facta ei profunda reverentia, unus ex illis a dexteris præintonat Canonico prædicto

Hymnum : quo per Canonicum intonato, chorus prosequitur ab eadem parte, ubi est Canonicus, Officium faciens, deinde vicissim ex altera parte, donec Hymnus absolvatur. Et in fine cum nominatur Sancta Trinitas, omnes profunde se inclinant.

9. Expleto Hymno, idem cantor, qui intonavit Hymnum, stans ante Canonicum, facta illi profunda reverentia, præintonat ei Antiphonam primi Nocturni, quam ille intonat ex libro ante se posito. Qua intonata, duo illi cantores, facta reverentia, accedunt ad librum Antiphonarum in medio chori existentem ; et facta primum in plano genuflexione versus altare, expleta Antiphona, incipiunt Psalmos primi Nocturni, cantantes primum versum in tono Antiphonarii assignato. Quo primo versu Psalmi intonato, Canonicus faciens Officium, et cæteri omnes sedent : cantores iterum genu facta reverentia altari, redeunt ad suum locum in plano chori ante Canonicum facientem Officium, et ibi faciebus ad altare conversis, in scabello parum oblongo, panno viridi cooperto, sedent.

10. Et circa finem cujusque Psalmi surgunt et ambo accedunt ad alteram partem chori : cumque pertranseunt ante altare, in medio genuflectentes, reverentiam faciunt altari : deinde Canonicum in primo stallo, seu sede ab illa parte chori sedentem adeunt, et repetita prima Antiphona, facta ei debita reverentia, alter ex eis, ut supra, illi intonat secundam Antiphonam, et sic vicissim semper faciunt successive singulis Canonicis, Antiphonas præintonantes ; et semper, post inchoatum Psalmum, ad suum scabellum redeunt, ubi sedent, dum Psalmus perficitur.

11. Circa finem tertii Psalmi cujusque Nocturni, surgunt, et accedunt ad librum, et ibi factis debitis reverentiis altari et choro, cantant Versiculum, quo incœpto, omnes surgunt, et responso a choro, Canonicus faciens Officium intonat *Pater noster*, et reliquum dicit secreto.

12. Interim, dum cantatur Versiculus, Cæremoniarius accedit ad Canonicum juniorem, qui lecturus est lectionem, et, facta ei reverentia, ipsum ducit ad legile, ubi lectiones legi solent, quod locari debet in medio chori versus altare ; quo cum pervenerit, facit cum Cæremoniario debitas reverentias altari et Canonicis, primum a parte chori, ubi est Canonicus faciens Officium, deinde ab altera parte ; et mox propius accedit ad legile ; et, cum tempus erit, petit benedictionem, caput profunde versus celebrantem inclinans, cui ille stans benedicit, quod et in aliis benedictionibus servat, hoc est, ut stans, semper detecto capite, benedicat.

13. Lectiones leguntur, festis præsertim diebus, a Canonicis, in-

cipiendo a junioribus ad seniores ; et quando non adsunt tot Canonici, primas legunt alii clerici in choro existentes. Legant autem distincte et devote in tono consueto in Ecclesia Romana, prout supra, *Cap.* xxvii, § 1, *Lib.* I, habetur.

14. Si noctu legantur, Cæremoniarius adhibet parvam candelam, et alia fiunt, ut supra in Matutinis Episcopalibus dictum est, præter osculum manus Canonici facientis Officium ; sed lector cum dicit *Tu autem, Domine, etc.*, in fine lectionis genuflectit, si non est Canonicus, et factis debitis reverentiis iis, qui in choro existunt, discedit.

15. Circa finem tertii Nocturni Canonicus, faciens Officium, accipit pluviale coloris tempori congruentis, et duo cantores similiter, vel plures, si sit consuetudo, induunt pluvialia : cum cantatur octavum Responsorium, duo Acolythi sumunt candelabra duo, quæ cum candelis accensis deferunt ante Canonicum paratum, et ea tenent, donec legerit totam lectionem, et incœperit Hymnum *Te Deum laudamus, etc.*, quem Hymnum primus ex dictis cantoribus paratis pluviali, facta illi debita reverentia, præintonat

16. Cum dicitur *Te ergo quæsumus, etc.*, genuflectit in suo loco, et alii omnes similiter. Hymno expleto, incipit Laudes, in quibus omnia servantur, quæ de Vesperis in Collegiatis solemniter celebrandis, superius in *Cap.* iii, *Lib.* II, habentur. In festis autem non solemnibus, et diebus ferialibus, pluvialia indui non oportet.

Pour une plus parfaite intelligence de ce chapitre, on va donner ici la pratique de Saint-Pierre aux heures canoniales, *Celebrante canonico, vel beneficiario.* Il faut remarquer avant tout que l'antique chapitre de Saint-Pierre a des usages qui lui sont propres, et à raison desquels il s'éloigne parfois du Cérémonial des évêques. Aux offices de ce chapitre, on chante les psaumes tels que traduits par saint Jérôme, et l'on en comprend sans peine la raison.

1° Quand l'office canonial se fait dans une autre chapelle de la basilique que celle du chapitre, qui est garnie de stalles, on fait un chœur au moyen des *subsellia*, qui, placés bout à bout, forment un long carré dont l'enceinte est un vrai chœur qui se termine, d'un côté, par l'autel de cette chapelle latérale, et, de l'autre, par des *subsellia* qui, en se rapprochant à ce bout, ne laissent qu'un passage de la largeur que peut avoir, chez nous, l'entrée des balustres quand on les ouvre par le milieu. Les banquettes des chanoines sont les plus rapprochées de l'autel, et sont couvertes d'un tapis diversement ouvragé et fleuri, et dont le fond est vert; celles des bénéficiers sont de la même forme que celles des chanoines, mais plus basses de dix à douze pouces, et couvertes d'un tapis tout vert.

2° Dans ce chœur temporaire, aussi bien que dans la chapelle ordinaire du chapitre, il y a, outre les banquettes dont on vient de parler, de petits bancs sans dossiers et placés sur le travers, de manière que ceux qui y sont assis regardent l'autel. Ils sont également distribués des deux côtés du chœur, et placés de manière à laisser au milieu un passage libre, qui ressemble à nos allées du milieu dans la plupart de nos églises. Les deux premiers bancs, l'un du côté de l'évangile et l'autre du côté de l'épître, comme on peut le voir dans la planche page 106, sont couverts d'un tapis vert; les autres sont nus. C'est à ces premiers bancs que sont placés les chantres, tantôt d'un côté, tantôt de l'autre, selon que le *chorus* se trouve être du côté de l'évangile ou du côté de l'épître.

3° On voit par là que le semainier change chaque semaine de côté. Lorsqu'il officie à la banquette, on place devant lui un pupitre (*legile*) de la forme décrite plus haut. Quand il est à la stalle, le banc fixe qui est devant lui lui sert de prie-dieu (*genuflexorium*). Dans l'un et l'autre cas, il se trouve toujours le plus près de l'autel. L'on met un coussin sur le siége du célébrant, et un autre sur son prie-dieu. Lorsqu'il y a devant lui un pupitre, l'on étend alors à ses pieds un tapis, comme il est marqué au Cérémonial.

4° Au beau milieu du chœur est un autre pupitre de la forme du premier, mais moins orné. Plus bas et entre deux rangées de bancs, placés sur le travers du chœur, se trouvent deux larges lutrins, l'un du côté de l'évangile et l'autre du côté de l'épître. Un cinquième lutrin est fixé dans la chapelle du chapitre, devant la stalle du bénéficier qui est de semaine pour officier à complies et aux petites heures. Dans le chœur temporaire dont il a été parlé plus haut, ce lutrin est remplacé par un pupitre portatif (*legile*).

5° Dans la chapelle du chapitre, les hautes stalles sont exclusivement pour les prélats et les chanoines; les stalles inférieures pour les bénéficiers et autres du chapitre, et les petits bancs pour les clercs.

6° Les chanoines sont en capes violettes, avec l'hermine blanche; les bénéficiers, *mansionnaires*, etc., sont en capes violettes de même forme, mais garnies d'une hermine brune. Les chantres, qui se placent dans les basses stalles, sont *in cottis*, ainsi que les petits clercs, qui portent tous la soutane, la tonsure et le tricorne hors de l'église, lesquels se placent sur les petits bancs destinés pour eux.

7° Les chanoines et autres membres du chapitre menant la vie privée, et se trouvant pour cette raison dispersés, ne peuvent se réunir pour l'office que deux fois par jour, savoir le matin pour matines et laudes, prime, tierce, la messe, sexte et none, et l'après-midi pour vêpres et complies.

8° Six cierges s'allument à l'autel pour matines, et ne s'éteignent qu'à la fin de none. Il en est de même pour les vêpres et les complies.

9° Un chanoine officie à matines en habit canonial, et il prend la chape avant de commencer laudes. Aux grandes fêtes, il prend la chape pour matines; il se retire à la sacristie après laudes, et revient chanter la grand'messe quand il en est temps. (Au n° 15 du chapitre VI, livre II, il est dit que: *Circa finem tertii nocturni... accipit pluviale.* Le célébrant fait donc à Saint-Pierre comme fait ailleurs l'évêque qui officie à matines.)

10° A matines ce sont deux bénéficiers qui font chantres, et ils prennent la chape pour laudes. Le Cérémonial des évêques (n° 15) dit qu'ils sont en chape pour donner l'intonation du *Te Deum*. Ils se tiennent tous deux du côté du célébrant, au banc de devant garni en vert dont on a parlé plus haut. Là, ils se trouvent placés comme au Cérémonial (*sub ipso celebrante*) *in plano chori erunt duo cantores* (n° 4).

11° Les chantres, à matines comme à laudes, vont ensemble donner les intonations; mais chacun l'intime à son tour, d'un ton médiocre. Ils sont *ad legile*, placé au milieu du chœur, pour chanter l'invitatoire et le *Venite exultemus*, etc., entonner les psaumes et les cantiques, chanter sur le ton solennel les versets des nocturnes et des laudes, chanter les répons des leçons et le *Benedicamus Domino*.

12° Ils vont donner au célébrant les intonations des hymnes de matines et de laudes, et celle de la première antienne du premier nocturne, de la première antienne de laudes et de celle de *Benedictus*.

13° Ils donnent les intonations des autres antiennes de matines et de laudes aux chanoines, en commençant par les plus dignes, de quelque côté qu'ils soient. Il paraîtrait qu'en cela ils sont contre le Cérémonial. Si un plus digne arrive au chœur après qu'un moins digne a donné une antienne, ils vont donner à ce plus digne l'intonation de l'antienne suivante.

14° Ils saluent le chœur quand ils y vont donner les intonations, ce qui pourtant souffre des exceptions. Ils saluent aussi celui à qui ils donnent les intonations.

15° Quand il leur faut traverser d'un côté à l'autre du chœur, ils saluent l'autel en passant; mais ils ne lui font aucun salut, quand celui à qui ils portent une antienne est de leur côté. Ceci paraît conforme au Cérémonial.

16° Après avoir chanté le verset de chaque nocturne, l'un s'approche de la stalle du célébrant, tout en demeurant sur le pavé, et se tient là pendant le *Pater;* l'autre demeure au livre (*ad legile*) pour indiquer au lecteur la leçon qu'il a à chanter; mais, s'il y a un cérémoniaire, ils vont tous deux auprès du célébrant pour le *Pater*, parce qu'alors le cérémoniaire le supplée auprès du pupitre.

N. B. On ne voit pas que cela soit prescrit par le Cérémonial. Quand ils ont entonné le dernier psaume de chaque nocturne, l'un d'eux va avertir les trois chanoines qui doivent chanter les trois leçons suivantes de se tenir prêts. Cet usage vient sans doute de ce que tous n'arrivent pas au commencement de l'office; il s'ensuit que ceux qui arrivent tard ne peuvent savoir si leur tour de chanter leur leçon est arrivé. S'il y a un cérémoniaire, c'est lui qui va ainsi avertir les lecteurs de se préparer à venir chanter leur leçon.

17° Ils sont auprès du célébrant quand il chante l'oraison de l'office du jour, et *ad legile* pour chanter les mémoires et les suffrages. Les versets des mémoires et suffrages se chantent sur le ton férial.

18° Les clercs se réunissent au grand lutrin, placé vers le bas du chœur, du côté du célébrant, pour répéter les antiennes et faire les *réclames* des répons des leçons que les chantres chantent *ad legile;* ils se tiennent alors debout. Ils se réunissent aussi au bas du chœur et se placent de manière à se voir facilement, pour s'accorder, quand ils ont à chanter en parties un *Alma* ou quelque autre pièce de grande et belle musique.

19° Le premier chantre, en chape, encense à laudes le célébrant et tout le chœur, ce qui est contraire au Cérémonial, comme on l'a vu plus haut. Il faudrait même que ces chapiers, quand ils ne sont que deux, ne fissent rien autre chose que l'office d'assistants auprès du célébrant. Quoi qu'il en soit, ce chantre en chape s'arrête devant chacun des chanoines et l'encense de deux coups, en le saluant avant et après. Il fait ensuite un salut commun aux bénéficiers, et, sans s'arrêter (*ambulando*), il encense chacun d'eux d'un coup. Il donne un certain nombre de coups en encensant les clercs, qui sont au milieu du chœur, aux petits bancs dont il a été parlé plus haut. Il les encense successivement, se tournant vers eux, mais sans marcher, parce que le local ne le permet pas ou parce qu'ils se trouvent comme en peloton. (Quelquefois ce chapier encense les acolytes, les cérémoniaires et le thuriféraire lui-même.) Quand il a encensé tous ceux du chœur qu'il doit encenser, il encense, au retour, le second chapier; il est ensuite encensé par le cérémoniaire ou le thuriféraire qu'il a lui-même encensé auparavant.

Celui-ci encense ensuite tous ceux du chœur qui ne l'ont pas été par le chapier, et il va ensuite encenser la nef, quand il s'y trouve des fidèles.

20° Ceux du chœur se couvrent, les uns d'une calotte, et les autres de la barrette. Ils observent de ne pas marcher quand, selon la règle donnée plus haut, ils doivent s'arrêter, dans le chœur, à certaines parties de l'office; mais ils demeurent toujours tournés en face, quoique le célébrant ne manque pas de se tourner vers l'autel chaque fois que le Cérémonial prescrit de le faire.

21° A laudes, on fait comme nous faisons communément à vêpres depuis que nous suivons Baldeschi, avec quelques différences que l'on va noter en passant. Les acolytes déposent leurs chandeliers sur une tablette qui est de chaque côté de l'autel, et ils les laissent allumés tout le temps de laudes. Ils se retirent en arrivant à la crédence, et y demeurent. Ils ne sont pas conduits par le cérémoniaire quand ils vont auprès du célébrant pour le capitule et le commencement de l'hymne. Ils ne se joignent pas aux chapiers pour y aller ensemble.

Apres l'intonation de l'hymne, ils retournent à l'autel, montent sur le second degré latéral, et se tournent la face vers la nef, en tenant à la main leurs chandeliers, jusqu'à la répétition de l'antienne du *Benedictus;* ils retournent ensuite à la stalle de l'officiant.

Au *Dominus vobiscum*, après les oraisons, ils vont se placer vers le milieu du chœur, derrière le pupitre, et attendent là le moment du départ. Laudes finies, ils saluent l'autel et marchent devant ceux du clergé qui retournent à la sacristie avec le célébrant.

22° Les chanoines, bénéficiers, clercs et autres qui demeurent au chœur après les laudes chantent prime et tierce avant la messe.

23° C'est un bénéficier qui officie aux petites heures; il est à un autre pupitre, placé soit à l'opposite de celui du chanoine célébrant, soit au-dessous, à la stalle inférieure. Il chante le *Deus in adjutorium*, donne l'antienne, et dit les oraisons avec les versets qui y correspondent.

Les chantres sont, non aux bancs de devant, comme à matines, mais à leur place. Ils entonnent l'hymne et le premier psaume; l'un d'eux va chanter le martyrologe au pupitre qui est au milieu du chœur, et demeure là pour chanter la leçon brève.

Les répons se chantent au lutrin. Le célébrant dit tout seul le premier *Kyrie eleison*, et ensuite chaque côté du chœur poursuit, le premier en disant : *Christe eleison*, et le second : *Kyrie eleison*.

24° On fait de même aux autres petites heures; seulement on enlève, à la fin de prime, le pupitre qui est au milieu du chœur, et l'on n'en fait pas usage aux trois autres heures.

25° La grand'messe se chante après tierce, excepté les jours où, d'après les rubriques, elle doit se célébrer après sexte ou none.

26° On y suit Baldeschi. La croix de procession se place à un bloc ou s'appuie à une colonne du côté de l'épître. A l'aspersion, le célébrant salue d'abord les chanoines d'un salut commun; puis, sans s'arrêter, il donne à chacun un coup de goupillon. Il asperge les bénéficiers en donnant aussi à chacun un coup d'aspersoir, mais en se tenant vers le milieu de leur stalle, d'où il peut aisément faire l'aspersion sans marcher.

Quant aux clercs qui sont en groupes à leurs petits bancs, il les asperge, sans marcher, d'un certain nombre de coups proportionnés à leur nombre. Il n'y a pas d'aspersion dans la nef, mais seulement au bas de la chapelle quand il s'y trouve des séculiers.

27° Le célébrant prend, au pied des degrés de l'autel, la chasuble qui est déposée sur l'autel, ce qui est contraire au Cérémonial. Le chœur s'assied pendant l'encensement de l'autel et le chant des *Kyrie*, et il se lève lorsque le célébrant lit l'*Introït*. Les officiers sacrés, avant de quitter la banquette, font au chœur, qui se trouve de ce côté, un salut; puis, s'avançant de quelques pas, ils saluent l'autre côté du chœur. (C'est ainsi que l'on salue aussi à la *Mission*.)

28° L'épître se chante sur un pupitre (*legile*). — Le diacre, après avoir reçu le livre des Évangiles *in plano*, au côté de l'épître, salue, de ce même lieu, le chœur, et va à l'ordinaire porter le livre au milieu de l'autel; puis, se retirant tant soit peu du côté de l'épître, il attend que le célébrant ait fini de lire l'Évangile pour faire bénir l'encens.

29° Avant l'Évangile, les diacre et sous-diacre, ainsi que les cérémoniaire, thuriféraire et acolytes, se placent les uns derrière les autres. Les cérémoniaire et thuriféraire se tiennent, pendant l'Évangile, en arrière du diacre, pour ne pas tourner le dos au célébrant.

30° Le diacre, après avoir salué les évêques et les chanoines, les encense de deux coups chacun, avec un salut avant et après; puis il encense le sous-diacre et est encensé par le thuriféraire. (Ceci s'observe quand ce sont des chanoines qui font diacre et sous-diacre.)

31° Le thuriféraire encense les bénéficiers *ambulando* d'un coup chacun, avec un salut commun en commençant. Il encense ensuite le cérémoniaire et les acolytes, puis les clercs, d'un certain nombre de coups, sans marcher. Pour ces derniers, ce ne sont pas les individus, mais la classe, pour ainsi dire, que l'on encense.

32° On ne sonne ni au *Sanctus* ni à l'élévation. On ne se met à genoux que pour l'élévation. Il faut qu'il y ait là quelque raison ou privilége particulier, car partout ailleurs, aux offices pontificaux comme aux autres, l'on se met à genoux au *Sanctus*.

33° Le thuriféraire se met à genoux sur le marchepied pour encenser le saint sacrement, comme il est marqué ailleurs.

34° Le sous-diacre donne la paix aux évêques et aux chanoines, puis il retourne à l'autel, où il la donne au cérémoniaire, qui va la donner au premier bénéficier de chaque côté du chœur, puis au premier clerc de chaque côté des petits bancs. Tous se donnent ensuite la paix en la manière accoutumée.

35° Les chanoines, bénéficiers et autres du chœur font deux à deux la confession, et disent ensemble les *Kyrie*, *Gloria*, *Credo*, *Sanctus* et *Agnus*.

36° A la bénédiction du célébrant, tous, excepté les évêques, se mettent à genoux pour la recevoir.

37° Le premier cérémoniaire ne s'occupe que du célébrant. Il est à genoux à la droite du diacre pendant la confession; il monte à l'autel avec les officiers sacrés; il aide à faire bénir l'encens; il ôte le livre de dessus l'autel pendant l'encensement; il se tient debout à la droite du diacre quand les officiers sacrés sont à la banquette; il les reconduit à l'autel; il se tient toujours auprès du célébrant ou auprès du livre, de manière à pouvoir tout voir et entendre. A l'offertoire, il se tient à la gauche du célébrant et y demeure pendant les oblations. Il ôte encore le livre de dessus l'autel pendant l'encensement. A la fin de la préface, il va se placer au coin de l'épître, sur le même degré. Il se met à genoux à l'élévation à côté du thuriféraire; il va ensuite à la droite du célébrant, jusqu'à ce que le diacre vienne prendre sa place : il passe alors à gauche. En général, il se déplace chaque fois que quelqu'un des ministres sacrés doit prendre la droite ou la gauche du célébrant. Il est donc tantôt à droite, tantôt à gauche, tantôt sur le marchepied, et tantôt sur le second degré.

38° Le second cérémoniaire conduit les diacre et sous-diacre et autres servants; il fait l'office que fait le cérémoniaire chez nous, à part ce qui regarde le célébrant.

39° Ils n'y a point de chapiers à la messe.

40° La paix ne se porte pas aux évêques présents avec l'instrument.

MATINES ET LAUDES CHANTÉES A SAINT-PIERRE PAR UN ÉVÊQUE CÉLÉBRANT AU FAUTEUIL.

Aux grandes fêtes, un évêque officie au fauteuil; alors on fait ce qui suit :

1° L'évêque arrive au chœur *paré* et processionnellement; le thuriféraire, portant l'encensoir fumant, marche devant la croix.

2° Il y a deux assistants en chape, et quatre chantres en chape.

3° Le fauteuil est sur la plate-forme, comme il est dit ailleurs, et au lieu où se place le sous-diacre.

4° Les assistants sont assis sur les marches du sanctuaire, et les chantres sont *ad scamna sua*.

5° Le premier assistant fait bénir l'encens, mais c'est le premier chapier qui encense l'évêque et les autres.

6° Au *Venite exultemus*, les deux assistants sont au fauteuil, un peu en arrière de l'évêque; deux chapiers sont derrière eux, mais au bas des degrés, et les deux autres sont au lutrin, *in medio chori*, pour chanter l'invitatoire, etc.

7° Les quatre chantres ne se réunissent au lutrin que pour chanter le verset de l'hymne de laudes et le *Benedicamus Domino*.

8° Ils se tiennent debout auprès du célébrant, quand il prie au fauteuil ou qu'il est à l'autel pour l'encensement ou la bénédiction ; mais ils se trouvent derrière, parce qu'alors il est toujours tourné vers l'autel.

9° Quand, à laudes, il y a quelque mémoire, deux sont au lutrin, et les deux autres demeurent auprès du célébrant.

10° Quand ils ont chanté quelque chose au lutrin, ils se saluent en se séparant.

11° Les répons des leçons se chantent à l'orgue quand on les chante en parties.

12° Les porte-livre et bougeoir se présentent pour chaque absolution et bénédiction qui ne se chantent pas par cœur.

13° Quand il y a un cardinal présent, des porte-livre et bougeoir différents de ceux du célébrant sont auprès de lui quand il chante la neuvième bénédiction.

14° Ceux qui passent devant le célébrant ou devant un cardinal présent le saluent d'un salut particulier, mais il ne saluent pas le chœur.

15° Ceux qui chantent les leçons saluent le célébrant et le chœur en arrivant au lutrin et lorsqu'ils s'en retournent.

16° Les deux acolytes sont au lutrin quand le lecteur chante le texte de l'Évangile qui précède l'homélie.

17° Le capitule se chante *ad legile in medio chori*, et les acolytes s'y tiennent pendant ce temps-là avec leurs cierges allumés.

18° Les plus dignes du chœur entonnent les premières antiennes de matines, et ainsi de suite jusqu'à la fin des laudes.

DES VÊPRES CHANTÉES A SAINT-PIERRE PAR UN CHANOINE.

1° Le clergé se rend processionnellement au chœur à la suite de la croix, entre les acolytes.

2° Le célébrant se place du côté de l'épître, à la tête de la banquette des chanoines et près de l'autel. A ses pieds est un tapis, devant lui un pupitre (*legile*), sur son siége un coussin, et un autre coussin sur son prie-dieu quand il est à la stalle.

3° Le cérémoniaire est à sa droite, observant ce qui est marqué dans Baldeschi. Il ne fait que se tourner un peu vers le célébrant en s'inclinant médiocrement vers lui pour l'inviter à faire quelque fonction.

4° Les chantres en chape se tiennent, non à ses côtés, mais au premier banc couvert d'un tapis vert. Ils portent les antiennes, entonnent les psaumes, et font tout comme il a été dit plus haut, à l'article des laudes.

5° On encense ordinairement plusieurs autels. C'est à l'autel du saint sacrement, qui est encensé le premier, que se bénit l'encens. Cinq ou six chanoines suivent le célébrant, quand il va encenser ces autels; ils se mettent en face, comme le chœur, pendant l'encensement; ils ne retournent à leur place que lorsque l'autel où se fait l'office a été encensé : ils viendraient de même assister à cet encensement, quand même on n'irait pas encenser d'autres autels.

6° A vêpres, comme à la messe, les acolytes viennent d'avance se placer vers le milieu du chœur avec le porte-croix, pour être prêts à marcher devant le clergé aussitôt que l'office sera fini. Ils se comportent au reste comme à laudes : ils vont à l'encensement de tous les autels.

7° Les psaumes se chantent alternativement, du moins en certaines solennités, en musique et en plain-chant; ils s'entonnent à l'orgue quand ils doivent être chantés en musique. Les chantres vont néanmoins se placer alors au pupitre, et s'y tiennent, pendant l'intonation, comme s'ils les entonnaient eux-mêmes. Il y a ordinairement modulation particulière au *Gloria Patri*, et cette modulation n'est quelquefois qu'un changement de ton que l'on appellerait chez nous faux-bourdon. L'on s'incline à *Sit nomen Domini benedictum*, et l'on se redresse à *Ex hoc nunc et usque in sæculum*.

8° Enfin, à part quelques changements, on chante vêpres comme au Cérémonial des évêques expliqué par Baldeschi.

DES COMPLIES A SAINT-PIERRE.

1° Un bénéficier y officie, et il se place à la tête de la banquette des bénéficiers, tantôt du côté de l'épître, tantôt du côté de l'évangile. Il est en habit canonial et a devant lui un pupitre plus simple que celui du célébrant à vêpres.

2° Le *Jube*, etc., est chanté par un clerc, comme au Cérémonial. Le chœur se tient en face pendant la confession.

3° L'officiant dit l'antienne *Miserere*, chante le capitule, dit l'oraison et les versets qui y correspondent; il demeure à sa place pendant que l'on chante l'antienne à la sainte Vierge, et il chante l'oraison.

4° Deux bénéficiers entonnent à leur place le psaume *Cum invocarem*, et vont chanter au milieu du chœur : *In manus tuas*, etc.

5° Les clercs-chantres se réunissent au lutrin du côté du célébrant, pour entonner et chanter l'antienne de la sainte Vierge. Deux vont chanter le verset au milieu du chœur.

6° Les cierges des vêpres restent allumés pour complies.

7° Le *Sacrosanctæ*, etc., se dit debout. Cependant il faut le dire à genoux pour gagner l'indulgence : *Dicitur flexis genibus*.

8° Tous s'en retournent à la sacristie sans garder aucun ordre de procession; il en est de même quand ils viennent au chœur pour matines, ce qui est à regretter, car l'ordre tracé par le Cérémonial des évêques pour l'entrée des chanoines au chœur a quelque chose de vraiment solennel.

DES VÊPRES CHANTÉES A SAINT-PIERRE PAR UN ÉVÊQUE CÉLÉBRANT AD FALDISTORIUM.

Il est bon d'observer, avant tout, que l'autel de la chapelle du chapitre est sur une plate-forme qui ressemble assez à ce que nous avons coutume d'appeler *sanctuaire*.

1° Tous s'habillent à la sacristie et viennent au chœur en ordre de procession.

2° Il y a six chapiers, dont deux font assistants à l'évêque, et les quatre autres font l'office de chantres. Les assistants se tiennent, en venant au chœur, aux côtés de l'évêque célébrant, et les chantres marchent devant deux à deux.

3° En arrivant, la croix se dépose au lieu ordinaire, et les chandeliers se placent à la crédence, car autrement ils nuiraient s'ils étaient placés *in gradu inferiori altaris*.

4° Le célébrant va au fauteuil qui est placé au côté de l'épître, au haut de la plate-forme, de manière que l'évêque, quand il y est assis, a vraiment l'autel à sa droite. En arrivant, il s'y assied; les assistants sont à ses côtés et debout, et les quatre chantres sont au pied des degrés du sanctuaire et tournés vers l'autel.

5° Lorsque l'évêque est debout, il est toujours tourné vers l'autel. Les mitres, quand il n'en fait pas usage, se déposent sur l'autel. Il observe au reste tout ce qu'a coutume de faire le célébrant à vêpres.

6° Les assistants en chape s'asseyent à l'autel, comme le diacre et le sous-diacre à la messe. Quand il faut qu'ils se tiennent debout, ils se placent aux côtés du célébrant.

7° Les chapiers-chantres sont tous les quatre debout au bas du sanctuaire, tournés vers l'autel pendant le *Pater* et l'*Ave*; ils se tournent et se tiennent en face pendant le *Deus in adjutorium*, etc.

8° Au *Sicut erat*, etc., les deux premiers montent, par le milieu des degrés du sanctuaire, sur la plate-forme, et donnent l'intonation de la première antienne. Pendant ce temps-là, les deux autres chantres vont *ad legile*, où ils entonnent le premier psaume.

9° Les chapiers-chantres se placent *in plano*, sur une même ligne, à quelques pas de l'autel, deux du côté de l'évangile, et deux du côté de l'épître.

10° Ils vont deux à deux et *ad turnum* donner au chœur les antiennes en la manière ordinaire; les deux plus dignes sont au milieu et vont ensemble, et les deux autres font de même.

11° Les deux qui vont donner les intonations viennent ensuite *ad legile* pour entonner les psaumes; ils saluent le célébrant et l'autel quand ils passent devant, et ils s'entre-saluent quand ils quittent le *legile* pour aller s'asseoir.

12° Le premier va lire le capitule au pupitre (*legile*). Les deux premiers montent ensuite, comme la première fois, dans le sanctuaire, pour donner l'intonation de l'hymne. Si c'est le *Veni Creator* ou bien l'*Ave maris stella*, ils se mettent à genoux au même lieu, et ils ne descendent du sanctuaire qu'après que la première strophe a été chantée.

13° Les deux derniers chapiers chantent le verset de l'hymne *ad legile*, et les deux premiers vont donner, comme ci-dessus, l'intonation de l'antienne du *Magnificat* au célébrant.

14° L'encensement se fait en la manière ordinaire; mais il y a un plus grand nombre de chanoines, en habit canonial, qui suivent le célébrant à l'encensement des divers autels qu'il y a à encenser. Les chapiers assistants ne quittent pas les côtés du célébrant pendant l'encensement des autels. Les quatre autres sont pendant ce temps-là en ligne au pied des degrés.

15° Pendant l'oraison de l'office que chante le célébrant, les quatre chantres sont au pied des degrés du sanctuaire. Ils vont ensuite tous les quatre chanter, *ad legile*, les mémoires; ils y chantent aussi le *Benedicamus Domino*.

16° Les livres, bougeoirs et mitres se déposent sur une crédence quand l'évêque ne s'en sert pas. Ceux qui les portent s'asseyent aux lieux ordinaires. Quand l'évêque lit ou chante quelques paroles de l'office, c'est l'*acolythus de eo serviens* qui tient le livre.

17° Les cérémoniaire, acolytes et thuriféraire se comportent comme aux autres offices, excepté en ce qu'il y a ici de particulier.

18° L'évêque chante la bénédiction au milieu de l'autel, dit *Fidelium animæ*, etc., et se retire, avec les autres, à la sacristie; aussitôt on commence au chœur complies.

DES VÊPRES CHANTÉES A SAINTE-MARIE-MAJEURE PAR UN CARDINAL.

On note ici quelques particularités observées aux vêpres chantées à Sainte-Marie-Majeure, le 17 décembre 1854, afin de faire encore mieux connaître les usages de Rome à ces sortes d'offices. Cette fois ce fut un cardinal qui chanta vêpres.

1° Le cardinal alla au chœur en habits ordinaires, savoir en rochet, mantelet et mozette. Les ornements sacrés étaient sur l'autel.

2° Vu les dispositions du local, le *faldistorium* était placé, non au côté, comme à Saint-Pierre, mais précisément à l'endroit du marchepied où le prêtre, à la messe, chante les oraisons.

3° On observa, pour habiller le cardinal, ce qui a été dit plus haut.

4° Deux chanoines en chape assistaient le cardinal, et quatre bénéficiers revêtus du pluvial faisaient l'office de chantres.

5° Le cardinal, pour aller encenser l'autel et donner la bénédiction, descendit au bas des degrés, salua les évêques et autres qui étaient au chœur; puis, ayant salué l'autel, il monta sur le marchepied.

6° Les vêpres se chantèrent comme à Saint-Pierre, avec cette différence que les chantres donnèrent au célébrant les intonations du bas de l'autel; que le capitule se chanta au lieu où se chante l'épître; que le même chantre qui avait encensé le célébrant alla encenser le chœur; que deux chantres seulement allèrent *ad legile* pour chanter les mémoires.

7° A la fin de vêpres, un des chanoines alla remercier les cardinaux et évêques présents de leur assistance à l'office.

8° Le célébrant et ses officiers allèrent se déshabiller à la sacristie; les évêques, en mantelet, l'y suivirent.

9° Les évêques présents furent invités à inscrire leurs noms sur des feuilles, et celui qui écrit ces traditions romaines a eu le bonheur de laisser le sien dans les archives de l'insigne basilique, dans laquelle se conserve le vrai portrait de l'*Immaculée Vierge Marie.* Puisse-t-il la voir elle-même face à face et contempler *éternellement son éclatante beauté!*

CHAPITRE VII

DES LAUDES.

Laudes ab Episcopo celebrandæ quando in Matutino solemniter Officium fecit. Quomodo inchoandæ. Antiphonæ a quibus præintonandæ. Quo ritu altaris thurificatio ad Canticum *Benedictus* facienda. Benedictio post Orationem danda. Ad horas Canonicas Episcopus quomodo assistat.

1. Expleto Hymno *Te Deum laudamus*, etc., si Episcopus in Matutinis solemne Officium peregerit, congruum erit ut etiam Laudes solemniter celebret : in quibus ea omnia fere servari conveniet, quæ dicta sunt in *Cap.* II, *hujus lib.* II, de Vesperis solemniter per Episcopum celebrandis, ipso in crastinum Missam non celebraturo. Nam statim finito Hymno, Episcopus adhuc stans in sua sede Episcopali, capiet pluviale et mitram, et alia paramenta, prout in dictis Vesperis dictum fuit, et cum eo quatuor, aut sex Canonici ex dignioribus capient pariter pluvialia (1), alii vero Canonici non parantur (2).

(1) Les chanoines en chape doivent, à laudes comme à vêpres, agir comme chantres.

(2) Les assistants sont du nombre, car ils demeurent en habit canonial.

2. Episcopus igitur inchoabit Laudes, absolute cantando *Deus, in adjutorium meum intende*, signando se signo crucis a fronte ad pectus. Antiphonas eodem modo, et iidem præintonabunt Canonicis dignioribus, ut in dictis Vesperis : eademque observabuntur in sessione, surrectione et reverentiis, dum Psalmi, et Antiphonæ decantantur quæ ibidem dicta sunt. Sic etiam quoad Capitulum (1) et Hymnum.

(1) A laudes, par conséquent, comme à vêpres, le capitule se chante par un des chapiers pour la raison mentionnée ci-dessus.

5. Et cum inchoatur Canticum *Benedictus*, etc., Episcopus, posito prius thure in thuribulum, dum per chorum cantatur Antiphona, surget cum mitra, factoque ibi signo crucis (1), et assumpto baculo, associatus a prædictis Canonicis paratis (2), thurificabit altare, et

deinde thurificabitur ipse apud suam sedem, stans cum mitra, a digniori ex dictis Canonicis paratis, vel alio, cui competat, prout ibidem explicatum fuit.

(1) A Rome, ce signe de croix se fait ponctuellement à l'intonation de *Benedictus* comme à celle de *Magnificat*. C'est aussi, comme l'on voit, la règle du Cérémonial. On le fait aussi à Rome à l'intonation du *Nunc dimittis*, etc..., quoique cela ne soit pas prescrit dans le Cérémonial.

(2) Les chanoines qui assistent l'évêque au trône en habit canonial le suivent à l'autel, mais ils demeurent au bas des degrés pendant l'encensement. Il en doit être de même à vêpres quand ils assistent en habit canonial. Ce sont les deux premiers chapiers qui assistent l'évêque à l'encensement de l'autel. Le prêtre assistant se comporte comme à vêpres lorsque l'évêque ne doit pas chanter la messe le lendemain. Il fait bénir l'encens au trône et y encense l'évêque, s'il est *ad solium*; car, s'il est *ad faldistorium*, il sera encensé *a digniori ex dictis canonicis paratis*.

4. Organum quoque ad Hymnum, et Canticum *Benedictus*, et in fine Psalmorum poterit adhiberi, modo superius tradito in *Cap.* xxviii, *lib.* I.

5. Denique dum repetitur Antiphona per chorum, finito Cantico *Benedictus*, etc., Cæremoniarius cum ceroferariis accedit ante Episcopum, qui cantabit Orationem; et mox dabit benedictionem, et denique omnia alia fient, prout ibi latius narratum fuit.

6. Pariter, absente Episcopo, et in Ecclesiis Collegiatis eadem omnia servabuntur, prout in dictis Vesperis continetur.

7. Ad reliquas Horas Canonicas Episcopus non solet intervenire : si tamen voluerit interesse, assistet in choro cum cappa, et nullum officium faciet, sed omnia fient per Canonicos et hebdomadarios, juxta stylum Ecclesiarum.

8. Excipitur tantummodo hora Tertia, quam si Episcopus est solemniter Missam celebraturus, pariter et ab illo celebrari convenit, prout latius in sequenti Capite declarabitur.

CHAPITRE VIII

DE LA MESSE SOLENNELLE CHANTÉE PAR L'ÉVÊQUE.

Pro Missa solemni Pontificali ab Episcopo celebranda, decet ut sacellum deputetur in Ecclesia (ubi non adsit secretarium) ad sacra indumenta accipienda. Quo ordine Episcopus ad Ecclesiam procedat. Quæ in secretario præparanda, ac facienda sint. Tertia quomodo cantanda, et interim Episcopus parandus, et a quibus. Paramenta qua ratione Episcopo præbenda. Ordo ad altare procedendi. Confessio quomodo facienda. Liber ab Episcopo osculandus, et altare thurificandum. Introitus quomodo legendus. Ad *Gloria in excelsis*, quo ritu standum. Oratio quomodo dicenda. Episcopus Epistolam et Graduale legit, Subdiaconum Epistolæ benedicit. Quomodo Diaconus procedat ad Evangelium. Quid servandum, si fiat sermo. Benedictio post sermonem danda. Quæ ad symbolum observanda. Quæ a Diacono et a Subdiacono, finito Symbolo, peragenda. Altare post Offertorium thurificandum. Qui, post oblata, incensandi. Ritus dicendi secreta, Præfationem, et Canonem. Ordo accipiendi ac dandi pacis osculum. Quid servandum, si Communio generalis, vel particularis fiat. Quæ agenda post Communionem. Quomodo benedictio in fine Missæ danda.

1. Quo ordine, quove comitatu Episcopus ad Ecclesiam, sive pro Vesperis, sive pro Missa, aliisque Officiis accedere debeat, superius explicatum fuit. Nunc videnda sunt ea, quæ ad Missam solemnem, ipso Episcopo celebrante, spectant; explicaturi postmodum suis locis in singulis festivitatibus, si quid addendum, minuendum, vel immutandum erit.

2. Jam diximus valde convenire, atque antiquæ Ecclesiasticæ disciplinæ consonum esse, ut in Ecclesiis Cathedralibus locus aliquis, si sacellum non adsit, ab antiquis Secretarium appellatum, deputetur, ad quem Episcopus solemniter celebraturus Missam, postquam sua cappa indutus, ingressus fuerit Ecclesiam, sacrasque preces ad altare SS. Sacramenti tantum, et non ad altare majus effuderit (1), cum suis Canonicis et choro, conveniat.

(1) L'évêque ne va pas prier au grand autel, parce qu'il est supposé s'habiller *in sacello :* mais, lorsqu'il lui faut y aller prendre les ornements sacrés, il y prie en arrivant, comme on l'a vu ailleurs.

3. Qui locus præparatus ornatusque esse debet altari decenti cum Cruce, et candelabris, ac cereis accensis, super quo erunt reposita sacra Missalia, et indumenta pro Episcopo, suo ordine. Aderunt etiam ibi sedes pro Episcopo versus cornu dexterum, vel sinistrum

altaris pro situatione et commoditate loci, et sedilia pro Canonicis et aliis circumcirca.

4. In eum locum ingressus Episcopus, factaque reverentia Cruci super altari prædicto existenti, orabit, ac inde sedebit aliquantulum super dicta sede, sibi præparata, donec Canonici extra illum locum capiant sacra indumenta (1), remanentibus duobus Diaconis assistentibus apud Episcopum, dum alii parantur, qui et ipsi postea accipiunt paramenta (2).

(1) On voit, par ce dispositif, que l'on pourrait aisément convertir celle des chapelles latérales qui est attenante à la sacristie en *sacellum* ou *secretarium;* car tous ceux qui sont employés dans la cérémonie pourraient aller facilement s'y habiller, conformément à ce texte : *Extra locum sacelli.*

Aux offices pontificaux, les cardinaux et évêques se revêtent de leurs ornements dans la chapelle attenante à celle de Notre-Dame-de-Compassion, qui est convertie *in sacellum* pour ces offices. Le Pape seul y prend les ornements avec lesquels il fait l'entrée. Il en est de même à la fin de l'office, car le Pape seul s'y déshabille, les cardinaux et les évêques vont, comme avant la messe, dans la chapelle voisine pour y déposer leurs ornements.

(2) Ceci explique clairement ce qui a été dit plus haut, savoir : que les diacres assistants, ainsi que l'archiprêtre, ne vont prendre leurs ornements que lorsque les diacres et sous-diacres de la messe se présentent pour habiller l'évêque, c'est-à-dire après que le prêtre assistant l'a aidé au lavement des mains.

5. Quibus paratis, atque in eumdem locum ingressis, cum debitis reverentiis altari et Episcopo, ac apud eorum sedilia stantibus (1), Episcopus surget, et stans capite detecto versus altare, dicet secreto totum *Pater noster*, et *Ave Maria.* Tum faciens sibi crucis signum a fronte ad pectus, ea forma, quæ superius expressa fuit, altiori voce incipit horam Tertiam, dicens *Deus, in adjutorium*, etc., choro prosequente *Domine, ad adjuvandum*, etc., et Hymnum *Nunc sancte nobis Spiritus,* cui organum intermisceri poterit, secundum regulam in *cap.* xxviii, § 8, *lib.* I, de organo et organista traditam.

(1) On a remarqué plus haut que les chanoines, en faisant

le cercle quand l'évêque s'habille, occupent ordinairement les siéges placés tout autour de la chapelle. Les cardinaux forment deux lignes droites, *ad sedilia sua*, pendant que le pape se revêt de ses ornements à la chapelle de Notre-Dame-de-Compassion, pour l'entrée solennelle, ainsi qu'au chœur, pendant que l'on chante tierce.

6. Quo Hymno finito, cantor dicit Antiphonam (1), atque incœpto Psalmo *Legem pone mihi, Domine, etc.*, Episcopus sedebit, sedentibus etiam Canonicis, exceptis his, qui Episcopo ministraturi sunt (2); chorus autem prosequetur Psalmos.

(1) A la célébration de tierce, qui est solennelle, on observe les règles ordinaires, c'est-à-dire qu'un chantre va annoncer l'hymne et l'antienne à l'évêque qui doit les entonner; que le premier psaume s'entonne au milieu du chœur, *ad legile*, etc.

(2) Ceci rend raison de ce qui a été dit plus haut, savoir, que lorsque l'évêque doit lire, bénir ou faire quelque autre chose au trône, les assistants se tiennent debout. Ils ne doivent donc pas s'asseoir pendant les prières de la préparation.

7. Tunc minister de libro serviens, cotta indutus, una cum altero candelam accensam tenente, accedent cum libro ante Episcopum, qui poterunt esse aliqui ex suis Capellanis; et qui de libro serviet, genuflexus manebit, dum Episcopus legit sedens. Episcopus vero sedens, legit Antiphonam *Ne reminiscaris*, etc., et Psalmos consuetos, duobus Canonicis sibi a lateribus assistentibus, qui debent per totam Missam deservire, alternatim respondentibus (1). Interim Subdiaconus (2) cantaturus Epistolam, qui simul cum Diacono Evangelium cantaturo, ac aliis Canonicis, erit jam Subdiaconalibus paramentis indutus, dempto manipulo, ut in *cap.* IX, § 1, et *cap.* XI, § 2, *lib.* I, de eorum officio dicitur, et afferet ex credentia super bacili sandalia, et caligas, manibus velo coopertis, alio velo cooperta, ambabus manibus elevata, ante Episcopum, illaque, adjuvantibus duobus Episcopi scutiferis, qui ad abacum solent assistere, genuflexus induit primo in dextero, deinde in sinistro pede Episcopi, detractis prius per scutiferum ordinariis calceis, eodemque tempore sex, vel octo Acolythi (3) cum cottis genuflexi, fimbrias cappæ circumcirca elevant et dilatant, cooperiendo dictum Subdiaconum et scutiferos, quo commodius et decentius officium suum peragere possint.

(1) A Rome, les assistants récitent les prières de la préparation conjointement avec l'évêque, comme il est marqué ici, à moins qu'ils n'en soient empêchés à raison de leur vue, qui ne leur permet pas de pouvoir les suivre. Dans ce cas, l'évêque les dit seul, comme le fait l'évêque qui officie au fauteuil.

Le prêtre assistant à Rome ne dit pas ces psaumes et même il ne va au trône que pour le lavement des mains. Il est en attendant à sa place au chœur. Cependant on a vu plus haut que, d'après le Cérémonial, il doit être au trône et y répondre aux prières de la préparation. *Ipse ad ejus (Episcopi) sinistram stans alternatim respondebit, duobus quoque assistentibus pariter cum ipso respondentibus.* (Lib. I, cap. vii, n° 3.)

(2) On a dit plus haut comment le sous-diacre se présente au trône avec les bas et les souliers de cérémonie. On voit ici que c'est au *scutifer* (familier laïque) de l'évêque à lui ôter ses souliers ordinaires, et au sous-diacre à lui mettre les bas et souliers de cérémonies, qui ont, d'après Catalan, cette signification : *Sandalia Incarnationis Dominicæ calceamentum significant de quo Dominus ait in psalmo quinquagesimo nono :* « *In Idumæam extendam calceamentum meum,* » *id est,* « *In gentibus notam faciam Incarnationem meam;* » *venit autem ad nos calceata divinitas ut pro nobis Dei filius sacerdotio fungeretur.*

Cet auteur observe qu'autrefois les prêtres, pour monter à l'autel, prenaient cette même chaussure, qui est maintenant réservée aux évêques seuls.

(3) Ceux qui sont ici employés à tenir la cape autour du sous-diacre pendant qu'il chausse l'évêque peuvent être les mêmes qui bientôt auront à transporter les ornements de l'autel au trône. On voit comme ces acolytes à genoux autour du sous-diacre lui-même à genoux, pendant qu'il chausse l'évêque, rendent cette action décente et même pieuse.

8. Quibus expeditis, Subdiaconus et scutiferi prædicti recedunt ad loca sua. Acolythi, aptatis in gyrum cappæ Pontificalis fimbriis, ad altare redeunt (1), ut præsto sint pro paramentis Episcopo deferendis. Episcopus prosequitur lectionem Psalmorum, quibus dictis usque ad *Kyrie eleison, etc.,* surgens, detecto capite, versus altare, dicit Orationes. Chorus autem admoneatur, ut Psalmos Tertiæ lente

prosequatur, interposito etiam, si opus videbitur, post quemlibet Psalmum organi sonitu, ita ut eodem tempore illos perficiat (2), quo Episcopus suos Psalmos cum suis Versiculis legerit, et paratus fuerit, ut infra.

(1) Les acolytes arrangent la cape comme il a été dit plus haut, et vont à l'autel, où ils reçoivent les ornements dans l'ordre marqué ci-dessus, pour être prêts à les présenter au trône quand il en sera temps; car l'évêque ne doit pas attendre.

(2) Ce passage doit être un avertissement général pour qu'il n'y ait, pendant l'office, aucune de ces interruptions qui, toujours désagréables, sont avec cela bien propres à diminuer la dévotion.

9. Lectis Psalmis et Orationibus usque ad Orationem, quæ pro lotione manuum dicitur exclusive, Episcopus, deposita cappa, incipit legere, vel memoriter dicere Orationes (1), quæ pro paramentis induendis ordinatæ sunt, dicendo singulas Orationes ad singula paramenta, cum illis induitur, excepta Oratione, quæ dicitur ad manipulum, quæ statim post alias dicenda erit, cum dici non possit eo tempore, quo accipit manipulum.

(1) A Rome, il faut absolument dire ces prières de mémoire; car, pendant que l'évêque prend les ornements, il n'a devant lui ni livre ni bougeoir, qui, dans le fait, nuisent beaucoup pendant cette action. Un évêque donc qui ne les saurait pas par cœur les dirait toutes à la file, après avoir récité les prières de la préparation. Prenant les ornements immédiatement après, il y a, disent les maîtres de cérémonies, union morale.

10. Cum Episcopus exuit cappam, dicet Orationem *Exue me Domine*, etc., dicta per eumdem Oratione *Da, Domine*, etc., pro lotione manuum, extractisque ei per assistentes Diaconos annulis, lavat manus : et tunc laici tantum, et clerici omnes, præter Canonicos et Prælatos, debent genuflectere (1), nisi adesset Legatus, aut alter dignior Episcopo, quo casu non debet permittere ut genuflectant.

(1) Lorsque le pape se lave les mains, soit au trône, soit à l'autel, les cardinaux et les évêques se tiennent debout, et tous

les autres qui sont au chœur, nobles et clercs, se mettent à genoux. On fait de même quand les cardinaux officient dans leurs églises titulaires. Comme on le voit, cette règle se suit aussi quand l'évêque célèbre solennellement.

11. Cum vero sumitur aqua ex abaco pro lotione manuum Episcopi ab aliquo nobili viro, poterit fieri præguslatio (1) illius a ministris, vel scutiferis illam suggerentibus, ut in *cap.* xi, § 11, *lib.* I, dictum fuit. Sed si ipsi portantes aquam non sint ex nobilibus civitatis, sed ex scutiferis, seu familiaribus Episcopi, non utique ea forma portabunt, prout dicti, nobiles, sed dextera manu urceum cum aqua, sinistra vero lancem, et cum fuerint ante Episcopum, genuflexi, infundunt pauculum aquæ super labio ipsius lancis, eamque, præsente Episcopo, degustant, tum aquam, supposita lance, super manus Episcopi infundunt: Presbyter autem assistens porriget Episcopo mantile ad tergendum manus, quibus tersis, reponuntur, ei annuli (2) ab eodem Presbytero assistente : et hæc forma lotionis manuum servatur semper quando Episcopus intra Missarum solemnia, et in aliis quibusdam sacris actibus publice lavat manus.

(1) On voit ici comment devrait se faire la *prégustation* de l'eau avant le lavement des mains, mais de fait il ne se pratique pas, et aussi, comme on le voit, il n'est que de conseil : *poterit fieri*.

A Rome, quand les évêques officient, il y a toujours à la crédence, comme on l'a déjà observé, un clerc tonsuré, mais sans surplis, et un laïque, tous deux en manteau long. Ils se présentent ensemble pour le lavement des mains : le clerc porte l'essuie-mains dans un bassin, et le laïque l'aiguière avec son plat.

(2) Catalan remarque que les évêques portaient autrefois aux doigts plusieurs anneaux, outre celui dont ils ont retenu l'usage, et qu'ils prennent après tous les autres ornements. Ceci explique le passage de notre Cérémonial qui vient d'être cité.

12. Statim lotis manibus adsint Acolythi præfati, qui afferunt ex altari peramenta Episcopi per ordinem, unus post alium ; videlicet, amictum, albam, cingulum, crucem pectoralem, stolam, pluviale et mitram, quibus induitur Episcopus per Diaconum a dexteris, et

Subdiaconum a sinistris paratos, ut supra, hoc modo, videlicet: Diaconus et Subdiaconus capientes singula ejusmodi paramenta de manibus Acolythorum, quisque eorum a latere suo adjuvat vestiendo Episcopum, sed principaliter Diaconus omnia operatur; Subdiaconus vero solummodo coadjuvat, ubi opus est; et primo offerunt Episcopo amictum osculandum in medio, ubi est designata parva crux, quam in parte prius osculatur etiam Diaconus (1); mox illum diligenter aptant circa collum Episcopi, ita ut vestium summitates, quæ vulgo collaria vocantur, omnino tegat : deinde cordulas ex eo pendentes post tergum ductas, ante pectus reductas, stricte colligant (2).

(1) Il est à bien remarquer que le diacre baise *in parte* chacun des ornements que doit baiser l'évêque en les prenant; ce qui signifie qu'il les baise du côté de l'ornement qui se présente vers lui, *in parte sua*, et non *in parte quam deosculatur Episcopus*.

(2) C'est aux diacre et sous-diacre à attacher par devant les cordons de l'amict.

13. Accipiunt deinde albam, eamque circa collum, humeros et brachia distendunt et aptant. Tertio loco cingulum, quo albam constringunt, incipientes a tergo, et ante corpus illam religantes, tum albæ extremitates circumcirca Acolythi sublevant (1) et aptant, ita ut æqualiter defluat, et vestes contegat.

(1) Il ne faut pas oublier que par acolytes le Cérémonial entend les divers ministres inférieurs qui servent l'évêque. Ceux que nous appelons simplement *acolytes* sont désignés par le Cérémonial sous le nom de *ceroferarii*.

14. Diaconus postea sumpta cruce pectorali, eamque etiam in parte prius osculatam, ipsi Episcopo osculandam præbet, et ejus collo imponit (1), ita ut ante pectus pendeat; stolam deinde etiam in parte deosculatam, Episcopo deosculandam offert, eamque super ejus humeros applicat (2), ita ut, nec ejus collum tegat, nec transversa sit in modum crucis, sed æqualiter ante pectus pendeat : quod commodius fiet, si ei cordulæ retro et ante sint annexæ (3), quibus firmari possit, ne ut et illuc vagetur.

(1) La croix pectorale s'apporte de l'autel dans un bassin,

comme un des ornements dont l'évêque doit se revêtir. Elle est ordinairement attachée à un cordon, tissu de soie et d'or, avec un gland qui pend au bout. Cette croix renferme des reliques, et ne sert guère, du moins pour les évêques qui sont richement pourvus de *pontificaux*, que dans les cérémonies. Elle se met avant l'étole et est complétement couverte et cachée par les tunicelles : tel est l'usage de Rome.

(2) On voit par là que l'étole doit s'appliquer, non sur le cou, mais sur les épaules de l'évêque. On la plie pour cela au milieu, pour qu'elle s'ajuste parfaitement par-dessus l'aube. Pour ne pas suivre ce point du Cérémonial, il faut que notre étole soit beaucoup plus étroite, ou même considérablement échancrée à la partie qui s'applique sur le cou. Aussi ne faisons-nous pas ce qu'ajoute le Cérémonial : *Nec ejus collum tegat* (stola).

(3) On voit encore à Rome, quoique rarement, de ces étoles avec cordons par devant et par derrière ; mais il est à remarquer que notre Cérémonial n'en parle que comme d'une chose plus commode.

15. Demum Diaconus et Subdiaconus imponunt Episcopo pluviale et mitram, deinde recedunt ad scamnum suum (1), et si Psalmi Tertiæ non sint perfecti, sedet Episcopus expectans, donec perficiantur, quibus finitis, et repetita Antiphona, Subdiaconus (2), vel alter, cui ex consuetudine Ecclesiæ competit, in habitu, in quo reperitur, Capitulum cantabit in loco, ubi legi solet Epistola, sibi ipsi librum tenens; dummodo nec altari, nec Episcopo humeros vertat.

(1) C'est à la banquette placée en face du trône, dont il a déjà été question, que les diacre et sous-diacre doivent se retirer. Les diacres assistants y sont assis quand ceux de la messe sont employés au trône, comme on l'a vu plus haut.

(2) On voit que le sous-diacre est tout rendu pour chanter le capitule de tierce. Nouvelle preuve que la composition des lieux, conformément à la direction du Cérémonial, y fait beaucoup pour la régularité. Catalan remarque que c'est au cérémoniaire qui conduit le sous-diacre à porter le livre, en allant et en revenant, et notre Cérémonial le fait assez clairement entendre par ces mots : *Finito capitulo, subdiaconus reddit li-*

brum cæremoniario, et vadit ad locum suum. On a vu qu'il en doit être de même à vêpres quand il s'agit d'aller intimer les antiennes.

16. Tunc Episcopus surgit cum mitra, surgentibus omnibus, versa facie ad ipsum Subdiaconum cantantem Capitulum : et sic stat (1), donec cantores cantent Responsorium ultimi Versiculi. Finito Capitulo, Subdiaconus reddit librum Cæremoniario, et vadit ad locum suum.

(1) Pour tierce, les chantres sont en chape, à raison de la solennité avec laquelle on chante cette heure, avant la messe pontificale. Ils chantent à l'ordinaire, au milieu du chœur, les répons et les versets. Tierce finie, ils déposent la chape; car, à la messe, il n'y a pas de chantres en chape. A Rome, la coutume est invariablement d'accord, en ce point, avec le Cérémonial.

17. Interea vero Acolythi (1), acceptis duobus candelabris cum cereis accensis, versis invicem faciebus, dummodo nec altari, nec Episcopo renes vertant, accedunt.

(1) Les acolytes se comportent pour l'oraison de tierce comme pour celle de vêpres et de laudes; c'est-à-dire qu'ils se tiennent, avec leurs cierges allumés, auprès du célébrant. Cela n'empêche pas le porte-bougeoir de se tenir près du livre pendant lesdites oraisons. Au *Dominus vobiscum*, ils vont se placer à l'entrée de la chapelle, et celui qui doit porter la croix se met au milieu d'eux : ils attendent là tous trois le signal de partir.

18. Presbyter vero assistens paratus, in eorum medio, tenebit librum supra caput; et finito Responsorio, Episcopus, deposita tunc mitra, stans, ut erat, cantat in tono festivo *Dominus vobiscum*, et Orationem : et dicto per chorum *Benedicamus Domino* (1), ipse Episcopus, deposito pluviali, a Diacono et Subdiacono induitur tunicella, qui constringunt cordulas hinc inde super humeros positas, et deinde eodem modo dalmaticam.

(1) Les chantres en chape chantent, *in medio chori*, le *Benedicamus Domino*, et le chœur répond *Deo gratias*. L'évêque dit à la suite le *Fidelium animæ*, etc.

19. Tum Episcopus sedet, et imponuntur ei chirothecæ (1) per Diaconum in dextera, et per Subdiaconum in sinistra, manibus illi prius et mox, chirothecis, per eosdem deosculatis. Mox surgit Episcopus, et induitur ab eisdem planeta, quæ hinc inde super brachia aptatur, et revolvitur diligenter, ne illum impediat (2).

(1) A Rome, les évêques s'asseyent en s'habillant, et ne se lèvent que lorsque cela est nécessaire pour bien ajuster les ornements; mais il faut s'en tenir au Cérémonial, qui est explicite là-dessus. Le pape s'y conforme en prenant ses ornements dans la chapelle qui lui sert de *secretarium*.

(2) Les dernières paroles font voir assez clairement qu'autrefois la chasuble était beaucoup plus ample qu'aujourd'hui.

20. Si Episcopus pallio uti possit, et eo die uti conveniat, affertur per aliquem Subdiaconum ex altari ambabus manibus, vel aliquo supposito (1), quod Diaconus capiens, Episcopo offert osculandum in cruce posteriori; et advertat, dum illud capit, ut partem duplicem pallii capiat dextera manu, simplicem vero sinistra, et dum illud imponit, Subdiaconus manus dextera elevat partem, quæ a tergo pendere debet, illudque aptant, ut humeros Episcopi æqualiter ambiat, et pars duplex pallii ponatur super sinistro humero Episcopi. Quo facto, idem Diaconus capit unam ex tribus spinulis per aliquem Acolythum allatis; videlicet pulchriorem, eamque infigit cruci anteriori pallii ante pectus existenti, aliam in cruce sinistri humeri, tertiam Subdiaconus infigit cruci posteriori, quæ omnia ita infigantur, ut tertio transeant per crucem, in qua sint ocelli tres, seu ansulæ tres sericæ, ejusdem coloris nigri; ita tamen ut nec crucem, nec pallium perforent, neque planetam tangant; et gemmæ spinulis appositæ, remaneant ad dexteram infigentis.

(1) Le *pallium* se porte, de l'autel au trône, *per aliquem subdiaconum*, et les épingles *per aliquem acolythum*. Le sous-diacre peut être ou celui de la messe, ou un de ceux qui sont *parés*. L'acolyte qui porte les épingles devrait être, pour plus grande décence, ecclésiastique. Il marche de front avec le sous-diacre en allant de l'autel au trône, et tous deux sont conduits par un cérémoniaire. A Rome, c'est quelque chose de solennel que cette action, lorsque l'on porte ainsi le *pallium* du pape.

21. Tum sedenti Episcopo imponitur per Diaconum mitra pretiosa, sumpta de manibus Capellani, de illa servientis, Subdiacono vittas elevante (1).

(1) Le sous-diacre doit soulever les fanons de la mitre, pendant que le diacre la met à l'évêque, parce que, ces fanons étant flexibles, ils pourraient se prendre et s'enfoncer dans la mitre, comme cela ne manque pas d'arriver quand on ne prend pas cette précaution. Celui qui est à la gauche de l'évêque quand on lui met la mitre doit donc y faire attention, car le Cérémonial est là-dessus bien explicite, et, à défaut du sous-diacre ou du second assistant, c'est au cérémoniaire à le faire.

22. Demum imponitur per Presbyterum assistentem (1) annulus Pontificalis annulari digito dexteræ manus Episcopi, annulo prius, et manu postea deosculatis. Episcopo, parato accedunt ad eum Archidiaconus et alter Diaconus, seu duo digniores Canonici Diaconi, parati dalmaticis, qui ei a lateribus assistunt a principio.

(1) On a vu plus haut comment s'apporte de l'autel au trône, avec les autres ornements, l'anneau pontifical.

23. Diaconus vero et Subdiaconus recedunt (1) et capiunt suos manipulos, et antecedente Acolytho thuriferario cum thuribulo et navicula, ministranteque Presbytero assistente naviculam, Episcopus imponit et benedicit thus, ut supra in *cap.* I, *lib.* II, § 12, de Vesperis solemnibus, Episcopo celebraturo, dictum fuit. Deinde Episcopus cum suis ministris, facta reverentia Cruci super altari in dicto sacello, seu secretario existenti, processionali ritu procedunt ad altare, in quo Missa est celebranda, hoc ordine (2).

(1) C'est à la banquette qui est près de la crédence que les diacre et sous-diacre, aidés de quelques chapelains, prennent le manipule.
(2) On a vu plus haut que l'on se rend de la chapelle du secrétaire au chœur, en faisant un long tour et en descendant pour cela au bas de l'église, pour remonter par l'allée du milieu.

C'est ainsi qu'on le pratique à Rome; cette entrée solennelle est vraiment imposante quand les chanoines, ou ceux qui les représentent dans les églises titulaires des cardinaux, sont nombreux.

24. Thuriferarius cum thuribulo, deinde ceroferarii cum candelis accensis, medium habentes alterum Subdiaconum paratum tunicella (1), crucem deferentem : deinde clerici et Beneficiati Ecclesiæ cum suis cottis, bini et bini, incipiendo a junioribus, seu minus dignis. Hos sequitur reliquus clerus illius Ecclesiæ suo ordine, ita ut digniores semper sint posteriores in Processione. Canonici vero, qui sunt parati, antecedent Episcopum immediate.

(1) Celui qui porte la croix, à la procession de l'entrée, est un des sous-diacres *parés*, c'est-à-dire revêtus de la tunique par-dessus le surplis s'il n'est pas chanoine, et s'il est chanoine, par-dessus le rochet et l'amict.

25. Post canonicos procedet Subdiaconus Epistolam cantaturus (1), gerens librum Evangeliorum clausum ante pectus, in quo includitur manipulus Episcopi, deinde Diaconus ad sinistram Presbyteri assistentis, pluviali induti, demum Episcopus cum baculo pastorali in manu sinistra, parte curva baculi ad populum versa, ac dextera benedicens, si sit in sua Civitate, vel Diœcesi, medius inter Diaconos assistentes paratos. Si autem Episcopus sumpsit paramenta in presbyterio (2) apud sedem, vel in faldistorio, non fit hujusmodi Processio; sed procedit Episcopus ad altare sine cruce, sine candelabris et sine thuriferario, cum solis ministris paratis, ut supra, et quibusdam aliis.

(1) Le second cérémoniaire, s'il n'est pas occupé ailleurs, pourrait marcher à la gauche du sous-diacre; mais il est plus conforme à l'esprit du Cérémonial, que le sous-diacre aille seul dans cette entrée solennelle. Le premier cérémoniaire marche devant l'évêque, mais à la gauche, observant de relever les vêtements de l'évêque, si besoin est.

(2) Lorsque l'évêque s'habille au trône, il va à l'autel sans procession ; il n'y a donc alors ni acolytes ni thuriféraire. On a vu plus haut comment il faut procéder, d'après Catalan, quand il n'y a pas de chapelle ou *secretarium*.

26. Post Episcopum sequitur Capellanus (1) serviens de mitra, et alii Capellani cum cottis, bini et bini incedentes.

(1) On a vu plus haut que les porte-insignes peuvent être en chape; dans tous les cas, ils marchent tous deux à deux à la suite de l'évêque.

27. Si vero celebrans fuerit Archiepiscopus, aut Archiepiscopo major, aut habens privilegium, ut crux ante se deferatur Archiepiscopalis, per Subdiaconum paratum, de quo supra, defertur ante Canonicos paratos tantum, non autem ante alios de clero, imagine Crucifixi ad ipsum versa.

28. Cum Episcopus fuerit prope altare (1), salutat exigua capitis inclinatione Canicos paratos, apud eorem sedilia stantes; ipsi vero Canonici faciunt ei profundam reverentiam.

(1) A une certaine distance de l'autel, et lorsque les chanoines sont rendus *ad sedilia*, l'évêque s'arrête, et, sans se tourner vers le peuple et en demeurant par conséquent en face de l'autel, il les salue à droite et à gauche.

29. Si forte adesset Legatus Apostolicus, vel aliquis Cardinalis, aut Archiepiscopus, vel alii Prælati, vel magnus Princeps loci, illos prius debet Episcopus cum mitra salutare (1), et illi Episcopo aliquantulum assurgentes, denudato capite respondere, præter Cardinalem, qui non debet assurgere, sed tantum discooperire caput.

(1) C'est un salut distinct et particulier qu'il doit faire aux évêques présents; ceci s'observe fidèlement à Rome quand les cardinaux officient en présence de quelques évêques. Il est bien à remarquer ici qu'un cardinal répond au salut de l'évêque en se découvrant, mais qu'il ne se lève pas.

30. Cum vero Episcopus pervenerit ante infimum gradum altaris, reddito baculo pastorali ministro, qui de eo servit, et deposita ei per Diaconum mitra, facit profundam reverentiam cruci super altari positæ, simul cum suis ministris. Interim recedunt alii ministri (1), qui eum illuc usque secuti fuerant, excepto eo, qui de baculo, altero, qui de thuribulo serviunt, duobusque Diaconis assistentibus, qui remanent. Episcopus vero habens a dexteris Presbyterum assistentem, et a sinistris Diaconum, et apud eum modicum retro Subdiaconum, qui tunc relinquit librum Evangeliorum in manibus Cæremoniarii (2), facit cum eis Confessionem, junctis manibus, stans

aliquantulum inclinatus. Interim cessat sonitus organorum, et chorus incipit Introitum (3).

(1) On a observé plus haut que les porte-insignes se plaçaient à l'autel derrière les diacres assistants.

(2) Le second cérémoniaire, qui tient le livre des évangiles pendant la confession, se place à la gauche et un peu en arrière du sous-diacre; le premier est alors à genoux entre l'évêque et le prêtre assistant, mais en arrière.

(3) L'on voit ici clairement que l'introït ne s'entonne que lorsque le célébrant est rendu à l'autel, et qu'il y commence la confession.

31. Dum Episcopus facit Confessionem, profert verba erga dictos ejus ministros (1), stantes apud eum, capite inclinato, in plurali, dicens : *Vobis fratres*, et *Misereatur vestri*, etc., illi vero erga Episcopum in singulari, id est, *Tibi Pater*, et *Te Pater*, et *Misereatur tui*, etc., quæ dum dicunt, caput versus Episcopum profundius inclinant.

(1) L'on voit que l'évêque doit se tenir incliné vers l'autel en disant ces paroles du *Confiteor* : *Vobis fratres... vos fratres*. Il ne se tourne pas vers ceux qui l'assistent comme pour les saluer.

32. Cum Episcopus dixerit *Indulgentiam* (1), *absolutionem et remissionem*, etc., Subdiaconus capit manipulum, qui fuerat inclusus in libro Evangeliorum, et a latere manipuli osculatur, deinde porrigit Episcopo osculandum, ubi est signum crucis, mox applicat sinistro Episcopi brachio cum osculo manus, ipsumque stricte religat. Canonici parati, stantes in suis locis faciunt simul Confessionem bini : similiter alii, si qui erunt parati (2), alias genuflexi (3), prout etiam laici omnes tunc genuflectunt (4).

(1) C'est après avoir dit l'*Indulgentiam* jusqu'à la fin que l'évêque reçoit le manipule en disant : *Deus tu conversus*, etc.

(2) D'autres que les chanoines peuvent donc être parés. L'usage de Rome de faire habiller ainsi le clergé des églises titulaires des cardinaux est donc conforme au Cérémonial.

(3) Ceux du chœur qui ne sont pas *parés* doivent être à genoux et dire deux à deux les prières du *Confiteor*.

(4) Ce texte, qui regarde les laïques, fait désirer une règle ou un usage commun pour la tenue des simples fidèles qui assistent aux saints offices. La règle la plus facile et la plus simple serait pour eux de se conformer au chœur; c'est l'opinion des maîtres des cérémonies à Rome, et on a vu plus haut ce qu'en a dit Catalan.

33. Finita Confessione, Episcopus extendens ac jungens manus, clara voce dicit *Oremus*, et ascendens ad altare cum Diacono Evangelii a dexteris, et Presbytero assistente a sinistris (1), dicit submissa voce *Aufer a nobis*, etc.; deinde manibus junctis super altari, inclinatus dicit *Oramus te, Domine*, etc., prout habetur in Missali, et cum dicit *Quorum Reliquiæ hic sunt*, etc., positis hinc inde super altari manibus extensis, osculatur illud in medio, nullam tamen ibi designans crucem; et statim ambabus manibus tangens librum Evangeliorum, sibi a Subdiacono a sinistris stante oblatum, in folio Evangelii currentis illum osculatur, adjuvante Presbytero assistente (2).

(1) Le prêtre assistant, changeant de place avec le diacre, monte à l'autel à gauche de l'évêque et à la droite du sous-diacre : l'un et l'autre observent de ne pas se nuire.

(2) Le prêtre assistant soutient de la gauche le livre que tient le sous-diacre, et de la droite il indiqué à l'évêque le commencement de l'évangile du jour qu'il doit baiser.

34. Tunc accedit ad altare thuriferarius (1) cum thuribulo et navicula, quam porrigit Diacono, et ille Episcopo, qui imponit et benedicit thus more solito; et accepto thuribulo de manu Diaconi, thurificat altare, prout in suo loco explicatur.

(1) Le premier cérémoniaire aide le thuriféraire à l'imposition de l'encens, et soutient, au besoin, le pied de l'encensoir.

35. Reddit deinde thuribulum Diacono, et accepta mitra pretiosa a digniori Diacono (1), in officio assistentis serviente, stans in cornu Epistolæ manibus junctis, incensatur a Diacono triplici ductu thuribuli. Tum ex eodem loco facta cruci reverentia, in medio altaris positæ, acceptoque baculo in manu sinistra, medius inter Diaconos assistentes (nam Diaconus et Subdiaconus permanent apud altare) vadit ad sedem suam, ubi stans, deposita mitra, et facto sibi signo

crucis a fronte ad pectus, legit Introitum ex libro, quem sustinet Capellanus de eo serviens supra caput, altero candelam accensam tenente. Assistentes vero hinc inde ostendunt digito quæ sunt legenda, et vertunt folia.

(1) Catalan dit positivement que, lorsque l'évêque est à l'autel, les diacres assistants se tiennent *in gradu altaris infra suppedaneum,* en laissant libre la place du diacre de la messe, qui se trouve placé entre eux. C'est de la sorte que se placent les cardinaux assistants quand le Pape est à l'autel. Moyennant cette position, le premier diacre assistant est tout rendu pour mettre la mitre, et tous deux n'ont qu'un pas à faire pour se mettre aux côtés de l'évêque, afin de l'accompagner au trône quand il a été encensé à l'autel. Ainsi, après la confession, ils montent à l'autel par derrière l'évêque, et ils s'arrêtent sur le second degré. Ils en font autant à l'offertoire.

36. Deinde cum eisdem assistentibus dicit alternatim ter *Kyrie eleison,* ter *Christe eleison,* et ter *Kyrie eleison,* Diaconus et Subdiaconus idem dicunt inter se apud altare, sicut et cæteri in choro (1). Quo dicto sedet, accepta per primum Diaconum assistentem mitra auriphrygiata simplici, si hæc placeat, et gremiali, et pariter omnes sedent. Presbyter assistens sedet in scabello, prout in *cap.* vii, § 4, *lib.* I, de Presbytero assistente, tam in Vesperis, quam in Missis dicitur. Diaconi assistentes sedent hinc inde a lateribus Episcopi in scabellis nudis : Diaconus vero et Subdiaconus in Missa ministrantes, apud altare super aliquo scamno apud cornu Epistolæ sedent.

(1) C'est une nouvelle preuve que tous ceux du chœur disent deux à deux les *Kyrie, Gloria, Credo, Sanctus* et *Agnus.*

37. Cum cantatur a choro ultimum *Kyrie eleison,* surgunt omnes ministri circumstantes Episcopum, et aufertur Episcopo per assistentem a sinistris gremiale et mitra ; pileolum vero per assistentem a dexteris, complanatis cum eo capillis, quod penes se retinet (1) ; sed mitra et gremiale ministris ea servantibus traduntur.

(1) L'usage est, à Rome, de mettre sur la mitre la calotte, quand l'évêque doit la déposer.

38. Finito a choro cantu *Kyrie eleison,* surgit Episcopus ; adjuvantibus eum ministris assistentibus ; versa facie ad altare, et allato

ante eum libro et candela, si ea uti velit, cantat ex eo alta voce *Gloria in excelsis Deo*, disjunctis elevatisque manibus ad altitudinem humerorum; ita ut vola unius manus respiciat alteram : quod semper in hujusmodi manuum elevatione observatur : et cum dicit *Deo*, jungit manus, et caput inclinat : librum vero sustinet supra caput Presbyter assistens paratus pluviali, quem regulariter sustinere eo modo debet, quoties Episcopus aliquid alta voce cantat; quo casu minister, qui alias servit de libro, adjuvat ad sustinendum illum; secus quando Episcopus submissa voce legit : Diaconi vero assistentes hinc inde indicant digito quæ sunt legenda, et vertunt folia.

39. Postquam Episcopus incœpit cantando præfatum Hymnum, prosequitur illum submissa voce cum suis ministris. Diaconus et Subdiaconus, ac Prælati et Canonici in suis locis idem bini simul faciunt; et in fine Episcopus sedet, accepta mitra simplici, et gremiali; et similiter sedent omnes, usque quo per chorum perficiatur Hymnus cum organo : quo finito, et organo cessante, surgit Episcopus, deposita mitra, et gremiali, surgentibus omnibus, ut prius, et stans versus populum, elevatis, et statim junctis manibus, cantat *Pax vobis*; deinde conversus ad altare, extensis et statim junctis manibus, *Oremus*, et iterum, extensis manibus, Orationem, et cum dicit conclusionem ultimæ Orationis, id est *Per Dominum nostrum, etc.*, denuo jungit manus, prout plenius circa hujusmodi junctionem, et disjunctionem manuum in Rubricis Missalis declaratur. Sedet deinde Episcopus, sedentibus omnibus.

40. Subdiaconus autem accipiens librum, factisque debitis reverentiis altari et Episcopo (1), comitante ad ejus sinistram Cæremoniario, et sibi ipse tenens librum a latere sinistro altaris, vel, ubi ita consuetum sit, in ambone, cantat Epistolam alta voce, qua finita, et factis debitis reverentiis, portat eodem modo, quo supra, ante Episcopum librum clausum, quem inclinatus porrigit illi super ejus genibus, et manum dexteram illius super libro positam, reverenter osculatur, et accepta benedictione ab Episcopo, redit ad scamnum suum apud altare, et ibi expectat, donec fuerit tempus eundi ad Evangelium.

(1) Le sous-diacre ne salue pas le chœur avant et après le chant de l'épître, mais seulement l'autel et l'évêque, en la manière marquée dans son chapitre.

41. Osculata manu Episcopi (1) per Subdiaconum, accedunt duo ministri servientes de libro et candela ante Episcopum, qui sedens

cum mitra, ex libro Missali legit Epistolam, Tractum, vel Graduale, vel Alleluia, vel Sequentiam, et alia usque ad finem Evangelii, quod antequam incipiat, junctis manibus dicit *Munda cor meum* (2), *etc.*, et *Jube Domine, etc., Dominus sit in corde meo, etc., Dominus vobiscum :* cui Diaconi assistentes respondent *Et cum spiritu tuo*, et legens titulum signat pollice dextero textum Evangelii, deinde se ipsum in fronte, ore et pectore, mox junctis manibus, prosequitur Evanglium. Quo finito, assistentes respondent ei *Laus tibi, Christe.* Sed si Episcopus (3), non sit in sua Ecclesia, vel celebret apud faldistorium, Subdiaconus, osculata manu Episcopi, tenet ante eum Missale apertum, ex quo Episcopus legit ut supra, et interim omnes sedent (4).

(1) C'est l'usage invariable à Rome, conformément à ce qui est dit dans ce nombre, que l'évêque ne dit l'épître et l'évangile que lorsqu'il a béni le sous-diacre, après qu'il a chanté l'épître.

(2) L'évêque lit cette prière dans le livre appelé *Canon*, qu'un chapelain lui présente.

(3) On voit ici que l'évêque peut officier au fauteuil, même dans son diocèse. C'est ainsi qu'il doit célébrer dans un diocèse étranger.

On ne voit pas que le sous-diacre doive se mettre à genoux en tenant le livre, pendant que l'évêque lit l'épître et ce qui suit. A Rome, il se tient alors toujours debout.

(4) Excepté le prêtre assistant qui se tient debout à la gauche du célébrant, comme on l'a vu plus haut.

42. Cum cantatur ultimus versus Gradualis (1), sive Tractus, seu Alleluia, vel Sequentia, Diaconus, sumpto libro Evangeliorum, factaque reverentia Episcopo, illum clausum, congruenti mora, affert ad altare, illi in infimo gradu se inclinans, tum ascendit, et collocat illum in medio altaris : deinde facta altari reverentia, vadit ad Episcopum, cujus manum reverenter deosculatur; tum reversus ad altare, in ejus inferiori gradu genuflexus, dicit secreto *Munda cor meum, etc.*, et deinde capit librum, et illum portat ante pectus, et apud altare in cornu Epistolæ in plano expectat.

(1) Le diacre doit partir de sa place pour faire tout ce qui est marqué dans ce nombre à la file, et sans avoir à revenir s'asseoir à la banquette avant le chant de l'évangile, comme

cela se pratique en quelques lieux. L'usage de Rome est contraire à cette pratique.

43. Interim accedit Acolythus ad Episcopum cum thuribulo et navicula, et ministrante illam Presbytero assistente, Episcopus imponit et benedicit incensum. Tum Acolythus, recepta navicula de manu Presbyteri assistentis, redit ad altare, et ibidem cum duobus aliis Acolythis ceroferariis, Diacono et Subdiacono, expectat, donec tempus sit eundi ad cantandum Evangelium.

44. Circa finem ultimi versus Graduàlis, vel Alleluia, sive Tractus, vel Sequentiæ, thuriferarius, ceroferarii, Subdiaconus et Diaconus portans librum Evangeliorum clausum ante pectus, facta prius altari reverentia, veniunt ante Episcopum, ubi Diaconus inclinatus petit benedictionem, dicens intelligibili voce *Jube domne benedicere*, cui Episcopus respondet *Dominus sit in corde tuo*, etc., et facit super eum signum crucis. Tum Diaconus facit Episcopo profundam reverentiam; ministri vero, qui cum eo sunt, permanent genuflexi, donec Episcopus benedixerit, et statim procedunt ad Evangelium cantandum, hoc ordine : Præcedit Cæremoniarius (1), mox thuriferarius cum thuribulo et navicula, sequuntur duo ceroferarii cum candelabris ac cereis accensis, deinde Subdiaconus manibus junctis ultimo Diaconus, librum Evangeliorum clausum ante pectus portans. Et transeuntes ante altare, faciunt illi reverentiam cum genuflexione, præter Diaconum et Subdiaconum, qui, cum sint Canonici, non genuflectunt. Cum pervenerint ad locum, ubi solet Evangelium decantari, Subdiaconus, medius inter dictos ceroferarios, tenet librum Evangeliorum apertum ante pectus, vertens renes non quidem altari, sed versus ipsam partem dexteram, quæ pro Aquilone figuratur (2).

(1) On voit ici que les ministres de l'évangile ne marchent pas de front, mais les uns derrière les autres pour se rendre au lieu où se chante l'évangile. Lorsque le trône est du côté de l'évangile, ils se trouvent presque tout rendus après la bénédiction du diacre. Ils feraient tous ensemble le salut à l'autel s'ils devaient passer devant pour se rendre au lieu où doit se chanter l'évangile; mais ils ne se mettent pas de front pour cela.

(2) A Rome, on observe, comme on l'a vu ailleurs, autant que possible, de ne pas tourner le dos au célébrant. A la chapelle Sixtine, l'évangile se chante au pied du trône, de ma-

nière que le diacre tourne la face vers le fond de la chapelle et le côté gauche au pape. Les cérémoniaire et thuriféraire sont tous deux à la droite du diacre, pour qu'il n'y ait personne entre le pape et celui qui chante l'évangile.

L'évangile chanté, tous, excepté le sous-diacre, saluent d'une génuflexion l'évêque et s'en vont comme ils sont venus à l'autel, qu'ils saluent; et ils retournent à leur place. Le sous-diacre, accompagné du cérémoniaire, va faire baiser le livre, comme il a été dit en son lieu.

45. Si vero in Ecclesia fuerint legilia, vel ambones, in illis poterit cantari Evangelium; videlicet, si cantabitur in legili, seu pulpito, Subdiaconus stabit post illud, quod panno aureo, vel serico coloris cæterorum paramentorum coopertum et ornatum esse debet, amplectens ipsum legile, et manibus hinc inde librum tangens, quod si cantabitur in ambone lapideo, ad quod per gradus ascenditur, prout adhuc in pluribus Ecclesiis, juxta antiquam consuetudinem, hujusmodi ambones reperiuntur, tunc Subdiaconus assistet, et ministrabit Diacono opportune, stans a latere ejus dextero, videlicet porrigens thuribulum, et vertens folia libri Evangeliorum, cum opus erit.

46. Diaconus, cum tempus est, junctis manibus ante pectus, incipit Evangelium, et cum dicit *Dominus vobiscum*, Episcopus, depositis gremiali et mitra, surgit, et cum Diaconus dicit *Initium*, vel *Sequentia sancti Evangelii, etc.*, signat librum, ubi est textus Evangelii, deinde seipsum in fronte, ore et pectore. Episcopus autem, accepto baculo pastorali, eodem modo signat se in fronte, ore et pectore; idem faciunt et omnes alii : tum ipse Episcopus retinet baculum inter ambas ejus manus junctas, stans versus Diaconum cantantem : et cum respondetur a choro *Gloria tibi, Domine, etc.*, Cæremoniarius, accepto thuribulo de manu thuriferarii, ibi prope adstantis, illud offert Diacono, qui thurificat librum, primo in medio, deinde a parte dextera libri, mox a sinistra triplici ductu, et reddit thuribulum Cæremoniario : tum manibus junctis prosequitur Evangelium, et cum profert nomen Jesu, vel Mariæ, inclinat se, sed profundius, cum dicit, Jesus; quod et omnes faciunt : Subdiaconus autem et ceroferarii perstant velut immobiles. Finito Evangelio, Subdiaconus, nulla facta reverentia, portat librum apertum in folio, ubi est principium Evangelii cantati, et illum offert osculandum Episcopo, nulla ei facta reverentia, nisi postea, libro clauso.

47. Diaconus et alii cum debitis reverentiis eodem ordine rever-

tuntur, et Presbyter assistens, accepto thuribulo de manu Cæremoniarii, vel thuriferarii, stans, thurificat Episcopum stantem.

48. Si erit habendus sermo, quem, Episcopo celebrante, ab eo fieri convenit, vel ab aliquo Canonico Presbytero, si quidem Episcopus erit concionaturus, id faciet in propria sua sede, quando est versa ad populum, vel quando altare adhæret parieti, apud ipsum altare, sedens sibi super faldistorio, in suppedaneo ipsius altaris, versis altari renibus.

49. Sedebunt ad ejus dexteram (1) Presbyter assistens, et modicum posteum Diaconus Evangelii, et primus Diaconus assistens : a sinistris vero sedebunt Subdiaconus, et alter Diaconus pariter assistens.

(1) Lorsque l'évêque prêche à l'autel, on se place comme il est dit dans ce nombre. Pour le comprendre, il faut observer que le prêtre assistant est seul sur une même ligne avec l'évêque ; qu'à sa droite, mais un peu en arrière, est le diacre de la messe, et à la droite de celui-ci le premier diacre assistant ; qu'à la gauche de l'évêque, mais en arrière, est le sous-diacre de la messe, qui a à sa gauche le deuxième diacre assistant. On voit là que, dans l'esprit du Cérémonial, l'autel est pour les diacre et sous-diacre comme un lieu à eux appartenant, et par conséquent qu'ils y doivent avoir une certaine prééminence. C'est pour cette raison que quelques-uns pensent que, quand ils ne communient pas, ils doivent recevoir la paix avant les diacres assistants.

50. Expleto sermone, Diaconus, qui cantavit Evangelium, stans ad sinistram Episcopi aliquantulum inclinatus, faciet confessionem ante Episcopum, ut in *Cap.* ix, § 3, *Lib.* I, de officio Diaconi in Missa solemni explicatur; qua finita, Presbyter assistens pronuntiat Indulgentias, et Episcopus stans sine mitra in eodem loco, legit absolutionem, videlicet, *Precibus et meritis, etc.*, et inde, accepta mitra, dat benedictionem ; et, si est Archiepiscopus, vel alius utens cruce, portatur ante eum crux per Capellanum, qui eam tenet genuflexus spatio congruenti, imagine Crucifixi ad Archiepiscopum versa, cui ille caput inclinat, et detecto capite benedicit : statimque si Episcopus ante altare sermonem habuit, revertitur ad sedem suam, ubi dicit *Credo, etc.*, vel *Dominus vobiscum*, prout convenit.

51. Si vero sermo habendus sit per Canonicum, qui eo casu debet esse in habitu ordinis, seu dignitatis suæ, suo tempore ibit ad oscu-

lum manus Episcopi, et ab eo profunde inclinatus petet benedictionem et Indulgentias in forma, prout suo loco explicatur, et sic paratus ascendit pulpitum sive ambonem, et faciet sermonem; ac deinde finita per Diaconum confessione, in eodem loco publicabit Indulgentias in forma, prout suo loco dicitur; Episcopus vero legit absolutionem, et dat benedictionem, ut supra.

52. Quod si sermo habendus non sit, ipse Episcopus, statim incensatus post Evangelium, conversus ad altare, incipit, cantando ex libro per Presbyterum assistentem, aliis coadjuvantibus ut supra, sustentato, *Credo in unum Deum,* quod cum suis ministris submissa voce prosequitur; pariter et Diaconus et Subdiaconus apud altare, et Canonici illud inter se dicunt, et ad Versiculum *Et incarnatus est, etc.*, Episcopus genuflectit, et pariter omnes de choro genuflectunt (1).

(1) A Rome, quand on dit avec le célébrant deux à deux le *Kyrie, Gloria,* on observe de faire en même temps que lui les signes de croix et génuflexions. Ceci a quelque chose de frappant quand c'est bien exécuté.

53. Quo finito, sedet Episcopus cum mitra simplici, et omnes etiam sedent : et cum prædictus Versiculus cantatur a choro, pariter Canonici sedentes, capite detecto, et Episcopus cum mitra profunde inclinant caput versus altare; alii genuflectunt, donec perficiatur dictus Versiculus. In nocte vero, et die Nativitatis Domini nostri Jesu Christi, ac die Annuntiationis beatæ Mariæ Virginis, Episcopus cum mitra apud suam sedem, et Canonici, ac omnes alii in suis locis genuflectunt, quando cantatur dictus Versiculus a choro, et eo finito, omnes sedent.

54. Diaconus, finito Versiculo, surgit, surgente etiam Subdiacono, et accedens ad abacum, capit bursam cum corporali, quam ambabus manibus elevatis usque ad oculos, cum decenti mora et gressu, ac cum debitis reverentiis portat ad altare, ubi extrahit corporale, idque explicatum ponit super altare in medio, bursam vero seorsim in eodem altari collocat; ita ut non præbeat impedimentum; et statim redit ad locum suum, et sedet; tunc sedet Subdiaconus, si forte expectavit stans, ex consuetudine multorum (1).

(1) A Rome, le sous-diacre se lève quand le diacre part pour aller porter la bourse, et il s'assied pendant qu'il est à l'autel. Il se lève quand il arrive; puis s'étant fait comme d'ordinaire le salut mutuel, ils s'asseyent en même temps. Mais quand

l'évêque officie au fauteuil, le sous-diacre ne se lève jamais en pareil cas.

55. Circa finem symboli surgunt omnes ministri, eo vero prorsus a choro cantato, surgit Episcopus, depositis gremiali et mitra; et stans in sua sede, cantat versus populum *Dominus vobiscum*, et *Oremus*, manibus prius parumper extensis, et mox statim junctis, ut supra de Oratione dictum est.

56. Quod si sederet in faldistorio, ut quia Legatus, vel Cardinalis adesset, ob cujus præsentiam abstineret a sua sede Episcopali, tunc servabit regulam vertendo se ad populum, vel ad altare, prout suo loco explicatur, legit mox Offertorium, summissa, sed intelligibili voce, ex libro, quem tenet Capellanus, de eo serviens.

57. Quo lecto, sedet, et accipit mitram pretiosam deponitque annulum et chirothecas, quæ omnia extrahuntur ab assistentibus Diaconis; et accedente scutifero, vel alio nobili, lavat manus, et præbente mantile Presbytero assistente, tergit, ut dictum est in principio hujus capitis. Assistens vero, vel statim postquam Episcopus legit Offertorium, præmittit ministrum, de libro servientem, qui eum ferat ad altare, vel ipse, ubi primum mappam porrexit et recepit, portat illum cum pulvino cum debitis reverentiis, comitante eum Cæremoniario, illumque supposito pulvino, reponit in cornu Evangelii apertum eo loco, in quo continentur ea, quæ celebrans est lecturus, ibique, extra dictum cornu, expectat celebrantem (1).

(1) Le prêtre assistant, après avoir assisté au lavement des mains, porte le missel à l'autel et le place au côté de l'évangile. Après cela il descend de l'autel et attend, au pied des degrés, que l'évêque arrive pour remonter avec lui à sa gauche, comme il est marqué au liv. I, chap. vii, n° 5 : *Cum Episcopus revertitur ad altare, ipse a sinistris illum gradus altaris ascendentem adjuvat.* Cependant, dans le n° 59, il est dit qu'il ne l'aide ainsi que *si per alium præmiserat librum.* A Rome, il demeure sur l'autel, quand il y a porté le livre.

58. Interim, dum hæc omnia fiunt, pulsatur organum, si illic habeatur, prout in *Cap.* xxviii, § 9, *Lib.* I, de organo et organista præscribitur.

59. Episcopus statim, lotis manibus, reassumit annulum a Presbytero assistente porrectum, et surgit, accipiens manu sinistra baculum

pastoralem, et medius inter duos diaconos assistentes, ac subsequente ministro, de mitra serviente, procedit ante infimum gradum altaris in medio, ubi depositis baculo et mitra, factaque profunda reverentia cruci, ascendit ad altare, auxiliantibus ipsi ascendenti gradus, Presbytero assistente a sinistris, si per alium præmiserat librum, Diacono vero Evangelii a dexteris; et cum fuerit ante altare, omnibus tunc in choro sedentibus, illud in medio osculatur, positis hinc inde manibus.

60. Subdiaconus, postquam Episcopus lavit, et tersit manus, accedit ad abacum, ubi velum illud sericum, quo calix, patena, et alia super ipsa mensa cooperiebantur, circumcirca humeros accipit, adjuvantibus Acolythis, ita ut longius pendeat a parte dextera; deinde capit manu sinistra calicem cum patena, super qua duæ sint hostiæ mundæ, palla coopertæ, ac dictam partem longiorem veli super ea extendit; dexteramque supra ipsum velum et calicem leviter apponit, ne aliquid decidat, et sic ad altare procedit, quem sequitur Acolythus, urceolos vini et aquæ portans, sumptos ex eodem abaco, et prægustatos a credentiariis, ita ut eodem tempore cum Episcopo ad altare perveniant, ubi Subdiaconus calicem cum patena ponit in cornu Epistolæ, remoto velo.

61. Diaconus vero capit de manu Subdiaconi (1) patenam cum hostiis, ex quibus unam accipiens, et cum ea tangens alteram, ac patenam, et calicem intus et extra, eamdem Sacristæ, ibi præsenti, prægustandam præbet (2) : mox patenam cum altera hostia ad manus Episcopi cum osculo porrigit, qui illam ambabus manibus ante pectus elevatam tenens, et oculos sursum dirigens, ac inde demittens, dicit *Suscipe, sancte Pater, etc.*, et in fine faciens cum ea signum crucis collocat hostiam super corporali versus se, patenam vero ponit ad dexteram sub corporali.

(1) Dans ce nombre, le diacre est dit présenter à l'évêque l'hostie aussitôt que le sacristain a eu goûté une des deux qui sont sur la patène, et il ne fait goûter le vin qu'après avoir offert l'hostie à l'évêque. Il paraîtrait, d'après le nombre 4 du chap. IX du liv. I, qu'il devrait faire goûter de suite l'hostie et le vin, puis présenter la patène et faire tout le reste.

A Rome, on présente à l'évêque la seconde hostie aussitôt que la première a été goûtée, et la prégustation du vin se fait ensuite.

(2) Le sacristain, ou celui qui le représente pour la *prégusta-*

tion, consomme l'hostie qui lui est donnée à goûter et tout le vin et l'eau que le diacre a versé dans la coupe.

62. Interim Diaconus parum vini et aquæ ex ampullis, quas ibidem Acolythus tenet, in aliquem cyathum infundit, ex quo Sacrista illud bibit, mox calicem tergit purificatorio, et accepto de manu Subdiaconi urceolo vini, quem illi Acolythus ministrat, imponit vinum in calicem, quantum sufficiat, Episcopo inspiciente : Subdiaconus vero urceolum aquæ parumper versus Episcopum elevans, dicit : *Benedicite Pater Reverendissime*, Episcopus autem, facto versus eum signo crucis, dum infundit pauculum aquæ in calicem, dicit Orationem *Deus, qui humanæ substantiæ, etc.*

63. Diaconus deinde porrigit Episcopo celebranti calicem cum osculo calicis et manus, quem Episcopus ambabus manibus capiens, dextera scilicet nodum, sinistra pedem, illum offert simul cum Diacono tangente pedem calicis, seu brachium dexterum Episcopi sustentante, simulque cum illo dicit Orationem *Offerimus tibi, Domine, calicem, etc.* Qua dicta, eumdem calicem, facto cum eo signo crucis, ponit Episcopus super corporali in medio, retro hostiam, ita ut hostia sit inter ipsum celebrantem et calicem, quem Diaconus palla cooperit. Tum idem Diaconus, capiens patenam, ponit illam in manu dextera Subdiaconi, ac extremitate veli ab ea parte pendentis contegit (1), quam Subdiaconus, stans post Episcopum et Diaconum, spatio congruenti (2), sustinet elevatam usque ad *Pater noster*, ut infra dicetur.

(1) Le sous-diacre laisse pendre le côté du voile qui est à sa gauche ; car c'est du seul côté droit que doit être couverte la patène.

(2) L'on voit, par ces expressions, qu'il n'est pas nécessaire qu'il se tienne *in plano*, quand l'autel a beaucoup de degrés.

64. Prosequitur interim Episcopus cum cæremoniis, prout in Missali, Orationes, videlicet *In spiritu humilitatis, etc.*, et *Veni, sanctificator, etc.*; et cum dixerit *Benedic hoc sacrificium, tuo sancto nomini præparatum*, ministrante Diacono naviculam, et dicente *Benedicite Pater Reverendissime*, Acolytho vero thuribulum sustinente, dicit *Per intercessionem, etc.*, et alia, prout in Missali : et accipiens thuribulum de manu Diaconi, thurificat oblata et altare, juxta formam in suo particulari *Cap*. xxiii, § 9, *Lib*. I, traditam, dicens interim Versiculos *Dirigatur oratio mea, etc.* Quo thurificato, reddit thuribulum Diacono in cornu Epistolæ, dicens *Accendat in nobis*

Dominus, etc., et accepta mitra pretiosa ab assistentibus, vel ipsis deficientibus, de manu Cæremoniarii, vel alterius, thurificatur in eodem loco stans a Diacono triplici ductu, et statim lavat manus, more solito, dicens Psalmum *Lavabo, etc.*, ministrante mappulam pro illis tergendis Presbytero assistente.

65. Diaconus vero interim thurificat Prælatos, Dignitates, Canonicos, Magistratus et alios de choro, ordine prout late suo loco explicatur.

66. Postquam Episcopus laverit et absterserit manus, aufertur ei mitra a præfatis assistentibus, vel, illis absentibus, a Cæremoniario vel altero, qui eam illi proxime imposuit, quam minister de ea serviens reportat ad abacum. Episcopus vero rediens ad medium altaris, inclinatus, et junctis manibus, dicit Orationem *Suscipe sancta Trinitas, etc.*, qua dicta, osculatur altare, deinde erectus, convertit se, junctis manibus, ad populum per latus suum dexterum, dicens voce intelligibili, ac manibus parumper extensis, *Orate fratres, etc.*, et statim eas jungens, perficit circulum, prosequendo *ut meum ac vestrum, etc.* Tum manibus ante pectus extensis, ut fit ad Orationem, stans in medio altaris versus librum, dicit absolute sine *Oremus* et sine alia interpositione, Orationem, vel Orationes secretas. Cum dicit *Per Dominum*, jungit manus, et cum dicit *Jesum Christum* caput inclinat, quod facit in prima Oratione, et in ultima, si plures sint dicendæ.

67. Cum autem pervenerit in fine ultimæ Secretæ ad *Per omnia sæcula*, exclusive, stans in medio altaris, positis hinc inde super altari manibus, clara voce cantando, illa profert, deinde *Dominus vobiscum* cum Præfatione competenti, et dicens *Sursum corda*, manus aliquantulum elevat ; ac dicens *Gratias agamus, etc.;* manus elevatas jungit in verbo *Deo nostro*, oculos elevans, et statim caput aliquantulum inclinans, mox disjungit manus, easque expansas tenet usque ad finem Præfationis ; et iterum cum dicit *Sanctus, Sanctus, etc.*, illas jungit, capite aliquantulum inclinato, prosequens cætera cum ministris, summissa voce, videlicet, assistente Presbytero et Diacono, qui tunc ad eum accedit. Et cum dicit *Benedictus, qui venit, etc.*, erigens se, facit sibi signum crucis a fronte ad pectus, sinistra infra pectus posita : tum manibus junctis, et super altari positis, devote inclinatus, extollit ad crucem oculos, et eos statim demittit, et incipit, ac prosequitur secrete totum Canonem (1), illumque adjuvat Diaconus, elevando dalmaticam ad brachium et discooperiendo et cooperiendo calicem, dum signat, et alios actus facit, prout in Missali, attente et devote usque ad Elevationem. Presbyter

vero assistens advertat ad illa verba *Una cum famulo tuo, etc.*, et *Antistite nostro, etc.*, ut ea proferat secundum regulas in Rubricis Missalis positas, videlicet *Me indigno servo tuo, etc.*

(1) Ici l'évêque est dit ne devoir élever les yeux au ciel que lorsqu'il s'est incliné et appuyé les mains sur l'autel. Le missel dit : *Sacerdos extendens et jungens manus, elevans ad cœlum oculos, et statim demittens, profunde inclinatus ante altare, manibus super eo positis dicit...*

D'après ce texte, on ne devrait s'incliner *ante altare* qu'après avoir élevé les yeux au ciel. Dans cette alternative, on peut faire comme on veut, d'après le décret de la sacrée congrégation des rites, qui décide qu'en pareil cas la rubrique laisse libre de faire l'un ou l'autre.

68. Dicto *Sanctus, etc.*, vel incœpto Canone, quatuor, sex, aut ad summum octo ministri, cottis induti, afferant totidem funalia ceræ albæ accensa, et factis debitis reverentiis, collocant se genuflexi hinc inde a lateribus Subdiaconi, tenentis patenam, vel si magis commodum, ad latera altaris (1).

(1) Les porte-flambeaux, placés *ad latera subdiaconi*, sont de front et sur une même ligne, regardant l'autel. Placés *ad latera altaris*, ils se trouvent en face les uns des autres ; c'est toujours ainsi qu'ils doivent se placer quand l'évêque doit venir *ad faldistorium* au *Sanctus* pour ne pas lui tourner le dos.

69. Tunc vero omnes, tam in choro quam extra, genuflectunt (1), præter Presbyterum et Diaconos assistentes, et Diaconum ac Subdiaconum, qui non nisi cum celebrante genuflectunt : cum celebrans profert verba Canonis *Quam oblationem*, etc., et dum elevatur SS. Sacramentum, Diaconus accedit ad ejus dexteram, advertens ad discooperiendum et cooperiendum calicem, cum Episcopus super eo signat, et cum SS. Sacramentum elevatur, genuflexus sublevat extremitatem planetæ Episcopi celebrantis, prout de his plenius in *Cap.* ix, *Lib.* I, § 5, de officio Diaconi dictum fuit.

(1) L'on voit ici que tous se mettent à genoux *dicto sanctus*, et que l'on ne doit pas attendre qu'il ait été chanté. C'est d'ailleurs la pratique invariable à Rome.

70. Interim Cæremoniarius, seu aliquis Acolythus, imposito a se

ipso, vel ab alio, thure absque benedictione in thuribulum, thurificat Sacramentum Corporis et Sanguinis Domini, dum elevatur, ter pro unoquoque ducens thuribulum. Chorus prosequitur cantum usque ad *Benedictus, qui venit, etc.*, exclusive, quo finito, et non prius, elevatur Sacramentum. Tunc silet chorus, et cum aliis adorat. Organum vero, si habetur, cum omni tunc melodia et gravitate pulsandum est.

71. Elevato Sacramento, chorus prosequitur cantum *Benedictus qui venit, etc.*, ministri funalia habentes, surgunt, et factis debitis reverentiis discedunt, ac funalia extra Presbyterium extinguunt, nisi facienda sit communio, quia tunc remanent genuflexi cum funalibus accensis usque ad finitam communionem, et pariter tunc omnes surgunt, et stant usque ad communionem inclusive. Celebrans continuat Canonem Missæ cum signis et cæremoniis, prout in Missali. Diaconus vero advertit ad detegendum calicem, cum opus est, aliaque faciendum, quæ latius in superiori *Cap.* de officio Diaconi in Missa solemni explicantur.

72. Cum celebrans pervenerit ad Versiculum *Per omnia sæcula, etc.*, manibus super altari hinc inde intra corporale positis, dicit intelligibili voce *Per omnia sæcula sæculorum*. Cum dicit *Oremus*, jungit manus, caput Sacramento inclinans : cum vero incipit *Pater noster*, elevat illas ante pectus, easque sic elevatas extensasque tenet usque ad finem dictæ Orationis Dominicæ.

73. Cum dicit *Et dimitte nobis, etc.*, Subdiaconus, facta altari reverentia cum genuflexione, accedit cum patena cooperta ad cornu Epistolæ altaris, ubi Diaconus, remoto velo ex patena, illam capit de manu Subdiaconi, quam abstergit, osculatur, et cum manus osculo porrigit Episcopo celebranti, statim finita Oratione Dominica, qui illam inter indicem et digitum medium dexteræ manus capiens absque eo, quod indicem a pollice disjungat, incœpta Oratione *Libera nos, quæsumus, etc.*, antequam dicat verba *Da propitius pacem, etc.*, signat se cum ea a fronte ad pectus, et reliqua dicit et facit, quæ in Missali ponuntur.

74. Subdiaconus statim, reddita patena Diacono, deponit velum ad manus Cæremoniarii, vel alicujus Acolythi, qui illud ad abacum reportat, ipse vero ad locum suum retro celebrantem redit.

75. Cum celebrans dixerit *Hæc commixtio, etc.*, dicit *Agnus Dei, etc.*, simul cum assistente et Diacono : quibus dictis, Presbyter assistens, facta genuflexione Sacramento, accedit ad dexterum latus celebrantis, Diaconus vero similiter ad sinistrum, ubi supplet ad librum loco assistentis; ipse vero assistens, dicta per celebrantem

Oratione *Domine Jesu Christe, qui dixisti, etc.* genuflectit, et statim surgit, osculatur altare simul cum celebrante, a quo dicente ei *Pax tecum*, accipiet pacem, cui ipse respondet *Et cum spiritu tuo;* dumque pacem accipit, appropinquat sinistram genam suam sinistræ celebrantis, ita ut se invicem leviter tangant; et iterum ante Sacramentum genuflectens, ac statim surgens, recedit, et comitante Cæremoniario, pacem in choro distribuit, sicut in *Cap.* xxiv, § 3, *Lib.* I, de ordine dandi pacem, plene demonstratur.

76. Quo facto, revertitur ad locum et officium suum. Interim Diaconus supplet ad librum loco Presbyteri assistentis a sinistris, et Subdiaconus a dexteris servit discooperiendo calicem, et alia faciendo, quæ erunt opportuna, donec Episcopus communicet. Celebrans prosequitur Missam, prout in Missali, et cum sacram communionem Corporis et Sanguinis Domini sumpserit, ac se purificaverit, digitosque abluerit, accedit Acolythus de mitra serviens, illamque porrigit Diacono, et Diaconus eam imponit celebranti, fimbrias elevante Diacono assistente, vel Cæremoniario, qui stans in cornu Epistolæ, lavat manus, afferente lances scutifero, seu nobili, ordine superius dicto, et Presbyter assistens transfert librum ex latere Evangelii ad latus Epistolæ, nisi jam translatus fuerit a Diacono.

77. Subdiaconus vero complicat corporale, tergit et mundat calicem, et omnia, quæ prius attulerat, colligit et componit, velum et bursam super calicem reponendo, eaque ad abacum reportat, sine tamen velo humerali, per gradus anteriores altaris, facta illi reverentia.

78. Episcopus vero, tersis manibus, deponit mitram, legitque Communionem ex libro, quæ etiam cantatur a choro post *Agnus Dei* (1), postquam Episcopus sumpserit communionem; et, ea cantata, Episcopus accedit ad medium altaris, quod osculatur more solito, et vertens se ad populum per latus suum dexterum, cantat *Dominus vobiscum;* et reversus ad librum per eamdem partem, dicit *Oremus*, versa facie ad crucem altaris; deinde Orationem, seu Orationes competentes; quibus cum sua conclusione finitis, redit iterum ante medium altaris, quod, ut prius, osculatur, et rursus ad populum versus, cantat *Dominus vobiscum;* et responso per chorum *Et cum spiritu tuo*, Diaconus vertit faciem ad populum, renes autem celebranti, vel alias juxta dispositionem altaris, et regulariter stat versus, prout celebrans, et cantat *Ite Missa est* in tono festivo; quo dicto, ipse et celebrans simul vertunt se per latus Epistolæ ad altare, et celebrans dicit *Placeat tibi, sancta Trinitas, etc.*

(1) Il est ici à bien remarquer que la *communion* doit se chanter par le chœur et que le son de l'orgue ne saurait la remplacer.

79. Quo dicto, si adsit Cardinalis non Legatus, seu Archiepiscopus suus, aut alius Superior, retrocedit paululum ad latus Epistolæ, quasi benedictionem ipsi superiori dandam remittens; ipse tamen Superior omnino illam ipsi Episcopo relinquat. Sed præsente Legato de latere, convenit, ut ipse Legatus benedicat, etiamsi Episcopus sit Cardinalis. Cum vero Episcopus benedictionem daturus est, sumpta mitra, in medio altaris, benedicit, more solito, prout in Vesperis dictum fuit.

80. Et si Indulgentia non fuit publicata post sermonem, publicatur ibi tunc per Presbyterum assistentem in cornu Epistolæ versus populum : qua publicata, Episcopus, deposita mitra, dicit versus cornu Evangelii (1) *Dominus vobiscum*, summissa voce, et facto signo crucis super altari, dicit *Initium sancti Evangelii secundum Joannem*, quod prosequitur, sumpta mitra et baculo, procedendo ad locum, ubi a principio accepit paramenta, associatus a Canonicis; ibique per eosdem ministros exuitur sacris paramentis : Canonici vero deponunt sua paramenta ibidem in locis suis.

(1) Pour commencer l'évangile de saint Jean l'évêque ne quitte pas le milieu de l'autel; mais, se tournant du côté de l'évangile, il signe l'autel et commence l'évangile à l'ordinaire. Il reçoit ensuite la mitre et la crosse, et, accompagné du clergé et des officiers *parés*, il va, en disant l'évangile, *ad locum ubi a principio accepit paramenta*.

Il attend au pied de l'autel que tous ceux qui doivent le précéder soient défilés. Il récite alors l'évangile de saint Jean et il s'agenouille à *Et Verbum caro factum est*, s'il n'est pas en marche. Dans ce dernier cas, il attendrait qu'il fût rendu *ad sacellum* pour y dire ces paroles en faisant la génuflexion.

Tous déposent leurs ornements *in locis suis*, c'est-à-dire dans le lieu où ils les ont pris, et attendent que l'évêque soit prêt à partir pour le reconduire à son palais, en gardant le même ordre qu'en venant.

L'évêque pourrait aussi se déshabiller au trône, et alors tous les officiers *parés* déposeraient au chœur leurs ornements; c'est ce qui se fait communément à Rome. Cependant le pape va toujours se déshabiller dans la chapelle qui lui sert de *secretarium*.

81. Si celebrans sit Archiepiscopus, dat benedictionem sine mitra versus ad suam crucem, et deponit pallium super altari, ac postea dicit *Initium sancti Evangelii*, etc.

82. Quod si in hujusmodi Missa esset facienda communio generalis, vel particularis aliquorum, observabuntur ea, quæ in *Cap.* xxix *hujus Lib.* II, § 3, de Missa solemni in die Paschæ, Episcopo celebrante, dicuntur.

SUPPLÉMENT AU CHAPITRE VIII.

Il y a encore de bons chrétiens qui, dans certains pays où la foi est vive, se mettent à genoux et prient le jeudi saint, le jour de Pâques, le jour de l'Ascension et à la fête de l'Assomption, à l'heure (vers midi) où ils croient qu'à Rome le pape donne la bénédiction *urbi et orbi*, cherchant ainsi à s'unir de cœur à ceux de leurs frères qui sont alors aux pieds du père commun. Cette piété filiale mérite sans doute d'être encouragée, et on ne peut que désirer qu'elle se propage en tous lieux. Nous donnons, à cette fin, dans ce chapitre supplémentaire, quelques détails qui pourront fournir aux pasteurs de quoi satisfaire leur pieuse curiosité et celle de leurs ouailles.

ARTICLE PREMIER.

De la messe solennelle célébrée par le pape.

Nous ne faisons que mentionner ici les cérémonies particulières à la messe que chante solennellement N. S. P. le pape trois ou quatre fois l'an ; car pour tout le reste il officie comme un évêque dans sa cathédrale.

1° A l'entrée, le pape, revêtu de la chape et couvert de la mitre précieuse, est porté sur un magnifique brancard que l'on appelle *sedia gestatoria*, par douze palefreniers (*sediarii*) richement habillés. L'usage de porter ainsi le souverain pontife, quand il fait son entrée solennelle, remonte, selon quelques-uns, jusqu'à Étienne III, qui fut élu pape en 752. Le peuple, qui avait pour lui une souveraine vénération, voulut absolument le porter en triomphe quand il fallut procéder à la cérémonie de son couronnement. De chaque côté de la *sedia* marchent huit référendaires de la signature en rochet et en mantelet, qui tiennent les bâtons du dais qui couvre le pape, et deux camériers vêtus de la cape garnie d'hermine qui portent les flabelles. Ce sont deux superbes éventails faits avec des plumes de paon, qui sont légèrement agités comme pour procurer une agréable fraîcheur. Mais il y a plus que cela dans ces insignes, aujourd'hui exclusivement réservés à la papauté. Ces larges éventails, en effet, signifient, selon quelques-uns, les ailes des chérubins qui sont dits couvrir la face de Dieu, et, selon d'autres, le souffle du Saint-Esprit qui anime partout le chef suprême de l'Église. Les espèces d'yeux dessinés par la nature sur les plumes de paon sont, par leurs riches couleurs, au dire des écrivains italiens, l'emblème des bons chrétiens, qui ne regardent le vicaire de Jésus-Christ que des yeux de la foi, et n'aperçoivent dans sa personne vénérable qu'un symbole sacré de la prudence et de la vigilance pastorale.

2° Le cortége du pape se compose des cardinaux, patriarches, archevêques, évêques et pénitenciers de Saint-Pierre, tous en chape, chasuble et dalmatique, suivant l'ordre de chacun. Il se compose encore des princes, des nobles, des magistrats, du sénateur, des conservateurs, des auditeurs de rote, des référendaires, des camériers et de beaucoup d'autres qui appartiennent à la cour romaine, lesquels marchent devant la *sedia* ou l'entourent et la suivent, selon le rang assigné à chacun. Le saint-père lève souvent sa main pleine de grâces, et, ouvrant seulement trois doigts pour mieux exprimer qu'il ne bénit qu'au nom d'un seul Dieu en trois personnes, il bénit la foule qui se presse sur son passage. Les troupes pontificales sont sous les armes, et la musique des régiments fait entendre ses sons harmonieux. On exécute aussi, à cette pompeuse entrée, quelque beau morceau de musique vocale (*Tu es petrus*). La croix papale est portée par un sous-diacre apostolique en tunique ; et, tout autour de lui, marchent sept acolytes pontificaux qui portent sept chandeliers dorés garnis de cierges ornés d'arabesques, de talcs et de dorures. Ils peuvent être l'emblème des sept chandeliers que saint Jean vit dans le ciel, et qui figuraient les sept églises qu'il gouvernait. La procession passe devant la chapelle du saint sacrement, qui est exposé dans l'ostensoir pour recevoir les adorations de tout ce qu'il y a de plus grand dans la religion et l'État. On est surtout frappé de la pensée que Dieu seul est grand, lorsque l'on voit descendre de la *sedia* le souverain pontife pour aller s'anéantir aux pieds de celui dont il est le vicaire, et qu'il ne fait que représenter dans les augustes fonctions qu'il a à remplir.

3° Il y a à Saint-Pierre deux trônes érigés pour cette messe pontificale, l'un au fond du chœur, appelé *tribune*, lequel sert pendant la messe et les vêpres, et l'autre du côté de l'épître ; et c'est là qu'avant de commencer tierce, le pape reçoit les cardinaux, évêques et pénitenciers de Saint-Pierre à l'obédience qui se fait pour le baiser de la main ou du pied, et qu'il est revêtu des ornements pontificaux pendant que l'on chante cette heure canoniale.

4° Le pape est assisté au trône par le premier cardinal-évêque, qui fait assistant, et par les deux premiers cardinaux de l'ordre des diacres, qui font *diacres d'honneur*, comme nous disons communément. Ils usent de la mitre de soie blanche et sont revêtus des ornements sacrés convenables à leur ordre. Les autres cardinaux sont *ad subsellia*, les cardinaux-évêques sont en chape, les prêtres en chasuble et les diacres en dalmatique.

5° Il y a de plus au trône, outre les cardinaux dont nous venons de parler, des évêques que l'on appelle *évêques assistants au trône pontifical* en chape et mitre de toile. Ils suivent le pape à l'autel et au trône, et deux des premiers portent le livre et le bougeoir en faisant auprès du pape ce que les acolytes en chape ont coutume de faire auprès de l'évêque. Ils s'asseyent sur les degrés du trône. Tous les autres évêques se tiennent aux banquettes qui leur sont préparées derrière celles des cardinaux.

6° Il y a deux diacres et deux sous-diacres pour chanter en latin et en grec l'épître et l'évangile. Le premier de ces diacres est un cardinal de l'ordre des diacres, qui use de la mitre blanche et s'assied, quand il le faut, *ad faldistorium*, placé sur le marchepied de l'autel, au lieu où se lit l'*Introït*. Il regarde alors le trône et il se trouve en face du pape quand il y est assis.

7° Le pape est revêtu d'un ornement particulier qui s'appelle *fanon*, et qui est très-précieux. C'est comme l'*éphod* ou *rational* de la nouvelle loi. Il se déploie par-dessus la chasuble et pend tout autour du corps à peu près comme une mozette. Il use aussi, dans les fonctions pontificales et dans les consistoires, de la *falda*, qui est une demi-soutane dont le haut s'attache autour des reins et dont le bas se déploie d'une manière très-ample. En voyant le pape assis sur son trône avec cet ornement, qui retombe sur ses pieds et enveloppe majestueusement toute sa personne sacrée, on est tout naturellement frappé et comme saisi de ces paroles d'Ézéchiel : *Vidi Dominum sedentem super solium excelsum, et plena erat omnis terra majestate ejus : et ea quæ sub ipso erant replebant templum.*

8° En allant à l'autel pour commencer la messe, le pape fait tout le tour du chœur et s'arrête à la *banquette* des cardinaux-prêtres, et donne le baiser de paix à trois ou quatre d'entre eux, comme pour accomplir ce précepte du Seigneur à celui qui s'en va offrir un sacrifice : *Si quis habet aliquid adversus fratrem*, etc. Ce qu'il y a encore de particulier, c'est que le cardinal qui encense le pape se met à genoux, ce qui, à Rome, ne se fait jamais pour aucun autre.

9° L'élévation a ceci de particulier que le pape, tenant la sainte hostie et le calice au-dessus de sa tête, se tourne d'abord vers le chœur en faisant un demi-cercle de gauche à droite; puis, s'étant retourné vers l'autel, il décrit un autre demi-cercle en se tournant de droite à gauche vers le chœur. En formant ces deux demi-cercles, il fait adorer Notre-Seigneur par tous ceux qui entourent l'autel, et il a l'air de le présenter aux adorations du monde entier. C'est quelque chose de ravissant et de vraiment saisissant que cette double élévation.

10° Après avoir dit la première oraison avant la communion et donné la paix au cardinal-assistant et aux cardinaux-diacres, le pape retourne, avec tous ses assistants, au grand trône. Lorsqu'il y est rendu, le cardinal-diacre de la messe fait de nouveau adorer la sainte hostie, déposée dans la patène, couverte d'une *étoile* d'or, comme a fait le pape à l'élévation; il la met ensuite entre les mains du diacre latin, qui la porte, avec grande révérence, au trône; et le pape, l'ayant adorée à genoux, ce diacre se place à sa gauche. Le cardinal fait ensuite adorer, de la même manière, à l'autel, le calice, qu'il porte après cela au trône avec la même solennité. Le pape s'étant de nouveau mis à genoux pour adorer le saint sacrement, le cardinal se place à sa droite.

11° Le pape dit alors les deux dernières prières avant la communion; puis il communie en prenant la moitié de la sainte hostie et une partie du précieux sang, au moyen d'un chalumeau richement orné de pierres précieuses. Il donne ensuite la communion au cardinal-diacre et au diacre latin avec l'autre partie de l'hostie, qu'il partage en deux, et il leur donne la paix, comme au Cérémonial. Ceux-ci s'en retournent à l'autel, où le le cardinal-diacre emporte le calice avec le *chalumeau*, dont il se sert pour prendre une partie du précieux sang, et l'autre diacre prend le reste en approchant la coupe de ses lèvres. Cette communion du pape au trône n'est pas sans beaucoup de significations mystérieuses. « Elle rappelle, dit Chiapponi (*Acta canonisationis S. Pii V*), les mystérieuses actions de Jésus-Christ, qui fit la consécration de son corps et de son sang sur la table du cénacle, et alla les immoler sur le Calvaire. » Innocent III (*Myster. Missæ*) parle de cette communion papale en ces termes : *Romanus Pontifex non communicat ubi frangit, sed ad altare frangit, et ad sedem communicat, quia Christus in Emmaüs, coram duobus discipulis fregit, et in Jerusalem coram Apostolis manducavit. In Emmaüs fregisse legitur, sed manducasse non legitur. In Jerusalem non legitur fregisse, sed legitur comedisse.*

12° Le pape donne ensuite la communion aux cardinaux-diacres, aux nobles et autres qui ont l'insigne privilége de communier à cette messe solennelle les jours de Pâques et de Noël. Un diacre, placé à sa droite, tient tout le temps le ciboire, comme il est marqué au Cérémonial pour la communion le jour de Pâques.

13° Le pape, ayant pris au trône la purification et l'ablution, retourne à l'autel pour achever la messe.

14° La messe finie, le pape reçoit, au pied de l'autel, la tiare, et il retourne à la chapelle appelée *sacellum* en grande pompe, comme en venant.

ARTICLE II.

De la bénédiction donnée au balcon.

1° Lorsque la messe est terminée, tous les cardinaux, évêques et autres, qui forment le majestueux cortége du pape, vont en ordre de procession au balcon, qui est orné pour la circonstance. Les voies par où passe cette magnifique procession sont parsemées de fleurs et d'herbes odoriférantes.

2° Les troupes pontificales et les gardes du sacré palais sont en grand uniforme, et la musique militaire fait entendre ses sons harmonieux.

3° Le pape, porté sur la *sedia*, suit cette longue et magnifique procession, qui chemine majestueusement vers le balcon par les larges escaliers du Vatican. Cependant la basilique se vide et l'immense place de Saint-Pierre se remplit d'une foule avide de jouir du bonheur de voir le plus beau spectacle qui soit au monde et de participer aux grâces et bénédictions que le souverain Pasteur a déposées dans les mains du pontife qui le représente sur la terre.

4° Rendu au balcon, le pape demeure assis sur la *chaire*, dans laquelle il a été porté et qui fait partie du brancard dont on fait usage pour cette cérémonie. Il chante les prières de la bénédiction papale, en demandant, du ton le plus attendrissant, au Père des miséricordes de pardonner tous les péchés de son peuple et de le combler de tous les biens visibles et invisibles. Mais l'on ne saurait vraiment donner une idée de cette belle prière qui, dans ce moment solennel, sort du cœur du père commun pour se répandre sur ses lèvres comme une douce rosée, qu'en la rapportant mot à mot. Nous pensons en effet que cette bénédiction papale, qui fait de si vives impressions sur ceux qui ont le bonheur d'être aux pieds du souverain pontife quand sa voix pastorale la fait entendre à leurs oreilles attentives, peut aussi exciter sur les absents de délicieuses émotions, si par la méditation ils savent se la rendre présente. Voici donc mot à mot les paroles dont se compose cette bénédiction :

Sancti Apostoli Petrus et Paulus, de quorum potestate et auctoritate confidimus, ipsi intercedant pro nobis ad Dominum.

Precibus et meritis Beatæ Mariæ semper Virginis, Beati Michaelis Archangeli, Beati Joannis Baptistæ; et sanctorum Apostolorum Petri et Pauli, et omnium sanctorum, misereatur vestri omnipotens Deus, et, dimissis omnibus peccatis vestris, perducat vos Jesus Christus ad vitam æternam. Amen.

Indulgentiam, absolutionem et remissionem omnium peccatorum vestrorum, spatium veræ et fructuosæ pœnitentiæ, cor semper pœnitens et emendationem vitæ, gratiam et consolationem sancti Spiritus, et finalem perseverantiam in bonis operibus, tribuat vobis omnipotens et misericors Dominus. Amen.

Le père commun, après avoir fait, pour toute sa grande famille, cette prière qui résume tout ce que son cœur peut former de vœux ardents pour qu'aucun de ses enfants ne périsse, se met debout pour prier avec encore plus de ferveur, étend ses bras comme pour embrasser toute l'Église, lève ses yeux vers le ciel d'où il attend tout son secours, lève en même temps ses mains vénérables qui tiennent les clefs de tous les trésors de la divine miséricorde, et, après avoir puisé dans l'océan de la divinité les bénédictions qu'il veut répandre dans le monde entier, il les abaisse vers la terre en disant avec des émotions plus vives et plus tendres :

Benedictio Dei omnipotentis, Patris † *et Filii* † *et Spiritus* † *sancti.* L'*Amen* est solennellement répété et avec enthousiasme.

Les impressions religieuses qui, dans ce moment solennel, se produisent dans tous les cœurs sont trop vives pour pouvoir être décrites. Nous allons toutefois vous dire ce que sentait un luthérien de Vienne en assistant aux offices que célébra Pie VI dans cette capitale de l'Autriche, en 1782. Voici ce qu'écrivit là-dessus ce luthérien à un ami :

« L'effet de la présence du pape à Vienne est prodigieux, et je ne m'étonne pas qu'elle ait produit autrefois de si étranges révolutions. J'ai vu plusieurs fois le pontife au moment où il donnait sa bénédiction au peuple de cette capitale. Je ne suis pas catholique, je ne suis pas facile à émouvoir, mais je dois assurer que ce spectacle m'a attendri jusqu'aux larmes. Vous ne pouvez vous figurer combien il est intéressant de voir plus de cinquante mille hommes réunis dans un même lieu par le même sentiment, portant dans leurs regards, dans leur attitude, l'empreinte de la dévotion, de l'enthousiasme avec lequel ils attendent une bénédiction dont ils font dépendre leur prospérité sur la terre et leur bonheur dans une autre vie. Tout occupés de cet objet, ils ne s'aperçoivent nullement de l'incommodité de leur situation; pressés les uns contre les autres et respirant à peine, ils voient paraître le chef de l'Église catholique dans toute sa pompe, la tiare sur la tête, revêtu de ses ornements pontificaux, sacrés pour eux, magnifiques pour tous, entouré des cardinaux qui se trouvaient à Vienne et de tout le haut clergé. Le pontife se courbe vers la terre, élève ses bras vers le ciel dans l'attitude d'un homme profondément persuadé qu'il y porte les vœux de tout un peuple, et qui exprime dans ses regards l'ardent désir qu'ils soient exaucés. Qu'on se représente ces fonctions remplies par un vieillard d'une taille majestueuse, de la physionomie la plus noble et la plus agréable, et qu'on se défende d'une vive émotion en voyant cette foule immense se précipitant à genoux au moment où la bénédiction se donne, et la recevant avec le même enthousiasme qui paraît animer celui dont elle la reçoit. Pour moi, je l'avoue, je conserverai toute ma vie l'impression de cette scène. Combien ne doit-elle donc pas être vive et profonde chez ceux qui sont disposés à se laisser séduire par les actes extérieurs. »

Ainsi parle ce luthérien. (ROHRBACHER, *Histoire universelle de l'Eglise catholique*, tome XXVII, livre LXXXIX, pages 246-47. 2ᵉ édition.)

Il y a, à la messe pontificale de Pâques, deux particularités qui méritent d'être mentionnées : la première est que, un peu avant la préface, les deux derniers cardinaux-diacres montent à l'autel et s'y tiennent, dans l'attitude la plus respectueuse, l'un au côté de l'évangile, et l'autre à celui de l'épître, jusqu'à ce que le pape retourne au trône pour la communion. Il est facile de voir là les deux anges qui se tenaient, l'un à la tête et l'autre au pied du tombeau du Sauveur ressuscité. La seconde est qu'au *Per omnia sæcula sæculorum*, avant le *Pater*, le chœur ne répond pas *Amen* : c'est, dit-on, en mémoire de ce qu'à pareil jour ce fut un ange qui répondit cet *Amen* à saint Grégoire le Grand, qui célébrait à Saint-Jean-de-Latran. Ce fait prouverait donc une fois de plus ce qu'enseigne ce grand pontife, savoir que : *Resurrectio... Angelorum festivitas extitit...*

CHAPITRE IX

DE LA MESSE (PRÆSENTE EPISCOPO).

Missæ solemni quomodo Episcopus assistat. Convenit ut sacra indumenta adhibeat in festis solemnioribus pro eadem assistentia. Diaconi assistentes, in habitu Canonicali inservire debent. Ordo procedendi ad Ecclesiam. Quando Episcopus assistat cum cappa. Quid servandum, si Missa celebretur per alium Episcopum, seu Suffraganeum. Thurificatio qua ratione facienda.

1. Quemadmodum superius de Vesperis (1) solemnibus coram Episcopo celebrandis diximus, Episcopum pluviali, ac aliis paramentis ibidem expressis, indutum, convenienter interesse, et Officium facere, sic etiam, cum ipsemet non erit celebraturus, sed Missæ per alium celebrandæ intererit, iisdem sacris indumentis vestitus esse poterit, eodemque modo, ordine et loco, ea sumere, prout ibidem demonstratum fuit.

(1) On a donné plus haut quelques détails, sur les usages de Rome, relativement aux offices *ad faldistorium* et aux messes célébrées *præsente Episcopo*. L'on va, dans ce chapitre, insister surtout sur les cérémonies à observer quand un évêque inférieur, par exemple un suffragant, officie devant son métropolitain ou autre supérieur.

Maintenant qu'il y a presque partout une hiérarchie parfaitement constituée, et qu'il y a par conséquent des évêques supérieurs, égaux et inférieurs les uns aux autres, l'on peut rendre à chacun les honneurs qui lui sont dus, moyennant ce *Recueil d'usages romains*, qui contient ce qui est reçu et approuvé à Rome, et établit ainsi, entre les divers offices ecclésiastiques, cette variété que requièrent les convenances dues à ceux qui sont plus ou moins élevés dans la sainte Église de Dieu.

D'après le *Cæremoniale Episcoporum*, chaque évêque est, à part les attributions spéciales et attachées à la papauté, dans son diocèse ce qu'est le pape dans toute l'Église, comme on l'a montré ailleurs. En se conformant à ce livre, il ne fait donc que suivre des règles sages qui, pour l'honneur de l'Épiscopat et l'édification et instruction des peuples, font apercevoir aux fidèles les différences qui existent entre les ministres de la religion. Les bons chrétiens, en effet, ne peuvent qu'être édifiés du touchant spectacle que présente un office pendant lequel des évêques inférieurs se font un bonheur d'honorer leurs supérieurs. Ce livre, bien compris, se prête vraiment à toute espèce de solennités; et, exécuté comme il doit l'être, il donne au culte une majesté divine.

2. Quo casu debent ei assistere duo antiquiores Diaconi, sive ex Dignitatibus, sive, his deficientibus, ex Canonicis, et his deficientibus, juniores Presbyteri in eorum habitu Canonicali, sed sine sacris paramentis.

3. Ordo autem, quoad accessum in Ecclesiam, deductionem, et obviationem Canonicorum, ac reditum in fine, idem erit, prout supra in *Cap.* xv, § 1 *et* 11, *Lib.* I, declaratur.

4. In solemnioribus festivitatibus Episcopus erit semper cum pluviali, ut supra dictum est. Poterit tamen, si magis placuerit, hujus-

modi Missæ in festis minus solemnibus cum sua cappa Pontificali interesse, et tunc etiam debent ei assistere præfati duo Diaconi, et Presbyter assistens.

5. Quæ autem ab Episcopo agenda exercendave erunt in hujusmodi Missa, diverso modo statuuntur. Nam, aut Missa celebrabitur per aliquem alium Episcopum, seu Suffraganeum, et tunc Episcopus proprius interesse debet cum cappa, et omnia deferre Episcopo celebranti (1), præter absolutionem, et benedictionem post sermonem, ac Indulgentiarum concessionem, quæ omnino ab ipso proprio Episcopo peragenda sunt.

(1) On voit dans ce nombre et dans le suivant ce qu'il y a à faire quand l'évêque diocésain défère à un de ses collègues, dans l'Épiscopat, les honneurs propres à l'ordinaire.

6. Cætera in Missa occurrentia, ut benedictionem incensi et aquæ, benedictionem Diaconi ante Evangelium, deosculationem manus, quæ fit ab eodem Diacono et Subdiacono, benedictionem in fine Missæ et similia, relinquit Episcopo celebranti, qui in benedictione solemni in fine Missæ vertens se versus Episcopum, quasi veniam petet, et ipse nutu annuet. Circuli tamen Canonicorum fient ante ipsum Episcopum proprium, quamvis cappa indutum.

7. Sed si Episcopus proprius forte vellet esse paratus in hujusmodi Missa (1), ab alio Episcopo celebrata, quod non convenit, nisi celebrans sit Suffraganeus, vel alias subditus Episcopo, deberet omnia prædicta ipse facere.

(1) Lorsqu'un évêque inférieur en juridiction célèbre devant son métropolitain ou autre évêque supérieur, on observe ce qui est dit à la *messe ad faldistorium*, page 48 et suivantes, et à l'article de la *messe coram Episcopo parato*, page 54 et suivantes. Ces deux articles réunis indiquent suffisamment ce qu'il y a à faire à un office si solennel. On va donc se contenter de quelques observations générales qui aideront à les bien appliquer, en faisant mieux connaître l'usage de Rome quand un prélat inférieur officie devant un supérieur.

1° Le célébrant s'habille à la sacristie et se rend d'avance au chœur avec son prêtre assistant, le diacre, le sous-diacre et ses chapelains, etc. Lui seul s'assied en attendant l'arrivée de l'évêque.

2° Le prêtre assistant de la messe demeure au côté de l'épitre, et fait les prières de la confession avec un chapelain ou un cérémoniaire. Le sous-diacre ne porte pas le livre en allant à l'autel.

3° Après l'*Indulgentiam*, le célébrant étant allé se placer entre le diacre et le sous-diacre, on lui met son manipule qui est apporté par un chapelain. Lorsqu'il est monté à l'autel, il baise le livre de l'évangile qui est apporté par le même chapelain.

4° Le prêtre assistant de la messe demeure à l'ordinaire près du fauteuil pendant l'encensement.

5° Le célébrant, après avoir été encensé de deux coups à l'autel, va au fauteuil et y dit l'*Introït* et les *Kyrie*, puis il entonne et continue à voix basse le *Gloria in excelsis* comme de coutume. On observe la règle de dire uniformément et ensemble *ad solium* et *ad faldistorium* les *Kyrie, Gloria, Credo, Sanctus* et *Agnus*.

6° C'est au prêtre assistant de l'autel à aller recevoir au chœur la paix du prêtre assistant du trône. Quand il l'a donnée au chœur, il la donne, au retour, au diacre et au sousdiacre.

7° Lorsque le célébrant a commencé l'évangile de saint Jean, tourné à l'ordinaire *versus cornu evangelii*, il descend *per breviorem et per cornu epistolæ* au bas des degrés, où il reçoit la mitre, et il va ensuite avec ses ministres à la sacristie.

8. Si vero Episcopus intererit Missæ celebratæ per aliquem inferiorem Episcopo, sive cum pluviali et mitra, sive cum cappa, omnes præeminentiæ honores et actus præfati conveniunt ipsi soli Episcopo, excepto quoad thurificationem, quia, quando non est paratus, ut supra, non debet thurificari, nisi post thurificationem oblatorum tantum.

9. An autem, quomodo et a quibus Episcopo non celebranti fiat assistentia, tam Presbyteralis, quam Diaconalis, suis locis explicatum fuit.

CHAPITRE X

DES VÊPRES, MATINES ET LAUDES (PRO DEFUNCTIS IN DIE COMMEMORATIONIS DEFUNCTORUM).

Vesperis Defunctorum in eorum generali Commemoratione Episcopus assistit cum cappa lanea Pontificali. Quo ritu Episcopus in iisdem Vesperis et in Matutinis Officium faciat. Quæ servanda ad Laudes et ad Canticum *Benedictus*. Ordo celebrandi Vesperas et Matutinum Defunctorum aliis temporibus.

1. Quia in Officiis Defunctorum (1) diversæ ab aliis cæremoniæ in multis observantur, ideo de eis est subjungendum. Et primo de Vesperis et Matutinis, quæ celebrantur quotannis pro commemoratione et suffragiis omnium fidelium Defunctorum, immediate post secundas Vesperas festivitatis omnium Sanctorum, quæ simul et junctim in multis Ecclesiis recitari solent; hoc est, statim post Vesperas omnium Sanctorum, Vesperæ et Matutinæ Defunctorum, ad hoc, ut populi commodius et frequentius illis interesse possint (2). Et tunc, si Episcopus ipsemet erit in crastinum celebraturus Missam solemnem pro Defunctis, debebit etiam et in his Vesperis et Matutinis Officium facere, et quidem hoc pacto.

(1) Tout ce qui est dit ici de l'office des morts au jour de la commémoraison des défunts est très-clair. On va donc se contenter de quelques notes qui feront mieux connaître les usages de Rome, surtout pour ce qui regarde les chapitres.

1° Les vêpres des morts se disent au chœur à la suite des vêpres de la Toussaint et le premier jour libre de chaque mois, c'est-à-dire non empêché par un office à neuf leçons *extra tempus paschale*. Mais en avent et pendant le carême, *præterquam in majori hebdomada*, on les dit au chœur tous les lundis non empêchés par un office à neuf leçons. Les chanoines obligés à l'office des morts le disent hors du chœur *pro opportunitate*.

2° Les chantres sont en habit de chœur. *Non requiritur ut aliqui canonici... cum eo* (celebrante) *parentur*. L'invitatoire et autres parties de l'office se chantent à l'ordinaire au milieu du chœur.

3° *In die obitus vel depositionis*, on dit une seule oraison, qui est une de celles marquées au missel et au bréviaire, comme convenant spécialement aux personnes qui y sont mentionnées.

4° *In anniversario die*, on dit celle du jour, à moins qu'il n'y en ait une plus propre marquée *inter diversas orationes pro defunctis*.

5° Tous les premiers jours libres du mois, comme aussi tous les lundis de chaque semaine non empêchés par un office à neuf leçons, *etiam in adventu et quadragesima*, on dit l'office des morts avec les trois oraisons marquées au bréviaire.

(2) Pour satisfaire la dévotion des fidèles qui veulent assister à l'office des morts, l'Église permet que les vêpres et les matines *pro defunctis* se disent de suite après les vêpres de la Toussaint.

Lorsqu'une autre heure les accommode mieux, on peut séparer les vêpres des morts des matines, comme aussi l'on peut séparer les vêpres de la Toussaint de celles des morts. Dans ce cas l'on devrait dire *fidelium animæ* pour terminer les vêpres du jour. On peut et on doit conclure du texte ci-dessus que les matines *pro defunctis* peuvent se dire la veille comme celles des autres offices.

2. Postquam enim in secundis Vesperis omnium Sanctorum observaverit ea omnia, quæ supra expressa sunt in *Cap.* I, *hujus Lib.* II, de Vesperis solemnibus, Episcopo in crastinum celebraturo; et ipsis secundis Vesperis expletis, si eis Episcopus interfuerit cum pluviali et mitra, ea deponit, et assumit cappam Pontificalem laneam, et descendens ad suam sedem choralem, ibi parumper sedebit, nullis tamen tunc ei Canonicis a lateribus assistentibus; sed tantummodo aliquibus Capellanis, ministris cum cottis, præsertim, qui de libro serviunt, et cum eis Cæremoniario, indicante quid, et quomodo agendum sit : et cum opus est, cappæ fimbrias aptant, atque interim mutari poterit pallium altaris, et candelæ : videlicet, remotis albis, apponi ex cera communi. Interim dum Episcopus et Canonici paramenta deponunt, Mansionarii, seu Capellani, vel Seminaristæ in secretario recitabunt Completorium.

3. Post pauculum moræ surget Episcopus, et detecto capite, versus altare, absolute chorus incipit Antiphonam *Placebo Domino*, etc., illam integre recitando : qua finita, et incœpto Psalmo

Dilexi, etc., Episcopus caput cooperit, et sedet, et sic sedens manet, quousque inchoetur a choro *Magnificat, etc.*, tunc surgit et stat, detecto capite, usque in finem, et cum repetitur per chorum Antiphona post *Magnificat*, sedet; et ea finita, surgit, detecto capite, et competenti voce dicit *Pater noster*, quod secrete complet genuflexus, genuflectentibus omnibus.

4. Interim duo Acolythi ceroferarii accedunt ante Episcopum, cum candelabris et cereis accensis, qui solent fieri ex cera communi, et inter eos erit medius Capellanus de libro serviens. Episcopus alte pronuntiat ea verba Orationis Dominicæ, videlicet *Et ne nos inducas, etc.*, cum aliis Versiculis, respondente choro, quæ habentur in Breviario post Vesperas Defunctorum, et inde surgens ad *Dominus vobiscum*, dicit Orationem *Fidelium, etc*, qua finita, subjunget Versiculum *Requiem æternam, etc.*, choro respondente *Et lux perpetua, etc.*, deinde chorus *Requiescant in pace, etc.*

5. Quo dicto, sedet Episcopus, cooperto capite, et post modicam moram surgit, capite detecto, absoluteque chorus incipit Invitatorium, *Regem, cui omnia vivunt, etc.*, pro Matutinis cum Psalmo *Venite, exultemus Domino, etc.* Cum chorus incipit Psalmum primi Nocturni, Episcopus sedet, cooperto capite, et sic manet, quousque dicatur per chorum Responsorium Versiculi ante primam Lectionem primi Nocturni; tunc surgit, et detecto capite, dicit secrete *Pater noster* usque in finem; mox sedet, capite cooperto, quousque dictum fuerit Responsorium Versiculi (1) ante quartam Lectionem secundi Nocturni; et tunc pariter surgit, detecto capite, dicens *Pater noster*, mox sedens, prout in primo Nocturno; idem facit post Responsorium Versiculi tertii Nocturni ante septimam Lectionem.

(1) Le chœur, comme on le voit par ce texte, ne se lève que lorsque le répons du verset qui termine chaque nocturne est dit.

6. Lectiones ipsæ cantantur per cantores, vel per Canonicos, juxta consuetudinem loci, in tono consueto Lectionum, et Responsoria Lectionum per chorum. Dicuntur deinde Psalmi cum suis Antiphonis pro Laudibus : et cum inchoatur Canticum *Benedictus* (1), etc., Episcopus surgit, detecto capite, usque in finem, et cum repetitur Antiphona, sedet, cooperiens caput.

(1) En se levant à l'intonation de ce cantique, le signe de la croix se fait à l'ordinaire.

7. Interim accedunt duo ceroferarii cum Capellano, librum tenente ante Episcopum, et omnia fiunt, prout supra dictum fuit in fine Vesperarum hujusmodi. Quibus finitis, Episcopus discedit cum aliis ad suas mansiones, nec datur benedictio, nec publicantur Indulgentiæ.

8. Si autem Episcopus Officium faciet in sua sede Pontificali, tunc ad *Preces* Episcopus cum Capellanis descendit ad faldistorium (1), ubi cum illis et reliquis de choro, dicens *Pater noster*, genuflectet; et ad *Dominus vobiscum* solus surget; et cantabit Orationem, ad quam Acolythi cum ceroferariis necessarii non erunt.

(1) Ce fauteuil est placé à l'ordinaire au milieu du chœur, en face de l'autel et vis-à-vis du trône.

Ce texte montre évidemment que l'évêque peut aussi célébrer au trône l'office *pro defunctis*. Le pape est toujours *ad solium* quand il assiste aux services, *cum pluviali* et *ad stallum* quand il assiste sans cérémonie, *indutus mozetta*. Car il est certains offices où lui aussi assiste à sa stalle, et alors il est en rochet, mozette et étole, sans barrette, mais avec la calotte. Sa stalle est une petite estrade placée du côté de l'évangile et sur laquelle il est seul avec son cérémoniaire.

9. Cum vero Vesperæ et Matutinæ hujusmodi recitandæ erunt aliis temporibus, quam prædicta die anniversaria omnium Defunctorum, tunc servandæ erunt Rubricæ positæ in Breviario, in ipso Officio Defunctorum, nisi essent celebrandæ pro anniversario Episcopi prædecessoris, vel pro aliquo summo viro Principe, vel Prælato proxime defuncto, quo casu quædam specialia observantur, quæ suo loco explicantur.

10. Hæc, ut dixi, servantur, si ipse Episcopus sit in his Vesperis et Matutinis Officium facturus, sin minus, posset manere cum cappa in choro in loco suo, et Canonicus hebdomadarius, paratus pluviali nigro supra rochettum, vel cottam, aut saltem stola nigra, faceret, aut diceret omnia prædicta (1). Neque hoc casu requiritur, ut aliqui Canonici, vel Beneficiati cum eo parentur, prout in aliis Vesperis solemnibus. Et idem fiet in Collegiatis, vel Cathedralibus, absente Episcopo.

(1) On voit ici que le célébrant à vêpres et à matines *pro defunctis* doit être en chape ou du moins en étole noire, même *præsente Episcopo*. Il occupe au chœur la place ordinaire du

célébrant. On doit conclure de ce texte que l'étole remplace la chape et que la chape remplace l'étole. On peut en dire autant de la dalmatique à l'égard du diacre, savoir qu'elle tient lieu quelquefois d'étole; car, le jeudi saint et le jour de la Fête-Dieu, le cardinal assistant, qui est en dalmatique sans étole, transporte et expose le saint sacrement, le met entre les mains du pape et le reçoit de lui.

Il convient de compléter ce chapitre, dans lequel nous avons indiqué les circonstances dans lesquelles les chapitres doivent dire plusieurs vêpres et plusieurs matines en un jour, en indiquant celles où il leur faut chanter plusieurs messes au chœur. Ces circonstances sont les suivantes.

1° Aux féries des Quatre-Temps, Rogations et Vigiles, dans lesquelles on fait un office double ou semi-double, on dit deux messes, celle de la fête après tierce et l'autre de la férie ou de la vigile après none. C'est également après none que doit se célébrer une messe solennelle votive.

2° La veille de l'Ascension, s'il y a une fête double ou semi-double, on chante trois messes, celle de la fête après tierce, celle de la vigile après sexte, et celle des rogations après none.

3° Le premier jour de chaque mois (*extra adventum, quadragesimam et tempus paschale*) non empêché par un office double ou semi-double, s'il se rencontre une fête simple ou une férie qui ait une messe propre ou qu'il faille reprendre la messe du dimanche précédent, on dit deux messes, une pour les défunts après prime, et l'autre de la fête simple ou de la férie après sexte.

4° Le jour des morts on chante encore deux messes, la première de l'office courant après tierce, et la seconde *pro defunctis* après none.

5° A l'anniversaire de la *création* du pape et à celui de son *couronnement*, on chante après none la messe *ut in cathedra romana sancti Petri in qua, omissis orationibus SS. Apostolorum, dicitur oratio* Deus omnium fidelium, *cum Gloria, Credo, præfatione apostolorum. in paramentis coloris albi.*

CHAPITRE XI

DE LA MESSE PRO DEFUNCTIS CHANTÉE PAR L'ÉVÊQUE.

Quæ præparanda ad Missam Pontificalem pro Defunctis. Ceræ qualitas. Episcopus sandaliis et chirothecis et baculo pastorali non utitur. Psalmos pro præparatione omittit. Habitus ministrorum assistentium. Manus Episcopi non osculandæ. Epistola et Evangelium ubi cantentur. Candelæ quando distribuendæ et accendendæ. Thurificatio quomodo facienda. Exequiæ ad tumulum, seu castrum doloris, quo ritu peraguntur. Ordo absolutionis pro Summo Pontifice, S. R. E. Cardinalibus, Archiepiscopis, Episcopis et Principibus. Ministri pro hac ipsa absolutione, et eorum indumenta. Incensum quomodo ministrandum. Oratio in fine dicenda. Ordo recedendi. Quando hæ absolutiones faciendæ sint.

1. Si velit Episcopus celebrare die anniversaria omnium Defunctorum, vel alias quandocumque pro Defunctis, hæc præparentur et fiant; videlicet, altare nullo ornatu festivo, sed simpliciter, et nullis imaginibus (1), sed sola cruce et sex candelabris paretur; et duo super credentia cum candelis ex cera communi (2); super ea nulla ornamenta ponantur, sed tantum, quæ sunt necessaria; videlicet, bacile et buccale simplex, missale, vas aquæ benedictæ cum aspersorio, thuribulum cum navicella, item pannus niger (3), extendendus pro absolutione facienda, finita Missa, nisi adesset lectus, seu lectica mortuorum, aut castrum doloris (4); gradus altaris, et totum Presbyterium sit nudum, excepto, quod unum tapete sub faldistorio, et aliud super primo gradu suppedaneo apud altare ponetur (5); omnia paramenta, tam altaris, quam celebrantis et ministrorum, librorum et faldistorii sint nigra, et in his nullæ imagines mortuorum, vel cruces albæ ponantur (6). Canonici parentur paramentis sacris, prout in aliis Missis, celebrante Episcopo.

(1) Le maître-tableau, au-dessus de l'autel où se chante la grand'messe *pro defunctis*, à Rome, se couvre d'un voile noir, mais non les autres images ou statues qui sont dans l'église.

(2) Cette *cire commune* est ce que nous appelons *cire jaune.*

(3) Il est ici question de ce que nous appelons *drap mortuaire*. A Rome, ce drap est très-riche et bien brodé. Le milieu est une large bande d'étoffe jaune, et les deux côtés sont d'étoffe noire; il est tout galonné en or, et des figures de têtes

et d'ossements de morts y sont brodées, ainsi que sur les tentures qui garnissent le chœur et la nef. C'est quelque chose de pénétrant qu'une église de Rome dans sa grande tenture *pro defunctis;* celle de Saint-Marcel, sur le *Corso*, dans laquelle se chantèrent les *services* de plusieurs cardinaux pendant que nous étions à Rome, mérite à coup sûr d'être visitée quand elle est ornée de ses magnifiques tentures funèbres.

(4) Catalan va nous dire ce qu'il faut entendre par là. *Castrum doloris quod etiam alio nomine « tumulus » appellatur, nigro panno coopertum in medio Ecclesiæ præparari solet, gradus varios habens, coopertus etiam pannis nigri coloris, ornatis variis imaginibus mortis... et in eminentiori loco velut arcam aut urnam cum defuncti etiam insignibus.* Le *lit funèbre* est une espèce d'estrade large de huit à dix pieds et formant un plan incliné d'à peu près quatre-vingt-dix degrés. Le corps placé sur cette estrade a donc la tête très-élevée et les pieds assez bas. Le *lit* ou *mausolée* pourrait avoir plusieurs degrés, comme le dit Catalan, mais, à Rome, il est de plain-pied. Cette représentation est toujours placée dans la nef, comme il est marqué dans le Cérémonial, même aux offices pour les cardinaux, évêques et autres ecclésiastiques. On fait de même pour le pape.

On forme avec des banquettes une large enceinte au milieu de laquelle se trouve le corps, entouré d'un grand nombre de chandeliers de fer portant toujours de gros et longs cierges. Ces espèces de chandeliers, de la hauteur de nos candélabres, ne sont autre chose que des barres de fer évasées en triangle pour former un pied solide, et terminées par une platine qui reçoit un cierge. Il y a, entre les banquettes et les chandeliers, un grand espace qui permet de tourner librement autour du corps; il y a, à la tête comme aux pieds, une entrée libre. Cet arrangement est nécessaire dans les églises de Rome, où il n'y a pas de bancs fixes, comme dans les nôtres.

(5) L'évêque célébrant *ad faldistorium* est, comme aux autres messes, tourné vers le peuple. A ses pieds est étendu un tapis d'étoffe noire semblable à celui qui doit couvrir le marchepied de l'autel.

(6) Le Cérémonial dit assez clairement qu'il n'est ici ques-

tion que des ornements de l'autel. Aussi, à Rome, tous ces ornements d'autel sont complétement noirs et sans nulle représentation de la mort.

2. Episcopus (1) ipse non utatur in hac Missa sandaliis et chirothecis, nec baculo pastorali, non dicet Antiphonam *Ne reminiscaris*, nec leget Psalmos *Quam dilecta, etc.*, nec Orationes, quæ in aliis Missis dicendæ sunt, antequam induatur, sed dicet tantummodo Orationes pro paramentis; incipiendo ab ea *Exue me, Domine, etc.*, et tunc deponit cappam, et lavabit manus ac parabitur, dicendo, ad aquam et indumenta, consuetas Orationes, exceptis, quæ dicuntur pro sandaliis et chirothecis.

(1) C'est à la chapelle du secrétaire, ou à la sacristie, que l'évêque, les chanoines et autres doivent prendre les ornements dont ils doivent être revêtus à cet office. A Rome, les cardinaux qui célèbrent aux messes des morts *præsente Summo Pontifice* arrivent au chœur tout habillés. Les évêques qui célèbrent à ces offices s'habillent à l'ordinaire *ad faldistorium*, parce que le pape n'y est pas.

3. Diaconus et Subdiaconus utentur tunicella et dalmatica, et assistens pluviali; et aderunt Capellani soliti cum cottis, et scutiferi pro lotione manuum apud abacum, prout in aliis Missis (1).

(1) Ces paroles indiquent assez que tout se fait comme aux autres messes, à part les particularités mentionnées dans ce chapitre et les autres qui traitent des offices des morts.

4. Cum Episcopus (1) accedet ad altare, finita confessione, non osculabitur librum, sed altare tantum, et statim redit ad sedem suam; nec altare, nec ipse thurificabitur, sed apud sedem versus altare leget Introitum.

(1) Il prend la mitre après avoir baisé l'autel, et se rend à son siége *per breviorem*.

5. Ministri (1) aliquid dantes, vel ministrantes Episcopo in tota Missa, nunquam ejus manum, aut rem osculentur. Quando dicuntur Orationes, tam ante Epistolam quam post Communionem, omnes genuflectunt, præter celebrantem et ministros; videlicet, Dia-

conum et Subdiaconum, ac assistentes. Epistola et Evangelium non legantur in ambone, sed in Presbyterio in loco convenienti. Subdiaconus, cantata Epistola, non osculetur manum Episcopi

(1) On ne baise pas aux offices des morts, mais on salue à l'ordinaire.

6. Si distribuendæ sunt candelæ (1), tunc post Epistolam, dum cantatur Prosa, id est, Sequentia, distribuantur, quæ accendantur ad Evangelium, ad elevationem SS. Sacramenti, ac finita Missa, dum fit absolutio. Lecta Epistola, cum cantatur ultimus versus Sequentiæ, Diaconus affert librum ad altare, in cujus medio illum collocat, statim sine osculo manus Episcopi, in supremo gradu genuflexus, dicit *Munda cor meum, etc.*, non petat benedictionem pro Evangelio, nec deferantur luminaria, nec incensum, sed accepto ab altari libro, procedet ad cantandum Evangelium cum ministris, ordine infrascripto; videlicet, primo Cæremoniarius, tum ipse Diaconus, quem sequitur Subdiaconus, ultimo loco duo Capellani (2). Finito Evangelio, Episcopus non osculabitur librum, sed statim dicet *Dominus vobiscum* et *Oremus* pro Offertorio : deinde lavabit manus more solito, et ad altare accedet : non benedicet aquam ponendam in calicem pro oblatione; nec Subdiaconus sustinebit patenam : imponet tamen post Offertorium Episcopus thus in thuribulum more solito, cum benedictione *Per intercessionem, etc.*, et thurificabit oblata et altare, et demum ipse solus, accepta mitra, thurificabitur a Diacono.

(1) A Rome, assez généralement, on distribue des cierges au chœur; mais, aux services des cardinaux, *præsente Summo Pontifice*, on ne le fait pas. On commence à allumer ces cierges plus ou moins de bonne heure, suivant que le clergé est plus ou moins nombreux : les cierges sont toujours très-gros.

(2) On voit que ce ne sont pas deux acolytes avec leurs cierges, mais des chapelains qui, les mains jointes, vont assister au chant de l'évangile.

Lorsque l'évêque officie *ad faldistorium*, c'est au cérémoniaire, et non au prêtre assistant, à ôter la mitre, comme il a été dit ailleurs. On se comporte absolument, pour le chant de l'évangile, comme aux autres messes, excepté qu'il n'y a pas d'encens ni de chandeliers d'acolytes, et que l'on ne suit pas le même ordre en se rendant au lieu où il doit se chanter.

A Rome, il est d'usage que ceux qui vont ainsi au chant de l'évangile se mettent à genoux devant l'autel pendant que l'on chante *Pie Jesu Domine*, et ils se relèvent aussitôt après pour se rendre au lieu où doit se chanter l'évangile.

7. Dum dicitur *Sanctus, Sanctus* (1), *etc.*, quatuor Capellani, cum quatuor funalibus ex eadem cera communi accensis pro elevatione SS. Sacramenti, accedunt et genuflectunt, more solito, similiter omnes genuflectunt, sic permanentes usque ad *Per omnia secula, etc.*, ante *Pax Domini, etc.* Capellani vero cum funalibus usque post Communionem.

(1) Les diacre et sous-diacre montent à la droite du célébrant, pour dire avec lui le *Sanctus*. Le sous-diacre retourne ensuite prendre sa place au bas de l'autel, et le diacre se comporte comme aux autres messes.

8. Subdiaconus ad elevationem, imposito per aliquem Acolythum thure in thuribulum (1), thurificabit SS. Sacramentum, genuflexus in cornu Epistolæ. Non datur pax, nec percutitur pectus ad *Agnus Dei*.

(1) Le premier cérémoniaire reçoit du thuriféraire l'encensoir, après que l'un des acolytes qui sont à la crédence y a mis de l'encens, et le met en mains du sous-diacre quand il vient au coin de l'épître pour encenser le saint sacrement à l'élévation; il le reçoit ensuite de lui pour le rendre au thuriféraire, qui est demeuré au bas des degrés. Le sous-diacre monte à l'ordinaire avec le diacre à la droite du célébrant pour l'*Agnus Dei*, et y demeure jusqu'après la communion et l'ablution; il va alors purifier le calice.

9. In fine Missæ non datur per celebrantem benedictio, nec publicantur Indulgentiæ, sed Diaconus dicat *Requiescant in pace* versus altare; et Episcopus, dicto in altari *Placeat tibi, sancta Trinitas, etc.*, incipiet more solito Evangelium S. Joannis, quod prosequitur mitratus, redeundo ad sedem suam; et ibidem deposita planeta, ac etiam, cum manipulo, dalmatica et tunicella, capiet pluviale ni-

grum, Diacono et Subdiacono paratis remanentibus (1), depositis tamen manipulis, et Episcopum ad exuendam planetam et induendum pluviale adjuvantibus.

(1) Le prêtre assistant quitte la chape après la messe si elle a été chantée *ad faldistorium*. Après les dernières oraisons, il demeure au côté de l'épître, et, lorsque l'évêque, après avoir commencé l'évangile de saint Jean, s'en retourne au fauteuil, il quitte la chape; mais, lorsque l'évêque officie *ad solium*, il garde la chape pour l'absoute, comme au Cérémonial.

10. Si sermo habendus erit in laudem Defuncti, pro quo Missa celebrata erit, tunc ea finita, ante absolutionem accedet sermocinaturus (1), vestibus nigris indutus, sine cotta, et facta oratione ante medium altaris, nulla petita benedictione ab Episcopo, sed facta ei profunda reverentia, vel genuflexione pro qualitate personæ, ascendet pulpitum, panno nigro coopertum, ubi, facta iterum Episcopo reverentia, signans se signo crucis, faciet sermonem. Quo finito, vel si sermo non sit habendus, statim finita Missa, accepto pluviali per Episcopum, ut supra, ante infimum gradum solii extendetur pannus niger (2); vel portabitur lectica mortuorum pro absolutione facienda ante infimum gradum Presbyterii (3), nisi alias lectus mortuorum, vel castrum doloris adsit in medio Ecclesiæ; quo casu Episcopus pluviali paratus ibidem, vel solus, vel cum aliis quatuor absolventibus, ut infra dicetur, illuc præcedentibus Canonicis (4), qui ibidem in suis scamnis consistent, accedere deberet.

(1) On voit ici que le prédicateur ne doit prêcher qu'après le service, et qu'il est en soutane, sans surplis, pour cette fonction. S'il est séculier, il doit de plus prendre le manteau romain.

(2) Le drap mortuaire, comme on le voit, doit s'étendre au pied du trône, en remplacement de la représentation. *Quando Episcopus erit in faldistorio, tunc pannus niger, pro facienda absolutione, ante infimum gradum altaris extendi debet; si in solio, tunc ante infimum solii gradum,* etc. (Catalan.) Ce qui s'accorde avec ce qui est dit au nombre suivant.

(3) Le *presbyterium* est, comme on l'a vu ailleurs, ce que nous appelons chœur. C'est devant le dernier degré que se

place la *lectica mortuorum*, quand ce chœur est séparé par quelques degrés d'une plate-forme que nous appelons *sanctuaire*. A la chapelle Sixtine, quand on chante le service des papes défunts, la *lectica mortuorum* s'apporte pour l'absoute au pied des degrés du sanctuaire. C'est une arche ou une urne funèbre travaillée avec art.

(4) Les chanoines ne vont *ad lectum doloris* que lorsqu'ils sont *parés*. Dans ce cas, le prêtre assistant ne quitte pas la chape après la messe. Ils ne sont *parés* que quand l'évêque a chanté la messe au trône.

11. Si vero Episcopus erit in faldistorio (1), tunc pannus niger ante infimum gradum altaris extendetur, vel ibidem portabitur lectica mortuorum, pro absolutione facienda.

(1) Lorsque l'absoute se fait au chœur, *ante pannum nigrum, vel lecticam mortuorum,* on ne fait pas usage de la croix, puisque l'on n'a pas à sortir du chœur processionnellement. Pour la même raison, les acolytes demeurent à la crédence.

12. Interim, dum extenditur pannus, vel portatur lectica, Episcopus sedet, et cantores incipiunt Responsorium *Libera me, Domine, etc.,* et, dum repetitur dictum Responsorium, accedunt ad Episcopum duo Acolythi, unus cum thuribulo et navicula, alius cum aspersorio et vase aquæ benedictæ. Tunc Episcopus, ministrante naviculam Presbytero assistente (1) a dexteris sine osculis, imponet thus in thuribulum cum benedictione, et statim, si est in faldistorio, accedit ad altare (2), ubi, antequam a choro dicatur *Kyrie eleison*, deponet mitram, et stans versus altare, dicit intelligibili voce *Pater noster*. Si vero erit in sua sede, surget, et deposita mitra, dicto ultimo *Kyrie eleison*, versus altare dicet similiter *Pater noster*, quod secrete complendo, ministrante eodem Presbytero assistente aspersorium, et elevantibus hinc inde assistentibus oras pluvialis, Episcopus stans, aspergit ter (3), super pannum nigrum, vel lecticam mortuorum; et reddito aspersorio Presbytero, et ab eodem accepto thuribulo, thurificabit eo modo, ter thuribulum ducens super pannum, vel lecticam, ministris oras pluvialis similiter elevantibus. Tunc accedent duo Acolythi (4) cum duobus candelabris et candelis accensis, et sistent ante pedes Episcopi, qui ex libro sibi per ministrum solitum in capite posito, leget Versiculum *Et ne nos, etc.,* et alios Versi-

culos, et Orationem Missæ, pro qua nullus tunc genuflectet, et in fine repetet Versiculum *Requiem æternam, etc.*, et cantores dicent *Requiescant in pace*, et Episcopus tunc producet signum crucis versus pannum : inde, depositis paramentis, ubi fuerunt accepta, factaque oratione, discedit.

(1) Si l'évêque est au trône pour l'absoute, c'est au prêtre assistant à faire bénir l'encens; mais, s'il est *ad faldistorium*, c'est au diacre à remplir cet office.

(2) C'est *per breviorem* qu'il va du fauteuil au coin de l'épître. Le diacre fait là ce que ferait au trône le prêtre assistant : il met et ôte la mitre à l'ordinaire.

(3) On voit ailleurs que, dans cette occasion, l'évêque va au milieu de l'autel; et, se tournant vers le chœur, il asperge le drap mortuaire, qui représente le corps du défunt. Voici ce que dit Catalan de cette aspersion : *Aspergit cum aqua scilicet benedicta, ne dæmones qui multum eam timent, ad corpus accedant...*

(4) Pendant que l'évêque, au coin de l'épître et tourné vers l'autel, chante les versets et les oraisons, les diacre et sous-diacre se tiennent à ses côtés et soulèvent les bords de la chape, et les acolytes viennent se placer auprès du célébrant, tenant leurs cierges allumés.

13. Si aderit in Ecclesia lectus mortuorum, seu castrum doloris, et Missa celebrata sit pro anima alicujus Summi Pontificis, vel S. R. E. Cardinalis, seu Metropolitani, aut Episcopi proprii, seu Imperatoris, Regis, vel Ducis magni, aut Domini loci, conveniens est (1), ut fiant absolutiones apud castrum doloris, tam ab ipso Episcopo celebrante, quam ab aliis quatuor Episcopis, vel Prælatis, si adsint; et in defectum Episcoporum, a quatuor primis Dignitatibus, vel Canonicis, ordine infrascripto : videlicet, finita Missa et sermone, si habitus sit, quator Prælati, seu Dignitates, vel Canonici præfati accedant ad sacristiam, vel alium locum convenientem et propinquum, ubi quilibet eorum accipiat super rocchettum, vel super cottam, si sit Religiosus, amictum, stolam et pluviale nigrum, ac mitram simplicem, si ea uti possint; sin minus biretum; et omnes, sic parati, conveniant apud Episcopum celebrantem paratum, ut supra, cum quo ibunt ad feretrum, seu castrum doloris, hoc ordine.

(1) Ces quatre absoutes ne se font, à Rome, ni pour les évêques ni pour les cardinaux, mais seulement aux funérailles du pape.

14. Præcedunt duo Acolythi, unus cum thuribulo et navicula, et alius cum vase aquæ benedictæ, et aspersorio; tum duo alii Acolythi cum duobus aliis candelabris et candelis accensis, in quorum medio erit Subdiaconus, qui in Missa cantavit Epistolam, paratus, deferens crucem; post eum Canonici parati (1), inde duo juniores Prælati, ac dein duo seniores, et quilibet eorum habebit penes se unum Capellanum, superpelliceo indutum, qui de mitra serviet, et unum scutiferum, qui cereum accensum portet; ultimo loco incedet Episcopus celebrans, inter duos assistentes, et ante eum Presbyter assistens indutus pluviali nigro, et alii Cappellani cum cottis.

(1) Si les chanoines ne sont pas *parés*, ils demeurent avec les autres du clergé au chœur. Les cardinaux assistent en cape au service d'un cardinal, quand ce n'est pas le pape qui le chante; et, dans ce cas, ils demeurent à leurs *subsellia* pendant que le pape fait l'absoute auprès du corps.

15. Cum pervenerint ad castrum doloris (1), seu locum destinatum pro absolutionibus faciendis, thuriferarius cum alio Acolytho, deferente aquam benedictam, firmabunt se in capite loci a parte dextera; Acolythi vero ceroferarii, ac Subdiaconus cum cruce ibunt ad pedes loci, et Subdiaconus cum cruce collocabit se in medio eorum : nisi fiat absolutio præsente corpore, seu cadavere, quo casu Subdiaconus cum cruce collocabitur ad caput Defuncti, quicumque ille sit, prout in Rituali Romano.

(1) Lorsque le corps est présent, la croix doit toujours se placer à la tête, et le célébrant aux pieds du défunt.

Voici l'ordre que l'on suit à Rome pour éviter toute confusion. Lorsque le défunt a les pieds tournés vers le peuple, les porte-bénitier et encensoir, qui marchent devant la croix, prennent la droite pour se rendre à leur place au bas du lit funèbre, et s'arrêtent au lieu qu'ils doivent occuper, savoir, à la droite du célébrant. Le sous-diacre et les acolytes les suivent, et, faisant tout le tour du lit funèbre, ils remontent pour se placer à la tête. Les officiers et ministres qui accompagnent le célébrant se placent en la manière ordinaire.

16. Junior Prælatus (1) sedebit in scabello in angulo castri doloris ad pedem dexterum, alius post eum in angulo ad humerum sinistrum, tertius in angulo ad pedem sinistrum, quartus qui erit senior, in angulo ad humerum dexterum. Celebrans vero sedebit in faldistorio in capite loci in medio, ita ut crucem directe semper respiciat.

(1) Ici le mot *junior* s'emploie pour *minus dignus*, et *senior* pour *dignior*, comme on peut s'en convaincre en lisant les nombres suivants. Il est à bien remarquer que chacun doit s'asseoir *in scabello*.

17. Omnibus sic ordinatis, surget celebrans, detecto capite, omnibus similiter surgentibus, Presbytero assistente ante pectus librum tenente, incipiet in tono Lectionis absolute Orationem *Non intres in judicio, etc.*, qua finita, omnes sedebunt (1), coopertis capitibus, et cantores incipient Responsorium *Subvenite, Sancti Dei, etc.*, tunc duo Acolythi cum thuribulo et navicula, et aqua benedicta et aspersorio, una cum Diacono accedent ad angulum dexterum capitis, ubi est dignior Prælatus, et se ad ejus dexteram collocabunt.

(1) Tous ceux qui sont *parés* auprès du corps, et tous ceux qui sont demeurés au chœur *in habitu chorali*, s'asseyent pendant les absoutes. Les autres demeurent debout.

18. Incœpto Versiculo *Requiem æternam, etc.*, Acolythus dabit naviculam Diacono, et ipse accedet cum thuribulo ante dictum digniorem Prælatum, qui, ministrante Diacono naviculam, et dicente *Benedicite, Reverendissime Pater*, imponet thus in thuribulum, more consueto, dicens *Ab illo benedicaris, etc.*, producens signum crucis super incensum, thuribulo imposito. Cum per chorum dicetur primum *Kyrie eleison*, surgent omnes, detectis capitibus; et prædictus dignior Prælatus voce intelligibili dicet *Pater noster*, quod secrete complebit : et interim, accepto aspersorio cum aqua benedicta de manu Diaconi, asperget lectum circumcirca ambulans, incipiens a sua parte dextera, ter aspergens quamlibet lecti partem lateralem; Diacono a dextris comitante, et fimbrias pluvialis sublevante : et

dum transibit ante alios Prælatos, illos salutabit; similiter cruci reverentiam faciet, transiens ante illam ad pedes lecti.

19. Postquam cum aspersorio circumierit lectum, et ad locum suum redierit, reddit aspersorium Diacono, et is Acolytho servienti de aqua benedicta : ac ibidem ab eodem capiet thuribulum, et lectum similiter circumcirca thurificabit, ter in qualibet parte laterali thuribulum ducens.

20. Cum redierit post thurificationem ad locum suum, ante scabellum stans, dicet Versiculos (1) *Et ne nos, etc.*, et alios Versiculos, et Orationem *Deus cui omnia vivunt*, *etc.*, prout in Pontificali Romano.

(1) C'est à un des chapelains à tenir le livre devant le célébrant. Il n'y a pas de bougeoir, pour la raison que l'on a dite ailleurs.

OBSERVATIONS SUR LES CINQ ABSOUTES.

A ces cinq absoutes, le diacre et le prêtre assistant sont *parés* des ornements qui conviennent à l'office que chacun a à remplir. A la dernière absoute, c'est à celui-ci à faire bénir l'encens. Catalan observe que le célébrant quitte la chasuble et reçoit la chape pour entendre l'éloge du défunt; que les cardinaux qui font les quatre absoutes avec le célébrant prennent, après le discours, le surplis, l'amict, l'étole et la chape noires, avec la mitre blanche; que le fauteuil du célébrant, quand il doit tourner le dos à l'autel, *sit parum a latere epistolæ*; que le thuriféraire et le porte-bénitier se placent près du diacre qui est à la droite du cardinal qui doit chanter l'absoute; que le cérémoniaire et le porte-livre se placent, pendant que l'on chante l'absoute, à la gauche de ce cardinal. On fait de même quand ce sont des évêques qui font ces absoutes.

21. Qua finita, omnes sedent cum mitra, et cantores incipient Responsorium *Qui Lazarum resuscitasti*, *etc.*; dum dicent Versiculum *Requiem æternam*, *etc.*, ut supra, ministri accedent ad secundum digniorem Prælatum, sedentem in angulo ad sinistrum pedem, qui, imposito thure, ut de primo dictum est, deposita mitra, surget, et, dicto a choro *Kyrie eleison*, omnibus similiter surgentibus, dicet

Pater noster, asperget et thurificabit lectum, ut supra, et demum dicet Versiculos, et Orationem *Fac, quæsumus, Domine, etc.*, qua finita, omnes similiter sedebunt, et cantores cantabunt Responsorium *Domine, quando veneris, etc.* Tertius dignior Prælatus, sedens ad sinistrum humerum, servabit omnia, quæ superius primus et secundus servaverunt, et demum dicet Orationem *Inclina, Domine, aurem tuam, etc.* Qua similiter finita, quartus et junior Prælatus sedens in angulo ad dexterum pedem, faciet similiter, et in fine dicet Orationem, *Absolve, quæsumus, Domine, etc., ut in resurrectionis gloria, etc.*

22. Demum cantato a choro Responsorio *Libera me, Domine, de morte æterna, etc.*, celebrans ipse, imposito thure in thuribulo, ut supra dicto, *Pater noster*, asperget et thurificabit lectum, prout de primo et aliis dictum est; et in fine, dictis Versiculis, dicet Orationem *Absolve, quæsumus, Domine, etc., ut defunctus sæculo, etc.*; et, responso per chorum *Amen*, ipse Episcopus dicet *Requiem æternam, etc.*, demum duo cantores dicent *Requiescant in pace.*

23. Quo dicto, receptis ab omnibus Prælatis mitris, seu biretis, si mitris non utantur, omnes eo ordine, quo venerant, revertuntur ad sacristiam, vel alium locum deputatum, et ibidem depositis paramentis, quilibet recedit ad propria.

24. Si loco Prælatorum quatuor, adsint tantum Canonici, solus Episcopus debet incensum benedicere : nec aderunt Capellani de mitra, et scutiferi qui ferant candelas (1); et tunc, cum quilibet facit suam absolutionem, deponet biretum in manibus cujusdam clerici, sicut et candelam. Si defunctus sit Episcopus, aut Prælatus Sacerdos, et corpus sit præsens, faldistorium Episcopi celebrantis parabitur ad pedes ejus, non vero ad caput, ut in Rituali Romano; alias semper parabitur ad caput lecti, seu castri doloris (2).

(1) C'est l'usage à Rome, conformément au Cérémonial, que, dans toutes les cérémonies où il y a des cierges à porter, les évêques aient auprès d'eux des familiers (*scutiferi*) pour tenir les leurs.

(2) Celui qui fait l'absoute d'un prélat ou d'un prêtre *corpore præsente* se place non pas *ad caput*, mais *ad pedes mortui*; et par conséquent il regarde l'autel. Dans tout autre cas, il se place *ad caput lecti*, c'est-à-dire qu'il tourne toujours le dos à l'autel.

CHAPITRE XII

DES MESSES DE MORTS (PRÆSENTE EPISCOPO).

Missæ solemni pro defunctis Episcopus assistere potest cum cappa, vel cum pluviali nigro, seu violaceo. Confessio ubi fiat. Sedes parata sit ex panno violaceo. Ad orationem, quo loco Episcopus genuflectat. Thurificatur post oblata a Presbytero assistente. Dicto *Sanctus*, ubi et quamdiu genuflectat. Quomodo procedatur ad sermonem, et ad absolutionem faciendam.

1. Si Episcopus noluerit celebrare, sed hujusmodi Missæ pro Defunctis, per alium celebratæ, interesse, eadem norma in omnibus servabitur, quæ expressa est in *Capite præcedenti;* ipse vero Episcopus, cum cappa, vel cum pluviali nigro, seu violaceo (1), facta confessione cum celebrante (2), ibit cum suis assistentibus ad sedem suam, quæ debet esse parata ex panno violaceo, non autem ex serico (3).

(1) On voit par ces paroles que l'évêque peut officier *paré* ux messes des morts; il est dans ce cas revêtu du rochet, de l'amict, de l'aube, du cordon, de la croix, de l'étole, de la chape et de la mitre simple.

Les assistants sont en habit canonial. Il arrive au chœur tout habillé. Il est précédé des chanoines, conformément à ce qui se pratique à Rome aux offices *pro defunctis*. Il a à son ordinaire autour de lui son cérémoniaire et ses familiers. On observe, à cette messe, les cérémonies ordinaires de la messe *præsente Episcopo*, excepté dans ce qui est spécial aux offices des morts. Le célébrant attend au chœur l'arrivée de l'évêque.

(2) L'évêque fait en arrivant sa prière *ad faldistorium*, et de suite il commence la confession, qui se fait comme il a été dit plus haut.

(3) Le siége de l'évêque est garni en violet, et la draperie du fond du dais est couverte en partie par un coupon de quelque étoffe de laine violette, qui indique la couleur propre à la cérémonie.

2. Cum celebrans dicit *Dominus vobiscum* (1), ante Orationem,

Episcopus veniet ad faldistorium ante altare, et ibi ad *Oremus* genuflectet capite detecto, sic manens usque ad finem Orationis. Qua finita, redibit ad sedem suam, et tunc, et non prius, Presbyter assistens ibit ad scabellum assistentiæ (2).

(1) L'évêque va se mettre à genoux au fauteuil qui est au milieu du chœur. Pour aller et revenir, il prend, à l'ordinaire, la mitre.

Catalan, expliquant ce texte, dit que l'évêque descend du trône avant que le célébrant chante *Dominus vobiscum*; que, rendu au fauteuil, il quitte la mitre et se tient debout pendant le *Dominus vobiscum*, et qu'il se met à genoux à *Oremus*.

(2) Ce n'est qu'après l'oraison que le prêtre assistant monte au trône. Il se tient debout avec les diacres assistants pendant que l'évêque lit l'épître et l'évangile ; ce qui ne se fait, à l'ordinaire, que lorsque l'épître a été chantée. Le prêtre assistant demeure au trône jusqu'à ce qu'il ait encensé l'évêque à l'offertoire. Il va ensuite reprendre sa place au chœur et y demeure le reste de la messe.

3. Ad Offertorium Episcopus, more solito ministrante naviculam Presbytero assistente, imponet thus in thuribulum, dicens *Per intercessionem, etc.*, et, thurificatis oblatis et altari, thurificabitur celebrans a Diacono, et Episcopus a Presbytero assistente, more solito.

4. Dicto *Sanctus, etc.*, Episcopus ibit ad faldistorium, ubi genuflexus permanebit usque ad *Agnus Dei* exclusive (1), et tunc redibit ad sedem, et dicet *Agnus Dei, etc.*, cum suis assistentibus, non percutiendo pectus, nec fiunt in hac Missa circuli; et iterum ad Orationem post Communionem redibit ad faldistorium, et genuflectet, similiter omnibus genuflectentibus, quoties Episcopus genuflectet.

(1) L'évêque demeure *ad faldistorium* depuis le *Sanctus* jusqu'à l'*Agnus Dei, etc.* Alors il se lève ; puis, s'agenouillant de nouveau *utroque genu*, il fait une inclination profonde au saint sacrement. Il prend ensuite la mitre après s'être relevé et retourne au trône pendant que l'on répond au chœur : *Et cum spiritu tuo*, qui se dit après *Pax Domini, etc.* Le célébrant attend à l'autel que l'évêque soit prêt à commencer au trône l'*Agnus Dei, etc.* Ce que dit, à ce sujet, Catalan mérite atten-

tion : *Sane hæc verba ita intelligenda sunt ut Episcopus assurgat, dum ad* « *Per omnia sæcula sæculorum,* » *a choro respondetur* « *Amen,* » *stetque, dum celebrans dicit :* « *Pax Domini sit semper vobiscum :* » *quo dicto, genuflectat sacramento, mitram capiat, et ad sedem suam accedat, ubi deposita mitra, dicat :* « *Agnus Dei,* » *etc.*

Les diacres assistants, après avoir dit au trône le *Sanctus*, accompagnent l'évêque *ad faldistorium*. Ayant salué l'autel, ils vont à leurs places *ad subsellia* et ils s'y mettent à genoux. Ils se lèvent en même temps que l'évêque, et viennent reprendre leurs places à ses côtés pendant que le célébrant chante : *Pax Domini sit semper vobiscum*. Ils font ensuite en même temps que lui la prostration à l'autel, et le premier lui ayant mis la mitre à l'ordinaire, ils l'accompagnent au trône. Le second lui ôte alors la mitre et ils disent avec lui l'*Agnus Dei*.

Avec des banquettes disposées comme elles le sont à Rome, les diacres assistants à genoux à leurs places se trouvent tout auprès du fauteuil auquel l'évêque se tient à genoux.

En voyant l'évêque au bas du trône, prosterné *super pavimento*, seul avec ses familiers et sans ses assistants d'honneur, on est frappé du spectacle qu'il donne d'un aussi profond anéantissement devant la divine majesté. On en est surtout singulièrement ému quand c'est le pape qui est ainsi anéanti devant celui dont il est le vicaire.

5. Finita Oratione (1), Episcopus redibit ad sedem, et non dabit benedictionem : nec publicabuntur Indulgentiæ.

(1) *Catalanus ait illud non omittendum debere, scilicet Episcopum stare ad faldistorium sine mitra, dum dicit celebrans :* « *Dominus vobiscum,* » *eoque dicto, tecto capite, redire ad sedem suam, tuncque, et non prius debere diaconum dicere :* « *Requiescant in pace.* »

Un évêque pourrait officier *ad faldistorium* devant le diocésain ou le métropolitain *paré*. Si l'évêque célébrant est inférieur, l'office se fait au fauteuil, comme on a vu plus haut.

Dans ce cas, les deux évêques peuvent arriver à l'autel en

même temps; car le célébrant sort de la sacristie pendant que le diocésain sort de la chapelle où il s'est habillé. Les chanoines, qui dans cette occasion marchent devant lui, font le salut à l'autel vis-à-vis leur place respective et montent *ad subsellia* au fur et à mesure qu'ils arrivent. Les cérémoniaires du trône et de l'autel s'observent et s'entendent pour avertir les évêques de dire en même temps toutes les parties de la messe qu'a à dire l'évêque qui officie *paré*. Les saluts à l'autel et au trône se font comme aux autres messes. Enfin, à part ce qui est propre à l'office des morts, on observe tout ce qui est marqué pour la messe *ad faldistorium coram Episcopo superiori*.

6. Finita Missa, si sermo habendus sit, sermocinator accedet, et absque aliqua benedictionis petitione, facta tantummodo altari reverentia debita et Episcopo, ibit ad pulpitum, ubi sermonem recitabit. Quo finito, si Episcopus voluerit ipse absolvere (1), deposita cappa apud sedem, capiet amictum supra rocchettum, sive super cottam, si sit Regularis, crucem pectoralem et stolam, et demum pluviale nigrum, et mitram simplicem, et omnia fient, quæ superius in *præcedenti Capite* dicta sunt. Si vero Episcopus absolvere ipse noluerit, vel hujusmodi Missæ non intersit, celebrans, finita Missa et lecto Evangelio secundum Joannem, faciet omnia, prout in *Cap.* xxxvii, *hujus Lib.* II.

(1) On se rend *ad lectum doloris*, comme il a été dit plus haut. L'évêque est assisté de deux chanoines diacres en habit canonial. Les autres demeurent *ad subsellia*. Rendu à sa place, en face de la croix, l'évêque dit debout et découvert, s'il le faut dire, le *Non intres in judicium, etc.*, qui se chante *cadavere præsente*, ou lorsque l'on fait les premières obsèques, *sicut in die obitus*. L'évêque s'assied ensuite et reçoit la mitre. Tous ceux qui sont au chœur s'asseyent de même; mais les diacres assistants demeurent debout aussi bien que les chapelains et autres, qui servent à l'absoute.

Lorsqu'il en est temps, un cérémoniaire vient inviter le prêtre assistant, qui est demeuré à sa place au chœur, à descendre au lieu où se fait l'absoute. Il y fait bénir l'encens et va se placer à l'angle du *lit funèbre* qui est à droite, assisté du porte-bénitier.

Lorsque l'évêque a chanté le *Pater noster*, il s'avance vers le prêtre assistant qui lui présente l'aspersoir. Pendant que l'évêque asperge le corps tout autour, accompagné des diacres assistants, du cérémoniaire et des chapelains, le prêtre assistant passe à l'angle gauche du lit funèbre, où il reçoit l'aspersoir des mains de l'évêque; après quoi il lui présente l'encensoir. Il demeure au même lieu pendant que l'évêque encense le corps, comme il l'a aspergé. Au retour, il reçoit de lui l'encensoir, qu'il remet de suite au thuriféraire. Puis, conduit par un cérémoniaire, il retourne au chœur, qu'il salue en arrivant, comme il l'a salué en partant; puis il se rend à sa place. Le reste comme au Cérémonial.

CHAPITRE XIII

DES DIMANCHES DE L'AVENT.

Quæ servanda in Vesperis et Missis solemnibus in Adventu Domini. Episcopus, si Missam solemnem celebret, paramenta apud sedem sumere potest. Subdiaconus Epistolæ, Diaconi assistentes, Diaconus Evangelii utuntur planetis violaceis plicatis ante pectus. Color paramentorum Episcopi et Canonicorum sit violaceus. Episcopus in Missa non dicit *Pax vobis*, sed *Dominus vobiscum*. Subdiaconus cantat Epistolam sine planeta. Diaconus item Evangelium, sed cum alia convoluta. Subdiaconus reassumit planetam post cantatam Epistolam, Diaconus vero post communionem Episcopi. Quid præstandum ab Episcopo, si Missæ assistat. Paramenta in tertia Dominica Adventus violacea sint, sed sumptuosiora. Diaconus et Subdiaconus utuntur dalmatica et tunicella in Dominica quarta Adventus, si in ea occurrat Vigilia Nativitatis Domini.

1. In Vesperis et Missis solemnibus in singulis Dominicis Adventus, eadem omnia servabuntur, Episcopo celebrante, vel non celebrante, quæ superius expressa fuerunt, dum generaliter de his disseruimus, exceptis tamen infrascriptis (1).

(1) L'on va analyser ce chapitre pour en donner une plus parfaite intelligence.

1° On fait, en avent, toutes choses comme dans les temps ordinaires : *Eadem omnia servabuntur* (1).

2° Les exceptions se réduisent à ceci : l'évêque s'habille au trône : *Apud sedem suam*.

3° Le prêtre assistant demeure au trône en habit canonial

pendant tierce; et il tient le livre pendant l'oraison : *Librum supra caput tenente in suo habitu canonicali* (2).

Il sert de même au lavement des mains. *Ministrante Presbytero assistente in habitu canonicali* (6). Il prend l'amict et la chasuble pendant que les autres chanoines se revêtent de leurs ornements (7). Car il ne faut pas oublier qu'il doit être de l'ordre des prêtres, et pour cela revêtu de la chasuble.

4° Le sous-diacre de la messe prend avant que l'évêque arrive au chœur ses habits, à l'exception de la planète et du manipule (3). Il chausse l'évêque pendant tierce, et, conjointement avec le diacre, il l'habille après qu'il s'est lavé les mains. Tous deux prennent la planète et le manipule lorsqu'ils ont fini d'habiller l'évêque.

5° Les diacres assistants sont aux côtés de l'évêque pendant tierce, et disent alternativement avec lui les psaumes de la préparation. Vers la fin de tierce, ils vont prendre l'amict et la planète pliée, et le diacre d'office s'habille en même temps qu'eux. *Capiunt... paramenta... circa finem tertiæ... et cum eis Diaconus cantaturus Evangelium* (4).

6° Deux chanoines les remplacent auprès de l'évêque, en habit canonial. *Assistunt Episcopo duo alii diaconi in suo habitu canonicali* (5).

7° Lorsque tierce est finie, les diacres assistants ainsi que le diacre d'office vont au trône. Les deux premiers se tiennent à leur place ordinaire, pendant que les diacre et sous-diacre habillent l'évêque.

8° L'évêque ne se lave les mains et ne prend les ornements de la messe que lorsqu'il a chanté l'oraison de tierce. Il demeure par conséquent en cape tout le temps que l'on chante cette heure. Ainsi il ne prend pas la chape pour chanter l'oraison comme aux autres messes. (*Finita tertia... lavat manus* (6). *Postquam laverit manus... accipit paramenta consueta* (7).

9° Lorsque l'évêque a été habillé par les diacre et sous-diacre d'office, les chanoines prennent à leur place leurs ornements respectifs qui sont la chape pour les dignités, la chasuble pour les prêtres, la planète pour les diacre et sous-diacre. Deux clercs les aident à déposer leur habit canonial et à prendre leurs vêtements sacrés. En même temps les diacre et sous-diacre prennent la planète et le manipule, assistés aussi de quelques clercs ou chapelains. *Subdiaconus et diaconus capiunt manipulos et planetas... et tunc pariter omnes canonici capiunt in suis locis paramenta* (7).

10° Comme il ne doit pas y avoir procession, puisque l'on est tout rendu au chœur, on ne bénit pas l'encens. Il n'y a nul besoin d'acolytes. Pour cela, leurs chandeliers ont dû être allumés à la crédence en même temps que ceux de l'autel. C'est ce qui s'observe à Rome invariablement à tous les offices où il n'y a pas d'entrée solennelle, par exemple, lorsque l'évêque officie au fauteuil.

11° L'évêque va du trône à l'autel entre ses deux assistants. Le prêtre assistant marche devant, ayant à sa gauche le diacre de la messe. Le sous-diacre, portant le livre dans lequel est déposé le manipule, marche devant eux. Les cérémoniaires, chapelains, etc., font comme à l'ordinaire. On observe pendant la messe ce qu'il y a de particulier, comme au Cérémonial. On ne manquera pas de remarquer, entre autres choses, que le troisième dimanche de l'avent les ornements peuvent être de couleur de rose.

2. Quia primum Ecclesia, altare et chorus simpliciori apparatu ornantur. Item, celebrante Episcopo Missam solemnem, non erit opus paramenta sacra pro Missa sumere in sacello, seu secretario supra memorato, sed apud sedem suam, ubi cappa indutus, incipit Tertiam; et incœpto primo Psalmo, sedet, accipit sandalia, legit Psalmos et Versiculos ac Orationes consuetas, et in fine cantat Orationem pro Tertia, Canonico Presbytero assistente, librum supra caput tenente in suo habitu Canonicali.

3. Subdiaconus cantaturus Epistolam, paulo ante quam Episcopus in chorum veniat, capiet omnia paramenta sibi convenientia, præter manipulum et planetam ante plicatam, quæ capiet postea.

4. Diaconi assistentes capiunt sua paramenta, id est planetam ante plicatam supra cottam, vel rocchettum circum finem Tertiæ, antequam Episcopus cantet Orationem, et cum eis Diaconus cantaturus Evangelium, qui accipit amictum, albam, cingulum et stolam.

5. Dum prædicti Diaconi assistentes parantur, assistunt Episcopo duo alii Diaconi, illis proximi, in suo habitu Canonicali, et in eorum defectum, duo ultimi Presbyteri.

6. Finita Tertia, præfati duo Diaconi assistentes cum Diacono cantaturo Evangelium, jam parati, revertuntur ad Episcopum, dum lavat manus, ministrante Presbytero assistente in habitu Canonicali.

7. Episcopus autem, postquam laverit manus more consueto, accipit paramenta consueta, quæ esse debent violacei coloris. Subdiaconus et Diaconus capiunt manipulos et planetas ante pectus plicatas, et tunc pariter omnes Canonici capiunt in suis locis paramenta, ipsis convenientia, ejusdem coloris.

8. Episcopus ante Orationem dicit *Dominus vobiscum*, non autem *Pax vobis*. Subdiaconus, dum Episcopus celebrans cantat ultimam Orationem, deposita planeta, accipit librum Epistolarum, et cantata Epistola, osculataque manu Episcopi, planetam reassumit.

9. Diaconus, ante primum Alleluia post Graduale, deponit et ipse suam planetam, quæ convolvitur, vel alia jam convoluta et complicata super ejus sinistrum humerum ponitur, et super ejus brachio, stricte cordulis, ad id aptatis, colligatur, ne decidat, et sic permanet, quousque Episcopus sumpserit sacram communionem. Tunc reassumit planetam ante pectus plicatam, deposita alia, quæ erat super humerum sinistrum. Cætera omnia fiunt, prout in suis locis explicatum fuit.

10. Si vero Episcopus non celebret, sed intersit Missæ solemni, eadem observantur, quæ in *Cap.* xi, *hujus Lib.* II, de Missa solemni, quæ coram Episcopo celebratur, dicta sunt.

11. In tertia Dominica eadem observantur, nisi quod paramenta altaris et celebrantis adhiberi solent aliquanto sumptuosiora, sed coloris violacei, in defectu rosacei; et ministri, videlicet Diaconus et Subdiaconus, utuntur dalmatica et tunicella; et idem in quarta Dominica, quando in ea inciderit Vigilia Nativitatis Domini; sed paramenta sint coloris absolute violacei. In Collegiatis pariter idem observatur.

CHAPITRE XIV

DE L'OFFICE DE LA VEILLE DE NOEL.

Missæ solemnis celebrandæ usus in vigilia Nativitatis Domini, si occurrat in Dominica. Vesperæ solemnes statis horis ea die peragendæ. Præparanda pro Matutinis et Missa in nocte Nativitatis. Matutinum quomodo celebrandum. Episcopus quando et a quibus accipiet sandalia. Nonam Lectionem cantat. Ubi induatur paramentis Missalibus, et Matutinum perficiat. Quid in Missa de nocte cantanda, observare debeat.

1. In die Vigiliæ Nativitatis Domini nostri Jesu Christi, sive venerit in Dominica; sive alio die, celebrari solet Missa solemnis in paramentis violaceis, juxta regulas in *præcedenti Capite* de Dominicis Adventus traditas, hoc tantum excepto (1), quod Diaconus et Subdiaconus utuntur dalmatica et tunicella, prout in tertia Dominica Adventus.

(1) Outre cette exception mentionnée par notre Cérémonial, nous croyons devoir rapporter ici comment se chante, à Saint-Pierre, le martyrologe la veille de Noël. Lorsqu'il en est temps, on voit arriver au chœur un thuriféraire portant la navette et l'encensoir, deux acolytes portant leurs chandeliers allumés, un cérémoniaire et enfin un chanoine qui porte le martyrologe, revêtu de la chape; tous marchent processionnellement. Ils s'arrêtent au milieu du chœur, au lieu où est le pupitre; ils saluent l'autel et le chœur; ils se comportent comme pour le chant de l'évangile. Le chanoine bénit l'encens, encense le livre qu'il a déposé sur le pupitre. Il a à sa droite le cérémoniaire et à sa gauche le thuriféraire. Les acolytes sont de chaque côté du pupitre et se regardent en face. C'est toujours de la sorte qu'ils se placent *ad legile,* quand il est *in plano* et qu'ils peuvent s'en approcher. Le martyrologe se chante ainsi par le chanoine jusqu'à la seconde partie, qui est *Nativitas Domini, etc.* Ils retournent ensuite à la sacristie dans le même ordre et avec les mêmes cérémonies qu'en venant. Quand ils sont partis, un bénéficier vient au pupitre et chante, comme à l'ordinaire, la seconde partie du martyrologe dans un autre livre qu'il a apporté lui-même.

2. Hora Vesperarum cantantur Vesperæ solemnes, pariter secundum regulas superius in *Cap.* i, *hujus Lib.* II, *et sequenti* de Vesperis positas.

3. Nocte sequenti, hora competenti, prout ab Episcopo fuerit præordinatum, celebrantur Matutinæ, prout in *Cap.* v, *ejusdem Lib.* II, de Matutinis dictum fuit. Hæc tamen particularius in his Matutinis observanda erunt. Primo ultra luminaria solita altaris et abaci præparanda erunt sex, vel octo funalia ceræ albæ, vel quot erunt necessaria pro consuetudine et dispositione loci ad illuminandum chorum et tribunam, seu Presbyterium, quæ super totidem candelabris ferreis magnis, spatiis æqualibus inter se distantibus, collocabuntur : præparabuntur etiam aliquot parvæ candelæ albæ pro Episcopo, et Canonicis cantaturis Lectiones.

4. Super aliqua mensa, separata ab abaco, collocari poterunt paramenta omnia pro Episcopo, Missam celebraturo, et pluviale album pulchrius pro eodem, cantaturo Orationem in fine Nocturnorum. Sed si Episcopus non erit celebraturus primam Missam, non erunt ibi præparanda Missalia indumenta, sed tantum pluviale : nam alius, celebraturus Missam, sive Prælatus, sive Canonicus, capiet paramenta in sacristia una cum suis ministris, sed celebraturo Episcopo, ipsi ministri, id est Diaconus et Subdiaconus, utique in sacristia parari poterunt; Presbyter autem assistens in loco suo una cum cæteris Canonicis in choro.

5. Item celebraturo primam Missam Episcopo, præintonatur Hymnus *Jesu, Redemptor omnium, etc.*, quem dum Episcopus repetit, elevat et jungit manus, caput versus altare inclinans, ob reverentiam divinæ invocationis.

6. Cæremoniarius, quoties ducit aliquem Canonicum ante pulpitum, seu legile nudum, ubi cantare debet Lectionem, gerat manibus parvam candelam, nec ab ipso legili longius discedat, donec cujusque Nocturni Lectiones recitatæ fuerint.

7. In tertio Nocturno, cum dicitur a choro Psalmus *Misericordias Domini, etc.*, si Episcopus est primam Missam celebraturus, duo ex suis scutiferis, clericali habitu indutis sine cottis, subeuntes fimbrias cappæ Episcopalis, imponent illi caligas et sandalia, sublevantibus fimbrias in gyrum Capellanis, seu Acolythis, cottis superindutis, ac genuflexis : interim accedunt duo Canonici assistentes ad Episcopum, necnon duo Capellani, alter de libro, alter de candela serviens, ac librum apertum ante Episcopum sustinent, ex quo ipse Episcopus legit Antiphonam *Ne reminiscaris, Domine, etc.*, et Psalmum *Quam dilecta, etc.*, cum cæteris Psalmis, Versiculis et Orationibus, prout

supra *Cap.* viii, *hujus Lib.* II, § 7, explicatum fuit. Quibus per Episcopum lectis, duo illi Canonici assistentes, ac alii ministri recedunt.

8. Diaconus et Subdiaconus ministraturi in Missa, nisi quis eorum, vel ambo sint cantaturi Lectiones ultimi Nocturni, præveniunt ad sacristiam, ubi capiunt sua paramenta. Advertatur tamen, ut tempus commode dispensetur, hoc est, ut finitis tribus Psalmis ultimi Nocturni a choro, pariter Episcopus se expedierit a Lectione Psalmorum, et Orationum prædictarum, ut præsto sit ad absolutionem *A vinculis peccatorum, etc.*, dicendam, benedictionemque dandam Canonico cantaturo primam Lectionem tertii Nocturni.

9. Cantata nona Lectione per Episcopum, ad quem iterum duo assistentes Diaconi in suo habitu chorali debent accedere, et Hymno *Te Deum laudamus, etc.*, per eum inchoato, eo modo, quo in dicto *Cap.* v, *Lib.* II, § 11, de Matutinis dictum fuit, Episcopus descendens paululum e sede, in plano solii Pontificalis deponit cappam, et stans lavat manus, accedentibus tunc et adjuvantibus Diacono et Subdiacono paratis; et ab eisdem induitur paramentis Missalibus, aliquanto celerius solito, præter chirothecas, et annulum, et tunicellam, ac dalmaticam et planetam, cujus loco induitur pluviali; denuo sedem ascendit, ubi stans sine mitra, expectat finem Hymni prædicti, qui decantari poterit prolixiori nota, et cum organi interpositione; ut commodius interim Episcopus et omnes Canonici indui possint suis paramentis. Quo finito, accedunt duo Acolythi cum candelabris et cereis accensis, et medius inter eos alter de libro serviens Episcopo, adhærente alio cum candela parva accensa, qui versus populum cantat *Dominus vobiscum*, deinde versus altare *Oremus*, junctis manibus, deinde Orationem *Concede, quæsumus, etc.*, cum sua conclusione : et iterum repetito *Dominus vobiscum*, dum chorus cum organo prosequitur lente *Benedicamus Domino*, et *Deo gratias*, ipse, deposito pluviali, stans accipit tunicellam et dalmaticam, et sedens chirothecas : deinde stans planetam, et rursus sedens mitram pretiosam, et ultimo loco annulum, demum accedit ad infimum gradum altaris pro Missa inchoanda.

10. Quæ Missa in omnibus et per omnia celebratur, prout in prædicto *Cap.* viii, *hujus Lib.* II, explicatum fuit, excepto quod, cum in Missa cantatur a choro Versiculus Symboli *Et incarnatus est, etc.*, Episcopus cum mitra apud sedem suam, et cæteri in propriis locis genuflectere debent usque ad terram, hac nocte, et die sequenti in Missa majori, prout etiam in die Annuntiationis.

11. Episcopus vero non sumet purificationem, et in fine post benedictionem non dabit Indulgentiam, quia in tertia Missa, quam

omnino cantabit Episcopus in die, erit Indulgentia publicanda. Cætera omnia, ut in supradictis capitibus (1), tam celebrante, quam non celebrante Episcopo, respective, erunt observanda.

(1) On doit donc, pour plus amples explications, recourir aux lieux cités de notre Cérémonial et à la pratique de Rome qui y a été rapportée. Nous allons dire ici, pour une plus parfaite intelligence de ce chapitre, comment se fit, par le pape, à la chapelle Sixtine, l'office de matines la veille de Noël 1854. Les cérémonies spéciales que l'on remarquera dans cet office papal seront comme des exceptions qui aideront à mieux saisir la règle générale. Il commença à huit heures et demie du soir.

MATINES DE NOEL CÉLÉBRÉES PAR LE PAPE.

1° Le pape était en chape et en mitre, et il arriva à la chapelle tout habillé.

2° Deux cardinaux en cape l'assistaient au trône. Les autres cardinaux, revêtus de même, étaient *ad subsellia sua*.

3° Le pape chanta le *Domine, labia mea aperies, etc.*, et le *Deus in adjutorium meum, etc.*

4° Le *Venite exultemus*, avec son invitatoire, les antiennes, psaumes, versets, répons, furent chantés à la tribune par les chantres de la chapelle papale. On y entonna et chanta l'hymne tout entière.

5° Un sous-diacre apostolique *in cotta* alla donner au pape l'intonation de la première antienne du premier psaume du premier nocturne, et celle du *Te Deum*. Ce sous-diacre ne prend la tunique que lorsque les cardinaux assistent aux offices *parés*.

6° Les huit premières leçons furent chantées par des cardinaux. Un cérémoniaire allait les inviter d'aller au lutrin (*ad legile*), placé au milieu de la chapelle, mais vers le bas du chœur. Ils allaient saluer l'autel au milieu du chœur. De là ils saluaient le pape, puis ils se rendaient au pupitre qui était un peu en arrière. Ils demandaient et recevaient la bénédiction inclinés vers le pape. Ils chantaient ensuite leur leçon, et en disant : *Tu autem, Domine, etc.*, ils saluaient profondément l'autel. Ils allaient ensuite au milieu du chœur comme en venant, faisaient une inclination profonde à l'autel, puis une autre au pape, et ils retournaient à leur place sans aller baiser la main du pape.

Un des cérémoniaires se tenait au livre pour les assister pendant qu'ils chantaient leur leçon.

7° Un des cardinaux assistants chanta la huitième leçon, et le pape chanta la neuvième. Au lieu de la neuvième bénédiction, on chanta au chœur : *Amen.*

8° Le pape lut les absolutions et bénédictions, et c'était les évêques assistants qui tenaient le livre et le bougeoir. Ils tinrent également le livre et le bougeoir pendant que le pape chanta la neuvième leçon.

9° Au *Te Deum*, on ne manqua pas de chanter le verset *Te ergo quæsumus, etc., suavi harmonia,* comme au Cérémonial.

10° Après le *Te Deum*, les acolytes vinrent avec leurs cierges allumés au pied du trône. Les deux évêques assistants qui en étaient chargés présentèrent le livre et le bougeoir, et le pape chanta l'oraison selon la rubrique du jour. La messe de minuit commença aussitôt après et se termina à onze heures et demie. Elle se chanta par un cardinal avec les cérémonies accoutumées. Le pape demeura au trône pour l'*Incarnatus est.* Il se mit à genoux sur un petit banc que l'on apporta exprès, et garda la mitre.

BÉNÉDICTION DE L'ÉPÉE ET DU CHAPEAU DUCAL.

Maintenant nous croyons intéresser la pieuse curiosité de nos lecteurs en reproduisant ici la cérémonie et les prières usitées dans la bénédiction de l'épée et du chapeau ducal, qui est particulière à cet office.

Dans la salle des parements est dressé un autel sur lequel sont déposés l'épée et le chapeau que le pape doit envoyer à quelque souverain. Avant de se rendre à la chapelle pour matines de Noël, le pape, revêtu de l'aube et de l'étole, dit les versets et l'oraison qui suivent.

℣. *Adjutorium nostrum in nomine Domini.*
℟. *Qui fecit cœlum et terram.*
℣. *Dominus vobiscum.*
℟. *Et cum spiritu tuo.*

OREMUS.

Benedicere digneris, quæsumus, Domine Jesu Christe, hunc ensem in defensionem sanctæ Romanæ Ecclesiæ, et christianæ reipublicæ, ordinatum nostræ benedictionis officio, ad vindictam malefactorum, laudem vero bonorum : ut per eum, qui te inspirante illo accingitur, vim æquitatis exerceas, molemque iniquitatis potenter evertas, et sanctam Ecclesiam tuam, ejusque fideles, quos ut pretioso sanguine tuo redimeres, hodie in terris descendere et carnem nostram sumere dignatus es, ab omni periculo protegas atque defendas, et famulum tuum, qui hoc gladio in tuo nomine armatus erit, pietatis tuæ firma custodia munias, illæsumque custodias; qui vivis, etc.

Le pape asperge ensuite d'eau bénite et encense cette épée et ce chapeau, qu'un clerc portera le lendemain à l'entrée solennelle et à la messe pontificale.

En lisant avec attention cette belle oraison, on comprend de quelle puissance surnaturelle est investi le prince temporel qui s'arme avec foi de cette épée bénite et se couvre de ce casque de salut pour la défense de la sainte Église. Les plus belles pages des histoires des empereurs, des rois et des princes qui ont davantage illustré leur nom, pourraient être citées en témoignage du fait historique si constant et si connu, que ceux-là sont bénis de Dieu qui sont bénis par le pontife qui le représente.

Il en faut dire autant de tous ceux qui s'arment du glaive de la parole pour défendre, par leurs discours et leurs écrits, la sainte Église romaine, sa primauté, ses prérogatives, sa liturgie et toutes ses antiques et vénérables institutions.

Après la messe, le pape reçoit, dans la chapelle de Notre-Dame-de-Pitié, qui sert de salle des parements, les félicitations du Sacré-Collége, par la bouche du cardinal doyen. C'est un reste précieux des acclamations joyeuses et solennelles qui, en ce jour, étaient autrefois adressées de toutes parts au père commun. On sera bien aise de relire ici quelques-unes de ces vives et touchantes acclamations que s'échangeaient les souverains pontifes et les cardinaux, magistrats, etc. *Tempora bona habeas*, disait le pape en bénissant l'assemblée; *Tempora bona habeamus omnes, exaudi, Christe*, répondait le clergé. *Domino Nostro a Deo decreto Summo Pontifici et universali Papæ vita*, s'écriaient les notaires régionaires; *Deus conservet eum et vivificet eum*, répétaient trois fois les cardinaux. *Salvator mundi, tu illum adjuva*, ajoutaient-ils par trois fois. *Sancta Maria, tu illum adjuva*, disaient-ils encore par trois fois. *Omnes sancti illum adjuvent*, répétaient-ils enfin par trois fois.

Chacun pourra aisément nourrir sa piété filiale envers le père de toute l'Église en formulant dans l'intérieur de son âme, en quelque lieu qu'il se trouve, ces ardents souhaits que nos pères faisaient entendre, d'une manière si brillante, dans les beaux siècles de la foi. Puisse-t-il revivre, cet âge d'or, avec la naïve simplicité de ses mœurs patriarcales!

12. In laudibus tandem, quæ post hanc Missam solemniter cantari debent, serventur omnia, quæ in superiori *Cap.* vii, *hujusmet Lib.* II, præscripta leguntur.

CHAPITRE XV

DES FÊTES DEPUIS NOEL JUSQU'A LA PURIFICATION.

In festis a die Nativitatis ad Purificationem, major vel minor solemnitas servanda, juxta qualitatem festi. In die Circumcisionis Domini Episcopus Missæ intersit, paratus pluviali. In die Epiphaniæ, si poterit, ipse celebret. Hac die festa mobilia prænuntiantur post Evangelium. Servanda ab Episcopo in aliis festivitatibus.

1. Festa, quæ occurrunt post diem Nativitatis Domini nostri Jesu Christi usque ad diem Purificationis beatæ Mariæ Virginis, celebrabuntur magis, vel minus solemniter, prout Episcopo videbitur, juxta qualitatem festi et consuetudinem loci.

2. In die tamen Circumcisionis Domini Episcopus debet interesse Missæ, paratus cum pluviali.

3. In die vero Epiphaniæ deberet ipse celebrare, si poterit, quod valde conveniens esset. Quo die, cantato Evangelio, aliquis Canonicus, vel Beneficiatus, aut alius, juxta consuetudinem loci, paratus pluviali, ascendet ambonem, vel pulpitum, et ibidem populo publicabit festa mobilia anni currentis in forma, prout in Pontificali Romano (1).

(1) Nous avons déjà observé que cette publication des fêtes mobiles ne se fait pas à la chapelle pontificale, et nous croyons qu'elle ne se fait plus dans aucune église de Rome.

4. In aliis vero festivitatibus prædictis poterit Episcopus interesse cum cappa, vel prout ipsi melius videbitur, et omnia servabuntur, quæ superius expressa sunt in *præcedentibus Capitibus, nempe* VIII, *hujus Lib.* II, de Missa solemni per Episcopum celebranda, *et* IX *ejusdem Libri* de Missa, quæ coram Episcopo celebratur.

CHAPITRE XVI

DE LA PURIFICATION.

Quæ præparanda pro benedictione candelarum in festo Purificationis. Paramenta sint coloris violacei. Ordo procedendi per Episcopum ad benedictionem. Diaconi et Subdiaconi planetis plicatis ante pectus utantur. Quo ritu Episcopus benedictionem faciat. Quis Episcopo candelam benedictam tradat. Quo ordine Episcopus candelas distribuat. Cantanda in ipsa distributione. Præmittenda ante processionem. Candelæ quando accendantur. Ordo processionis. Paramenta Episcopi et ministrorum pro Missa sint alba, nisi in Dominicis Septuagesimæ et Quinquagesimæ Purificatio occurrat. Missa quomodo celebretur, assistente Episcopo. Quid servandum, si Episcopus ipse celebret.

1. Quia a Vigilia Nativitatis Domini nullæ occurrunt festivitates, quæ in Vesperis et Missis quoad cæremonias indigeant speciali declaratione, cum ex regulis in superioribus capitibus traditis, et aliis generalibus, quæ in libro superiori abunde explicata fuerunt, sumi possint : videndum est de festo Purificationis B. M. V. in quo plura adhuc, neque in Missali, aut Pontificali Romano declarata, recensenda veniunt.

2. Præparanda igitur in primis erit candelarum ceræ albæ ea copia (1), quæ sufficiens videbitur pro Ecclesiæ qualitate, ac Canonicorum, aliorumque de gremio Ecclesiæ numero, nec non et pro laicis,

quibus juxta consuetudinem Ecclesiæ distribui soleant. Hæ omnes collocari poterunt super aliqua mensa inter altare ad sedem Episcopi (2), ita ut Episcopus in sua sede stans, commode possit eas aspergere et thurificare post illarum benedictionem.

(1) Beaucoup de laïques, à Rome, sont admis à recevoir des cierges au trône pontifical. Le Cérémonial a fixé à chacun son rang et donné à certains laïques le pas sur certains ecclésiastiques; aussi voit-on s'avancer vers le trône tantôt des ecclésiastiques et tantôt des laïques.

(2) Le trône étant placé au côté de l'évangile, cette crédence doit se trouver vers la gauche de l'évêque.

A Saint-Pierre, ces cierges sont sur les marches du trône, à la gauche du pape, dans des caisses que l'on couvre de damas rouge jusqu'à ce qu'il faille les ouvrir pour la bénédiction.

3. Paretur etiam abacus, juxta consuetum, a latere Epistolæ, super quo ponantur ultra duo candelabra cum luminaribus, et alia consueta et ordinaria, quæ superioribus capitibus demonstrata fuerunt, nempe vas aquæ benedictæ cum aspersorio, thuribulum cum navicula, vasa ad abluendum manus cum medulla panis, mantile ad extergendum, mappa altera linea pulchre laborata, apponenda super gremio Episcopi, cum incipit candelas distribuere.

4. Super altari ponentur per Sacristam paramenta pro Episcopo, suo ordine, coloris violacei, videlicet amictus, alba, cingulum, crux pectoralis, stola, pluviale, et mitra simplex : ipsum vero altare habeat duo pallia, videlicet alterum album, et supra illud alterum violaceum, removendum post processionem; nisi festum venerit in Dominicis Septuagesimæ, Sexagesimæ, vel Quinquagesimæ, ut infra dicemus.

5. Deputentur custodes, qui populum arceant, si forte tumultuosius irrueret, ne indecenter Episcopum opprimat.

6. His præordinatis, hora competenti Episcopus in sua cappa a Canonicis associatus, veniet ad Ecclesiam, et facta oratione (1), accedet ad sedem suam, ubi deposita cappa, accipit paramenta supradicta, suo ordine, afferentibus ea ab altari Acolythis, seu ministris, cottis indutis; acceptoque pluviali et mitra, sedet. Interim Canonici omnes in locis suis stantes, seu in Sacristia, si prope est, accipiunt sacra paramenta eis convenientia, prout superius declaratum fuit; eo excepto, quod Diaconi, aut Subdiaconi non quidem dalmaticis et

tunicellis, sed planetis ante pectus plicatis in hujusmodi Officio utuntur, cum sit feriale ; et si commode paramenta haberi nequeant pro omnibus Canonicis, quatuor, aut sex digniores saltem, induantur pluvialibus, ut ibidem dictum fuit.

(1) L'évêque, suivi des chanoines, va à l'autel du saint sacrement, où il prie *ad faldistorium*, ou du moins à genoux sur un coussin; il va ensuite à l'autel où doit se faire l'office, et il prie encore.

7. Quibus paratis, Episcopus in dicta sua sede, deposita mitra, stans, benedictionem candelarum faciet, Capellano, qui ei de illo servit, librum sustinente manibus; incipiens competenti voce in tono feriali benedictionem (1), dicit *Dominus vobiscum* cum Orationibus, prout in Missali : et respiciens aliquantulum versus candelas. Cum incipit ultimam Orationem, accedunt ad eum duo Acolythi, unus cum thuribulo et navicula, alter vero cum vase aquæ benedictæ, et aspersorio.

(1) Chaque oraison se termine par la finale fériale *fa ré;* de cette manière, on les distingue mieux au chœur, et les porte-bénitier et encensoir sont par là avertis de partir à temps pour faire ce qu'ils ont à faire ici.

8. Finita benedictione (1) Episcopus, ministrante naviculam Presbytero assistente parato, qui tunc cum præfatis ministris accedit, imponit incensum in thuribulum, et benedicit more solito : deinde, accepto aspersorio de manu ejusdem assistentis, aspergit in medio, a dextris, et a sinistris ter candelas, et ab eodem accipiens thuribulum, simili modo ter illas thurificat ; tum sedet accepta mitra, et dignior Canonicus paratus (2), accipit de manu Sacristæ, sive Camerarii (3) candelam pulchre ornatam, et cum debita reverentia illam osculatam dat in manu Episcopi, quam pariter osculatur; Episcopus vero illam tradit alicui ex suis Capellanis tenendam prope altare.

(1) Vers la fin de l'oraison, un cérémoniaire conduit au trône le prêtre assistant, qui se trouve alors à sa place au chœur, et qui est le premier des chanoines-prêtres revêtus de la chasuble. Il fait bénir l'encens, puis présente l'aspersoir et l'encensoir à l'évêque, et va ensuite reprendre sa place au chœur.

(2) Le premier des dignitaires, revêtu de la chape, va ensuite, conduit par un cérémoniaire, présenter le cierge à l'évêque en la manière prescrite ici. Comme on le voit, ce n'est ni le prêtre assistant, ni le célébrant, mais le premier du chapitre, qui doit remplir cet office.

(3) Les camériers de l'évêque sont ceux qui sont chargés de faire les réceptions au palais épiscopal. A Rome, ils ont une cape différente de celle des chanoines; ils ont aussi une place spéciale à l'église, près de la crédence. Ceux qui sont chargés de présenter les cierges demeurent à genoux tout le temps de la distribution.

9. Tunc elevatis hinc inde fimbriis pluvialis Episcopi per Diaconos assistentes, ponitur super ejus gremio per duos Capellanos mappa prædicta (1) et statim per Capellanos, sive Acolythos, capiuntur de mensa, sive de manu Camerarii, aut Sacristæ, aut alterius ad eam curam deputati, candelæ grandiores pro Canonicis, et porriguntur (2) ad manus Diaconi assistentis ad sinistram Episcopi, qui illas continuo ministrat Episcopo, eodemque tempore dignior ille Canonicus, pluviali indutus, facit reverentiam, primo altari, deinde Episcopo, ascendit ad eum, et accipit ab eo candelam, osculando illam, et manum Episcopi reverenter; et tunc cantores incipiunt cantare Antiphonam *Lumen ad revelationem gentium*, etc.

(1) Vers la fin des oraisons, le thuriféraire et ceux qui portent le bénitier et la nappe vont au trône.

Lorsque l'évêque a reçu son cierge, deux chapelains étendent cette nappe ou tablier, qu'ils soutiennent en demeurant à genoux de chaque côté de l'évêque tout le temps de la distribution. Le tablier pourrait aussi s'attacher aux deux montants du fauteuil avec deux rubans, et c'est ainsi que communément l'on fait à Rome.

On aimera à lire ici ce qui est rapporté par Catalan des trois cierges qui sont présentés au pape dans la cérémonie de ce jour, et ce que d'ailleurs nous avons vu faire de nos yeux, ayant eu la grande consolation d'assister à cette solennelle bénédiction. *Patricius ait cereos duos magnos dari ad mandatum Papæ duobus nobilibus quorum alter insignior videlicet vadit ad dexteram, alter ad sinistram Papæ, et ibidem stantes eos te-*

nent usque ad finem missæ. Post ipsos magnos cereos ait idem Patricius dari Pontifici alium cereum minorem ornatum quem deinde servat unus ex cubiculariis cameræ, istoque cereo uti Papam in toto officio, quod celebratur in ipso Purificationis Deiparæ Virginis.

Ces trois cierges sont portés de l'autel au trône par le prêtre assistant et les diacre et sous-diacre de la messe *in albis*, lesquels demeurent à genoux, pendant les oraisons de la bénédiction, sur le marchepied du trône. On sait que ces cierges, peints avec art, s'envoient à des personnages que le pape veut honorer.

(2) Les cierges à distribuer se présentent horizontalement; les diacres assistants les tiennent chacun par un bout, et l'évêque les prend par le milieu, de la main droite.

Ceux qui les reçoivent baisent d'abord le cierge à côté de la main de l'évêque, puis la main elle-même; prenant ensuite le cierge de la main droite, ils vont à leurs places. C'est de la sorte que se donnent et que se reçoivent à Rome les cierges, quand le pape en fait la distribution.

10. Similiter et alii Canonici (1), parati ordine suo, accipiunt candelas : post eos Magistratus (2) et Officiales majores civitatis, deinde alii Presbyteri, Acolythi et Clerici de gremio Ecclesiæ, et Capellani Episcopi, cottis induti : demum alii nobiles civitatis, nisi adesset laudabilis consuetudo, ut clerici omnes tam parati, quam cum cottis, acciperent candelas ante laicos, quæ servanda esset, et familiares ipsius Episcopi, et alii de populo, quibus, et quot Episcopo placuerit dare ; non tamen mulieribus, quæ a seniore Dignitate, vel Canonico cum cotta et stola parato, seorsum illas accipiunt.

(1) Les diacres assistants descendent du trône quand arrive leur tour de recevoir les cierges; ils saluent l'autel, puis l'évêque, reçoivent debout leurs cierges en la manière ci-dessus mentionnée, et reprennent leurs places; ils sont pendant ce temps-là suppléés par deux cérémoniaires.

(2) Ce nombre peut fixer le rang des prééminences à observer entre les diverses classes d'ecclésiastiques et de laïques qui se rencontrent à une même cérémonie.

11. Sed Canonici parati non genuflectunt ante Episcopum, quando capiunt candelas, sed tantum profunde inclinant : alii vero Ecclesiastici cum cottis, et laici genuflexi, capiunt, et manum Episcopi cum candela osculantur (1).

(1) Le Cérémonial dit ici que les ecclésiastiques et laïques baisent d'abord la main de l'évêque, puis les cierges. Plus haut, il prescrivait aux chanoines de baiser le cierge, puis la main. Mais l'on doit suivre cette règle générale que toute chose bénite se baise avant la main qui la donne.

12. Interim aliquis de Capitulo, ad quem spectat, si Episcopo placuerit, et sit consuetudo Ecclesiæ, seorsum distribuit candelas minutiores populo utriusque sexus.

13. Finita distributione, Episcopus, portante lances nobili, seu scutifero, lavat manus more solito, prout supra de Missa dictum fuit, et amovetur de ejus gremio mappa prædicta; et interim cantores cantant *Exurge, Domine, etc.*, cum Psalmo, et repetita Antiphona, ipse surgit, depositra mitra, et versus altare cantat *Oremus*, et si fuerit post Septuagesimam, et non in Dominica, Diaconus assistens a dexteris dicit alta voce *Flectamus genua*, et omnes genuflectunt; alter a sinistris *Levate*, et omnes surgunt, et Episcopus cantat Orationem *Exaudi, quæsumus, Domine, etc.*, cum sua conclusione, prout in Missali, accedentibus Acolythis cum candelabris, ut alias.

14. Qua finita, sedet, et accipit mitram, et iterum imponit incensum in thuribulum, ministrantibus Presbytero assistente et Acolytho (1), ut supra.

(1) Le prêtre assistant va au trône faire bénir l'encens comme la première fois, et retourne à sa place au chœur.

15. Interim accenditur candela Episcopi (1), quam tenet ejus Cubicularius, seu Capellanus, ut supra, et pariter omnium aliorum, maxime de clero, nisi a principio fuissent accensæ; et ordinatur per Cæremoniarium processio circumcirca Ecclesiam, vel alias juxta ritum Ecclesiarum, in qua, post dictum a primo Diacono assistente *Procedamus in pace*, alta et sonora voce versus populum, et responso a choro *In nomine Christi, Amen*, ante crucem præcedit thuriferarius, et ante thuriferarium cantores; post thuriferarium duo Acolythi cum candelabris, et cereis ardentibus, et inter eos medius Subdiaconus, paratus planeta ante pectus plicata super albam sine

manipulo, portans crucem ; post crucem Beneficiati, et alii de clero cum cottis bini : et post eos Canonici parati, pariter bini, et mox Episcopus cum mitra, medius inter duos Diaconos assistentes paratos, pluvialis latera elevantes, omnesque suas candelas accensas manibus propriis deferentes; Episcopus suam candelam sinistra gerit, et dextera benedicit. Quod si erit Archiepiscopus, crux portabitur solummodo ante Canonicos tantum.

(1) L'usage est, à Rome, de distribuer les cierges éteints, et de ne les allumer qu'au moment de la procession, ce qui, de fait, est beaucoup plus commode.

16. Interea, dum fit processio, Canonicus, aut alius Missam celebraturus cum Diacono et Subdiacono, capiunt sua paramenta convenientia, id est albi coloris; et Diaconus et Subdiaconus accipiunt dalmaticam et tunicellam ; pariter mutantur paramenta altaris et sedis Episcopalis, et amovetur abacus, et loco illius ponitur mensula, ut supra suo loco dictum fuit esse faciendum, non celebrante Episcopo.

17. Sed si hujusmodi festum veniret in Dominica Septuagesimæ, Sexagesimæ, vel Quinquagesimæ, non mutantur paramenta altaris, nec Episcopi, sed remanent eadem violacea ; et Diaconus et Subdiaconus utuntur dalmatica et tunicella, quia fit Missa de Dominica, secundum regulam in Rubricis Missalis, sub hoc festo positam, et candelæ amplius non accenduntur, neque ad Evangelium, neque ad elevationem SS. Sacramenti.

18. Finita processione, et Canonici chorum ingressi deponunt paramenta (1), et candelas exstinguunt.

(1) Ils peuvent déposer à leur place, au chœur, leurs ornements et y prendre leur habit canonical, assistés comme au commencement par deux chapelains.

19. Episcopus vero (1), cum pervenerit ad altare, ante infimum gradum, si Missa fiat de festo, deponit pluviale et paramenta violacea, et accipit alba, et incipit confessionem, stante a sinistris ejus celebrante, aliquanto retro ipsum Episcopum. Missa vero continuatur, prout in *Cap.* IX, *hujus Lib.* II, de Missa, quæ coram Episcopo celebratur, excepto, quod, dum inchoatur Evangelium, Episcopus et omnes capiunt suas candelas accensas in manibus usque ad finem Evangelii, et iterum ad elevationem SS. Sacramenti eas tenent ac-

censas usque post Communionem; si vero fieret Missa de Dominica, ut supra, candelæ non accenduntur.

(1) Si l'évêque est revêtu de la chape pendant la messe, tout se fait comme il a été dit ci-dessus de la messe *præsente Episcopo*. Mais il faut observer que la messe ne commence que lorsque tous les chanoines ont repris leur habit canonical. Il faut encore observer qu'en arrivant au chœur, lorsque l'évêque attend assis, *ante infimum gradum altaris*, qu'il faille commencer la messe, les diacres assistants vont tout de suite se déshabiller à leur place au chœur. Et, pour que l'évêque ne demeure pas sans assistants, deux autres chanoines viennent se mettre à ses côtés; ils vont à leur tour se déshabiller et reprendre leur habit canonical aussitôt que les diacres assistants sont revenus prendre leur place, car il est à remarquer qu'au retour de la procession l'évêque ne va pas au trône, mais attend, assis au fauteuil, au pied de l'autel, que tout soit prêt pour commencer la messe.

20. Sed si Episcopus vellet etiam Missam celebrare, quod convenit, præcipue si festum Purificationis sit Titulus Ecclesiæ, non removetur abacus, et Episcopus stans incipit Tertiam, ut alias, deinde accipit caligas et sandalia, et legit Psalmos *Quam dilecta, etc.*, et omnes Orationes sequentes; tum lavat manus, et deposito pluviali, cingulum album et stolam albam accipit, cingulo ac stola violaceis (1) depositis, tum tunicellam, dalmaticam, chirothecas, planetam, mitram, annulum et baculum pastoralem, ut supra in *Cap.* xiv, § 9, *hujus Lib.* II, de Vigilia Nativitatis Domini, etc. Canonici etiam in reditu a processione debent eo casu, depositis paramentis violaceis, accipere alba, et illa retinere per totam Missam.

(1) Ces expressions sembleraient indiquer que les cordons d'aube devraient être de la couleur des ornements du jour. Catalan dit que cela peut se faire, mais l'usage contraire a prévalu, même à Rome.

21. In reliquis, ut supra, et Missa celebratur cum cæremoniis et solemnitatibus, prout in *Cap.* viii, *hujus Lib.* II, de Missa solemni, Episcopo celebrante.

CHAPITRE XVII

DE LA PURIFICATION (ABSENTE EPISCOPO).

In Cathedralibus, absente Episcopo, et in Collegiatis, quæ præparanda pro benedictione candelarum in festo Purificationis. Quis benedictionem faciat. Candelæ quomodo distribuantur. Processio quomodo fiat. Candelæ quando accendantur.

1. Absente Episcopo, etiam in Collegiatis paretur altare, ut in *præcedenti capite* dictum est : candelæ vero benedicendæ collocentur in cornu Epistolæ super aliqua parva mensa ; ibidem ponatur vas cum aqua benedicta et aspersorio, ac thuribulum cum navicula et incenso ; et hora competenti, id est, dicta Tertia, Canonicus hebdomadarius, sive Dignitas, vel alius, ad quem de consuetudine Ecclesiæ celebrare spectat, paretur in sacristia amictu, alba, cingulo, stola et pluviali violaceo, una cum duobus aliis Canonicis habitu Diaconali et Subdiaconali, ejusdem coloris indutis, excepto manipulo, videlicet, cum planetis plicatis ante pectus ; et considentibus omnibus aliis Canonicis habitu Canonicali indutis, hinc inde in locis suis, una cum Beneficiatis, seu Mansionariis, et clericis, accedet dictus Canonicus celebraturus cum ministris, et transeundo salutat hinc inde chorum ; ac inde, facta reverentia altari cum genuflexione, si ibi aderit SS. Sacramentum, sin minus cum profunda capitis inclinatione, ascendet ad altare, et ibidem in cornu Epistolæ stans, assistentibus Diacono (1) et Subdiacono, benedicet candelas, prout in Missali, et finita ultima Oratione, celebrans, ministrante Diacono, imponet thus in thuribulum ; quo imposito, accipiet de manu ejusdem Diaconi aspersorium cum aqua benedicta, et candelas aspergret ; et mox accepto thuribulo, triplici ductu illas thurificabit. Quo facto, retrahet se ante medium altaris, renes eidem vertens, et stabit medius inter Diaconum et Subdiaconum.

(1) Pour une plus parfaite intelligence de ce chapitre, on pourra recourir au Cérémonial de Baldeschi traduit par Favrel, car ce Cérémonial traite au long de ce qui regarde tous les offices dans les petites églises, et nous croyons qu'il a été adopté dans un grand nombre de diocèses de France, comme il l'est dans les huit qui forment la province ecclésiastique de Québec.

2. Tunc primus Sacerdos de choro, sive Vicarius, sive Dignitas, vel Canonicus, accepta una ex candelis benedictis, illam cum debita reverentia deosculatam dabit in manu celebrantis, qui illam tradet alicui Capellano tenendam, et statim ministrante Diacono, ipse celebrans stans, incipiet distribuere candelas, primo eidem digniori, deinde Diacono et Subdiacono paratis, si sint Canonici (1), mox aliis omnibus Canonicis per ordinem, habitu Canonicali indutis, qui bini accedent ad celebrantem, et inclinati ab eo candelas accipient, quas acceptas deosculabuntur.

(1) Si donc les diacre et sous-diacre ne sont pas chanoines, ils recevront leurs cierges après ceux du chœur qui ont rang avant eux, quoiqu'ils ne soient pas *parés*. C'est ainsi qu'on le pratique à Rome; car, aux chapelles papales, les prêtre assistant, diacre et sous-diacre de la messe passent après les votants de signature (prélats référendaires qui ont voix délibérative dans les cours civiles) et les abréviateurs du *parc majeur* chargés d'abréger les minutes des bulles, et ainsi appelés parce qu'ils travaillent dans une espèce d'enceinte où ils sont comme parqués.

3. Beneficiati vero, seu Mansionarii, et clerici, et cæteri omnes, similiter bini accedent, et genuflexi candelas accipiant, illas ac etiam manus celebrantis deosculantes.

4. Cum inchoatur distributio candelarum, cantores incipient Antiphonam *Lumen ad revelationem gentium*, etc.

5. Circa finem distributionis Magister cæremoniarum curet, ut accendantur candelæ pro processione, quæ fiet per Ecclesiam, ut in *præcedenti Capite* dictum fuit : et interim, dum fit processio, removeatur paramentum violaceum ab altari, et remaneat album, nisi hujusmodi festum venerit in Dominica Septuagesimæ, vel Sexagesimæ : quo casu fiat, ut dictum est in *Capite præcedenti*.

6. Finita processione, Canonici chorum ingressi extinguent candelas, et celebrans, qui stat medius inter Diaconum et Subdiaconum, ante infimum gradum altaris, facta debita reverentia altari et choro, retrahit se ad cornu Epistolæ, ubi deposito pluviali, capiet planetam albam seu violaceam, juxta regulam superius traditam, similiter et ministri dalmaticam et tunicellam ejusmodi coloris, et inchoabitur Missa, quæ juxta solitum perficietur, in qua hoc solum erit speciale, quod Canonici, et cæteri de choro, dum cantatur Evan-

gelium, accendunt candelas, et illas accensas tenent usque ad finem Evangelii, et iterum ad Elevationem usque post Communionem.

CHAPITRE XVIII

DE LA CÉRÉMONIE DES CENDRES.

Præparanda pro benedictione cinerum in feria quarta initio Quadragesimæ, Episcopo celebrante, vel non celebrante, sed præsente. Quid observandum, si publice pœnitentes expellendi sint. Diaconus et Subdiaconus utuntur planetis plicatis ante pectus. Ordo procedendi ad Ecclesiam, et benedicendi cineres, cantandi Orationes, et imponendi singulis eosdem cineres. Oratores Regum et Principum post Canonicos paratos cineres accipiant. Magistratus et laici post omnes de clero. Impositione cinerum expleta, Episcopus lavat manus, et Orationem cantat. Missæ hujus diei quomodo Episcopus assistat, quoties, ubi, et quando genuflectat. Quæ observanda, si Episcopus velit solemniter celebrare.

1. Quarta feria ante primam Dominicam Quadragesimæ, quæ a cinerum aspersione, *Cinerum* appellatur, quia Officium et Missa est de feria, altare, et tribuna et omnia simplicius parantur, quam in festis solemnioribus; et si Episcopus non sit Missam celebraturus, nulla paratur mensa, sive abacus a cornu Epistolæ, ut alias, sed tantum parva mensula a latere Evangelii, ubi ponuntur vasa pro abluendis manibus, cum mica panis, mappa pro abstersione manuum, et altera ponenda super genibus Episcopi in distributione cinerum; vas autem aquæ benedictæ cum aspersorio, et thuribulum cum navicula, poterunt poni super angulo altaris; et super eodem altari in medio ponitur parvum vas argenteum cum cineribus mundis ex ramis olivarum, benedictis anni præteriti combustis : item paramenta pro Episcopo suo ordine, coloris violacei, prout in die Purificationis B. M. V. (1) ita ut dictum vas non cooperiant, nec impediant.

(1) La cérémonie des Cendres ressemble, en beaucoup de choses, à celle de la bénédiction des cierges; il faut donc avoir recours aux chapitres qui traitent des deux cérémonies. Mais il y a, dans la cérémonie des Cendres, des particularités auxquelles il faut donner grande attention.

2. In Ecclesiis ubi viget consuetudo expellendi solemniter pœnitentes, servetur forma in Pontificali Romano posita, præsertim in casibus gravioribus.

3. Hora competenti Canonicus celebraturus Missam cum Diacono et Subdiacono capiunt paramenta violacea. Diaconus et Subdiaconus utuntur planetis ante pectus plicatis, et expectantes adventum Episcopi, sedent in aliquo scamno, pro ipsis parato ac viridi panno cooperto (1), a latere Epistolæ; cui advenienti assurgunt, et faciunt reverentiam; Canonicus celebrans videlicet, caput profunde inclinando, ministri vero genuflectentes, si non sint Canonici.

(1) On voit ici qu'aux jours de féries les banquettes, fauteuils, prie-Dieu, etc., doivent être garnis de tapis verts. A Rome, ces garnitures sont ordinairement rouges, quoique l'on en voie aussi de violettes et vertes, lesquelles font assez voir que la règle était autrefois connue et suivie. C'est le grand pénitencier qui officie en ce jour à la chapelle Sixtine, et l'on en sent la raison.

4. Episcopus associatus more solito venit ad Ecclesiam, factisque consuetis orationibus, stans apud sedem suam, accipit paramenta eodem ordine, quo in die Purificationis B. M. V. dictum est; et pariter omnes Canonici capiunt sua, prout ibi dictum fuit.

5. Quibus paratis, Subdiaconus, qui est cantaturus Epistolam in Missa, sive alius ex Beneficiatis Ecclesiæ, paratus planeta violacea, ante pectus plicata, accedit ad altare cum debitis reverentiis; et capit vas illud cum cineribus, ambabus manibus, quod elevatum portat ante Episcopum, ubi genuflexus, illud retinet usque in finem distributionis, ad dexteram Episcopi (1).

(1) Le sous-diacre se tient donc à genoux depuis le commencement de la bénédiction jusqu'à la fin de la distribution des cendres; il se trouve placé devant le premier diacre assistant, et par conséquent à la droite de l'évêque. Lorsque son tour de recevoir les cendres arrive, il remet le bassin qu'il tient en mains à l'un des sous-diacres *parés*, s'il y en a, sinon à quelque autre sous-diacre non *paré*, descend au bas du trône, salue l'autel et l'évêque, remonte au trône, où, ayant reçu les cendres, il reprend sa place et continue à tenir le bassin des deux mains, comme auparavant.

6. Tum Episcopus, accedente Capellano cum libro, et altero cum candela, assistentibus Diaconis hinc inde, legit sedens Antiphonam

Exaudi nos, Domine, etc., qua cum Psalmo repetita, deposita mitra, surgit, et manibus junctis, dicit *Dominus vobiscum*, et *Oremus*, ac Orationes benedictionis cinerum, quæ sunt quatuor, prout in Missali.

7. Quibus finitis, et jam ante eum stantibus, Presbytero assistente parato (1), et Acolythis cum thuribulo, navicula, et aspersorio cum aqua benedicta, imponit incensum in thuribulum, more solito aspergit et thurificat cineres triplici ductu.

(1) On doit remarquer que les chanoines sont *parés* pour la bénédiction des cendres, comme pour celle des cierges. Le prêtre assistant qui est au chœur, revêtu de la chasuble, est conduit par un cérémoniaire au trône, où il fait bénir l'encens pour l'encensement des cendres, puis il retourne à sa place au chœur. Après la confession, il va de nouveau au trône, où, ayant de nouveau fait bénir l'encens, il retourne à sa place au chœur. Il va encenser l'évêque avant qu'il lise l'Introït, puis il retourne au chœur. Avant que l'on chante le verset *Adjuva nos*, etc., il va faire bénir l'encens et retourne à sa place. Après l'évangile, il se rend au trône, encense l'évêque, s'il est *paré*, et s'en retourne au chœur. A l'offertoire, il va faire bénir l'encens et demeure cette fois au trône, où il encense l'évêque et est encensé à l'ordinaire. Lorsque le célébrant a dit le *Gratias agamus*, etc., de la préface, il va au chœur, où il demeure jusqu'à ce qu'il lui faille aller porter la paix à l'évêque, ce qui se fait comme de coutume.

8. Tum sedet sine mitra, et sine bireto; et Canonicus celebraturus Missam, solus accedit ad eum, facta altari et Episcopo reverentia, et imponit cineres in caput ipsius sedentis, dicens : *Memento, homo, quia pulvis es, etc.*

9. Quo facto, Episcopus accipit mitram, et extenditur super ejus gremio mappa munda per duos Acolythos, et imponit cineres eidem Canonico celebranti, ante se inclinato, dicens : *Memento, homo, etc.*, ut supra. Celebrans, acceptis cineribus, sine osculo manus Episcopi, revertitur ad suum locum.

10. Tunc incipiunt venire omnes Canonici (1) parati ad capiendos cineres, eodem modo, incipiendo a dignioribus, cum debitis reverentiis altari et Episcopo; et chorus incipit *Immutemur habitu, etc.*, cum sequentibus.

(1) Dans cette cérémonie, ce n'est pas au plus digne du chapitre à donner les cendres à l'évêque, mais au célébrant, qui devrait ce jour-là être le pénitencier. En lisant le Cérémonial, on voit qu'il doit assister à la bénédiction des cendres, avec les diacre et sous-diacre, revêtu comme pour la messe.

11. Si quis Prælatus alias supra Canonicos stare, vel sedere soleat, ei dabit Episcopus cineres stanti; si aliquis Princeps, vel Oratores Regum, vel Principum maximorum, aut Rerumpublicarum liberarum laici adessent, capiunt hac die cineres post Canonicos paratos : Magistratus vero et Officiales, ac alii laici post omnes de clero.

12. Quod sic observatur hac die, et feria sexta in Parasceve in adoratione crucis, ut ibi dicetur, ex antiqua laudabili Ecclesiastica disciplina, propter humilitatem, quæ in hoc actu repræsentatur iis diebus. Ideoque promptius, libentiusque laici in his cedere debent omnino Ecclesiasticis, prout etiam respective observantur per Imperatores, Reges et Principes, quando sunt præsentes in Capella Sanctissimi Domini nostri Papæ.

13. Prælati et Canonici parati, capiunt cineres inclinati : reliqui vero, tam clerici, quam laici genuflexi; et omnes sine osculo manus, cum commode osculum exhiberi nequeat in hoc actu.

14. Datis cineribus, Episcopus sedens in eodem loco, lavat manus (1), more solito; mox deposita mitra, surgit, et cantat manibus junctis *Dominus vobiscum*, *Oremus* et Orationem *Concede nobis, Domine, etc.*, ad quam more solito veniunt duo Acolythi cum candelabris et cereis accensis, et finita Oratione, discedunt.

(1) Selon qu'il a été observé ailleurs, les chanoines se tiennent debout, et les autres du chœur sont à genoux pendant que l'évêque se lave les mains.

15. Quibus expeditis, si Episcopus non est celebraturus Missam, prout regulariter hac die non solet, Canonici omnes deponunt sua paramenta (1); Episcopus autem retinebit sua paramenta, quod magis conveniens est, vel illa deponet, et accipiet cappam, prout magis libuerit, observans tamen regulam superius traditam; et descendens de sua sede, faciet confessionem cum celebrante; qua finita, revertitur ad suam sedem, ubi statim cum ministris et cæremoniis solitis imponit incensum in thuribulum, et thurificatur altare per celebrantem, et mox ipse celebrans.

(1) Pendant que les chanoines se déshabillent, les diacres du trône vont à leur place du chœur pour y déposer la planète et y prendre la cape. Pendant ce temps-là, deux autres chanoines encore *parés* se tiennent aux côtés de l'évêque. Ils iront se déshabiller quand les diacres assistants seront de retour.

La messe ne commence que lorsque les chanoines ont pris leur habit canonial, et qu'ils sont ainsi prêts à faire la confession en même temps que l'évêque et le célébrant, et tous les autres du chœur.

16. Tum Episcopus (1) legit Introitum ex libro, et dicit *Kyrie eleison* cum Canonicis in circulo stantibus; et celebrans in Missa dicit tres Orationes, prout in Missali, in æquali cantu feriali: et antequam dicatur *Dominus vobiscum* ante primam Orationem, Episcopus descendet e solio ad faldistorium, in quo, simul ac eo pervenerit, deposita mitra, genuflectet ad *Oremus*, omnibus pariter cum eo genuflectentibus, exceptis celebrante, Diacono et Subdiacono, qui in hac Missa non genuflectunt, nisi ad Versiculum *Adjuva nos, Deus, etc.*, ut infra dicetur. Dicta ultima Oratione, Episcopus surgens, et accepta mitra, redit ad sedem suam, et iterum, antequam inchoetur Versiculus *Adjuva nos, Deus, etc.*, descendet ad faldistorium, et genuflectit, retenta mitra, sic manens usque ad finem versus, genuflectentibus etiam celebrante ac ministris altaris.

(1) A cette messe, comme aux autres célébrées *præsente episcopo*, l'*Introït* et les autres parties de la messe mentionnées ci-dessus se disent simultanément par l'évêque et par le célébrant. Les cercles des chanoines doivent se faire à l'ordinaire, d'après le Cérémonial.

17. Quo versu dicto, et non prius (1), Diaconus cum solitis ministris, deposita jam planeta plicata, et eadem, vel alia jam involuta et complicata super sinistrum humerum, et super stolam posita, et sub ejus brachio stricte cordulis colligata, ne decidat, accedit ante ultimum gradum sedis Episcopi, et ab ipso sedente petit benedictionem pro Evangelio recitando; quo finito, Episcopus deosculatur textum Evangelii, sibi a Subdiacono delatum, et adhuc stans sine mitra, a Presbytero assistente thurificatur.

(1) Pendant que le sous-diacre chante l'épître, l'évêque et le

célébrant lisent l'épitre et tout ce qui suit jusqu'à l'évangile inclusivement. Pendant ce temps-là, le diacre quitte la planète, prend la large étole, et va porter le livre des Évangiles à l'autel. De là il va au trône, où il arrive au moment où l'évêque termine l'évangile. Il baise l'anneau et retourne à l'autel. Cependant le prêtre assistant se présente avec le thuriféraire, et l'encens se bénit à l'ordinaire. L'évêque descend ensuite du trône et se tient à genoux *ad faldistorium*, couvert de la mitre, pendant que l'on chante le verset *Adjuva nos*. Vers la fin de ce verset, il remonte au trône et bénit le diacre, qui a eu soin de dire à temps le *Munda cor meum*. Le chant et les cérémonies se mesurent de manière à ce que tout se fasse avec gravité et néanmoins qu'il n'y ait point d'interruption entre les diverses parties de l'office, ce qui est toujours désagréable en soi et nuit nécessairement à la piété.

18. Tunc accedit, qui sermonem vel concionem habiturus est (1), et petit benedictionem et Indulgentias ab Episcopo; et alia fiunt prout in *Cap.* xxii, *Lib.* I, de concionibus et sermonibus explicatum fuit.

(1) Nous croyons faire plaisir à nos lecteurs en rapportant ici ce qui se fit à la chapelle Sixtine le 21 février 1855, pour mieux montrer la pratique de Rome concernant le sermon.

Le prédicateur alla demander la bénédiction du saint-père, faisant, comme à l'ordinaire, la génuflexion à l'autel et au trône, et, baisant la mule, il demanda les indulgences qu'il devait publier. Rendu en chaire, il dit tout haut et à genoux l'*Ave Maria*, mais le chœur demeura assis. S'étant relevé, il se signa au front, à la bouche et à la poitrine, comme on a coutume de faire au commencement de l'évangile, annonça son sujet en trois ou quatre mots, fit la génuflexion au pape, se couvrit de sa barrette et prononça son discours. En terminant, il se découvrit et se mit à genoux. Le diacre alla chanter le *Confiteor* au bas du trône, et retourna prendre sa place à côté du célébrant. Le prédicateur se leva ensuite et publia l'indulgence en lisant la formule sur une carte que lui présenta un cérémoniaire. Le pape chanta l'absolution sur le ton férial *extra missam*, et donna la bénédiction sans mitre, à cause de la croix que tenait devant lui l'auditeur de rote à qui appartient ce privilége, et que l'on appelle *custode de la croix*, lequel était à genoux au bas du trône, *cappa indutus*. Moyennant cette pratique, l'on peut mieux comprendre et appliquer ce que dit ici et ailleurs notre Cérémonial sur l'indulgence et la bénédiction qui se donnent après le sermon. C'est quelque chose de solennel et de singulièrement touchant que cette cérémonie.

19. Finita Præfatione, et dicto per Episcopum cum Canonicis, ad circulum venientibus, *Sanctus, Sanctus, etc.*, iterum Episcopus descendit ad faldistorium, et ibidem genuflectit, et deponit mitram, sic manens usque ad *Per omnia sæcula, etc.*, ante *Pax Domini* (1), *etc.*, et tunc mitratus revertitur ad sedem suam, et iterum deposita mitra, dicit *Agnus Dei*, cum Canonicis, qui similiter veniunt ad circulos. Subdiaconus in hac Missa sustinet patenam, prout in aliis Missis; et Diaconus et Subdiaconus cantaturi Evangelium et Epistolam respective, deponunt planetam, et osculantur manum Episcopi, prout in Dominicis Adventus.

(1) Aux messes des féries, l'évêque observe ce qui a été dit plus haut (messes *pro Defunctis*) quant à la manière de saluer ici l'autel, aussi bien qu'aux dernières oraisons.

20. Post communionem, antequam celebrans dicat *Dominus vobiscum*, Episcopus iterum descendit ad faldistorium, permanens genuflexus, ut supra, ad omnes Orationes, quæ post Communionem dicuntur. Dicta ultima post Communionem, Diaconus vertit se ad populum, et dicit Versiculum *Humiliate capita vestra Deo*, Episcopo et aliis genuflexis manentibus, et capita inclinantibus (1) : finita ultima Oratione, Episcopus cum mitra revertitur ad sedem suam, et ibidem dat benedictionem solemnem more solito.

(1) Lorsque le diacre chante : *Humiliate capita vestra Deo*, tous inclinent la tête. Mais l'on ne doit pas demeurer incliné pendant l'oraison qui suit.

21. Quæ dicta sunt superius circa genuflexiones ad Orationes, et post Præfationem, servabuntur in omnibus aliis Missis ferialibus, tempore Quadragesimæ et Vigiliarum, præsente Episcopo.

22. Si vero Episcopus vellet hac die solemniter celebrare, finita

Oratione post cinerum aspersionem, sedet aliquantulum, et mox surgens sine mitra, incipiet *Deus in adjutorium, etc.*, pro Nona; et cum inchoatur Psalmus *Mirabilia testimonia tua, etc.*, sedet cum mitra, et legit Psalmum *Quam dilecta, etc.*, et interim imponentur eidem sandalia, Canonicis et aliis omnibus remanentibus paratis.

23. Finita Nona, ut alias, Episcopus lavabit manus cum cæremoniis consuetis, prout finita Tertia in aliis Missis, per ipsum celebrandis; et, dum lavat manus, accedet Presbyter assistens cum pluviali, et adjuvabit, incipiendo servire Episcopo in officio assistentiæ. Lotis manibus, Diaconus Evangelii, et Subdiaconus parati usque ad planetam exclusive absque manipulis, induent Episcopum paramentis Missalibus, adjuvantibus duobus Diaconis assistentibus, cum planetis plicatis ante pectus (1).

(1) Les diacres assistants à la messe célébrée par l'évêque demeurent au trône, à ses côtés, pendant que les diacre et sous-diacre de la messe le revêtent de ses ornements en se tenant par-devant. La raison en est qu'ils se trouvent tout habillés et tout rendus. Les planètes dont ils se revêtent doivent être pliées *ante pectus*, c'est-à-dire relevées aussi haut que possible. A Rome, elles le sont jusqu'à la ceinture.

24. Parato Episcopo, Diaconus et Subdiaconus capient planetas plicatas et manipulos pro Missa, et fiet processio ad altare, et inchoatur Missa in qua omnia servantur quæ in *Cap.* viii *hujus Lib.* II, de Missa solemni, Episcopo celebrante, explicata sunt, exceptis his, quæ hac die particulariter facienda sunt, ut supra narratum est.

25. Ante primam Orationem Episcopus non dicet *Pax vobis*, sed *Dominus vobiscum*, et cum dicitur Versiculus *Adjuva nos, Deus, etc.*, Episcopus genuflectet, non in faldistorio, sed apud sedem suam. In reliquis omnia fient ut supra explicatum est, et prout dicitur in dicto *Cap.* viii, de Missa solemni, Episcopo celebrante.

CHAPITRE XIX

DE LA CÉRÉMONIE DES CENDRES (ABSENTE EPISCOPO).

In Collegiatis, et absente Episcopo, Feria quarta cinerum, celebrans et ministri, ubi, et quibus paramentis induantur. Quæ præparanda ab Acolythis super altare. Ordo benedicendi cineres, et eos singulis imponendi.

1. Eadem omnia, quæ superius in *præcedenti Capite* expressa sunt, exceptis his, quæ ad Episcopum pertinent, præparentur et serventur, absente Episcopo, et in Ecclesiis Collegiatis, paucis infrascriptis mutatis.

2. Nam celebrans parabitur cum ministris in sacristia, et accedet ad altare cum debitis reverentiis, ut dictum fuit in *Cap.* xvii *hujus Lib.* II, de festo Purificationis B. M. V., absente Episcopo.

3. Ministri vero erunt hac die, tam in benedictione cinerum, quam in Missa cum planetis plicatis, quæ, quando tempus erit, in Missa deponent et reassument, juxta regulas traditas in *Capitibus* de Dominicis Adventus, et de Dominicis Quadragesimæ.

4. Vas cum cineribus collocabitur super altare a latere Epistolæ, vas autem cum aqua benedicta et aspersorio, ac thuribulum cum navicula et incenso, ponentur in angulo altaris super parva mensa. Celebrans, stans in cornu Epistolæ, benedicet cineres, prout in Missali, et imponet incensum, et illos asperget aqua benedicta, et thurificabit, prout de candelis dictum fuit. Et similiter, finita benedictione, medius inter Diaconum et Subdiaconum stabit, et Diaconus tenet vas cum cineribus.

5. Tunc accedit dignior Sacerdos de choro, et cineres celebranti, capite inclinato, imponet, dicens : *Memento, homo, quia pulvis es, etc.*, et statim celebrans eidem digniori stanti, capite similiter inclinato ante ipsum celebrantem, cineres imponet; mox Diacono et Subdiacono paratis, si sint Canonici (1), et cæteris Canonicis per ordinem ; qui omnes in habitu Canonicali, capite inclinato, stantes, a celebrante cineres accipient; Beneficiati, seu Mansionarii, et clerici, et cæteri omnes genuflexi.

(1) On conclut de ce texte que si le diacre et le sous-diacre ne sont pas chanoines, ils ne doivent recevoir les cendres qu'après les chanoines, quand même ceux-ci ne seraient pas

parés, et c'est ainsi qu'on l'entend et pratique à Rome, comme on l'a observé plus haut.

6. Finita distributione, celebrans, deposito pluviali, lavabit manus private in angulo altaris, et statim, accepta planeta in plano ad cornu Epistolæ, incipiet et prosequetur Missam prout in Missali, servatis, circa genuflexiones, ad Orationes et ad Versiculum *Adjuva nos, Deus,* etc., omnibus quæ in *præcedenti Capite* expressa sunt.

7. Post Evangelium fiet sermo, seu habebitur concio (1) nulla tamen petita per sermocinaturum benedictione.

(1) Ces deux expressions *sermo* et *concio* sont de cette sorte souvent répétées dans le Cérémonial des évêques. Par *sermo* on doit entendre un *discours* plus soigné, fait avec plus de préparation et selon les règles de l'art oratoire, et par *concio* un discours plus familier et d'un style plus simple. De grands et saints pontifes nous en donnent de beaux exemples. Les discours de saint Léon peuvent bien s'appeler *Sermones*, et ceux de saint Grégoire, qui expliquent si bien l'Évangile, *Conciones*.

On voit comme l'Église, qui en toutes choses a l'esprit de Dieu, est attentive à bien diriger les prédicateurs pour que leurs paroles achèvent d'opérer dans les cœurs les émotions religieuses qu'y a déjà produites le spectacle des cérémonies.

CHAPITRE XX

DES DIMANCHES DE CARÊME ET DE LA PASSION.

Quæ observanda sint in Dominicis Quadragesimæ circa altarium, Ecclesiarum, ministrorum ornatum, cæremonias Missæ, et cantum.

1. In Dominicis Quadragesimæ eadem omnia serventur, tam circa ornatum Ecclesiæ, et paramenta altaris ac ministrorum, quam circa cæremonias in Missa, quæ superius expressa fuerunt in *Cap.* XIII *hujus Lib.* II, de Vesperis et Missis in Dominicis ad-

ventus, sive ab Episcopo, sive ab alio, præsente Episcopo, celebrandis.

2. Quæ autem ibidem dicta sunt, de Dominica tertia Adventus, circa paramenta altaris et ministrorum, observantur eodem modo in quarta Dominica Quadragesimæ (1).

(1) BÉNÉDICTION DE LA ROSE D'OR.

Le dimanche *Lætare*, quatrième du carême, est aussi appelé *Dominica Rosæ*, ou *Rosarum*, ou *de Rosa*, à cause de la bénédiction de la *Rose d'or*, que fait le pape en ce jour, et que nous reproduisons ici pour l'édification de nos lecteurs. Elle se fait dans la salle des parements, dans laquelle se trouve dressé un autel pour recevoir cette rose entre deux chandeliers. Le pape porte ce jour-là, en chapelle, la chape et l'étole *roses*. Après avoir bénit la *rose d'or* par la prière suivante, il l'oint avec du baume du Pérou, l'asperge d'eau bénite, et l'encense.

℣ *Adjutorium nostrum in nomine Domini.*
℟ *Qui fecit cœlum et terram.*
℣ *Dominus vobiscum;*
℟ *Et cum spiritu tuo.*

OREMUS.

Deus, cujus verbo et potentia facta sunt omnia, et cujus nutu universa diriguntur; qui es lætitia et gaudium omnium fidelium: majestatem tuam suppliciter exoramus, ut hanc rosam odore visuque gratissimam, quam hodierna die in signum spiritualis lætitiæ in manibus gestamus, benedicere et sanctificare tua pietate digneris, ut plebs tibi dicata ex jugo Babylonicæ captivitatis educta, per Unigeniti Filii tui gratiam, qui est gloria et exultatio plebis Israel, illius Jerusalem, quæ sursum est mater nostra, sinceris cordibus gaudium repræsentet; et quia ad honorem nominis tui Ecclesia tua hoc signo hodie exultat et gaudet; tu ei, Domine, verum et perfectum gaudium largiaris, et devotionem ejus accipiens, peccata dimittas, fide repleas, indulgentia foveas, misericordia protegas, adversa destruas, prospera cuncta concedas; quatenus per fructum boni operis in odorem unguentorum illius floris transeat, qui de radice Jesse productus, flos campi et lilium convallium mystice prædicatur; cum quo in superna gloria cum sanctis omnibus sine fine lætetur. Qui tecum vivit et regnat in unitate Spiritus sancti Deus per omnia sæcula sæculorum. Amen.

Cette rose, ainsi bénite, est portée par un clerc de la chambre, qui marche devant le pape quand il se rend à la chapelle, et déposée au milieu de l'autel sur un riche voile de soie brodé d'or. Elle est ensuite ordinairement envoyée par le souverain pontife à quelque prince ou autre personnage important, en signe d'honneur ou de reconnaissance pour quelque service rendu à l'Église.

La signification mystérieuse de cette rose et la grâce qu'elle doit produire se trouvent admirablement bien exprimées dans la prière de la bénédiction. En voyant les marques de bienveillance que donnent les chefs suprêmes de l'Église aux grands du monde, tantôt en leur envoyant une *rose d'or*, une *palme*, un *cierge*, une *épée*, etc., et tantôt en les décorant de quelque privilége ecclésiastique, comme de chanter l'Évangile, de se faire précéder de la croix, etc., l'on doit se sentir pénétré de l'importance qu'il y a pour la religion de savoir ménager à propos les personnes constituées en dignité, pour que le bien se fasse dans tous les rangs par le bon accord des deux pouvoirs, spirituel et temporel. Puisse donc la *rose d'or* répandre par toute la terre l'odeur de sa suavité, pour que l'Église jouisse de la douce liberté qui lui est si nécessaire pour délivrer les nations qui gémissent encore sous le dur esclavage de Babylone, et leur faire respirer la bonne odeur de Jésus-Christ, qui est la vraie fleur des champs et le lis des vallons que cultive la religion ! Quelques réflexions sur cette *rose d'or*, qui, comme l'on voit, frappe agréablement les sens, peuvent édifier beaucoup les bons chrétiens et les faire entrer dans les sentiments de l'Église; c'est pour cela que nous avons pensé que la bénédiction qui s'en fait à Rome à pareil jour devait trouver ici sa place toute naturelle, d'autant plus que l'on n'a pas toujours sous la main les livres qui seraient nécessaires pour apprendre à en parler avec intérêt. La liturgie sacrée, quand elle est bien comprise, a un attrait irrésistible pour gagner à Dieu tous les cœurs.

3. Ad primas autem Vesperas Dominicæ, quæ de Passione dicitur, cooperiantur (1), antequam Officium inchoetur, omnes Cruces et imagines Salvatoris nostri Jesu Christi per Ecclesiam ; et super altare nullæ ponantur imagines Sanctorum.

(1) A Rome, les couvertures des croix, dans le temps de la Passion, sont ordinairement taillées en losange et cousues seulement par le haut. Ainsi elles n'ont pas besoin d'attache, et on les met et on les ôte facilement.

Les tableaux du chemin de la croix restent découverts tout le temps de la Passion ; et on découvre les tableaux ou statues des saints, aux jours de leur fête, avec la permission du cardinal-vicaire.

4. Cantores (1) vero ab hac Dominica quinta Quadragesimæ usque ad Pascha, excepta feria quinta in Cœna Domini, non utantur cantu figurato, sed Gregoriano.

(1) Ces mots montrent que dans les temps qui ne sont pas exceptés, tel qu'est celui de la Passion, on peut chanter les offices en musique, et, ce qui revient au même, autrement qu'ils ne sont notés dans les livres de plain-chant.

Par conséquent, on peut établir en principe qu'il ne serait pas contraire au Cérémonial de dire *recto tono* ou de psalmodier les diverses parties des saints offices qui sont imprimés en chant grégorien.

C'est ainsi qu'à Rome l'on chante assez souvent des *Introïts*, *Graduels*, antiennes de vêpres, etc. Cette pratique peut surtout servir dans les lieux où il se trouve peu de chantres exercés suffisamment pour chanter convenablement le chant grégorien.

Il semble qu'alors il vaudrait mieux faire psalmodier d'un ton grave un *Introït*, *Graduel* et autres pièces de chant difficiles à exécuter, que de les laisser chanter suivant la note, au risque de n'entendre que des cacophonies déchirantes. Cette méthode, au reste, serait un moyen facile d'avoir les offices publics dans les lieux où, faute de chantres, on ne peut jamais, aux jours de dimanches et fêtes, avoir que des basses messes.

CHAPITRE XXI

DU DIMANCHE DES PALMES.

Ordo Officii in Dominica palmarum. Altaris ornatus qualis esse debeat. Præparanda pro benedictione palmarum. Quis earum ornatus. Ordo in benedictione et distributione earum servandus. Palma Episcopo, a quo et quomodo tradenda. Ordo processionis et Missæ hujus diei. Numerus et munus eorum, qui cantaturi sunt Passionem. Quomodo astantes ad Passionem stare debeant. Ritus cantandi verba *Altera autem die* in tono Evangelii.

1. Officium in Dominica palmarum, hoc est, benedictio et distributio illarum, ac deinde processio, simile est fere in omnibus Officio, quod fit in die Purificationis beatæ Mariæ Virginis, in benedictione et distributione candelarum, et demum in processione. Remissius tamen aliquanto hac die paratur altare et tribuna, quam illa.

2. Præparantur igitur in mensa (1) apud altare et sedem Episcopi, ut de candelis dictum fuit, palmæ, seu rami olivarum benedicendi, inter quos, si palmæ haberi non possent, ornentur, et aptentur aliquot ex dictis ramis olivarum, flosculis et parvis crucibus de palmarum foliis compositis (2), ut speciosiores cæteris appareant, pro Episcopo, Canonicis et magistratibus : et saltem, palmæ perquirantur pro Episcopo, Prælatis et majoribus magistratibus, aut aliquibus magnis viris, si aderunt. Abacus quoque a latere Epistolæ, ea omnia, quæ in dicta die Purificationis B. M. V. enumeravimus, continens, accommodetur.

(1) A Saint-Pierre, le trône se trouvant très-loin de l'autel, les palmes à bénir sont déposées sur le trône même et à gauche du pape.

(2) Avec *des pellicules* de palmier habilement entrelacées, l'on fait à Rome de ces petites croix qui s'attachent aux palmes bénites. Ces petites croix sont aussi bénites séparément des palmes, et distribuées hors la cérémonie pour être conservées dans les maisons, comme le sont chez nous les rameaux bénits. Outre

ces palmes, ornées comme on vient de le voir, l'on bénit de simples branches de palmier qui se gardent ensuite par les fidèles qui y ont foi et dévotion.

Il y a trois palmes pour le pape, comme aussi il y a pour lui trois cierges le jour de la Purification. Dans l'une et l'autre cérémonie, ce sont les prêtres assistant, diacre et sous-diacre de la messe, qui, *in albis*, portent et les cierges et les palmes de l'autel au trône, et qui se tiennent à genoux en face du pape tout le temps que dure la bénédiction.

3. Super altari etiam ponentur eadem paramenta, pro Episcopo, eodem ordine, ut ibi dictum fuit : ante altare pallium violaceum. Custodes etiam, si opus erit, adhibeantur, qui populi pressuram cohibeant.

4. Episcopus hora competenti, eodem modo et ordine, cum cappa veniet ad Ecclesiam, orabit, ascendet ad sedem suam, capiet paramenta, et pariter Canonici, prout ibidem latius explicatum fuit. Quibus expeditis, cantatis Epistola et Evangelio, prout in Missali, ab iis ministris, qui in Missa ministraturi sunt : et iis omnibus (1), quæ cantantur ab Episcopo in sua cathedra sedente, lectis, adhuc stans in sua sede sine mitra, incipiet benedictionem palmarum, manibus junctis, dicens *Dominus vobiscum*, Capellano librum sustinente; deinde cantans Orationes, et in tono feriali incipiens ab ea, videlicet *Auge fidem, etc.*, tum Præfationem, et alias quinque Orationes sequentes.

(1) La préface et le *Sanctus* ne se chantent pas à la chapelle Sixtine. On ne chante que trois oraisons. Ceci est propre au Cérémonial du pape.

5. Cum dicitur quinta Oratio, videlicet *Deus, qui per olivæ ramum, etc.*, accedunt duo Acolythi, unus cum thuribulo et navicula; alter cum vase aquæ benedictæ et aspersorio ad Episcopum cum debitis reverentiis; qui, dicta per eum sexta Oratione, videlicet *Benedic, quæsumus, Domine, etc.*, imponit thus in thuribulum; cum solita benedictione aspergit palmas, et thurificat, ministrante Presbytero assistente parato (1), ut ibi; tum adhuc stans eodem vocis tono dicit *Dominus vobiscum*, et septimam Orationem, videlicet *Deus, qui Filium tuum, etc.*, qua completa, sedet, et accipit mitram.

(1) Le prêtre assistant qui est en chasuble va faire bénir l'encens au trône en la manière accoutumée, et retourne à sa place du chœur. Il fait de même après la distribution des palmes lorsqu'il s'agit de procéder à la procession. Il en fait autant après la confession. Il va au trône pour encenser l'évêque et retourne au chœur pour dire le *Kyrie*. Lorsque l'épître a été chantée, il va au trône, et demeure debout *ad scabellum assistentiæ* pendant que l'évêque lit l'épître et ce qui suit, jusqu'à la Passion exclusivement. Il s'assied ensuite et encense l'évêque après l'Évangile de la Passion. S'il y a sermon, il va prendre sa place au chœur, sinon il fait le cercle pour le *Credo*, après lequel il remonte au trône, où il demeure jusqu'à *Gratias agamus, etc.*, de la préface, qu'il se signe à l'ordinaire, et qu'il va au chœur pour ne plus revenir au trône que pour la paix, comme il a été dit ailleurs.

L'encensoir, le bénitier et la nappe ou tablier s'apportent au trône, comme il est marqué le jour de la Purification. Les palmes se donnent horizontalement comme les cierges.

6. Tunc dignior ex Canonicis (1) præbet ei palmam pulchriorem, acceptam de manibus Sacristæ, vel alterius ad id deputati, osculando palmam et manum, quam Episcopus tradit tenendam alicui suo Capellano : nec refert, an dicta palma pro commoditate Episcopi sit brevior, vel longior cæteris, dummodo sit pulchrior ornatu : ponitur deinde mappa, per Acolythos ex abaco allata, super gremio Episcopi, quam ipsi hinc inde genuflexi, tenent usque ad finem distributionis palmarum (2); et elevantur hinc inde fimbriæ pluvialis ipsius per Diaconos assistentes. Episcopus tunc incipit palmas distribuere Canonicis et aliis eodem ordine, prout de candelis dictum fuit; et chorus tunc incipiet Antiphonam *Pueri Hebræorum, etc.*

(1) Ce n'est pas le prêtre assistant, mais le plus digne du chapitre qui, revêtu de la chape, donne la palme à l'évêque.

(2) Il faut remarquer encore ici que *acolythi* n'est pas *ceroferarii*, comme nous l'entendons communément.

A Rome, pour éviter l'embarras de ces deux acolytes aux côtés de l'évêque, on attache cette nappe aux montants du fauteuil avec des rubans quand on fait usage du *faldistorium*.

7. Finita distributione, Episcopus more consueto lavat manus (1); accedunt ad eum duo Acolythi ceroferarii cum candelabris ac cereis accensis; ipse vero, deposita mitra, surgit, et cantat ex libro *Dominus vobiscum*, deinde Orationem ultimam, videlicet *Omnipotens sempiterne Deus*, etc.

(1) On observe encore que les chanoines sont debout pendant cette action, et les autres du chœur à genoux.

8. Qua finita, sedet, accipit mitram, ponit thus in thuribulum, ministrantibus Presbytero assistente et Acolytho; et dicto per primum Diaconum *Procedamus in pace*, ordinatur per Cæremoniarium processio circum Ecclesiam eodem ordine, prout ibi dictum fuit, et omnes gerunt suas palmas in manibus; Episcopus autem illam sinistra defert, et dextera benedicit. Exire debet processio extra portam Ecclesiæ (1) et antequam crux processionis ingrediatur dictam portam, præveniunt aliqui cantores, illam ingredientes, et mox claudentes, et versus ipsam processionem cantantes Versiculum *Gloria, laus, et honor*, etc., respondentibus aliis cantoribus extra portam, prout traditur in Missali.

(1) A Saint-Pierre, la procession, en sortant de l'église, tourne à droite et fait un long circuit dans le portique. On longe le portail de l'église en gagnant l'extrémité du portique, qui est à droite en sortant, et l'on revient vers la grande porte, en longeant le portique lui-même à l'intérieur. Par ce moyen, les deux bouts de la procession se rencontrent sans aucune confusion. Pendant que l'on chante le *Gloria, laus*, etc., le pape se trouve presque à l'extrémité du portique, et la procession garde à peu près le même ordre lorsqu'elle est arrêtée que lorsqu'elle est en marche. Autrefois, dit Catalan, l'on prêchait à cette station.

9. Cantatis omnibus Versiculis, vel eorum parte, prout tempus et occasio postulabit, Subdiaconus portans crucem, tangit cum illius hasta portam, quæ statim aperitur, et processio ingreditur, choro cantante Antiphonam *Ingrediente Domino*, etc.

10. Interim Canonicus, Missam celebraturus, cum Diacono et Subdiacono debent esse parati : et remota mensa, Canonici, ingressi chorum, deponunt paramenta et palmas, quas resumunt, dum cantatur Passio et Evangelium.

11. Proceditur ad Missam, et omnia observantur, prout in dicta die Purificationis beatæ Mariæ Virginis dicitur, sive celebraturus sit Episcopus, sive non, ut ibi.

12. Differentia erit tantum, quod Diaconus et Subdiaconus hac die utuntur planetis ante pectus plicatis, et observant regulam, illas deponendo et accipiendo, prout supra in *Cap.* xiii *hujus Lib.* II, de Vesperis et Missis in Dominicis Adventus dictum fuit.

13. Cum Subdiaconus in Epistola pronuntiabit verba illa *Ut in nomine JESU omne genu flectatur*, Episcopus et omnes usque ad terram genuflectunt (1), et permanent genuflexi usque ad illa verba *Et infernorum,* inclusive.

(1) Aux susdites paroles, l'évêque garde la mitre pendant qu'il est à genoux.

14. Tres, qui Passionem sunt cantaturi, dum cantatur Epistola et Tractus, parantur amictu, alba, cingulo, manipulo, stola ab humero sinistro pendente, coloris violacei, in sacristia; et circa finem Tractus procedunt a sacristia hoc ordine.

15. Antecedit Cæremoniarius (1), tum ille, qui Evangelistæ personam agit, portans sibi librum, deinde, qui turbarum, ultimo qui Christi, sequentibus tribus Capellanis cum cottis sine candelabris et sine incenso : et factis altari et Episcopo debitis reverentiis, accedunt ipsi tres ad osculum manus Episcopi, eodem ordine; nullam tamen petunt benedictionem; deinde descendunt ad locum, ubi cantant Passionem versus cornu Evangelii, seu in pulpito, secundum consuetudinem Ecclesiarum. Et Capellani tres antedicti stant contra illos, quorum qui est medius, tenet librum, quem inter se mutuant æquali spatio, dum recitatur Passio, prout Cæremoniarius eos prius admonuit, et in ipso actu, cum tempus est, eisdem significat nutu.

(1) Voici ce qui s'observe à Saint-Pierre pour le chant de la Passion.

Au sortir de la sacristie, le cérémoniaire marche devant. Il est suivi de l'évangéliste, de Judas, de Jésus et des trois chapelains, qui marchent l'un devant l'autre.

Ils se placent pour saluer l'autel, Jésus au milieu, ayant l'évangéliste à droite et Judas à gauche. Les chapelains sont par derrière eux, et le cérémoniaire se place à la droite de l'évangéliste.

En allant au trône, ils marchent de front, les diacres devant et les chapelains derrière. Ils montent au trône l'un après l'autre pour baiser les pieds du pape, Jésus le premier, l'évangéliste le second et Judas le troisième. Ils vont dans ce même ordre du trône au lutrin, chacun ayant à sa gauche son chapelain. En arrivant au pupitre, ils se trouvent tout placés, c'est-à-dire que Jésus est à droite, l'évangéliste au milieu et Judas à gauche. Les trois chapelains se mettent en face des diacres. Il n'y a qu'un seul livre, qui est au milieu, et c'est à l'historien à tourner au besoin les feuillets. Le cérémoniaire se place à la droite de Jésus et veille à ce que tout se fasse bien. Après la Passion, ils s'en retournent dans le même ordre qu'ils sont venus. Catalan observe qu'il est d'usage d'avoir trois livres qui se placent sur trois pupitres, et que les diacres qui chantent la Passion se tournent vers l'autel pour se prosterner à : *Emisit spiritum*.

16. Cum Passio inchoatur (1), celebrans cum suis assistentibus legit Passionem, tenens palmam in manibus, et stans in cornu Epistolæ : et Episcopus et omnes surgunt (2), detecto capite, palmas manibus tenentes usque ad finem Passionis, in qua, dum recitatur *Jesus autem exclamans voce magna emisit spiritum*, Episcopus in sua sede, et omnes in suis locis genuflectunt, etiam ipsi cantores et Capellani; deinde surgunt, et is, qui Evangelistam agit, perficit suam lectionem, iisdem comministris astantibus, ut prius : qua finita, Episcopus sedet, accipit mitram, deposita palma.

(1) A Rome, le cardinal qui célèbre *ad faldistorium* va lire la Passion à l'autel au lieu où se lit l'épître, et les prêtre assistant, diacre et sous-diacre forment, en se plaçant à sa droite, un demi-cercle, à peu près de la même manière que sont placés, à l'*Introït*, les officiers sacrés. Ainsi ils sont tournés vers l'autel et à demi tournés vers les diacres qui chantent la Passion. Catalan dit que le célébrant et ses ministres tiennent alors leurs palmes de la main gauche.

Lorsque toute la passion a été lue, le célébrant se tourne vers les diacres, et les prêtre assistant, diacre et sous-diacre se placent à sa gauche en diagonale et chacun sur son degré respectif. Ils ont leurs palmes à la main.

(2) L'évêque ne lit pas la Passion, mais il l'écoute chanter, comme il est dit dans ce nombre.

17. Tum Diaconus Evangelii (1), deposita planeta, eaque, sive alia duplicata super humerum sinistrum posita, et sub brachio dextero colligata, portat librum ad altare, mox vadit ad osculum manus Episcopi, ducente Cæremoniario, et revertitur ad altare, dicens genuflexus *Munda cor meum*, etc.

(1) Ce n'est que lorsque toute la Passion est chantée que le diacre et les autres officiers se mettent en mouvement pour le chant de l'Evangile. Le grand silence qui règne après le beau chant de la Passion a quelque chose de saisissant.

18. Interim Episcopus, ministrante Acolytho, vel Cæremoniario ac Presbytero assistente, imponit incensum more consueto.

19. Diaconus cum libro ante pectus, præcedentibus thuriferario (1), et duobus Acolythis sine candelabris, subsequente Subdiacono, petit benedictionem, incensat librum, et cantat Evangelium *Altera autem die*, etc.

(1) On voit encore ici, quoique l'ordre soit changé à raison de la solennité, que ce n'est pas de front, mais les uns après les autres que marchent dans le chœur les officiers qui servent au chant de l'Evangile.

A Saint-Pierre, les acolytes vont assister à l'Évangile les mains jointes et sans porter de palmes. A la procession, une des trois palmes, faite en forme d'éventail, est attachée à la croix. Moroni écrit que les palmes qui décorent l'autel, et qui se font remarquer par l'élégance de leurs ornements, sont l'ouvrage des religieuses camaldules.

La Passion se chante, dans cette église, le dimanche des rameaux et le vendredi saint.

20. Ad elevationem solus Episcopus tenet palmam : cætera fiunt ut in aliis Missis.

CHAPITRE XXII

DE L'OFFICE DES TÉNÈBRES.

Altaris ornatus, ac cereorum numerus et qualitas pro Matutinis tenebrarum. Archiepiscopus et Episcopus quomodo ad Ecclesiam accedant pro peragendis Matutinis tenebrarum. Ordo inchoandi Matutini, dicendarum Lectionum, et extinguendi cereos in triangulari candelabro. Quando et quomodo abscondatur extremus cereus trianguli Quomodo terminetur Matutinum. Episcopus extremam Orationem dicit. Fragor quando fiat. Sedes Episcopi altare tota tribuna et pavimentum in his tribus Matutinis sint denudata. Qua hora hæc Officia perficienda sint.

1. Post Dominicam palmarum nullæ occurrunt solemnitates, quæ indigeant speciali declaratione, ante Officium tenebrarum : nam licet tertia et quarta feria celebrari soleat Missa solemnis (1), et infra eam decantari Passio Domini nostri Jesu Christi, celebrabitur secundum ritum et cæremonias, quæ observari solent in diebus ferialibus, prout superius declaratum fuit, præsente, vel absente Episcopo.

(1) A Rome, les mardi et mercredi saints, la Passion ne se chante pas dans les églises capitulaires.

2. Passio autem recitabitur, prout in præcedenti Dominica dictum fuit, tam quoad habitum et numerum ministrorum, quam quoad alias cæremonias.

3. Ipsa vero quarta feria hora vigesima prima (1), vel circa, Episcopus veniet cum cappa ad Ecclesiam, sequentibus Canonicis : et ingrediens Ecclesiam cooperit sibi caput caputio cappæ (2); et si erit Archiepiscopus, non defertur crux ante eum in Matutinis horum trium dierum.

(1) A Rome, l'on divisait et l'on divise encore la journée en vingt-quatre heures. La première commence lorsque le jour est clos et que la nuit commence. C'est alors que sonne l'*Ave Maria* : c'est donc trois heures avant la fin du jour que doit commencer l'office des ténèbres, *vel circa*, ajoute le Cérémonial.

(2) Ce n'est plus l'usage à Rome que les cardinaux et les évêques, qui portent la cape à ténèbres, se couvrent du *capuce* à cet office.

Le pape préside à cet office dans la chapelle Sixtine; il

prend la chape rouge (c'est pour lui la couleur de deuil) et la mitre simple. Pendant l'office, il quitte la mitre lorsqu'il s'en trouve fatigué, et elle se dépose sur l'autel; il ne fait pas usage non plus de la croix archiépiscopale.

4. Ecclesia autem, tribuna, altare et sedes Episcopi poterunt remanere parata, prout fuerunt Dominica præterita, seu aliquanto parcius, vel remissius, et a latere Epistolæ ponitur candelabrum triangulare (1), accommodatum ad sustinendos quindecim cereos ceræ communis, singulos ponderis unius libræ, vel circa; qui paulo ante adventum Episcopi accenduntur simul cum cereis altaris, ex eadem cera communi.

(1) A la chapelle Sixtine, ce chandelier est très-haut; le cérémoniaire s'assied auprès, sur les degrés de l'autel, au côté latéral de l'épître. L'escalier pour y monter est tourné vers le chœur et la nef. Le cérémoniaire ne manque pas de faire la génuflexion à l'autel et au pape chaque fois qu'il va éteindre un des cierges allumés à ce chandelier.

5. Episcopus, factis solitis orationibus, sibi ipsi trahens cappæ caudam per terram (1), accedit ad suam sedem, nullo sibi tunc Canonico assistente (2), sed tantummodo aliquibus Capellanis cum cottis circa eum stantibus (3). Quod si magis placeret accedere ad chorum apud Canonicos, esset laudabile.

(1) L'évêque à ténèbres n'a pas de caudataire, et, en se rendant à sa place, il laisse traîner la queue de sa cape. Pour cela, son cérémoniaire la roule tant soit peu et l'attache vers le bas. C'est ce qui se pratique à Rome quand les cardinaux doivent porter eux-mêmes leur cape.

(2) Comme on le voit, l'évêque n'a pas d'assistants à l'office de ténèbres, mais le pape est assisté de deux cardinaux-diacres en cape, lesquels s'asseyent à ses côtés. Le grand cérémoniaire est à gauche et toujours debout; il en doit être de même de celui de l'évêque.

(3) A la chapelle Sixtine, il y a au bas du trône, pendant les ténèbres, deux camériers qui soulèvent les habits de dessous quand le pape doit marcher par le chœur. Ils sont assis sur les degrés de l'autel qui sont contigus à ceux du trône, pour être

prêts, quand le pape se lève, à remplir leurs fonctions. C'est ainsi que doivent faire les chapelains dont il est ici question.

6. Postquam Episcopus aliquantulum quieverit in sua sede, surgit, surgentibus omnibus, et detecto capite, dicit versus altare secreto *Pater noster*, *Ave Maria*, et *Credo*, usque ad finem : tum sibi ipse caput tegit eodem caputio, et sic stat, quousque ad ejus nutum chorus dixerit Antiphonam *Zelus domus tuæ, etc.*, qua finita, et incœpto Psalmo, sedet, et Capellani aptant fimbrias cappæ : similiter Canonici et alii omnes sedent.

7. Finito quolibet Psalmo, Cæremoniarius, vel aliquis Capellanus, accedit cum debitis reverentiis, et cum instrumento, apto ad extinguendum, ad candelabrum triangulare, et extinguit cereum in illius extremitate positum a latere Evangelii ; deinde in fine alterius Psalmi alterum ab alio latere, et sic successive alternatim ab utroque latere, singulos cereos extinguit in fine cujuslibet Psalmi, tam primi, quam sequentium Nocturnorum et Laudum.

8. Finita Antiphona tertii Psalmi, in quolibet Nocturno, post Versiculos Episcopus surgit (1), surgentibus omnibus, caput detegit, et finito Responsorio, dicit secrete totum *Pater noster* (2), ut prius ; quo finito, tecto capite sedet, sedentibus omnibus.

(1) A la chapelle Sixtine, on se lève après les versets et pendant que l'on dit les répons; ce qui s'accorde parfaitement avec le texte de notre Cérémonial. A la vérité, on ne se lève aux matines *pro defunctis* que lorsque l'on a chanté les répons : *Episcopus sedet... quousque dictum fuerit responsorium versiculi...*, etc. (cap. x hujus libri II) ; mais il y a, comme on le voit, cette différence entre ces deux offices.

(2) Ces paroles font voir qu'il ne faut pas dire tout haut *Pater noster*, non plus que : *Et ne nos inducas in tentationem*, etc.

9. Tunc cantores (1) accedunt cum debitis reverentiis altari et Episcopo, ad legile præparatum in medio chori, seu ad locum consuetum, secundum consuetudines Ecclesiarum, et ibi cantant Lamentationes, quibus finitis, ac factis reverentiis altari et Episcopo, recedunt.

(1) A la chapelle Sixtine, les lamentations et les leçons se chantent à la tribune. Il ne conviendrait pas, en effet, que les chantres entrassent dans le chœur, qui est tout composé de

cardinaux et d'évêques. D'ailleurs, le chant qui s'y exécute exige que les chantres soient ensemble. Mais, à l'office canonial, dans les cathédrales, il convient que les lamentations et les leçons se chantent comme il est marqué ici.

10. Lectiones secundi et tertii Nocturni cantant vel ipsi cantores, vel Canonici pro more Ecclesiarum, incipiendo a junioribus, singuli singulas.

11. Ad *Benedictus* Episcopus surgit (1), detecto capite, surgentibus omnibus, et cum dicitur Versiculus *Ut sine timore*, *etc.*, Cæremoniarius, seu aliquis Capellanus cum instrumento apto extinguit (2) singulatim ad quemlibet Versiculum singulos cereos altaris, alternatim incipiendo a cornu Evangelii, et pariter omnia alia luminaria, si qua sunt per Ecclesiam, extinguuntur, præterquam ante SS. Sacramentum, ita ut in fine *Benedictus* reperiantur omnia extincta.

(1) A la chapelle Sixtine, on se lève pour l'antienne de *Benedictus*, et l'on demeure debout jusqu'à ce que l'on se mette à genoux, quand on commence le *Christus factus est pro nobis*, etc., ce qui établit encore une différence entre les laudes des ténèbres et celles *pro defunctis*, auxquelles on se tient assis pendant l'antienne, avant comme après le cantique *Benedictus*. Et, de fait, il est à remarquer que, quelques lignes plus bas dans ce chapitre, on lit les mots suivants : *Episcopus, dum prædicta Antiphona (ad Benedictus) repetitur, descendit a sede; et dum inchoatur* « *Christus factus est,* » *genuflectit*, etc.

(2) Pour éteindre les cierges de l'autel, le cérémoniaire ne fait pas à Rome comme chez nous, c'est-à-dire qu'il ne descend pas au bas des degrés pour remonter de suite de l'autre côté afin d'éteindre le cierge suivant; mais il demeure sur le marchepied, et il fait au milieu la génuflexion chaque fois qu'il passe d'un côté à l'autre. Il observe, au reste, ce qui est marqué dans ce nombre pour éteindre les cierges.

12. Cum repetitur Antiphona post *Benedictus*, Cæremoniarius, sive alius Capellanus, removet ex candelabro triangulari unicum cereum accensum, in summitate trianguli positum, eumque accensum, elevata manu, sustinet super cornu Epistolæ altaris; et cum

inchoatur *Christus factus est pro nobis, etc.*, illum sic accensum abscondit retro altare, vel alio modo.

13. Episcopus autem, dum prædicta Antiphona repetitur, descendit a sede, et, dum inchoatur *Christus factus est, etc.*, genuflectit super faldistorio præparato ante altare, omnibus genuflectentibus, et postea chorus incipit sub silentio *Pater noster;* mox Psalmum *Miserere mei, Deus, etc.*, modulata sed flebili voce (1).

(1) Il faut avoir entendu le *Miserere* de la chapelle Sixtine pour avoir une juste idée de ce qu'il faut entendre par *modulata et flebili voce.*

14. Quo finito, Episcopus genuflexus, ac capite aliquantulum inclinato, vel ex libro, vel memoriter recitat (1) clara voce Orationem *Respice, quæsumus, etc.*, usque ad *Qui tecum* exclusive, quod secrete complet.

(1) La raison en est que cette oraison doit se dire dans les ténèbres et lorsque toutes les lumières ont disparu. S'il fallait toutefois un livre à l'évêque pour dire cette oraison, on devrait observer de cacher autant que possible la bougie, pour qu'elle ne fût pas aperçue dans l'église; c'est ce que l'on ne manque pas de faire à la chapelle Sixtine quand le pape a besoin de livre pour lire l'oraison.

15. Qua Oratione finita, Cæremoniarius manu scabellum, seu librum percutiens, per breve spatium, strepitum fragoremque facit, et a cæteris similiter fit, donec Cæremoniarius cereum prædictum accensum, qui fuerat absconditus, in medium proferat, quo prolato, omnes cessare debent a strepitu.

16. Finito strepitu, Episcopus et omnes surgunt, et recedunt eodem modo et ordine, quo venerant.

17. Eadem servantur in duobus sequentibus Matutinis tenebrarum; hoc tantum excepto, quod altare, sedes Episcopalis, et tota tribuna ac pavimentum sint penitus denudata : poterit tamen in sede Episcopi adhiberi pulvinar, pro ejus commoditate, si voluerit; et advertatur, ut officium perficiatur hora tarda, hoc est sole occidente (1).

(1) A la chapelle Sixtine, ténèbres se terminent toujours

après le soleil couché. Enfin, tout ce qui est prescrit dans ce chapitre s'observe si exactement, que l'on peut assurer que cet office est comme le Cérémonial en pratique.

CHAPITRE XXIII

DU JEUDI SAINT.

Quæ præparanda sint pro Missa et Officio feriæ quintæ in Cœna Domini. Sacellum pro recondendo SS. Sacramento, et altare quomodo ornandum. Quo ordine Episcopus ad Ecclesiam hac die procedat. Altera ex duabus hostiis consecratis quando et quomodo reponatur. Communio generalis totius cleri fiat. Ritus genuflectendi apud altare post Communionem, et perficiendi Missam hujus diei. Ordo inchoandæ processionis, ponendi incensum in thuribulis, tradendi per Diaconum SS. Sacramentum in manibus Episcopi. Quomodo in processione procedatur, et SS. Sacramentum collocetur. Benedictio Episcopalis quando danda. Si Episcopus non celebret, ille tamen SS. Sacramentum ad præstitutum Sacellum deferat.

1. Quia hac die plura occurrunt Officia in Ecclesia Dei peragenda, scilicet, pœnitentium reconciliatio, Oleorum consecratio, Missa, processio, ac repositio SS. Sacramenti, ac demum Mandatum; subjungimus ea tantum, quæ ad Missam, processionem SS. Sacramenti, et Mandatum pertinent; cætera namque in Pontificali late explicantur, unde sumi possunt.

2. Præparandum igitur ornandumque erit aliquod sacellum intra Ecclesiam, quo pulchrius magnificentiusque poterit, multis luminibus ornatum, in quo post Missam hujus diei recondendum sit SS. Sacramentum, et in eo altare cum sex candelabris ac cereis.

3. Præparetur etiam baldachinum album perpulchrum, thuribula duo cum navicula, velum unum parvum pro Sacramento, alterum magnum et amplum, quod circum humeros Episcopi ponetur, dum Sacramentum portabit; et ambo hæc vela sint serica, vel aureata, aut pulcherrime ornata; calix item amplior et pulchrior cæteris, ubi sacratissima hostia reponetur; funalia, seu candelæ ceræ albæ, in numero sufficienti pro Canonicis et clericis, una inter eas picta et ornata pro Episcopo, quam unus ex suis Capellanis vel scutiferis deferat in processione, accendendæ: item duæ hostiæ consecrandæ; item vas argenteum seu aureum cum multis particulis consecrandis, pro communicandis Canonicis et Clero.

4. Summo mane Episcopus, si ipsemet erit celebraturus, veniet ad Ecclesiam ordine consueto cum cappa, associatus a Canonicis,

parabitur in sacristia vel Secretario, ut alias; et interim, dum dicetur Nona, capiet sandalia, leget Psalmos sine *Gloria Patri*, et in fine cum dicitur a choro *Christus factus est, etc.*, genuflectet ante altare; et finito Psalmo *Miserere mei, Deus, etc.*, genuflexus dicet Orationem *Respice quæsumus, Domine, etc.*, mox redibit ad sedem, deponet cappam, lavabit manus, accipiet paramenta alba, ut alias; et cum eo parabuntur Canonici, et perficiet, si volet, ea quæ supra dicta sunt, secundum Rubricas Pontificalis Romani circa reconciliationem pœnitentium, et Oleorum consecrationem; procedetque in Missa cum solitis cæremoniis, et prout in Missali Romano, et ut dicitur in *Cap.* VIII *hujus Lib.* II, de Missa solemni, etc.

5. Paulo ante communionem, Cæremoniarius, vel aliquis Capellanus portat ex abaco ad altare supradictum calicem magnum vacuum et dicta duo vela; sumptaque communione Corporis et Sanguinis, antequam se purificet Episcopus, reponet SS. Sacramentum in calice, quem Diaconus palla et patena desuper posita, ac demum velo serico cooperit (1), et in medio altaris collocat reverenter.

(1) Ce voile est de soie toute blanche, et on l'attache au-dessous de la coupe du calice, d'une manière si serrée, que la pale et la patène qui le couvrent ne peuvent nullement se déranger; ce calice offre alors dans sa partie supérieure une figure ronde, à cause de la flexibilité de la pale, qui, à Rome, n'est qu'une simple toile que recouvre entièrement la patène renversée.

6. Deinde antequam se purificet, communicat primum Diaconum et Subdiaconum, deinde omnes Canonicos paratos, et alios Sacerdotes de Ecclesia; qui stolam a collo pendentem supra cottam habere debent, et denique omnes de clero, eo modo et forma, prout latius explicatur in *Cap.* XXIX *hujus Lib.* II, de Missa in die Paschæ per Episcopum celebranda, et communione generali. Sed hodie Diaconus et Subdiaconus assistentes, et cæteri Canonici parati, faciem Episcopi celebrantis non osculantur.

7. Finita communione, Episcopus se purificat, et abluit digitos, et, facta reverentia cum genuflexione SS. Sacramento, retrahit se extra cornu Epistolæ, versa facie ad populum, ubi lavat manus sine mitra : et eundo et redeundo ad altare, semper usque ad terram genuflectit ante SS. Sacramentum : et dum vertit se ad populum dic-

turus *Dominus vobiscum*, non utique in medio altaris vertit renes Sacramento, sed in latere Evangelii.

8. Dicto *Ite Missa est*, Episcopus sine mitra stans in latere Evangelii, et non perficiens circulum, dabit benedictionem solemnem, sed Indulgentiæ publicabuntur in loco, ubi reponitur SS. Sacramentum.

9. Cum Episcopus post Missam dicturus erit Evangelium *In principio erat Verbum, etc.*, nullum signum faciet super altari, ut alias; quo finito, retrahens se ad suam sedem, deponit sacras vestes usque ad stolam exclusive, et accipit pluviale album.

10. Interim alter Subdiaconus accipit crucem velatam velo violaceo. Acolythi sua candelabra cum cereis accensis, Canonici parati accipiunt cereos accensos : et digniores ex Beneficiatis sive ex Mansionariis parati pluvialibus, capiunt hastas baldachini.

11. Episcopus, accepto pluviali et mitra, stans ponit incensum in duo thuribula absque benedictione, et sine osculo manus Episcopi, ministrante Presbytero assistente, ut alias (1).

(1) Le prêtre assistant qui se trouve parmi les chanoines *parés*, lorsque l'évêque n'a pas chanté la grand'messe, va au trône, conduit par un cérémoniaire, pour y faire bénir l'encens.

12. Quo facto, redit ad altare, ubi, nudo capite (1), genuflexus super pulvino, accepto altero ex dictis duobus thuribulis ab assistente Presbytero, incensat SS. Sacramentum triplici ductu, tum imponitur super ejus humeros velum, et firmatur spinulis : et Diaconus assistens, et non alius (2), cum debitis reverentiis capit SS. Sacramentum de altari, et illud, stans, offert Episcopo genuflexo, sine reverentia versus Episcopum, et sine osculo Sed postquam illud in manibus Episcopi reliquit, genuflectit : Episcopus vero cum Sacramento surgit, et statim cantores incipiunt Hymnum *Pange, lingua, gloriosi*, etc. Ministri assistentes hinc inde elevant fimbrias anteriores pluvialis. Cæremoniarius vero, vel aliquis Capellanus, dum Episcopus ascendit et descendit per gradus, elevat extremitatem vestis interioris a parte anteriori, et nobilior laicus, vel alius, juxta consuetudinem loci, qui adest, sublevat pluviale a posteriore parte.

(1) L'évêque est en mitre pour aller du trône à l'autel; il quitte la mitre en arrivant auprès des degrés, fait la génu-

flexion à deux genoux, et, s'étant mis à genoux sur le dernier degré, il encense le saint sacrement. A Rome, l'on met le coussin à terre, pour que l'évêque s'agenouille dessus en faisant le salut ou *prostration* au saint sacrement. Quant à la génuflexion, il la fait toujours sur le pavé, et le coussin se dépose sur le dernier degré inférieur, pour que l'évêque s'y mette à genoux, comme aussi sur le marchepied quand, au salut, il y fait la *prostration*, avant et après la bénédiction.

(2) C'est au diacre assistant, à l'exclusion de tout autre, comme on le voit, à mettre le calice qui renferme la *réserve* entre les mains de l'évêque. Il n'a pas d'étole, comme on l'a vu ailleurs, et, d'après l'usage de la chapelle Sixtine, la dalmatique paraît devoir remplacer dans cette circonstance cet ornement. Pour la procession, il ne doit pas y avoir de diacre et de sous-diacre; aussi vont-ils se déshabiller après la messe. S'il y avait dans le chapitre des diacres et sous-diacres *parés*, ils iraient, dans ce cas, prendre leurs places parmi eux.

13. Episcopus intrat sub baldachinum (1) portans SS. Sacramentum devote. Canonici parati cum intorticiis præcedunt ordine solito : cum pervenerint ad Sacellum, ubi Sacramentum deponi debet, relinquitur extra illud baldachinum, et cantores in cantu pio, et devoto, cantant *O salutaris hostia*, etc., vel *Tantum ergo Sacramentum*, etc., donec Sacramentum fuerit per Episcopum repositum, et incensatum. Cum Episcopus erit ante supremum gradum altaris, Diaconus accipiet de manu ipsius stantis SS. Sacramentum genuflexus, sine osculo manus, quod deponet super altari in loco præparato (2), cooperiens velo undique calicem : et interim Episcopus paulo retrocedens (3), stans imponet incensum in altero ex thuribulis, et rursus genuflexus, Sacramentum incensabit triplici ductu ; et, clauso ostiolo per Diaconum assistentem, Episcopus ascendens altare, eodemque cum genuflexione deosculato, dabit benedictionem solemnem, stans sine mitra in latere Evangelii, accepto baculo pastorali, dum dicit *Pater et Filius*, etc., et Presbyter assistens tunc publicabit Indulgentias quadraginta dierum, more solito. Demum Episcopus eodem ritu processionali redit ad sedem in choro, ubi ipse et Canonici deponunt paramenta, et dicuntur Vesperæ ; quibus finitis, denudantur altaria et omnia, et deinde fit Mandatum, ut in *sequenti Capite*.

(1) A la chapelle Sixtine, on fait usage de l'*ombrello* pour couvrir le pape de l'autel à la grille qui remplace nos balustres, car c'est là que les évêques qui portent le dais l'attendent. L'*ombrello* sert encore à couvrir le pape de la porte de la chapelle Pauline, qui sert de reposoir, à l'autel; c'est aussi ce qui doit se faire partout.

(2) A Rome, le saint sacrement se dépose, non dans un tabernacle de forme ordinaire, mais dans une espèce d'arche faite avec beaucoup d'art. Le couvercle de cette arche, à la chapelle Pauline, est surmonté par une figure d'agneau très-bien travaillée. Cette *capsula* s'ouvre donc par le haut quand on y dépose le saint sacrement.

(3) Lorsqu'il y a à l'autel un grand nombre de degrés, il n'est pas nécessaire de descendre au bas ou sur le dernier degré, mais il suffit de se mettre en dehors du marchepied.

Il en est de même pour la basse messe qui se dirait à un autel qui aurait beaucoup de degrés; car alors le célébrant, en descendant de l'autel, pourrait s'arrêter sur le second ou le troisième.

Le prêtre assistant vient à l'ordinaire à l'autel pour servir à l'encensement.

14. Quod si Episcopus, necessario impedimento præpeditus, non celebraret hanc Missam, sed illi per alterum celebratæ interesset paratus, ut alias, saltem non omittat portare SS. Sacramentum in processione, quo casu Canonici accipient paramenta in fine Missæ; et demum, reposito Sacramento, accedere ad Mandatum, et lavare pedes pauperum, vel Canonicorum, ut infra.

CHAPITRE XXIV

DU LAVEMENT DES PIEDS.

Quæ paramenta ordinanda sint pro Mandato, seu lotione pedum. Circa personas, quæ lavandæ sunt, servetur usus Ecclesiarum. Præparanda pro ipsa lotione. Qui lavandi erunt, vestibus albi coloris induti sint. Ordo cantandi Evangelium per Diaconum. Lotio quomodo ab Episcopo fiat. Observanda post lotionem. Si laventur pedes Canonicis, quo habitu ii induti esse debent.

1. Hora competenti Episcopus accedit ad locum præparatum pro Mandato, ubi induitur amictu, alba, cingulo, stola, pluviali coloris

violacei et mitra simplici. Diaconus autem et Subdiaconus (1), qui in Missa ministrarunt, eidem assistent cum paramentis albis, quibus, præter manipulos, parati erunt antequam Episcopus ad Mandati locum accedat, præsentibus etiam Canonicis et Capellano cum cruce Archiepiscopali, si celebrans erit Archiepiscopus, ibique parati sint pauperes, quibus lavandi sunt pedes (2).

(1) Le diacre et le sous-diacre, revêtus comme ci-dessus, se rendent au lieu où doit se faire le lavement des pieds, et y attendent, à gauche du siége de l'évêque, son arrivée. Les chanoines s'y rendent aussi d'avance, et se placent, en habit canonical, *ad subsellia sua.*

(2) Ceux auxquels l'évêque doit laver les pieds se rendent aussi d'avance et se tiennent à leurs siéges.

2. Sed quia circa hoc diversi sunt ritus Ecclesiarum, alicubi enim in usu est (1), vestire sumptibus Episcopi, vel Capituli, tredecim pauperes, eosdemque cibo et potu reficere, et mox suo tempore eisdem pedes lavare, et eleemosynam præbere; alibi, Episcopi lavant pedes tredecim ex suis Canonicis; ideo relinquetur hoc faciendum, juxta consuetudinem Ecclesiarum, vel arbitrio Episcopi, si maluerit pauperibus lavare, etiam in locis, ubi sit consuetudo lavandi Canonicis; videtur enim eo pacto majorem humilitatem et charitatem præ se ferre, quam lavare pedes Canonicis.

(1) C'est ce qui se fait à Saint-Pierre, où le pape habille des pieds à la tête treize prêtres étrangers, leur lave les pieds et leur donne un grand repas et une précieuse offrande.

3. Si igitur lavandi erunt pedes tredecim pauperibus, præparabuntur in Ecclesia ubi magis conveniret, seu in aula capitulari vel alio loco consueto et idoneo, infrascripta, videlicet faldistorium, seu sedes pro Episcopo in capite aulæ (1), abacus, seu mensa capax, mappa nitida superposita cum duobus candelabris, et cereis albis ardentibus : erunt super ea plures pelves, seu lances argenteæ, si haberi poterunt, cum urceis, aqua aliquantulum calida implendis, et ad minus duo; alia lanx similis cum tredecim mappulis ad extergendos pedes, et alia cum pecuniis pro eleemosyna pauperibus donanda, pro unoquoque æquali portione divisis; item linteum, quo Episcopus præcingi debet; vas cum aqua calida, et aliud cum frigida; vasa etiam cum mantili pro lavandis manibus Episcopi post

lotionem pedum; thuribulum cum navicula et incenso per Acolythum tenendum; vas cum carbonibus accensis; ipsa mensa jam dicta, ac vasa, et totus ille locus floribus et herbis odoriferis aspergatur.

(1) Le lavement des pieds, à Saint-Pierre, se fait dans la chapelle des saints Procès et Martinien, qui est tout vis-à-vis la *confession*. Pour que tous puissent voir cette touchante cérémonie, on élève au fond de la chapelle une vaste plate-forme; on y monte par sept degrés, et elle occupe toute la largeur de la chapelle. Au milieu de cette plate-forme s'élève le trône du pape, qui a six degrés et qui est accolé au mur, de manière à cacher l'autel des saints martyrs. Il n'y a donc point d'autel dans ce lieu préparé pour le lavement des pieds; aussi le Cérémonial n'en parle-t-il pas. Dans tout cet appareil, l'on voit que l'on se conforme à cette règle du Cérémonial : *Sedes pro Episcopo in capite aulæ.*

Cette plate-forme, à part le trône, qui est exclusivement pour le pape et ceux qui l'entourent, offre assez d'espace pour les cardinaux, évêques, chanoines et autres qui, en grand nombre, assistent à cette cérémonie.

4. Præparetur etiam pulpitum, seu legile pallio serico, seu auriphrygiato coopertum, super quo liber Evangelii ponatur, cum illud cantandum erit, a latere sinistro Episcopi (1), et aliud nudum pro cantoribus; liber Evangeliorum, liber pro Episcopo, repagula pro Episcopo (2), ne opprimatur; scamnum oblongum et præaltum a dextris (3), panno viridi coopertum, super quo sedebunt pauperes tredecim jam dicti, novis vestibus albi coloris induti (4), dexterum pedem denudatum habentes.

(1) Quand le trône est au fond d'une église, le côté de l'évangile se trouve être à la gauche de l'évêque quand il y est assis; aussi est-ce de ce côté-là que se place le pupitre pour le chant de l'évangile. Du même côté sont placés les chantres en surplis.

(2) Toute la vaste enceinte destinée aux fidèles dans ladite chapelle est fermée par une espèce de balustrade, que le Cérémonial appelle ici *repagula*. On y ménage une allée pour

communiquer facilement de la plate-forme à la chapelle voisine de celle où se fait le lavement des pieds.

(3) On voit ici que tous ceux à qui l'évêque doit laver les pieds doivent être assis à un même banc, et que ce banc doit être élevé et couvert d'un tapis vert.

C'est ce qui frappe à Saint-Pierre, en entrant dans la chapelle du lavement des pieds ; car la plate-forme dont on vient de parler se prolonge du côté droit, en faisant un angle à peu près comme une tribune qui communiquerait à un jubé. Le banc sur lequel sont assis les prêtres étrangers a un dossier comme une banquette et est couvert d'une étoffe verte. Au bas est pratiquée une double marche dont la première sert à appuyer les pieds de ceux qui sont assis à ce banc, et la seconde est pour que ceux qui sont employés dans la cérémonie puissent aisément s'agenouiller.

La planche, page 106, donnera de ce local une idée exacte, si l'on suppose que le trône est à la place de l'autel et que la banquette à droite est à la hauteur du pavé de l'estrade sur laquelle s'élève le trône, et que c'est à cette banquette que sont assis les pauvres. Il faut aussi supposer que cette banquette est placée sur une estrade de vingt pieds de long sur six ou sept de large. Cet arrangement permet aux fidèles qui sont au pied de cette estrade de voir cette touchante cérémonie.

(4) Les prêtres à qui le pape lave les pieds sont vêtus de blanc des pieds à la tête. Leur habit est une espèce de cape qui tombe jusqu'à terre. Leurs bas et souliers sont blancs, ainsi que le bonnet qui couvre leur tête, lequel est plus volumineux, mais est à peu près de la forme de nos anciens bonnets carrés.

5. His omnibus præparatis, Episcopus, finitis Vesperis, vel a prandio, prout Episcopo commodius et melius videbitur, paratus, ut dictum est, cum suis ministris illuc accedit ; sedet in sua sede, vel faldistorio, sibi parato. Tunc Acolythus cum thuribulo et navicula ad eum accedet : et Episcopus, ministrante Presbytero assistente naviculam (1), imponit incensum in thuribulum, et benedicit, more solito : quo facto, Diaconus, ut supra, gerens ante pectus librum Evangeliorum, accedit cum Subdiacono, et duobus ceroferariis ante

Episcopum, a quo genuflexus, si non est Canonicus, simul cum aliis jam dictis, petit benedictionem, dicens, *Jube, Domne*, etc., cui Episcopus, respondet : *Dominus sit in corde tuo*, etc. Diaconus, benedictione accepta, surgit cum comministris suis, accedit ad locum Evangelii cantandi, et, posito libro Evangeliorum super legili, quem Subdiaconus a tergo ambabus manibus retinet; et, si erit Archiepiscopus, Capellanus crucem tenens, stabit prope ipsum Diaconum, facie Crucifixi versa ad Archiepiscopum. Duo ceroferarii stabunt hinc inde a lateribus legilis, faciebus ad Diaconum cantantem versis. Tunc Diaconus dicit cantando *Dominus vobiscum*, signat, incensat et cantat Evangelium, more solito, videlicet *Ante diem festum Paschæ*, etc.

(1) Le prêtre assistant, qui est en habit canonial avec les autres chanoines, va au trône, où il fait bénir l'encens en la manière ordinaire et retourne à sa place.

On voit ici qu'il n'est fait nulle mention du *Munda cor meum*, qui ne se dit pas; mais le diacre se met à genoux au bas du trône pour demander la bénédiction de l'évêque.

6. Quo finito, Subdiaconus portat librum Evangeliorum apertum, osculandum Episcopo, nullam ei reverentiam faciens, nisi post Evangelium deosculatum. Acolythi ceroferarii, factis debitis reverentiis, reportant tunc candelabra ad abacum, et amovetur legile. Diaconus, capto thuribulo de manu thuriferarii, incensat Episcopum, stantem in sua sede cum suis solitis assistentibus hinc inde, triplici ductu; mox recedit cum Subdiacono ad partem (1); et cantores tunc incipiunt et prosequuntur Antiphonam *Mandatum novum do vobis*, etc., prout in Missali.

(1) N'ayant plus aucune fonction à remplir, les diacre et sous-diacre se retirent, soit à la sacristie, soit en un lieu du chœur où il leur plaira d'aller pour voir les cérémonies.

A Saint-Pierre, c'est un cardinal-diacre qui chante l'évangile et encense le pape. Cela fait, il se retire de la chapelle et ne paraît plus à la cérémonie. Le sous-diacre va se placer à l'extrémité de la tribune où sont assis les treize prêtres à qui le pape lave les pieds, et s'y tient debout tourné vers le pape quand il lave les pieds à ces prêtres. Il pourrait se placer ailleurs ou se retirer aussi bien que le diacre.

7. Episcopus deponit pluviale (1), et accipit linteum ex abaco al-

latum per aliquem Capellanum, quo præcingitur; et retinens in capite mitram simplicem, accedit ante primum pauperem, et genuflexus super pulvino, quem Cæremoniarius, sive aliquis Capellanus continuo trahit, afferentibus pelves et urceos scutiferis, clericali habitu indutis, lavat illi pedem dexterum, quem lotum tergit et osculatur, tradens ei eleemosynam : idem facit successive singulis. Scutiferi autem si tot erunt, singuli pro singulis pauperibus serviunt; si pauciores, mutantur per vices.

(1) En se conformant tout simplement à ce qui est marqué dans ce nombre, le lavement des pieds se fait sans embarras et par conséquent très-facilement. Un chapelain est à genoux à gauche pour placer le bassin sous le pied de chaque pauvre. A la droite est un des familiers de l'évêque (*scutifer*), sans surplis, qui verse l'eau.

L'évêque n'a autre chose à faire que de toucher de la main l'aiguière. En arrière, à droite, est un cérémoniaire qui présente les serviettes une à chaque pauvre, et les reçoit après que l'évêque s'en est servi pour essuyer le pied de chacun de ces pauvres. Près du cérémoniaire est un chapelain qui porte dans un bassin les serviettes nettes, et un autre qui reçoit dans un autre bassin les serviettes qui ont servi. Ils sont tous debout, excepté le familier qui verse l'eau et celui qui tient le bassin dans lequel elle tombe, et place le coussin devant chaque pauvre. Il y a autant de *scutiferi* que de pauvres. Il y a ceci à bien observer, c'est que, conformément à ce qui se pratique à Saint-Pierre, tous ceux qui servent au lavement des pieds se placent aussi loin que possible de l'évêque, pour que les assistants puissent mieux jouir de ce grand spectacle de foi. C'est ce qui frappe singulièrement quand on voit le pape aux genoux de ceux dont il lave et baise les pieds avec tant d'affection et d'humilité. Dans cette cérémonie, tout appareil honorifique disparaît. Point de diacre ni de sous-diacre, point d'assistants, rien enfin de ce qui est, dans d'autres temps, l'accompagnement nécessaire de la majestueuse grandeur du souverain pontificat. Il n'est pas à douter que le lavement des pieds, pratiqué en tous lieux comme il l'est à Rome, ne fût de nature à faire de vives impressions.

8. Lotis omnibus, revertitur Episcopus ad sedem suam, ubi lavat manus, scutifero altero, seu nobili ante eum lancem cum urceo portante cum solitis cæremoniis. Et illico adsunt duo ceroferarii cum candelabris et cereis accensis, Cæremoniario eos ducente ante Episcopum, qui, deposito linteo, et accepto pluviali, ac deposita mitra, surgit, et dicit voce intelligibili *Pater noster*, quod secrete complet usque ad Versiculum *Et ne nos, etc.*, quem alte pronuntiat, respondentibus cantoribus *Sed libera nos a malo*, deinde Versiculos et Orationem, prout in Missali.

9. Quibus finitis, Episcopus alte elevans manum, facit signum crucis versus omnes existentes in dicta aula, nihil dicens; et statim deponit sua paramenta (1), prout pariter ejus ministri, et recedunt.

(1) L'évêque dépose ses vêtements sacrés dans le lieu même du lavement des pieds ou ailleurs. Il est aidé en cela par son cérémoniaire et ses chapelains. Le pape va se déshabiller dans une chapelle voisine, avant de monter à l'étage supérieur du vestibule de la basilique, où il sert à table ceux dont il a lavé les pieds.

10. Si Canonici erunt, quibus lavandi sunt pedes, sedebunt in dicto scamno in eorum habitu Canonicali, denudatis pedibus dexteris, et Episcopus eodem ordine lavabit illis pedes, terget et osculabitur, prout de pauperibus dictum est, incipiendo a digniori, sed non datur eleemosyna. In cæteris serventur omnia supradicta : absente vero Episcopo, et in Collegiatis, serventur Rubricæ Missalis.

LAVEMENT DE L'AUTEL DE LA CONFESSION, A SAINT-PIERRE.

Le jeudi saint au soir, après les ténèbres, le chapitre de Saint-Pierre, ayant à sa tête son cardinal-archiprêtre, procède à une cérémonie particulière qui complète toutes les fonctions de cette grande journée, laquelle, ce nous semble, doit trouver place ici.

Cette cérémonie consiste dans le dépouillement et le lavement de l'autel de la confession, qui se fait de la manière suivante : les clercs, bénéficiers et chanoines marchent devant le cardinal, en ordre de procession, de la chapelle du chapitre à cet autel de la confession, chacun ayant à la main un aspersoir de bois d'if ou de cornouiller. Les six plus anciens chanoines sont en étole noire, et l'officiant est revêtu d'une chape de même couleur. Il entonne l'antienne *Diviserunt vestimenta mea*, et le chœur chante le psaume *Deus, Deus meus*, etc. L'autel est alors dépouillé de la nappe sans bordure qui la couvre, et l'officiant et les six chanoines versent du vin et de l'eau dont ils lavent l'autel avec leurs aspersoirs; ils se retirent pour faire place à d'autres, qui passent leurs aspersoirs sur toute la surface de l'autel. Tous les autres en font autant, depuis le cardinal jusqu'au plus petit enfant de chœur. On essuie ensuite l'autel avec sept éponges déposées dans un bassin d'argent, et on l'enveloppe avec de grands linges blancs préparés pour cela.

Il est facile de découvrir, sous ces emblèmes religieux, le corps du Sauveur dépouillé sur la croix de ses habits et tout couvert de sang et arrosé de l'eau qui sortit de son sacré côté, puis embaumé, enveloppé de linceuls et déposé dans le tombeau.

Le chapitre se retire ensuite, et l'autel reste entièrement découvert. On éteint les cent vingt-deux lampes qui ont coutume de brûler devant le tombeau des saints apôtres, et la foule commence à s'écouler en grand silence. On ne voit plus bientôt que quelques lueurs lointaines qui éclairent les pas de ceux qui se dirigent vers les portes extérieures, et l'immense basilique ne retentit plus que d'un écho lugubre qui saisit et impressionne au-delà de tout ce que l'on peut dire. Aussi le spectateur emporte-t-il au fond de son âme la religieuse terreur qu'inspirent la mort et le tombeau de l'Homme-Dieu. C'est ainsi que l'Église, avec ses augustes cérémonies, fait entrer dans l'âme, par les portes des sens, les plus vives et les plus saisissantes émotions.

Ce soin que l'on a chaque année, à Saint-Pierre, de laver solennellement l'autel de la confession doit tout naturellement inspirer, à ceux que cela regarde, d'enlever tous les ans les nappes qui enveloppent les pierres d'autel pour les faire laver, afin de pouvoir laver eux-mêmes, avec un respect religieux, les pierres sacrées, qui nécessairement se couvrent à la longue de beaucoup de poussière.

CHAPITRE XXV

DU VENDREDI SAINT.

Præparanda pro Officio feriæ sextæ in Parasceve, Episcopo celebrante. Altaris ornatus. Paramenta Episcopi et ministrorum sint nigri coloris. Ordo procedendi ad Ecclesiam. Expleta Nona, Episcopus induitur paramentis missalibus nigris. Orat diutius super nudo genuflexorio ante altare. Quomodo assistat Lectionibus et Passioni. Diaconi munus circa ea, quæ dicenda sunt in tono Evangelii. Sermo quando habendus sit. Episcopus ubi cantet Orationes. Altare quomodo ornandum. Ordo detegendæ crucis, et procedendi ad ejus adorationem. Processio ad accipiendum calicem cum SS. Sacramento, quomodo ordinetur. Quæ observanda in loco, ubi repositum est SS. Sacramentum, in ipsa processione, et apud altare. Incensum quomodo ministretur. Ordo dicendi *In spiritu humilitatis: Orate, fratres: Pater noster*. Quomodo facienda elevatio hostiæ, atque ea sumenda sit. Cætera quo ordine fiant.

1. Si Episcopus velit ipsemet celebrare in die Parasceve, serventur infrascripta; videlicet, altare, sedes Episcopi, sedilia Canonicorum et aliorum, ac tota tribuna sint penitus denudata (1).

(1) Il n'y a de tentures et de tapis, ni à l'autel, ni au trône, ni au chœur. On appelle tribune tout l'espace qui se trouve entre le fond de l'église et l'autel majeur, quand il se trouve placé près des balustres, tel qu'à Saint-Jean-de-Latran et dans beaucoup d'églises de Rome.

A la chapelle Sixtine, il n'y a ni tenture ni dais au trône du pape. Deux coussins violets sont les seuls ornements du fauteuil papal, l'un sur le siége et l'autre au dossier. Au-dessus de l'autel est un dais et une draperie d'étoffe violette. Ce jour-là, à Rome, les évêques ne portent pas leur anneau, et ils prennent des bas noirs.

2. In abaco mappa superponatur, sed a nulla parte pendeat, ubi erit tantum pelvis cum urceo ad lavandas manus, et alia ad recipiendum pecunias, quæ cruci offeruntur, in ipso, et in altari candelæ ex cera communi extinctæ super candelabris sint, sed nullæ imagines, aut alia ornamenta super altari collocentur, præter crucem et candelabra; et hæc non sint argentea (1).

(1) Les chandeliers d'argent ne doivent pas être mis sur

l'autel dans ce jour de deuil pour l'église. Ceux qui ne seraient qu'argentés ne paraissent pas être défendus. Ceux qui servent ce jour-là à la chapelle Sixtine paraissent être de métal argenté.

3. Præparetur pannus (1), vel tapes oblongus, seu pannus violaceus, extendendus suo tempore pro adoratione crucis; magnus item pulvinus (2), ex serico villoso violaceo auroque factus, ubi crux erit ponenda, et velum album serico violaceo intertextum, super eo explicandum; faldistorium nudum (3), super quo Episcopus ante altare genuflectat.

(1) Ce tapis doit être de laine diversement ouvragé. Le fond devrait être de couleur violette. Il pourrait être composé de diverses bandes de tapis différents en couleur comme en dessin. Enfin, ce devrait être un tapis fait exprès pour cette lugubre cérémonie. Tel est le tapis qui sert à la chapelle Sixtine. En attendant qu'on s'en serve, il est roulé le long du degré inférieur de l'autel, du côté de l'évangile, pour ne pas nuire.

(2) Le coussin de la chapelle Sixtine a bien deux pieds carrés. Il faut, en général, que ce coussin corresponde à la hauteur du crucifix, dont il doit être en quelque manière le lit funèbre. Le Cérémonial détermine, au reste, clairement comment il doit être garni pour frapper les sens et parler au chœur.

(3) Le *faldistorium* sur lequel *Episcopus procumbere debet* est nu. Un simple coussin violet en couvre le siége.

4. Paramenta autem Missæ erunt nigri coloris (1), et pro Diacono et Subdiacono planetæ ante plicatæ, et pluviale ejusdem coloris pro Presbytero assistente.

(1) L'évêque fait usage du grémial noir, qui, pour le noir comme pour les autres couleurs, *pannus est qui in gremio Episcopi celebrantis ponitur cum sedet. Catalan.*

5. Hora competenti Episcopus veniet ad Ecclesiam cum sua cappa, associatus more solito, ut in Matutinis hujus hebdomadæ: orat ante SS. Sacramentum et altare majus, et intrat secretarium, ubi pariter

altare et omnia sunt nuda, præter crucem velatam, et cerei extincti super eo : ibi cum cappa ascendit ad sedem suam nudam (1), ibidem præparatam, et stans, detecto capite, versus altare dicit secrete *Pater noster*. Quo finito, chorus recitat Nonam. Incœpto primo Psalmo, Episcopus sedet : interim Canonici, Evangelium et Epistolam cantaturi, capiunt sua paramenta, præter manipulum et planetam, et sic in albis remanent (2), donec erit tempus parandi Episcopum.

(1) C'est-à-dire qu'il n'y a ni dais, ni draperie, ni tapis.

(2) Le diacre et le sous-diacre s'étant revêtus, comme il est dit ici, s'asseyent à leur place ordinaire du côté de l'épître, en attendant qu'il leur faille aller habiller l'évêque.

6. Cum dicitur in fine Nonæ *Christus factus est, etc.*, Episcopus genuflectit ante altare super faldistorio nudo, capite detecto, et finito Psalmo *Miserere mei Deus, etc.*, dicit genuflexus Orationem, *Respice, quæsumus, Domine, etc.*, mox revertitur ad dictam sedem, deponit cappam, et sedens lavat manus, more solito. Deinde per Diaconum et Subdiaconum paratur solitis paramentis, exceptis sandaliis et chirothecis, quibus hodie non utitur; dicit Orationes solitas ad paramenta, non tamen Psalmum *Quam dilecta, etc.*, cum aliis. Episcopus et omnes utuntur paramentis nigris, si haberi possint, et deficientibus nigris, coloris violacei.

7. Cum Episcopus incipit parari, Canonici pariter capiunt paramenta convenientia, prout suo loco dictum est. Diaconi habeant planetas (1) ante pectus plicatas, et Canonicus Presbyter, digniori Presbytero proximus (2), servit hac die Episcopo in assistentia cum pluviali nigro. Episcopus paratus sedet aliquantulum : Diaconus et Subdiaconus capiunt manipulos et planetas ante plicatas.

(1) On voit ici que le vendredi saint les chanoines doivent assister *parés* à l'office célébré par l'évêque lui-même. Les dignitaires revêtent la chape, les prêtres la chasuble, les diacres et sous-diacres la planète.

(2) C'est au second de l'ordre des prêtres à faire assistant à l'office de ce jour.

8. Si erit Archiepiscopus, præcedet Capellanus cum cruce velata inter duos ceroferarios cum candelis extinctis, et sine incenso, et procedentibus clero ante crucem, et post crucem Canonicis paratis,

procedet ad altare more solito. Si non erit Archiepiscopus, non portetur crux.

9. Episcopus ante altare procumbit, et genuflexus super nudo genuflexorio (1), deposita mitra, diutius orat, quod et omnes alii faciunt : et interim extenditur per Acolythos, aut Cæremoniarios mappa super altari.

(1) On met au pied du *faldistorium* une marche de la longueur que peut avoir la largeur du fauteuil. C'est sur cette marche nue, c'est-à-dire sans coussin, que l'évêque se met à genoux.

10. Postquam Episcopus oraverit, surgit, osculatur altare et reassumpta mitra, sedet super nuda cathedra, seu faldistorio, posito in cornu Epistolæ altaris, ita ut faciem vertat ad cornu Evangelii (1); neque hac die unquam sedet in sede sua Episcopali in hoc Officio, nisi in fine, ut infra.

(1) C'est sur le marchepied même que se place le *faldistorium*, au lieu ordinaire des oraisons; et, quand l'évêque y est assis, il regarde le côté de l'évangile.

11. Presbyter assistens (1) sedet super primum gradum ad pedes Episcopi, et post eum in eodem gradu Diaconus et Subdiaconus, et prope ipsos duo alii Diaconi assistentes, ubi solent assistere.

(1) Voici comment, d'après le Cérémonial, se placent en cette occasion les assistants et ministres sacrés. Le prêtre assistant se place au-dessous de l'évêque, *ad pedes Episcopi*, sur le premier degré supérieur. Derrière lui, mais sur le même degré, sont les diacres et sous-diacres; et près de ceux-ci les diacres assistants, qui se placent suivant que le local peut le permettre. L'on voit que le marchepied et les degrés des autels doivent être faits pour se prêter à ces placements; ce que l'on peut toujours faire moyennant des pièces rapportées aux degrés de l'autel. Dans le cas contraire, les officiers sacrés se placeraient au bas des degrés, mais toujours dans le même ordre; c'est ce que nous avons vu pratiquer en partie à Saint-Jean-de-Latran, où il n'y avait que le prêtre assistant avec les diacre et sous-diacre d'office.

12. Tunc unus ex Beneficiatis cotta indutus, comitante Cæremoniario, cum debitis reverentiis, sibi ipsi librum tenens, dicit primam Prophetiam sine titulo, in loco ubi legitur Epistola, et sine osculo manus Episcopi.

13. Qua finita, relinquit librum in manu Cæremoniarii; et factis debitis reverentiis, revertitur ad locum suum. Episcopus vero, dum Tractus cantatur, legit ex libro dictam Prophetiam sine candela accensa, ministris tamen assistentibus circa eum stantibus.

14. Finito Tractu, Episcopus surgit, et omnes surgunt : amovetur faldistorium, et stans ibidem versus altare, dicit *Oremus*, et Diaconus post Episcopum dicit *Flectamus genua*, et omnes genuflectunt, excepto Episcopo, Subdiaconus vero post Diaconum dicit *Levate*, et omnes surgunt; et Episcopus dicit Orationem.

15. Interim Subdiaconus deponit planetam, et portans et tenens librum, cantat Epistolam, sive alteram Prophetiam in loco jam dicto: qua finita, absque osculo manus, resumit planetam, et redit ad locum suum. Episcopus sedet, et dum cantatur Tractus, legit Epistolam et Tractum, servientibus sibi solitis ministris.

16. Dum per chorum cantatur Tractus, tres Capellani, seu cantores, qui Passionem sunt cantaturi (1), parantur in sacristia in habitu Diaconali, præter dalmaticam, prout in Dominica præterita dictum fuit, coloris tamen nigri; et circa finem Tractus, procedunt eodem ordine cum tribus Capellanis sine candelabris et incenso, et cantant Passionem, prout ibi dictum fuit, sed non osculantur manum Episcopi.

(1) Ceux qui chantent la Passion le vendredi saint se comportent et se placent comme le dimanche *in palmis*, excepté qu'ils ne vont pas baiser la main de l'évêque.

17. Episcopus et omnes, cum inchoatur Passio, surgunt et stant, detecto capite, usque ad ejus finem : et Episcopus apud altare, in cornu Epistolæ, legit secreto ex libro, super altare posito, Passionem usque ad finem, versus aliquantulum ad ipsos cantantes : et ministri sacri stant juxta Episcopum dum legit Passionem, pro situ loci in plano, ordine suo.

18. Cum autem cantores pervenerint ad ea verba *Et inclinato capite tradidit spiritum*, Episcopus et omnes in locis suis genuflectunt, sic parumper manentes, vel orantes, et surgente Diacono, seu cantore, qui Evangelistæ personam gerit, omnes surgunt, stantes, et audientes reliquum Passionis, usquequo legendum sit in tono

Evangelii. Tunc Episcopus et omnes sedent, et cantores, qui cantaverunt Passionem, cum debitis reverentiis discedunt.

19. Tunc Diaconus Evangelii, deposita planeta, et accepta altera complicata super humerum sinistrum, portat librum ad altare, dicit genuflexus *Munda cor meum*, etc., reassumit librum, et vadit cum Subdiacono et duobus Acolythis sine luminibus, et sine incenso, et nulla petita benedictione, cantat reliquum Passionis in tono Evangelii. Quo finito, Diaconus cum aliis, qui secum erunt, factis debitis reverentiis, revertuntur ad loca sua.

20. Tunc, si sermo est habendus, ducitur sermocinator in habitu convenienti ante Episcopum per Cæremoniarium, qui genuflexus petit Indulgentias absque benedictione, et cum debitis reverentiis vadit ad pulpitum, et habet sermonem. Episcopus tunc sedet in eodem cornu Epistolæ, sed versus ad sermocinantem; alii omnes, sedente Episcopo, sedent. Statim, finito sermone, sermocinator pronuntiat Indulgentias ab Episcopo concessas.

21. Non fit confessio, nec absolutio, nec datur benedictio, sed statim Episcopus surgit, deposita mitra, et remota cathedra, et stans in eodem loco (1), cantat ex libro Orationes, ut in Missali. Diaconus dicit *Flectamus genua*, Subdiaconus vero *Levate*, advertendo, ubi dicendum erit, prout in Missali.

(1) C'est sur le marchepied, au lieu même où le célébrant dit l'*Introït*, etc., que l'évêque chante les oraisons dont il est ici question, et non au bas des degrés de l'autel, comme cela se fait en quelques lieux.

22. Finitis Orationibus, Episcopus deponit planetam apud faldistorium : et interim, dum dicuntur ultimæ Orationes, ministri extendunt tapete magnum, vel pannum violaceum (1) ante gradus altaris, vel Presbyterii, et super primos ejus gradus ponunt pulvinar amplum, et super eo velum, seu mappam sericam, ut supra, ubi ponenda erit crux.

(1) C'est ce qui se fait quand il n'y a pas de sanctuaire séparé du chœur; car, dans ce dernier cas, c'est sur les degrés du sanctuaire que se dépose le coussin destiné à recevoir le crucifix. En conséquence, le tapis ne doit pas être étendu jusqu'aux degrés de l'autel. C'est ce que veut dire le Cérémonial, en ajoutant : *Vel Presbyterii*.

23. Episcopus, deposita planeta, vadit ad angulum posteriorem cornu Epistolæ (1), facie ad populum versa. Tunc Sacrista (2) capiens crucem de medio altaris, illam porrigit Diacono, qui eamdem dat Episcopo, qui eam devote accipiens, manu dextera detegit illius summitatem usque ad transversum crucis, et ambabus manibus illam elevans, voce gravi cantat *Ecce lignum Crucis*, secundum notas, in Missali Romano appositas, Presbytero assistente librum tenente; quod cum dicit, omnes, detecto capite, surgunt : Cæremoniarius et alii Capellani, qui circa altare manent (3), prosequuntur in cantu verba *In quo salus mundi pependit*, et chorus respondet *Venite, adoremus*, quo casu omnes genuflectunt, excepto Episcopo celebrante. Idem secundo facit, et cantat Episcopus discooperiendo brachium dexterum crucis, et caput figuræ Crucifixi, procedens ad anteriorem partem anguli prædicti (4); et tertio discooperiendo totam crucem ante medium altaris, semper altius vocem extollendo, et idem respondetur per Capellanos et chorum, ut prima vice : et pariter, ad illa verba *Venite, adoremus*, semper omnes genuflectunt.

(1) C'est, comme on le voit, en dehors du marchepied, sur le second degré et à l'angle qui est au fond de l'autel, que se place l'évêque pour chanter l'*Ecce lignum crucis* pour la première fois.

(2) Le sacristain accompagne le diacre au milieu de l'autel et lui met en main la croix, etc.

(3) Ceux qui doivent chanter : *In quo salus mundi pependit*, demeurent sur le pavé, du côté de l'épître. Le premier cérémoniaire accompagne, à l'ordinaire, le célébrant, et il se tient à sa gauche si le local le permet.

(4) Le célébrant s'avance vers l'angle antérieur de l'autel pour chanter une seconde fois : *Ecce lignum crucis, etc.*

24. Quibus peractis, ipse Episcopus celebrans, solus absque ministris (1) procedit ad locum, ubi est positum pulvinum antedictum, portans crucem, ambabus manibus, elevatam devote, nullam tunc altari faciens reverentiam, genuflexus ponit et firmat cordulis (2), si opus est, supra dictum pulvinum adjuvante Cæremoniario, qui paulo ante ponere debet prope ipsum pulvinum lancem ad dexteram adorantis, ubi pecuniæ, quæ cruci offeruntur, ponantur (3).

(1) Le mot *solus* se trouve expliqué par les mots qui sui-

vent : *absque ministris*. Car l'évêque est accompagné de son cérémoniaire quand il va déposer le crucifix sur son coussin, comme le prouvent ces paroles qui suivent : *Adjuvante cæremoniario*.

(2) La croix ne doit pas se placer de travers sur le coussin, comme cela se pratique en certains lieux, mais sur le sens du coussin, de manière que les pieds se trouvent dans la direction naturelle, c'est-à-dire en bas. On l'attache par en haut et par en bas, avec les cordons qui tiennent au voile pour que les adorateurs ne puissent pas la déranger.

(3) C'est encore l'usage à Rome de placer ainsi un bassin à côté de la croix, pour recevoir les offrandes.

25. Deinde Episcopus redit ad suum faldistorium, ubi ministrantibus scutiferis, deponit calceos; et sic, detecto capite, descendit ad crucem adorandam : medius inter duos Diaconos assistentes, et gradiens per dictum tapete, seu pannum, ter cum debita distantia genuflectit ante crucem, aliquantulum pro unaquaque vice orando (1); et demum crucem osculatur : prius tamen offert, seu offerre facit in lancem, ibi positam, pecunias ad libitum.

(1) L'évêque ne se prosterne pas trois fois, selon notre usage; mais il se met à genoux au bout et au milieu du tapis, puis près du crucifix ; et chaque fois il prie *aliquantulum*, sans faire aucune inclination. C'est ainsi qu'on le pratique à Rome.

26. Postquam Episcopus adoravit crucem, revertitur ad suum faldistorium in cornu Epistolæ, reassumit calceamenta, et planetam, et mitram, et sedens legit Improperia, ministrantibus solitis Capellanis (1).

(1) L'évêque lit seul les *Improperia*, et ses chapelains l'assistent en tenant le livre, tournant les feuillets, indiquant ce qu'il faut lire, etc..., ils se tiennent debout tout le temps, et se relèvent au besoin, surtout pour qu'ils puissent aller à l'adoration de la croix. Les ministres sacrés y vont en temps et lieu, comme il est marqué plus bas.

27. Interim Canonici (1) et alii Beneficiati, et de clero Ecclesiæ, ordine eorum, deinde Officiales, et nobiles laici adorant ordine, prout

in die Cinerum pro capiendis cineribus dictum fuit ; quod si fortasse adesset Gubernator principalis, aut aliquis maximus vir, vel Princeps, qui alias soleat habere honorem ante Canonicos, in hoc actu ibit post Canonicos, sed ante alios de clero, quia est actus humilitatis, in quo laici debent clericis deferre.

(1) L'ordre des préséances marqué dans ce nombre peut servir de règle et d'exemple pour toutes les autres circonstances *semblables*. Car ici il est à remarquer que les chanoines auraient le pas sur un gouverneur et autres laïques de marque.

28. Circa finem adorationis accenduntur cerei altaris, abaci et tribunæ. Diaconus cum Subdiacono explicat mappam lineam super altari. Diaconus portat ex abaco corporalia cum purificatorio, quæ extendit super altari ; tunc enim transfertur a ministro, vel Cæremoniario, Missale ad cornu Evangelii cum cussino, vel legili. Finita adoratione, Diaconus reportat, nemini faciens reverentiam, crucem ad altare, omnibus genuflectentibus, ut supra (1).

(1) La croix de l'autel demeure sur le coussin tout le temps que dure l'adoration de la croix. Lorsqu'elle est finie, le diacre la replace à l'autel, et alors tous se mettent à genoux. C'est un moment solennel à la chapelle Sixtine, que celui où est reportée à l'autel la croix qui vient d'être adorée, lorsque tous, le pape, les cardinaux, les évêques, etc., tombent de nouveau et en même temps à ses pieds.

29. Episcopus sedens lavat manus, et imponit thus in thuribulum, more solito.

30. Interim ordinatur processio ad accipiendum SS. Sacramentum de loco, ubi pridie repositum fuerat, eaque de causa jam præparata esse debent decem, seu ad minus octo funalia ceræ albæ; item baldachinum et duo thuribula cum incenso et igne. Præcedet Subdiaconus paratus cum cruce denudata, inter duos ceroferarios, cereos accensos deferentes, et sequuntur primo clerici et Beneficiati, seu Mansionarii, deinde Canonici bini, secundum eorum ordinem; videlicet primo juniores, deinde digniores, tum Diaconus et Subdiaconus cum Presbytero assistente, ultimo loco Episcopus cum mitra, medius inter Diaconos assistentes; et si fuerit Archiepisco-

pus, crux portabitur ante Canonicos; et cum discedunt, Episcopus, deposita mitra, et omnes reverentiam faciunt cruci cum genuflexione (1).

(1) Le pape, les cardinaux, comme les autres, se conforment à cette règle.

31. Cum Episcopus pervenerit ante fores sacelli, ubi est repositum SS. Sacramentum, deponit mitram, et statim ingressus sacellum, genuflectit et ante altare iterum genuflectit super pulvino, et orat parumper : mox surgit, et stans, imponit incensum, ministrante Presbytero assistente, in duo thuribula, nihil dicens : et rursus genuflexus super pulvino, incensat triplici ductu SS. Sacramentum, Sacrista aperiente capsulam, ubi includitur : et statim apponitur velum perpulchrum circa humeros Episcopi, et acubus firmatur (1), ut æqualiter hinc inde pendeat : tunc primus Diaconus assistens accipit SS. Sacramentum de dicta capsula, illudque in manibus Episcopi, adhuc genuflexi, reverenter collocat, et statim genuflectit. Episcopus capit calicem, ubi est Sacramentum, velo, ut pridie, coopertum, ambabus manibus, velo, quod circum humeros habet, coopertis, et surgens, illud portat reverenter sub baldachino, quod deferunt Beneficiati parati cum pluvialibus, si haberi poterunt, et his deficientibus, cum cottis præeuntibus Capellanis cum funalibus accensis (2), et duobus Acolythis cum duobus thuribulis, continuo incensantibus Sacramentum; et revertitur ad altare eodem ordine. Cantores cantant Hymnum *Vexilla Regis prodeunt*, etc. (3).

(1) Le voile se fixe sur les épaules du célébrant, moyennant quelques rubans qui ont remplacé les agrafes dont parle ici le Cérémonial.

(2) On ne distribue pas des cierges au clergé pour la procession. Il n'y a que les porte-flambeaux, tels que mentionnés dans ce nombre, qui aient à porter de la lumière.

(3) Pendant que les chantres chantent cette hymne, l'évêque la récite à haute voix avec ceux qui l'assistent. En même temps, tous ceux du chœur la disent deux à deux et tout haut, d'un bout de la procession à l'autre.

32. Cum autem pervenerit ad cancellos altaris, vel, ubi non sunt cancelli, ad gradus Presbyterii, removetur baldachinum, et Diaconus Evangelii, genuflexus ante gradus altaris, accipit SS. Sacramentum

de manu Episcopi stantis, illudque reverenter collocat super altare. Episcopus, deposito velo, genuflectit (1) super pulvino in primo gradu (2) altaris, mox surgit, et, ministrante Presbytero assistente, ponit incensum in thuribulum, absque benedictione, et iterum genuflexus, Sacramentum incensat triplici ductu, et ascendit ad altare, et extrahit Sacramentum de calice, et ponit supra patenam, quam Diaconus tenet, et accipiens patenam de manu Diaconi, sacram hostiam ponit super corporale, nihil dicens. Si tetigerit Sacramentum, digitos abluat in aliquo vase : Canonici et alii de choro, in duplici gyro (3), genuflectunt in plano ante altare : et Capellani hinc inde tenent funalia accensa usque post Communionem. Diaconus autem, observata cæremonia prægustationis vini et aquæ, ut habetur in *cap.* viii, § 62, *hujus lib.* II, de Missa solemni, Episcopo celebrante, ponit vinum in calicem, et Subdiaconus aquam, quam Episcopus non benedicit, nec dicit super eam Orationem consuetam, sed accipiens calicem a Diacono, ponit super altare, nihil dicens, et Diaconus illum cooperit palla.

(1) A Rome, c'est toujours à genoux que l'on reçoit et dépose le voile du saint sacrement. Le Cérémonial serait donc ici et ailleurs contraire à cette pratique.

(2) L'évêque se met à genoux sur le premier degré, parce qu'il doit aller à l'autel aussitôt après l'encensement. Dans tous les autres cas, il encense le saint sacrement en se tenant à genoux sur le dernier degré d'en bas.

(3) Ceci est à bien remarquer, car personne ne doit monter à la stalle tant que le saint sacrement est sur l'autel. A la chapelle Sixtine, le pape, qui n'officie pas ce jour-là, demeure à genoux *ad faldistorium, in pavimento*, jusqu'après la communion. Il est à remarquer que le Cérémonial veut que tous soient *in gyro*. A la chapelle Sixtine toutefois, les cardinaux et évêques sont alors à genoux en faisant des lignes droites.

33. Deinde Episcopus, ministrante Presbytero assistente, ponit incensum in thuribulo, absque benedictione, et incensat oblata, et inde crucem et altare, more solito, genuflectens ante et post, et quandocumque transit ante SS. Sacramentum; cum incensat oblata, dicit *Incensum istud* (1), *etc.*, cum incensat crucem et altare, dicit *Dirigatur Domine, etc.*, quando dat thuribulum Diacono, dicit *Accendat in nobis, etc.*, et ipse non incensatur.

(1) Le célébrant, à la messe des *présanctifiés*, dit tout haut ou tout bas les diverses parties de cette messe, selon qu'il se trouve marqué au Cérémonial et au Missel.

34. Postea aliquantulum extra altare in cornu Epistolæ lavat manus, nihil dicens; deinde in medio altaris inclinatus, junctis manibus, dicit *In spiritu humilitatis, etc.*, deinde versus ad populum in cornu Evangelii, dicit more solito *Orate fratres*, et per eamdem viam revertitur, non perficiens circulum; et statim, omissis aliis, dicit in cantu feriali *Oremus : Præceptis salutaribus, etc.*, et dicto sub silentio *Amen*, eadem voce qua dicit *Pater noster*, absolute dicit *Libera nos, etc.* Mox genuflexus supponit patenam Sacramento, quod dextera accipiens, elevat, ut videri possit a populo, et statim supra calicem dividit in tres partes, quarum ultimam mittit in calicem, more solito, sed sine signo crucis, nihil dicens. *Pax Domini, etc.*, non dicitur, nec *Agnus Dei, etc.*, neque pacis osculum datur.

35. Postea, prætermissis duabus primis Orationibus, dicit tantum *Perceptio Corporis tui, etc.*, tum genuflectit, et accipit patenam, cum corpore Christi, et maxima humilitate, ac reverentia dicit *Panem cœlestem accipiam, etc.*, postea signat se Sacramento, dicens *Corpus Domini nostri, etc.*, et sumit corpus reverenter : deinde, omissis omnibus, quæ dici solent ante assumptionem sanguinis, immediate particulam hostiæ cum vino reverenter sumit de calice, et more solito facta ablutione digitorum, infundente vinum Diacono, et sumpta purificatione, in medio altaris inclinatus, manibus junctis, dicit *Quod ore sumpsimus, etc.*, et non dicit *Corpus tuum Domine, etc.*, nec *Postcommunio*, nec *Placeat tibi, etc.*, nec datur benedictio ; sed statim Episcopus vadit ad cornu Epistolæ, ibique cum mitra lavat manus cum solitis cæremoniis : deinde ascendit ad sedem suam Episcopalem nudam, ubi deponit sacra paramenta, et assumit cappam laneam violaceam : interim omnes alii deponunt paramenta, et postea statim dicuntur Vesperæ; et in fine Episcopus descendit, et genuflectit ante altare super genuflexorio nudo, cum dicitur *Christus factus, etc.*, et finito Psalmo *Miserere mei Deus, etc.*, dicit Orationem *Respice, quæsumus, Domine, etc.*, et revertitur ad domum suam, ordine, quo venit.

CHAPITRE XXVI

DU VENDREDI SAINT (EPISCOPO TANTUM PRÆSENTE).

Quæ præparanda pro Officio feriæ sextæ in Parasceve, Episcopo tantum præsente, seu absente, et in Collegialis. Accessus Episcopi ad Ecclesiam, et celebrantis ad altare. Episcopus nulli benedicit, nec osculum manus recipit hac die. A quo, et ubi Epistola et prima Prophetia cantentur. Secunda Prophetia cantanda a Subdiacono. Quomodo, et a quibus procedatur ad cantandam Passionem. Quo habitu Diaconus reliquam Passionem cantet. Sermocinator Indulgentiam tantum ab Episcopo petat. Ubi celebrans dicat Orationes. Ordo denudandæ Crucis, et procedendi ad ejus adorationem. Processio ad recipiendum SS. Sacramentum, quod gestare debet Episcopus, et celebrans super altari collocare. Cætera, quæ a celebrante explenda sunt. Vesperæ quomodo compleantur. Indulgentia, si non est habitus sermo, quando publicanda.

1. Præparentur et serventur omnia in *præcedenti Capite* expressa, si celebrans sit Prælatus (1), habens insignia Pontificalia, exceptis Diaconis assistentibus : si vero non sit Prælatus, sed aliquis Canonicus omnia prædicta similiter parentur, præter faldistorium et abacum ; et ipse celebrans cum suis ministris paretur in sacristia ante adventum Episcopi (2) qui hora congrua, indutus cappa ex lana violacei coloris, associatus a Canonicis more consueto, venit ad Ecclesiam, orat prolixius ante altare, super genuflexorio nudo genuflexus, et ad ejus sinistram aliquantulum post ipsum celebrans super scabello nudo cum Diacono et Subdiacono in nudo solo genuflectentibus : cumque oraverint prolixius solito, Episcopus surget, ascendet ad sedem suam, comitantibus duobus suis assistentibus, qui apud eum assistunt, more solito ; et celebrans vadit ad altare, et illud osculatur. Deinde, si sit Prælatus, ad suum faldistorium ; sin minus, ad scamnum nudum pro ipso et suis ministris paratum.

(1) A la chapelle Sixtine, le cardinal grand pénitencier officie ce jour-là avec les cérémonies ordinaires; mais il ne tourne pas le dos à l'autel quand il est assis *ad faldistorium*.

(2) Le célébrant, qu'il soit évêque ou prêtre, s'habille à la sacristie et se rend au chœur avant l'arrivée de l'*ordinaire*.

2. Tunc vero per clericos et ministros extenditur tobalea, seu mappa super altari, quæ parum hinc inde pendeat. Episcopus hac die nulli manu nec verbo benedicit, neque recipit osculum manus

ab aliquo, sed nec ipse osculatur textum Evangelii, nec incensatur ut alias. Cum omnes consederint, aliquis ex Beneficiatis vel Cantoribus cotta indutus, ducente Cæremoniario, sibi ipse librum deferens, cum debitis reverentiis celebranti, altari cum genuflexione, et Episcopo, accedit ad locum, ubi cantari solet Epistola, ubi alta voce cantat primam Prophetiam sine titulo, librum manibus tenens; qua finita, et factis iterum debitis reverentiis, redit ad locum suum, relinquendo librum super abaco, vel mensa, et recitatur per chorum Tractus *Domine, audivi, etc.*, post Prophetiam, quam simul cum Tractu legunt tam ipse celebrans, quam Episcopus, sedentes in suis sedibus, servientibus Episcopo de libro solitis Capellanis, celebranti vero Subdiacono.

3. Finito Tractu per chorum, celebrans surgit; et si est Prælatus, stans ante faldistorium versus ad altare, dicit *Oremus*, et Diaconus retro ipsum *Flectamus genua*, Subdiaconus vero *Levate*. Tunc Episcopus et omnes genuflectunt, excepto celebrante, et statim surgunt : si vero non est Prælatus, apud altare; celebrans autem cantat Orationem *Deus, a quo et Judas, etc.*, in tono uniformi et feriali. Qua finita, sedet, sedente Episcopo et omnibus.

4. Tunc Subdiaconus, deposita planeta plicata, sumptoque libro, vadit cum Cæremoniario, factis debitis reverentiis, ad cantandum alteram Prophetiam in eodem loco; qua cantata, reassumit planetam plicatam, et celebrans ac Episcopus legunt ipsam Prophetiam et Tractum, ut prius; et dum per chorum cantatur præfatus Tractus, tres Capellani, seu Cantores, qui Passionem sunt cantaturi, parantur in sacristia, et circa finem Tractus, ordine, prout in *Cap. præcedenti* dictum est, cantant Passionem.

5. Episcopus, celebrans et omnes, cum inchoatur Passio, surgunt et stant, detecto capite, usque ad ejus finem : sed celebrans stat apud altare in cornu Epistolæ, et legit secrete ex libro super altari posito Passionem usque ad finem, versus aliquantulum ad ipsos cantantes, qui Passionem prosequuntur; et, ea finita, Diaconus cantat Evangelium, seu reliquum Passionis in tono Evangelii, servatis omnibus, quæ superius expressa sunt.

6. Finito Evangelio, Diaconus cum suis sociis, factis debitis reverentiis, recedit, et manet in habitu, quo reperitur usque ad finem Officii : et interim, si sermo est habendus, ducitur per Cæremoniarium sermocinaturus ante Episcopum, a quo petit tantum Indulgentias absque benedictione; et statim, finito sermone, illas pronuntiat, cum non fiat confessio, nec per Episcopum absolutio, nec benedictio.

7. His expletis, vel, si non fiat sermo, statim finita lectione in tono Evangelii, celebrans accedit ad altare in cornu Epistolæ cum suis ministris, et cantat Orationes, prout in Missali; advertendo, quando dici et quando omitti debeat *Amen*, per chorum, et *Flectamus genua*, per Diaconum : quæ verba *Flectamus genua* cum dicuntur, Episcopus et alii, ut supra, genuflectunt, et surgunt, cum per Subdiaconum dicitur *Levate*.

8. Antequam dicatur ultima Oratio, ministri extendunt longum pannum, seu tapete ante gradus altaris, vel Presbyterii cum pulvino et mappa, ut in *præcedenti Capite* dictum est.

9. Completis Orationibus, celebrans, si est Prælatus, accepta mitra, procedit ad faldistorium, ubi deponit mitram et casulam, et vadit ad posteriorem partem cornu Epistolæ altaris; et, si non est Prælatus, deponit casulam in solito scamno, cui stanti post angulum dicti lateris altaris, facie versa ad populum, seu chorum, Diaconus offert crucem velatam, de altari reverenter acceptam, qui eam devote accipiens, manu dextera detegit illius summitatem usque ad transversum crucis; prout supra dictum est; et, dum celebrans cantat *Ecce lignum crucis*, tenet ei librum, si est Prælatus, assistens, si vero non est Prælatus, Capellanus; et Episcopus tunc et omnes, detecto capite, surgunt; et semper, dum chorus respondet *Venite adoremus*, Episcopus et omnes alii, excepto solo celebrante, genuflectunt.

10. Dicto tertio *Ecce lignum crucis*, et servatis omnibus superius expressis, celebrans ipse solus absque ministris, procedit ad locum, ubi est positum pulvinar antedictum; portans crucem ambabus manibus elevatam cum reverentia et devotione, nullam tunc Episcopo, neque altari reverentiam faciens, et eam genuflexus ponit, et firmat chordulis, si opus est, supra dictum pulvinum, adjuvante Cæremoniario, qui paulo ante ponere debet lancem prope ipsum pulvinum ad dexteram adorantis, ubi pecuniæ, quæ cruci offeruntur, ponantur.

11. Deinde celebrans, facta reverentia Episcopo, redit ad faldistorium, seu sedile, ubi deponit calceos, seu crepidas; eodemque tempore Episcopus a suis scutiferis, oras cappæ a Capellanis elevatas subeuntibus, excalceatur; qui fimbrias posteriores cappæ per terram trahens, anteriores vero sibi ipse elevans; detecto capite, descendit ad adorationem crucis, medius inter duos Diaconos assistentes, et gradiens per dictum tapete, ter cum debita distantia genuflectit ante crucem, aliquantulum pro unaquaque vice orando, et demum crucem osculatur, offerens tamen prius cruci pecunias, quas volet of-

ferre : tum redit ad suam sedem, et accipit calceos, quos deposuerat, dictis scutiferis eodem ordine subeuntibus, ut prius; et sedens coopertus legit Improperia, quæ etiam interim per chorum cantantur in totum, vel in partem, prout numerus adorantium suadebit.

12. Post Episcopum immediate adorat celebrans, deposita planeta, et retentis dalmatica et tunicella, si sit prælatus, et procedit medius inter duos digniores Canonicos; et, si non sit Prælatus, ibit ad dexteram dignioris Canonici (1), casula exutus : sequuntur postea Canonici, bini, qui omnes deponere debent calceos, et alii, prout supra expressum est in *Capite præcedenti*, et circa finem adorationis accenduntur cerei, ut ibi, et Diaconus portat bursam, explicat corporale super altari, et peracta adoratione, accipit crucem de pulvino, eamque reverenter portat ad altare, nulli reverentiam faciens : sed Episcopus, celebrans et omnes tunc cruci genuflectunt, et statim surgunt, et removetur pulvinus, pelvis cum pecuniis, et tapete.

(1) A la chapelle Sixtine, le cardinal célébrant va à l'adoration de la croix, à la droite du premier du sacré collége.

13. Mox ordinatur processio, prout ibi dicitur, et proceditur ad locum, ubi est repositum SS. Sacramentum. Celebrans autem solus paratus procedit immediate ante Episcopum (1), qui, dum ordinatur processio, deponat cappam, et accipiat amictum et stolam supra rocchetum, ac pluviale nigrum, et mitram simplicem.

(1) Pour cela, il se rend un peu d'avance au pied du trône pour être prêt à marcher devant l'évêque, en allant au reposoir.

14. Cum pervenerit ante fores sacelli, ubi est SS. Sacramentum, deponit mitram, et statim ingressus sacellum, genuflectit (1), mox surgit, et in primo gradu altaris iterum genuflectit super pulvino, et iterum surgit, et stans, imponit incensum in duo thuribula, nihil dicens, ministrante Presbytero assistente (2); et rursus genuflexus super pulvino, incensat triplici ductu Sanctissimum Sacramentum, Sacrista aperiente capsulam, ut supra; et statim apponitur velum circa humeros Episcopi, ita ut æqualiter hinc inde pendeat, ut supra.

(1) C'est au pied de l'autel que l'évêque fait la génuflexion à deux genoux *in plano*. Puis il se lève *et in primo gradu altaris iterum genuflectit... et iterum surgit*.

Ce qui signifie que l'évêque, après avoir prié sur le premier degré un peu de temps, se lève pour mettre de l'encens dans l'encensoir.

(2) C'est à un des chanoines-prêtres, en habit canonial, à faire mettre l'encens dans l'encensoir. Il vient pour cela à l'autel et retourne ensuite prendre sa place parmi les chanoines, quand le saint sacrement a été encensé.

15. Tunc celebrans accipit SS. Sacramentum de dicta capsula (1), illudque in manibus Episcopi collocat, et statim genuflectit. Episcopus capit, ambabus manibus velo, quod circa humeros habet, coopertis, calicem, ubi est SS. Sacramentum, velo coopertum, et illud portat reverenter sub baldachino (2), quod deferunt Beneficiati cum cottis, præeuntibus Capellanis cum funalibus accensis, et duobus Acolythis cum duobus thuribulis, continuo incensantibus SS. Sacramentum, et revertitur ad altare ordine, quo venerat, cantoribus Hymnum *Vexilla Regis prodeunt*, etc. cantantibus.

(1) Rendu au reposoir, le célébrant, qui s'est placé à la gauche de l'évêque, lui met entre les mains, quand il en est temps, le saint sacrement, et il reprend sa place devant l'évêque pour retourner au chœur.

(2) A la chapelle Sixtine, l'*ombrello*, pour le vendredi saint, est violet et le dais rouge. On a déjà remarqué que le rouge est la couleur de deuil pour le pape.

16. Cum autem pervenerint ad cancellos altaris, vel ad gradus Presbyterii, ut supra, removetur baldachinum, et celebrans genuflexus ante gradus altaris (1), accipit SS. Sacramentum de manu Episcopi stantis, illudque reverenter collocat super eodem altari.

(1) Le célébrant, après avoir mis le saint sacrement entre les mains de l'évêque, se place comme en venant. Rendu au chœur, il reçoit à genoux, au pied des degrés, le saint sacrement et le place sur l'autel. Puis il vient au bas des degrés et se place à la gauche de l'évêque pendant qu'il encense le saint sacrement.

17. Deinde deposito velo, Episcopus genuflectit super pulvino in primo gradu altaris : mox surgit, et ministrante Presbytero assi-

stente, ponit incensum in thuribulum absque benedictione, atque iterum genuflexus, incensat SS. Sacramentum triplici ductu, postea revertitur ad sedem suam (1), et stans ponit denuo incensum in thuribulum, per Cæremoniarium allatum, ministrante Presbytero assistente, et demum genuflexus, permanet ita, donec perficiatur Communio (2). Capellani autem cum funalibus hinc inde, versis ad invicem faciebus, similiter genuflexi, tenent funalia accensa usque post Communionem.

(1) Il prend la mitre pour aller au trône.

(2) L'évêque, ayant mis de l'encens dans l'encensoir, descend *ad faldistorium* dans le sanctuaire ou le chœur, et, ayant déposé la mitre, il se met à genoux et y demeure jusqu'à ce que la communion soit faite.

18. Celebrans vero postquam Episcopus ad sedem suam pervenerit, extrahit SS. Sacramentum de calice, et ponit super patenam, quam Diaconus, nihil dicens, et sine osculo, offert celebranti (1), qui illud super corporale ponit, similiter nihil dicens : Diaconus autem ponit vinum et Subdiaconus aquam in calice (2), quæ non benedicitur, nihil dicens ; deinde offert calicem celebranti, qui illum ponit super altari, ut alias, nihil dicens, et palla tegitur per Diaconum.

(1) Le diacre, en allant au reposoir et en revenant au chœur, marche devant l'évêque à la gauche du célébrant. Arrivé à l'autel et pendant que l'évêque encense le saint sacrement, il se tient à la gauche du célébrant, à la droite duquel il monte à l'autel. Là il reçoit dans la patène le saint sacrement, qu'il met entre les mains du célébrant.

(2) Le sous-diacre porte la croix à la procession ; au retour il dépose la croix entre les mains d'un des chapelains, et il va se placer au bas des degrés, du côté de l'évangile, où il demeure à la gauche du diacre pendant que l'évêque encense le saint sacrement. Lorsque l'évêque va au trône, il monte à l'autel, à la gauche du célébrant, puis il se place à la droite du diacre, et fait toutes choses comme il est marqué ici, et dans les notes ci-dessus si c'est un évêque qui officie au fauteuil.

19. Tunc, accepto thuribulo de manu Diaconi, quod Cæremonia-

rius ad altare detulit, facta prius genuflexione SS. Sacramento, illud thurificat, inde crucem et altare, dicens omnes Versiculos solitos, non tamen incensatur ipse celebrans, neque Episcopus, sed incensato altari, celebrans extra cornu Epistolæ stans versus populum sine mitra, si ea utatur, lavat manus, deinde ad medium altaris cum genuflexione reversus, dicit inclinatus, summissa, sed intelligibili voce *In spiritu humilitatis, etc.*; dicit *Orate fratres, etc.*, non peragens gyrum, ut alias, non in medio, sed a latere, ut non vertat tergum SS. Sacramento : deinde, omissis omnibus aliis, absolute dicit in cantu feriali *Oremus : Præceptis, etc.*, et chorus respondet *Sed libera nos, etc.*, et postquam celebrans secrete respondit *Amen*, prosequitur in tono feriali absolute, dicens *Libera nos, quæsumus, Domine, etc.*, usque ad *Amen* exclusive, quod chorus alte respondet.

20. Quo dicto, celebrans, facta usque ad terram reverentia, Sacramentum dextera accipit, quod elevat sola dextera altius solito, ita ut ab omnibus videri possit, sinistra super altari retenta; et statim deponit hostiam, illamque dividit in tres partes, quarum unam mittit in calicem, more consueto, sed sine signo crucis, nihil dicens : tunc secrete, ut alias, dicit (1) *Perceptio Corporis, etc.*; *Panem cœlestem, etc.*; et *Domine, non sum dignus, etc.*, et continuat *Corpus Domini, etc.*, quo dicto, signat se cum Sacramento, et illud sumit, et demum nihil dicens, sumit vinum et aquam cum particula in calice existente : quo facto, exportantur funalia extinguenda, et omnes surgunt et sedent.

(1) On voit ici que le célébrant doit, à la messe des *présanctifiés*, suivre la règle ordinaire pour ce qui regarde les choses à dire tout haut ou tout bas, quand la rubrique du jour ne prescrit pas le contraire.

21. Tunc celebrans, si est Prælatus, accepta mitra, in cornu Epistolæ, ut alias, lavat manus : deposita mitra, versus ad medium altaris dicit, inclinatus, manibus junctis, *Quod ore sumpsimus, etc.*; si vero non est Prælatus, non lavat manus, sed sumpto calice, dicit, ut supra, *Quod ore sumpsimus, etc.*, quo dicto, revertitur, si sit Prælatus, cum mitra ad faldistorium; si non sit Prælatus, ad Sacristiam, et exuit se; et interim Episcopus deponit pluviale, et accipit cappam, et inchoantur Vesperæ, ut in *Capite præcedenti* dictum est : et in fine Episcopus descendit ad faldistorium, et dicit Oratio-

nem *Respice, quæsumus, Domine, etc.*, ut ibi : qua dicta, si sermo non fuerit habitus, tunc publicantur per Presbyterum assistentem Indulgentiæ.

22. Absente Episcopo, et in Ecclesiis Collegiatis servantur omnia supradicta, exceptis his, quæ ad Episcopum pertinent, et ad celebrantem Prælatum, et prout adnotatum legitur in Rubricis Missalis.

CHAPITRE XXVII

DU SAMEDI SAINT.

Sabbato sancto altaria et sedes Episcopalis duplici ornatu, coloris albi intus, et violacei foris aptentur. Cereus Paschalis, quinque grana incensi, arundo cum tribus candelis præparanda. Ubi, et quo ritu novi ignis et incensi benedictio fiat. Ubi item candelæ, et quomodo accendantur. Ordo cantandi præconium per Diaconum, standi ad illud, et infigendi grana incensi in cereo. Quando Episcopus accipiat sandalia alba, faciat præparationem, et induatur una cum ministris paramentis Pontificalibus violaceis. Ordo accedendi ad altare pro cantandis Prophetiis, standi ac genuflectendi ad Orationes. Ordo procedendi ad benedictionem Fontis, Episcopo baptizante, vel non baptizante. Catechumeni baptizandi sunt, aut ab Episcopo, aut a digniore Capituli. Ordo redeundi ad altare, cantandi Litanias, sumendi paramenta alba per Episcopum et ministros, removendi ornamenta violacea ab altari et a sede Episcopali. Qui ritus servandus in principio Missæ. Campanæ quando pulsandæ. Subdiaconi verba post recitatam Epistolam. *Alleluia*, quando et qua modulatione intonetur. Ordo dicendi Evangelium, et prosequendi Missam, celebrandi Vesperas, incensum ministrandi, et perficiendi ipsam Missam.

1. Sabbato Sancto summo mane vestiuntur altaria, et sedes Episcopalis ornatur cortinis duplicibus, videlicet, intus alba, exterius violacea : sic etiam duo pallia ante altare majus applicantur et aptantur, ut, cum opus fuerit, faciliter removeri cito possit violaceum, et remaneat album, ut infra dicetur. Præparetur etiam cereus Paschalis prægrandis cum quinque granis incensi (1), in eo infigendis, qui ponitur in aliquo magno candelabro condecenti, regulariter in latere Evangelii, vel alibi pro situ loci ; et apud illum locatur pulpitum, sive legile coopertum panno albo serico, vel auriphrygiato. Item præparetur arundo (2) cum tribus candelis albis, in summitate positis.

(1) Le cierge pascal est, à Rome, très-grand, comme il est marqué ici, et peint avec beaucoup d'art. Les grains d'encens sont à peu près de la grosseur et de la forme de nos pommes de pin. Catalan observe que le même cierge ne peut être bénit

plusieurs fois, et par conséquent l'on ne saurait faire servir le même plusieurs années de suite.

(2) Ce roseau est, à Rome, tout garni de fleurs d'un bout à l'autre. *Sane*, dit Catalan, *solet hodie arundo ipsa ornari floribus vel etiam chartis depictis... significatur arundine humilitas passionis Christi, ex qua in fine patuit major gloria Unitatis et Trinitatis Dei... sicut arundo serpentes necat, ita Passio Christi diabolum vicit.*

Au bout de ce roseau est une platine de cuivre préparée pour recevoir trois cierges. Chacun de ces cierges est fixé dans une bobèche distincte. Un bloc de forme triangulaire est placé du côté de l'évangile pour recevoir ce roseau.

2. In reliquis ornatur Ecclesia, altare, abacus et chorus, prout in Dominicis Adventus, et Quadragesimæ, sed cerei relinquuntur extincti, donec erit tempus accendendi, ut infra.

3. Dicta hora Sexta, excutitur e silice ignis extra Ecclesiam (1), et accenditur, et per aliquem Sacerdotem, vel Canonicum paratum amictu, alba, cingulo, stola et pluviali violaceo, vel, si magis placet, quod melius erit, per ipsummet Episcopum paratum, ut supra, cum mitra, astantibus ministris cum cruce, vase aquæ benedictæ, et aspersorio, thuribulo et navicula, et granis incensi supradictis in aliquo bacili argenteo, ubi haberi potest, benedicuntur novus ignis et grana prædicta, prout habetur in Missali : deinde, si Episcopus benedixit; deposito pluviali (2), et accepta cappa, sedet in sua sede, benedicit, et imponit incensum in thuribulum, ministrante Presbytero assistente, more solito.

(1) On voit que, dans l'esprit de l'église, c'est à l'évêque à bénir lui-même le feu nouveau : tout est ici pour cela bien expliqué.

(2) Le feu bénit, l'évêque revient au chœur, où il reprend la cape avant de bénir l'encens.

4. Si vero Episcopus, ex aliqua causa urgenti, non benedixit ignem, hora competenti, associatus more solito, venit ad Ecclesiam cum cappa, orat, ascendit sedem, imponit et benedicit incensum, ut supra. Subdiaconus Epistolam cantaturus, paratus amictu, alba, cingulo et planeta violacea ante pectus plicata, capit crucem, et factis

debitis reverentiis (1), vadit cum Diacono et aliis ministris extra Capellam ad capiendum grana incensi et arundinem prædictam in sacristiam, vel alio, hoc ordine.

(1) Le sous-diacre ne salue qu'avant de prendre la croix, car il est de règle qu'il ne salue personne quand il la tient en mains.

5. Præcedit aliquis mazzerius, seu minister cum baculo (1), tum Cæremoniarius; sequuntur duo Acolythi cum cottis, quorum, qui est a dexteris, portat thuribulum cum navicula, alter a sinistris nihil fert; post eos incedit Subdiaconus cum cruce, et post eum Diaconus paratus dalmatica albi coloris, manibus junctis; post Diaconum sequuntur duo, aut quatuor Acolythi, seu Capellani cum cottis. Interim Episcopus, Canonici et alii de choro sedent expectantes.

(1) A Saint-Jean-de-Latran, ce *mazzerius* porte, le samedi-saint, un manteau de soie violette, avec un collet qui descend jusqu'aux coudes, sans manches et percé aux deux côtés comme un mantelet. Il tient à la main un bâton d'environ trois ou quatre pieds de long, orné des armes de la basilique et surmonté d'une petite statue de saint Jean-Baptiste. Au reste, voici ce que Catalan dit de ce serviteur de l'Église : *Tam ad Missam ac Vesperas solemnes, in quibusdam Ecclesiis, præcedit semper mazzerius aliquis cum baculo, talari veste indutus coloris paramentorum solemnitati Officii quod agitur convenientium.* C'est ainsi que l'Église a cru devoir régler le costume même de ceux qui servent aux plus bas offices, et l'on sait par expérience qu'il y a là quelque chose d'imposant.

6. Cum pervenerint ad sacristiam, seu locum deputatum, ubi jam erunt præparata grana prædicta, et arundo cum tribus candelis, ac ignis novus, accenditur una parva candela ex dicto igne, quem portat Cæremoniarius. Diaconus capit arundinem, unus Acolythus bacile cum quinque granis incensi, et revertuntur hoc ordine. Primo dictus mazzerius, seu minister cum virga, deinde duo Acolythi; videlicet, unus cum bacili et granis incensi, quod portat ambabus manibus elevatum a dexteris, et alter cum thuribulo et navicula a sinistris; tum Subdiaconus portans crucem, post eum Diaconus cum arundine prædicta, ad ejus sinistram Cæremoniarius cum candela

una parva, vel duabus accensis; et ultimo duo, vel quatuor Acolythi prædicti cum cottis.

7. Cum Diaconus ingressus fuerit Ecclesiam, inclinat caute arundinem, et Cæremoniarius, deferens candelam accensam de novo igne, accendit unam ex tribus candelis, in summitate arundinis positis, et statim Diaconus arundinem elevat, et tam ipse, quam alii omnes, et Episcopus genuflectunt, præter Subdiaconum ferentem crucem, et Diaconus alta voce cantat *Lumen Christi*. Quo audito, Episcopus, et omnes surgunt, et chorus respondet in eodem tono *Deo gratias*. Deinde, Diacono procedente ad medium Ecclesiæ, iterum inclinat arundinem, et accenditur altera candela, ut prius et eodem modo cum omnibus genuflexus, altiori voce cantat *Lumen Christi*, et similiter respondetur per chorum *Deo gratias*. Idem tertio fit, et dicitur ante altare, et accenditur tertia candela, et Diaconus adhuc altiori voce cantat, et respondetur ei per chorum, ut supra.

8. Tunc Episcopus et omnes sedent, ipsi vero ministri surgunt, et factis reverentiis altari et Episcopo, secedunt ad locum, ubi cantandum est *Exultet jam, etc.*

9. Diaconus vero, deposita arundine in manibus unius ex dictis Acolythis, capit de manu Cæremoniarii librum, et accedens cum debitis reverentiis ante Episcopum, comitante eodem Cæremoniario, petit ab eo benedictionem absque osculo manus, dicens *Jube Domne, etc.* cui Episcopus respondet *Dominus sit in corde tuo, etc.*, prout in benedictione pro Evangelio recitando; sed loco Evangelii dicit *Paschale præconium, etc.*, et manu benedicit.

10. Diaconus, habita benedictione, accedit, factis debitis reverentiis, ad legile; ponit super eo librum apertum, quem adolet incenso triplici ductu, sed non signat librum, nec se, prout in Evangelio. Ministri circa legile locantur hoc pacto. Subdiaconus cum cruce versa ad Episcopum, et Acolythus thuriferarius stant a dextris ipsius Diaconi : Acolythus cum arundine, et alter cum granis incensi a sinistris, vertentes facies, prout ipse Diaconus : et cum Diaconus incipit cantare *Exultet jam, etc.*, Episcopus et omnes surgunt, detectis capitibus; Diaconus prosequitur cantum suum, et suo tempore infigit quinque grana incensi in cereo in modum crucis, quæ respiciat faciem Episcopi, et pariter suo tempore illuminat cereum cum una ex tribus candelis in arundine positis, prout in Missali : et advertat Diaconus quod si Imperator non est coronatus, debet dicere *Electum Imperatorem nostrum N.*

11. Finito cantu per Diaconum, omnes inde recedunt cum de-

bitis reverentiis; Diaconus vero, celebraturo Episcopo, deponit dalmaticam, sumpta stola violacea, et Subdiaconus planetam, et sic in albis accedunt ad Episcopum (1); qui stans, capite detecto, dicit secrete *Pater noster*, et mox sedet, et chorus recitat Nonam.

(1) Ceci suppose qu'il n'y a pas de diacres assistants; car, dans ce dernier cas, ce serait à eux à assister l'évêque pendant none, et les diacres et sous-diacres n'iraient à l'ordinaire au trône que pour habiller l'évêque.

Il est à remarquer que, quand les diacre et sous-diacre servent en planètes, ils demeurent *in albis* pour habiller le célébrant, et que ce n'est qu'ensuite qu'ils prennent le manipule et la planète.

Il est aussi à remarquer que l'on suit, à cette messe, les cérémonies ordinaires, excepté en ce qui peut être propre à cet office.

12. In fine Nonæ Episcopus descendit de sede, et cum dicitur *Christus factus est, etc.*, procumbit super faldistorio, et genuflexus dicit Orationem *Respice, quæsumus, Domine, etc.* Qua finita, surgit et revertitur ad sedem suam, ubi sedens accipit sandalia alba, quia illa non mutat, legit Psalmum *Quam dilecta, etc.*, cum *Gloria Patri, etc.*, et alias Orationes, et Versiculos consuetos ; lavat manus, et paratur omnibus indumentis Pontificalibus, et manipulo coloris violacei, non tamen pallio, si sit Archiepiscopus, ac mitra simplici a dictis Diacono et Subdiacono in albis assistentibus : et cum Episcopus accipit planetam, pariter Canonici capiunt paramenta ipsis congruentia, coloris violacei, et ipsi Diaconus et Subdiaconus planetas ante plicatas, ejusdem coloris, ac manipulos, et Canonicus Presbyter assistit cum pluviali ejusdem coloris ; et alii duo Diaconi, ubi est consuetum, assistunt, ut alias.

13. Cum Episcopus fuerit paratus, descendit cum mitra, et baculo de sua sede, et comitantibus prædictis assistentibus et ministris, accedit ad altare, quod sine mitra in medio osculatur, deposito interim baculo : et facta cruci reverentia, mox, recepta mitra et baculo, revertitur ad eamdem suam sedem : Diaconus vero Evangelii, et Subdiaconus de Epistola, si assistant alii duo digniores Diaconi, sedent in scamno, aut scabellis apud cornu Epistolæ, ut dictum est in *Capite* VIII, § 36, *hujus Lib.* II, de Missa solemni, Episcopo celebrante. Locatur in medio chori, vel Presbyterii pulpitum, seu legile

nudum, et omnibus considentibus, ducitur a Cæremoniario aliquis Acolythus, sive cantor indutus cotta, qui, factis debitis reverentiis altari et Episcopo, cantat sine titulo primam Prophetiam (1) qua finita, accedit cum debitis reverentiis ad osculandam manum Episcopi, antequam surgat pro Oratione cantanda.

(1) Le célébrant doit lire tout l'office pendant qu'on le chante. A Saint-Jean-de-Latran, les leçons se chantent d'un bout à l'autre.

14. Tum Episcopus surgit, deposita mitra, dicens *Oremus*, et Diaconus assistens ad ejus dexteram, dicit *Flectamus genua*, et omnes genuflectunt, excepto Episcopo : alter vero ad sinistram *Levate*, et omnes surgunt : ipse vero Episcopus prosequitur Orationem, stans manibus extensis, sustinente librum Presbytero assistente more solito : sed, ubi non assistunt prædicti duo antiquiores Diaconi, servient in hujusmodi ministerio, et aliis, prædicti Diaconus et Subdiaconus Evangelii et Epistolæ.

15. Cantantur deinde aliæ Prophetiæ ab Acolythis, vel cantoribus eodem ordine, et post quartam, octavam et undecimam Lectionem, seu Prophetiam, Episcopus legit ex libro Tractum, dum cantatur a choro; et pariter per eosdem Diaconos assistentes suo tempore dicitur *Flectamus genua*, et *Levate*, ut in Missali.

16. Finitis Lectionibus, si Episcopus voluerit ipsemet benedicere Fontem (1), quod valde convenit, deposita planeta, et sumpto pluviali violaceo ac baculo ibit, præcedente cruce, cum cereo benedicto accenso, qui portabitur immediate ante crucem, et Canonicis paratis, ac aliis de clero, ad illum benedicendum, et alia fiunt et cantantur, etiam circa Baptismum, prout in Missali.

(1) A Saint-Jean-de-Latran, c'est d'ordinaire le cardinal-vicaire qui fait l'office d'un bout à l'autre. Or il est à remarquer qu'il y a toujours quelques baptêmes avec la confirmation, et une nombreuse ordination.

Le 7 avril 1855, il y eut un juif et deux juives baptisés dans le baptistère de Constantin, puis confirmés à un des autels de la basilique. Il y eut cinq tonsurés, dix-sept portiers et lecteurs, seize exorcistes et acolytes, huit sous diacres, dix diacres et onze prêtres. L'office dura environ six heures.

17. Si vero non potuerit Episcopus id præstare, destinabit ali-

quem ex dignioribus Capituli, qui pluviali paratus, comitantibus aliquot Acolythis et ministris cum cereo accenso et cruce, ea omnia faciet.

18. Quibus peractis, si aderunt catechumeni, baptizentur more solito ab Episcopo (1), aut a digniore ex Capitulo, ut in *numero præcedenti*, et per octo dies ante in ipsa Ecclesia, nisi periculum immineat, nullus infans baptizetur (2).

(1) A Saint-Jean-de-Latran, un évêque fit à la sacristie, pendant que l'on chantait au chœur les prophéties, tous les exorcismes et prières qui peuvent se faire, d'après le rituel, sur les catéchumènes par un autre que par celui qui baptise. Ainsi le cardinal-vicaire n'eut pas autre chose à faire que de verser l'eau après avoir fait les questions qui précèdent le baptême. Il versa l'eau sur le sommet de la tête. On avait fait à l'homme, qui avait les cheveux très-épais, une croix sur le devant de la tête, de la largeur d'un doigt, en rasant cette partie jusqu'à la peau. La femme et la petite fille, qui avaient les cheveux clairs, n'en avaient pas : tous trois étaient habillés en blanc de la tête aux pieds.

Pour faire l'infusion des saintes huiles dans la fontaine sacrée, le cardinal fit usage de deux ampoules d'argent absolument de la même forme que les burettes à Rome, lesquelles, comme on le sait, sont de petites aiguières de cristal avec des tubes recourbés, pour verser l'eau et le vin. Par ce moyen fort simple, l'infusion et le mélange des huiles se fait très-aisément.

Avant de faire l'infusion des saintes huiles dans la fontaine, qui est très-grande, on en tira de quoi remplir deux vases pour faire de suite l'aspersion dans l'église, et, dans le cours de la journée, celle de toutes les maisons de la paroisse; car l'usage est encore à Rome que le curé bénisse, le samedi-saint, toutes les maisons de sa paroisse.

Le baptistère de Constantin avait été, pour la cérémonie, tout parsemé de fleurs et d'herbes odoriférantes, ce qui excitait déjà à la joie de la résurrection.

(2) Ceci n'est plus d'usage à Rome; car, là comme ailleurs, on craint sans doute qu'il n'arrive quelque accident.

19. Si Episcopus id præstiterit, eodem ordine redibit ad altare majus, ubi, deposito pluviali, cum mitra procumbit ante illud super faldistorio (1), et pariter omnes in suis locis genuflectunt : et duo Capellani, sive cantores genuflexi ante scabellum versus cornu Epistolæ retro Episcopum, habentes ante se librum, inchoabunt Litanias : et si aderunt ordinandi, prosternent se per gyrum, dum dicuntur Litaniæ et alia fient, prout in Pontificali Romano *de Ordinibus dandis,* respondente choro, et repetente omnia, quæ ipsi Capellani, sive cantores dicunt, et cum perventum fuerit ad Versiculum *Peccatores,* Episcopus surgit, et ibidem stans, deponit paramenta violacea et accipit alba ac pallium, si est Archiepiscopus.

(1) L'évêque, à genoux et s'appuyant sur le fauteuil, et se prosternant en quelque manière devant l'autel par cette position d'humiliation, est alors *procumbens super faldistorio*. Cette même prosternation est observée par les cardinaux et les évêques quand ils se mettent à genoux *ad subsellia*.

20. Diaconus autem et Subdiaconus, paulo ante depositis planetis violaceis ante plicatis, assumunt dalmaticam et tunicellam albas, ut præsto sint ad induendum Episcopum.

21. Interim removentur etiam ab altari et sede Episcopi pallia violacea, et accenduntur luminaria. Capellani vero, sive cantores jam dicti, prosequuntur Litanias usque in finem, respondente choro, ut supra, et in fine cantatur *Kyrie, eleison*, cum pausa convenienti, donec Episcopus fuerit in sua sede, ad cantandum *Gloria in excelsis Deo,* etc.

22. Episcopus, postquam est albis paramentis paratus, facit confessionem cum ministris, more solito ; ascendit ad altare, illudque ac librum Evangeliorum osculatur, imponit incensum in thuribulum, et benedicit, incensat altare, et incensatur ipse a Diacono, et revertitur ad suam sedem, ubi, dicto *Kyrie eleison,* cantat *Gloria in excelsis Deo,* etc.

23. Tunc pulsantur campanæ et organum (1), et prius debent moneri aliæ Ecclesiæ civitatis, ne pulsent campanas, nisi prius audito signo campanarum Ecclesiæ Cathedralis.

(1) A Saint-Jean-de-Latran, on ne sonna que la clochette pendant le *Gloria in excelsis*, et les cloches de l'église ne sonnèrent que plus tard. Ce fut au signal donné par le canon du château Saint-Ange, lorsque l'on entonna le *Gloria in excel-*

sis, etc., à la chapelle Sixtine, que toutes les cloches de la ville sainte furent mises en branle. L'orgue ne joua que lorsque ce signe de joie eut été donné. Au moyen d'un pavillon ou autre signal, toutes les églises d'une ville pourraient être averties de faire ainsi sonner les cloches au moment où l'évêque entonne à la cathédrale le *Gloria in excelsis*, etc., conformément à ce que prescrit ici notre Cérémonial. Il est aisé de se faire une juste idée de la profonde impression que produit une pareille sonnerie dans un moment si solennel, où tous les cœurs religieux sont tout disposés à se dilater de cette joie pure et délicieuse qui est le fruit de la résurrection du Sauveur.

24. Finito Hymno *Gloria in excelsis Deo*, etc., per cantores, Episcopus surgens sine mitra, dicit versus populum *Pax vobis*, deinde Orationem *Deus, qui hanc sacratissimam noctem*, etc.

25. Finita Epistola, Subdiaconus, dimisso libro in manu Cæremoniarii, immediate accedens ante sedem Episcopi, clara voce dicit *Reverendissime Pater, annuntio vobis gaudium magnum, quod est Alleluia*, et statim accedens, osculatur ejus manum. Tunc is, cui ex officio id incumbit, vel aliquis Canonicus præintonat Episcopo *Alleluia*, qui surgens sine mitra, ter cantat *Alleluia*, semper elevando vocem gradatim : et chorus post quamlibet vicem repetit illud idem; et postea chorus prosequitur Versiculum *Confitemini Domino*, etc. Tunc Episcopus sedet, et prosequitur Missam, prout in Missali, servatis omnibus cæremoniis, quæ late explicatæ sunt in prædicto *Cap.* VIII, *Lib.* II. Ad Evangelium non portantur luminaria, sed incensum tantum; et petitur benedictio : dicitur *Pax Domini sit semper vobiscum*, sed non datur pacis osculum, nec dicitur *Agnus Dei*, etc., nec Postcommunio, sed tres Orationes ante Communionem dicuntur (1).

(1) Comme l'on ne chante pas non plus d'*Offertoire*, nous croyons que ce serait mieux entrer dans l'esprit de l'Église, que de faire alors *grand silence*, et par conséquent qu'il ne faudrait pas jouer l'orgue; car il est évident que, le samedi-saint, il manque quelque chose à la joie de l'Église, et l'on s'en aperçoit bien au ton et à l'accent de cette sainte mère pendant ses offices.

26. Post Communionem Episcopus, facta purificatione, lavat

manus, redit ad sedem, et chorus incipit *Alleluia* pro Vesperis, Episcopo sedente.

27. Ad *Magnificat*, Subdiaconus præintonat ei Antiphonam, quam surgens, repetit; deinde sedet cum mitra, et imponit incensum more solito. Cum inchoatur *Magnificat*, Episcopus descendit ad altare, et deposita mitra, facit cruci reverentiam, osculatur altare, et illud incensat; mox revertitur ad sedem, et incensatur ipse et alii, more consueto : et ipse stans sine mitra, expectat finem cantici *Magnificat*.

28. Cum repetitur Antiphona, sedet, accepta mitra, et ea finita, descendit ad altare, dicit *Dominus vobiscum* et Orationem, et Diaconus *Ite Missa est*, cum duplici *Alleluia*, datur benedictio et publicantur Indulgentiæ, ut alias.

CHAPITRE XXVIII

DU SAMEDI SAINT (SI EPISCOPUS ASSISTAT VEL ABSIT).

Sabbato sancto, si Episcopus assistat, vel absit, omnia fiunt a celebrante, prout in Missali. Ordo procedendi ad Ecclesiam, et benedicendi ignem atque grana incensi. Celebrans ubi stare debeat, dum Diaconus canit præconium. Quibus paramentis celebrans, Diaconus et Subdiaconus induantur, finito præconio. Prophetiæ ubi, et a quibus cantandæ sint, et quando genuflectendum ad Orationes. Ordo procedendi ad benedictionem Fontis, conficiendi Baptismatis, et redeundi ad altare. Ubi cantari debeant Litaniæ. Ubi, et quando celebrans capiat [paramenta alba cum ministris pro Missa. Quo ritu Missa celebretur, ac cætera perficiantur.

1. Si Episcopus nequiverit celebrare (1), sed Officio et Missæ, per alium celebratæ, interesse, præparantur omnia, quæ in superiori capite expressa sunt, et, dicta Nona, Canonicus, vel alius, Officium facturus, paratus amictu, alba, cingulo, stola et pluviali violaceo, in sacristia, vel in alio loco decenti et consueto, benedicet novum ignem et quinque grana incensi, legendo absque cantu Orationes benedictionis, prout in Missali : quo facto, capiet Diaconus stolam, manipulum et dalmaticam albam; Subdiaconus vero manipulum et planetam ante pectus plicatam coloris violacei, et sic parati, sedebunt in aliquo scamno a sinistris altaris, expectantes adventum Episcopi, qui statim, finita prædicta benedictione novi ignis, veniet more solito cum cappa ad Ecclesiam ; orabit ante altare majus, et ascendet ad sedem suam cum suis Capellanis; et, orante Episcopo, surget celebrans cum ministris, qui, donec Episcopus orabit, stabunt (2), et Episcopo sedente, sedebunt.

(1) Le célébrant, s'il est évêque, peut faire cet office au fauteuil, comme le fait à Saint-Jean-de-Latran le cardinal-vicaire ou le vice-gérant.

Dans ce cas, ce qui est dit plus haut de la messe *ad faldistorium* se pratique ici. Voici ce qu'il y a de particulier :

1° Il y a deux fauteuils, l'un au bas de l'autel, à la place ordinaire, et l'autre sur le marchepied placé au côté de l'épître, de manière que, quand l'évêque y est assis, il regarde le côté de l'évangile.

2° Il s'assied à ce dernier fauteuil pour lire les prophéties. Les diacres et sous-diacres s'asseyent pendant ce temps-là avec le prêtre assistant à leur banquette, qui est *in plano* et par derrière. Le cérémoniaire se tient à l'ordinaire auprès du célébrant pour l'assister pendant qu'il lit les prophéties, etc.

3° Le porte-livre se tient en dehors des degrés de l'autel, du côté de l'évangile, en face de l'évêque, quand il n'est point en office. Le porte-grémial est à sa droite; le porte-mitre est derrière l'évêque, regardant comme lui le côté de l'évangile.

4° Le cérémoniaire qui conduit les lecteurs pour le chant des prophéties salue les diacre et sous-diacre, sans s'éloigner des lecteurs, vers la fin des leçons; ils montent aussitôt à l'autel par le côté de l'épître, et ils saluent l'évêque. Le sous-diacre ôte le grémial et le diacre la mitre. L'évêque se lève pour chanter l'oraison, et les diacre et sous-diacre se placent par derrière, comme pour le chant ordinaire des oraisons. Les porte-grémial et mitre se présentent à temps pour recevoir les insignes dont ils sont porteurs.

5° Le prêtre assistant s'assied à la droite du diacre, pendant que l'on chante les prophéties, et il va à la droite de l'évêque pour les oraisons.

6° Il n'y a de *parés*, à cet office, que le prêtre assistant et les diacre et sous-diacre.

(2) Il n'y a pas que le célébrant et ses ministres qui soient alors debout; car les assistants de l'évêque, son cérémoniaire et ses chapelains demeurent aussi debout quand il est à genoux *ad faldistorium*, en arrivant et en partant. C'est une règle générale pour toutes sortes d'offices, et c'est ce que font invaria-

blement les cardinaux qui assistent le pape, ainsi que les camériers qui sont de service. Tous les autres du chœur sont à genoux.

2. Cum Episcopus aliquantulum in sede sua quieverit, accedet ad eum Acolythus, vel Cæremoniarius cum incenso, et ministrante solito Canonico Presbytero assistente naviculam (1), imponet et benedicet incensum, more solito.

(1) L'évêque n'a alors pour le servir au trône que ses chapelains, et il faut que le prêtre assistant aille de sa place au chœur auprès de lui, pour la bénédiction de l'encens, comme à l'ordinaire.

3. Subdiaconus capiet crucem, et cum Diacono et aliis ministris discedet versus sacristiam ad accipiendum arundinem cum tribus candelis, et quinque grana incensi; et alia omnia fient, quæ superius declarata sunt : celebrante interim sedente in suo scamno, et surgente apud illud, cum opus fuerit, donec inchoetur præconium *Exultet jam, etc.*, quo incœpto, accedet ad altare, et ibi stabit, manibus junctis, in cornu Epistolæ, respiciens Diaconum cantantem.

4. Finito præconio, Diaconus revertitur ad altare, et deposita dalmatica et stola alba, capiet violaceam, et planetam ante pectus plicatam, et cum Subdiacono accedet ad celebrantem, qui etiam in suo scamno induet planetam cum manipulo; ministri quoque manipulos habebunt.

5. Item locabitur in medio chori, seu Presbyterii pulpitum nudum, et deducetur a Cæremoniario aliquis Acolythus vel clericus, sive cantor, cotta indutus, ad cantandum primam Prophetiam sine titulo; quam leget etiam celebrans submissa voce apud altare, astantibus ministris, ut fit ad Introitum Missæ; et, ea finita, accedet, qui illam cantavit, cum debitis reverentiis ad osculandam manum Episcopi; quo facto, celebrans dicet *Oremus*, Diaconus *Flectamus genua*, et Episcopus ac omnes genuflectunt, excepto celebrante, et Subdiaconus *Levate* : et omnes surgunt : tunc celebrans prosequitur Orationem, stans manibus extensis. Cantantur deinde eodem modo aliæ Prophetiæ, quarum primas quatuor cantabunt cantores vel Acolythi, seu clerici, alias quatuor Beneficiati, seu Mansionarii, ultimas quatuor Canonici, vel alias, prout commoditas et numerus clericorum, vel consuetudo Ecclesiæ suadebit.

6. Post quartam, octavam et undecimam Prophetiam, Episcopus leget ex libro Tractum (1), dum idem cantatur a choro; ministrantibus de libro et candela solitis ministris; celebrans vero apud altare illum leget : Diaconus et Subdiaconus suo tempore ad alias Orationes dicent *Flectamus genua*, et *Levate*, prout in Missali.

(1) L'évêque diocésain qui assiste à cet office lit les traits marqués après quelques-unes des leçons, mais il ne lit pas les prophéties.

7. Finitis Lectionibus, celebrans, deposita planeta, et accepto pluviali violaceo, præcedente cruce, clero et Canonicis, et ante crucem, aliquo Acolytho portante cereum benedictum accensum, medius inter Diaconum et Subdiaconum, et post ipsum sequente Episcopo, ibit ab benedicendum Fontem Baptismalem, choro interim cantante Tractum *Sicut cervus*, *etc.*, et omnia fient et cantabuntur circa Fontis benedictionem, quæ habentur in Rubricis Missalis.

8. Quibus peractis, si aderunt catechumeni, baptizentur more solito. Interim locatur ante medium altaris faldistorium pro Episcopo, et scabellum pro celebrante ad sinistram partem.

9. Completa benedictione Fontis, et baptizatis catechumenis, si aderunt, ut in *præcedenti Capite* dictum est, redeunt omnes eodem ordine ad altare, et Episcopus genuflectit super dicto faldistorio, capite detecto; celebrans vero, deposito pluviali, ante dictum scabellum a sinistris Episcopi : Diaconus et Subdiaconus in albis post celebrantem, et pariter omnes in suis locis genuflectunt.

10. Duo Capellani, sive cantores, genuflexi ante scabellum post Episcopum, et celebrantem, habentes ante se librum, inchoabunt Litanias, choro idem simul respondente, prout in Missali. Cum perventum fuerit ad Versiculum *Peccatores*, surget celebrans, et ibit ad sacristiam cum suis ministris ad accipiendum paramenta alba pro Missa, nisi sacristia multum distet; quo casu parentur in solito scamno prope altare in cornu Epistolæ, et eodem tempore per alios ministros removeatur ab altari pallium violaceum, et remaneat album, et accendantur candelæ altaris, ita ut hæc omnia fiant, antequam compleantur Litaniæ : quibus finitis, surgit Episcopus, et removetur faldistorium.

11. Celebrans vero accedit ad ejus sinistram, facit cum Episcopo confessionem (1), cantatur *Kyrie eleison* et *Gloria in excelsis Deo*, pulsantur campanæ, et perficitur Missa, secundum Rubricas Missa-

lis, prout etiam in *præcedenti Capite* legitur, et cum cæremoniis descriptis in *Cap. ix, hujus Lib.* II, de Missa solemni, quæ coram Episcopo celebratur.

(1) On voit encore, par les paroles citées, sur quoi est fondé l'usage de Rome, dont on a plusieurs fois fait mention, savoir de dire deux à deux les prières de la confession et autres; car l'évêque et le célébrant sont ici seuls à faire la confession ensemble, et il en doit être de même des diacre et sous-diacre et autres du chœur.

12. In Ecclesiis Collegiatis eadem omnia servari debent, quæ in *hoc Capite* expressa sunt, exceptis his, quæ ad Episcopum pertinent, servatis in omnibus Rubricis Missalis; et eadem fere omnia servantur in Sabbato Pentecostes.

CHAPITRE XXIX

DU JOUR DE PAQUES.

Episcopus in die Paschæ Resurrectionis solemniter Missam celebrare debet, et sacram Eucharistiam administrare. Ordo dandæ communionis in hac Missa. Diaconus post sumptionem Sanguinis cantet confessionem in cornu Epistolæ. Quo ritu Episcopus Christi Corpus tradat. Qui hinc inde assistere debeant. Manus Episcopi ante sumptionem particulæ osculanda. Ordo accedendi ad communionem. Quid observandum, si aliquæ hostiæ consecratæ supersunt.

1. In die Paschæ Resurrectionis Domini nostri Jesu Christi Episcopus, nisi aliquo legitimo impedimento fuerit præpeditus, Missam solemnem omnino celebrare debet, et in ea communio generalis per ipsum Episcopum erit facienda, ordine infrascripto.

2. Nam servatis omnibus, quæ superius in *Capite de Missa solemni, Episcopo celebrante,* explicata sunt usque ad Offertorium, eo dicto, portatur ad altare per Subdiaconum vas argenteum, vel aureum cum multis particulis, prout populi frequentia requiret coopertum, quod Diaconus collocat ante crucem (1); ita ut non impediat thurificationem altaris; et cum celebrans dicit *Suscipe, sancte Pater, etc.,* discooperit illud, et aliquantulum elevat, ac statim reponit super altare, et cooperit; et iterum, cum celebrans profert verba consecrationis, Diaconus illud detegit, et post consecrationem cooperit.

(1) Le diacre place le ciboire devant la croix, et par conséquent derrière le calice, mais un peu en côté, parce que, d'ordinaire, il n'y aurait pas assez de place par derrière pour qu'il fût sur la pierre sacrée.

5. Cum vero Episcopus Sanguinem Domini sumpserit (1) et mox Diaconum et Subdiaconum communicaverit, qui osculantur primo manum, deinde faciem Episcopi, qui eis dicit *Pax tecum*, et illi respondent *Et cum spiritu tuo*, ac etiam antequam se purificaverit, et digitos abluerit, retrahit se ad cornu Evangelii, versa facie ad cornu Epistolæ, et Subdiaconus stabit post ipsum; Diaconus vero stans in cornu Epistolæ versus celebrantem aliquantulum inclinatus, ac manibus junctis, cantabit confessionem in tono, et notis consuetis, stantibus Canonicis et clero, exceptis his, qui sunt communicandi, qui genuflectere debent, et tunc per Cæremoniarium vocantur. Episcopus vero celebrans, finita confessione, legit ex libro ante se allato, vel memoriter, voce intelligibili absolutionem, videlicet *Misereatur vestri, etc.*, et *Indulgentiam, etc.*, et faciet super populum signum crucis, et statim loca permutat, videlicet, celebrans cum Subdiacono accedunt cum debitis genuflexionibus ante SS. Sacramentum ad cornu Epistolæ; Diaconus vero, relicto dicto cornu Epistolæ, vadit ad cornu Evangelii, et capit cum debitis reverentiis dictum vas, seu pyxidem coopertam, cum hostiis, et eamdem discooperit, et Episcopus firmat se in medio altaris, illi renes vertens, ad cujus dexteram stat Diaconus cum particulis consecratis, ad sinistram Subdiaconus cum patena; eodemque tempore vocentur duo Capellani, seu Acolythi, cottis induti, cum mantili albo, quod genuflexi sustinent ante communicandos, hinc inde ambabus manibus per quatuor angulos, quousque perfecta fuerit communio : qui autem communionem sumpturi sunt, convenienter debent singuli cum debitis reverentiis ante Episcopum accedere (2), et communione sumpta, per latus sinistrum celebrantis discedant, et ibi in cornu Epistolæ accipiant purificationem (3) de manu Sacristæ, vel ministri, calicem cum vino, et mappula ad tergendum appensa ministrantis.

(1) L'évêque communie les diacre et sous-diacre de la messe avant le *Confiteor*, et il leur donne la paix. Le diacre ne découvre le ciboire qu'après le *Confiteor*, et c'est à lui à le tenir pendant que l'évêque donne la communion aux autres

du chœur, qui seuls sont à genoux. C'est ce qui se pratique par le pape quand il donne la communion à la messe pontificale; car, à cette messe, il a coutume de communier les cardinaux-diacres, les nobles et autres. Alors un des diacres de la messe tient le ciboire, et le pape y prend les saintes hosties pour la communion de chacun. Les seuls communiants sont alors à genoux.

(2) Ils font la génuflexion à l'autel, en présence de l'évêque, sans lui faire de salut particulier.

(3) Ce n'est plus l'usage de prendre la purification après la communion, laquelle autrefois se donnait même aux laïques.

4. Cum autem communio exhibetur Canonicis, vel Magistratui, convenienter debet aliquis Canonicus, vel eorum ultimus, dummodo tamen sit in Sacris constitutus, purificationem præbere, deinde pro reliquis Beneficiatis id munus exequitur aliquis beneficiatus; pro reliquo clero et populo aliquis Capellanus; et, ne confusio inter euntes et redeuntes fiat, bonum erit adhibere aliquos de clero, ad id deputatos, ut omnes quiete, devote et ordine suo progredi curent, et per latus sinistrum revertantur.

5. Si aliquis Prælatus, non tamen Episcopus consecratus, vellet communicare, debet ante communionem osculari manum Episcopi celebrantis, et sumpta communione, faciem; et idem omnes Canonici parati observabunt : reliqui omnes, tam de clero, quam de populo, et etiam Magistratus osculantur manum Episcopi tantum ante communionem.

6. Ordo autem euntium ad communionem erit idem, qui servatur in distributione candelarum et palmarum, ac incensi, ut suo loco dicitur.

7. Finita communione, reportantur funalia, quæ usque tunc fuerunt accensa, et Diaconus, reposito vase, seu pyxide cum hostiis super altare, si quæ remanserint, illam cooperit, et consignat alicui Presbytero parato cum stola et cotta, seu pluviali, qui illam sub baldachino, si commode fieri potest, præeuntibus clericis cum intorticiis, et aliquibus de clero comitantibus, portat ad locum, ubi asservatur SS. Sacramentum

8. Celebrans tunc, sumpta purificatione, lavat digitos, et sumit ablutionem : mox, sumpta mitra, lavat manus, et prosequitur Missam, ut in *præcedenti Capite* VIII, *hujus Lib.* II, de Missa solemni, Episcopo celebrante, explicatum fuit.

CHAPITRE XXX

DU JOUR DE PAQUES (ABSENTE EPISCOPO).

Ordo celebrandi Missam solemnem in die Paschæ, Episcopo absente, in Cathedralibus vel in Collegiatis. Aquæ benedictæ aspersio de more fiat. Celebrans communicet ministros, et cæteros communicare volentes ad Missam. Communio cæteris de Parochia ubi et a quo tradenda.

1. Absente Episcopo in Ecclesiis Cathedralibus, et in Collegiatis, aliquis canonicus, seu Dignitas, vel is, ad quem de consuetudine spectat hac die celebrare in absentia Episcopi, paretur in sacristia more solito cum pluviali albo, et accedat ad altare, medius inter Diaconum et Subdiaconum, paratos omnibus paramentis, ipsis convenientibus : et facta altari reverentia, ac salutatis hinc inde Canonicis (1), accepto de manu Diaconi aspersorio cum aqua benedicta, dicens *Vidi aquam*, prout in Missali, asperget primo altare, deinde seipsum, mox Diaconum et Subdiaconum, tum alios Canonicos, et omnes de choro, et populum more solito.

(1) Le célébrant est dit ici devoir saluer les chanoines avant d'entonner le *Vidi aquam*, etc.

2. Quo facto, deposito pluviali, capiet planetam, et facta iterum reverentia altari et Canonicis (1), inchoabit Missam, quam prosequitur, more solito, secundum Rubricas Missalis.

(1) Le célébrant est encore dit ici saluer les chanoines avant de commencer la messe. Dans ces deux circonstances, il doit également saluer les autres du chœur.

A Saint-Pierre, le célébrant qui prend la chasuble au pied de l'autel ne salue pas le chœur avant de commencer la messe.

3. Præparentur cum hostia consecranda particulæ in numero sufficienti, pro communicandis Canonicis et aliis de clero, communicare volentibus, in vase aureo, vel argenteo, saltem intus deaurato, quod collocetur cum calice super altari, prout supra dictum est.

4. Postquam celebrans Sanguinem sumpserit, et antequam se purificaverit, et digitos abluerit, dicta confessione per Diaconum, ut in

Capite præcedenti, communicabit primo Diaconum et Subdiaconum, si non sint Sacerdotes, qui hac die celebrent; deinde singulos Canonicos, Beneficiatos, seu Mansionarios, clericos et cantores non Presbyteros, ac etiam suo loco Officiales, Magistratus, si adsint, et communicare voluerint in hac Missa.

5. Cæteri vero de Parochia utriusque sexus communicare poterunt in alio altari, seu Capella, ad hoc præparata, per Parochum, seu Sacristam, ubi continue, tam ante Missam majorem, quam post, ac etiam dum Missa decantatur (1), secundum concursum, et frequentiam populi, adsit Curatus Ecclesiæ, vel alius Sacerdos, qui communionem præbeat singulis accedentibus : qui locus, seu Capella non debet esse in conspectu altaris majoris, sed in navi, seu loco separato, ita ut, quoad fieri possit, non videatur ab his, qui Missæ majori intersunt, ne continue genuflectere cogantur, propter reverentiam Sanctissimi Sacramenti.

(1) On voit par ce passage du Cérémonial que l'usage de Rome de donner la communion hors le temps de la messe n'est pas contraire aux règles.

6. Finita communione, celebrans se purificat, et abluit digitos, et prosequitur Missam, more solito.

CHAPITRE XXXI

DES DIMANCHES PER ANNUM (PRÆSENTE VEL ABSENTE EPISCOPO).

Quid observandum, si Episcopus in Dominicis per annum celebret, aut Missæ assistat. Paramenta sint coloris, tempori congruentis. Aspersio aquæ benedictæ in Dominicis, quo ritu facienda. Si Episcopus celebret solemniter, hæc aspersio omittitur. Decens est, ut Subdiaconus Epistolæ, et Diaconus Evangelii in hac Missa communicent.

1. In Dominicis per annum, si Episcopus voluerit celebrare aut Missæ solemni per alium celebratæ interesse, serventur omnia circa cæremonias, quæ superius expressa fuerunt in hoc eodem libro *Capite* VIII *et* IX.

2. Paramenta tamen altaris, celebrantis et ministrorum sint coloris viridis, exceptis Dominicis Adventus, et a Septuagesima usque ad Pascha exclusive, quia tunc violacea ; et tempore Paschali, quia tunc alba; ac infra octavas Festorum solemnium, quia tunc vel alba, vel rubra, prout solemnitates ipsæ requirunt, adhibentur.

5. Quia tamen in omnibus Dominicis per annum solet fieri aspersio aquæ benedictæ per Sacerdotem celebrantem, antequam Missa inchoetur, Canonicus, vel alius celebraturus in Dominicis prædictis, paratus amictu, alba, cingulo, stola et pluviali, medius inter Diaconum et Subdiaconum paratos, accedet ad altare; ante quod in infimo ejus gradu genuflexus, medius inter prædictos duos ministros, accipiet ex manibus Diaconi aspersorium cum aqua benedicta, et intonando Antiphonam *Asperges me*, seu Antiphonam, *Vidi aquam*, juxta temporum diversitatem, prout in Missali, ter altare asperget, et statim surgens, dum cantores prosequuntur Antiphonam cum suis Responsoriis, comitatus a Cæremoniario et Acolytho cum vase aqua benedicta pleno, accedit ad Episcopum, cui aspersorium osculatum cum debita reverentia, et osculo manus, porrigit; ipse vero Episcopus primo seipsum, deinde Sacerdotem celebrantem, postea assistentes et solii ministros asperget, et statim eidem reddit aspersorium, qui primo manum, deinde illud osculatur, et rediens ad altare, Diaconum et Subdiaconum paratos, deinde Canonicos, Beneficiatos et clericos ex utraque parte chori, omnesque alios in choro permanentes, et populum asperget (1), et reversus ante infimum gradum altaris, ubi eum Diaconus et Subdiaconus expectabunt (2), medius inter eos cantabit Versiculos et Orationem, prout in Missali, ex libro, quem sustinebunt dicti ministri, vel super legili ibidem posito; qua finita, statim amovetur legile et liber; et celebrans in solito scamno, posito in cornu Epistolæ, deposito pluviali, capit manipulum, et planetam (3), et cum Episcopo, qui a sede descendit ante altare, facit confessionem, et omnia fiunt, et servantur, ut in *supradicto Cap.* ix, *hujus Lib.* II.

(1) Catalan dit que les chanoines doivent être aspergés *sigillatim, non unico ictu, in circulum*. On a déjà vu quel était l'usage de Saint-Pierre pour l'aspersion.

(2) Ainsi, lorsque l'évêque est présent, c'est au bas de l'autel que les diacre et sous-diacre se tiennent tout le temps de l'aspersion. Nous faisons cette remarque par rapport aux églises dans lesquelles il y a un sanctuaire séparé du chœur. Notre Cérémonial, comme on l'a vu au chap. xxv, n° 22 de ce liv. II, admet cette différence, puisqu'on y lit ces mots : *ante gradum altaris vel Presbyterii*. Dans le cas présent, les diacre et sous-diacre nuiraient au célébrant pendant l'aspersion s'ils se tenaient *ante gradum Presbyterii*.

(3) Le célébrant va prendre le manipule et la chasuble à la banquette qui est du côté de l'épître, et en s'en revêtant il regarde le côté de l'évangile, et c'est aux diacre et sous-diacre à lui présenter ces ornements.

4. Si Episcopus celebrare voluerit solemniter, non esset facienda hujusmodi aquæ benedictæ aspersio (1); absente vero Episcopo, et in Collegiatis, semper Dominicis diebus fit, ut supra dictum est : quo casu celebrans statim atque altare asperserit, seipsum primo, deinde ministros paratos, mox, iisdem ministris comitantibus, et elevantibus fimbrias anteriores pluvialis, Canonicos et alios de choro, ut supra, asperget, qui omnes aspersione hujusmodi durante, a principio usque ad finem stare debent, detecto capite : et dum ante ipsos celebrans cum aspersorio accedit, debent illi caput inclinare, et aspersionem aquæ benedictæ reverenter recipere (2).

(1) L'évêque, quand il doit célébrer lui-même la messe, fait en entrant à l'église l'aspersion. Il est en conséquence réglé qu'il n'y en aura pas d'autre. Ce passage décide, quoique implicitement, que c'est au célébrant à faire lui-même l'aspersion.

(2) A Rome, comme ailleurs, l'usage est de s'incliner et de se signer en recevant l'eau bénite.

5. Memores etiam sint Diaconus et Subdiaconus (1), qui altari ministrant, Dominicis diebus, valde decere, si etiam ipsi, postquam celebrans communicaverit, communionem ex ejus manibus sumpserint, prout cavetur in Conc. Trident. *Cap.* XIII, *Sess.* XXIII.

(1) C'est encore l'usage, à Saint-Pierre, que les diacre et sous-diacre communient à la messe solennelle, du moins à certaines fêtes particulières, quoique les chanoines ou bénéficiers qui remplissent cet office soient prêtres.

CHAPITRE XXXII

DE LA PROCESSION DE SAINT-MARC ET DE CELLE DES ROGATIONS.

Litaniæ in festo S. Marci quomodo ordinandæ. Decet, ut Canonici Ecclesiæ Cathedralis paramentis Missalibus induantur, aut saltem eorum aliqui pluvialia capiant. Paramenta omnia sint coloris violacei. Episcopus paretur pluviali violaceo, et assistentes Diaconi dalmaticis item violaceis. Crux Archiepiscopalis quomodo præferenda. Item Imagines et reliquiæ. Locus Prælatorum, Magistratus et nobilium in processione. Quæ Missa dicenda in Ecclesia, ad quam fit processio. Benedictio in fine Missæ per Episcopum danda, et Indulgentia publicanda. Quæ observanda in Litaniis Rogationum, et in aliis processionibus.

1. In die sancti Marci (1) fiunt Litaniæ, quas Majores vocamus. Dicta igitur die congregatur de mandato Episcopi totus clerus sæcularis et regularis, ac etiam, ubi consuetum est, confraternitates laicorum cum eorum insignibus, ante fores Ecclesiæ, unde processio discedere debet, seu etiam intra Ecclesiam, si sit capax (2); ibique expectant, donec erit tempus : tunc incipiet a deputatis dirigi processio (3), ordine solito (4), in qua prius procedent confraternitates laicorum, deinde Religiosi, postmodum clerus Ecclesiæ Collegiatæ; et ultimo clerus Ecclesiæ Cathedralis, cujus Canonici omnes, si commode fieri poterit, erunt parati paramentis sibi competentibus quemadmodum solent, Episcopo celebrante, vel saltem sex, vel octo eorum erunt cum pluvialibus, paramenta tamen erunt coloris violacei ; et ultimo loco procedet Episcopus paratus pluviali similiter violaceo, et mitra simplici (5), medius inter duos Canonicos Diaconos assistentes, paratos dalmaticis, et manu sinistra baculum pastoralem gestabit, dextera vero populo benedicet.

(1) A Rome, pour la procession de Saint-Marc, les religieux de chaque congrégation, le clergé de chaque paroisse, ainsi que celui des collégiales et des églises patriarcales, se réunissent à l'église de Saint-Marc. C'est le chapitre de Saint-Jean-de-Latran qui a les honneurs de la solennité; celui de Saint-Pierre reste chez lui pour recevoir la procession.

Le célébrant est l'évêque vice-gérant qui supplée, en toute occasion, le cardinal-vicaire. Il prend les ornements marqués au Cérémonial et ne se sert que de la mitre *auriphrygiata*. Il est assisté d'un diacre et d'un sous-diacre en dalmatique et tunique violettes. Les chanoines de Saint-Jean-de-Latran portent le rochet couvert du surplis; ceux des collégiales sont en surplis. Les curés, par indult de Benoît XIV, du 25 août 1742, ont tous l'étole violette. Les religieux sont dans l'habit de leur ordre, sans surplis. Chaque communauté et chaque clergé marche sous sa croix et sa bannière. La bannière des ordres religieux est une simple bande d'étoffe d'environ un pied et demi de large, sur quatre ou cinq de haut. Elle s'attache au bâton de la croix, laissant à découvert le crucifix. Cette bannière y est tendue et fixée, de manière à n'être pas flottante comme les nôtres. Les bannières des chapitres sont de petites tentes couvertes d'étoffes de soie, partagées uniformément par bandes rouges et jaunes d'environ un pied de large sur toute la hauteur. Cette bannière précède sa croix; et comme il y en a autant que de paroisses et chapitres, on les prendrait pour des tentes ambulantes espacées sur une longue étendue.

(2) La grande église de Saint-Marc contient sans peine le clergé des différentes églises de Rome. Aussi tous ceux qui doivent assister à cette cérémonie s'y réunissent-ils pour s'y disposer à partir en ordre de procession. Il en faudrait pouvoir faire autant à chaque cathédrale.

(3) A Rome, l'évêque revêtu de l'amict, de l'aube, du cordon, de la croix et du pluvial, et assisté des diacre et sous-diacre revêtus comme il vient d'être dit, se met à genoux au pied du grand autel. Tous ceux qui sont au chœur et dans la nef en font autant à leurs places respectives, et l'on chante l'*Exurge*, etc., à genoux, puis l'on commence les litanies en doublant les *Kyrie* et *Christe;* ce qui s'observe chaque fois que l'on chante des litanies quelconques, celles de la sainte Vierge, par exemple, même lorsque, selon la rubrique, ces litanies ne doivent pas se doubler et qu'il faille simplement répondre: *Miserere nobis* ou *Ora pro nobis* après chaque invocation. On double pareillement les *Kyrie* et *Christe audi nos* qui se disent après les *Agnus Dei*, mais on ne double pas le reste.

A *Sancta Maria*, etc., tous se lèvent et le chant des litanies est interrompu. L'évêque va s'asseoir avec les diacre et sous-diacre, à quelques pas du grand autel. Les chanoines s'asseyent à leur place. Un cérémoniaire fait l'appel des différents ordres religieux et clergés de la ville, suivant le rang que chacun doit occuper à la procession.

Aussitôt qu'un clergé ou ordre religieux est nommé, l'on voit paraître sa croix, et à sa suite viennent tous ceux de cette communauté ou de ce clergé. Ils saluent, en passant, l'autel et l'évêque; et tous, ministres sacrés et chanoines, excepté l'évêque, se lèvent quand la croix de chaque section de la procession paraît ainsi à l'appel du cérémoniaire.

(4) Tous gardent le rang marqué dans ce nombre, c'est-à-dire que les religieux marchent les premiers, puis les clergés des paroisses, ensuite les chanoines des collégiales, et enfin ceux des églises patriarcales.

(5) L'évêque doit user de la mitre simple, quoiqu'à Rome il se serve de l'*auriphrygiate*. Cela est sans doute dû à la grande solennité de cette procession.

2. Si crit Archiepiscopus, præibit crux Archiepiscopalis ante Canonicos Ecclesiæ Cathedralis, ut in *Capitibus superioribus* dictum fuit : et si consuetum sit in hujusmodi processione portari aliquas Sanctorum Reliquias, et sacras imagines, servabitur consuetudo (1) : removendi tamen erunt a processionibus ludicri et indecori actus.

(1) Les nombreuses reliques de Saint-Marc sont exposées, mais on ne les porte pas en procession.

A Saint-Pierre, l'on a coutume, dans d'autres occasions, de porter en procession les insignes reliques de cette basilique, de la chapelle où elles sont déposées et renfermées à la tribune de Saint-André, où on les montre souvent aux fidèles en la manière mentionnée ci-dessus. Cette procession est présidée par un chanoine en étole, et chacun des clercs porte un reliquaire. L'on fait des prières tout le temps que dure cette procession. Dans les autres églises de la ville sainte, aux fêtes patronales, aux jours de stations ou de grandes solennités, l'on expose toutes les reliques avec grand appareil. Les souterrains où se gardent les corps entiers des saints s'ouvrent et deviennent tous resplendissants par la quantité de flambeaux que l'on y allume. Les fleurs et herbes odoriférantes, que l'on sème sur tous les passages, embaument les sens du corps et contribuent à disposer l'âme à respirer la douce suavité spirituelle qui s'exhale de ces restes précieux, dont la sainte Église prend un soin si religieux, en attendant que Dieu lui-même glorifie, à la résurrection générale, ses élus, en les dotant de toutes les qualités des corps glorieux.

3. Hoc ordine ibit processio usque ad Ecclesiam, ad quam juxta consuetudinem civitatis dirigitur, cujus Ecclesiæ clerus, ubi ita consuetum est, procedet obviam (1), usque extra portam Ecclesiæ, processioni, ibique stans, eam recipiet.

(1) Le chapitre et tout le clergé de Saint-Pierre, rangés en deux lignes, depuis la grande porte jusqu'à la chapelle du saint sacrement, attendent la procession et se joignent à elle quand elle arrive. Tout le pavé de l'église est semé d'herbes odoriférantes et de fleurs en signe de respect et de joie. Les plus dignes du chapitre sont près de la porte, et la croix de la basilique est au bout opposé. Un des chanoines asperge tous et chacun de ceux qui arrivent en procession au fur et à mesure qu'ils entrent dans l'église. Catalan observe que, sous Benoît XIII, le clergé de Saint-Pierre sortait de l'église pour recevoir la procession, et il ajoute que l'eau bénite dont on fait usage dans cette occasion est une pratique de surérogation; car il n'en est fait nulle mention dans le Cérémonial.

4. Per viam processionis cantentur Litaniæ (1), et alia, quæ in libro Ritualis Romani continentur, et nihil ultra; ipsa via prius, de mandato Episcopi, ab omnibus in ea habitantibus mundetur.

(1) Chaque clergé séculier et régulier a ses chantres; et ainsi l'on chante d'un bout à l'autre de cette longue procession. Ceux qui ne chantent pas prient, en récitant les mêmes litanies des saints. Pour plus grande commodité, l'on distribue, avant la procession, des livrets qui renferment tout ce qu'il faut dire aux processions de saint Marc et des Rogations. Ainsi, pendant que l'on chante d'un bout à l'autre de la pro-

cession, l'on prie, et c'est vraiment quelque chose de touchant que cette psalmodie que couvre un beau chant.

5. Prælati, si qui aderunt (1), de gremio Ecclesiæ, ibunt immediate ante Episcopum ; alii vero Prælati, Magistratus et alii nobiles laici post Episcopum.

(1) C'est bien là la règle qui veut que les évêques étrangers au chapitre, qui sont en mozette ou en mantelet, marchent derrière le célébrant.

Cependant, à la procession de saint Marc, tous les évêques, tant étrangers que ceux du corps du chapitre, marchent immédiatement devant le célébrant et à la suite des chanoines.

6. Cum autem Episcopus et processio pervenerit (1) ad dictam Ecclesiam, celebretur ibi Missa solemnis Rogationum (2), et non S. Marci, nisi fuerit titulus Ecclesiæ, vel ab Episcopo, vel ab aliquo Canonico coram eo cum solitis cæremoniis, ut supra suis locis dictum fuit : et in fine Episcopus dabit benedictionem solemnem (3), et facit publicari Indulgentiam. Si autem hæc Missa opportunius in regressu processionis in Cathedrali celebrari judicabitur, tunc in Ecclesia, ad quam processio pervenerit, per Episcopum, vel per celebrantem, cantata per cantores Antiphona de B. V. et de Sancto titulari, subjungentur propriæ Orationes (4).

(1) A la procession de saint Marc, qui va toujours à Saint-Pierre, l'on s'arrête en face du pont Saint-Ange, et l'on chante l'antienne à l'honneur des saints Anges avec le verset et l'oraison correspondants. Puis l'on reprend le chant des litanies et l'on se rend à l'église de la station.

(2) La messe des Rogations se chante à Saint-Pierre avant que la procession arrive. Par un indult particulier, l'évêque qui doit présider à la procession dit, avant de partir, la messe basse des Rogations. Lors donc que la procession est entrée à Saint-Pierre, elle se dirige vers la chapelle du saint sacrement. L'évêque s'y met à genoux, au pied de l'autel, en y arrivant, et l'on achève les litanies. Il chante à genoux les versets et se lève seul pour les oraisons, qu'il chante sur le ton férial avec la finale *fa ré* à chacune ; et il chante en tête l'oraison du saint

sacrement. Un des chapelains tient par derrière le bougeoir.

(3) Les oraisons finies, l'évêque entonne le *Te Deum*, fait la génuflexion, reçoit la mitre, et va, précédé du clergé, à l'autel de la confession, où il dépose en arrivant la mitre pour se mettre à genoux à *Te ergo quæsumus*, etc. Il est ensuite debout et découvert le reste de l'hymne.

(4) L'hymne finie, les chantres entonnent *Petrus apostolus*, etc., et chantent le verset *Constitues eos*, etc. L'évêque chante l'oraison : *Deus cujus dextera*, etc., après laquelle les chantres disent : *Exaudiat nos*, etc., et le chœur répond : *Et custodiat*, etc. L'évêque monte ensuite à l'autel et chante la bénédiction solennelle. Tous gagnent ensuite la sacristie pour s'y déshabiller ; car on ne retourne pas en procession à l'église de Saint-Marc. L'on y chante, après le départ de la procession, la messe du saint.

7. In processionibus vero, et Litaniis minoribus (1), quæ Rogationes vocantur et fiunt tribus diebus ante Ascensionem Domini, eadem servantur, sed aliquanto remissius : convenit tamen in his Episcopum paratum cum ministris intervenire, vel saltem cum cappa.

(1) C'est ce qui s'observe à Rome aux trois jours des Rogations.

Le lundi, la proceession part de Saint-Adrien, s'arrête 1° à Sainte-Marie *des Monti*, où l'on chante devant le grand autel le verset *Gaude et lætare*, etc., avec le répons *Quia surrexit*, etc., et l'oraison *Deus qui per resurrectionem*, etc. ; et 2° à Sainte-Praxède, où l'on chante les verset et oraison de la sainte. Rendus à Sainte-Marie-Majeure, qui est ce jour-là le lieu de la station, on termine les litanies devant l'autel du saint sacrement. On chante à la suite le *Regina cœli*, etc., avec les verset et oraison. Puis l'on va au grand autel en chantant le *Te Deum*. L'hymne finie, on chante l'antienne *Corpora sanctorum* avec les verset et oraison correspondants à l'honneur de saint Matthias, dont le corps repose sous cet autel, et de tous les saints dont les reliques sont gardées dans le trésor de cette basilique. Après l'*Exaudiat*, chanté comme ci-dessus, l'évêque donne la bénédiction, et l'on va se déshabiller à la sacristie ou ailleurs.

Le mardi des Rogations, la procession part de l'église de Sainte-Marie de la nouvelle congrégation du mont Olivet et s'arrête à Saint-Clément, où l'on chante le verset et l'oraison du saint patron. L'on se rend ensuite à Saint-Jean-de-Latran, qui est ce jour-là l'église de la station. L'on y observe tout ce qui est marqué plus haut. Dans l'antienne et l'oraison des titulaires et patrons de la basilique, on fait mémoire du saint Sauveur, de saint Jean-Baptiste et de saint Jean l'évangéliste. Après le *Te Deum*, qui s'achève devant la *tribune* qui contient les têtes de saint Pierre et de saint Paul, l'on chante *Gloriosi principes* avec les verset et oraison correspondants. La bénédiction de l'évêque donnée, l'on montre les têtes des deux saints apôtres.

Le mercredi, la procession va de l'église de Saint-Laurent *in Damoso* à Saint-Pierre, et tout se fait comme le jour de saint Marc.

8. Ad similitudinem harum processionum regulari poterunt (1) et aliæ processiones extraordinariæ, quæ fieri quandoque contingit ad placandam iram Dei.

(1) Comme on le voit, toute liberté est donnée aux évêques de régler d'autres processions *ad placandam iram Dei* sur le modèle de celle des Rogations, comme aussi il leur est libre d'en ordonner sur le plan de celle du saint sacrement, en signe de joie ou à l'honneur des saints. Mais il est à remarquer que, lorsque l'on porte en procession quelque relique, on ne doit pas faire usage du dais, quelque insigne que puisse être cette relique.

9. Si vero celebrandæ erunt processiones ex causa lætitiæ, et pro gratiarum actione, aut etiam pro translatione aliquarum insignium Reliquiarum Sanctorum, ordinari poterunt ad exemplum processionis SS. Sacramenti, de qua in *sequenti Capite* dicetur; lumina tamen, seu funalia accensa deferri magis convenit, cum SS. Sacramentum, vel saltem Reliquiæ in processionibus deducuntur.

CHAPITRE XXXIII

DE LA PROCESSION DU SAINT-SACREMENT.

Pro processione SS. Sacramenti in festo Corporis Christi, quæ præmonenda ab Episcopo circa præcedentias. Viæ et Ecclesia quomodo ornandæ. Ordo processionis. Paramenta Capituli Ecclesiæ Cathedralis in ipsa processione. Funalia a quibus et quo ordine portanda. SS. Sacramentum ab Episcopo quomodo gestandum. Locus et habitus Legati a latere, Cardinalis, Nuntii Apostolici, Metropolitani, et aliorum Prælatorum. Nobiles viri etiam hastas baldachini deferant. Præparanda pro ipsa processione. Accessus Episcopi ad Ecclesiam. Agenda post communionem celebrantis. Ordo inchoandæ processionis. Baldachini hastæ per Ecclesiam a Beneficiatis deferantur. Psalmi et Hymni ab Episcopo una cum ministris dicendi. Quid servandum ad altaria per vias erecta. Processio quo ritu perficienda. Benedictio cum SS. Sacramento danda, et Indulgentiæ evulgandæ. Missa privata ab Episcopo hac die dicenda. Ritus exponendi SS. Sacramentum super altari per totam octavam et processiones faciendi.

1. Ut processio, quæ hac die erit facienda, rite et recte, ac secundum debitas cæremonias in honorem tanti Sacramenti fiat; et ad removendas omnes contentiones et lites, quæ forsitan causa præcedentiæ oriri possent, et in ipso actu maxima cum indecentia et scandalo processionem ipsam turbare, cura erit Episcopi (1) pridie hujus diei, vel etiam per aliquos dies ante, demandare magistris cæremoniarum, vel alteri, ad quem forsan secundum loci consuetudinem hujusmodi cura spectabit, ut omnia decenter et diligenter præparentur et prævideantur.

(1) Au commencement de chaque pontificat, il y a à Rome, avant la procession de la Fête-Dieu une commission nommée sous la présidence d'un cardinal pour déterminer les droits de chaque congrégation, clergé, chapitre, à la préséance dans les rangs de la procession. Les maîtres des cérémonies sont intimés de faire observer le jugement de ce tribunal, et il y a des peines portées contre ceux qui refuseraient de s'y soumettre.

Chaque année, avant la procession, le cardinal-vicaire fait faire une *intimation* qui désigne à tous et à chacun des intéressés les lieux de réunion, les heures de départ, etc. Lorsque la procession de Saint-Pierre défile, le premier cardinal-diacre, tenant en mains une *férule*, revêtu de la dalmatique et couvert de la mitre, est assis à la porte de la galerie des Suisses, entre le gouverneur de Rome et le prélat majordome. Un curseur du cardinal-vicaire fait l'appel de ceux qui doivent marcher en ordre de procession, conformément à ce qui est marqué plus bas. On peut juger de là quelle importance l'on donne à Rome à cet acte religieux par tant et de si graves précautions prises pour faire régner le bon ordre.

2. Nempe, ut viæ (1), per quas processio transire debebit, mundentur et ornentur aulæis, pannis, picturis, floribus, frondibusque virentibus secundum posse et qualitatem loci. Et ipsa Ecclesia similiter perpulchre ornata sit, prout legitur in *Cap.* XII, *Lib.* I, de ornatu Ecclesiæ.

(1) Les rues, à Rome, sont ornées, pour la procession du saint sacrement, comme il est marqué ici, c'est-à-dire qu'elles sont parsemées de fleurs et d'herbes odoriférantes. L'on dresse aussi des sièges tout le long de l'immense place de Saint-Pierre par où elle doit passer, afin que chacun puisse voir sans occasionner de confusion.

3. Item, ut fiat rotulus (1), in quo describantur per ordinem omnes, tam laicorum confraternitates, Religiosi, et clerus, quam etiam alii quicumque, qui huic processioni interesse consueverunt, vel debent : ut secundum debitum ordinem, et absque aliqua contentione procedatur : apposita etiam aliqua pœna pecuniaria, vel etiam, si Episcopo videbitur, pœna excommunicationis, contra inobedientes, et procedere recusantes, secundum ordinem præscriptum in dicto rotulo.

(1) On a vu, au chapitre de la procession de Saint-Marc, comment se fait l'appel des congrégations, etc., qui doivent faire partie de cette procession. A celle de la Fête-Dieu, cet appel se fait, dans le portique de la basilique, par un curseur, comme on vient de le voir.

4. Quod si aliqua præcedentiæ lis inter aliquos Religiosos, confraternitates, seu laicos pendeat, quæ non ita de facili terminari valeat, poterit Episcopus mandare, ut absque præjudicio jurium ambarum

partium, vel procedant secundum ordinem in dicto rotulo descriptum, vel omnino ab hujusmodi processione abstineant, donec lis fuerit determinata : et intimentur omnes in rotulo descripti (1), ut ipsa die festivitatis SS. Corporis Christi, summo mane ad Ecclesiam Cathedralem conveniant, et ibidem, vel in aliquo ejusdem Ecclesiæ atrio, seu platea congregentur : unaquæque religio et confraternitas cum suis insignibus et cruce, ac etiam funalibus, seu candelis in processione deferendis. Omnes enim tam Religiosi, quam laici deberent, si fieri posset, in hac processione, si non funalia, saltem candelas ceræ albæ accensas manibus portare (2).

(1) Le cardinal-vicaire envoie à tous les intéressés une feuille imprimée, contenant l'ordre de la procession, le lieu de réunion, l'heure de la cérémonie, et cette feuille s'appelle *intimation*, du mot latin *intimatio*, qui est en tête. Le préfet des maîtres des cérémonies envoie de ces *intimations* aux cardinaux et autres chaque fois qu'il y a chapelle pontificale.

(2) A Rome, c'est un bien magnifique spectacle que celui de cette longue procession où, d'un bout à l'autre, l'on ne voit que des flambeaux allumés, surtout à celles qui se font le soir.

5. Ordo autem describendus (1) in prædicto rotulo erit, ut præcedant confraternitates laicorum, deinde Religiosi secundum ordinem antiquitatis, vel prout de jure, vel consuetudine præcedere solent; postmodum Curiales, et Officiales portantes intorticia accensa, inter quos ultimo loco ibunt nobiliores, et Magistratus, deinde clerus, hoc est, primo minister portans crucem Ecclesiæ Cathedralis (2), medius inter duos clericos portantes duo candelabra cum candelis accensis, deinde, si aderunt, clerici Seminarii, et post eos Curati Ecclesiarum Parochialium cum cottis; tum Ecclesiæ Collegiatæ cum eorum insignibus, si alias illa deferre solent; et ultimo loco clerus Ecclesiæ Cathedralis, cujus Ecclesiæ saltem octo Beneficiati, seu Mansionarii, erunt parati cum pluvialibus albis, pro deferendis hastis baldachini in principio processionis, ut infra dicitur, et deinde ibunt ante Canonicos, qui similiter omnes una cum Dignitatibus erunt parati paramentis albis, sibi competentibus, quemadmodum solent parari, Episcopo solemniter celebrante, incipiendo a junioribus et inferioribus hoc ordine; videlicet, primo Subdiaconi et Diaconi cum tunicellis et dalmaticis, deinde Presbyteri cum planetis, ultimo loco

Dignitates cum pluvialibus; et si erit Archiepiscopus, portabitur immediate ante prædictos octo Beneficiatos paratos et Canonicos, per aliquem Subdiaconum paratum, medium inter duos Acolythos ceroferarios, crux Archiepiscopalis.

(1) Ce nombre peut servir à diriger les cérémoniaires qui ont à régler l'ordre et les rangs à garder dans les processions du saint sacrement. Le droit d'antiquité est à bien respecter. Les femmes et les filles marchent devant les confréries d'hommes.

(2) La croix de la cathédrale est, comme on le voit, portée non par un sous-diacre, mais par un ministre ou servant qui a spécialement cette charge à remplir. A Saint-Pierre, c'est un des sous-diacres apostoliques qui a ce droit.

6. Ante Episcopum immediate ibit minister de baculo serviens, seu, juxta loci consuetudinem, Dignitas, vel Canonicus paratus pluviali, baculum prædictum a terra elevatum ambabus manibus portans, prout in *Cap.* xvii, § 6, *Lib.* I, de mitra et baculo pastorali dicitur.

7. A lateribus hinc inde ibunt octo Capellani cum cottis, qui in Missa servierunt, quatuor pro qualibet parte, portantes eadem funalia accensa, quæ pro Missa servierunt; et post eos duo Acolythi cum duobus thuribulis, continue SS. Sacramentum per viam thurificantes (1).

(1) Le Cérémonial appelle ici *acolytes* ceux que nous nommons *thuriféraires*. Ils se placent devant ceux qui portent les premiers bâtons du dais et encensent le saint sacrement en tenant leur encensoir par le bout des chaînes et en les faisant mouvoir gravement d'un léger mouvement du bras. Celui qui est à droite encense de la gauche, et celui qui est à gauche encense de la droite. Rien n'est plus facile, et par conséquent moins fatigant, que cette manière d'encenser. Elle est avec cela beaucoup plus révérentielle. Les rues étant toutes parsemées d'avance de fleurs et d'herbes odoriférantes, il n'est nul besoin de clercs pour faire l'office de *fleuristes*.

8. Sequetur Episcopus (1) sub baldachino capite detecto, portans

manibus suis SS. Sacramentum in tabernaculo, sive ostensorio inclusum, medius inter duos Diaconos assistentes paratos, hinc inde pluvialis fimbrias elevantes.

(1) Il n'est pas ici question du prêtre assistant, parce qu'il ne doit pas marcher sous le dais, mais à sa place parmi les chanoines *parés* qui vont devant l'évêque.

9. Post Episcopum immediate minister, de mitra serviens, cum cotta, et velo ad collum, mitram ipsam manibus gestans.

10. Si aderit Legatus de latere, vel alius Cardinalis, aut Metropolitanus, seu Nuntius Apostolicus, habens facultatem Legati de latere : vel alius Prælatus, ipso Episcopo superior, ibunt immediate post Episcopum cum cappa (1).

(1) C'est en conformité à cette règle que le pape, le jour de l'octave de la Fête-Dieu, marche immédiatement après le cardinal qui porte le saint sacrement, et il est suivi du sacré collége, qui assiste *cum cappa*.

11. Alii vero Episcopi extranei, et Prælati post eos in habitu eorum ordinario (1), hoc est, mantelletto supra rochettum : et si una cum Legato, vel alio Cardinali, adesset Metropolitanus, vel Nuntius, seu alius Prælatus, Episcopo superior, tunc solus Cardinalis, vel soli Cardinales, si plures essent, erunt cum cappa, cæteri vero omnes in habitu ordinario, ut supra (2).

(1) A cette procession de l'octave, qui se fait à Saint-Pierre, tous les prélats mentionnés dans ce nombre marchent devant le dais, parce qu'ils sont censés faire partie du chapitre qui doit précéder le dais quand l'évêque est absent.

(2) L'on voit encore ici qu'en présence d'un cardinal l'évêque doit être *in mantelletto*.

12. Cavendum etiam erit, ne in hac processione actus scenici, vel ludicri et indecori intermisceantur, prout in *Capite præcedenti* dictum fuit; sed omnia cum gravitate et devotione fiant, et procedant.

13. Deputentur etiam nobiles viri (1), seu Barones, et alii qui hastas baldachini per viam processionis portent, et qui illos in tem-

pore, quando opus erit, vocet, secundum regulam supra positam in *Cap.* xiv, *Lib.* I, § 2, de usu umbraculi.

(1) On pourrait probablement obtenir que ce point fût observé chez nous comme à Rome. Ce serait une occasion, pour nos gens haut placés, de montrer leur foi dans une occasion si solennelle.

14. Ipsa die summo mane, præparetur per Sacristam, vel alios ministros, baldachinum album perpulchrum, super SS. Sacramentum deferendum, item super credentia, ultra candelabra, et alia ordinaria pro Missa, tabernaculum pulchrum ex auro, vel argento, sive ostensorium, in quo SS. Sacramentum ponendum, portandumque erit, item duo thuribula cum naviculis et thure; item velum sericum album, amplum, auratum, seu perpulchre ornatum, ponendum super humeros Episcopi, dum Sacramentum portabit. Præparentur etiam funalia (1), et candelæ ex cera alba in numero sufficienti pro Canonicis et aliis, deferenda in processione. Quæ omnia per Cæremoniarium prævideantur, an sint opportune et ad usum necessarium præparata.

(1) Ceux qui ont porté des torches à la messe doivent porter les fanaux à la procession.

Il faut remarquer qu'à Rome les *cerei* ou *candelæ* sont ce que nous appelons *cierges*. Mais ils sont beaucoup plus gros et plus longs et d'une grosseur uniforme. Les *torches* sont comme quatre cierges, joints ensemble, ayant chacun une mèche, de sorte qu'en portant une *torche* on porte quatre lumières. Les fanaux, qui à Rome comme chez nous, sont faits pour conserver la lumière, sont ornés avec goût et se portent à une grande hauteur. Aussi les voit-on briller de fort loin.

15. Omnibus paratis, Episcopus, quanto citius poterit, veniet ad Ecclesiam ordine, prout dicitur de accessu Episcopi ad Ecclesiam, et ibidem Missæ, per primam Dignitatem, vel digniorem Canonicum celebrandæ, paratus amictu, alba, cingulo, stola, pluviali albo et mitra assistit (1), in qua omnia servabuntur, quæ in *Cap.* ix, *hujus Lib.* II, de Missa solemni, quæ coram Episcopo celebratur, expressa sunt; ac etiam post Communionem, cum cæremo-

niis, genuflexionibus et reverentiis erga SS. Sacramentum super altare positum, quæ explicantur in *Cap.* xxiii, § 7, *hujus Lib.* II, de Officio, et Missa feriæ quintæ in Cœna Domini.

(1) On voit ici que l'évêque doit, s'il ne célèbre pas lui-même la grand'messe, assister du moins *paré* à celle qui se chante par le plus digne du chapitre. Voici ce qu'ajoute Catalan : « *Firmatum est absente... Episcopo... occasione processionis sanctissimi corporis Christi... spectare ad primam dignitatem sacras functiones explere... Sanctissimum sacramentum in processione festi et octavæ Corporis Christi deferendum est ab eo qui missam cantavit, vel vesperas. Excipitur Episcopus.* »

16. Elevato SS. Sacramento, vel etiam ante (1), si opus erit, junior magister cæremoniarum curabit, ut processio, secundum ordinem in prædicto rotulo descriptum, dirigatur et procedat.

(1) Toute liberté est ici donnée aux maîtres des cérémonies de faire prendre les ornements sacrés quand ils le jugent à propos, et cela pour qu'ils puissent si bien préparer toutes choses, qu'il n'y ait pas le plus petit retardement dans le cours de ce long office.

17. Postquam celebrans ipse communionem sumpserit, et SS. Sacramentum, in processione deferendum, in tabernaculo incluserit (1), Dignitates, et Canonici, ac octo Beneficiati supradicti, et si qui alii erunt, qui cum paramentis in processione ire debeant, unusquisque Canonicorum et Dignitatum in loco suo paramenta sacra albi coloris, sibi convenientia, induet; Beneficiati vero prædicti extra chorum capient pluvialia ; et discedentibus duobus Diaconis assistentibus, ad se parandum in loco suo, duo ultimi juniores Canonici venient ad assistendum Episcopo (2), donec primi parati revertantur; quibus reversis, et ipsi ad se parandum ibunt.

(1) Ceci fait voir que le célébrant consacre à cette messe l'hostie qui doit être portée en procession. On le voit encore plus clairement dans le nombre 51, où se lisent ces mots : *Si Episcopus voluerit... SS. Sacramentum pro dicta processione conficere,* etc.

(2) En toute occasion, le Cérémonial pourvoit à ce que l'é-

vêque ne reste jamais sans assistants. Aux cérémoniaires, après cela, à user de diligence et d'attention pour que ce point, comme tout le reste, soit exécuté. On y est très-ponctuel à Rome.

18. Finita Missa, et data per Episcopum benedictione, celebrans, discedens ab altari, ibit in sacristiam, ubi, depositis paramentis Missalibus, induet alia, dignitati et ordini suo convenientia, deferenda in processione; et reversus, ibit ad locum suum inter alias Dignitates et Canonicos.

19. Interim accedent ad Episcopum duo Acolythi cum duobus thuribulis, et ministrante naviculam Presbytero assistente (1), absque osculo cochlearis et manus, Episcopus stans cum mitra, sine benedictione, imponet thus in prædictis duobus thuribulis. Quo facto, accedet ad altare, ubi deposita mitra, genuflexus super pulvino ante SS. Sacramentum (2), accepto e manibus prædicti Presbyteri assistentis uno ex duobus thuribulis, thurificabit triplici ductu SS. Sacramentum.

(1) C'est au prêtre assistant à faire mettre de l'encens dans l'encensoir, et l'évêque demeure debout et en mitre pour cela. Il est à remarquer que, si l'évêque a célébré la messe, ce prêtre assistant doit être la première dignité, et que, s'il y a seulement assisté *paré*, ce doit être le premier des chanoines-prêtres.

(2) Ceci confirme de plus en plus l'usage de Rome, qui fait aller l'évêque du trône à l'autel et de l'autel au trône, toujours en mitre, quand même le saint sacrement serait exposé sur l'autel. En y arrivant, il dépose la mitre, fait la génuflexion à deux genoux sur le coussin placé à terre, et il se met à genoux sur le degré inférieur (*et super pulvino*) pour encenser le saint sacrement.

20. Tum per Magistrum cæremoniarum (1), imponetur super humeros ejus velum perpulchrum supradictum, quod firmabitur spinulis, ne per viam decidat, et Diaconus assistens (2) a dexteris accedet ad altare, et cum debitis reverentiis accipiet tabernaculum, sive ostensorium cum SS. Sacramento de altari, et illud in manibus Episcopi genuflexi collocabit, cui nec manum osculabitur, nec ullam

tunc faciet reverentiam, sed statim atque in ejus manibus ipsum Sacramentum reliquerit, genuflectet : tunc cantores (3) incipient Hymnum *Pange, lingua, gloriosi, etc.*, et Episcopus cum SS. Sacramento surget; et Diaconi assistentes hinc inde, fimbrias anteriores pluvialis elevabunt; et, si contingat aliquos gradus ascendere et descendere, Cæremoniarius, vel aliquis Capellanus, extremitates albæ, et vestes interiores ipsius Episcopi a parte anteriori elevabit (4); et aliquis princeps (5), si adsit, vel nobilior laicus sublevabit, et portabit per totam processionem pluviale Episcopi a parte posteriori.

(1) On voit que c'est au lieu même où l'évêqe a encensé le saint sacrement qu'il reçoit le voile.

(2) C'est toujours à genoux que l'évêque reçoit le saint sacrement quand il doit le porter en procession. Ce texte semblerait favoriser la pratique de ceux qui demeurent au bas de l'autel et y reçoivent à genoux le saint sacrement, puis se tournent vers le peuple comme pour partir immédiatement. Toutefois l'usage le plus commun à Rome fait monter l'évêque sur le degré supérieur, pour qu'il puisse se mettre à genoux sur le marchepied et y recevoir, à genoux, l'ostensoir.

(3) Le moment où l'évêque reçoit le saint sacrement est celui où commence la procession proprement dite; et, pour cette raison, c'est celui où l'on doit entonner le *Pange, lingua, etc.*, et se mettre en marche.

(4) Il est remarquable que le Cérémonial, qui partout est si concis, descende cependant dans ces petits détails. Les cérémoniaires peuvent en tirer de bien justes conséquences. A Rome, l'évêque a toujours au moins un cérémoniaire pour remplir cet office et les autres qui regardent son service propre et celui de ses premiers assistants.

(5) Ces paroles indiquent assez quel honneur c'est d'approcher de si près celui qui porte le saint sacrement. Ces choses sont encore bien senties à Rome, car on tient beaucoup à ces distinctions que l'Église accorde aux grands du monde.

21. Octo vero Beneficiati prædicti, vel Mansionarii ex dignioribus parati, ut supra, accipiant hastas baldachini, quas portabunt per totam Ecclesiam (1), et in porta Ecclesiæ illas relinquent in manibus

laicorum, qui primo loco Barones et nobiliores, seu Magistratus esse debent, deinde alii, ut supra dictum fuit. Ipsi vero Beneficiati præibunt ad locum suum, id est, ante Canonicos paratos.

(1) Ceci pourrait facilement être introduit parmi nous, pour pouvoir être plus en règle.

On ne manque pas, à Rome, de tendre l'*ombrello* au-dessus du saint sacrement, quand on le porte de l'autel au lieu où est dressé le dais, et du dais à l'autel.

22. Per viam processionis semper Episcopus (1) aliquos Psalmos, vel Hymnos summissa voce recitabit, respondentibus Diaconis assistentibus; et ordine superius descripto procedent per totam viam processionis; quæ, si longior fuerit (2), poterit Episcopus in aliqua Ecclesia, et super illius altare deponere SS. Sacramentum, et aliquantulum quiescere; et ibidem, antequam discedat, thurificare Sanctissimum Sacramentum, et Orationem de Sacramento cantare : quod tamen non passim in singulis Ecclesiis, vel ad singula altaria, quæ forsitan per viam constructa et ornata reperiuntur, faciendum est, sed semel tantum, vel iterum, arbitrio Episcopi.

(1) On distribue à Rome, avant la procession du saint sacrement, des livrets qui contiennent les hymnes et psaumes qu'il faut réciter pendant la procession. Pendant que l'évêque les dit avec ses assistants, tous ceux du chœur les disent deux à deux d'un bout à l'autre de la procession.

(2) L'usage est à Rome, comme chez nous, de faire des reposoirs dans les rues, même en face de quelque grande et belle église. C'est même ce que suppose le Cérémonial, qui dit plus bas qu'il ne faut pas s'arrêter *ad singula altaria quæ forsitan per viam constructa et ornata reperiantur; sed semel tantum, vel iterum, arbitrio Episcopi*. Mais il est d'usage de donner la bénédiction à ces reposoirs, ce sur quoi notre Cérémonial se tait.

23. Dum processio erit in fine, id est, prope eamdem Ecclesiam, a qua discessit, ante ejusdem Ecclesiæ fores, iterum nobiliores laici, vel alii nobilitate eisdem æquales, hastas baldachini capient : et Episcopus sub baldachino ibit usque ad cancellos (1), vel Presbyterium (2), vel ad gradus altaris (3), juxta Ecclesiæ structuram et situationem.

(1) Dans les églises où il y a une *grille*, comme à la chapelle Sixtine, le dais doit s'arrêter là.

(2) Quand l'autel est au fond de l'église, comme chez nous, le dais s'arrête au pied du *presbytère*, c'est-à-dire à la balustrade.

(3) Lorsque l'autel est au bas du chœur, ou près de ce que nous appellerions *balustres*, le dais est porté jusqu'aux degrés de l'autel. On voit que le Cérémonial entend dire qu'il ne faut pas entrer dans le chœur avec le dais.

24. Postquam Episcopus pervenerit ad supremum altaris gradum, Diaconus a dexteris cum debita reverentia et genuflexione, ac sine osculo, accipiet de manu ipsius Episcopi stantis SS. Sacramentum; et illud super altare collocabit.

25. Interim cantores in cantu pausato et devoto cantabunt Versiculum *Tantum ergo sacramentum, etc.*

26. Episcopus vero (1), deposito velo, genuflectet super pulvino in infimo gradu altaris : mox surget, et imponet incensum in altero ex duobus thuribulis, ministrante naviculam Presbytero assistente (2), et sine benedictione et osculo, ut supra, et iterum genuflexus, SS. Sacramentum triplici ductu, prout fecerat in principio, thurificabit.

(1) Suivant l'usage de Rome, l'évêque, ayant mis l'ostensoir entre les mains du diacre, qui le reçoit à genoux, se met à genoux sur le marchepied pendant que celui-ci le dépose sur l'autel. C'est pendant ce temps-là qu'il quitte le voile. Il descend ensuite au bas des degrés, et s'agenouille sur le coussin placé sur le degré inférieur.

(2) Lorsque le *Veneremur cernui* est chanté, le prêtre assistant fait mettre de l'encens dans l'encensoir, et, lorsque l'on chante *Genitori*, etc., il présente l'encensoir à l'évêque, qui encense le saint sacrement en la manière prescrite. Il reçoit ensuite l'encensoir et, l'ayant mis entre les mains du thuriféraire, il retourne à sa place. Pendant ce temps-là, le premier diacre assistant se tient en arrière, mais toujours à droite, en observant de ne pas nuire au prêtre assistant. L'on ne manque pas, à Rome, de s'incliner à ces mots : *Veneremur cernui*, con-

formément au Cérémonial. Dans la nef même, plusieurs en font autant.

27. Quo facto, duo cantores cantabunt Versiculum *Panem de cœlo, etc.*, et chorus Responsorium *Omne delectamentum, etc.*, et Episcopus surgens, ex libro, quem Diaconi assistentes genuflexi hinc inde sustinebunt, cantabit Orationem, *Deus, qui nobis sub Sacramento, etc.*, qua finita, accedat ad altare (1), et accepto tabernaculo, seu ostensorio cum Sanctissimo Sacramento, illud ambabus manibus velatis elevatum tenens, vertens se ad populum (2), cum illo signum crucis super populum ter faciet (3), nihil dicens. Quo facto (4), iterum deponet SS. Sacramentum super altare, deponet velum, et genuflectet ut supra.

(1) L'oraison finie, l'évêque se met à genoux, et il reçoit le voile sur ses épaules. Pendant ce temps-là, un prêtre en étole, et à son défaut le diacre, descend le saint sacrement et le met sur l'autel, s'il est exposé sur son trône. L'évêque monte ensuite à l'autel, fait, suivant l'usage de Rome, la génuflexion à deux genoux quand il est rendu sur le marchepied, se relève et prend lui-même, sur l'autel, l'ostensoir, qu'il tient des deux mains et couvert du voile.

(2) Il commence par se tourner sur sa droite, jusqu'à ce qu'il soit en face du peuple, comme pour lui montrer le Dieu plein de grâces qui doit le bénir.

(3) L'évêque se retourne ensuite sur sa gauche, et il fait lentement et dévotement une croix vers le côté de l'épître. Se retournant ensuite sur sa droite, il fait au milieu, en face du peuple, un autre signe de croix. Enfin, se tournant encore sur sa droite, il bénit le côté de l'évangile, en faisant pour la troisième fois le signe de la croix. Puis, achevant de faire le tour sur sa droite, il dépose le saint sacrement sur l'autel. A Rome, cette bénédiction dure longtemps et a quelque chose de singulièrement impressionnant pour la foi et la piété.

D'innombrables décisions défendent à l'évêque de chanter alors la bénédiction. Il est pareillement défendu au chœur de chanter alors quoi que ce soit. Il y a aussi défense de sonner la clochette, mais il faut sonner toutes les cloches de l'église. Que si l'orgue joue, comme on convient à Rome que cela peut se faire, ce doit être, comme à l'élévation, d'une manière douce et grave. Mais le grand et majestueux silence est plus conforme au strict droit, et favorise mieux la dévotion.

Le passage suivant, que nous extrayons de Catalan, contient d'importantes décisions en cette matière : *Episcopus, deposito velo, genuflectit super pulvino in infimo gradu altaris, id est, descendit a supremo altaris gradu ad infimum ejus gradum, et remoto ab eo velo humerali per cæremoniarium, genuflectit,* etc. (On vient de voir qu'à Rome l'usage est que l'évêque dépose le voile pendant qu'il est à genoux au haut de l'autel. Catalan est toutefois conforme au Cérémonial des évêques, qui dit : *Episcopus... deposito velo, genuflectit,* etc.) *Cantabit orationem, nempe,* « *Deus qui nobis sub sacramento,* » *etc., non præmisso scilicet versiculo* « *Dominus vobiscum...* » *Oratio concluditur per ea verba :* « *Qui vivis et regnas per omnia sæcula sæculorum,* » *et responso a choro* « *Amen.* » *Episcopus genuflectens in supradicto infimo gradu altaris, accipit super humerum velum oblongum, seu humerale, per cæremoniarium, accedit ad altare, ibique genuflectit unico genu* (l'usage de Rome est qu'il fasse la génuflexion à deux genoux) *ut commodius surgere queat, et accepto tabernaculo, sive ostensorio cum sanctissimo sacramento per se scilicet, et sine alterius ministerio, illud ambabus manibus velatis elevatum tenens, vertens se ad populum, cum illo signum crucis super populum ter faciet nihil dicens, quia proprie Episcopus non est ille qui benedicit populum, sed Christus. Musici quoque silere debent, cum datur benedictio, sed possunt tamen pulsari organa suavi sono et gravi, ut ad elevationem sacramenti fieri solet. Benedicente Episcopo, diaconi assistentes hinc inde genuflexi, id est in ora suppedanei, elevabunt partes anteriores pluvialis; dataque benedictione, Episcopus deponet sanctissimum sacramentum super altare, deponet velum, et genuflectet* (même observation que plus haut) *ut supra... Amovetur autem velum per cæremoniarium, qui illud super humeros ei imposuit.*

Le thuriféraire, à genoux *super pavimento, in medio,* encense de trois coups, un à chaque signe de croix; et, si c'est un prêtre qui donne la bénédiction, un coup à chaque signe qu'il trace de haut en bas, du milieu à gauche, et du milieu à droite.

Ici le décret du 16 mars 1746, déclarant que l'on pouvait conserver l'usage d'encenser pendant la bénédiction du saint sacrement, trouve ici naturellement sa place.

Rescriptum extitit : *Servari posse utrumque.* (P. Cavalieri, t. IV, cap. ix, in ord. 70.)

(4) L'évêque, ayant déposé le saint sacrement sur l'autel, selon la coutume de Rome, fait encore le prosternement sur le marchepied (on lui met le coussin), et il dépose le voile; il descend ensuite au bas de l'autel, et il se met à genoux *super pulvino in inferiori gradu posito.*

Le thuriféraire se tient debout au côté de l'épître, et le porte-mitre demeure aussi debout au côté de l'évangile; et ils ne se mettent à genoux que pendant la bénédiction. C'est ce qui se pratique invariablement dans les diverses églises de Rome. Tel est l'usage le plus communément suivi à Rome pour la bénédiction du saint sacrement, et, comme on le voit, c'est ce qui parait être le plus conforme au Cérémonial. Cet usage paraîtrait néanmoins s'en écarter en quelque chose; car il semble évident que le célébrant devrait être debout et au bas des degrés pour déposer le voile, et qu'il ne devrait faire qu'une simple génuflexion sur le marchepied, avant et après la bénédiction; mais, comme tout le monde le sait, quand il y a à Rome un usage constant et approuvé, on peut le suivre.

28. Tunc Presbyter assistens in cornu Epistolæ (1), stans versus populum, facta prius debita reverentia cum genuflexione SS. Sacramento, publicabit Indulgentias, in forma consueta, a Summis Pontificibus et ab Episcopo concessas omnibus, qui processioni interfuerunt.

(1) Le prêtre assistant, qui est paré parce que l'évêque célèbre à la procession, se tient, pendant que l'on chante la bénédiction, à sa place au chœur avec les autres chanoines. Aussitôt la bénédiction donnée, il vient à l'autel, qu'il salue, et il publie l'indulgence tourné vers le peuple, soit au bas des degrés, s'il y est bien vu, soit sur le marchepied, au lieu où se

dit l'*Introït*, quand cela est nécessaire pour se faire entendre.

29. Et advertatur, ut intorticia et candelæ, quæ in processione delata fuerunt, non extinguantur, donec Episcopus cum SS. Sacramento benedictionem, ut supra dictum est, dederit.

30. Omnibus expeditis, Episcopus, facta aliquantulum oratione ante SS. Sacramentum (1), post debitam genuflexionem, atque accepta mitra extra cancellos, discedet cum Canonicis in sacristiam, ubi paramenta deponet, et solito more associatus ab eis, ad domum suam redibit.

(1) Ces paroles et celles qui suivent font voir que le saint sacrement reste pour lors *exposé*. Voici ce qui se pratique à Saint-Pierre. Le pape ayant donné la bénédiction se retire. Alors le chapitre transporte le saint sacrement de l'autel de la Confession à celui de la chaire de Saint-Pierre, où il célèbre la messe solennelle *coram SS. Sacramento*. Après la grand'-messe, le saint sacrement demeure exposé, et l'on ne donne pas une nouvelle bénédiction.

31. Si vero Episcopus voluerit ex sua particulari devotione hac die celebrare (1), et SS. Sacramentum pro dicta processione conficere, poterit summo mane Missam planam sine cantu legere, omissa pro hac die, propter processionem, ad celeriorem actus expeditionem, et ad evitandum calorem, Missa solemni : et in fine Missæ Canonici et alii, ut supra, capient paramenta.

(1) C'est ce que fait le pape à la chapelle Sixtine, d'où doit partir la procession. Il dit auparavant la basse messe, qui est servie comme celle du jeudi saint par deux évêques en rochet couvert du surplis. Il y a chant et musique vocale. Les cardinaux et évêques y assistent *tout parés*. L'hostie pour la procession y est consacrée. Le pape y prend la mitre au *Lavabo*. Il y a douze torches allumées au *Sanctus*. Les mêmes camériers porteront des fanaux à la procession. Le saint sacrement est mis dans l'ostensoir après la communion et demeure exposé sur la table de l'autel. Le pape va, après la messe, déposer la chasuble et prendre la chape à la sacristie. Pendant ce temps-là, tous ceux qui sont au chœur demeurent debout, *coram SS. Sacramento*. A la procession qui succède à cette

messe, le pape est porté sur une chaise où il est assis portant le saint sacrement, mais où il paraît à tous les assistants comme en adoration. A cette procession, les cardinaux et les évêques *parés*, chacun selon son ordre, marchent devant le dais et prennent la mitre quand ils sont sortis de la chapelle, laquelle ils déposent quand le saint sacrement rentre dans l'église; ce dont ils sont avertis par un des cérémoniaires. Chacun est assisté d'un prêtre en manteau, pour porter sa torche quand il a besoin de se délasser le bras. Ces divers usages peuvent diriger tout évêque qui voudrait se conformer à ce que dit ici notre Cérémonial.

32. Episcopus vero, depositis manipulo et planeta, capiet pluviale; et cætera omnia fient, quæ superius declarata sunt.

33. Et quia solitum est per totam hanc Octavam ponere super altare tabernaculum (1) cum SS. Sacramento discooperto, dum Vesperæ et Officia divina recitantur, ad quæ magna populi frequentia solet accedere, conveniens esset (2), ut ob reverentiam tanti Sacramenti, tam Episcopus, quam Canonici, et omnes præsentes, et in choro assistentes, durante Officio, starent semper, capite detecto, et nunquam sederent. Quod si ob longitudinem Officii præstare non poterunt, non omittant saltem in signum reverentiæ detecto capite, existente SS. Sacramento super altari, divinis Officiis assistere.

(1) C'est à Rome l'usage d'exposer, pendant la messe et les vêpres solennelles, le saint sacrement pendant toute l'octave. Dans quelques églises, on l'expose aussi aux basses messes, comme chez nous; mais on ne le tient pas exposé entre la messe et les vêpres le jour de la Fête-Dieu ni le dimanche dans l'octave. Cette longue exposition ressemblerait trop à celle des quarante-huit heures.

(2) Ce n'est pas l'usage à Rome, car on s'assied à tous les offices publics *coram SS. Sacramento*, comme aux autres; mais on ne fait à ces offices aucun salut au chœur, et l'on se tient découvert.

34. Solitum etiam est octava die hujus festi post Vesperas fieri processionem ad reponendum SS. Sacramentum (1), quæ non tam solemnis, et longa via, ut prima, sed vel per Ecclesiam, vel parum circa extra eam fieri debet, in qua, si Episcopus interesse voluerit,

debet cum pluviali SS. Sacramentum portare; et tam in principio, quam in fine processionis illud thurificare, et alia facere, quæ superius expressa sunt; et demum Diaconus debet in fine illud includere et reponere in tabernaculo, ubi solet continue asservari.

(1) Cette procession se fait à Saint-Pierre en la manière marquée dans ce nombre. Elle est très-belle quoique moins solennelle que celle de la Fête-Dieu. C'est un cardinal qui porte le saint sacrement, et le pape suit avec le sacré collége. Avant la procession, il met de l'encens dans l'encensoir, assisté d'un cardinal en cape, lequel va pour cela du chœur *ad genuflexorium*. Le pape va ensuite à l'autel, et le cardinal l'y suit tenant l'encensoir, qu'il met en mains du saint-père quand ils ont fait tous deux la génuflexion à deux genoux. Le saint sacrement ayant été encensé, le cardinal reçoit l'encensoir et le remet au cérémoniaire qui en est chargé. Ils vont ensuite à leur place. Le cardinal reconduit le pape au fauteuil et va se joindre aux autres cardinaux. Au retour de la procession, ils font de même pour l'encensement qui doit avoir lieu avant la bénédiction.

Outre cette procession du jour de l'octave de la Fête-Dieu, il s'en fait à Rome, dans les diverses églises, tous les jours de l'octave, et plusieurs par jour; et il y a partout immense concours.

Pour compléter ce chapitre, l'on va noter ici quelques usages de Rome, 1° aux saluts et bénédictions du saint sacrement; 2° aux expositions avec le ciboire; 3° aux quarante heures.

ARTICLE PREMIER.

Des saluts et bénédictions du saint sacrement.

1° Le saint sacrement s'expose sur son trône avant d'être encensé. Il peut être exposé par un prêtre en surplis et en étole, assisté de deux clercs. Ce prêtre demeure à l'autel pour faire les prières d'usage et chanter les oraisons. Dans ce cas, le célébrant ne vient à l'autel avec les diacre et sous-diacre que pour la bénédiction proprement dite. Il entonne lui-même quelquefois le *Tantum ergo, etc.*, et la strophe *Genitori, etc.*

A défaut de ce prêtre, le diacre, et, s'il n'y en a pas, le célébrant lui-même, qui doit être en étole et en chape, expose le saint sacrement ; car Catalan dit que c'est un abus que de donner la bénédiction du saint sacrement sans chape.

2° Le prêtre fait à l'autel les prières d'usage, auxquelles le peuple répond ; et il chante aussitôt après les versets et oraisons correspondants.

3° Après les antiennes, hymnes, litanies, etc., se chantent toujours les versets et oraisons qui conviennent, comme il se pratique à vêpres et à laudes pour les mémoires et suffrages. Ceci est invariable à Rome.

4° A certaines antiennes avec leurs versets se joignent quelquefois des oraisons qui n'y ont pas de rapport, v. g. celle pour le pape et autres.

5° Quand il doit y avoir *Te Deum*, il se chante toujours avant le *Tantum ergo*, etc., et l'oraison de l'action de grâces se joint à celle du saint sacrement. Mais on ne chante jamais d'autre verset avec celui du saint sacrement : *Panem de cœlo*, etc.

6° On n'encense le saint sacrement que deux fois, d'abord en l'exposant et ensuite pendant que l'on chante le *Genitori genitoque*, etc.; car pour terminer les saluts et bénédictions du saint sacrement, on chante toujours le *Tantum ergo, etc.* L'encens se met dans l'encensoir après que l'on a chanté *Veneremur cernui*, et l'on se tient prêt à encenser le saint sacrement quand on chante *Genitori*, etc.

7° Le saint sacrement n'est descendu de son trône que pour la bénédiction et toujours après les dernières oraisons chantées.

8° Quand le célébrant doit lui-même descendre le saint sacrement et le mettre après la bénédiction dans la custode, il observe de ne prendre le voile qu'après l'avoir descendu et de déposer ce voile avant de mettre le saint sacrement dans la custode. Dans ce cas, il reçoit le voile et le dépose, à genoux, sur le marchepied

9° Lorsque l'évêque assiste en cape à la bénédiction du saint sacrement, il se met à genoux au milieu du chœur *ad faldistorium;* et alors le célébrant et ses officiers sont à genoux sur le premier degré inférieur de l'autel, du côté de l'épître et regardant le côté de l'évangile. Le célébrant, pour donner la bénédiction, monte à l'autel, non par devant, mais par le côté de l'épître, et il s'en retourne de même. L'évêque, quand il en est temps, se lève et met de l'encens dans l'encensoir, assisté par le prêtre assistant, qui vient pour cela du chœur *ad faldistorium.* Il suit l'évêque quand il va à l'autel, portant lui-même l'encensoir, qu'il lui met en mains après qu'ils ont salué le saint sacrement. Le prêtre assistant remet au thuriféraire l'encensoir après l'encensement, et, ayant conduit l'évêque au fauteuil, il retourne à sa place au chœur.

10° Lorsque l'évêque chante lui-même le salut, les seuls diacres assistants sont *parés,* c'est-à-dire revêtus de la dalmatique. Le prêtre assistant est au chœur en habit canonial, et il va à l'autel seulement pour les encensements, en la manière marquée ci-dessus.

La procession de la Fête-Dieu est la seule circonstance où le prêtre assistant est en chape à la bénédiction, qui se donne à la suite. C'est parce qu'il se trouve ainsi paré, à raison de la procession. Le pape lui-même, quand il donne la bénédiction du saint sacrement, n'a pas de prêtre assistant en *ornements sacrés,* et il n'est alors assisté que de deux diacres en dalmatique.

11° Lorsque le salut se donne à un autel où il n'y a pas de tabernacle, ce qui arrive assez souvent à Rome, l'on couvre d'un voile, après la bénédiction, l'hostie renfermée dans sa boîte, et l'on se comporte devant cet autel comme si le saint sacrement était dans la custode. Cette hostie est transportée dans le tabernacle, où elle est déposée quand tous ont quitté le chœur. L'usage invariable, à Rome, est que le prêtre qui transporte ainsi le saint sacrement d'un autel à un autre prenne par-dessus l'étole le grand voile (*super humerale*), et qu'il soit toujours accompagné au moins d'un clerc, qui tient un cierge allumé et sonne la clochette, et d'un autre qui porte l'*ombrello* pour couvrir le très-saint sacrement.

ARTICLE II.

Des bénédictions avec le ciboire.

Il se donne à Rome beaucoup de bénédictions avec le ciboire. Voici à ce sujet les pratiques suivies.

1° Cette bénédiction peut se donner le matin après quelque messe basse dite à dessein de favoriser un plus grand concours de pieux fidèles.

2° On peut aussi donner cette bénédiction à l'occasion de quelques neuvaines, des exercices du mois de Marie, etc., etc.

3° Lorsque ces pieux exercices se font à des chapelles où ne réside pas le saint sacrement, parce qu'il y a à favoriser quelque dévotion particulière aux saints patrons de ces chapelles, on y transporte le ciboire ou l'hostie de l'ostensoir, si on a la permission d'y chanter le salut.

4° Quand on transporte le saint sacrement d'une chapelle à l'autre pour y faire ces exercices, le célébrant est en chape, et il est accompagné comme il vient d'être dit. En donnant la bénédiction avec le ciboire ou l'ostensoir, il devra prendre le même voile qui lui aura servi pour transporter le ciboire ou l'ostensoir.

5° A certaines bénédictions avec le ciboire, on se contente d'ouvrir la porte du tabernacle. On fait alors devant le saint sacrement les prières que l'on veut, et le tout se termine par le chant de *Tantum ergo*, etc., du verset et de l'oraison du saint sacrement. On ne manque pas d'allumer au moins six cierges pour ces bénédictions.

6° Si l'on doit tirer de la custode le ciboire pour bénir les fidèles avec le saint sacrement, il faut l'encenser pendant que l'on chante lesdites strophes, en la manière marquée plus haut; mais l'encensement n'a pas lieu quand il ne doit pas y avoir de bénédiction.

7° A la communion solennelle des infirmes, il y a aussi bénédiction avec le ciboire au retour de la procession; car, comme on l'a déjà observé, c'est une vraie procession que cette administration de l'Eucharistie. Le prêtre est en étole et chape blanche; il a diacre et sous-diacre; il marche à la suite d'un nombreux clergé. On porte des torches et des fanaux allumés. Les laïques, et surtout les associés aux confréries du saint sacrement, portent aussi de ces flambeaux et torches. L'on chante, en allant et venant, ce que le prêtre a coutume de dire en son particulier tout bas, c'est-à-dire les prières du Rituel. La bénédiction se donne à la fin, en la manière accoutumée.

ARTICLE III.

Des quarante heures.

Pour mieux faire connaître les quarante heures de Rome, nous en analysons le règlement, qui se trouve dans le *Manuale Ecclesiasticorum*, et nous recueillons les divers usages suivis pendant ces exercices si pieux et si solennels.

1° Les quarante heures ont commencé avec le protestantisme, et elles sont une réparation de ses erreurs et de ses profanations. Ce fut le révérend Père Joseph de Ferno, capucin, qui le premier prêcha cette dévotion. Il les fit faire à Milan pour la première fois, pendant que cette ville était en proie à toutes les horreurs de la guerre que se faisaient Charles V et François Ier, et elles eurent le plus grand succès. Saint Philippe de Neri les fit établir à Rome dans les sept églises de stations.

2° L'intention des quarante heures est d'honorer, par l'exposition solennelle du saint sacrement, les quarante heures que Notre-Seigneur passa dans le tombeau.

3° On expose, en dehors de la porte de l'église où se font les quarante heures, un tableau représentant le saint sacrement, pour inviter les fidèles à y entrer pour l'adorer et avertir ceux qui sont dans la rue de ne pas faire de bruit. A l'intérieur est un tambour, avec des *paillassons* de chaque côté, qu'il faut lever pour entrer et sortir, et qui, en retombant sans bruit sous leur propre poids, tiennent ce tambour continuellement fermé. Par ce moyen, les petites portes des églises qui donnent sur les rues ou sur les places sont toujours fermées. On fait aussi usage de portes avec *pesées* ou avec *ressorts*. On appelle ces portes *portiere*. Outre cela, on place vis-à-vis la porte principale, qui est au milieu, une *bussola* bien ornée. C'est une espèce d'écran de la hauteur de la grande porte, qui dérobe le saint sacrement à la vue des passants quand on ouvre cette porte du milieu.

4° A l'*Angelus* et à la messe solennelle, les cloches de l'église où se font les quarante heures sonnent comme dans les grandes fêtes.

5° L'on ne fait vénérer aucune relique à l'autel de l'exposition, et, s'il s'en trouve d'enchâssées, on les couvre, ainsi que les statues et les images de saints; les seules figures d'anges portant des lumières ou représentées en adoration sont tolérées.

6° Rien de lugubre ne doit paraître à l'autel ou dans le chœur. Mais, lorsque le saint sacrement est exposé pour le soulagement des âmes du purgatoire, les tentures noires, même avec des figures de mort, peuvent être dressées hors du chœur.

7° On ne place pas de croix à l'autel si tel est l'usage.

8° L'on ne met ni pots de fleurs ni cartes de secrètes, *ante ostiolum SS. Sacramenti*; car rien ne doit cacher la porte du tabernacle qui renferme le vénérable sacrement.

9° L'on prêche tête nue, même lorsqu'un voile couvrirait le saint sacrement. Ce voile n'est pas prescrit et n'est pas non plus nécessaire. On en fait toutefois usage à Rome.

10° le prédicateur se place de manière à ne pas donner occasion aux auditeurs de tourner le dos au saint sacrement pour entendre le sermon. Il peut se placer auprès de l'autel de l'exposition et à l'autel même, si le local l'exige.

11° L'on fait la génuflexion à deux genoux en passant

devant l'autel de l'exposition, en arrivant ou en se retirant.

12° Le prêtre qui passe devant cet autel pour aller dire la messe à un autre se met à genoux, se découvre, fait l'inclination profonde, se redresse, se couvre et se relève pour continuer son chemin.

13° On ne sonne la clochette à aucune messe, et ceux qui entendent la messe à quelque autel doivent prendre garde de tourner le dos à celui de l'exposition.

14° Nous observons ici, en passant, qu'à Rome la messe solennelle ne se chante jamais à l'autel où se trouverait le saint sacrement renfermé dans la custode. Au besoin, on le transporterait à un autre autel pour le temps des offices.

15° On ne dit la messe à l'autel de l'exposition que *pro expositione et depositione*. On ne doit pas s'écarter de cette règle, à moins que l'on n'ait vraiment pas d'autres autels convenables ou qu'il y ait crainte raisonnable de détourner le peuple de l'adoration de Jésus-Christ au saint sacrement, ou enfin à moins que cela ne soit nécessaire pour la consécration des hosties pour la communion des fidèles, etc.

16° Les laïques ne peuvent pas entrer au chœur lorsque le saint sacrement y est exposé pour y prier ou y entendre le sermon.

17° Tout le temps que le saint sacrement est exposé, un ou deux prêtres ou clercs se tiennent *ad turnum* à genoux à un prie-dieu garni de tapis et coussins, et placé devant le degré inférieur de l'autel. Les prêtres prennent une étole blanche par-dessus le surplis. On a vu plus haut que le fauteuil avec coussins et tapis n'appartient de droit qu'à l'évêque diocésain.

18° Là où il y a des confréries, deux au moins des confrères se tiennent *ad turnum* à genoux à un banc placé hors du chœur, mais garni de tapis convenables.

Il est à observer que le saint sacrement demeure exposé la nuit comme le jour. Les portes de l'église se ferment le soir à l'heure où les fidèles doivent se retirer chez eux pour qu'il n'y ait pas de danger pour les mœurs. Les prêtres ou clercs veillent avec les associés qui sont de garde. Ils prient ensemble toute la nuit, tantôt tout haut, tantôt tout bas. Cette exposition non interrompue exprime mieux le but de cette dévotion, qui est principalement d'honorer les quarante heures de la sépulture de Notre-Seigneur. Aussi le saint sacrement ne demeure-t-il exposé que deux nuits et un jour plein, avec deux demi-journées.

19° Seize cierges, ou au moins douze, doivent toujours brûler à l'autel de l'exposition.

20° On ne doit pas entrer les corps des défunts dans l'église de l'exposition, mais on diffère ou anticipe leur sépulture. Que s'il y a nécessité de faire autrement, on fait, à la levée du corps et le long du chemin, tout ce qui tient à la cérémonie de la sépulture. Ainsi on peut *in via* chanter le *libera*. Ce qui reste à dire à l'église se dit *submississima voce*.

21° A la messe et aux vêpres solennelles, on prend des ornements de la couleur du jour. On pourrait en prendre d'une autre couleur s'ils étaient beaucoup plus précieux, pourvu que cette couleur convienne. Ainsi de beaux ornements blancs ou rouges remplaceraient convenablement des ornements violets; mais les violets ne remplaceraient pas également les blancs et les rouges. Les ornements qui ont servi à l'office servent également à la procession, si elle se fait immédiatement à la suite.

22° Il conviendrait beaucoup mieux de ne pas dire dans l'église de l'exposition des messes basses de *Requiem*. Que si, pour cause, on en dit, ce doit être avec des ornements violets.

23° Le parement de l'autel de l'exposition, le dais et le voile *super humerale* doivent être blancs.

24° La messe solennelle est la messe votive du saint sacrement *tanquam pro re gravi*, excepté les fêtes et les dimanches doubles de première ou deuxième classe, et les féries, vigiles et octaves qui renvoient les doubles. Dans ce cas, la messe solennelle est celle du jour avec mémoire du saint sacrement *sub una conclusione* (*infra octavam Corporis Christi, dicitur missa de hujusmodi solemnitate absque alia commemoratione*).

25° L'on dit, dans l'un des jours des quarante heures, la messe votive *de necessitate propter quam fit oratio 40 horarum*, avec mémoire du saint sacrement *sub una conclusione*, Gloria in excelsis (nisi qualitas missæ vetat), *Credo*, et la préface *de nativitate*.

26° Quant à la basse messe, elle ne se dit votive qu'aux jours libres, comme dans les autres temps. A la messe du jour, on fait mémoire du saint sacrement, même après celle *ad libitum*, mais avant celle *de mandato*. Cette mémoire ne se fait pas aux fêtes de première et seconde classe, *quia respuunt commemorationes currentes*. Pour la raison contraire, on fait cette mémoire aux dimanches de première et seconde classe, aux féries et jours *infra octavam, quæ hujusmodi commemorationes admittunt*.

27° Les jours libres, il convient de dire la messe basse votive du saint sacrement; et l'on se conforme aux règles générales de la rubrique.

28° Aux messes basses qui se disent avant la messe de l'exposition, l'on ne jouit pas encore des priviléges des quarante heures, et l'on n'est pas non plus astreint à ses règles. Ainsi, l'on peut dire la basse messe *pro defunctis*, si c'est un jour libre, avec des ornements noirs.

29° Quand les quarante heures se font pour le soulagement des défunts, l'on peut dire la messe basse de *Requiem*, et en chanter de solennelles les jours libres, même aux doubles majeurs, pourvu que ce ne soit pas à l'autel de l'exposition, et que d'ailleurs les quarante heures ne soient pas *pro publica causa*. On en excepte aussi les fêtes d'obligation.

Le jour des morts, il est permis de dire l'office pour les défunts et de célébrer *pro defunctis* des messes solennelles et privées, mais avec des ornements violets.

30° Aux messes *coram SS. Sacramento*, on bénit à l'ordinaire, mais on s'abstient de tout baiser quand on présente ou reçoit quelque chose, excepté quand on présente la patène. Il en doit être de même du calice à l'oblation, et de la patène au *Pater*.

31° Quand on se trouve tout rendu à l'autel, on le baise

avant de faire la génuflexion; c'est tout le contraire quand on y arrive, car, dans ce cas, il faut faire la génuflexion avant de le baiser.

Le sous-diacre, tenant la patène, ne se met pas à genoux quand le célébrant encense le saint sacrement.

32° On ne fait la génuflexion à deux genoux (prosternement) qu'en arrivant à l'autel et en en partant, comme aussi quand il faut sortir du chœur ou du *presbytère*.

33° L'on se découvre et l'on donne sa barrette à quelque ministre inférieur avant d'entrer dans le chœur. On fait en arrivant à l'autel, *in plano*, la génuflexion à deux genoux. L'encens se bénit par le célébrant, retiré un peu au côté de l'évangile et en face de celui de l'épître. Le célébrant encense le saint sacrement à genoux sur le marchepied, et c'est là qu'il reçoit l'encensoir. Il fait, avant et après, une inclination profonde. L'encens ne se bénit pas quand le saint sacrement seul doit être encensé. Le célébrant seul appuie les mains sur l'autel, *genuflectendo, quando manus impeditas non habet*. Ainsi, lorsqu'il tient l'encensoir, il n'appuie pas les mains sur l'autel en faisant la génuflexion.

34° Le prêtre est encensé, non au bas de l'autel, mais sur le second degré, tourné vers le peuple. C'est là qu'il se lave les mains. (*Sistit se apud cornu Epistolæ... exit extra Altare.*) Après l'évangile, il baise le livre et est encensé comme à l'ordinaire. Si la croix est sur l'autel, on ne l'encense pas. Celui qui encense le peuple se retire pour cela du côté de l'évangile pour ne pas tourner le dos au saint sacrement. Le célébrant fait la génuflexion avant d'encenser les *oblats*.

35° S'il y a communion à la messe solennelle, le diacre tient la patène. A une communion générale donnée par quelques dignités, un prêtre ou diacre en surplis peut présenter la patène comme ci-dessus. Il en est de même de la communion à la messe de l'évêque.

36° A vêpres, le célébrant prie *in plano* en arrivant à l'autel, et, rendu à la banquette, il dit *Pater* et *Ave* sans s'asseoir, comme cela se fait dans d'autres temps. En arrivant à l'autel pour l'encensement de *Magnificat*, il fait la génuflexion à deux genoux. Après l'encensement, il retourne à la banquette *per breviorem*.

37° Pour exposer le saint sacrement, on dit une messe basse ou solennelle, selon les règles mentionnées ci-dessus. Après la communion, le sous-diacre apporte l'ostensoir à l'autel, couvert d'un voile; le diacre le découvre et l'ouvre; le célébrant y met l'hostie, et le diacre le couvre d'un voile et le place droit sur le corporal. Après la messe, on fait la procession dans l'église, comme le jeudi-saint, et, si le temps le permet, on la fait à l'extérieur, *extra ecclesiam quantum sufficit*. Celui qui porte la croix est en surplis.

L'usage est, à Rome, de toujours faire cette procession hors de l'église, les premier et dernier jour, quand cela est possible; mais elle doit être moins longue et moins pompeuse qu'à la Fête-Dieu. Le dimanche *in palmis*, on bénit les palmes à un autre autel que celui de l'exposition, mais on ne fait pas de procession.

38° Pour ce qui est de la procession, lorsque la messe est finie, le diacre découvre l'ostensoir, et le célébrant fait avec les ministres sacrés la génuflexion; puis ils descendent tous trois de l'autel par le côté de l'épître. Le célébrant prend la chape, et le diacre et le sous-diacre quittent le manipule. Ils retournent à l'autel *per longiorem* et font *in plano* la génuflexion à deux genoux. Le célébrant met de l'encens dans deux encensoirs, et encense le saint sacrement à l'ordinaire. Puis tout se fait comme à la procession de la Fête-Dieu s'il faut sortir de l'église, mais on ne souffre pas qu'on fasse des reposoirs. L'on bénit des troupes qui se trouvent sous les armes, par honneur pour le saint sacrement, des communautés, des orphelins, des infirmes, etc., etc., qui se rencontrent sur la route. Cette bénédiction est celle qui se donne à l'autel, et il n'y a pas d'autel pour y déposer le saint sacrement. Le célébrant et la procession ne s'arrêtent que pour le moment de la bénédiction, pendant laquelle le chant cesse.

39° La procession finie, le saint sacrement est placé sur son trône; on s'incline à *Veneremur cernui*. L'on met ensuite de l'encens dans l'encensoir, et, lorsque l'on chante *Genitori*, etc., on encense le saint sacrement. Cette strophe étant terminée, l'on chante les litanies des saints, avec les versets et oraisons, tels qu'au dit Manuel. Le *Dominus vobiscum* se dit avant les oraisons, parce que l'on ne doit pas bénir ensuite avec le saint sacrement. Puis, après une courte prière, on se retire.

40° S'il n'y a pas de procession, le saint sacrement s'expose aussitôt après la messe; et, après qu'il a été encensé, on chante les litanies des saints comme ci-dessus. Enfin, après une courte prière, on se retire.

41° *Pro repositione SS. Sacramenti*, on chante de nouveau les litanies des saints jusqu'à *Domine, exaudi orationem meam*. On encense ensuite le saint sacrement, puis on fait la procession. Au retour, on chante le *Tantum ergo*, et l'on encense le saint sacrement à *Genitori*, etc. Après le verset *Panem de cœlo*, etc., le célébrant dit les oraisons sans *Dominus vobiscum*, etc. Ensuite, il monte seul à l'autel, prend lui-même le saint sacrement et bénit le peuple. Le diacre remet le saint sacrement dans la custode, ou l'on couvre l'ostensoir d'un voile, s'il n'y a pas de tabernacle. Là se terminent les quarante heures.

42° Le jeudi-saint, les quarante heures se terminent dans la matinée, et ne reprennent, dans une autre église, que le samedi-saint, aussi dans la matinée.

43° Les instructions de Clément XI, pour la direction des quarante heures, n'obligent hors de Rome que quand l'évêque en fait une ordonnance; mais elles sont partout la meilleure règle à suivre en pareilles solennités.

44° Les réguliers prêchent avec l'habit de leur ordre. Les prédicateurs séculiers sont en surplis et même en étole quand ils prêchent pendant les quarante heures.

35. Absente Episcopo, et in Collegiatis, celebrans, finita Missa, et depositis planeta et manipulo, capiet pluviale, et SS. Sacramentum thurificabit, illudque sub baldachino portabit, et omnia, ut supra, fient, exceptis iis, quæ ad Episcopum proprie pertinent.

CHAPITRE XXXIV

DES JOURS OU L'ÉVÊQUE DEVRAIT CÉLÉBRER, ET DE CEUX OU IL DEVRAIT ASSISTER, EN CHAPE OU EN CAPE, A LA MESSE ET AUX VÊPRES.

In quibus festis Episcopi solemniter celebrare soleant. Episcopus in crastinum celebraturus, Vesperas solemnes pridie agere ipse consuevit. In quibus festis Episcopi Missæ et Vesperis solemnibus assistant.

1. Quia per annum plura festa occurrunt (1), ultra superius expressa, in quibus decet, vel Episcopum solemniter celebrare, vel saltem Vesperis et Missæ, solemniter per alium celebratæ, interesse, de his breviter aliquid dicendum est.

(1) Quand on a suivi de près les offices qui se célèbrent à Rome, l'on demeure convaincu que le Cérémonial n'y est pas une lettre morte, et qu'au contraire il y est exécuté du commencement à la fin. On en peut faire autant dans chaque cathédrale, en s'assujettissant à y faire les offices tels qu'ils sont réglés par ce livre, qui fait loi partout et aux jours déterminés.

Pour mieux se conformer à l'esprit comme à la lettre de ce chapitre, il serait bon d'avoir une liste des fêtes dans lesquelles l'évêque doit chanter lui-même la messe et les vêpres, aussi bien que celle des fêtes dans lesquelles il doit assister aux offices *paratus cum mitra et pluviali*, et enfin celle des jours où il paraît aux offices *cum cappa aut mozetta*.

L'on doit observer ce qui est dit des offices de la semaine sainte et autres, quand l'évêque les célèbre ou y assiste; car si l'on veut que le Cérémonial ne soit pas une lettre morte, il faut le mettre à exécution dans toutes ses parties et du commencement à la fin. Il faut enfin se mettre dans tous les cas où il suppose que l'on peut être, et empêcher ainsi qu'une bonne partie de ce livre si vénérable ne tombe en désuétude, et ne soit par conséquent négligé et par là même méprisé.

L'étude suivie de ce livre liturgique, la science des rites sacrés qu'il contient, la bonne grâce avec laquelle on se portera à faire avec foi et piété tout ce qui y est prescrit ou simplement recommandé, seront toujours des moyens de se sanctifier soi-même et d'édifier les autres.

2. Celebrare igitur poterit Episcopus, nisi legitime fuerit impeditus, in die Nativitatis D. N. Jesu Christi, in festo Epiphaniæ Domini, feria quinta in Cœna Domini, in Dominica Resurrectionis, in die Ascensionis, in Dominica Pentecostes, in festivitatibus Annuntiationis et Assumptionis B. M. Virginis, in festo beatorum Apostolorum Petri et Pauli, in festo omnium Sanctorum, in festo Sancti titularis Ecclesiæ, et Patroni, in die Anniversario Dedicationis Cathedralis Ecclesiæ, vel etiam arbitrio suo in aliis festivitatibus per annum, quandocumque ei placuerit, cum cæremoniis et solemnitatibus, quæ supra in *Capite* VIII, *hujus Lib.* II, de Missa solemni, Episcopo celebrante, explicatæ fuerunt : ac etiam cum Vesperis solemnibus in vigilia, seu die, quæ festum præcedit, excepto Sabbato sancto, quo die Vesperæ non dicuntur, nisi mane in fine missæ, et vigilia Annuntiationis B. Mariæ, si venerit in Quadragesima, die feriato : quo casu Vesperæ non celebrantur in vigilia, sed tantum in die, finita Missa : et tunc, ne ista solemnitas sine Vesperis solemnibus transeat, poterit Episcopus, depositis Missæ indumentis, accipere pluviale, et celebrare Vesperas, Canonicis paratis remanentibus.

3. Sed, si hoc festum venerit feria secunda in Quadragesima, poterunt Vesperæ solemnes in Dominica præcedenti celebrari cum cæremoniis, prout supra dictum est in *Capite* I, *hujus Lib.* II, de Vesperis solemnibus, Episcopo in crastinum celebraturo.

4. In aliis autem festivitatibus, videlicet, in nocte Nativitatis Domini, S. Stephani, sancti Joannis Evangelistæ, Circumcisionis Domini, feria secunda et tertia Paschæ, Dominica in Albis, Dominica SS. Trinitatis, in festo sancti Joannis Baptistæ, in festo Nativitatis B. Mariæ Virginis, in aliquibus principalibus festivitatibus Ecclesiæ Cathedralis, et pro aliqua re gravi, ad universalem, vel propriam Ecclesiam spectante, vel alias quandocumque Episcopo placuerit, poterit, paratus cum pluviali et mitra, assistere Missæ, per aliquem Prælatum, Dignitatem, seu Canonicum celebrandæ, in qua omnia servabuntur, quæ supra explicata fuerunt in *Cap.* IX, *Lib.* II, de Missa solemni, quæ coram Episcopo celebratur : et si præcedenti die Episcopus Vesperis interesse voluerit, celebrabuntur similiter : prout dicitur in *Cap.* II, *ejusdem Lib.* II, de Vesperis solemnibus, Episcopo in crastinum non celebraturo. In aliis festivis, seu ferialibus diebus Episcopus, cum aderit, semper deferet cappam.

CHAPITRE XXXV

DE L'ANNIVERSAIRE DE L'ÉLECTION ET DE LA CONSÉCRATION DE L'ÉVÊQUE
ET DE LA MESSE SOLENNELLE QUI DOIT SE CHANTER CES JOURS-LA.

Missa solemnis, vel per Episcopum, vel per aliquam Dignitatem celebranda in diebus electionis et consecrationis ejusdem. Paramenta sint coloris festo convenientis; si vero feriata dies sit, erunt alba. Collecta pro Episcopo in eadem Missa dicenda.

1. Singulis annis, in diebus anniversariis electionis et consecrationis Episcopi (1), Missam solemnem, vel per ipsum Episcopum, vel per aliquam Dignitatem, seu Canonicum, ipso præsente, celebrari convenit; quæ, si dies electionis, seu consecrationis venerit in die aliquo festivo, celebrabitur de festo, cum paramentis, festo convenientibus, et cum commemoratione pro Episcopo.

(1) Comme on le voit, l'évêque doit célébrer l'anniversaire du jour de son *élection*, aussi bien que celui de sa consécration. La date des bulles fixe le jour anniversaire de l'élection, qui est officiellement proclamée par ce document public et authentique. Le jour anniversaire de l'élection ou création du pape est celui où il est proclamé du haut du balcon du Quirinal. Vient ensuite la pompeuse cérémonie de son couronnement. Il y a chapelle pontificale à l'anniversaire de chacun de ces deux jours. La messe est célébrée par les deux premiers cardinaux de la création du pape régnant, qui y assiste *paré*. Le jour anniversaire du couronnement, le pape prend la tiare pour aller à la chapelle Sixtine, et il la reprend pour retourner à la sacristie après l'office. Elle est, pendant toute la messe, déposée sur l'autel, du côté de l'évangile, avec celle des mitres qui ne sert pas. La veille de cet anniversaire, il y a au palais une distribution d'aumônes à tous les pauvres de la ville. Le soir il y a une première illumination qui n'est ni aussi générale ni aussi brillante que celle qui a lieu le lendemain, qui est proprement la *grande fête* pour Rome et pour le monde entier.

2. Si vero venerit in die feriato (1), celebrabitur, prout in Missali,

cum paramentis albis, et una tantum Collecta pro Episcopo, videlicet : *Deus, omnium fidelium Pastor et Rector, etc.*, et si Episcopus celebret, dicat in Oratione *Me indignum famulum tuum, quem huic Ecclesiæ, etc.*, sed in reliquis omnia circa cæremonias servabuntur, quæ supra propriis in locis explicata fuerunt.

(1) On entend par jour de férie celui où il est permis de dire des messes votives. Le pape dit la messe de l'élection et du couronnement, comme votive *pro re gravi*. En conséquence, il y a *Gloria* et *Credo* et une seule oraison.

Comme il est marqué au nombre ci-dessus, on dit la messe de la fête si le jour de l'anniversaire n'est pas libre, avec l'oraison *pro Episcopo*, laquelle se dit *sub una conclusione* aux fêtes de première classe.

Aux anniversaires du pape, tous les prêtres du monde, et, à ceux des ordinaires, tous les prêtres de leurs diocèses, disent la collecte *Deus omnium fidelium, etc.*, qui se place après toutes les oraisons de *præcepto*, même celle *ad libitum*.

CHAPITRE SUPPLÉMENTAIRE.

DE LA CRÉATION ET DU COURONNEMENT DU SOUVERAIN PONTIFE.

On vient de voir comment, à l'anniversaire de la création et du couronnement de N. S. P. le pape, tous les prêtres du monde entier doivent en faire mémoire à la messe ; mais leur piété filiale envers le père commun les portera à faire quelque chose de plus et par pure dévotion. Ce sera d'engager les bonnes âmes à prier aussi pour le père de la grande famille ; ce qui peut se réduire pour elles à entendre une basse messe que l'on dirait ces jours-là avec plus de solennité, et à laquelle elles pourraient communier ; comme aussi à assister à un salut et bénédiction du sacrement, que l'on chanterait à cette fin avec la permission de l'ordinaire, laquelle ne serait pas difficile à obtenir dans une circonstance si favorable. Tous les bons sujets d'un gouvernement quelconque se font un bonheur de célébrer l'anniversaire de la naissance de leurs princes. Il est donc tout naturel que les bons catholiques se fassent une grande fête des jours heureux où la divine Providence donna à son Église un pasteur selon son cœur.

Comme, dans de pareilles réunions, il est tout naturel que l'on parle du pape, qui est l'objet de la réjouissance publique, nous avons cru prévenir les désirs de tous en résumant ici les formalités et cérémonies usitées pour la création et le couronnement du souverain pontife. Chacun y trouvera matière à d'amples et intéressantes réflexions sur le chef suprême de l'Église, dont il est si important de bien faire connaître l'auguste dignité. Or c'est ce que nous révèle le Cérémonial du *conclave*, où il est élu, et celui du *couronnement*, où il est béni et proclamé. Et, comme l'esprit de l'Église se fait surtout sentir dans ses prières, nous nous sommes spécialement attaché à reproduire celles qu'elle fait avec une piété aussi filiale que maternelle en couronnant ses pontifes. Aussi ces belles prières, bien expliquées aux bons chrétiens, suffisent-elles pour les pénétrer d'un religieux respect pour celui que l'Église leur présente comme le vicaire de Jésus-Christ et le père de tous ses enfants. L'explication de ces rites sacrés devient surtout intéressante pendant la tenue d'un consistoire et à la première nouvelle de l'élection d'un nouveau pape; car alors tous les bons chrétiens sont en prières d'un bout du monde à l'autre et vivent dans l'attente de ce grand événement. Et, en effet, il est juste que toute l'Église prenne part, par ses prières, ses jeûnes, ses aumônes, à une élection qui intéresse si vivement le bien commun.

DE LA CRÉATION ET ÉLECTION DU PAPE.

Pendant les neuf jours consacrés à célébrer les obsèques du défunt pape, les cardinaux tiennent dix congrégations pour se préparer à lui donner un digne successeur. Dans la première, ils lisent les constitutions apostoliques qui règlent les conclaves; et, dans les autres, ils font l'élection de leurs officiers et celle des conclavistes, confesseur, médecin et autres, qui devront demeurer renfermés avec eux, pour n'avoir avec les personnes du dehors aucune espèce de communication. Et, comme alors l'autorité papale réside dans le sacré collége, on le salue d'une génuflexion jusqu'à terre, et l'on dresse au-dessus du siége de chaque cardinal un petit baldaquin, et ils portent tous, en signe de juridiction, le *rochettum discooper-tum*, c'est-à-dire qu'ils revêtent la mozette sans mantelet, comme faisait le défunt pape.

Au jour fixé pour l'ouverture du conclave, tous les cardinaux entendent la messe *de Spiritu sancto*; et, dans l'après-midi, ils se réunissent dans l'église de Saint-Sylvestre, sur le mont *Cavalo*, où se trouve le noviciat des pères de la Mission, vrais enfants de saint Vincent de Paul. Ils vont de là au Quirinal en ordre de procession, en marchant sous l'étendard de la croix jusqu'à la chapelle Pauline, où ils entendent l'allocution que leur adresse le cardinal-doyen, qui les exhorte à rendre à l'Église le plus important des services, celui de lui donner un bon pape; et où ils font en même temps serment d'observer fidèlement toutes les règles du conclave.

Dans la soirée du même jour, le dernier maître des cérémonies sonne, par trois fois, la cloche du conclave, et se présente ensuite à chaque cellule pour prier les étrangers de se retirer, en disant : *Extra omnes*. Alors le cardinal camerlingue et les autres, chargés de ce soin, visitent tous les lieux qui doivent être clôturés, afin de s'assurer s'ils sont bien fermés, aux termes des constitutions apostoliques; et qu'ainsi toute communication extérieure soit interceptée, à la rigueur.

Le lendemain, le premier maître des cérémonies sonne la cloche trois fois, et va ensuite inviter chacun des cardinaux à se rendre à la chapelle, en disant : *Ad capellam Domini*. Tous étant rendus, le cardinal-doyen célèbre la messe de *Spiritu sancto*, à laquelle tous les autres communient. C'est alors que commencent les procédés du conclave; et voici, en peu de mots, l'ordre suivi chaque jour, tout le temps qu'il dure.

Tous les matins, il y a la messe du conclave, qui est célébrée par le prélat *sacriste*, et à laquelle assistent tous les cardinaux. Il y a chaque jour deux scrutins, le premier après cette messe, et le dernier dans l'après-midi. Chaque cardinal écrit son suffrage, dans la chapelle même où ils sont tous réunis, en s'asseyant à une table où tout le monde peut le voir, sans que personne puisse lire ce qu'il écrit. Le premier bulletin est conçu en ces termes : *Eligo in summum Pontificem Reverendiss. D. meum D. Cardinalem N.* Tous ceux qu'il donne ensuite sont intitulés : *Accedo Reverendissimo Domino meo D. Cardinali N.* parce qu'il faut que le vote soit donné à un de ceux dont les noms ont paru dans le premier scrutin. Ainsi chaque électeur ne fait plus qu'accéder à celui des candidats qu'il juge être le plus digne de la papauté.

Le cardinal ayant apposé son sceau, en quatre places, sur son scrutin, le plie en trois, pour que rien de l'intérieur ne soit visible à l'extérieur; et, le prenant avec l'index et le pouce et levant la main, il le porte à l'autel. Sur cet autel est placé un grand calice d'argent dont la coupe est en vermeil, lequel est couvert d'une large patène, sur laquelle est représenté le Saint-Esprit. En arrivant à l'autel, le cardinal se met à genoux, fait une courte prière, se relève et fait à haute voix ce serment aussi solennel que redoutable : *Testor Christum Dominum, qui me judicaturus est, me eligere quem, secundum Deum, judico eligi debere, et quod idem in accessu præstabo.* Il met alors son scrutin dans la patène et le fait ensuite glisser dans le calice. Après avoir fait un salut profond à la croix de l'autel, il retourne à sa place. Tous les autres cardinaux en font autant, en procédant selon leur rang et gardant l'ordre d'ancienneté.

Lorsque tous les bulletins ont été ainsi déposés dans le calice, le premier cardinal scrutateur les mêle, et le dernier les compte. Quand on s'est ainsi assuré qu'il y a autant de billets que d'électeurs présents, le premier scrutateur ouvre un bulletin et le passe au second qui, après en avoir pris communication, le remet au troisième. Celui-ci dit à haute voix le nom de celui qui est proposé pour la papauté; et chaque cardinal le marque sur la liste des membres du sacré collège, qu'il a devant lui. On procède de cette sorte jusqu'à ce que l'un des candidats ait réuni au moins les deux tiers des suffrages. Après le dépouillement des votes, les bulletins sont mis dans un poêle placé derrière l'autel ; et la fumée qui en sort est conduite à l'extérieur par un tuyau, et aperçue de la place du Quirinal.

Quand le pape est élu, le cardinal-doyen fait entrer les maîtres des cérémonies, et demande à l'élu s'il consent à son élection, en lui disant : *Acceptasne electionem de te canonice factam in summum Pontificem?* Ayant obtenu son assentiment, il lui demande le nom qu'il veut prendre, et le maître des cérémonies, en présence de témoins, dresse un acte public de cette élection.

Dès que l'élu a donné son consentement, on abat, au moyen d'un cordon, tous les petits baldaquins étendus au-dessus des sièges des cardinaux, à l'exception de celui de l'élu, et les deux cardinaux qui se trouvent aux deux côtés de cet auguste élu s'éloignent de sa personne, par respect pour la suprême dignité qui lui est à l'instant même conférée par Jésus-Christ, qui le choisit et le prend pour son vicaire sur la terre.

Lorsque l'acte d'élection a été dressé, les deux premiers cardinaux-diacres conduisent le nouveau pontife derrière l'autel et le revêtent des habits sacrés qui conviennent à la papauté. Il retourne ensuite à l'autel, et, s'asseyant sur un riche fauteuil qui est placé sur le marchepied, il reçoit la première *adoration* des cardinaux, qui pour cela se mettent à ses genoux, baisent son pied et sa main, et sont, en se relevant, admis au baiser de paix. Le cardinal camerlingue lui met au doigt l'*anneau du pêcheur*, qui est à l'instant remis au maître des cérémonies, qui est chargé d'y faire graver le nom du nouveau pape.

Cela fait, le premier cardinal-diacre, précédé d'un maître de cérémonies portant la croix, va au balcon du palais et donne au peuple rassemblé la plus grande des nouvelles, en lui disant : *Annuntio vobis gaudium magnum : Papam habemus Eminentissimum ac Reverendissimum Dominum NN. qui sibi imposuit nomen N.*

Après cette solennelle proclamation, le nouveau pape se rend au Vatican, ainsi que le Sacré-Collège; car c'est dans la chapelle *Sixtine* que doit se faire la seconde *adoration*, et dans l'église de Saint-Pierre, à l'autel de la chaire, que se fera la troisième. Ce qu'il y a de particulier à ces deux dernières, c'est que le pape, pour recevoir les hommages des cardinaux, est assis sur un coussin placé au milieu même de l'autel. Pour se rendre à Saint-Pierre, l'on garde l'ordre marqué à la messe pontificale, page 271 et suivantes. Il va sans dire que, ce jour-là, tout est plus pompeux, plus solennel et plus saisissant. En se rendant à la basilique, on chante l'*Ecce sacerdos magnus, qui in diebus suis placuit Deo*, etc.; et, au moment où le nouveau pontife franchit le seuil de la porte de l'église, le chapitre entonne : *Tu es Petrus*, etc. Aussitôt que le cardinal-doyen a fait sa troisième *adoration*, il entonne le *Te Deum*, qui se poursuit avec l'enthousiasme qu'inspire la foi, dans un de ces moments de grâces où il semble que le ciel épuise ses inestimables trésors pour relever l'homme en lui apposant le cachet de sa divine autorité.

Ainsi se termine l'élection du pontife romain, du successeur de saint Pierre et du Père commun de toute l'Église. On sait que, dans certains conclaves, les cardinaux furent tout à coup, et sans aucune préméditation, si fortement inspirés, que, par un sentiment unanime, ils proclamèrent papes ceux que Dieu leur désignait, par une lumière extraordinaire, comme étant les hommes de son choix. Ces élections extraordinaires ont été rares, mais elles suffisent pour montrer que toujours le Saint-Esprit réside dans les conclaves pour en diriger les opérations, afin que les vues particulières des hommes ne puissent tourner au malheur de son Église.

DU COURONNEMENT DU PAPE.

Le jour de son couronnement, le pape célèbre la messe et donne la bénédiction pontificale, en observant les augustes cérémonies dont nous avons tâché de donner une légère idée à la page 271 et suivantes. Pour ne pas nous répéter, nous allons seulement marquer ici ce qui est propre à son couronnement.

1° Un riche trône est élevé dans le vestibule de Saint-Pierre, en face de la *porte sainte*. C'est là que le nouveau pontife, en se rendant à cette basilique pour y recevoir la couronne pontificale, s'arrête pour recevoir les hommages du chapitre. Les plus jeunes clercs, aussi bien que les chanoines, sont admis à lui baiser les pieds. Cette faveur insigne a de quoi encourager tous nos enfants de chœur, qui sont ainsi, dans la personne de leurs jeunes frères, honorés dans un jour si glorieux pour l'Église.

2° C'est dans la chapelle de Saint-Grégoire que se chante tierce et que pendant ce temps-là le pape fait la préparation et reçoit les ornements sacrés.

3° Quand tout est prêt, le premier cardinal-diacre, tenant en mains une *férule*, chante : *Procedamus in pace;* et le chœur, ayant répondu : *In nomine Christi, Amen,* l'on se met en marche pour se rendre à l'autel de la confession.

4° Lorsque le pape est rendu à la porte de la chapelle, un maître de cérémonies lui dit, en s'agenouillant et en faisant brûler de l'étoupe au bout d'un bâton argenté qu'il tient à la main : *Pater sancte, sic transit gloria mundi*. La tombe de son prédécesseur, qui vient d'être fermée et qu'il a sous les yeux, est bien de nature à rendre encore plus touchante la leçon qu'il se fait ainsi donner lorsqu'il est au comble de la gloire. Cette cérémonie se renouvelle une seconde fois quand ce magnifique cortége passe devant la belle statue de bronze de saint Pierre, et une troisième, devant la chapelle des saints Procès et Martinien.

5° Aussitôt après la confession, les trois plus anciens cardinaux-évêques disent chacun une oraison dans l'ordre suivant. Le plus jeune des trois récite la suivante :

OREMUS.

Deus, qui adesse non dedignaris, ubicumque devota mente invocaris : adesto, quæsumus, invocationibus nostris, et huic famulo tuo N. quem ad culmen Apostolicum in ditionem tuæ plebis elegisti; ubertatem supernæ benedictionis infunde, ut sentiat se tuo munere ad hunc apicem pervenisse.

Le second récite la suivante.

OREMUS.

Supplicationibus nostris, omnipotens Deus, effectum consuetæ pietatis impende; et gratia Spiritus sancti famulum tuum N. perfunde; ut qui in capite Ecclesiarum nostræ servitutis ministerio constituitur, tuæ virtutis soliditate roboretur.

Le plus ancien dit la troisième.

OREMUS.

Deus, qui Apostolum tuum Petrum inter cæteros Apostolos primatum tenere voluisti, eique universæ Christianitatis molem super humeros imposuisti, respice, quæsumus, propitius hunc famulum tuum N. quem de humili cathedra violenter sublimatum in thronum ejusdem Apostolorum principis sublimamus : ut sicut profectibus tantæ dignitatis augetur, ita virtutum meritis cumuletur, quatenus Ecclesiasticæ universitatis onus te adjuvante digne ferat; et a te, qui es beatitudo tuorum, vicem meritam recipiat. Per Christum Dominum nostrum. Amen.

6° Après ces touchantes prières, qui expriment si bien la sublimité et la charge du souverain pontificat, le pape descend de la *sedia*, et, se tenant debout au pied de l'autel, le premier diacre lui met le *pallium*, en disant : *Accipe pallium sanctum, plenitudinem Pontificalis officii, ad honorem omnipotentis Dei, et gloriosissimæ virginis Mariæ, ejus matris, et beatorum apostolorum Petri et Pauli, et sanctæ romanæ Ecclesiæ.* Conformément à l'ancien rite, le cardinal-diacre d'office, après avoir encensé le pape, le baise respectueusement sur la joue gauche et sur la poitrine, ce que font aussi les deux cardinaux-diacres assistants.

7° Après avoir été encensé à l'autel, le pape va au trône, où il reçoit encore l'*adoration* des cardinaux, qui cette fois demeurent debout, baisent la main et le pied du pontife, qui les admet ensuite à une double accolade. Les évêques se tiennent à genoux pour lui baiser les pieds et le genou droit, et les abbés mitrés, ainsi que les pénitenciers, après avoir fait trois génuflexions, lui baisent les pieds seulement, et à genoux.

8° Après les oraisons, que chante le pape au trône, le premier cardinal-diacre, tenant en mains la *férule*, précédé de quatre massiers et assisté des auditeurs de rote et des avocats consistoriaux, descend dans la chapelle souterraine, qui est sous l'autel de la confession, et y chante les litanies du couronnement. Il commence par répéter trois fois *Exaudi, Christe;* et les assistants répondent à chaque fois : *Domino nostro N. a Deo decreto Summo Pontifici et universali Papæ vita.*

Le cardinal et les assistants poursuivent comme suit :

Salvator mundi, te, illum adjuva.   Trois fois.
Sancta Maria, te, illum adjuva.   Deux fois.
Sancte Michael, te, illum adjuva.   Une fois.
Sancte Gabriel, te, illum adjuva.
Sancte Raphael, te, illum adjuva.
Sancte Joannes Baptista, te, illum adjuva.
Sancte Petre, te, illum adjuva.
Sancte Paule, te, illum adjuva.
Sancte Andrea, te, illum adjuva.
Sancte Stephane, te, illum adjuva.
Sancte Leo, te, illum adjuva.
Sancte Gregori, te, illum adjuva.
Sancte Benedicte, te, illum adjuva.
Sancte Basili, te, illum adjuva.
Sancte Sabba, te, illum adjuva.
Sancta Agnes, te, illum adjuva.
Sancta Cæcilia, te, illum adjuva.
Sancta Lucia, te, illum adjuva.

(On sous-entend *deprecamur* après *te*, pour que la réponse puisse signifier : *Nous vous en supplions, secourez-le.*)

9° Ces litanies finies, tous remontent prendre leurs places, et la messe continue à l'ordinaire. Lorsqu'elle est finie, le cardinal-archiprêtre et deux chanoines de la basilique viennent faire leur offrande au pape, en lui présentant une bourse de soie blanche brodée d'or contenant vingt-cinq jules (ancienne monnaie) et en lui disant : *Beatissime Pater, capitulum et canonici hujus sacrosanctæ Basilicæ, Sanctitati Vestræ consuetum offerunt presbyterium, pro missa bene cantata*

10° Lorsque le pape est rendu à la grande loge (*loggia*), il descend de la *sedia* pour monter sur un trône très-élevé dressé pour la circonstance. Ici le pontife, entouré des membres du sacré-collége, de tous les prélats et dignitaires de la cour romaine, et en face de la foule immense qui couvre la place de Saint-Pierre, est solennellement couronné, pour être dans sa personne sacrée le représentant de Jésus-Christ et le type du sacerdoce royal de son Église.

On chante le motet de Palestrina : *Corona aurea super caput ejus*, après lequel le cardinal-doyen dit le *Pater* avec les versets et répons suivants :

℣. *Cantemus Domino.*
℟. *Gloriose enim magnificatus est.*
℣. *Buccinate in neomenia tuba.*
℟. *In insignidie solemnitatis vestræ.*
℣. *Jubitate Deo, omnis terra.*
℟. *Servite Domino in lætitia.*
℣. *Domine, exaudi orationem meam.*
℟. *Et clamor meus ad te veniat.*
℣. *Dominus vobiscum.* ℟. *Et cum spiritu tuo.*

OREMUS.

Omnipotens, sempiterne Deus, dignitas sacerdotii, et auctor regni, da gratiam famulo tuo N. Pontifici nostro, Ecclesiam tuam fructuose regendi, ut qui, tua clementia, pater regum, et rector omnium fidelium constituitur, et coronatur, salubri tua dispositione cuncta bene gubernentur. Per Christum, etc. Amen.

11° Après que ces chants sacrés sont finis, le second diacre assistant ôte la mitre au pape, et le premier, à qui il appartient de le couronner, lui met la tiare en disant: *Accipe tiaram*, etc. (page 8). C'est lorsque son front a été ainsi orné de la triple couronne que le nouveau pontife, porté sur la *sedia*, apparaît sur le grand balcon, et qu'à sa vue le peuple immense qui couvre la vaste place de Saint-Pierre tombe à ses pieds pour recueillir les premières bénédictions qui coulent de son cœur et semblent s'échapper par torrents de ses mains. Les prières qu'il fait alors sont les mêmes que celles que nous avons rapportées page 277.

12° Voilà ce qui se passe à Rome chaque fois qu'il plaît à Dieu de donner à son Église un nouveau pontife. L'exposé tout simple que nous venons de faire de ces augustes cérémonies n'a pas besoin de commentaires pour être compris; car l'esprit de Dieu, qui a inspiré tout cela à son Église, se fait vivement sentir au cœur religieux de quiconque voit ou entend ces choses vraiment ineffables.

CHAPITRE XXXVI

DE L'ANNIVERSAIRE (PRO EPISCOPO PROXIME DEFUNCTO).

Anniversarium pro Episcopo proxime defuncto celebrandum. Missa solemnis pro Defunctis ea die coram Episcopo cantanda. Sermo post Missam omittatur. Absolutio in fine per Episcopum cum paramentis nigris fiat.

1. Episcopus vivens, prædecessoris sui proxime ante ipsum defuncti (1), memoriam habere debet, et pro ejus anima singulis annis in die obitus anniversarium celebrare, vel saltem Missæ pro ejus anima, ab aliqua dignitate, seu Canonico celebrandæ, præsens assistere, et in fine absolvere.

(1) Chaque évêque, comme on le voit, doit, toute sa vie, faire l'anniversaire de son prédécesseur; on en donne l'exemple à Rome, car le pape régnant ne manque pas de faire, tous les ans, l'anniversaire de son prédécesseur. Il y a ce jour-là chapelle papale. C'est un cardinal qui chante le service et fait l'absoute, pour laquelle on apporte une *lectica mortuorum*, comme il est dit plus haut, Le pape y assiste, non au trône, mais à la stalle, qui est un siége préparé pour la circonstance. On voit encore par là comme à Rome le Cérémonial est rigoureusement observé.

2. Missa autem erit defunctorum (1), et in ea omnia tam circa

ornamentum altaris, et indumenta, ac paramenta Missalia, quam circa genuflexiones et cæremonias, servabuntur, quæ supra declarata fuerunt in *Cap.* xi, *Lib.* II, de Missa Pontificali pro Defunctis, et in *Cap.* xii, *ejusdem Lib.* de Missa pro Defunctis, quæ coram Episcopo celebratur.

(1) A Rome, l'on renvoie, au premier jour libre, le service pour le dernier pape défunt, quand l'anniversaire tombe en un jour empêché par quelque fête. Ce qui prouve que l'on n'y donne pas à tout propos et sans cause des dispenses pour agir contre la rubrique.

3. Non tamen post Missam sermo habendus erit; sed finita Missa, solus Episcopus, deposita cappa, apud sedem suam parabitur pluviali nigro cum cæteris indumentis, et habens ante se pannum nigrum extensum, seu lecticam mortuorum, absolvet, prout ibi dicitur (1).

(1) On trouvera ci-dessus au chapitre des absoutes *pro defunctis* tout ce qu'il y a à faire dans le cas présent.

A l'anniversaire des cardinaux, on met sur la représentation une barrette rouge, lorsque le *service* se chante dans un lieu où les défunts avaient *juridiction ordinaire*. Pour la même raison, on pourrait mettre une barrette noire, sur le catafalque, à une messe chantée pour l'évêque défunt du diocèse.

CHAPITRE XXXVII

DES ANNIVERSAIRES POUR LES ÉVÊQUES ET CHANOINES DÉFUNTS.

Anniversarium omnium Episcoporum quotannis in Cathedrali faciendum. Quomodo Episcopus Missæ huic assistat, et absolutio facienda sit, vel ab ipso Episcopo, vel a celebrante.

1. Aliquo die non impedito, infra Octavam Defunctorum (1), arbitrio Episcopi, Canonicus aliquis, seu Dignitas Ecclesiæ Cathedralis, celebrabit Missam pro animabus omnium Episcoporum, et Ecclesiæ Cathedralis Canonicorum defunctorum, cum paramentis nigris, et cæremoniis, prout supra dictum est, cui Missæ Episcopus præsens erit cum cappa, et in fine, si voluerit, poterit, immo de-

bebit, deposita cappa, et accepto pluviali, absolvere, prout dicitur *Capite præcedenti.*

(1) L'on voit ici que l'Église n'oublie pas ceux qui l'ont servie pendant leur vie. Rome est encore un modèle à suivre, car il s'y fait trois chapelles pontificales *pro defunctis*, en ces jours consacrés au souvenir des défunts ; la première *pro omnibus defunctis* ; la deuxième, *pro omnibus Pontificibus defunctis ;* la troisième enfin, *pro omnibus Cardinalibus defunctis.*

Les cardinaux font, outre cela, célébrer dans l'Octave des morts, à la chapelle du chapitre à Saint-Pierre, des services pour les papes défunts qui les ont promus au cardinalat.

2. Quod si Episcopus hujusmodi Missæ præsens non erit, vel absolvere nequiverit, celebrans, finita Missa, accedet ad cornu Epistolæ altaris, ubi in plano deposita planeta et manipulo, accipiet pluviale nigrum, et stans in dicto cornu Epistolæ, versus ad altare (1), expectabit finem Responsorii, et interim clerici, seu alii, extendent pannum nigrum ante gradus altaris, vel portabunt illuc lecticam mortuorum, nisi alias a principio Missæ fuerit accommodata.

(1) Aussitôt la messe finie, le célébrant va déposer à la banquette la chasuble et le manipule, et y reçoit la chape ; les diacre et sous-diacre ayant aussi déposé leurs manipules, ils vont tous trois *per breviorem* à l'autel, au lieu où se chantent les oraisons, et, tournés vers l'autel, ils y attendent que le *Libera* soit achevé. Le diacre est à la droite du célébrant, et le sous-diacre à sa gauche. Ils relèvent, quand il le faut, les bords de la chape, et font tout ce qui est prescrit ci-dessus pour les offices *pro defunctis.*

3. Quando per cantores repetitur Responsorium, post Versiculum *Requiem æternam*, etc., accedet Cæremoniarius ad Episcopum, si aderit, cum thuribulo, et ministrante naviculam Presbytero assistente, Episcopus imponet thus in thuribulum cum benedictione solita (1), quod Cæremoniarius portabit ad altare (2) ; et alicui Capellano celebrantis consignabit, tenendum juxta cornu Epistolæ altaris, ubi etiam alius Capellanus tenet vas aquæ benedictæ cum aspersorio.

(1) On voit ici que l'évêque qui assiste à une absoute doit

bénir l'encens, et que c'est le prêtre assistant qui doit présenter la navette, comme aux autres offices. On a vu plus haut que le prêtre assistant quitte pour cela sa place du chœur, pour aller auprès de l'évêque. Dans le cas présent, il n'a pas autre chose à faire que de faire bénir l'encens; après quoi il retourne à sa place.

(2) On voit, par ce texte, comment se bénit l'encens, qui doit ensuite tenir l'encensoir, où se placent les thuriféraire et porte-bénitier pendant l'absoute, etc.

C'est l'usage à Rome, du moins aux offices pontificaux, qu'un des cérémoniaires aille faire bénir l'encens. Puis au retour il donne à quelqu'un l'encensoir à tenir, surtout s'il a quelques offices à remplir.

4. Si vero Episcopus præsens non erit, ipse celebrans imponet thus in thuribulum, ministrante naviculam Diacono.

5. Incœpto *Kyrie eleison*, surget Episcopus, detecto capite : celebrans vero, dicto ultimo *Kyrie eleison*, stans, detecto capite, in dicto cornu versus ad altare, dicet intelligibili voce *Pater noster*, quod secrete complebit; et interim accedet ad medium altaris, et versus dictum pannum, seu lecticam mortuorum, ministrante Diacono aspersorium, asperget ter super eumdem pannum, seu lecticam, tum ministrante eodem Diacono thuribulum, simili modo, ter thuribulum ducens, pannum seu lecticam thurificabit; deinde conversus ad altare, ex libro, super illud posito, in eodem cornu Epistolæ, dicit (1) Versiculum *Et ne nos inducas, etc.*, et alios Versiculos, et Orationem, et in fine, Versiculum *Requiem æternam dona eis, Domine, etc.*, et dicto per cantores Versiculo *Requiescant in pace*, celebrans redibit in sacristiam, ad se exuendum (2).

(1) On voit clairement par ces paroles comment se font à l'autel les absoutes par le célébrant et ses ministres.

Ces divers textes rapprochés les uns des autres lèvent toutes les difficultés que peut présenter une pratique contraire.

(2) Le célébrant et ses ministres, en se retirant à la sacristie, saluent, comme à l'ordinaire, l'évêque et le chœur.

On mettrait de la variété dans les offices *pro defunctis*, en célébrant les anniversaires des défunts, comme il est marqué ici. Se faisant plus simplement, ils deviendraient moins dispendieux, et, pour cette raison, ils devraient devenir plus fréquents. — L'usage est à Rome que, quand on transporte le corps d'un défunt de la paroisse sur laquelle il est mort à celle où il doit être inhumé, les deux curés marchent sur une même ligne, revêtus de l'étole. — Comme il est aisé de le conclure du Cérémonial, il doit toujours y avoir absoute aux messes *pro defunctis.*

CHAPITRE XXXVIII

DE L'ADMINISTRATION DE L'ÉVÊQUE, DE SA MORT, DE SES OBSÈQUES.

Episcopi ægrotantis quæ cura et studia esse debeant. Fidei professionem emittat. A quo, et quomodo sacrum Viaticum suscipiat. Veniam petat de negligentiis coram Capitulo, Parochis et Curatis, et rursus fidei professionem faciat. Commendet eis Ecclesiam, et pauperes, et bonum successorem adprecetur. Ecclesiæ res et scripturas manifestet. Viri religiosi ad ejus agonem assistant. Preces dicendæ statim ac vita excesserit. Quæ præstanda a familiaribus circa defuncti corpus. Induatur vestibus omnibus Pontificalibus violaceis. Ubi exponendum sit ejus cadaver. Religiosi mendicantes per ordinem in ejus funere Vigilias Defunctorum cantent, et Prior eorum absolutionem faciat. Ordo deferendi ejus corpus ad Ecclesiam. Octava, vel alia die exequiæ cum quatuor absolutionibus celebrentur. Processiones et preces habendæ pro futuro successore. Ad nuntium novi Electi gratiæ Deo agendæ, et Hymnus *Te Deum*, in Ecclesiis cantandus.

1. Licet Episcopus tamquam bonus Pastor (1), et diligentissimus villicus, omni tempore paratus esse debeat ad reddendam rationem Domino suo de ovibus sibi commissis, et de suæ administrationis officio, id tamen diligentiori cura et studio peragere debet, dum ægrotat, quasi extremo vitæ suæ diei vicinior. Nam etsi semper mortis periculum mortalibus immineat, propinquiores tamen morti sumus, dum ægrotamus.

(1) Ce chapitre est plein de grandes et utiles leçons. L'évêque en santé doit s'en pénétrer, en le lisant souvent, pour entendre d'avance, de la bouche de l'Église, ce que le respect qu'ont ses inférieurs pour sa haute dignité ne leur permettrait peut-être pas de lui dire, aux approches de ce moment suprême où il lui faudra aller rendre compte de son administration. Il trouvera chaque mois, dans sa préparation à

la mort, en lisant quelques nombres de ce chapitre, une source intarissable de réflexions salutaires et capables de le porter à tout sacrifier pour sa sanctification et celle de son troupeau.

2. Curet igitur Episcopus, ut quanto magis dignitate cæteris præest, eo majori studio ultimum hujus vitæ actum, quo solo coronari electi solent, cum laude perficiat. Quod si, dum ægrotat, tanquam homo, morbi periculum non agnosceret, medici, domestici, familiares et præcipue ejus Confessarius secrete, et summa cum reverentia, et charitate eum de discrimine vitæ, in quo versatur, moneant, et hortentur, ut voluntati divinæ non invitus adhæreat, et quæ ad animæ salutem pertinent, peragere curet. Nam Episcopum decet, non solum verbo, sed etiam opere et exemplo, usque ad extremum vitæ spiritum, alios docere, et ad viam salutis dirigere. Medici vero, et familiares, quæ ad corporis salutem pertinent, diligentissime curent, et polliceantur Episcopo, se, quantum humana potest industria, facturos, ut, si fieri poterit, pristinam sanitatem recuperet.

3. His verbis et hortationibus excitatus Episcopus ægrotans, vel, quod melius esset, sua sponte, cum extremum diem suum appropinquare cognoverit, primo peccata sua Confessario diligentissime confiteatur, deinde tempore congruo sacrum petat Viaticum; et antequam communicet, indutus rochetto et stola (1), præsente SS. Christi Corpore, profiteatur Catholicam fidem, ex formula, ab Apostolica Sede præscripta (2), quam affirmet, se semper inconcusse et firmiter tenuisse et credidisse, seque in ea velle vivere et mori, cum Deo placuerit.

(1) On ne prend pas la mozette pour la communion, comme on peut le remarquer par le texte cité : ce qui rend raison pourquoi, le Jeudi-Saint, les évêques qui communient de la main du pape doivent quitter le mantelet, prendre le surplis par-dessus le rochet, puis l'étole. Il en doit être de même de la confirmation, quand l'évêque ne prend pas la chape, pour administrer ce sacrement. Car le Pontifical veut qu'alors il soit simplement revêtu du rochet et de l'étole. Si, dans le cas présent, l'évêque ne prend pas le surplis par-dessus le rochet, c'est qu'il est dans le lieu de sa juridiction.

(2) Lorsqu'à raison de sa faiblesse ou pour autre cause l'évêque ne peut lire la formule de la profession de foi de

Pie IV, dont il est ici question, quelqu'un la lit pour lui. Puis il peut ajouter ce qui suit :

Coram sanctissimo D. N. J. C. corpore hic realiter præsente, et antequam illud accipiam, profiteor catholicam fidem, ex formula ab Apostolica sede præscripta, quæ pro me et in nomine meo jamjam lecta est, quam affirmo me semper inconcusse et firmiter tenuisse et credidisse, meque in ea velle vivere et mori cum Deo placuerit.

Ce fut ainsi que l'on procéda en administrant le saint-viatique à monseigneur Bouvier, évêque du Mans, qui mourut à la fin de décembre 1854, au Quirinal, où, avec beaucoup d'autres évêques qui avaient assisté à la publication du décret de l'*Immaculée Conception de la glorieuse Mère de Dieu, la Vierge Marie*, il jouissait du bienfait de l'honorable hospitalité que daignait exercer envers eux le père commun. Tout le monde sait que cet illustre évêque, qui a tant aimé la sainte Église, et qui a sacrifié pour elle son temps, ses veilles, son repos, a eu, sur son lit de mort, l'inestimable bonheur de recevoir la visite du souverain pontife à qui il était cher, depuis surtout qu'il avait fait disparaître de sa Théologie certaines propositions qui sonnaient mal avec la saine doctrine.

4. Tum majori, qua poterit, devotione et humilitate, sacrum sumat Viaticum, quod illi deferat prima Dignitas, comitante Capitulo et toto clero Cathedralis Ecclesiæ in habitu Ecclesiastico, et cum candelis accensis ; et, si fieri potest, Magistratus deferat baldachinum, moneatque Episcopus Sacristam, seu Curatum, ut, cum tempus erit, extremæ Unctionis Sacramentum sibi administret, et animæ commendationem faciat.

5. Convocet deinde Canonicos (1), Parochos et Curatos omnes, dum adhuc sensus corporis integri sunt (2), et coram eis profiteatur iterum Catholicam fidem ex prædicta formula (3), petat veniam de negligentiis et imperfectionibus suis, et si quemquam unquam in sua administratione offenderit, roget, ut orent Deum omnipotentem pro anima sua ; commendet illis Ecclesiam, pauperes, viduas, orphanos et loca pia ; memoret eis, ut, donec de successore provideatur, continuas preces ad Deum fundant, ut eis bonum Pastorem concedere dignetur, qui eos uberius, quam ipse fecit pascere noverit.

(1) Ce n'est qu'après avoir reçu le saint viatique que l'évêque exécute ce qui est marqué dans ce nombre, qui est vraiment riche en recommandations. Aussi l'évêque qui le lit en santé y trouve-t-il chaque fois de sérieux sujets de réflexions sur les importants devoirs que lui impose la charge pastorale.

(2) L'évêque et les prêtres malades ne doivent pas oublier ces paroles, qui les mettront en garde contre le grave inconvénient de trop attendre pour s'acquitter des importants devoirs qu'ils ont à remplir et des actes religieux qu'ils ont à faire pour couronner leur vie pastorale.

(3) On ne doit pas oublier cette circonstance d'une nouvelle profession de foi à faire par l'évêque en présence de tout son clergé assemblé.

6. Aperiat etiam eis debita et credita Ecclesiæ, si quæ sunt; et notificet scripturas, jura et actiones ejusdem Ecclesiæ; condat, si velit, et si habeat ab Apostolica Sede facultatem, testamentum, et eligat sibi sepulturam.

7. Cum vero hora mortis appropinquat (1), petat, ut sibi administretur extremæ Unctionis Sacramentum, et animæ commendatio fiat, prout in Rituali Romano. Viri pii et religiosi continue assistant Episcopo (2) animam agenti, cui crucem inspiciendam, osculandamque crebro offerant (3); redigantque ei ad memoriam Passionem D. N. Jesu Christi (4). Nec desint Religiosi et Sacerdotes, qui continue, dum adhuc expirat (5), Psalmos, Passionem Christi Domini, et alias devotas orationes legant.

(1) L'évêque malade, comme tout autre, doit être en garde contre les surprises de la mort, et pour cela qu'il se fasse donner à temps l'extrême-onction, et qu'il n'attende pas trop pour les prières des agonisants, auxquelles il lui sera si consolant de répondre avec sa parfaite connaissance.

(2) Il en faudrait dire autant des prêtres et des laïques, et de sages précautions devraient être prises pour que personne ne mourût sans être entouré de tous ces secours. A Rome, il n'est pas un laïque qui ne meure entre les mains d'un prêtre.

(3) On voit ici que l'Église sait se proportionner à l'état de ses ministres agonisants qui, dans leurs derniers moments,

ne peuvent plus guère faire autre chose que de baiser avec amour la croix du Sauveur mourant.

(4) L'on voit encore que c'est principalement de la Passion de Notre-Seigneur Jésus-Christ qu'il faut entretenir l'évêque mourant; car, pour tous, cette divine Passion est le grand et unique motif d'espérance dans ce moment décisif.

(5) Les prières et lectures sont si nécessaires à l'évêque agonisant, quoique sans doute il ne puisse pas alors les suivre, que l'Église veut qu'elles soient continuelles. Il faut donc que les bons priants se relèvent dans la chambre du mourant, et ceux qui n'ont pas à prier devraient se tenir dans un autre appartement; car il n'y a pas à douter que ces pieuses lectures, et surtout celle de la Passion du Sauveur, n'aient l'effet de repousser le démon, qui fait alors des efforts incroyables pour effrayer et perdre, s'il le peut, l'âme de ce pasteur mourant.

8. Postquam Episcopus spiritum Creatori reddiderit (1), Canonici, qui aderunt, singuli super eum Versiculum *A porta inferi*, etc., cum Oratione *Deus, qui inter Apostolicos Sacerdotes*, etc., recitabunt. Cubicularii vero et familiares ipsius Episcopi defuncti corpus aqua calida cum vino, et herbis odoriferis lavabunt, et mundabunt; et si hæredibus videbitur, poterit etiam aperiri, et aromatibus condiri; quo casu intestina ejus statim sepeliantur in Ecclesia (2).

(1) Chacun des chanoines, en habit ordinaire, dit *ad turnum* le verset et l'oraison marqués dans ce nombre.

(2) Le Cérémonial veut que l'on fasse pour l'évêque ce qui se fait pour le pape, comme nous le verrons bientôt.

9. Sed, licet corpus non aperiatur, omnino agendum, et curandum est opportunis remediis, ut sine fœtore usque ad præstitutum tempus sepulturæ servari possit.

10. Loto et terso corpore, clerici familiares, seu alii Ecclesiastici viri, cum Magistro cæremoniarum, induant illud primum vestibus ordinariis usque ad rocchettum, deinde sacris vestibus, quibus vivens induebatur, dum solemniter erat celebraturus; hoc est, caligis et sandaliis, amictu, alba, cingulo, cruce pectorali, manipulo, stola, tunicella, dalmatica, chirothecis, planeta coloris violacei, annulo, et mitra simplici, ac etiam pallio, cum spinulis, si erit Archiepisco-

pus, vel alias utens pallio, et ponant super pectus ejus crucem aliquam, quam manibus teneat.

11. Corpus sic indutum (1), donec præparetur lectus in aula majori, ut infra, ponatur super aliqua mensa, seu in terra super tapete, cum cereis ardentibus ad caput et pedes.

(1) A Rome, l'on dépose à terre, sur un drap mortuaire, le corps de l'évêque, quand il a été revêtu des ornements pontificaux. On met sous sa tête un coussin. C'est quelque chose de singulièrement touchant, que de voir ainsi à terre celui que la mort vient de faire descendre de son trône.

L'on fait de même pour le corps d'un cardinal quand on l'a revêtu du rochet, du mantelet, de la mozette, de la calotte et de la barrette, c'est-à-dire tel qu'il était de son vivant quand il allait à l'audience du saint-père ou aux diverses congrégations auxquelles il appartenait; car c'est avec ce costume qu'il doit pour la dernière fois traverser la ville sainte en se rendant au lieu de sa sépulture. Il reste communément trois jours exposé dans son palais. D'abord on le met à terre, vêtu comme on vient de le dire; puis l'on dresse, dans une petite chambre attenante au salon, un catafalque surmonté d'un dais avec tentures rouges, et toute la chambre est tapissée d'étoffes de même couleur : c'est sur ce lit de mort qu'on l'expose. S'il y a nécessité de le coffrer, on met à la tête du cercueil, qui est couvert d'un drap mortuaire, un coussin sur lequel on dépose sa barrette rouge.

Dans le grand salon joignant cette chambre d'exposition, sont érigés, pour la circonstance, trois autels, auxquels tous les prêtres attachés à la mémoire du défunt cardinal vont dire la messe.

On fait la levée du corps la veille au soir; on le porte à l'église dans un chariot qui est suivi de son carrosse portant ses familiers. Rendu à l'église et après les prières de la levée du corps, on le revêt des ornements pontificaux, et on l'expose sur le lit funèbre.

Lorsqu'on ne peut l'exposer, on le coffre, et on met à la tête du cercueil un coussin sans barrette, s'il n'avait pas de juridiction dans le lieu. Son chapeau est attaché à la partie du drap mortuaire qui pend aux pieds et touche à terre.

Le corps est placé au milieu de l'église et entouré de chandeliers et de banquettes, comme il a été dit plus haut.

12. Interim cæteri Episcopi familiares inferiores, et famuli totam domum denudent, et in aula majori palatii, sive domus, præparent lectum ex tabulis altitudinis palmorum sex, longitudinis ad minus palmorum duodecim, et latitudinis palmorum decem, vel ad minus octo, et super illud ponatur stratum ex lana, seu palea plenum, et cooperiatur panno serico nigro, vel saltem laneo. Ad lecti pedes præparetur parva mensa mundo linteo cooperta, et super ea duo candelabra cum candelis accensis, liber Missalis, vas aquæ benedictæ cum aspersorio (1), thuribulum cum navicula et incenso; ac unum superpelliceum cum stola, et pluviale nigrum ponantur.

(1) On lit dans Catalan le passage suivant, dans lequel se trouve expliquée la pratique spécifiée dans ce texte : *Ne deseviant (dæmones) in corpora mortuorum, ait Durantus prope ipsos (defunctos) poni vas aquæ benedictæ, et prunas cum thure... ut defunctus Creatori suo acceptabilem bonorum operum odorem intelligatur obtulisse, seu ad ostendendum quod defunctis prosit auxilium orationis.*

13. Quibus omnibus sic paratis, corpus Episcopi defuncti, ut supra indutum, portetur in dicta aula, et super dicto loco collocetur, et ad pedes ejus ponatur pileus Pontificalis, floccis sericis viridibus ornatus (1), et hinc inde a lateribus ponantur scamna cum foraminibus pro funalibus, seu intorticiis ponendis circa corpus; vel saltem, illis deficientibus, collocentur quatuor candelabra alta, cum quatuor intorticiis ardentibus ad quatuor lecti angulos.

(1) On a remarqué ailleurs que le lit funèbre est sur un plan très-incliné. Le chapeau est posé verticalement et attaché au drap mortuaire au-dessous des pieds du défunt. On est libre de placer autour du corps des bancs troués pour recevoir des fanaux et torches, ou de grands candélabres.

14. Circumcirca per totam aulam disponantur sedilia pro Canonicis, Clericis, Magistratu, civibus, et aliis, qui venient ad honorandum funus,

15. Hora competenti (1), cum jam, si non omnes invitati ad funus, saltem eorum aliqui advenerint, clerus sæcularis per ordinem, vel Religiosi quatuor Ordinum Mendicantium, si in civitate adsint, qui invitari debent, vel alii per singula Collegia, incipient Vigilias, hoc est Vesperas et Matutinum cum Invitatorio, et tribus Nocturnis, ac Laudibus Defunctorum.

(1) On a remarqué plus haut que l'on fait à Rome la levée du corps la veille de l'enterrement, et l'on doit ajouter que c'est à l'église, *corpore præsente*, que se célèbrent les matines et les laudes dont il est ici question. Cet usage devrait, ce nous semble, être introduit partout, comme beaucoup plus commode pour les fonctions qu'il y a alors à remplir, et comme devant être beaucoup plus satisfaisant pour les fidèles, qui ont coutume de se porter en foule aux cérémonies funèbres qui concernent leurs pasteurs. Les différents clergés de la ville pourraient être invités à faire pour l'évêque défunt ce qui est ici prescrit. S'il n'est pas toujours possible de dire l'office des morts à l'enterrement de chaque fidèle, on devrait au moins le dire à l'enterrement du premier pasteur, qui, après sa mort comme de son vivant, doit recevoir les suffrages de tout son diocèse.

16. Primi, id est inferiores (1), a quibus inchoandum est, nam ultimus locus dignioribus Religiosis reservatur, inchoabunt Vesperas : Prior enim eorum, habens ante se legile cum libro, alta voce incipiet Antiphonam *Placebo Domino*, quam cæteri ejusdem Religionis fratres, qui prope funus ante alios hinc inde stare debent, prosequentur : et, ea finita, sedentes, recitabunt alternatim Psalmos Vesperarum cum Antiphonis duplicatis, prout fieri solet in Officio duplici ; et dum inchoantur Psalmi, eisdem fratribus, qui cantant, candelæ distribuendæ sunt, prout et cæteris, quando Nocturnos et Laudes cantabunt, ut infra.

(1) Tout ce qui suit se comprend facilement, lorsque l'on se rappelle ce qui a été dit plus haut des heures canoniales et surtout des vêpres, matines et laudes *pro defunctis*. La seule différence que l'on remarque est l'aspersion, qui se fait ici à la fin de vêpres et de laudes et entre chaque nocturne, ainsi que l'encensement. L'on comprend que les différents ordres

religieux ou ecclésiastiques, qui se succèdent pour célébrer ces diverses parties de l'office des morts, ne sont pas en habit de chœur, puisque ceux qui doivent faire l'aspersion et l'encensement doivent prendre les ornements prescrits par le Cérémonial au moment où il leur faut accomplir ces rites sacrés, et qu'ils doivent les déposer aussitôt après sur la crédence sur laquelle ils ont été préparés. Cet office, tel qu'il est prescrit ici et comme il est pratiqué à Rome, a quelque chose de singulièrement touchant et solennel en même temps.

17. Ad Canticum *Magnificat*, surgunt omnes, et Prior illorum Religiosorum, qui Vesperas cantaverunt, accedet ad mensam ad pedes lecti, et ibidem a Cæremoniario, vel aliis clericis induetur superpelliceo, stola et pluviali, et imponet thus in thuribulum.

18. Finitis Cantico *Magnificat* et Antiphona, stans ibidem ad pedes lecti ante mensam prædictam, manibus junctis, dicet *Pater noster*, et interim, accepto aspersorio de manu Cæremoniarii, vel alterius clerici, incipiendo a parte sua dextera, asperget lectum, aspergendo ter in singulis lateralibus partibus tantum, et dum transibit ante Canonicos, illos capite aliquantulum inclinato salutabit. Et postquam reversus fuerit, in eodem loco apud mensam, reddito aspersorio, capiet de manu ejusdem Cæremoniarii, vel alterius clerici thuribulum, et lectum similiter eodem modo thurificabit : quo facto, stans ante prædictam mensam, reddito thuribulo, et habens ante se librum apertum, ex eo leget Versiculos et Orationem infrascriptam, videlicet :

℣. *Et ne nos inducas in tentationem.*
℟. *Sed libera nos a malo.*
℣. *A porta inferi.*
℟. *Erue, Domine, animam ejus.*
℣. *Requiescat in pace.* ℟. *Amen.*
℣. *Domine, exaudi orationem meam.*
℟. *Et clamor meus ad te veniat.*
℣. *Dominus vobiscum.*
℟. *Et cum spiritu tuo.*

Oremus. *Deus, qui inter Apostolicos Sacerdotes, etc.* Deinde dicit Versiculum *Requiem æternam, etc.* Demum duo ex fratribus cantantibus subjungunt *Requiescat in pace,* et cæteri respondebunt *Amen.*

19. Finitis Vesperis, Religiosi, qui illas cantarunt, discedunt, et vocantur alii Religiosi, qui Matutinum, hoc est, Invitatorium cum tribus Psalmis primi Nocturni, et Lectionibus cantabunt; et dum cantatur Invitatorium, usque ad initium primi psalmi, omnes stare debent.

20. Finitis Psalmis primi Nocturni, duo cantores, sive duo ex fratribus, qui Nocturnum cantarunt, annuntiant Versiculum *A porta inferi*, et respondetur *Erue, Domine, animam ejus*; quo dicto omnes surgunt. Tunc unus ex eisdem Religiosis, Lectionem cantaturus, accedit ad pulpitum, seu legile; et secreto dicto ab omnibus *Pater noster*, quod totum sub silentio completur, omnes sedent; ipse Lectionem incipit; et ea finita, cantores cantant Responsorium, et alii duo ex eadem Religione cantant secundam et tertiam Lectionem.

21. Finita ultima Lectione, dum cantatur tertium Responsorium, Prior ejus Religionis, quæ Nocturnum cantavit, accedit ad mensam, induitur superpelliceo, stola et pluviali; et cum dicitur Versiculus *Requiem æternam*, etc., imponit thus in thuribulum : et in fine, cum dicitur *Kyrie eleison*, surgunt omnes, et Prior dicat *Pater noster*, aspergat et thurificet lectum, ut supra in Vesperis, et cantet eosdem Versiculos et Orationem, ut supra dictum est.

22. Quo facto, alii Religiosi vocentur, et cantent similiter secundum Nocturnum; et, eo finito, alii, qui cantent tertium eodem modo et forma, prout de primo dictum est. Demum ultimi et digniores Religiosi cantent Laudes eadem forma, prout decantatæ fuerunt Vesperæ, et ad *Benedictus* et Orationes, etc., omnes surgant, ut supra.

23. Quod si non adessent tot Religiones, quæ possent distincte Vesperas, et Nocturnos, et Laudes prædictas decantare, posset una cantare duos Nocturnos, vel plures : sed omnino in fine Vesperarum, cujuslibet Nocturni, et Laudum, aspergendus et thurificandus est lectus, et dicendi Versiculi, et Orationes, ut supra. Et e contra, si essent plures Conventus, et Religiones, poterunt duo simul cantare unum Nocturnum, et alii alia, prout melius videbitur.

24. Dum cantantur Laudes (1), paretur feretrum; et illis finitis, ponatur corpus Episcopi defuncti super feretrum, et præcedentibus omnibus Religiosis et clero, ordine suo, ad Ecclesiam deducetur; feretrum autem portabitur per Sacerdotes, cottis indutos. Canonici feretrum immediate præcedant (2), Magistratus vero, cum cæteris omnibus invitatis, et de civitate, sequantur.

(1) Tout ce qui est dit ici devoir se faire après laudes se fait

à l'heure jugée convenable pour la levée du corps, comme on vient de le voir.

(2) Il est à bien remarquer ici que les chanoines marchent devant le corps de l'évêque que l'on porte en terre. On a vu plus haut que, conformément à la pratique de Rome, ils doivent marcher devant l'évêque, quand ils assistent avec lui à quelque office *pro defunctis;* d'où l'on peut conclure que cette pratique de Rome ne s'éloigne pas de la lettre du Cérémonial, qui, dans tout autre office, exige que les chanoines qui ne sont pas *parés* aillent par derrière l'évêque.

25. Prædictum feretrum collocetur in medio Ecclesiæ (1), et ibidem Prior, seu dignior Canonicorum, vel prima dignitas, si adsit, indutus pluviali, faciet Officium, hoc est, dicet ad pedes feretri *Pater noster*, imponet thus, asperget et thurificabit, ut supra, et demum cantabit Versiculos, et Orationem supradictam. Quo facto, cantetur Missa pro ejus anima (curæ namque sit Cæremoniariis, ut cadaveris delatio in Ecclesiam semper de mane fiat) et in fine solitæ absolutiones habeantur, ut in Pontificali : hisque expletis (2), defuncti corpus de more, summa, qua decet, reverentia sepeliatur.

(1) Le Cérémonial ne suppose pas que l'on dépose jamais le corps des évêques défunts dans le chœur, et on ne le fait pas non plus à Rome. Il est à croire que les fidèles, qui ont tant de vénération pour leurs pasteurs, aimeraient à s'approcher de leurs restes pour leur rendre un dernier témoignage de leur respect. Ils se trouveraient donc heureux si ce point de notre Cérémonial était exécuté partout comme à Rome.

(2) A Rome, comme on l'a déjà observé, les cinq absoutes du pontifical ne se font qu'à la sépulture des papes. Aux services des cardinaux et évêques, l'on se contente de chanter le *Libera* avec les versets et l'oraison propres à chacun. Comme le corps ne doit être porté au lieu de sa sépulture que le soir, on omet tout ce qui doit se chanter et se faire à cette dernière partie des obsèques, parce que le prêtre qui fera la sépulture en devra accomplir les cérémonies.

Il est à remarquer qu'à Rome l'on ne rencontre jamais de convois funèbres pendant le jour. C'est parce que les corps s'apportent dans des chariots aux églises la veille du service, et se transportent de même, le soir du jour où s'est chanté le service, au cimetière ou à l'église où ils doivent être inhumés.

26. Si vero id tempus, et hora non ferant, octavo die (1), vel quando (non ultra tamen diem trigesimum) hæredibus et executoribus defuncti placuerit, in Ecclesia celebrentur exequiæ cum quatuor absolutionibus, et omnibus cæremoniis, quæ supra expressæ sunt in hoc eodem *Cap.* xi, de Missa Pontificali pro Defunctis, etc.

(1) On voit ici que les quatre *absolutions* se font au service qui représente le jour du décès ou de la déposition. Le Cérémonial ajoute cependant : *Non ultra tamen diem trigesimum.*

27. Sepulto Episcopo (1), donec de novo successore provisum fuerit, preces ad Deum continue offerendæ sunt pro opportuna novi Episcopi electione impetranda : et conveniret, ut singulis diebus, vel saltem semel in hebdomada, Religiosi processionaliter ad Ecclesiam Cathedralem accederent, Litanias cantantes, et ibidem pias et devotas orationes recitarent, cum Canonicis et clero ejusdem Ecclesiæ Cathedralis, ut Deus illis quamprimum concedere dignetur novum et bonum Pastorem, qui Ecclesiam regere, et animarum curam digne et fructuose habere valeat et possit.

(1) Ce qui est dit ici des prières à faire pour obtenir un bon successeur à l'évêque défunt doit s'exécuter aussi ponctuellement que possible; car du choix de ce successeur dépend essentiellement le bien de la religion dans ce diocèse.

28. Qua electione obtenta (1), quamprimum de ea nuntium certum habuerint, singuli Religiosi ad Ecclesiam Cathedralem accedentes, Deo gratias agent, et Hymnum *Te Deum, etc.*, devote cantare poterunt in Ecclesia.

(1) Ce qui est ici réglé devrait sans doute s'accomplir à la lettre; car un bon pasteur est le plus beau don que Dieu puisse faire à un peuple. Il lui faut donc l'en remercier quand il lui a été donné par la divine Providence, et l'on doit pour cela lui bien apprendre à entrer dans l'esprit de l'Église. Tout prédi-

cateur qui voudra l'entretenir sur ce point ou tout autre du Cérémonial de cette sainte Église peut être sûr de faire des impressions profondément religieuses.

CHAPITRE SUPPLÉMENTAIRE.

DES DERNIERS MOMENTS ET DES OBSÈQUES DU SOUVERAIN PONTIFE.

En rapportant dans le cours de cet ouvrage les traditions et usages de la sainte Église romaine, pour une plus parfaite intelligence du *Cérémonial* qu'elle a prescrit au monde entier, nous avons dû tenir nos yeux fixément arrêtés sur le souverain pontife, qui, à part ce qui est propre à sa suprême dignité, se conforme aux règles communes. C'est ce que l'on va encore voir clairement dans ce chapitre, dans lequel nous allons esquisser les rites usités dans ses derniers moments et à ses obsèques.

Le pasteur qui veille sur tout le troupeau de Jésus-Christ ne manque pas de se préparer chaque jour à rendre compte de son administration. Il est toutefois du devoir de ceux qui l'entourent de l'avertir à temps, quand il ignore qu'il est en danger de mort. Il convoque alors la famille pontificale, fait sa profession de foi, reçoit le saint viatique du prélat *sacriste* et l'indulgence du grand pénitencier. Il se recommande aux prières de tous ceux qui l'ont servi fidèlement jusqu'à cette heure suprême, et leur accorde des grâces particulières en reconnaissance de leur religieux attachement.

S'il en a la force, il appelle le sacré collège auprès de son lit de mort, fait de nouveau sa profession de foi et demande à ses vénérables frères leur indulgence pour son administration. Il confie à leur sollicitude toute la sainte Église, et leur recommande de lui donner au plus tôt un pasteur selon le cœur de Dieu. Il leur fait aussi connaître les besoins des États-Pontificaux et les misères des pauvres, qui furent toujours les plus précieux trésors des Pontifes romains. Il se recommande à leur prière et les bénit pour la dernière fois, avec toute l'effusion de son âme. On peut juger de ces touchantes allocutions du premier des pasteurs, au lit de la mort, par celles de Nicolas V et de Pie II, que l'histoire nous a conservées, et qui firent fondre en larmes tout le monde. Enfin, il fait son testament et désigne le lieu de sa sépulture. Les prélats domestiques, les cubiculaires et autres n'abandonnent pas le pontife mourant; et c'est au prélat *sacriste* à lui donner l'extrême onction et à lui faire les prières des agonisants. Il lui lit quelque chose de la passion de Notre-Seigneur et l'entretient dans les sentiments religieux qui caractérisent la mort des bons pasteurs. Les pénitenciers de saint Pierre viennent dire auprès du pontife mourant les psaumes de la Pénitence et autres prières, et ils récitent l'Office des morts quand il a rendu le dernier soupir.

A peine a-t-il fermé les yeux à la lumière de ce monde, que le cardinal camerlingue est averti de sa mort par le maître des cérémonies. Il vient aussitôt au palais en habit de deuil; et, après avoir fait sa prière auprès du lit de l'auguste défunt, il s'en approche de plus près. Un adjudant de chambre découvre son visage, couvert d'un voile blanc; et le cardinal en frappant respectueusement, par trois fois, la tête du pontife défunt, avec un marteau d'argent, l'appelle chaque fois par son nom. Ayant ainsi constaté son décès, il dit aux assistants: *Le pape est réellement mort.* A l'instant même il fait annoncer cette lugubre nouvelle au sénateur, qui ordonne de sonner la cloche du Capitole; et, en même temps, toutes les cloches de la ville sainte invitent les fidèles à prier pour le premier des pasteurs qui vient d'expirer.

Le corps du défunt pape est embaumé, avec respect par ses cubiculaires, et ses entrailles sont renfermées dans une urne, qui est scellée et portée, le soir, à l'église des SS. Vincent et Anastase, par un chapelain secret et un caudataire, qui s'y transportent dans un carrosse devant lequel marchent des palefreniers, portant des torches allumées.

Le corps est ensuite revêtu de l'étole et de la chape rouges, et exposé sur un lit funèbre, dans la chapelle du palais, où l'on ne voit plus ni trône, ni chaire pontificale. A ses pieds sont suspendus deux chapeaux, qui sont l'emblème de la double autorité qu'a exercé le défunt pontife, et, quoique mort, on continue à le saluer en faisant la génuflexion jusqu'à terre. Le majordome et le maître de chambre conserveront leur habit ordinaire ; et ils ne prendront le deuil que lorsque le corps aura été renfermé dans sa troisième bière, parce que, jusqu'à ce douloureux moment, ils lui continuent leur service, comme s'il était encore du monde. Les pénitenciers de Saint-Pierre se tiennent auprès du corps pour réciter l'office des morts.

Le quatrième jour, les cardinaux, chanoines et autres, se réunissent dans la chapelle Sixtine, et font la levée du corps, avec les prières prescrites. L'on s'arrête au milieu de la basilique Vaticane où un prélat chanoine fait une nouvelle absoute, après laquelle le corps est déposé dans la chapelle du Saint-Sacrement, de manière que les pieds demeurent exposés en dehors de la grille qui ferme cette chapelle. C'est là que, pendant trois jours, il se fait un concours immense de pieux fidèles qui veulent tous avoir la consolation de baiser les pieds du pontife défunt, tout en allant prier pour le repos de son âme.

C'est ce jour-là même que l'on commence à Saint-Pierre les *Novendiales*, c'est-à-dire les neuf jours de messe de *Requiem* pour le pontife défunt. Elles se chantent les six premiers jours, par les cardinaux-évêques, dans la chapelle du chapitre où s'élève un magnifique catafalque. Les services des trois derniers jours se célèbrent dans la basilique, au milieu de laquelle est dressé le lit funèbre, magnifiquement orné de draperies violettes, avec les armes et le portrait du pape défunt. Il y a, à la suite de ces trois derniers services, qui sont chantés par des cardinaux-prêtres, cinq absoutes célébrées par cinq cardinaux-évêques. L'on fait, chaque jour de ces *Novendiales*, d'abondantes aumônes pour hâter son bonheur.

Cependant le corps de l'auguste défunt, qui était demeuré dans la chapelle du Saint-Sacrement pour satisfaire la dévotion des fidèles, est transporté de cette chapelle à celle du *chœur* ou *chapitre*, avec le chant du *Miserere* et du répons *In paradisum*, etc., usité dans cette circonstance. Après qu'en présence des cardinaux et prélats un chanoine-évêque a chanté une absoute et bénit la première bière, qui est en cyprès, on procède à l'inhumation du pontife. Lorsque le corps a été déposé dans cette bière, le cardinal neveu ou autre parent couvre son visage d'un linge blanc, le maître de chambre en met un semblable sur ses mains, et le plus ancien cardinal, créé par le défunt pontife, couvre tout le corps d'un grand voile rouge. Le majordome dépose ensuite trois bourses de velours, contenant des médailles d'or, d'argent et de bronze, frappées à l'effigie du pape dont le règne vient d'expirer. L'on met aux pieds un cylindre de fer-blanc, contenant un parchemin sur lequel sont écrits les principaux événements de son pontificat Cette bière est fermée avec des vis, scellée et remise au chapitre, par acte notarié. Elle est ensuite déposée dans une autre de plomb, qui est également scellée, puis renfermée dans une troisième de bois, sur laquelle sont apposés les sceaux du cardinal camerlingue, du majordome et du chapitre. Le corps ainsi inhumé demeure pendant trois jours sur le catafalque de la chapelle du chapitre, puis est transporté sur celui qui est dressé au milieu de la basilique pour les trois derniers jours des Novendiales. Au dernier service, il y a l'oraison funèbre du pontife qui s'en va reposer dans la tombe, prononcée en latin par le prédicateur que le saint collége a invité, lequel est en soutane et en manteau long pour prononcer ce discours.

Dans la soirée du jour qui précède la lugubre opération de l'inhumation, on transporte dans les souterrains de la basilique ou dans une autre église les bières contenant le corps du dernier pape décédé, qui était demeuré déposé dans le lieu bien connu de tous ceux qui ont visité Saint-Pierre, en attendant que son successeur vînt prendre sa place. Cette tombe temporaire, qui est jour et nuit en spectacle au monde entier, a quelque chose de saisissant; car à peine est-on entré dans cette majestueuse basilique, que l'on a sous les yeux un modeste tombeau, avec une courte inscription : *Gregorius XVI*

Pontifex maximus, qui nous dit que c'est là que repose le dernier souverain pontife qui a gouverné l'Église. Aux jours de grandes solennités, le pape entre en triomphe dans cette église; et, du haut de la *sedia*, qui le transporte à l'autel, il voit cet humble lit funèbre sur lequel son prédécesseur attend qu'il vienne prendre sa place. Lorsque l'on a été béni par le pontife vivant, on aime à aller s'agenouiller aux pieds du pontife mort, pour repasser dans le silence pénétrant du tombeau quelques-unes des belles actions de son pontificat, et prier pour celui qui était un si bon père pour le dernier des enfants de l'Église.

Tous les ans, dans l'octave des morts, le pape fait chanter un service solennel pour son prédécesseur, à la chapelle Sixtine. Pendant la même octave, les cardinaux qui lui doivent leur chapeau en font chanter un autre, dans la chapelle du chapitre, près de laquelle est déposé son corps. Ce sont là de beaux exemples pour le monde entier. Aussi doit-on se faire partout un devoir de piété filiale de prier pour les pontifes défunts. Les pasteurs qui connaissent ce que c'est que la charge pastorale ne manqueront pas non plus d'inviter les fidèles, confiés à leurs soins, à prier pour le père commun, quand il plaît à Dieu de l'appeler à lui.

CHAPITRE XXXIX

DU CHANT DU CONFITEOR.

Qua vocis modulatione Confessio per Diaconum post sermonem recitanda sit. Forma Indulgentiæ publicandæ per sermocinantem, ac benedictionis ab Episcopo post ipsum sermonem impertiendæ.

1. Statim finito sermone (1), Diaconus, qui cantavit Evangelium, stans ante infimum gradum solii, conversus ad Episcopum stantem cum mitra, capite inclinato, cantabit confessionem in tono, prout habetur in Rituali Romano; et dum dicet *Tibi Pater* et *Te Pater* (2), si fuerit Canonicus, profunde se inclinabit, si non fuerit Canonicus, genuflectet.

Confi-te-or De-o omnipotenti : be-a-tæ Ma-ri-æ semper

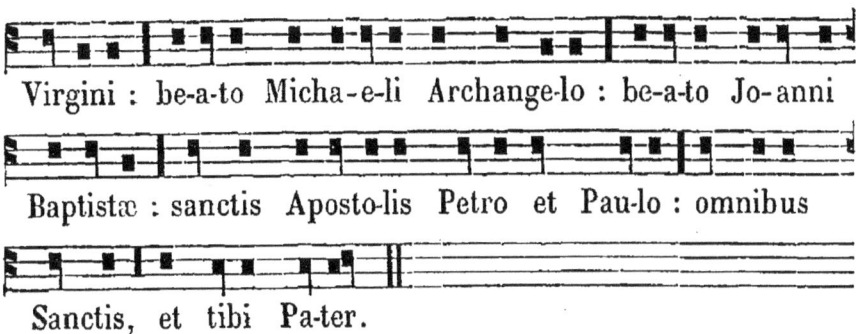

Virgini : beato Michaeli Archangelo : beato Joanni Baptistæ : sanctis Apostolis Petro et Paulo : omnibus Sanctis, et tibi Pater.

Quod dum dicit, genuflectit vel se inclinat coram Pontifice, ut supra : tum surgit, et continuat :

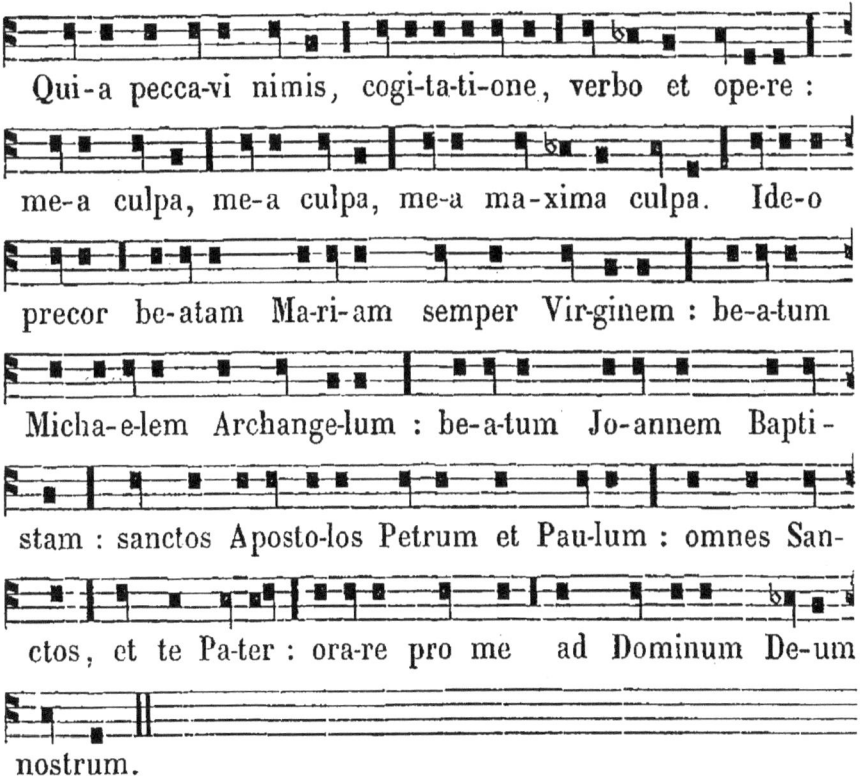

Quia peccavi nimis, cogitatione, verbo et opere : mea culpa, mea culpa, mea maxima culpa. Ideo precor beatam Mariam semper Virginem : beatum Michaelem Archangelum : beatum Joannem Baptistam : sanctos Apostolos Petrum et Paulum : omnes Sanctos, et te Pater : orare pro me ad Dominum Deum nostrum.

(1) Nous avons parlé plus haut du sermon, qui est suivi du *Confiteor* et de la publication de l'indulgence.

(2) Le *Confiteor* se chante en présence du pape, tel qu'il est ici formulé, et l'on n'entend jamais le diacre lui dire : *Tibi, reverendissime Pater*. A plus forte raison ne doit-il pas ajouter ces mots quand il s'adresse à l'évêque.

2. Finita confessione per Diaconum, Episcopus sedet, et sermocinator, qui in pulpito, dum cantatur confessio, genuflectet, surgens publicabit Indulgentiam in forma sequenti, videlicet.

Reverendissimus in Christo Pater, et Dominus N. Dei, et Apostolicæ Sedis gratia, hujus sanctæ Ecclesiæ Episcopus dat et concedit omnibus hic præsentibus quadraginta dies de vera Indulgentia in forma Ecclesiæ consueta. Rogate Deum pro felici statu Sanctissimi Domini Nostri N. Divina providentia Papæ N. Dominationis suæ Reverendissimæ, et sanctæ Matris Ecclesiæ.

3. Publicata Indulgentia, Episcopus, deposita mitra, surget, et leget ex libro, per ministrum, de eo servientem, supra caput sustentato, in tono Orationis versus ad populum, ut infra, videlicet :

Precibus et meritis beatæ Mariæ semper Virginis, beati Michaelis Archangeli, beati Joannis Baptistæ, sanctorum Apostolorum Petri et Pauli, et omnium Sanctorum, misereatur vestri omnipotens Deus, et dimissis peccatis vestris, perducat vos ad vitam æternam. ℟. *Amen.*

Indulgentiam, absolutionem et remissionem peccatorum vestrorum tribuat vobis omnipotens et misericors Dominus. ℟. *Amen.* Deinde, reassumpta mitra, benedicens populo, more consueto, dicet : *Et benedictio Dei omnipotentis Pa † tris, et Fi † lii, et Spiritus † sancti descendat super vos, et maneat semper.* ℟. *Amen.*

4. Si autem erit Archiepiscopus, statim, publicata Indulgentia, Capellanus portabit ante illum Crucem, quam genuflexus tenebit, et Archiepiscopus surgens, deposita mitra, prius Cruci caput profunde inclinabit, et deinde adhuc stans, prosequetur *Precibus, etc.*, et sic detecto capite, solemniter benedicet.

CHAPITRE SUPPLÉMENTAIRE.

DES CHAPELAINS, ETC.

Nous réunissons dans ce chapitre ce qui est dit çà et là dans notre Cérémonial des divers ministres appelés *cappellani, cubicularii, mansionarii, acolythi, credentiarii, ceroferarii, camerarii, scutiferi, caudatarii.*

Capellanus. On appelle *chapelain* tout prêtre obligé de dire la messe dans quelque église ou à certaines personnes, comme aussi celui qui sert la messe basse de l'évêque. Ainsi, les chapelains du pape vont *ad turnum* lui servir la messe, et la disent ensuite en sa présence pendant qu'il fait son-action de grâces. C'est encore un titre honorifique ; ainsi les douze auditeurs de *rote*, qui sont les prélats des diverses nations qui composent le tribunal d'appel qui, à Rome, juge toutes les causes bénéficiales du monde entier et toutes les causes civiles de l'État ecclésiastique, sont *chapelains* du pape. On les voit aussi figurer dans les offices papaux comme sous-diacres apostoliques, et, en cette qualité, ils ont droit de chanter l'épître quand le pape chante la messe. Leur doyen a le privilége de porter la croix aux offices solennels. Nous dirons, en passant, qu'un chapelain de communauté, dans laquelle on ne suit pas le romain, peut dire la messe d'un saint dont la fête y est célébrée, pourvu qu'il se serve du Missel romain. (Décret de la sacrée Congrégation des rites du 20 novembre 1628.)

Cubicularius. Ce nom vient de *à cubiculo*, qui, chez les auteurs ecclésiastiques, signifie tantôt *ecclesia vel capella*, et tantôt quelque partie honorable d'un cimetière où l'on enterrait un martyr. L'on donnait à ce ministre la garde des corps saints déposés dans ce lieu sacré, et on l'appelait pour cela *custos*. On peut voir là-dessus les légendes du Bréviaire romain, et entre autres celle de saint Léon Ier (11 avril) dans laquelle on lit que ce pontife, qui fit tant d'actions mémorables, entrait néanmoins dans les plus petits détails de tout ce qui concernait le culte de Dieu et l'honneur de ses saints : *Sepulchris Apostolorum custodes adhibuit, quos cubicularios appellavit.* Le *cubicularius* était aussi du nombre de ceux que les anciens appelaient *familiers*; car l'on sait que l'Église a emprunté ce mot des Romains. Ainsi saint Maxime, dont l'Église célèbre la glorieuse mémoire le 13 avril, était *cubiculaire* du préfet Almachius. Touché du courage de saint Valère et de saint Tiburce, il se déclara chrétien, et bientôt après il expirait sous les coups redoublés de fouets plombés, avec beaucoup d'autres serviteurs du même préfet, qu'il avait gagnés à Jésus-Christ. Quoi qu'il en soit, *cubicularius a cubiculo nuncupatur, sicut capellanus a cappa dicitur*. Il porte comme lui la cape (*gerens est pallium*), et, selon quelques-uns, ce sont deux noms synonymes

(Dom. Macri). On peut encore appeler *cubicularius* celui des *familiers* de l'évêque qui est admis à l'intimité de sa vie privée; et qui lui sert comme de *syncèle, ut Episcopus a calumniis reddatur immunis, dum homo homini custos est* (Dom. Macri). Quelquefois les évêques ont voulu avoir pour *cubicularii* des moines de leur ordre. Clément XIV entretenait auprès de sa personne, au palais apostolique, un bon frère du couvent des Saints-Apôtres, avec lequel il aimait à s'entretenir de tout ce qui se passait dans sa communauté, pour se délasser et soulager des noirs soucis de la papauté.

Mansionarius. On appelle ainsi celui qui est préposé à la garde et au soin des églises, autels, vases sacrés, ornements, etc., et qui, pour s'acquitter plus facilement de ces importants devoirs, réside en quelque sorte dans l'église, en occupant des appartements y attenants. L'on voit que tout ceci convient parfaitement au sacristain, qui, lui aussi, est *mansionarius.* On peut encore considérer comme *mansionarius* celui de la *famille* de l'évêque qui réside à l'évêché, pour partager avec d'autres les soins domestiques : *Familiaris domesticus a mansione nuncupatus* (Dom. Macri). On en a un exemple dans la *famille* du pape, dans laquelle on voit figurer un évêque sous le titre de *porphyre*, lequel est appelé *prélat domestique* et loge au Quirinal. C'est là qu'il remplit les fonctions de *sacristain* du pape et de *custode* des saintes reliques, qu'il est chargé de distribuer. Nous sommes redevable au vénérable prélat qui remplit aujourd'hui cet office si digne d'envie de bien précieuses reliques. On sait qu'il y a à Rome deux autres dépôts de reliques, l'un au *Vicariat*, sous la direction immédiate du cardinal-vicaire, et l'autre chez l'évêque vicegérant chargé de remplacer le cardinal-vicaire dans ses fonctions de vicaire général du pape. On sait aussi les graves précautions prises et les règles strictes observées dans la distribution de ces restes précieux, si dignes de la vénération du monde entier, parce que l'on a la certitude morale de n'être pas trompé. Nous avons assisté à la fête qui se fait chaque année à l'*Apollinaire* pour honorer les corps saints qui y sont déposés, en attendant qu'ils aillent recevoir, dans les différentes parties de la chrétienté, les honneurs que Dieu veut que l'on rende à ses amis par toute la terre, et nous en avons été singulièrement touché.

Acolythus. Par *acolytes*, on entend les différents *ministres* qui forment en quelque sorte la *crédence* de l'évêque quand il célèbre pontificalement, et qui sont appelés par notre Cérémonial *minister de libro, de candela, de baculo, de mitra, de thuribulo, de ampullis, de gremiali*, etc.

Credentiarius. Tous ceux qui, d'après le Cérémonial, doivent prendre place à la crédence, aux offices pontificaux, sont désignés sous le nom commun de *credentiarii*. Ils y remplissent les divers offices dont les chargent les maîtres de cérémonies. Ainsi c'est à quelques-uns d'eux à goûter l'eau et le vin, avant que l'on en remplisse les burettes, lorsqu'il est temps de les porter à l'autel. (II Lib. hujus Cær. viii, 6.)

Ceroferarius. Comme il est aisé de le conclure du mot même de *ceroferarius*, l'on voit que notre Cérémonial entend parler des ministres, dont l'office propre est de porter les cierges. Ainsi, comme on le voit, il ne faut pas confondre *céroféraires* avec *acolythes*, qui ici ne sont nullement synonymes, comme on pourrait peut-être se l'imaginer, d'après les notions ordinaires de nos anciens cérémoniaux, car, sans cette distinction, on pourrait se méprendre en lisant ce Cérémonial.

Camerarius. On donne le nom de *camérier* à celui de la famille qui est chargé de faire les réceptions dans les antichambres, et d'introduire auprès de l'évêque les personnes qui demandent audience. A Rome, il y a dans le palais apostolique et chez les cardinaux plusieurs *camériers*, dont le premier s'appelle *maître de chambre*.

Scutiferus. L'étymologie de ce mot est facile à trouver. Mais, quelles qu'aient pu être autrefois les fonctions de ces *familiers*, analogues à leur nom distinctif, nous les voyons, dans notre Cérémonial, figurer aux messes pontificales, en ôtant et mettant à l'évêque ses souliers ordinaires, en lui donnant à laver, etc., et, aux messes basses, en portant, au besoin, les cierges qui s'allument pour l'élévation; aux offices *pro defunctis*, en portant les cierges des évêques, etc.

Caudatarius. Le nom de *caudataire* explique clairement ce qu'est le *familier* ainsi nommé et quel office il a à remplir. Nous croyons devoir observer ici qu'il n'y a que l'évêque célébrant qui laisse traîner sa soutane. A Rome, aux offices pontificaux, les cardinaux, évêques et autres dignitaires, relèvent la leur.

Maintenant, pour qu'il n'y ait dans notre Cérémonial aucune lettre morte, et pour qu'au contraire tous ceux qui y sont désignés comme ayant à remplir quelques fonctions aux offices pontificaux soient bien connus, il y aurait, ce nous semble, un moyen facile à prendre : ce serait de diviser les clercs qui composent les chapellenies en autant de classes qu'il y a de *familiers* différents, aux termes de ce Cérémonial, et de leur en faire remplir les offices au chœur et ailleurs. Ils pourraient en outre être, comme à Rome, reconnus à la différence de leur habit, et surtout à la couleur et à la forme de leur soutane et à leur surplis; car, pour l'aube, qui est le vêtement des ministres sacrés, il ne convient nullement de les en revêtir. On a pu remarquer plusieurs fois, en lisant ce Cérémonial, que les diacres assistants eux-mêmes et les chanoines *parés* ne prennent pas l'aube. A plus forte raison n'en faut-il pas revêtir des ministres qui remplissent des fonctions bien inférieures.

A Rome, le maître de chambre, le gentilhomme, le caudataire, le chapelain et le camérier portent, au chœur, dans certains offices, le manteau romain par-dessus la soutane *talaris*, et on les appelle *chapes noires*.

Chez les cardinaux, l'on remarque entre autres, à l'antichambre, les auditeurs qui préparent les documents pour les congrégations, auxquelles doivent assister Leurs Éminences, les secrétaires qui font les dépêches, et les maîtres de chambre qui règlent le cérémonial et introduisent les étrangers. Cette pratique peut bien être, ce nous semble, adoptée par les évêques qui, ayant à présider des conseils, chapitres, synodes, assemblées des supérieurs de communautés, etc., ont, aussi eux, besoin de l'assistance de plusieurs personnes, qui peuvent rendre d'autant plus de services, qu'elles sont plus exclusivement attachées à leurs *spécialités*.

CONCLUSION

N'ayant pas eu occasion de voir, dans les provinces romaines ou ailleurs, comment s'exécute le troisième livre de ce Cérémonial, nous n'avons aucuns usages à rapporter là-dessus. Cependant nous reproduisons à la suite ce troisième livre tout entier, en laissant à quelque autre plus expérimenté le soin de le commenter. C'est aussi pour cette raison que nous avons dit peu de choses de la manière de recevoir à l'église les légats *à latere* et autres cardinaux; car, ne les ayant vus dans leurs éminentes fonctions qu'à Rome, nous n'avons pu constater par la pratique ce qu'en dit le Cérémonial. Toutefois nous croyons que, sous ce rapport, ce livre liturgique n'offre aucune difficulté sérieuse, d'autant plus que partout l'on est disposé à rendre à tous les princes de l'Église les honneurs qui leur sont dus, avec le sentiment d'une vénération toute religieuse. Car le commentaire le plus simple et le plus clair d'une loi a toujours été l'amour avec lequel on s'est porté à l'observer.

Qu'il nous soit permis, en terminant, de dire que nous avons recueilli ces *traditions romaines* dans la vue de contribuer en quelque chose à la gloire de l'*Immaculée Vierge Marie*, en faisant célébrer ses fêtes avec toute la pureté de la *liturgie*, qui est l'expression la plus vive, quoique implicite, de la foi au mystère qui lui est si glorieux. Car, si l'on y fait attention, la sacrée liturgie est une des preuves invincibles qu'a apportées notre saint Père le pape pour montrer à l'univers catholique que la foi à l'*Immaculée Conception de la glorieuse Mère de Dieu* reposait sur de solides fondements.

Cette intention nous a d'autant plus animé à faire ce travail, que nous sommes sous l'intime conviction que la définition du *nouveau dogme* nous fait arriver à des jours de triomphe pour la sainte Église, qui, depuis si longtemps, est agitée par les flots courroucés de tant d'erreurs qu'a enfantées la philosophie moderne. Car on porte là-dessus bien haut ses espérances, quand on lit ces belles paroles qui, dans l'immortelle bulle du 8 décembre 1854, suivent le décret dogmatique :

Certissima vero spe... nitimur fore, ut ipsa Beatissima Virgo, quæ tota pulchra et Immaculata venenosum crudelissimi serpentis caput contrivit, et salutem attulit mundo,.. velit validissimo suo patrocinio efficere, ut sancta Mater catholica Ecclesia, cunctis amotis difficultatibus, cunctisque profligatis erroribus, ubicumque gentium, ubicumque locorum quotidie magis vigeat, floreat ac regnet a mari usque ad mare, et a flumine usque ad terminos orbis terrarum, omnique pace, tranquillitate ac libertate fruatur, ut... fiat unum Ovile et unus Pastor.

Maintenant, nous dirons qu'une autre conviction, très-forte chez nous, est que le dogme de l'*Immaculée Conception* doit se propager par toute la terre, moyennant la très-sainte liturgie qui l'a conservé en dépôt jusqu'à cette époque, pour que les grandes solennités qui vont se faire d'un bout du monde à l'autre, par les nations nouvellement arrivées à la foi, se célèbrent dans l'unité de la prière et l'uniformité des rites. Nous croyons vraiment que les paroles des hommes apostoliques, qui se partagent le monde entier pour le conquérir à Jésus-Christ, seront d'autant plus efficaces, qu'elles seront plus animées de l'esprit de prière qui anime l'Église-mère.

Or, comme la France prouve aujourd'hui, comme toujours, qu'elle est la fille aînée de l'Église, en se dévouant avec un zèle admirable à la propagation de la foi, en s'imposant d'étonnants sacrifices pour les œuvres de charité, et en arrosant les pays infidèles des sueurs et du sang de ses enfants, qui courent au martyre, il est tout naturel qu'elle embrasse de tout son cœur et qu'elle pratique de toutes ses forces cette sainte liturgie romaine, qui, entre autres biens, rétablira la concorde dans son sein. Alors toutes les églises du monde seront convaincues que leur sœur aînée est la plus humble et la plus affectionnée à leur mère commune, et elles en béniront le ciel. *Daigne l'Immaculée Vierge, qui aime tant la France, et qui aussi est tant aimée de la France, lui obtenir cette nouvelle faveur d'être tendrement et affectueusement attachée à toutes les pratiques liturgiques de la sainte Église romaine !*

LIBER TERTIUS

LEGES ET INSTITUTA CÆREMONIALIA PRO PROVINCIARUM PRÆSIDIBUS, GUBERNATORIBUS PRÆLATIS, ET APOSTOLICIS VICE-LEGATIS.

CAPUT PRIMUM

Quomodo se gerere debeat Præses, aut Gubernator, seu Vice-Legatus, in primo accessu ad suam Provinciam, vel Civitatem : et quid, dum in ea permanebit, erga illarum Antistites.

1. Statim ac Præses, vel Gubernator Prælatus, venerit in Provinciam vel Civitatem temporali suæ jurisdictioni demandatam, digniorem de sua familia mittet ad Archiepiscopum, sive Episcopum, inibi residentem ; adventum suum patefaciendo, simulque significando se curaturum quamprimum, ut eum solemniori, qua poterit forma, publice visitatum adeat.

2. Officio perhumaniter accepto, non immorabitur Antistes hanc Præsidis, seu Gubernatoris, publicam visitationem prævenire, invisens illum privatim amiceque sub noctu, brevioribus indutus vestibus nigri coloris ; ac inter eundum, ut quælibet nuntii forma devitetur, sciscitari dumtaxat curabit, an domi existat : quo comperto, ascendet ad illum, qui eodem prorsus habitu erit indutus. In discessu recuset omnino familiarium atque luminum comitatum, ut privatæ visitationis assumptam methodum non excedat.

3. Præses autem, vel Gubernator, pari sub forma Archiepiscopum, seu Episcopum, continuo revisitabit, quamvis paucos post dies de hoc eodem visitationis actu sit ei publice et solemniter satisfacturus.

4. Imminente itaque publicæ visitationis die, Præses, aut Gubernator, illam Archiepiscopo, sive Episcopo, mane pro Vespere, et Vesperi pro subsequenti mane renuntiabit, et dum ad Episcopale Palatium se transferet, in limine portæ Familiares, in summitate

vero scalarum Antistitem ipsum, qui aliquos etiam gradus descendet, obviam habebit. Sicque comiter exceptus ad dexteram ipsius Antistitis in audientiæ aulam introducetur. Hinc, postquam ambo in æqualibus sedibus e regione locati assidentes mutuis sese officiorum colloquiis ad libitum recreaverint, discedentem Præsidem, aut Gubernatorem, Archiepiscopus, vel Episcopus, usque ad finem scalarum comitabitur, Familiares vero ipsius ad currum usque, non recessuri donec Præses, seu Gubernator, prorsus abierit.

5. Præmisso item nuntio, ut dictum est supra, diutius haud differet Archiepiscopus, sive Episcopus, publicam restituere visitationem Præsidi, seu Gubernatori, qui occurrendo tam per se, quam per Familiares, sedendo, et comitando adamussim ea omnia servabit, quæ idem Archiepiscopus, aut Episcopus, in ejus visitatione secum peregerat.

6. Quod si, residente jam Præside in Provincia, vel Gubernatore in Civitate, ad eum primo accesserit novus illius Ecclesiæ Antistes, tunc istius erit ante de adventu suo certiorem reddere Præsidem ipsum, vel Gubernatorem, qui hujusmodi recepto officio, visitabit quantocius eum non jam private, sed enuntiata visitatione sub forma publica : et ita ab Archiepiscopo sive Episcopo subinde revisetur.

7. Advenientibus Natalitii Domini Feriis, Præses, aut Gubernator perget primus ad Archiepiscopum, sive Episcopum, ut illas ei faustas felicesque adprecetur : nec prætereundum quidquam tunc erit ex iis, quæ de prima publica visitatione dicta sunt. Idemque præstabit Archiepiscopus, seu Episcopus, quando Præsidem, aut Gubernatorem, hoc nomine vicissim erit prosecuturus.

8. Quamquam superius statutum sit, quod Archiepiscopus, aut Episcopus, domi ponere debeat a dextris Præsidem, seu Gubernatorem, secus tamen extra domum servabit : quia semper et in quocumque tertio loco cum ipse tum cæteri Provinciæ Antistites dexteram supra Præsidem, vel Gubernatorem, retinebunt.

9. Quæ hactenus pro Præsidibus et Gubernatoribus præscripta fuere, a Vice-Legatis etiam tam erga Archiepiscopum, quam Episcopos non Cardinales in locis eorum ditioni subjectis erunt omnino adimplenda.

CAPUT II

Quo habitu induti Archiepiscopi seu Episcopi, et Præsides sive Gubernatores, mutuo publicas Visitationes exequentur.

1. Quotiescumque Archiepiscopus, vel Episcopus ad Præsidem, seu Gubernatorem, diverterit, ut eum visitet in forma publica, sive ut in executionem pro prima tantum vice Litterarum Apostolicarum, Oratorium privatum in Palatio præfatorum Præsulum de novo erigendum approbet, supra talarem vestem capiet mozzettam cum rocchetto discooperto. Et domi eodem utetur habitu, dum accedentem ad se pro enuntiatis publicis visitationibus Præsidem, seu Gubernatorem, aut Vice-Legatum, suscipiet.

2. Archiepiscopus autem utens Cruce, nullatenus illam ante se deferri permittet in consimilibus actibus.

3. Talari etiam veste, rocchetto et mantelletto amictus erit Præses, sive Gubernator, vel Vice-Legatus, publice invisens Archiepiscopum, seu Episcopum; et quando cum pro publica visitatione, aliave de causa, in publica forma advenientem excipere debet.

CAPUT III

De accessu Præsidis aut Gubernatoris una cum Archiepiscopo seu Episcopo cappa induto, ad Metropolitanam vel Cathedralem Ecclesiam pro publicis solemnibus functionibus explendis.

1. Annuis solemnioribus festis diebus recurrentibus, qui in *Capite primo Libri secundi* hujus Cæremonialis enumerantur, videlicet: Nativitatis Domini nostri Jesu Christi, Epiphaniæ, Ascensionis, Pentecostes, Sanctorum Apostolorum Petri et Pauli, Assumptionis beatæ Mariæ Virginis, Omnium Sanctorum, Dedicationis Ecclesiæ Metropolitanæ vel Cathedralis, Sancti Titularis illarum Ecclesiarum, et Patroni civitatis: vel Festivitatibus aliis extraordinariis, juxta peculiares locorum mores et circumstantias, pari cum solemnitate celebrandis; Præsidis, vel Gubernatoris, erit sub hora ab Archiepiscopo, seu Episcopo, designata, et per certum nuntium ei patefacta, una cum Magistratu se conferre intra januam Episcopi. Eo quidem tempore, et nulla prorsus interposita mora, Antistitem gradus scalæ descendentem adveniet, quem post debita urbanitatis verba vicissim

expleta, ipso Magistratu præeunte, usque ad portam sive Metropolitanæ sive Cathedralis Ecclesiæ comitabitur Præses, seu Gubernator, semper ad ejus sinistrum latus incedendo.

2. Cum ambo in limine præfati ostii steterint, accipiet Archiepiscopus, sive Episcopus, aspersorium, et postquam se lustrali aqua munierit, de illa primum porriget per contactum aspersorii ipsi Præsidi, vel Gubernatori : sicut ante ingressum cujuscumque alterius Ecclesiæ, aut privati Oratorii, pariter cum eo semper faciet : ac deinde Capitulum, Magistratum et circumstantem populum asperget.

CAPUT IV

De adoratione Augustissimi Sacramenti, atque inde progressu ad Altare majus; ubi de loco et sella Præsidis seu Gubernatoris, aut Vice-Legati : ac de recessu a Metropolitana, vel Cathedrali, sacris actionibus absolutis.

1. Archiepiscopus, sive Episcopus, aspersione completa, eo, quo venerat, ordine, Eucharisticum Sacramentum in ejus altari adoratum simul cum Præside, vel Gubernatore, progreditur. Intra Capellam, ubi illud asservari solet, genuflectent ambo : Antistes super ligneo scabello (quod genuflexorium vocitatur) ante altare accommodato, panno viridi, seu violaceo pro qualitate temporum cooperto; appositis pulvinaribus superius et inferius. Præses autem, vel Gubernator, in alio genuflexorio ex latere Evangelii præparato, violacei semper coloris panno, ac pulvinaribus instructo, non in æquali linea, sed per transversum locato : ac tali forma ut illud Archiepiscopi, sive Episcopi, respiciat; ad Præsidis autem, vel Gubernatoris, dexteram erit Magistratus directo ordine super pulvinaribus tantum genuflexus.

2. Post debitam Sacramenti venerationem, præstituto jam ordine procedetur ad altare majus : parum distans ab eo Archiepiscopus, sive Episcopus, mutuis consalutationibus sese dividet a Præside, vel Gubernatore, qui, dum ille iterum oraturus ad suum faldistorium ut in eo procumbat, accesserit, petet et ipse residentiam suam hacce sub forma comparatam.

3. Prope, et inter solium Pontificale, ac immobile consuetum scamnum pro Magistratu constituetur suppedaneum; unicus nempe ligneus gradus, in cujus planitie decens sedes Cameralis collocabitur. A tergo autem ipsius sellæ attolletur Postergale non præaltum

plusquam palmorum septem aut octo, nec latum magis quam sex, quod panno coloris violacei, nulla auri argentive textura sive ornatu distincto, contegetur. Ante præfatam sedem congruum insuper apponetur genuflexorium, tapete et pulvinaribus enuntiati violacei coloris non absimiliter stratum, super quo Præses, aut Gubernator queat submittere genua. Haud tamen stabilis unquam, fixaque detinebitur inibi hujusmodi residentia, sed sicut opportune apponenda, quoties Præses vel Gubernator sacris erit interfuturus actionibus, ita singulis vicibus illico removenda, functionibus ipsis expeditis.

4. Quando pro Concionibus commodius audiendis, Archiepiscopo vel Episcopo discedendum erit a sua Pontificali Cathedra fixa, ut propiorem locum e conspectu suggesti comparatum adeat; tunc si pro ipso Archiepiscopo seu Episcopo solium cum umbrella fuerit ibidem erectum; pariter et pro eodem Præside seu Gubernatore supradescriptum Postergale cum gradu et sella præstabitur. Si autem Baldachinum nequaquam fuerit Antistiti exhibitum, tali casu parabitur absque Postergali dumtaxat sella, alteri Antistitis prorsus uniformis ac similis.

5. Quoniam vero juxta diversas locorum consuetudines contingere potest, ut seorsum ab Archiepiscopo, aut Episcopo, vel ipso etiam astante, Præses, seu Gubernator, Divinis cum Magistratu interfuturus, ad aliquam Ecclesiam a Cathedrali, seu Metropolitana, alienam divertere debeat : in hac etiam erit tunc præfata residentia pro Præside, vel Gubernatore, comparanda, modo sit in illa pariter erectus et comparatus thronus Pontificalis pro Archiepiscopo sive Episcopo; adeo ut, non erecto Pontificali solio, neque residentia unquam sit attollenda.

6. Ea tamen uti poterit Præses, vel Gubernator, quoties alicujus Thesis disceptationi, aut litterariis lusibus, consimilibusque publicis actibus tamquam præcipuus et principalis Patronus præerit, licet eo tempore nec apponendus unquam sit thronus pro Archiepiscopo, seu Episcopo.

7. Post exactas sacras functiones, quibus una cum Archiepiscopo sive Episcopo cappa induto astiterit Præses, vel Gubernator, repetendo Augustissimi Sacramenti altare pro fundendis in gratiarum actionem novis precibus ante illud, quidquid de primo accessu statutum fuit, ad unguem servabitur. Nullatenus tamen in discessu sinet Archiepiscopus, seu Episcopus, se a Præside, vel Gubernatore, rursus perduci usque ad januam proprii Palatii, sed ab illo commeatum accipiet in limine ipsius Ecclesiæ.

CAPUT V

De thure ac pace Præsidi, seu Gubernatori, aut Vice-Legato deferendis: ac insuper de loco eorum pro accipiendis candela, cineribus et palma: nec non de adoratione Crucis, Feria sexta in Parasceve.

1. Circa thus et pacem omnimode servabitur dispositio Cæremonialis Episcoporum, et Præses, vel Gubernator, sive Vice-Legatus, nunquam erit thurificandus a Presbytero, Archiepiscopo, sive Episcopo, assistente, qui Antistitem ipsum in Vesperis Officium facientem, aut iis, vel solemnibus ab alio celebratis Missis apud solium astantem thurificavit: sed duplici ductu ipsum Præsidem, seu Gubernatorem, aut Vice-Legatum, post tres Canonicos in eodem solio assistentiam Archiepiscopo vel Episcopo exhibentes, atque una cum eo individuum corpus efformantes, solum debebit incensare Minister ille, cui subinde cæteros Canonicos de choro, licet sacris indutos paramentis, inerit onus thurificandi. Et iste modus, et ordo quoad locum, et personam servabitur in delatione pacis: eam etenim Præses, vel Gubernator, aut Vice-Legatus, recipiet ab eo, qui distributurus mox erit illam enuntiatis Canonicis in Choro existentibus.

2. Candelam in die Purificationis, et Palmam in distributione earum Præsidi, seu Gubernatori, aut Vice-Legato, dabit ipsemet Archiepiscopus, sive Episcopus, statim ac, propria recepta, alteram reddiderit digniori Canonico parato, a quo ipse suam prius receperat. Præses autem, aut Gubernator, seu Vice-Legatus, cum ascenderit ad Archiepiscopum, vel Episcopum, ut ab illo candelam, seu palmam accipiat, non genuflectet, sed stans ipsam capiet cum debitis osculis tum illius, tum manus Archiepiscopi, sive Episcopi, eam sibi porrigentis.

3. Stans pariter recipiet cineres ab Archiepiscopo, vel Episcopo, postquam hic eos imposuerit Canonico in illa die Missam cantaturo.

4. Feria sexta in Parasceve, non celebrante Episcopo, Præses, vel Gubernator, aut Vice-Legatus, ad Canonici Officium facientis sinistram inducendo ad adorandam Crucem procedet. Episcopo vero celebrante, ibit immediate post eum ante omnes Dignitates et Canonicos.

CAPUT VI

De generali Communione, Feria quinta in Cœna Domini, quoad habitum, locum et ritum Præsidis, seu Gubernatoris, vel Vice-Legati.

1. Quando Præses, aut Gubernator, vel Vice-Legatus, sit in sacro Presbyteratus, seu Diaconatus ordine constitutus, quia multum decet et convenit, ut cum aliis eo die communicet, adventante Communionis tempore, cottam superinduet rocchetto, cum stolam sumere, et a collo vel ab humero sinistro pendentem etiam habere debeat. Communionem primus omnium accipiet, et manum Archiepiscopi, sive Episcopi, ante illam osculabitur.

2. Si autem neutro fuerit charactere insignitus, cunctorum primus pariter ad communicandum procedet, rocchetto et mantelletto tantummodo indutus.

CAPUT VII

De mutuis reverentiis inter Ecclesiarum Antistites et Præsidem, sive Gubernatorem, aut Vice-Legatum: deque salutatione Concionatoris erga alterutrum.

1. Pontificalis salutatio regulariter inter sacras actiones in eo consistit, ut manu aperta singulis benedicat : nihilominus, ut a communi cæterorum Fidelium cœtu, velut filiorum spiritualium Antistiti subjectorum, distinguatur Præses, sive Gubernator, vel Vice-Legatus : sicut erga Canonicos servari jubet hoc Cæremoniale *Libro primo, Capite decimo octavo;* oportebit, ut Archiepiscopus, seu Episcopus, capitis inclinatione Præsidem, vel Gubernatorem, aut Vice-Legatum, salutet, quoties ad sedem suam ascendere, seu ab illa descendere incipiet; eique Præses, sive Gubernator, vel Vice-Legatus, protinus bireto deposito, assurgens mutuam rependet salutationem, caput similiter inclinando.

2. Verum enim vero in hujusmodi consalutationibus exequendis regula in supracitato capite designata omnino erit attendenda, videlicet : ut, dignitate gradus minime attenta, sed præ oculis actionis modo, et commodo dumtaxat posito, reverentia semper fiat *a quo disceditur, et ultimo ei, ad quem itur; nullo habito respectu*

quis eorum sit major. Sicque quælibet præeminentiarum et præcedentiarum discrepantia, quæ forsan Canonicos inter et enuntiatos Præsules fuisset unquam exorta, prorsus dirimetur.

3. Quos quidem reverentiales mutuos actus omittere necesse erit in Matutinis Tenebrarum, per integram Feriam sextam in Parasceve, ac Sabbato Sancto usque ad solemnem Missam exclusive; sicut etiam in singulis Mortuorum Officiis, quæ obvenire fortasse poterunt. Consentaneum quippe hoc erit legi et praxi usque adhuc servatæ, abstinendi in præfatis conventibus etiam a benedictionibus tum solemnibus, tum privatis, et Cleri inferioris, et populi circumstantis, utpote quæ sunt actus potestatis et solemnitatis, luctuosis hisce actionibus repugnantes.

4. Concionator vero salutationem hujusmodi nunquam prætermittet sive eadem Feria sexta in Parasceve sermonem de Passione, sive de laudibus alicujus Defuncti post mortualem Missam sit facturus : prout *Libro secundo, Capite* xi et xii, super utroque casu decernitur; et ideo post illam primo loco debitam Episcopo, vel Archiepiscopo, speciatim versus Præsidem, seu Gubernatorem, aut Vice-Legatum, reverentiam aliam semper faciet.

CAPUT VIII

Præsidi vel Gubernatori in incessu variatur locus, quando Episcopus vel Archiepiscopus fuerit sacris paramentis indutus.

1. Quod in superiori capite tertio stabilitum, fixumque fuit circa locum Præsidis, seu Gubernatoris, accedentis cum Episcopo, sive Archiepiscopo, ad Ecclesiam, et ab altari Augustissimi Sacramenti divertentis ad principem aram, ut scilicet ad sinistram ipsius Antistitis incederet, est solummodo intelligendum, quando Archiepiscopus, vel Episcopus, fuerit sola cappa Pontificali indutus. Nam de cætero, si sacris indumentis exornatus processerit, sive ut Deo sacrificium offerat, sive ut publicis solemnibusque supplicationibus cum pluviali intersit, ibit Præses, aut Gubernator, in habitu suo ordinario, hoc est mantelletto supra rocchettum, non amplius ad sinistram, sed immediate post Archiepiscopum, seu Episcopum.

CAPUT IX

De Archiepiscopi sive Episcopi discessu in Ecclesiam per scalam interiorem, et privatam portam.

1. Si ob aeris intemperiem, aut peragendarum functionum qualitatem, seu ob aliam quamcumque causam, aptiorem commodioremque adjudicaret Antistes descensum in Metropolitanam seu Cathedralem, tam obeundi gratia omnes illas sacras actiones a Cæremoniali circumscriptas, quam alias ab eo minime definitas, per scalam interiorem Palatii in ipsammet Ecclesiam porrigentem, Præsidis, aut Gubernatoris, tunc erit, præstituta sub hora una cum Magistratu ad eam accedere, et in illa Antistitem jam cappa indutum, descendentem officiosis verbis excipere, ac subinde comitari, prout supra fusius explicatum est. Quæ quidem obviatio a solo etiam Magistratu erit explenda, Præside, aut Gubernatore, absente.

CAPUT X

Quo accedere debeat Magistratus, ut Archiepiscopo, seu Episcopo, inserviat absente Præside, vel Gubernatore; ac generatim de loco illius in incessu, adsit vel absit Præses, aut Gubernator.

1. Magistratus sæcularis, quotiescumque legitimo impedimento detentus abfuerit Præses, vel Gubernator, non ad ostium Episcopi tantum, sed superius ascendere debebit in aulam, seu cubiculum ab Archiepiscopo, vel Episcopo, ad hoc destinatum : atque ibi præstolari, ut eum, postquam fuerit opertus cappa, progredientem ad Ecclesiam comitetur et deducat; procedetque immediate ante illum, sit quidem præsens, aut absens Gubernator, aut Præses.

2. Quod si fuerit Archiepiscopus utens cruce, tunc Magistratus ibit immediate ante ipsam crucem. Nullus enim inter eam, et Archiepiscopum incedere debet, cum sit peculiare ipsius insigne.

CAPUT XI

Quid si Archiepiscopus vel Episcopus Cardinalitia præstet dignitate?

1. Si Archiepiscopus, sive Episcopus, non Pontificali dumtaxat refulgeat potestate, sed præter hanc Cardinalatus superemineat dignitate, quoties Eminentia Sua erit descensura in Ecclesiam, tempestive Præses, aut Gubernator, aderit in ejus aula, seu cubiculo præsignato, ut in illius obsequiis comitatuque sit, cum progredietur: et tunc, præeunte omnino Magistratu, permittet Cardinalis, ipsum Præsidem, aut Gubernatorem, ad sui sinistram incedere.

2. In limine Ecclesiæ, postquam Cardinalis Episcopus, seu Archiepiscopus, lustrali se aqua signaverit, aspersorium tangendum porriget Præsidi, vel Gubernatori, qui deinde apud Augustissimi Sacramenti aram genuflectet super unico tantum pulvinari, quod ei præstabitur in terra post Eminentiam Suam in consueto genuflexorio procumbentem.

3. Postergali prorsus amoto, residentia pro ipso Præside, vel Gubernatore, apud altare majus relinqui poterit quoad cætera ornatus genera, prout in capite quarto describitur.

4. Si audiendi causa conciones, exegerit commoditas ut pro Cardinali alius aptetur locus sermocinaturo propinquior, Eminentiæ Suæ præstanda quidem erit prænobilis sedes supra ligneum gradum tapete contectum, non omisso, ut desuper dependeat Baldachinum. At Præsidi, sive Gubernatori, nil aliud quam inferior sella super nudo pavimento, et aliquantulum post illam Cardinalis locata, exhibebitur.

5. Consueta Concionatoris reverentia unice ad ipsum Cardinalem dirigetur: quod generatim, et universe ab aliis etiam, sermonem quacumque de causa habentibus, præsente Cardinali erit inconcusse adimplendum.

6. Sacris actionibus expeditis, nisi aliter Archiepiscopo seu Episcopo Cardinali visum fuerit, et Præses, vel Gubernator, et laicus Magistratus Eminentiam Suam iterum comitabuntur ad cameram usque, sive cubiculum, unde procedentem susceperant.

FINIS.

APPENDIX

DECRETORUM GENERALIUM
SACRÆ RITUUM CONGREGATIONIS

DECRETUM

Circa usum Pontificalium Prælatis Episcopo inferioribus concessorum, a Sacra Rituum Congregatione ordinaria, habita coram ALEXANDRO Papa VII emanatum, die xxvij Septembris MDCLIX.

Sacra Rituum Congregatio, tollendis, ac eliminandis circa ecclesiasticos Ritus, qui irrepserunt, abusibus, sedulo intenta, post Episcoporum Cæremoniale evulgatum (quo quidquid ad ipsos in sacris Cæremoniis pertinet, abunde præscripsit), idem quoad inferiores Prælatos, qui Pontificalium usu fruuntur, præstandum curare necessarium existimavit, ut excessus aboleantur, uniformisque inducatur Sacrorum ritus in omnibus, eo præsertim tempore, quo privilegia ipsi perperam interpretantes, obtendentesque, parum obsequi student Decretis pluries ab eadem Sac. Congregatione hac in re evulgatis, aut ipsa ignorare prætexunt. Quamobrem omnia simul, ut uno conspiciantur obtutu cogere, perque capita dirigere constituit, quo facilius observentur.

I. Super altari, in quo Sacra erunt facturi, septimum nequaquam apponant candelabrum.

II. Cathedram, seu Sedem fixam et permanentem, in eorum ecclesiis ne detineant; sed tribus ipsis diebus, quibus ex antiquis Decretis tantummodo Pontificaliter celebrare est iis permissum, mobili Sede, seu Cathedra, utantur, quam nihilominus simplici serico panno coloris festivitati congruentis obducere poterunt, non auro contexto, aut phrygio, sive basilico opere exornato.

III. Baldachinum adhibere supra sedem poterunt, non pretiosum aut aureum, sed simplex, et eo, quod altari superimponitur, materia et opere inferius; ad ipsam autem per duos tantum gradus in presbyterii superficie stratos ascendatur.

IV. Non abacum alium præter parvam mensam, et in cornu Epistolæ, parare faciant, in qua duo candelabra cum candelis, necnon mitra, calix, Missale, thuribulum, navicula, et reliqua ad celebrationem necessaria collocentur. Prope vero mensam eamdem parieti hærens baculus pastoralis aptetur.

V. Dies vero, in quibus solemniter ipsis operari conceditur, sint de præcepto festivi, vel alii, in quibus ipsis Pontificaliter celebrare festivitatis ratio exigat, nempe Patroni loci, Fundatoris Ordinis, Tituli, et Dedicationis Ecclesiæ; abstineant autem ab hujusmodi Pontificalium usu in Officiis et Missis Defunctorum, quocumque die etiam festivo et de præcepto.

VI. Ad Ecclesiam accedentes licet Pontificaliter divina peracturi, iisdemque absolutis ab altari recessuri, a suis Canonicis, vel Monachis (ut mos est Episcoporum), ne associari se sinant.

VII. Præter duos Sacrificii Ministros, Diaconum nempe Evangelii, et Subdiaconum Epistolæ, duo alii tantum Diaconi cum dalmaticis, et unicus Presbyter cum pluviali eis assistant. Duo insuper Capellani, qui de mitra et baculo, ac totidem Acolythi pro candelabris inserviant. Præterea sex alii Canonici, vel Monachi, duo scilicet pluvialibus, duo planetis, totidemque tunicellis induti divinis hujusmodi interesse valeant, qui tamen non in sedibus, seu stallis choralibus, sed in scamnis absque postergalibus, panno viridi laneo coopertis, situ congruo accommodatis, moxque illinc removendis, consideant.

VIII. Mitram pretiosam, nisi illis expresse a S. Sede indultam, non adhibeant; sub mitra pileolum nigri tantum coloris induant; baculum pastoralem albo velo appenso deferant, ab iisque, et aliis Pontificalibus, etiam de Ordinariorum licentia, extra Ecclesias sibi subjectas prorsus abstineant, et neque in Processionibus, quæ ab eorum Ecclesiis per vias extra ambitum, vel parochiam, ducuntur, insignibus prædictis utantur, vel penes se perferri faciant.

IX. Regulares rochettum non deferant, nisi ex tali Ordine fuerint, cui indumentum hujusmodi competat.

X. Invitati ad Ecclesiam exemptam, nec in illa Pontificalibus uti valeant, nec ii, qui non fuerint Abbates perpetui, vel benedicti, in propriis Ecclesiis uti possint privilegio perpetuis Abbatibus, vel alias benedictis, indulto.

XI. Sacras vestes ex altari non sumant, nisi Pontificaliter divinis vacaturi.

XII. Indulgentias impertiri, vel publicare non audeant, absque expresso S. Sedis indulto.

XIII. Pontificales benedictiones cum trina crucis productione in Missis tantum Pontificalibus, nec non Vesperis et Matutinis Pontificaliter itidem celebratis, licere sibi tantum meminerint. Privatim vero populis, quamvis pleno jure subjectis, nisi expresse ipsis permissum fuerit, etiam Pontificalibus induti per Ecclesiam incedentes, benedicere non præsumant.

XIV. Præsente Episcopo, sine speciali Sedis Apostolicæ permissu, etiam Pontificaliter celebrantes, a benedictionibus cessent.

XV. Si Episcopus aderit, ipsius sedes in cornu Evangelii, uno saltem gradu eminentior abbatiali est erigenda, hæcque altero gradu humilior, ut dictum est, in cornu Epistolæ collocetur. A latere Episcopi Canonici Cathedralis, prope Abbatem Canonici, vel Monachi Monasterii, et Abbatialis Ecclesiæ, consideant. Confessionem cum celebrante Episcopus faciat, isque thus in thuribulum imponat, Evangeliorum textum osculetur, et populo solemniter, quamvis Abbas ipse Pontificaliter celebret, benedicat. Episcopus præterea trino ductu, et immediate Canonici Cathedralis duplici, moxque Abbas, nisi celebret, pariter duplici, ac subinde Canonici, vel Monachi Abbatialis Ecclesiæ, unico tantum ductu thurificentur.

XVI. Abstineant tamen Episcopi, ubi consuetudo contraria non viget, a frequenti hujusmodi accessu ad Ecclesias exemptas in similibus actibus, ut liberius Abbates valeant suis uti privilegiis.

XVII. In Ordinationibus Canonicorum, Clericorum, Monachorum, necnon in vestitionibus Monialium, et emissione Professionis earumdem, etiam pleno sibi jure subjectarum, in benedictionibus sacræ supellectilis, cæterisque actibus (Missarum, Vesperarum, et Matutinarum solemniis ter tantum in anno, ut præfertur, exceptis), neque in Ecclesiis, Oratoriis, aliisque locis tam publicis, quam privatis, quantumvis exemptis, eisdemque Abbatibus pleno jure subjectis, mitram, baculum, et quævis alia Pontificalia insignia, nisi de expressa Sedis Apostolicæ concessione, adhibeant.

XVIII. Ecclesiasticam supellectilem pro servitio dumtaxat suarum Ecclesiarum, vel Monasteriorum, benedicant.

XIX. Reliqua Pontificalia extra loca ipsis Abbatibus subjecta, vel pro servitio alienæ Ecclesiæ, aut in subditos pariter alienos, etiam de licentia Ordinariorum, exercere non valeant, puta campanarum benedictiones, Calicum et similium, in quibus sacra adhibetur unctio, nec non Minorum Ordinum collationes.

XX. Concionatoribus, qui eorum subditis verbum Dei prædicandi onus acceperint, benedictionem elargiri non præsumant, sed Episcopis, quibus jus hujusmodi privative competit, omnino dimittant.

XXI. In Missis privatis quoad indumenta, cæremonias, ministros, altaris ornatum, et benedictionis largitionem, a simplici sacerdote non discrepent, ac proinde sacras vestes induant in sacristia, neque utantur cruce pectorali, unico sint contenti ministro, aquam cum pelvi et urceolo argenteis sibi ministrari non sinant, duasque tantum candelas super altari adhibeant.

His autem Sanctissimo relatis, et in Congregatione Sacrorum Rituum ordinaria, habita coram Sanctitate Sua per Eminentissimum et Reverendiss. D. Card. Brancatium accurate perlectis, et mature discussis, Sanctitas Sua ea approbavit, et pro omnimoda eorumdem observatione mandavit typis imprimi, ad valvas affigi, et publicari, ut elapso termino sex mensium a die publicationis eorumdem, omnes, et singulos usu Pontificalium gaudentes, tam sæculares, quam regulares, quantumvis exemptos, et speciali expressione indigentes afficiant, et arctent, ac si omnibus, et singulis eadem adhibita, vel personaliter præsentata, intimata, seu notificata fuissent. Indulsitque præterea locorum Ordinariis, ut auctoritate Sedis Apostolicæ possint, immo debeant præfatos etiam per censuras compellere.

Cumque nonnulli ex dictis Abbatibus et Prælatis proprium habere possint territorium, juraque Episcopalia, nullisque subdantur Episcopis qui eos coercere, si excesserint, valeant : eo casu a Sedis Apostolicæ Nuntiis, si aderint, sin minus, ab Archiepiscopis in quorum provinciis, vel ab Episcopis Romano etiam Pontifici subjectis, intra, vel prope quorum diœceses, limites eorum Ecclesiæ vel Monasteria sita fuerint, tanquam a S. Sede delegatis, ad hujusmodi Decretorum observationem prædicti omnino cogantur. Die xxvij Septembris MDCLIX.

DECRETUM GENERALE

Cum pluries Sacra Rituum Congregatio, inhærendo Decretis alias editis, et signanter in Lucerina, die xxij Novembris MDCLXIV, xxviij Septembris MDCLXXV, et xiij Martii MDCLXXXVIII, declaraverit, nullo modo dandum esse Evangelium ad osculandum sæcularibus, etiam Præsidi, in celebratione Missarum ; necnon prohibuerit usum Baldachini, et præsertim in Acernina die xxvj Junii MDCLXVI, Baren. v Martii MDCLXVII et xvij Junii MDCLXXXIV, Marsicen. Polignanen. et Mileten. v Martii MDCLXVII, Hieracen. die ij Octobris MDCLXXXIII, et Bitecten xxiij Septembris MDCLXXXIV; ac insuper denegaverit assistentiam in Presbyterio, et specialiter in Materanen. xxiv Januarii MDCLXV, Melphytana xv Junii MDCLXXVII, et Baren. xx Novembris MDCLXXVII, et xxij Februarii MDCLXXXVII :

Eminentissimi et Reverendissimi DD. Cardinales, eidem Sac. Congregationi præpositi, mandarunt, ut prædicta Decreta prohibentia personis sæcularibus osculum Evangelii, usum Baldachini et assistentiam in Presbyterio, renoventur; et copiæ illorum transmittantur Archiepiscopis et Episcopis regni Neapolis, eisdemque injungendo, ut illa intimari faciant superioribus ecclesiarum suæ diœcesis, tam sæcularibus quam regularibus, et in casu transgressionis procedant etiam contra regulares auctoritate ejusdem Sac. Congregationis ad pœnam interdicti: et ita decreverunt, et in ecclesiis regni Neapolis omnino servari jusserunt. Die xiij Martii MDCLXXXVIII.

DECRETUM GENERALE

Sacrorum Rituum Congregatio, die xxij Aprilis, referente Eminentissimo Domino Cardinale Columna Ponente, stetit in decisis die xiij Martii MDCLXXXVIII. Et quoad Baldachina, non tantum illorum usum, verum etiam retentionem, tam in Presbyterio quam extra, in eodem Decreto comprehendi declaravit. Et ad effectum, ut memoria pereat similis abusus, mandavit, ut injungatur Archiepiscopis et Episcopis regni Neapolitani, qua hastas, gradus, suppedanea, et quæcumque alia signa Baldachini ab Ecclesiis suarum Diœcesum tam sæcularium quam regularium removere faciant, et quoad Ecclesias Regularium procedant ad interdicta, et contra inobedientes ad censuras, auctoritate Sacræ Congregationis eadem die vigesima secunda Aprilis MDCXC.

Et facto de prædictis verbo cum Sanctissimo per me Secretarium, Sanctitas Sua annuit, sensum Congregationis approbavit, et laudavit, ac præmissum Decretum exequi omnino et publicari præcepit, die xxij ejusdem mensis et anni MDCXC.

TABLE DES MATIÈRES

Préface. . . . . ɪ

LIVRE PREMIER.

Chapitre	I. Des évêques élus.	1
—	II. De l'entrée et de la prise de possession d'un nouvel évêque.	6
—	III. Des habits de l'évêque.	12
—	IV. Des préséances.	20
—	V. Des cérémoniaires	24
—	VI. Du sacristain	34
—	VII. Des prêtres assistants.	39
	Article premier. Des offices au fauteuil.	48
	Article second. Des offices auxquels l'évêque assiste *ad solium, paratus pluriali vel cappa*. . . .	54
	Article troisième. Des offices auxquels l'évêque assiste *ad stallum*.	63
Chapitre	VIII. Des diacres assistants	66
—	IX. Du diacre de la messe.	71
—	X. Du sous-diacre.	79
—	XI. Des acolytes	85
—	XII. De l'ornement des églises	94
—	XIII. Du trône.	108
—	XIV. Des dais	111
—	XV. De l'entrée de l'évêque.	113
—	XVI. Du *pallium*.	119
—	XVII. De la mitre	126
—	XVIII. Des génuflexions, saluts, etc.	130
—	XIX. De la manière de joindre les mains.	134
—	XX. Des porte-livre et bougeoir.	137
—	XXI. Des cercles des chanoines.	138
—	XXII. Du sermon	142

Chapitre. XXIII.	De l'encensement.	144
— XXIV.	De la paix.	155
— XXV.	De la bénédiction et de l'indulgence	158
— XXVI.	Des suppléants.	162
— XXVII.	Du ton des oraisons.	164
— XXVIII.	De l'orgue	167
— XXIX.	De la messe basse de l'évêque.	172
— XXX.	De la messe basse en présence de l'évêque.	179
— XXXI.	Du synode.	182

LIVRE DEUXIÈME.

Chapitre. I.	Des vêpres solennelles chantées par l'évêque	189
— II.	Des vêpres célébrées par l'évêque quand il ne doit pas chanter la messe le lendemain, et de celles où il est seulement présent	196
— III.	Des vêpres *absente episcopo*	202
— IV.	Des complies	214
— V.	Des matines célébrées par l'évêque.	216
— VI.	Des matines *absente episcopo*.	221
— VII.	Des laudes	239
— VIII.	De la messe solennelle.	241
— IX.	De la messe solennelle *præsente episcopo*	279
— X.	Des vêpres, matines et laudes *pro defunctis*	283
— XI.	De la messe *pro defunctis* chantée par l'évêque.	288
— XII.	Des messes *pro defunctis præsente episcopo*.	300
— XIII.	Des dimanches de l'Avent.	304
— XIV.	De l'office de la veille de Noël.	308
— XV.	Des fêtes depuis Noël jusqu'à la Purification	314
— XVI.	De la Purification.	315
— XVII.	De la Purification *absente episcopo*.	323
— XVIII.	De la cérémonie des Cendres	325
— XIX.	De la cérémonie des Cendres *absente episcopo*	333
— XX.	Des dimanches de Carême et de la Passion.	334
— XXI.	Du dimanche des Palmes.	338
— XXII.	De l'office de Ténèbres.	345
— XXIII.	Du Jeudi saint.	350
— XXIV.	Du lavement des pieds.	354
— XXV.	Du Vendredi saint	362
— XXVI.	Du Vendredi saint *episcopo præsente*.	374
— XXVII.	Du Samedi saint	381
— XXVIII.	Du Samedi saint *si episcopus assistat, vel absit*	390
— XXIX.	Du jour de Pâques	394
— XXX.	Du jour de Pâques *absente episcopo*	397
— XXXI.	Des dimanches *per annum*.	398

TABLE DES MATIÈRES. 497

CHAPITRE XXXII. De la Procession de Saint-Marc et de celle des Rogations. 401
— XXXIII. De la Procession du saint sacrement. 408
    Article premier. Des saluts et bénédictions du saint sacrement 424
    Article second. Des bénédictions avec le ciboire. . 427
    Article troisième. Des quarante heures. 428
— XXXIV. Des jours où l'évêque devrait célébrer, et de ceux où il devrait assister en chape et en crosse *à la messe et aux vêpres*. 436
— XXXV. De l'anniversaire de l'élection et de la consécration de l'évêque, et de la messe solennelle qui doit se chanter ce jour-là. 438
— XXXVI. De l'anniversaire *pro episcopo proxime defuncto*. . 449
— XXXVII. Des anniversaires pour les évêques et les chanoines défunts. 450
— XXXVIII. De l'administration de l'évêque, de sa mort, de ses obsèques. 453
— XXXIX. Du chant du *Confiteor*. 469

LIBER TERTIUS.

CAPUT   I. Quomodo se gerere debeat Præses, aut Gubernator, seu Vice-Legatus, in primo accessu ad suam Provinciam, vel Civitatem : et quid, dum in ea permanebit, erga illarum Antistites. 479
— II. Quo habitu induti Archiepiscopi seu Episcopi, et Præsides sive Gubernatores, mutuo publicas Visitationes exequentur. 481
— III. De accessu Præsidis aut Gubernatoris una cum Archiepiscopo seu Episcopo cappa induto, ad Metropolitanam vel Cathedralem Ecclesiam pro publicis solemnibus functionibus explendis 481
— IV. De adoratione Augustissimi Sacramenti, atque inde progressu ad Altare majus; ubi de loco et sella Præsidis seu Gubernatoris, aut Vice-Legati : ac de recessu a Metropolitana, vel Cathedrali, sacris actionibus absolutis. 482
— V. De thure ac pace Præsidi, seu Gubernatori, aut Vice-Legato deferendis : ac insuper de loco eorum pro accipiendis candela, cineribus et palma : nec non de adoratione Crucis, Feria sexta in Parasceve. . . . 484
— VI. De generali Communione, Feria quinta in Cœna Domini, quoad habitum, locum et ritum Præsidis, seu Gubernatoris, vel Vice-Legati. 485

Caput.	VII. De mutuis reverentiis inter Ecclesiarum Antistites et Præsidem, sive Gubernatorem, aut Vice-Legatum : deque salutatione Concionatoris erga alterutrum. .	485
—	VIII. Præsidi vel Gubernatori in incessu variatur locus, quando Episcopus vel Archiepiscopus fuerit sacris paramentis indutus	486
—	IX. De Archiepiscopi sive Episcopi discessu in Ecclesiam per scalam interiorem, et privatam portam. . . .	487
—	X. Quo accedere debeat Magistratus, ut Archiepiscopo, seu Episcopo, inserviat absente Præside, vel Gubernatore; ac generatim de loco illius in incessu, adsit vel absit Præses, aut Gubernator	487
—	XI. Quid si Archiepiscopus vel Episcopus Cardinalitia præstet dignitate?	488

Appendix. — Decretorum generalium sacræ rituum congregationis . . 489
Decretum circa usum Pontificalium Prælatis Episcopo inferioribus concessorum, a Sacra Rituum Congregatione ordinaria, habita coram ALEXANDRO Papa VII emanatum, die xxvij Septembris MDCLIX 489

FIN DE LA TABLE DES MATIÈRES.

TABLE ANALYTIQUE (1)

Abbés. Ils baisent les pieds du pape, à l'*adoration*, 446. Ils sont encensés après les chanoines, et avant les protonotaires surnuméraires, 153. Dans les conciles, ils prennent la chape et la mitre simple, 184. Ils ont rang après le *Chapitre*, s'il procède capitulairement, 186. Les abbés mitrés sont placés honorablement, par l'évêque, mais jamais *supra nec inter canonicos*, 110.

Absoute solennelle pour les défunts. Voyez *Messes pro defunctis*.

Acolytes, 85. Sept acolytes servent, à Vêpres, pour le livre, le bougeoir, la crosse, la mitre, l'encensoir et les chandeliers. A Rome, les quatre premiers sont en chape, 85, 86. A la messe, il en faut six autres pour le grémial, les burettes et la crédence, 86. Les quatre derniers ne sont pas en surplis, 86. Ils servent à transporter les ornements, 86, 87, 88. Comment ils se placent au trône et à l'autel, 85, 86. Autant que possible, ceux qui portent la crosse, la mitre, l'encensoir, les chandeliers et les burettes, devraient être de l'ordre des acolytes, 86. Le porte-livre a soin que tout soit bien marqué avec les signets, 89. Il dépose son livre *in loco decenti*, quand l'évêque ne s'en sert pas; usage de Rome, 89. Il le tient par le bas et l'appuie sur sa tête quand l'évêque en fait usage, 89. Il se tient sans remuer, *instar legilis*, 89. Il se met à genoux, pour la commodité du célébrant, 89. Il est à gauche de l'évêque et soutient le livre, quand le prêtre assistant le tient devant l'évêque qui a à chanter ou entonner quelque partie de l'office, 89. *Du porte-bougeoir*, 86, 89. L'acolyte qui en est chargé porte la crosse avec la manche de son surplis, et il la donne toute nue à l'évêque, 89. Elle ne sert à un évêque étranger qu'avec la permission de l'ordinaire, 95. L'acolyte à qui ce soin est confié porte la mitre avec un voile, à moins qu'il ne soit en chape, 89, 90. Il la donne au premier diacre, et il la reçoit du second, 89. A Vêpres, il dépose sur l'autel, *incæpto primo psalmo*, la mitre précieuse, et offre la simple, 89, 90. Après l'intonation de l'antienne de *Magnificat*, il offre la précieuse, laissant la simple sur l'autel, 89. Au *Gloria in excelsis*, etc., il présente la simple ou l'au-

---

(1) Au moyen de cette table analytique, on pourra facilement se faire un ensemble de chaque cérémonie, après avoir lu son Cérémonial, et l'on se rendra par là capable de remplir des fonctions quelconques sans avoir besoin ni de livre ni de moniteur.

riphrygiate, et dépose la précieuse sur l'autel, 90. Ordinairement les évêques prennent la mitre simple ou l'auriphrygiate au *Gloria in excelsis* jusqu'à l'offertoire, 89. Ils font usage de la précieuse depuis l'offertoire jusqu'à la fin de la messe, 90. Celui qui porte la mitre en laisse pendre les fanons de son côté ; s'il la dépose sur l'autel, il les laisse pendre en dehors, 90. Le thuriféraire, pour bien tenir l'encensoir, passe le pouce dans le gros anneau, et le doigt du milieu dans le petit, et il le porte, par l'extrémité des chaînes, de la gauche, quand l'encens est à bénir, et de la droite, quand il a été bénit. Divers usages là-dessus à Rome, 90, 91. Les *céroféraires* font uniformément toutes leurs évolutions ; et chacun tient son chandelier par la pomme du milieu, de la main qui est en dehors, et de l'autre par le pied, 91, 92. Pendant le chant de l'évangile, ils demeurent immobiles ; mais, en toute autre occasion, ils se mettent à genoux, comme les autres officiers ; tel est l'usage de Rome, 92. Celui qui porte le grémial, à la messe, le présente à la droite de l'évêque, et le reçoit à la gauche ; il a soin de le plier, et à l'offertoire il le dépose à la crédence, 92. Le porte-burettes est différent des céroféraires, 92. Il porte les burettes à l'autel *cum bacili*, ce qui condamne notre usage, 92. Quatre familiers servent aux quatre lavements de mains qui se font à la messe pontificale, 93. Des nobles servent au lavement des mains quand c'est un cardinal ou archevêque, etc., qui célèbre. Un grand voile couvre leurs épaules et cache le bassin et l'aiguière qu'ils portent, 93, 94. Les saluts qui se font à l'évêque, quand il se trouve y avoir à l'office un cardinal ou un archevêque, ne sont pas aussi profonds, 93. Les familiers sont à la crédence, *inter mensam et murum*, et les nobles *extra presbyterium*, 93, 94. Tous ces ministres servent à un évêque étranger, excepté le porte-crosse, 93, 94. Plusieurs sont nécessaires dans les collégiales, 93, 94. On appelle *presbyterium* la partie de l'église occupée par le clergé, 94. Voyez le chap. sup. des *Chapelains*, 471, 474.

ADJUVA NOS. Voyez *Mercredi des Cendres.*

ADMINISTRATION des derniers sacrements à l'évêque mourant, 453. Le Cérémonial donne de grandes et utiles leçons à l'évêque pour le porter à se bien préparer à la mort, 453, 454. Plus il surpasse les autres en dignité, et plus il lui faut faire ce dernier acte avec perfection, 454. On doit avertir à temps l'évêque quand il est en danger, 454. Il se résigne à la volonté de Dieu, fait sa confession, récite le symbole de la foi, et reçoit le saint viatique, 454, 455. Comment on procéda à Rome pour administrer le saint viatique à monseigneur Bouvier, 455. C'est à la première dignité à administrer le saint viatique à l'évêque, en présence du chapitre et du clergé de la cathédrale, et ce devrait être aux magistrats à porter le dais, 455. Ce sera au sacristain ou au curé à lui donner l'extrême-onction et à lui faire les prières des agonisants, 455. L'évêque ayant fait une nouvelle profession de foi en présence des chanoines, prêtres, etc., leur fait ses dernières recommandations, 455, 456. Ce qu'ont à faire les évêques et les prêtres, pour ne pas mourir sans recevoir les derniers sacrements, 456.

L'évêque fait, au besoin, son testament, et se fait administrer l'extrême-onction, 456. Comment il est assisté dans ses derniers moments par des religieux et autres personnes pieuses, 456, 457. Aussitôt qu'il a rendu le dernier soupir, chaque chanoine, en habit commun, récite les versets et l'oraison du Cérémonial, 457. Ses familiers lavent son corps, et, si on doit l'embaumer, les entrailles sont enterrées dans l'église, 457. Le maître des cérémonies, aidé des clercs et familiers du défunt évêque, revêt le corps de ses habits ordinaires et des ornements pontificaux violets; et, s'il est archevêque, il lui met le *pallium*, 457, 458. Le corps est ainsi placé sur une table ou déposé à terre, 458. Usage de Rome concernant les prélats et les cardinaux décédés, 458, 459. Le corps est ensuite exposé sur un lit funèbre *in aula majori*, 459. Aux pieds est une table sur laquelle sont deux chandeliers allumés, le missel, le bénitier et l'encensoir avec un surplis, une étole et une chape noire, 459. Ce que signifient l'eau bénite et l'encens dont on use à l'égard des corps des défunts, 459. Autour du corps sont des bancs percés pour recevoir des flambeaux, ou bien l'on place aux quatre coins quatre candélabres de fer, 450. Des siéges sont placés tout autour de la chambre pour ceux qui viennent prier pour le défunt évêque, 459. On célèbre les vêpres, les matines et les laudes; et ce qu'il y a alors de particulier, c'est que le clergé séculier et régulier se partagent pour chanter, les uns les vêpres, les autres un nocturne, et les plus dignes les laudes, 460. On répète l'absoute du Cérémonial à la fin de Vêpres, et aussi à la fin de chaque Nocturne et de Laudes, 460, 461, 462. A Rome, l'on transporte le corps à l'église, la veille de l'enterrement; et c'est à l'église que se chante l'office des morts, 460. On distribue des cierges à ceux qui chantent l'office, 460. Celui qui préside à chaque partie de l'office est *ad legile*, 460. Ce sera à lui à faire l'absoute correspondante, 461. Pour cela, il va à la table, où il revêt le surplis avec l'étole et la chape noires, 461. Les leçons se chantent au pupitre, 462. Comment se fait la levée du corps d'après le Cérémonial, 462, 463. Les chanoines et autres du clergé marchent devant le corps, et les magistrats et autres laïques par derrière, 463. D'après le Cérémonial et l'usage de Rome, le corps se met non dans le chœur, mais au milieu de l'église, 463. En arrivant à l'église, la première dignité fait la même absoute que ci-dessus, 463. Le service se chante comme au Cérémonial, et les cinq absoutes comme au Pontifical, 463. A Rome, les cinq absoutes ne se chantent que pour le pape, 463. Usages de Rome par rapport aux enterrements, 463, 464. Pour le premier service, on observe les mêmes cérémonies que *corpore præsente*, 464. Prières à faire à la cathédrale, et *Te Deum* à chanter, à l'occasion du successeur, 464, 465. Derniers moments et obsèques du souverain pontife, 464 et suiv.

Agneaux. Voyez *Pallium*.

Altera die. Voyez le *Dimanche des Palmes*, 544.

Anniversaire. L'évêque doit faire l'anniversaire de son élection et de sa consécration, en chantant ou faisant chanter la messe solennelle, 458. Le pape fait aussi l'anniversaire de sa création et de son couronnement, 438. L'on dit la messe du jour avec la collecte *Pro episcopo*, si ce n'est pas un jour libre, 438, 439. Sinon, l'on dit la messe *prout in missali*, avec des ornements blancs, 438, 439. Tous les prêtres du monde disent la collecte pour le pape aux anniversaires de sa création et de son couronnement, et ceux de chaque diocèse disent celle pour leur évêque, aux jours anniversaires de leur élection et consécration, 439. Création et couronnement du pape, 439 et suiv.

Anniversaire *pro episcopo proxime defuncto*, 449. L'évêque doit chanter ou faire chanter, chaque année, une messe solennelle pour son prédécesseur et faire lui-même l'absoute, 449. C'est ce que pratique le pape à l'égard de son prédécesseur, 449. On observe les cérémonies ordinaires, 449, 450. Ce service, à Rome, se chante le premier jour libre, 450. Il n'y a pas de sermon à l'anniversaire; et pour l'absoute, l'on étend devant l'évêque le drap mortuaire, ou bien l'on apporte une *lecticam mortuorum*, 450. A Rome, l'on met sur la représentation, aux anniversaires des cardinaux, une barrette rouge, quand ils avaient juridiction dans le lieu, 450.

Anniversaire pour les évêques et chanoines défunts, 450. Il se célèbre chaque année, dans l'octave des Morts, une messe solennelle pour tous les évêques et chanoines défunts, 450, 451. L'évêque y assiste et fait l'absoute, 450, 451. C'est encore ce qui se pratique à Rome à l'égard des papes et cardinaux défunts, 451. Si le célébrant doit faire l'absoute, il va à la banquette déposer la chasuble et prendre la chape, et, en même temps, les diacres et sous-diacres quittent le manipule, 451. Ils se tiennent ensuite à l'autel, au coin de l'épître, pendant le répons *Libera*, etc., 451. Le prêtre assistant va au trône pour faire bénir l'encens, 451. Un chapelain tient ensuite l'encensoir et un autre le bénitier, 451. Si l'évêque est absent, c'est au diacre à faire bénir l'encens par le célébrant, 452. L'évêque et les autres, qui sont assis pendant le *Libera*, se lèvent à *Kyrie eleison*, 452. Le célébrant chante *Pater*, tourné vers l'autel; puis, venant au milieu de l'autel, il asperge et encense le drap mortuaire, tourné vers le chœur, 452. Il va ensuite chanter les versets et oraisons au coin de l'épître, tourné vers l'autel, 452. Cette manière de chanter les services pourrait les rendre moins dispendieux et par là même plus fréquents, 452, 453. A Rome, les curés sont en étole quand ils assistent à la levée du corps; et, s'ils sont deux, ils marchent sur une même ligne, 453. Il doit toujours y avoir absoute chaque fois que l'on célèbre une messe solennelle *pro defunctis*, 453.

Annonciation de la B. V. M. Tous se mettent à genoux à *Incarnatus est* du Credo, 262.

Antichambre. L'antichambre des cardinaux est composée des auditeurs, secrétaires et maîtres de chambre, 475.

Antiennes.

Archevêque. Il fait porter devant lui la croix archiépiscopale, 8. Il ne prend pas la mitre pour donner la bénédiction, 78, 261, 271. Il est encensé, *dans sa province*, avant l'évêque, 153. Il le serait après un légat, un cardinal, quand même il serait son métropolitain, un nonce apostolique dans le lieu de sa juridiction, et un visiteur apostolique, s'il est évêque, 152, 153. En sa présence, un évêque suffragant ne fait pas usage du livre et du bougeoir, 137. On ne se lève pas et on ne s'agenouille pas quand ce suffragant se lave les mains, 245. L'archevêque se lève pour répondre au salut que lui fait un suffragant qui célèbre en sa présence, 253. L'évêque salue son archevêque avant de donner la bénédiction, 270. L'archevêque dépose le *pallium* avant de commencer le dernier Évangile, 271. Le suffragant qui célèbre devant son métropolitain n'use pas du bougeoir, 51. Il fait jouer l'orgue quand son archevêque arrive à la cathédrale, 168. Dans les processions du saint sacrement, l'archevêque marche derrière l'évêque célébrant, *indutus cappa*, 412. Mais il serait en mozette si un cardinal y assistait aussi, 412. Lorsqu'il assiste à la messe chantée par son suffragant, celui qui donne à laver ne se met pas à genoux, 134. Ce qu'a à faire l'archevêque dans les conciles, voyez *Synode*. On lui érige un trône vis-à-vis celui de son suffragant, 110. Il n'y a pas de cercles de chanoines, 141. A vêpres, l'évêque le fait prier de bénir, et, sur son refus, il donne lui-même la bénédiction, 196. Voyez *Évêque*, *Pallium*. *Croix archiepiscopale*.

AUBE. C'est aux acolytes à arranger l'aube, 247. Voyez *Messe solennelle*. Les seuls ministres sacrés devraient être en aube, 475.

AUTEL. Voyez *Ornement des églises*.

BAISER. Voyez *Manière de joindre les mains*, etc.
BAPTÊME. Voyez *Samedi saint*.
BARONS. Ils sont encensés après les magistrats, 154. Voyez *Préséances*.
BARRETTES. Voyez *Évêque*.
BÉNÉDICTION. L'évêque bénit en tous lieux dans son diocèse, 20.
BÉNÉDICTION du saint sacrement avec l'ostensoir. Voyez page 424 et suivantes.
BÉNÉDICTION du saint sacrement avec le ciboire. Voyez pages 427 et 428.
BÉNÉDICTION ET INDULGENCES, 158. Pour la bénédiction et l'indulgence, quand il y a sermon pendant la messe, le diacre chante le *Confiteor* au trône ou à l'autel, 159. A l'autel, il se tient sur le degré *extra suppedaneum*, 159. Le prédicateur publie en chaire l'indulgence, en usant de la formule prescrite, 159. C'est le prêtre assistant qui la publie quand l'évêque qui célèbre a donné le sermon, 159. C'est le célébrant qui la publie quand l'indulgence se donne à la fin de la messe, 161. C'est un des ministres ou un des bénéficiers de l'église, à la prise de possession, 161. L'évêque quitte la mitre pour chanter *Precibus et meritis*, etc., 159. Il reçoit la mitre et la crosse pour dire *Et benedictio Dei omnipotentis*, etc. Il bénit à sa gauche au mot de *Patris*, devant lui à *Filii*, et à sa droite à *Spiritus sancti*, et il joint les mains à *Super vos*, etc., 159, 160. L'archevêque salue sa croix et bénit *sine mitra*, 160. Comment se donne la bénédiction solennelle à la fin de la messe, 160. L'archevêque en présence de sa croix bénit sans mitre, 160. L'évêque ne se tourne pas, pour donner la bénédiction, quand le peuple est derrière l'autel. Alors il bénit d'abord du côté de

l'évangile, ensuite au milieu, puis du côté de l'épître, 160. Cette bénédiction solennelle se donne aussi à la fin de vêpres, de matines, de laudes et des processions, 160, 161. Quand il assiste *cum cappa*, il se couvre de la barrette pour donner cette bénédiction, 161. Ce que l'on entend par *cucullus* et *caputium* de la cape, 161. L'indulgence accordée par un cardinal est de cent jours; et celle accordée par un évêque, de quarante, 161. Elle ne se donne pas à vêpres, mais *infra missam*, 161. Formule usitée pour publier l'indulgence qu'accorde un cardinal, 161.

BENEDICTUS QUI VENIT, etc. Il ne se chante qu'après la dernière élévation, 268.

BENEDICTUS DOMINUS, etc. On se signe quand on l'entonne, 240.

BÉNÉFICIERS. Ils officient aux petites heures et à complies, 235.

BENOÎT XIII. Sa Bulle imposant l'obligation d'observer le *Cérémonial des évêques*, XXVIII. Son zèle pour les cérémonies, X, XI. Il se mettait à genoux dans les rues pour dire l'*Angelus*, 37.

BENOÎT XIV. Sa Bulle imposant l'obligation d'observer le Cérémonial et sa méthode d'enseignement liturgique, XXIII, XXXIV.

BOUGEOIR. Voyez *Acolytes, Livre.*

BOUVIER (Mgr). Sa mort à Rome, 455.

BURETTES. Voyez *Acolytes.*

CALOTTE. L'usage de la calotte, 68 et suiv.

CAMERARII. Ce que sont les ministres ainsi appelés, 471, 474.

CANADA. Le romain y a toujours été en vigueur, XII.

CANON PONTIFICAL. Il sert à la basse messe de l'évêque, 173 et suiv.

CARDINAUX. Quand un cardinal est présent, les saluts que l'on fait à l'évêque sont moins profonds, 93. Cérémonies observées quand les cardinaux reçoivent le chapeau, 11, 12. Il se chante chaque année une messe solennelle pour les cardinaux défunts, 451. Les cardinaux en font chanter une, dans l'octave de la Toussaint, pour le pape qui les a promus au cardinalat, 451. Quand cette messe se chante dans un lieu où ils avaient juridiction, on met une barrette rouge, sur la représentation, 450. L'indulgence accordée par les cardinaux est de cent jours, 161. Formule usitée pour eux, 161. Les cardinaux se délèguent, dans leurs églises titulaires, l'honneur d'être assistés par des diacres, 70. Le clergé de ces églises est censé être leur chapitre, 70, 71. Un cardinal est encensé après l'évangile et l'évêque ne l'est pas, 149. Mais il faut qu'il soit *paré*, 149. Il ne demeure pas assis pendant qu'on l'encense, quand même il serait légat, 149. Le légat bénit celui qui l'encense, mais ne le salue pas, 151. C'est à celui qui doit encenser l'évêque à encenser le légat, 152. Celui-ci est encensé à l'offertoire, aussitôt après le célébrant, 152. Un simple cardinal est encensé avant l'évêque, 152. Il doit même l'être avant un archevêque qui serait son métropolitain, 153. En présence d'un cardinal, on n'encense l'évêque et le célébrant que de deux coups et les chanoines d'un seul; et il l'est de trois coups, 154. Il convient que les évêques soient en rochet et mantelet pour faire visite aux cardinaux, 3. En présence d'un cardinal, l'évêque diocésain est en rochet, mantelet et mozette, 22. Si ce cardinal est légat, il ne prend que le mantelet par dessus le rochet, 22. Mais, si ce cardinal ou ce légat fait sa résidence dans sa ville, il use à l'ordinaire de la mozette pardessus le rochet, 22. En présence d'un cardinal légat, l'évêque ne donne pas la bénédiction et l'archevêque ne fait pas porter la croix, 20. S'il n'est pas légat, l'évêque lui défère tous les honneurs ; mais, avec sa permission, il donnera la bénédiction quand il officiera, 21. Quand deux cardinaux assistent à l'office, celui qui est l'*ordinaire* invite son collègue à faire les bénédictions ; et, à son refus, il les donne ou les fait donner par le célébrant, 21. Mais, s'il célèbre lui-même, il donne, dans ce cas, toutes les bénédictions, et fait porter la croix, s'il est archevêque, 21. Les cardinaux s'abstiendraient d'assister à l'office, si leur présence devait empêcher l'évêque de remplir ses fonctions, 22. Bons effets produits sur les fidèles par les témoignages d'honneur rendus aux princes de l'Église, 23. Ces honneurs sont dus, étant ordonnés par le Cérémonial, 22.

CARDINAUX. L'évêque va recevoir un cardinal à la porte de l'église ; s'il est légat, il lui présente lui-même l'aspersoir ; sinon, il le lui fait présenter par la première dignité, 115. De ce qu'a à faire le gouverneur quand l'évêque est cardinal, 488. L'évêque ne fait pas usage du bougeoir et du livre quand un cardinal assiste à l'office, 137. Il officie au fauteuil quand un cardinal assiste à l'office, 135. A matines, le cardinal donne à l'évêque célébrant la bénédiction avant qu'il chante la neuvième leçon, 220, 221. Il reçoit la paix au moyen d'un instrument quand il assiste à sa messe, 177, 178. Il baise le livre après l'Évangile, 178. S'ils sont plusieurs égaux en dignité, personne ne le baise, 180. Mais la paix se porte au plus digne de chaque ordre, 178, 180. On ne se lève pas et on ne s'agenouille pas au lavement des mains, quand il y a un cardinal présent, 245. Un cardinal se découvre, mais ne se lève pas, pour répondre au salut d'un évêque qui célèbre en sa présence, 253. L'évêque salue un cardinal avant la bénédiction, 270. S'il est légat, il doit donner lui-même la bénédiction, 270. L'orgue joue quand un cardinal arrive à l'église, 168. L'usage est, à Rome, qu'il joue pendant la basse messe, quand il la dit solennellement, 168. C'est à un cardinal diacre à donner le *pallium*, 122 et suiv. A la procession du saint Sacrement, il marche derrière l'évêque célébrant *indutus cappa*, 412. Les cardinaux saluent la croix de l'autel et le pape d'une inclination profonde, 131. Quand il y a plusieurs cardinaux au chœur, on ne fait un salut particulier qu'au premier, avant de saluer le célébrant, 134. Lorsqu'il y a un cardinal présent, celui qui donne à laver à l'évêque ne se met pas à genoux, 134. Le prédicateur fait au légat un salut profond, en s'adressant à lui, 143. Les draperies en or, pour le trône, sont réservées aux cardinaux, 109. Les tapis et coussins dont ils se servent sont rouges ou violets, selon le temps, 97. Un cardinal qui assiste à l'office occupe le trône, et l'évêque est à la première place du chœur, 109, 110. Un cardinal-évêque doit s'asseoir au trône avec un légat, 109. S'ils sont plusieurs cardinaux, ils s'asseyent tous au trône, si le cardinal-évêque du lieu est le dernier, 109, 110. Plusieurs cardinaux non légats s'asseyent dans le lieu le plus digne, du côté de l'Évangile, à la place du trône, quand le chœur est *sub tribuna*, 110. S'il célèbre devant le légat, il le fait au fauteuil, 109. En présence d'un cardinal, l'évêque officie au fauteuil, 109. Le plus digne des cardinaux fait les honneurs, 110. A son refus, l'évêque fera les bénédictions ou les fera faire par le célébrant, 110. Il ira donner la bénédiction à l'autel, 110. A vêpres, l'évêque fait prier un cardinal non légat de donner la bénédiction, et, sur son refus, il la donne, 196. En présence d'un cardinal, les chanoines ne font pas de cercles devant l'évêque, 141.

CAPE. Voyez *Évêque*.

CASTRUM DOLORIS. Ce que c'est que le *Castrum doloris*, 289.

CATALAN. Pourquoi et comment ce célèbre commentateur est cité dans cet ouvrage, XVIII.

CATÉCUMÈNES. Voyez *Samedi saint*.

CATHÉDRALES. Les majestueuses cérémonies de Rome peuvent se reproduire dans chaque cathédrale, III et IV.

CAUDATAIRES. Ce que sont les ministres ainsi appelés, 471, 475.

CÉLÉBRANT. Ce qu'il a à faire à l'absoute *pro defunctis*, 451. Il se prépare, pour la messe, pendant la procession des cierges et celle des palmes, 321, 341. Il s'habille à la sacristie, fait l'aspersion, prend la chasuble à la banquette et fait la confession avec l'évêque, 397 et suiv. Il est encensé avant tous les autres, 152. Il est encensé de trois coups quand il n'y a pas au chœur quelque supérieur à qui il en faille donner trois, 155. Il est en chape pour l'aspersion, 118. Il prend la chasuble à la banquette, 118. Ce qu'il a à faire le mercredi des Cendres, 535 et suiv. A l'*Office ad solium* et *ad stallum*, 54 et suiv.

CERCLES DES CHANOINES, 138. Les chanoines se tiennent en cercle auprès de l'évêque pendant qu'on le revêt des ornements, et ils ne se couvrent qu'à l'invitation réitérée de l'évêque, 138. Les cercles expriment l'union de l'évêque et des chanoines, 138. A ce cercle, les plus dignes sont à gauche et les moins dignes à droite de l'évêque, et pourquoi, 138. Aux messes auxquelles l'évêque assiste en chape ou en cape les chanoines font quatre cercles pour lire avec lui 1° le *Kyrie* et le *Gloria in excelsis*; 2° le *Credo*; 3° le *Sanctus*; 4° l'*Agnus*, 138, 139. Ils font deux demi-cercles quand le trône est au fond du chœur, et un cercle plein quand il se trouve du côté de l'Évangile, 139. Ils saluent l'autel et l'évêque quand ils se sont formés en cercle, et de nouveau avant de remonter à leur place, 139, 141. Si le trône est du côté de l'évangile, ils descendent en même temps des deux côtés des banquettes, mais, s'il est au fond du chœur, les plus jeunes partent les premiers, 139, 141. Pour former le premier cercle, ils quittent leurs places pendant que l'évêque et le célébrant lisent l'introït; pour le second, pendant que l'évêque ou le célébrant est encensé, et, s'il y a eu sermon, après que l'évêque a donné la bénédiction; pour le troisième, lorsque le dernier chanoine a été encensé; et pour le quatrième, quand le célébrant chante *Per omnia* avant *Pax Domini*, ou bien avant le *Pater*, 139, 140, 141. Ils font la génuflexion à *Incarnatus est*, etc., 139, 140. Avant de remonter à leur place, ils saluent l'évêque et l'autel, 139, 140. L'évêque répond en leur donnant la bénédiction, 139, 140. Au dernier cercle, ils font la prostration au saint sacrement, en arrivant et en partant, et ils ne saluent pas l'évêque, 139, 141. Aux trois premiers cercles, le prêtre assistant quitte le trône pour prendre sa place parmi les chanoines, 139, 140. Au quatrième, il descend avec eux des *subsellia*, 140. En remontant *ad subsellia*, les chanoines font le contraire de ce qu'ils ont fait en venant, c'est-à-dire que les plus dignes partent les premiers, 141. Les cercles ne se font qu'à la messe et jamais à vêpres, 141. Il faut que la messe soit chantée par un autre, 141; et que l'évêque soit *ad solium*, 64. Ils se font seulement *ante proprium episcopum*, 141. Ils ne se font pas du tout en présence d'un légat, et autre prélat supérieur à l'évêque, 141. Il n'y en a pas aux messes de morts, ni le vendredi-saint, 141. Aux cercles, pour faire comme l'évêque et le célébrant, les chanoines doivent en même temps qu'eux s'incliner au mot *Deo* du *Gloria in excelsis* et aux mots *in unum Deum* du *Credo*; s'agenouiller à *Incarnatus est*, etc., et se signer à *Benedictus qui venit*, etc., 56, 59, 60.

CÉRÉMONIAIRES. C'est à eux à diriger les offices, 24. Il doit y en avoir deux dans chaque cathédrale, 24. Le premier doit avoir vingt-cinq ans et être prêtre, 24. Il y en a quinze à la chapelle papale lesquels se distinguent par leur habileté, 24, 25, 26, 27, 28. Ils doivent se rendre habiles dans les cérémonies, le droit canon et la théologie, 24, 34. Ils doivent étudier les Pères qui ont expliqué les cérémonies, 25. Il doit y avoir, dans chaque diocèse, des congrégations pour le maintien des rites et cérémonies, 26, 27. Ce que doit faire le premier maître de cérémonies, 27. Il se tient auprès de l'évêque et dirige les officiers du trône, 24, 27. Il lui faut donner la direction à tous ceux qui sont employés dans les cérémonies, 27. Il doit voir à ce que toutes choses nécessaires aux offices soient prêtes, 27, 28. Il aide les autres, au besoin, à faire les préparatifs, 28. Il donne aux divers officiers des *cédules* ou directions par écrit, 28. Ce que doit faire le second cérémoniaire, 28. Il doit être dans les ordres sacrés, 28. Il dirige le célébrant et les ministres de l'autel, 28. Il s'entend avec le premier, pour que toutes choses aillent bien, 29. Les cérémoniaires sont en violet pour les offices, 29. Ils veillent sur le chœur, 29. Ils voient à ce qu'il ne s'y fasse rien qui ne convienne à la sainteté du lieu, 29. Ils empêchent ceux qui sont au chœur de réciter privément leur office et les obligent à chanter avec les autres, 29. Les chanoines et autres du chœur doivent leur obéir, 30. Le pape et les cardinaux leur en donnent l'exemple, 30. Le cérémoniaire de l'évêque ne s'assied jamais, 31. Les maîtres des cérémonies sont aidés, dans leurs fonctions, par des cérémoniaires secondaires, 30, 31. Ceux-ci ont à diriger les laïques dans ce qu'ils ont à faire, 31. Les fidèles qui sont dans la nef se conforment, pour se lever, s'asseoir, etc., à ce qui se fait au chœur, 31, 32. Les cérémoniaires devraient faire usage de *férules*, qui sont de petites baguettes ornées, 31. 32. On doit leur accorder des priviléges, 32. Il faut qu'ils soient rémunérés convenablement, 32. Ils doivent se procurer des livres, et quels, 52, 33.

Cérémonial. Le Cérémonial des évêques oblige par toute la terre, i. Comment il s'observe à Rome, où il faut aller chercher le dépôt des cérémonies, ii, vii. De quelle manière il est suivi à la chapelle papale, ii. Il a été fait sur le Missel et le *Cérémonial romain*, ii, iii. L'office épiscopal ressemble beaucoup à l'office papal, iii. Comme il contribue à relever la gloire de l'épiscopat, iii. Il reproduit, dans chaque cathédrale, ce qui se fait à Rome dans les basiliques, iii, iv. Il se suit *ad amussim* dans les églises titulaires des cardinaux, iv, v. Comment les églises particulières peuvent se faire des usages en se modelant sur les basiliques, v, vi. C'est ce qu'ignorait un ecclésiastique français, etc., vi. Conseil est donné d'aller dans ces églises pour y voir les cérémonies épiscopales, vii. Avantage qu'il y a pour soi de suivre le Cérémonial de l'Église, vii, viii. Édification qui en revient aux fidèles, viii. Fruits de salut produits par le spectacle des cérémonies, viii, ix. Mauvais effets produits par les changements faits aux cérémonies, viii, ix. On n'a pas à craindre le ridicule en suivant le Cérémonial de l'Église, ix. Il faut s'attacher aux rites de l'Église romaine, parce qu'ils sont antiques, ix, x. Ces rites sont transmis à toutes les églises par celle qui en est la mère, x. Les plus petites cérémonies doivent être religieusement observées, x. Zèle pour le chant et les cérémonies; exemple de Benoît XIII et de saint Grégoire le Grand, x, xi. Image d'un diocèse canoniquement gouverné dans un chœur bien discipliné, xi. On publie ce *Recueil* pour une plus parfaite intelligence du Cérémonial, xi. Le Cérémonial romain a toujours été en vigueur au Canada, xii. Il y a été introduit par le premier évêque de Québec, monseigneur Laval de Montmorency, xii. Ce Cérémonial est utile à tous, xiii et suiv. Usage journalier que l'on en peut faire, xviii. L'esprit des cérémonies y perce de toutes parts, xv et suiv. Ce Cérémonial est authentiqué par le cardinal-archevêque de Malines, xxi. Il est donné à toute l'Église par Clément VIII, Innocent X, Benoît XIII et Benoît XIV, xxi et suiv. Un moyen de le faire étudier serait d'établir des écoles liturgiques et académiques, xxxii.

Ceroferarii. Ce que sont les ministres ainsi appelés, 471, 474. Voyez *Acolytes*.

Chandeliers. Voyez *Ornements des églises*.

Chanoines. Ils sont presque, à l'égard de l'évêque, ce que sont les cardinaux pour le pape, iii. Comment ils font les cercles. Voyez *Cercles*. Ils sont encensés après les nonces apostoliques *transeuntes* et avant les abbés bénis, 153. Ils vont *parés*, hors de la porte de la ville, quand l'évêque fait sa première entrée, 7. Ce qu'ils ont à faire à cette entrée, 7 et suiv. C'est au pape à fixer l'habit canonial, 17. Les chanoines n'en doivent user que durant les offices, 18. Ce que les chanoines ont à faire quand l'évêque veut assister à l'office. Voyez *Entrée de l'évêque*, 113 et suiv. De leur office les *jeudi, vendredi et samedi saints*. Voyez ces mots. Ce qu'ils ont à faire aux heures canoniales. Voyez *Matines, Laudes, Petites heures,*

Vêpres, Complies, Offices ad solium et *ad stallum, Messes pro defunctis.* Les chanoines saluent la croix de l'autel et l'évêque d'une inclination profonde, 131. Comment ils doivent saluer le chœur et en être salués, 131. Quand ils doivent s'arrêter et ne pas marcher dans le chœur, 131, 132. Dans les synodes, les chanoines sont *parés* et se placent aux côtés de l'évêque, ou par devant, *facientes semicirculum*, 184. Dans les conciles, ils ont le pas sur les abbés mitrés, s'ils procèdent *capitulariter*, 186; et les procureurs des chapitres des cathédrales passent après les dignités, 186.

Chantres. Ils entonnent, à complies, l'antienne de la sainte Vierge et ils chantent le verset, 215. Ils ne prennent pas de chapes à la messe, 118. Ce qu'ils ont à faire aux *heures* canoniales. Voyez *Matines, Laudes, Petites heures, Vêpres, Complies.*

Chape. Usage de la chape. Voyez *Vêpres, Matines, Laudes.* On n'en fait pas usage à la messe, 118. Elle sert à l'aspersion et bénédiction du saint sacrement, 399, 425.

Chapelains, 471, 472.

Chaussures de cérémonies. Voyez *Messe solennelle.*

Chœur. Des diverses espèces de *chœurs*, 132, 133, 134.

Christus factus est, etc. Voyez *Ténèbres.*

Ciborium. Voyez *Ornement des Églises.*

Cierges. Voyez *Sacristain, Ornement des Églises.*

Claviger seu Mazzerius, 382.

Clément viii. Sa bulle impose à toute l'Église l'obligation d'observer le *Cérémonial des évêques*, xxii.

Clercs. Ils font partie du chapitre, 162.

Cloches. Elles sonnent pour annoncer l'arrivée ou le passage de l'évêque, 11. Pour les *heures canoniales*, l'*Angelus*, le *saint Viatique*, 56, 37. Elles sonnent, à Rome, le soir, pour inviter à prier pour les morts, pour annoncer les grandes fêtes et la solennité du carême, 38. Le samedi saint, toutes les cloches de la ville doivent sonner en même temps que celles de la cathédrale, 388, 389.

Clochette. Usage de Rome par rapport à la sonnerie de la clochette, 176 et suiv.

Communion. Il y a communion générale le jour de Pâques, 394 et suiv. Les diacre et sous-diacre devraient communier à la messe, 400.

Complies. L'évêque, pour complies, est à la stalle, et *indutus cappa*, 214. C'est à lui de dire *noctem quietam*, etc., *usque ad Deus in adjutorium*, etc., *inclusive*, 214. Le chœur et le semainier font le reste jusqu'à l'oraison, 214, 215. Il n'y a pas d'encensement à *Nunc dimittis*, etc., ni d'orgue, excepté aux grandes solennités, 215. L'usage est à Rome de se signer à l'intonation de *Nunc dimittis*, etc., 215. L'évêque chante l'oraison et bénit, en disant : *Benedicat et custodiat*, etc., 215. Il termine par le *Divinum auxilium*, etc., 215. A Rome, ce sont les chantres qui entonnent l'antienne de la sainte Vierge et chantent le verset, 215. Si l'évêque ne fait qu'assister à complies, le semainier le salue à *Indulgentiam*, etc., et à

Benedicat et *Custodiat nos*, etc., 215, 216. L'évêque, à la stalle, fait comme les autres la confession, 216. Auteurs des antiennes de la bienheureuse Vierge, 216.

COMPLIES chantées à Saint-Pierre par un bénéficier, 255.

CONFESSION OU CONFITEOR. Ton sur lequel il faut chanter le *Confiteor*, 469, 470. On dit toujours, même en s'adressant au pape, *Pater*, et non pas *Reverendissime Pater*, 470. Prières et cérémonies que fait l'évêque, 471. Formule dont se sert celui qui publie l'indulgence, 471. Voyez *Sermon, Bénédiction, Indulgence*. Le *Confiteor* se chante pour la communion générale, 395.

CONFESSION OU MARTYRIUM, etc. Voyez *Ornement des églises*.

COUSSIN. L'usage que l'on en fait. Voyez les pages 63, 64, 115, 355, 359, 221, 222.

CRÉDENCE. Voyez *Ornement des églises*.

CREDENTIARII. Ce que sont les ministres ainsi appelés, 471, 474.

CROIX ARCHIÉPISCOPALE. L'archevêque la fait porter devant lui, en entrant dans sa province, 7, 20. Elle est portée immédiatement devant lui quand il va à l'église, 115. Elle est portée devant les chanoines *parés* quand l'évêque se rend du *secretarium* au chœur, etc., 117, 253, 403. Elle sert au lavement des pieds le jeudi saint, 358. Elle sert le vendredi saint, 364.

CROIX DE PROCESSION. Le sous-diacre frappe avec le bâton de la croix la porte de l'église, au retour de la procession, le dimanche des palmes, 344. Elle est portée en tête du clergé, 117, 118.

CROIX PASTORALE. Voyez *Évêque*.

CROSSE, 128. L'évêque ne s'en sert que dans son diocèse; et ailleurs il lui faut la permission de l'ordinaire, 128. Il s'en sert aux ordinations, consécrations, etc., 128, 129. Le pape n'en use pas aux offices pontificaux, 128. Les cardinaux s'en servent quand ils officient pontificalement, 128. Elle ne sert pas aux offices *ad faldistorium*, 128. Dimensions de la crosse à Rome, 128. Ancienne crosse qui se montre à Metz, 128. Aux processions elle se porte devant l'évêque par un ministre en chape, 128. L'évêque la porte lui-même, si cette procession n'est pas longue, 128, 129. La mitre et la crosse vont ensemble, et comment, 129. La crosse ne sert jamais sans la mitre, 129. L'évêque s'en sert quand il va du *secretarium* à l'autel, et de l'autel au *secretarium*; de même, quand il va de l'autel au trône, et du trône à l'autel; aussi, pendant l'évangile et le *Magnificat*, 129, 194. Elle ne sert à aucun office *pro defunctis*, 129, ni le vendredi saint, 364.

CUBICULARII. Ce que sont les *Cubicularii*, 471 et suiv.

CUILLER. On baise la cuiller de la navette, quand on fait bénir l'encens, 145. On ne la baise pas, devant le saint-sacrement, aux offices *pro defunctis*, ni le vendredi saint, 290, 352, 366.

CURIA ROMANA. Ce que signifient ces mots, 1.

DAIS. Voir la planche 106. Il se place au-dessus de l'autel et du trône, 111. Il est orné de draperies de la couleur des ornements du jour, 111. Le dais et l'*ombrello* pour le saint sacrement sont blancs, 111, 112. Les plus dignes portent les bâtons du dais qui sont devant, 111, 112. Il y en a six ou huit, 111. Les pavillons des tabernacles dans lesquels se conservent le saint-sacrement sont de la couleur des ornements du jour. Les tabernacles sont à l'intérieur doublés en soie blanche, et les ciboires sont couverts de voiles blancs, 112. Le lieu d'où part une procession du saint sacrement, et celui où elle arrive sont d'une égale dignité, 112. Ce sont les chanoines ou bénéficiers qui commencent à porter le dais, 112. Voyez *Jeudi saint, Procession du saint sacrement, Administration des derniers sacrements à l'évêque mourant*.

Décrets de la S. C. des rites. Ils obligent quand ils sont approuvés par le pape, 33. Ils ne se contredisent pas, et pourquoi, 33. Quoique non approuvés par le pape, ils servent de règles dans les cas particuliers, 33. Ils ont tous été approuvés par Pie IX, le 17 juillet 1846, 33.

Décret concernant la *Zimarra*, du 7 janvier 1851, 13, 14.

— — l'obligation d'observer les décrets de la S. C. des rites, du 23 mai 1846, 33.

— — le chant du *Confiteor*, du 12 novembre 1831, 57.

— — les bénédictions que donne l'évêque, 61.

— — l'usage de la calotte, 10 janvier 1693, 69.

— — l'usage de la calotte, 31 août 1680, 70.

— — le prêtre assistant, à la messe chantée par un simple prêtre, 15 mars 1721, 84.

— — le *patrinus*, à la messe d'un nouveau prêtre, 11 mars 1837, 85.

Deux décrets du 17 septembre 1822 et du 9 août 1835, défendant de faire usage, au chœur, des siéges de salons, 105.

Décret fixant l'habit du grand vicaire au chœur, 2 décembre 1690, 154.

Décrets concernant l'usage des pontificaux par des prélats et abbés inférieurs à l'évêque, 489 et suiv.

Décret concernant l'encensement du saint sacrement par le thuriféraire pendant la bénédiction, du 16 mars 1646, 421.

Décret concernant les chapelains qui disent la messe dans les communautés, du 20 novembre 1628, 472.

Diacres assistants, 66. Ce sont deux chanoines de l'ordre des diacres, ou les deux premiers après la première dignité, qui doivent assister l'évêque, quand il est au trône, 66. Ils prennent l'amict par-dessus le rochet ou le surplis et la dalmatique, 66. Ils marchent aux deux côtés de l'évêque, soulèvent les deux bords de la chape, etc., 66. Ils se tiennent *capitibus detectis*, 67, 68, 69, 70. Ils s'asseyent *super scabellis nudis*, 66, 67. Ils se tiennent à la banquette des diacre et sous-diacre, pendant que ceux-ci sont au trône pour habiller l'évêque, 81. Ils n'assistent pas l'évêque, quand il célèbre *ad faldistorium*, 67. C'est au premier à mettre la calotte et la mitre, et au second à ôter la mitre, 67, 68, 70. Le premier soulève la chape, quand l'évêque fait usage de sa main droite pour bénir, etc., 67. Ils soulèvent les bords de la chape, chacun de son côté, quand l'évêque lit quelque partie de l'office, chante la bénédiction solennelle, en un mot fait usage de ses deux mains, 67. C'est au premier à tourner les feuillets du livre, et au second à indiquer du doigt ce qui doit être lu, 67, 68. Dans quel temps il faut mettre et ôter la mitre, 68, 70. A l'autel, c'est au diacre de la messe à servir l'évêque, en lui mettant et en lui ôtant la mitre, quand il n'en est pas empêché, 68. Dans ce dernier cas, le premier diacre assistant le supplée, 68. A l'autel, l'évêque est debout pour recevoir et déposer la mitre, et au trône il est pour cela toujours assis, 68, 70. Les diacres assistants se lèvent et s'asseyent en même temps, et ils se saluent mutuellement avant de s'asseoir, 68. L'évêque *ordinaire*, seul, peut avoir des diacres assistants, 70. Les cardinaux, dans leurs églises titulaires, se délèguent cet honneur, 70. Le clergé de ces églises agit comme s'il était le chapitre, 70, 71. Le clergé de la *Mission*, à Rome, se comporte comme le chapitre dans la cathédrale, 71. Ce que l'on pourrait faire partout, conformément à cet usage, pour ajouter au culte une grande splendeur, 71. Au romain, on n'a nul besoin d'*indus*, pour faire de pompeux offices, 71.

DIACRE DE LA MESSE, 71. Il assiste à l'entrée solennelle de l'évêque, car il doit être de l'ordre des diacres, 71, 72, 73. Il s'habille dans le même lieu et en même temps que les chanoines, 72, 73. Il monte au trône pour habiller l'évêque, quand il s'est lavé les mains, 72. Il prend ensuite le manipule, et marche à la gauche du prêtre assistant en allant à l'autel, 72. Il fait la confession avec l'évêque, en se tenant à sa gauche, 72. Il fait bénir l'encens, et soutient le bras de l'évêque, pendant qu'il encense l'autel, 72. Il encense l'évêque à l'autel, 72. Il demeure à la banquette, y dit le *Kyrie* et le *Gloria in excelsis*, etc., avec le sous-diacre et s'assied, 72, 73. A la chapelle Sixtine, ce sont toujours les mêmes qui servent aux offices, 73. A Rome, tous ceux qui sont au chœur disent deux à deux *Kyrie, Gloria in excelsis*, etc., 73. Le diacre va à temps porter le livre des évangiles à l'autel; il va ensuite baiser l'anneau de l'évêque, revient à l'autel pour dire *Munda cor meum, in infimo gradu altaris*, retourne au trône, *portans ante pectus librum*, pour demander la bénédiction, va chanter l'Évangile, *incedens post alios*, 74, 75. Il retourne ensuite à la banquette, 75. Si l'évêque célèbre *ad faldistorium*, il l'encense, 75. Après le sermon, il chante le *Confiteor* à l'autel, si c'est l'évêque qui a prêché *in faldistorio, stans ad ejus sinistram*, 75. Il le chanterait au pied du trône, si l'évêque s'y trouvait tout rendu, 75. Il récite le *Credo*, va porter la bourse (*ad oculos elevatam*) à l'autel et retourne à la banquette, 75, 76. Après le symbole, si l'évêque est au fauteuil, il lui ôte et remet la mitre, il lui ôte aussi les gants, 76. Il est à la droite de l'évêque pour monter à l'autel, 76. Il fait goûter le pain et le vin par le sacristain, et présente l'hostie à l'évêque, 76. Il lui présente le calice, qu'il offre, en disant : *Offerimus*, etc., 76. Il fait bénir l'encens et assiste à l'encensement, *supponendo sinistram brachio episcopi*, etc., 76, 77. Il encense l'évêque et le chœur

et est encensé par le cérémoniaire, 77, 78. Il dit le *Sanctus* avec l'évêque
et se tient, pendant le canon, un peu en arrière pour soulever, au besoin,
les manches des tunicelles, couvrir et découvrir le calice, etc., 77, 78. A
la consécration et à l'élévation il se comporte comme aux autres messes, 77.
Il fait de même après l'élévation du calice, 77. Après l'*Agnus Dei*, etc.,
il remplace, auprès du livre, le prêtre assistant, 77. C'est à lui à verser le
vin et l'eau pour la purification et l'ablution, 77. Il doit communier à cette
messe, et c'est alors qu'il reçoit la paix, 78. Usage de Saint-Pierre là-
dessus, 78. Il met à l'évêque sa mitre précieuse pour le lavement des
mains, et, après les oraisons, il chante, selon le temps, l'*Ite Missa est* ou
le *Benedicamus Domino*, 78. Il met la mitre à l'évêque pour la bénédiction, à moins qu'il ne soit archevêque, 78. C'est après la publication de
l'indulgence qu'il ôte à l'archevêque son *pallium* pour le déposer sur
l'autel, 78, 79. Il ôte son manipule pour déshabiller l'évêque, et il va
ensuite déposer ses vêtements sacrés, 79. Aux messes *pro defunctis*, et à
celles *in adventu vel quadragesima*, il observe ce qui est marqué *in propriis capitibus*, 79.

DIMANCHES DE L'AVENT, 304. L'évêque et les chanoines s'habillent au chœur,
304, 305. Le prêtre assistant se revêt de l'amict et de la chasuble, lorsque
les autres chanoines prennent leurs ornements, 305, 306. Le sous-diacre
se tient prêt, avant l'arrivée de l'évêque, à le servir pour la chaussure,
305, 306. Les diacres assistants et le diacre d'office s'habillent vers la fin
de tierce, 305, 306. Ils sont, en attendant, remplacés au trône, 305. Ils
vont ensemble habiller l'évêque, quand il s'est lavé les mains, 72. L'évêque
ne prend ses ornements que lorsqu'il a chanté l'oraison de tierce, 305. Les
chanoines s'habillent quand l'évêque a pris tous ses ornements, 305, 307.
Les diacres et sous-diacres d'office prennent en même temps le manipule et
la planète, 306, 307. L'évêque va du trône à l'autel avec ses seuls officiers
et assistants sans thuriféraires ni acolythes, 306. Les ornements sont de
couleur de rose, le troisième dimanche, 306, 307. L'évêque salue le
peuple en disant : *Dominus vobiscum*, 307. Le sous-diacre et le diacre
quittent la planète pour chanter l'Épître et l'Évangile, 307. Ils usent de la
dalmatique et de la tunique le troisième dimanche et la veille de Noël, si
elle tombe le quatrième, 307, 308.

DIMANCHES DU CARÊME ET DE LA PASSION, 334. On se comporte en Carême
comme pendant l'Avent, 334, 335. Le quatrième dimanche du Carême est
en tout semblable au troisième de l'Avent, 335. Le pape fait, ce dimanche-là,
la bénédiction de la rose d'or. Cérémonies et prières de cette bénédiction,
335, 336. Signification de cette rose d'or, 336, 337. Aux premières vêpres
de la Passion, on couvre la croix et les images, excepté celles du chemin de
la croix, 337. Depuis le quatrième dimanche du Carême jusqu'à Pâques,
les offices se chantent en chant grégorien, 337. Moyen de remplacer le
chant grégorien, quand on ne peut l'exécuter, 337, 338.

DIMANCHE DES PALMES, 338. Cette cérémonie se fait presque comme celle de
la Purification, 338. Les palmes à bénir se disposent sur une crédence

près de l'autel et du trône, 338. On en prépare de plus ornées pour l'évêque, les chanoines, les magistrats, 338. Elles doivent être garnies de petites croix, 338. Comment elles sont faites à Rome, 338, 339. Le pape reçoit trois palmes, 339. Les ornements de l'évêque se placent sur l'autel, 339. L'évêque s'habille à l'autel, comme au jour de la Purification, 339. Il lit l'Épître et l'Évangile que chantent les diacre et sous-diacre, 339. Il chante les oraisons et la préface, et dit le *Sanctus*, que l'on chante au chœur, 339. A la cinquième oraison, le thuriféraire et le porte-bénitier se présentent, 339. Après la sixième, il asperge et encense les palmes, 339. Il chante ensuite la septième et reçoit la mitre, 339. Le prêtre assistant va au trône pour faire bénir l'encens et encenser l'évêque, etc., 340. Le plus digne des chanoines présente la palme à l'évêque, 340. Les acolytes étendent une nappe sur ses genoux et la tiennent en demeurant à genoux, 340. Les diacres assistants debout relèvent les bords de la chape pendant que l'évêque distribue les palmes, 340. L'on chante *Pueri*, etc., 340. Les chanoines et autres reçoivent les palmes dans le même ordre que les cierges, 340. Après la distribution des palmes, l'évêque se lave les mains et chante la dernière oraison, pour laquelle les acolytes viennent auprès de lui avec leur chandelier, 341. L'évêque reçoit la mitre et bénit l'encens, 341. Le premier diacre assistant chante *Procedamus*, etc., 341. La procession sort de l'église, 341. Des chantres chantent à l'intérieur *Gloria laus*, etc., 341. Comment se fait à Saint-Pierre cette procession, 341. Le sous-diacre frappe, avec le bâton de la croix, la porte qui s'ouvre, 341. L'on chante, en rentrant, *Ingrediente*, etc., 341. Le célébrant et ses ministres se préparent pendant la procession, 341. Les chanoines déposent, en arrivant, leurs ornements, 341. Tout se fait comme à la Purification, 338, 342. Mais les diacre et sous-diacre sont en planètes, 342. A *In nomine Jesu* de l'épître, l'évêque, en mitre, et tous les autres, découverts, se mettent à genoux, 342. Les trois qui chantent la passion sont habillés en diacre, 342. Ils sont assistés d'un cérémoniaire et de trois chapelains, 342. Tous sortent de la sacristie l'un devant l'autre, savoir : le cérémoniaire, l'évangéliste, Judas, Jésus, 342, 343. Au pied de l'autel, ils se placent : Jésus au milieu, l'évangéliste à droite et Judas à gauche, et, par derrière, les chapelains, et le cérémoniaire à la droite de l'évangéliste, 342, 343. Ils vont baiser l'anneau de l'évêque en gardant cet ordre, 342, 343. Ils montent au trône l'un devant l'autre, savoir : Jésus, l'évangéliste et Judas, 342, 343. Ils vont dans cet ordre au pupitre, chacun ayant à sa gauche un chapelain, 342, 343. Là, ils sont placés, l'évangéliste au milieu, Jésus à droite et Judas à gauche. Les chapelains sont en face et le cérémoniaire à la droite de Jésus, 342, 343. Le célébrant lit la passion à l'autel, assisté de ses ministres qui se tiennent comme à l'*Introït*, 343. Ils tiennent leurs palmes de la main gauche et sont un peu tournés vers les diacres de la passion, 343. Pendant la passion, tous sont debout et découverts, et ils tiennent leurs palmes à la main, 343. A *Emisit spiritum*, tous se mettent à genoux, les diacres de la passion se tournent pour cela vers l'autel, 343. Les diacres de la passion s'en retournent comme ils sont venus, 343. L'évêque ne lit pas la passion, 344. Après la passion, le diacre sans planète chante l'Évangile avec les cérémonies ordinaires, excepté que les acolytes ne portent pas leurs cierges, 344. Ce qui s'observe à Saint-Pierre par rapport aux palmes qui se placent à l'autel et à celle qui s'attache à la croix, 544. A l'élévation, l'évêque seul tient sa palme, 544.

DIMANCHE DE PAQUES, *celebrante episcopo*, 394. La messe se chante, par l'évêque, comme aux autres jours, et il y a communion générale, 394. Le sous-diacre porte à l'autel le ciboire, que le diacre tient élevé pendant le *Suscipe*, etc., et qu'il place derrière le calice, 394, 395. Il le découvre pour la consécration, 394. Les diacre et sous-diacre communient avant le *Confiteor* et reçoivent la paix, 395. Pendant le *Confiteor*, que le diacre, incliné vers l'évêque, chante au côté de l'épître, l'évêque, retiré vers le côté de l'évangile, se tient droit, tourné vers le côté de l'épître, 395. Tous et les seuls communiants sont à genoux, 395. L'évêque dit *Misereatur* et *Indulgentiam*, etc., puis il revient au milieu de l'autel, où il fait la génuflexion et se tourne vers les communiants, 395. Le diacre se place à sa droite, tenant des deux mains le ciboire, et le sous-diacre à sa gauche, tenant la patène, 395. Le ciboire ne se découvre qu'après le *Confiteor*, etc., 395. Deux chapelains tiennent la nappe de communion des deux mains, 395. Les communiants saluent l'autel et baisent la main de l'évêque, 395. Ce n'est plus l'usage de faire prendre la purification, 396. De la communion donnée par le pape, 396. Comment devrait se donner la purification, 396. Un prélat, non consacré, qui communierait devrait baiser la main de l'évêque avant, et sa face après, 396. Les chanoines *parés* font de même, mais les autres du chœur ne baisent que la main, 396. Tous vont à la sainte table, dans l'ordre prescrit pour le jour des palmes, 396. S'il reste des hosties, le ciboire est porté à l'autel du saint sacrement par un prêtre en surplis et en étole ou chape, sous le dais et avec des clercs portant des flambeaux allumés, et d'autres qui vont pour l'accompagner, 396. La messe se poursuit ensuite et se termine comme à l'ordinaire, 396.

DIMANCHE DE PAQUES, *absente episcopo*, 597. Le célébrant s'habille à la sacristie, et pour l'aspersion il prend la chape, 597. Les diacre et sous-diacre sont en dalmatique et tunique, 597. En arrivant, ils saluent l'autel, les chanoines et les autres du chœur, 597. Le diacre présente l'aspersoir au célébrant, qui entonne le *Vidi aquam*, etc., asperge l'autel, puis s'asperge lui-même, et de suite il asperge les diacre et sous-diacre, les chanoines, les autres du chœur et le peuple, 597. Le célébrant quitte ensuite la chape et prend la chasuble, et, ayant salué l'autel et les chanoines, il commence la messe, 597. Usage de Saint-Pierre, 597. Pour la consécration des hosties et la communion, tout se fait comme dans le chapitre précédent, 597, 598. Le peuple communie à un autre autel, avant, pendant ou après la messe, 598. Usage de Rome là-dessus, conforme au Cérémonial, 598.

DIMANCHES, *per annum, præsente, vel absente, episcopo*, 598. Si l'évêque veut célébrer, tout se fait comme de coutume, 598. Il suit la couleur du jour, 598. C'est au célébrant à faire l'aspersion; il est en chape et les ministres sacrés sont *parés*, 399. Il est à genoux entre le diacre et le sous-diacre pour entonner l'*Asperges* ou le *Vidi aquam*, 399. Après avoir aspergé trois fois l'autel, il va au trône accompagné du cérémoniaire et du porte-bénitier, 399. Il baise l'aspersoir et la main de l'évêque, qui s'asperge et asperge ensuite le célébrant, les assistants et les ministres du trône, 399. Le célébrant va ensuite asperger les diacre et sous-diacre, qui demeurent au pied de l'autel, puis les chanoines, bénéficiers et clercs, et enfin le peuple, 399. Il dit, *ante infimum gradum Altaris*, les versets et l'oraison, 399. Le livre est placé sur un pupitre ou tenu par les ministres sacrés, 399. Le célébrant va prendre la chasuble à la banquette et retourne à l'autel pour la confession, qu'il fait avec l'évêque, 399, 400. Cette aspersion ne se fait pas quand c'est l'évêque qui célèbre, 400. L'aspersion se fait tous les dimanches, *absente episcopo*, comme il est dit plus haut, 400. Tous demeurent découverts et debout tout le temps que dure l'aspersion, et ils s'inclinent en recevant l'eau bénite, 400. Usage de Rome à ce sujet, 400. Il conviendrait que les diacre et sous-diacre communiassent à la messe, 400. C'est encore l'usage à Saint-Pierre, 400.

DOMINUS VOBISCUM. En Avent et en Carême, et autres féries où l'on ne dit pas *Gloria in excelsis*, etc., l'évêque dit *Dominus vobiscum* au lieu de *Pax vobis*, 307.

EAU BÉNITE. *Aspersion.* Voyez *Samedi saint, Dimanche de Pâques*, 399. *Dimanches per annum*, 399 et suiv. L'on doit renouveler l'eau des bénitiers chaque semaine, 35.

EMPEREUR. C'est à celui qui doit encenser l'évêque à l'encenser, 152. Il est encensé avant l'évêque et de trois coups, 154. Quand il assiste à la messe, on lui porte la paix, 177, 178. Il baise le livre après l'Évangile, 178.

ENCENSEMENT, 144. Le thuriféraire, quand il doit faire bénir l'encens, porte l'encensoir avec la main gauche, et la navette avec la droite, 144. C'est tout le contraire quand l'encens a été bénit, 145. Au trône, c'est le prêtre assistant qui fait bénir l'encens, et à l'autel, c'est au diacre, 144, 145. Il baise la cuiller et la main du célébrant, qui prend, dans la navette, de l'encens trois fois, et le met trois fois dans l'encensoir, 145. Vraie manière d'encenser, montrée par les textes du Cérémonial rapprochés et par l'usage de Rome, 145, 146, 147, 148. Il faut faire usage de véritable encens, 146. A Vêpres, c'est au prêtre assistant à mettre l'encensoir entre les mains de l'évêque, pour l'encensement de l'autel, 146, 147. A la messe, c'est au diacre, 146, 147. Pour l'encensement des reliques, le célébrant, ayant salué la croix après l'avoir encensée, encense les reliquaires du côté de l'évangile, *bis ducens thuribulum*; puis, ayant de nouveau salué la croix, il encense de même ceux du côté de l'épître; enfin, sans autre salut à la croix, il procède à l'encensement de l'autel, 147. Le célébrant rend ensuite l'encensoir au prêtre assistant ou au diacre, 147. A la messe, il reçoit alors la mitre et est encensé par le diacre, 147. A l'encensement, le pied qui est le plus près de l'autel est mis le premier en mouvement, et chaque pas s'accorde avec chaque coup d'encensoir, 148. Comment s'encensent, à l'offertoire, les oblats et l'autel, 148. C'est au célébrant lui-même, quel qu'il soit, à encenser l'autel; et il le fait toujours *detecto capite*, 148. A vêpres, il y a encensement général pendant le *Magnificat*, 148. Il y a encensement de l'autel à la messe, trois fois, 148, 149. Lorsque l'évêque y assiste *paratus pluviali*, il est encensé trois fois, savoir : 1° à l'*Introït*, après le célébrant; 2° seul, après que l'évangile a été chanté; et 3° à l'offertoire, immédiatement après le célébrant, 149. Alors le célébrant n'est pas encensé après l'évangile, 149. Quand un cardinal assiste à la messe, c'est lui, et non l'évêque, que l'on encense après l'évangile; et l'évêque ne doit pas alors assister *paratus pluviali*, 149. Si l'évêque assiste *cum cappa*, il ne doit être encensé qu'à l'offertoire, 149. Il en doit être de même d'un cardinal, 149. L'encens se bénit toujours au trône ou au fauteuil, par l'évêque, quand il célèbre, excepté au commencement de la messe et à l'offertoire, 149. Mais, s'il assiste *cum pluviali* ou *cum cappa*, c'est toujours au trône que l'encens se bénit, 149. Il y a encensement général de l'autel et du chœur, à l'offertoire seulement, 149. Aux vêpres des morts, il n'y a nul encensement, 149. A la messe solennelle, il n'y a d'encensement qu'à l'offertoire, et alors sont encensés l'autel, le célébrant et l'évêque seulement, 149. Tous, excepté l'évêque et ses assistants, demeurent debout, 150. L'encens se bénit aux messes des morts comme à l'ordinaire, 149. Le thuriféraire, en présentant l'encensoir au prêtre assistant ou au diacre, met l'extrémité des chaînes dans sa droite, et l'encensoir dans sa gauche, pour qu'il puisse le donner au célébrant *contrario modo*, 149. Aucun, pas même un légat, n'est encensé assis, 149. Si l'évêque est *paré*, il est encensé *cum mitra*, au commencement et à l'offertoire, et sans mitre, après l'évangile; mais, s'il est en cape, il est toujours encensé *capite detecto*, 149. S'il célèbre à vêpres, il est encensé *cum mitra*; mais, s'il y assiste *cum cappa*, il est encensé découvert, 150. Il ne s'assied jamais pour être encensé, et il ne souffre pas que celui qui l'encense se mette à genoux, parce que cela ne se fait que pour le souverain pontife, 150. Le saint sacrement exposé sur l'autel est encensé à genoux, 150. Si l'on n'encense que le saint sacrement, l'encens ne se bénit pas, 150. De même, pour l'encensement à l'élévation, *thus ponitur, sed non benedicitur*, 150. Celui qui encense et celui qui est encensé se saluent avant et après, *plus aut minus profunde*, 150, 151. On se défère l'honneur d'être encensé le premier, 150, 151. L'évêque, aussi bien que le légat, ne salue pas, mais bénit celui qui l'encense, 151. A vêpres, l'évêque qui célèbre encense l'autel et est encensé, au trône, par le prêtre assistant, 151. Un sous-diacre paré, ou un autre, encense les autres, 151. A la messe, il est encensé par le diacre, à l'autel, et par le prêtre assistant au trône, 151. Au fauteuil, c'est au diacre à l'encenser, 151. Celui-ci encense le chœur et est encensé par l'acolyte qui l'a accompagné, lequel encense les autres qui ne l'ont pas été, 151, 152. Celui qui a encensé l'évêque célébrant doit encenser le légat, le roi ou un grand prince, 152. Il ne convient pas qu'un évêque encense ces personnages, quels qu'ils soient, 152. Quand l'évêque assiste à la messe ou aux vêpres, il est toujours encensé par le prêtre assistant, 152. A vêpres, les chanoines sont encensés par un acolyte, et à la messe, par le diacre, 152. Le diacre encense lui-même le livre des évangiles, quand il en a annoncé le titre, 152. On suit cet ordre dans l'encensement, l'autel, le célébrant, le légat, un cardinal, l'archevêque de la province et l'évêque, *non celebrans, sed assistens*, 152. Après l'évêque sont encensés le prêtre et les diacres assistants, *nisi adsint majores episcopo ; et casu, quo non fiat episcopo assistentia*, 152. Le nonce apostolique, ayant sur les lieux les pouvoirs de légat, et le visiteur apostolique, s'il est évêque, sont encensés avant l'archevêque, 153. Ils le seraient après l'évêque du *lieu*, si le nonce n'avait pas cette juridiction, ou si le visiteur n'était pas évêque, 153. Les archevêques et évêques étrangers sont encensés après l'ordinaire, 153. Un cardinal suffragant est encensé avant son métropolitain non cardinal, 153. Sont encensés dans l'ordre suivant, *post prædictos* : 1° les pronotaires participants, les nonces apostoliques *transeuntes*, les dignités du chapitre, les chanoines, prêtres, diacres et sous-diacres, les abbés bénis, les protonotaires surnuméraires, 153. Les parents d'un grand prince sont encensés, au jugement de l'évêque, 153. Le grand vicaire, s'il est chanoine, peut, s'il le veut, être encensé comme tel, en son rang, 153, 154. S'il est au chœur en habit de vicaire général, il est encensé avant les chanoines *non parés*, 154. Le seigneur du lieu qui ne reconnaît pas de souverain est encensé après l'évêque, 154. L'empereur et les rois le sont avant l'évêque, 154. Les vice-roi et gouverneur, après l'évêque, 154. Les magistrats des villes, après les chanoines, à moins qu'ils ne soient *de majoribus*, 154. Ils le seraient néanmoins après, s'ils étaient *parés*, 154. Après les magistrats sont encensés les barons, etc., 154. Une reine et une grande princesse seraient encensées dans le rang de leurs maris, 154. On encense de trois coups le saint sacrement, la croix de l'autel, l'archevêque ou l'évêque; de deux, les chanoines, et d'un seul, les inférieurs, 154, 155. S'il y avait un légat ou d'autres cardinaux, on les encense de trois coups, et l'on n'en donnerait que deux à l'évêque et au célébrant, et un seul aux chanoines, 154; et alors les autres sont encensés *transeundo*, 154, 155. Un grand prince est encensé trois fois, comme l'évêque, et les autres de deux et d'un seul, *ut supra*, 154. Le célébrant est toujours encensé de trois coups, quand au chœur il n'y a pas de supérieur *cui triplex ductus debeatur*, 155. Les nonces apostoliques, les visiteurs évêques ayant juridiction, les seigneurs du lieu, les grands princes sont encensés de trois coups, 155. L'on doit être tourné vers ceux que l'on encense, 155.

Épiphanie, 315.

Évêque élu. Il est considéré comme *élu*, quand il est proclamé en consistoire, 1. Il se fait faire une large tonsure, 1. Il se revêt du mantelet, 1. Il reçoit le rochet des mains du pape, s'il est en cour de Rome, 3. Il est en rochet et mantelet pour aller à l'audience du saint-père, et pour faire quelque visite de cérémonie aux cardinaux, 3. Il ne prend que le mantelet pour assister à une distribution de prix, 2. Sa soutane est *talaris*, 1. Elle est traînante seulement quand il officie pontificalement, 2. A la basse messe, personne à Rome, pas même le pape, ne laisse traîner sa soutane, 2. Les habits de l'évêque doivent être de laine, 1. A Rome, en été, ils sont de soie, 2. L'évêque nouvellement *élu* écrit au pape et aux cardinaux, quand il n'est pas à Rome, 3. Il prend le violet et les glands verts à son chapeau, avant sa consécration, 3, 4. Il use de la mozette et du rochet découvert dans le lieu de sa juridiction, 3, 4, 22, 23. Cet habit est l'insigne propre à la haute prélature, sa signification, 4. Il fait usage de la barrette noire, 4, 5. Celle des cardinaux est, par privilége, rouge, 4, 5. Comment ils s'en servent, 5. Aux offices, on ne peut faire usage que de la barrette *tricorne*, 5. La *quadricorne* est l'insigne du doctorat, et il est défendu de s'en servir à l'église, 5. L'usage a prévalu de porter la croix pectorale *cachée*, hors du diocèse, 5, 6. L'évêque se revêt, dans un diocèse étranger, du mantelet et de la mozette, 4. Usage de Rome à ce sujet, 6. En présence d'un cardinal non légat, qui passe par son diocèse, il fait de même, 22. Si ce cardinal est légat, il ne prend que le mantelet, 22. Que si ce cardinal, même légat, demeure dans le diocèse, il fait alors usage de la mozette sans mantelet, 22. Il ne change pas de costume devant un nonce apostolique, 22. Il porte un chapeau doublé en soie verte, et garni de glands verts, 3, 4, 19. Il fait usage d'un chapeau plus orné dans les grandes cérémonies, 19.

ÉVÊQUE faisant sa première entrée dans son diocèse, 6. Il demande au pape une indulgence plénière, 6. Des ornements dont il fait usage, 6, 7. En voyage, il récite chaque jour l'itinéraire, 7. Il fait annoncer son arrivée deux jours avant, 7. Il envoie quelqu'un préparer toutes choses, 7. Il bénit ses diocésains qui viennent à sa rencontre, 7, 9. S'il est archevêque, il fait porter la croix archiépiscopale dans sa province, 7. Les chanoines viennent *parés* l'attendre, hors de la porte de la ville, 7. Les magistrats et autres l'attendent dans la porte même, 7, 8. L'évêque prend la cape et le chapeau de cérémonies, à une certaine distance de la ville, 8. Arrivé à la porte, il baise, à genoux sur un coussin et un tapis, la croix que lui présente la première dignité, 8. Il prend ensuite les ornements pontificaux, 8. L'entrée de l'évêque à cheval figure celle de J.-C. à Jérusalem, 8. Les papes faisaient autrefois cette équitation, qui est encore en usage dans certains diocèses d'Italie, 8. On se rend processionnellement à l'église, 8, 9. Tous les citoyens marchent devant; viennent ensuite les *familiers* de l'évêque, puis les magistrats et officiers de la ville et autres personnes de distinction, le clergé, les chantres, les chanoines, l'évêque. Après lui viennent les prélats, s'il y en a, et autres *togati*, 8, 9. A la porte de l'église, l'évêque, sur un tapis, fait l'aspersion et est encensé, 9. On chante le *Te Deum* en allant au chœur, 9. On s'arrête pour prier à l'autel du saint sacrement, 9. La première dignité, sur le marchepied de l'autel, chante les versets et l'oraison du Pontifical, pendant que l'évêque est à genoux, 9, 10. L'évêque, assis au trône, reçoit les chanoines au baiser de la main, 10. Il va baiser l'autel et y chanter l'oraison du patron, 10. Il y donne la bénédiction, 10. Il prend au trône la cape, et est conduit à l'évêché par les chanoines et autres, 10. Il est reçu avec honneur dans les lieux importants, 10. On observe presque les mêmes cérémonies quand l'évêque visite le diocèse, 10. Ce n'est plus l'usage de faire cette visite à cheval et en cape, 11. Pourquoi cette pompe dont l'Église entoure l'évêque, 11. C'est l'usage de sonner les cloches quand l'évêque arrive aux églises, 11. C'est ce qui s'observe à Rome quand le pape passe devant les églises, 11. Les nouveaux évêques ont coutume d'adresser des mandements à leurs diocèses, 11.

ÉVÊQUE. Des habits dont il doit se revêtir. Il fait usage de la mozette et du rochet découvert dans son diocèse, 12, 13. Il est dans ce costume dans les congrégations du concile provincial, 13. Il peut porter, dans la vie privée, la soutane, appelée *zimarra*, 13. Décret et usage de Rome à ce sujet, 13, 14. L'évêque se met en noir à la mort du pape, 14. Il ne porte le deuil pour aucun autre, 14. Ce n'est plus l'usage, à Rome, d'aller par la ville en habits de prélature, excepté quand on se rend aux offices ou aux congrégations, 14. Costume gardé dans les trois congrégations d'évêques, au sujet de l'*Immaculée Conception*, et dans le consistoire du 9 décembre 1854, 14, 15. Saint Charles et d'autres saints évêques portaient partout le rochet et la mozette, 15. Temps où l'évêque doit être vêtu de noir ou de violet, 15, 16. Ce n'est plus l'usage nulle part de voyager en habits de prélature ; réflexion à ce sujet, 16. L'évêque ne fait usage de la cape, aux offices, que dans son diocèse, et, à Rome, aux offices pontificaux, 16, 17, 19. Elle doit être de laine violette aux jours ordinaires, et de camelot violet aux fêtes de première classe, 16, 17. Le pape règle le costume des chanoines et chapelains, et il a coutume d'accorder aux chanoines l'usage du rochet et de la cape, et aux chapelains celui de la cape par-dessus le surplis, 17. Ce que signifie la cape, 17. Les évêques ne prennent la cape que pour les offices, et il en est de même des chanoines, 18. A Rome, les évêques qui servent la basse messe du pape sont en rochet et surplis, 18. L'évêque, en voyage, peut porter une soutanelle, 19. Ce que c'est que le colet romain, 20. L'évêque peut être en violet partout, 13.

ÉVÊQUE. Préséances. L'évêque, dans son diocèse, donne la bénédiction en tous lieux ; et, s'il est archevêque, il fait porter sa croix, 20. En présence d'un cardinal légat, il ne bénit pas ; et, s'il est archevêque, il ne fait pas porter devant lui la croix, 20. Si ce cardinal n'est pas légat, l'évêque qui assiste avec lui à un office lui défère tous les honneurs ; que s'il officie lui-même, il fera, avec la permission du cardinal, les bénédictions, 21. Si deux cardinaux assistent à un office, celui qui est l'*ordinaire* invite l'autre à faire les bénédictions, et, sur son refus, il les fait ou les fait faire par le célébrant, 21. Mais il doit aller donner la bénédiction solennelle à l'autel, 21. S'il célèbre lui-même, il donne toutes les bénédictions et fait porter sa croix, s'il est archevêque, 21. L'évêque cesse de donner privément les bénédictions en présence de son métropolitain. Quand il officie dans un diocèse étranger, il ne donne pas de bénédictions privées, c'est-à-dire qu'il ne bénit pas celui qui l'encense, ou lui donne à laver, 21. L'évêque diocésain doit exercer tous ses droits en présence d'un autre évêque. A la maison, il le fait placer à sa droite, mais non hors de là, 21. En présence d'un nonce apostolique, ayant juridiction dans le lieu, il se comporte comme devant un cardinal non légat, 21. Si c'est un simple nonce, il use de tous ses droits devant lui, 22. Pour ne pas empêcher l'évêque de remplir ses fonctions, les cardinaux, nonces, métropolitains, s'abstiennent d'aller à l'office, 22. L'évêque use de tous ses droits en présence des princes, gouverneurs et autres, à qui il doit rendre toutefois les honneurs qui leur sont dus, 22. Bons effets produits par les témoignages d'honneurs rendus aux prélats supérieurs, 23. Ces honneurs sont ordonnés par le cérémonial, 22.

ENTRÉE DE L'ÉVÊQUE A L'ÉGLISE, 113. Les chanoines, en habit canonial, accompagnent l'évêque du palais à la cathédrale, 113, 114. Le caudataire est *in habitu talari*, quand l'évêque assiste *in cappa*, et en surplis si l'évêque doit célébrer ou assister *paré*, 113. Les familiers marchent devant ; viennent ensuite les nobles laïques, puis l'évêque suivi des chanoines, 113. La croix archiépiscopale est portée immédiatement devant l'archevêque, 113. Les évêques étrangers marchent devant les chanoines et les clercs par derrière ; autres circonstances de l'entrée, 114. L'évêque s'asperge et asperge ensuite les autres à la porte de l'église, 114, 115. L'évêque va recevoir, à la porte de l'église, un cardinal, et lui présente l'aspersoir, 115. S'il n'est pas légat, il lui fait présenter l'aspersoir par la première dignité, 115. Les cloches sonnent et l'orgue joue, 115. L'évêque va prier à l'autel du saint sacrement ; et, en arrivant et en partant, il fait la génuflexion *in plano*, 115. Il prie encore en arrivant au grand autel, 115. Les évêques étrangers se mettent alors sur une même ligne et prient à genoux sur des coussins, 115. Les chanoines s'habillent *post episcopum*, pendant que l'évêque est à genoux, avant vêpres, 115, 116. On ne dit les prières prescrites, quand on revêt les ornements, qu'à la messe, 116. A vêpres, c'est au chœur que l'évêque prend les ornements, 116. A la messe, c'est ordinairement au *secretarium* et pendant que l'on chante tierce, 116. Le pape s'habille, pour l'entrée à Saint-Pierre, dans une chapelle, 116. Ce qu'il y a, selon Catalan, à observer quand l'évêque s'habille au chœur, 116, 117. Pour aller du *secrétaire* à l'autel, les chanoines parés marchent devant l'évêque, 117. La croix du chapitre est portée en tête du clergé, 117. Si c'est un archevêque, la croix archiépiscopale est portée par un sous-diacre *paré* devant les chanoines, 117. L'évêque devrait assister *paré* à l'office, 117. On se déshabille au chœur, excepté quand il s'y fait quelque autre office immédiatement après, 117, 118. Dans les églises collégiales, l'on va au chœur en ordre de procession et la croix est portée en tête du clergé, 118. On observe le même pour la messe, à l'exception des ornements, qui sont différents pour le célébrant et ses ministres, et qu'il ne doit pas y avoir de chapiers, 118. Pour l'aspersion, le célébrant est en chape, et il prend ensuite la chasuble à la banquette. Usage contraire à Saint-Pierre, 118. Il est assisté des diacre et sous-diacre *parés*, 118. Tout se prépare et se dépose à l'autel ou à la crédence, 118.

Exultet. Voyez *Samedi saint*.

Faldistorium. Voyez *Office au fauteuil : siéges*.
Familiers. Ce que le Cérémonial entend par familiers, 471 et suiv. Voyez *Acolytes, Évêque*.
Fanaux, quand on porte le saint sacrement. Voyez *Procession*.
Fanons de la mitre. C'est au sous-diacre et au second diacre à soulever les fanons de la mitre quand on la met à l'évêque, 251. Voyez *Messe solennelle*.
Fêtes depuis Noël jusqu'à la Purification, 314. L'évêque règle, *prout illi videtur*, ces solennités, 314. Il assiste *paré* à la messe de la Circoncision, 314. Il doit célébrer à l'Épiphanie, 315. Un chanoine en chape publie ce jour-là les fêtes mobiles, 315. Ce qui n'est plus d'usage, 315. Aux autres fêtes l'évêque assiste *paré*, 315. Le moyen que le Cérémonial ne soit pas une lettre morte serait de s'assujettir à célébrer ou assister aux offices, tel qu'il est réglé par ce livre liturgique, 436, 437.
Feu nouveau. Voyez *Samedi saint*.
Fontaine baptismale. Voyez *Samedi saint*.
France. Elle a établi la liturgie romaine au Canada, xii. Comme fille aînée de l'Église, elle doit donner à toutes les autres églises l'exemple de la fidélité à suivre cette sainte liturgie, 477, 478.

Gants. Ils servent à la *messe pontificale*, 250, 263.
Généraux d'ordres. Voyez *Préséances*.
Génuflexions. Voyez *Saluts*.
Gloria in excelsis, etc. Voyez *Messe solennelle, Dimanches de l'Avent et de la Septuagésime jusqu'à Pâques, Samedi saint*.
Gloria, laus, etc. Voyez *Dimanche des Palmes*, 341.
Gouverneur. Il fait annoncer son arrivée, dans sa province, à l'évêque qui doit lui faire de suite une visite privée, 479. Le gouverneur la lui rend privément, 479. De la visite publique que doivent se faire le gouverneur et l'évêque, 479, 480. Des habits dont doivent être vêtus les archevêques et évêques, ainsi que les gouverneurs, dans leurs visites mutuelles, 481. Ce qu'ils ont à observer quand ils vont à l'église pour des fonctions publiques, 481, 482. Comment ils vont adorer le saint sacrement dans la chapelle de la réserve, et ce qu'ils font ensuite, 482. De la place qu'occupe à l'église le gouverneur et de l'ornement du siége où il est assis pour la messe et pour le sermon, 483. Ce qu'il a à faire en reconduisant l'évêque après la messe, 483. Comment on doit encenser le gouverneur et de la manière de lui porter la paix, 484. De la manière dont il reçoit le cierge, les cendres et la palme, et comment il va à l'adoration de la croix, 484. Comment il lui faut faire la communion le jeudi saint, 485. De la manière dont l'évêque et le gouverneur doivent se saluer à l'église, 485. Du salut qu'a à faire au

gouverneur le prédicateur, 485, 486. De la place qu'occupe le gouverneur en se rendant à l'église avec l'évêque, quand il est *paré*, 486. De ce qu'il a à faire quand l'évêque se rend à l'église par un escalier intérieur, 487. Quelle place est assignée au magistrat qui accompagne l'évêque à l'entrée à l'église, que le gouverneur soit présent ou absent, 487. De ce qu'il y a à observer par le gouverneur quand l'évêque est cardinal, 488.

GRAINS D'ENCENS. Voyez *Samedi saint.*
GRÉGOIRE. Saint Grégoire le Grand enseignait le chant, x et xi.
GRÉMIAL. Voyez *Acolytes.*

HEURES CANONIALES. Voyez *Laudes.*
HOSTIES. Comment se fait la prégustation. Voyez *Messe solennelle.*
HUMILIATE CAPITA VESTRA DEO. Voyez *Mercredi des Cendres.*
HYMNES. Voyez *Vêpres, Complies, Matines, Laudes et Petites heures.*

INDUS. Ils ne sont pas nécessaires pour la splendeur du culte, 71.
INITIUM SACNTI EVANGELII, etc. Voyez *Messe solennelle.*
INNOCENT X. Sa bulle imposant l'obligation d'observer le *Cérémonial* des évêques, XXIV.
INSTRUMENT DE PAIX. On s'en sert à la basse messe pour donner la paix aux prélats, 177, 180, et à la grande messe pour la donner aux laïques, 156, 157.
ITINÉRAIRE. En voyage, l'évêque dit chaque jour l'itinéraire à l'église ou à la maison, 7.

JÉSUS. L'évêque, couvert de la mitre, se met à genoux au *In nomine Jesu* de l'Épître du dimanche des Palmes, 542. On salue la croix de l'autel au nom de *Jésus*, 135.
JEUDI SAINT, 550. Il faut orner une chapelle pour servir de reposoir, 550. L'on prépare le dais et les autres choses particulières à cet office, 550. L'évêque fait la préparation pendant none, 550, 551. Il est à genoux pour le *Christus factus est*, etc.; et après le *Miserere*, etc., il dit l'Oraison, 551. Il quitte la cape et revêt les ornements ordinaires, 551. Les chanoines s'habillent en même temps, 551. La messe comme au Cérémonial et au Missel, 551. Après avoir communié, l'évêque met la seconde hostie dans le calice, que le diacre couvre du voile et place au milieu de l'autel, 551. Il donne la communion aux diacre et sous-diacre, aux chanoines parés, aux prêtres en surplis et en étole et aux autres du clergé, 551. Il ne donne pas la paix, 551. Pour les génuflexions et le lavement des mains, il fait comme aux messes devant le saint sacrement, 551, 552. La bénédiction se donne sans mitre, 552. L'indulgence se publie au reposoir, 552. L'évêque ne signe pas l'autel, à l'évangile, et il va au trône pour quitter la chasuble et les tunicelles et prendre la chape, 552. Un sous-diacre porte la croix couverte d'un voile violet, 552. Les acolytes prennent leurs chandeliers, à l'ordinaire, 552. Les chanoines prennent des cierges allumés, 552. L'évêque, debout et en mitre, met de l'encens dans deux encensoirs, 552.

Rendu à l'autel, il quitte la mitre, encense le saint sacrement et reçoit le voile, puis le saint sacrement des mains du diacre assistant, 352. Celui-ci fait aussitôt après la génuflexion, 352. L'évêque se lève ; on entonne *Pange, lingua*, etc., et les ministres soulèvent les franges de la chape, 352. Le cérémoniaire soulève les bords de la soutane, quand l'évêque monte les degrés, et un noble laïque soulève la chape par derrière, 352. Les chanoines *parés* vont devant l'évêque, 353. A Rome, la génuflexion se fait *in plano* et la prostration *super pulvino*, 353. Le diacre assistant, en dalmatique, mais sans étole, donne le saint sacrement à l'évêque, et le reçoit de lui, 352, 353. Celui-ci le porte sous l'*ombrello* et le dais, 353, 354. Au reposoir, on chante *O salutaris hostia* ou *Tantum ergo*, 353. L'évêque encense le saint sacrement et le diacre ferme la porte de la custode, 353, 354. L'évêque donne la bénédiction et le prêtre assistant publie l'indulgence, 353. On retourne au chœur, l'évêque et les chanoines quittent leurs ornements, l'on dit vêpres, puis l'on dépouille les autels, 353. Il suffit de se mettre en dehors du marchepied, 354. L'évêque officie *paré* et fait la procession quand il ne peut chanter la messe, 354.

KYRIE. Voyez *Messe solennelle*.

LAÏQUES. Cérémonies à suivre par les laïques qui assistent aux offices, 31, 32, 96, 97, 135, 156, 157, 254, 255, 328. Voyez *magistrats, barons*.

LAMPES. Voyez *Ornement des églises*.

LAUDES. Elles se chantent comme les vêpres quand l'évêque ne doit pas chanter la messe le lendemain, 239. L'évêque et les chantres ne prennent la chape que quand le *Te Deum* est fini, 239. Pour le *Deus in adjutorium*, l'intimation et l'intonation des antiennes et de l'hymne, le chant du capitule, du *Benedictus*, etc., comme à vêpres, 239, 240. On fait de même à laudes, dans les collégiales et lorsque l'évêque est absent, 240. Aux autres heures canoniales, quand l'évêque veut y assister, il est à sa place, au chœur, 240. On en excepte tierce, avant la messe pontificale, 240. Les laudes de Noël se chantent comme à l'ordinaire, 314. On se signe à l'intonation de *Benedictus*, 240.

LAVAL. Monseigneur Laval de Montmorency, premier évêque de Québec, etc., XII.

LAVEMENT DES MAINS.

LAVEMENT DES PIEDS. L'évêque prend les ornements dans le lieu du lavement des pieds, 354, 355. Il se revêt de la chape violette, 355. Les diacre et sous-diacre, en dalmatique et tunique blanches, attendent l'arrivée de l'évêque, 355. Les chanoines, en habit canonial, et les pauvres, vêtus de blanc, se rendent d'avance, 355. Il vaut mieux que l'évêque lave les pieds à des pauvres qu'à des chanoines, 355. Usage de Rome, 355. Ce qu'il faut préparer pour la cérémonie, et usage de Rome à ce sujet, 355, 356, 357. L'évêque, aidé du prêtre assistant, bénit l'encens, 357, 358. Le diacre, sans dire *Munda cor meum*, demande la bénédiction de l'évêque, chante l'Évangile en la manière ordinaire et encense l'évêque après qu'il a baisé le livre, 358. Les diacre et sous-diacre peuvent se retirer ensuite où ils veulent, 358. La croix archiépiscopale est portée au lavement, si c'est un archevêque qui le fait, 358. Ce qui se pratique à Saint-Pierre, 358. L'évêque, avec la mitre simple, mais sans chape, lave les pieds à chaque pauvre, 358, 359. Un chapelain place le coussin, un *scutiferus* verse l'eau et un autre tient le bassin, 359. Le cérémoniaire donne autant de serviettes pour essuyer les pieds qu'il y a de pauvres, 359. Il y a autant de *scutiferi* que de pauvres, 359. Comment se fait le lavement par le pape, 359. L'évêque retourne au trône, se lave les mains, reprend la chape et chante les versets et oraison, 360. Les *céroféraires* se tiennent auprès de lui avec leurs cierges allumés, 360. L'évêque bénit de la main ceux qui sont présents et se retire, 360. Il ne se donne pas d'aumône quand l'évêque lave les pieds à des chanoines, 360. Touchante cérémonie du lavement de l'autel de la Confession, à Saint-Pierre, 360.

Leçons. Voyez *Matines*.

Lectica mortuorum Voyez *Messe pro defunctis*.

Lectus mortuorum. Voyez *Messe pro defunctis*.

Léon IX (saint). Il déposa le diacre Hunibert, qui refusait de chanter sa leçon, comme au romain, x.

Libera. Voyez *Messe pro defunctis*.

Litanies. Voyez *Procession de Saint-Marc, Samedi saint*.

Liturgie. La liturgie ayant gardé en dépôt la foi à l'*Immaculée* Conception de la bienheureuse vierge Marie, elle doit maintenant la propager, 476 et suiv.

Livre et bougeoir. L'évêque célébrant ou assistant *ad solium*, il fait usage du livre et du bougeoir, 137. Le porte-bougeoir se place à la droite du porte-livre, 137. L'évêque lit l'introït, l'épître et ce qui suit, jusqu'à l'évangile inclusivement, l'offertoire et la postcommunion, 137. Si un cardinal légat ou non légat, le métropolitain, le nonce apostolique sont présents, l'évêque ne fait pas usage du livre et du bougeoir, 137. A vêpres, l'évêque ne se sert du livre que pour l'oraison, 138. Voyez *Acolytes*.

Lumen christi. Voyez *Samedi saint*.

Magistrats. Ils sont encensés après les chanoines, 154. Ce qu'ils ont à faire à la première entrée de l'évêque, 7 et suiv. Comment ils doivent saluer le chœur, 132. Voyez *Processions, Purification, Dimanche des Palmes*, etc.

Magnificat. A l'intonation de ce cantique, tous font le signe de la croix, 194.

Mandements. Les évêques sont dans l'usage d'adresser des mandements quand ils prennent possession de leurs diocèses, 11.

Mansionarii, 152.

Mantelet. Voyez *Évêque*.

Manière de joindre les mains, etc., 154. L'évêque, quand il ne fait pas usage de la crosse, tient les mains jointes, le pouce droit croisé par-dessus le gauche, quand il marche ou qu'il est à genoux, 154, 155. De temps en temps il lève la droite pour bénir, 135. Quand il est assis, il les appuie sur la chasuble ou le grémial, 135. Joindre les mains, c'est d'abord les séparer en les élevant, puis les rejoindre à la hauteur des yeux, 135. C'est en faisant de la sorte que l'on dit *Oremus, Dominus vobiscum*, 135. Aux oraisons, l'on tient les mains élevées, à la hauteur des épaules ; on les joint aux premières paroles de la conclusion et on salue la croix au nom de Jésus, 135. La main gauche est appuyée sur l'autel quand la droite bénit ou signe les oblats., etc., 135. Quand on se signe, la gauche est appuyée sur la poitrine, 135. L'évêque officie au fauteuil devant un légat et autre cardinal, 135. A l'autel comme au fauteuil, l'évêque se tourne sur sa droite vers le peuple et se retourne de même vers l'autel, 135, 136. Il a l'air alors de tourner le dos à l'autel, quand cet autel est au fond de l'église, 135. A l'*Orate, fratres*, et à la bénédiction de la fin de la messe, il fait le tour en se tournant vers le peuple et ensuite vers l'autel, 135. Le célébrant baise l'autel chaque fois qu'il se tourne vers le peuple et aussi chaque fois qu'il va du trône ou du fauteuil à l'autel, 135.

MANIPULES. Quand et comment l'évêque prend le manipule, pareillement les diacres et sous-diacres. Voyez *Messe solennelle, Diacre* et *Sous-diacre*.

MANSIONARII. Ce que sont les ministres ainsi appelés, 471, 473, 474.

MANTELET. L'usage que fait l'évêque de cet ornement. Voyez *Évêque*.

MARIE. Comment il faut s'incliner à ce saint nom, 260.

MARTYROLOGE. Solennité avec laquelle on chante, à Saint-Pierre, le Martyrologe, la veille de Noël, 308.

MATINES célébrées par l'évêque, 216. L'évêque, revêtu de la cape et accompagné des chanoines, va prier à l'autel du Saint-Sacrement et à l'autel majeur, 216, 217. Il s'assied en arrivant au trône et se couvre, 217. Il n'a pas d'assistants, et un chapelain arrange sa cape tout autour de son siége. Ce qu'il y a de particulier là-dessus, 217. L'évêque dit, tourné vers l'autel, *Pater, Ave, Credo*, 217. Règle à suivre pour se tourner en chœur ou vers l'autel, 217, 218. Il signe ses lèvres de la croix, en chantant *Domine, labia*, etc.; se signe au front, etc., en disant *Deus, in adjutorium*, etc., et demeure tourné vers l'autel pendant le *Venite, exultemus*, etc., 217. Ce psaume se chante par deux chantres, au milieu du chœur, et tous se mettent à genoux à *Venite, adoremus*, etc., 217, 218. L'évêque entonne l'hymne qui lui est intimée par un chantre, s'il doit chanter la messe, *alias non*, 217, 218. A Rome, le célébrant et les chantres sont en chape aux grandes fêtes, 218. Ceux-ci se placent *ad sedilia*, comme à vêpres, 218, 219. Les antiennes sont intimées *per aliquem mansionarium*, etc., et entonnées par les plus dignes des chanoines, 218. Les leçons se chantent au milieu du chœur par les chanoines, en commençant par les plus jeunes, lesquels sont conduits *ad legile* par un cérémoniaire, 218. La septième et la huitième sont chantées par ceux qui assistent l'évêque à la messe, et la neuvième par l'évêque, 218. A l'intonation du premier psaume tous s'asseyent, 218. Les psaumes se chantent en chant grégorien par les chanoines et autres, qui observent la *pause* au milieu de chaque verset, 218. Tous se lèvent pour le verset à la fin de chaque nocturne, 219. Celui qui doit chanter la leçon est conduit *ad legile* par le second cérémoniaire ; il salue l'autel et l'évêque en arrivant ; tourné vers l'évêque, il dit *Jube domne*, et reçoit la bénédiction ; il commence sa leçon quand tous sont assis ; il s'incline en disant *Tu autem, Domine*, etc., et il salue l'évêque, qui le bénit, 219, 220. L'évêque dit de mémoire ou dans un livre les absolutions et bénédictions, 219, 220. A Rome, les chapiers se tiennent auprès du célébrant pendant le *Pater* et les absolutions, etc., qui suivent, 219. L'évêque est debout quand il chante la première, la quatrième et la septième absolution, 220. Tous se lèvent quand le lecteur chante le texte de l'Évangile, 220. Celui-ci appuie les mains sur le livre en chantant sa leçon, 220. L'évêque, tourné vers l'autel, chante *Jube, Domine, benedicere*, et le chœur répond *Amen*, 220. Il salue profondément l'autel en disant *Tu autem Domine*, etc., 221. Tous sont debout pendant cette leçon, 221. Les diacres assistants, en habit canonial, et les porte-livre et bougeoir se présentent au trône pour la neuvième leçon, 220, 221. Si un cardinal ou prélat supérieur est au chœur, l'évêque lui demande la bénédiction, que celui-là lui donne debout, à sa place, et ils se saluent tous deux auparavant, 220, 221. L'évêque entonne le *Te Deum*, qui lui est intimé par un chantre, 221. Tous se mettent à genoux au verset *Te ergo, quæsumus*, etc., qui se chante *voce clara, alioquin cum suavi harmonia sine organo*, 221. On joue l'orgue au *Te Deum*, 221. L'usage est, à Rome, de présenter des coussins à tous les évêques quand ils doivent s'agenouiller, 221.

Matines. La veille de Noël, 308. On illumine l'église autant qu'il est nécessaire, 309. On prépare des bougies pour l'évêque et les chanoines, 309. Les ornements pour la messe de minuit, si l'évêque doit la chanter, se placent sur une crédence, 309. Sinon, on n'y place que la chape, 309. Le prêtre assistant et les chanoines s'habillent au chœur, les autres ministres le font à la sacristie, 309. L'évêque entonne l'hymne de matines, s'il doit chanter la messe, 309. A *Jesu Redemptor omnium*, il lève et joint les mains et incline la tête vers l'autel, 309. Le cérémoniaire éclaire le lecteur, 309. L'évêque est chaussé par deux *scutiferi* quand on chante le psaume *Misericordias Domini*, etc. Deux chanoines l'assistent quand il dit les prières de la préparation et se retirent ensuite, 309, 310. Les diacre et sous-diacre s'habillent à la sacristie, 310. La préparation doit être faite quand arrive le temps de bénir celui qui chante la première leçon du troisième nocturne, 310. L'évêque chante la neuvième leçon, et deux chanoines en habit canonial l'assistent, 310. Il entonne le *Te Deum* et descend du trône pour s'habiller pour la messe, 310. Ce sont les diacre et sous-diacre qui le revêtent des ornements, 310. Ayant reçu la chape, il monte au trône et chante *Dominus vobiscum*, *Versus populum* et l'oraison *Versus altare*, 310. Les acolytes, porte-livre et bougeoir se présentent pour cela, 310. Il quitte la chape, prend le reste des ornements et va commencer la messe, 310. Il se met à genoux, au trône, en gardant la mitre, à *Incarnatus est*, etc., 310. Il ne prend pas la purification et n'accorde l'indulgence qu'à la messe du jour, 310, 311. *Matines de Noël*, célébrées par le pape, 311, 312. Bénédiction de l'épée et du chapeau ducal, qui se fait par le pape, avant les matines de Noël, 312, 313. Félicitations adressées ce jour au pape par le cardinal doyen, 313. Belles acclamations qui se faisaient autrefois à pareil jour, 313, 314.

MATINES, *absente episcopo*, 221. Le célébrant et les chanoines, en habit canonial, vont de la sacristie au chœur, 221, 222. Les maîtres de cérémonies marchent devant; ils sont suivis des deux chantres, après lesquels vient le célébrant, qui est suivi des chanoines deux à deux, les plus dignes devant, 222. Tous se mettent à genoux *in plano* et prient *ante Altare*; les chantres *post officium facturum*, et les chanoines *hinc et inde*, 222. Tous se lèvent en même temps que l'officiant, qui, ayant salué les chanoines, va prendre la première place du chœur, du côté où doit être le semainier, avec le cérémoniaire, qui se tient près de lui, 222. Les chantres prennent leur place *sub ipso, in plano chori*, 222. Tous les autres *ad loca sua ascendunt*, 222. L'officiant s'assied à la stalle, qui est garnie comme à vêpres, 222. Matines commencent, comme il a été dit plus haut, *celebrante episcopo*, 222. Tout se fait de même à l'invitatoire, au psaume *Venite exultemus*, etc., et à l'hymne, 222, 223. Le chantre qui a intimé à l'officiant l'hymne lui donne l'intonation de la première antienne, 223. Les chantres entonnent, au milieu du chœur, le premier psaume et vont s'asseoir *ad locum suum*, 223. L'officiant et tous les autres du chœur s'asseyent de même, 223. Les antiennes sont intimées par les chantres et entonnées par les chanoines, 223. Les chantres vont chanter au livre le verset de chaque nocturne, et ils font, en y arrivant, le salut à l'autel et au chœur, 223. Tous se lèvent *incœpto versiculo*, 223. L'officiant annonce *Pater noster*, qui se dit secrètement, 223. Pendant le verset, le cérémoniaire va inviter le lecteur à chanter sa leçon; ils font, au milieu du chœur, le salut à l'autel et aux chanoines, et ils se rendent *ad legile*, 223. Le chanoine demande la bénédiction, profondément incliné vers l'officiant, qui la donne en se tenant debout, 223. Les leçons se chantent par les clercs et les chanoines *devote in tono consueto in ecclesia romana*, 223, 224. Si matines se célèbrent la nuit, le cérémoniaire tient une petite bougie pour éclairer le lecteur, 224. Tout se fait comme à matines célébrées par l'évêque, 224. Si le lecteur n'est pas chanoine, il fait la génuflexion à l'autel, en chantant *Tu autem*, etc., et, si l'évêque est présent, il va lui baiser la main, mais il ne doit pas baiser celle du chanoine officiant, 224. Après avoir chanté sa leçon, le lecteur salue l'autel et le chœur comme avant, 224. Vers la fin du troisième nocturne, l'officiant et les chantres prennent la chape, 224. Les acolytes vont, pendant le huitième répons, avec leurs cierges allumés, auprès du célébrant et se tiennent là pendant qu'il chante la neuvième leçon et jusqu'à ce qu'il ait entonné le *Te Deum*, etc., 224. Tous se mettent à genoux au verset *Te ergo quæsumus*, etc. A laudes, l'on se comporte comme dans les collégiales aux vêpres solennelles, 224. Aux fêtes moins solennelles et aux jours de féries, il ne faut pas de chapes, 224. Comment se fait l'office canonial à Saint-Pierre, *celebrante canonico, vel beneficiario*, 224 et suiv. *Matines* célébrées à Saint-Pierre par un évêque officiant *ad faldistorium*, 232, 233.

Mazzenius. Ce que c'est que cet officier, 382.

Memento homo. Voyez *Mercredi des cendres*.

Messe basse de l'évêque, 172. L'évêque s'habille à l'autel, 172. Il peut avoir, pour le servir, deux chapelains, deux familiers et un clerc servant, 172, 173. Les ornements se préparent sur l'autel et sur la crédence, 173. Il fait usage du *canon pontifical*, 173. Il ne prend que les ornements sacerdotaux ordinaires, de la couleur du jour, et de plus la croix pectorale et l'anneau, 173. L'autel est paré selon les fêtes, 173. Aux grandes fêtes, on allume quatre cierges, et deux seulement aux jours ordinaires, 173. A Rome, on n'en allume jamais moins de quatre, 173. Pour les prêtres, on n'en allume jamais que deux, et quand on en allume davantage c'est uniquement à raison de la solennité, 173. Les chapelains répondent au célébrant, couvrent et découvrent le calice, servent au lavement des mains, etc., 175. Longs détails sur les usages de Rome à ce sujet, 174, 175, 176. Deux chapelains tiennent des cierges allumés à l'élévation, et un troisième assiste l'évêque, 176. L'on ne sonne que pour l'élévation, et alors on sonne *ter dum elevatur hostia, et toties dum elevatur sanguis*, 176. Ce qui est, à Rome, de règle et d'usage par rapport à la sonnerie aux basses messes, 176. Quelle est aussi la pratique de Rome, quant à la sonnerie, hors le temps des messes privées, 176, 177. Les cierges qui s'allument pour l'élévation sont portés par des *scutiferi* ou autres *familiers*, ou placés sur des chandeliers, et ils s'éteignent après la communion, 177. Le premier chapelain, à genoux à côté de l'évêque, lui présente l'instrument de paix quand il en est temps et quand il a répondu *Et cum spiritu tuo* à *Pax tecum* que dit l'évêque en le baisant; il va le porter à un cardinal, prélat, prince et autres, qui seraient présents, en disant à chacun : *Pax tecum*, et ne faisant de salut à aucun qu'après qu'il a répondu *Et cum spiritu tuo*, 177, 178. Comment se donne la paix par le pape aux cardinaux et évêques assistant à sa basse messe, 178. Quelle solennité l'on pourrait, en suivant l'usage de Rome, donner à la basse messe de l'évêque dans les grandes occasions, 178, 179. On porte à un cardinal, prince et autres qui doivent baiser le livre après l'Évangile, un autre Missel que celui dont se sert l'évêque, 178. L'évêque se lave les mains deux fois pendant la messe, une fois avant et une fois après, 178, 179. Un familier verse l'eau et un chapelain tient l'essuie-mains, 178. Avant et après la messe, l'évêque se couvre de la barrette pour se laver les mains, 178. Pour la préparation et l'action de grâces, les chapelains se tiennent près de l'évêque, tenant le livre et le bougeoir, 178, 179. L'évêque donne la bénédiction en disant *Sit nomen Domini*, etc., et il peut alors user de la mitre et de la crosse quand il célèbre la basse messe avec solennité, 179.

Messe basse, en présence de l'évêque, 179. Il est à genoux, *super genuflexo-*

rio, ante medium altaris, c'est ainsi que se place le pape, 179, 180; ou bien du côté de l'épître, 179. Il ne se lève que pour l'Évangile, 179. C'est ainsi qu'on le pratique à Rome devant le pape, 180. Il baise le livre après l'Évangile, 179. Un chapelain lui porte l'instrument de paix à baiser après l'*Agnus*, 180. C'est ainsi qu'on le pratique devant le pape, 180. Le livre des Évangiles n'est porté qu'au plus digne des prélats présents, et, s'ils sont égaux, personne ne le baise, non plus que le célébrant, 180. Mais la paix se porte au plus digne de chaque ordre, 178, 180. Ce qu'il faut observer si celui qui célèbre *coram ordinario* est évêque, 180, 181. Ce qui se pratique à Rome par rapport aux cierges de l'élévation, 181. Ces cérémonies ne s'observent que lorsque l'évêque entend la basse messe dans son diocèse, et l'archevêque ou le légat dans sa province, 181.

MESSE SOLENNELLE, chantée par l'évêque. On observe à l'*entrée* tout ce qui a été dit ailleurs, 241. Il convient qu'il s'habille *in sacello aut secretario*, 241. Pour tout ce qui regarde les ornements de l'évêque, les siéges des chanoines, etc., tout se fait comme il est marqué ailleurs, 242. Tous s'habillent *extra locum sacelli*, pendant que l'évêque prie *ad faldistorium*, 242. C'est ce qui se pratique aux offices célébrés par le pape, 242. Les assistants prendront leurs ornements plus tard, 242. Tous les officiers *parés* entrent dans la chapelle, et saluent l'autel et l'évêque qui est rendu au trône, 242. Les chanoines font le cercle, 242, 243. Après le *Pater* et *Ave*, l'évêque chante le *Deus in adjutorium*, entonne l'hymne et l'antienne de tierce, et s'assied, 242, 243. Les assistants et autres ministres demeurent debout pendant la préparation, 243, 244. Les porte-livre et bougeoir se présentent, 243. Le sous-diacre apporte la chaussure dans un bassin, couverte d'un voile. C'est aux familiers (*scutiferi*) à ôter à l'évêque ses souliers ordinaires, et au sous-diacre à lui mettre sa chaussure de cérémonies. Six ou huit acolytes, à genoux, tiennent le bas de la cape autour du sous-diacre et des familiers, occupés à chausser l'évêque, 243, 244. Ce que signifient les *sandalia et caligæ*, 244. Comment les acolytes doivent arranger les bords de la cape et transporter ensuite les ornements, 244, 245. Il ne doit pas y avoir, pendant l'office, d'interruption, 245. L'évêque est tourné vers l'autel pour réciter les *oraisons* de la préparation, 244. Les psaumes de tierce se chantent lentement, pour que l'évêque ait le temps de faire la préparation, 244, 245. Tous sont à genoux, excepté les chanoines, quand l'évêque se lave les mains, 245, 246; ce qui ne se fait pas quand il y a au chœur un cardinal ou autre supérieur, 245. C'est aux diacres assistants à lui ôter ses anneaux, 245, et au prêtre assistant à les lui remettre, 246. La *prégustation* de l'eau se fait à la crédence, quand ce sont des nobles qui doivent donner à laver à l'évêque, 246. Quand ce sont des familiers (*scutiferi*), ils la goûtent devant l'évêque, 246. Comment se fait le lavement des mains, 246. Usage dans lequel les évêques étaient autrefois de porter plusieurs anneaux, 246. Les acolytes transportent les ornements de l'autel au trône, et les diacre et sous-diacre en revêtent l'évêque, 246, 247. Comment le diacre doit les baiser, 247. Comment les acolytes doivent arranger l'aube, 247. L'évêque se revêt de l'amict, de l'aube et du cordon, 247. La croix pectorale s'apporte dans un bassin, 247, 248. Comment se doit ajuster l'étole sur les épaules de l'évêque, 247, 248. Les diacre et sous-diacre, ayant mis la chape et la mitre à l'évêque, vont à la banquette, 248. Les diacres assistants vont au trône, 248. Le sous-diacre chante le capitule, 248, 249. L'évêque est encore debout, en mitre, et tourné vers lui, 249. Les chantres chantent le répons et le *Benedicamus Domino* au milieu du chœur, et quittent la chape, 249. Les acolytes, tournés en face, se tiennent auprès de l'évêque, pendant qu'il chante l'oraison, et au *Dominus vobiscum* ils vont se placer à l'entrée de la chapelle, 249. Le porte-bougeoir se présente pour l'oraison, 249. Le prêtre assistant tient le livre quand l'évêque chante l'Oraison, 249. Les diacre et sous-diacre de la Messe retournent au trône pour ôter à l'évêque la chape et lui donner les ornements de la messe, après qu'il a dit *Fidelium animæ*, etc., 249, 250. La chasuble était autrefois plus ample qu'aujourd'hui, 250. C'est à un sous-diacre à porter le *pallium* au trône, et à quelque acolyte à porter les épingles, et au diacre, aidé du sous-diacre, à en revêtir l'évêque, 250. L'évêque assis reçoit la mitre du diacre, et le sous-diacre soulève les fanons; ce qui doit toujours s'observer, 251. Le prêtre assistant met l'anneau, 251. Les diacres assistants retournent au trône, 251. Les diacre et sous-diacre vont prendre leurs manipules à leur banquette, 251. Le thuriféraire va faire bénir l'encens, 251. L'on se rend processionnellement de la chapelle au chœur, 251, 252. L'ordre à suivre est celui-ci : le thuriféraire, un sous-diacre *paré* portant la croix entre les acolytes, les clercs, les chanoines *parés*, le sous-diacre portant le livre et le manipule, le prêtre assistant à la droite du diacre, l'évêque entre les diacres assistants et les chapelains, 252. L'évêque tient la crosse et bénit, s'il est dans son diocèse, 252. Si l'évêque s'habille au chœur, il va à l'autel avec ses seuls assistants, 252. La croix archiépiscopale se porte par un sous-diacre *paré*, devant les chanoines *parés*, 253. L'évêque salue les chanoines avant d'arriver à l'autel, 253. L'évêque saluerait auparavant un cardinal, un légat apostolique, l'archevêque, 253. Ils se lèvent pour répondre à ce salut, excepté le cardinal qui rend le salut en se découvrant seulement, 253. L'évêque dépose la crosse et la mitre, et chacun prend sa place pour faire la confession, 253, 254. L'*introït* s'entonne quand la confession commence, 254. Au *Confiteor*, l'évêque demeure incliné vers l'autel, en disant : *Vobis fratres, vos fratres*, 254. Les assistants, en s'inclinant vers l'évêque, lui disent : *Tibi Pater, te Pater*, 254. Le sous-diacre, après l'*Indulgentiam*, baise le manipule et la main de l'évêque, et lui met ce manipule au bras gauche, 254. Les chanoines et les autres du chœur, *parés*, font debout la confession, deux à deux, 254. Tous les clercs, à genoux, font aussi la confession *bini*, 254. Les laïques se conforment au chœur, 254, 255. Après la confession, l'évêque, en faisant les prières et cérémonies ordinaires, monte à l'autel, ayant le prêtre assistant à sa gauche, et le diacre à sa droite, 255. Le sous-diacre, aidé du prêtre assistant, fait baiser le missel à l'évêque, 255. Le thuriféraire fait bénir l'encens par l'évêque, qui encense l'autel, et est encensé par le diacre, 255. Il prend pour cela la mitre précieuse, que lui présente le premier diacre, 255. Ayant salué la croix, du coin de l'épître, et reçu la crosse, il va *per breviorem* au trône, entre les diacres assistants, 255, 256. Il dépose, en y arrivant, la crosse et la mitre, et lit l'*Introït* avec les cérémonies ordinaires, 256. Les *diacres d'honneur* se placent sur le second degré de l'autel, 256. Le *Kyrie eleison* se dit au trône, à la banquette et au chœur, ainsi que le *Gloria, Credo*, etc., en même temps, 256. Tous s'asseyent à leurs places respectives, 256. L'évêque prend alors l'auriphrygiate et le grémial, 256. Au dernier *Kyrie*, tous les assistants se lèvent, l'évêque assis dépose le grémial, la mitre et la calotte qui se met sur la mitre, 256. Après le dernier *Kyrie*, l'évêque, aidé de ses assistants, se lève, se tourne vers l'autel et entonne le *Gloria in excelsis*, etc., 256, 257. Tous s'asseyent, quand ils ont récité l'hymne en même temps que l'évêque, qui reçoit la mitre et le grémial, 257. L'évêque est tourné vers le peuple pour chanter *Pax vobis*, et vers l'autel pour les oraisons, 257. Le sous-diacre chante l'épître et va au trône baiser la main de l'évêque et recevoir la bénédiction, 257. L'évêque, assis, lit ensuite l'épître et tout ce qui suit, jusqu'à l'évangile inclusivement, 258, 259. S'il officie au fauteuil, c'est au sous-diacre, debout, à lui tenir le livre, 259. Le diacre porte le missel à l'autel, va baiser l'anneau de l'évêque, retourne à l'autel dire *Munda cor meum, in inferiori gradu*, prend le livre et attend, 258, 259. Le thuriféraire fait bénir, avec le prêtre assistant, l'encens, et retourne à l'autel, 259. Tous vont au trône pour la bénédiction que l'évêque donne au diacre, 259. En allant au lieu où se chante l'évangile, le cérémoniaire marche devant; il est suivi du thuriféraire, après lequel viennent les acolytes, le sous-diacre et le diacre, qui marchent l'un devant l'autre, 259. On observe de ne pas tourner le dos à l'évêque, 259, 260. Lorsque l'évangile se chante *ad legile*, le sous-diacre est par derrière pour tenir le livre, 260. Lorsque c'est à un *ambon* de pierre, il est à droite du diacre, et il lui donne l'encensoir, tourne les feuillets, etc., 260. L'évêque se lève pour l'évangile, lorsque le diacre chante *Dominus vobiscum*, etc. Il quitte la mitre et le grémial auparavant, et prend la crosse. Tous se signent en même temps que le diacre, et se tiennent tournés vers lui, 260. On s'incline aux saints noms de Jésus et de Marie, 260. Tous saluent l'évêque et l'autel et se retirent; mais le sous-diacre ne salue que lorsqu'il a présenté le livre à baiser à l'évêque, 260, 261. Le prêtre assistant, debout, *thurificat episcopum stantem*, 261. L'évêque prêche, au trône, s'il est en face du peuple, et à l'autel, *quando adhæret parieti*, 261. Manière particulière de se placer pour les assistants et officiers sacrés, 261. Après le sermon, le diacre chante le *Confiteor*, le prêtre assistant public l'indulgence, et l'évêque chante les prières de l'absolution, *sine mitra*, et il prend la mitre pour la bénédiction, 261. L'archevêque, en présence de sa croix, bénit *sine mitra*, 261. Le prêtre assistant, si c'est lui qui prêche, demande auparavant la bénédiction et l'indulgence; puis, demeurant debout pendant le *Confiteor*, il publie l'indulgence. Il ne quitte pas l'ornement dont il est revêtu, 261, 262. Après le sermon ou l'évangile, l'évêque entonne le *Credo*, qui se dit ensuite *submissa voce*, etc., et tous s'agenouillent à *Incarnatus est*, 262. Tous font les inclinations, signes de croix, etc., ensemble, 262. Lorsque l'*Incarnatus*, etc., se chante au chœur, tous ceux qui sont assis s'inclinent vers la croix, et les autres se mettent à genoux, 262. A Noël et à l'Annonciation, l'évêque garde la mitre en se mettant à genoux au trône, à ce même verset, 262. Le diacre va ensuite porter la bourse à l'autel, et le sous-diacre se lève quand il part et quand il arrive, 262, 263. Tous se lèvent vers la fin du *Credo*, 263. L'évêque ne se lève que lorsqu'il est terminé; il chante *Dominus vobiscum* et *Oremus*, 263. S'il officie au fauteuil, à cause de la présence d'un cardinal, il y dit l'offertoire, etc., 263. Il lit l'offertoire, s'assied, reçoit la mitre précieuse, 263. Ce sont les diacres qui lui ôtent l'anneau et les gants, et le prêtre assistant qui lui présente l'essuie-mains, 263. Un *scutiferus* lui donne à laver, 263. Le prêtre assistant porte ou envoie porter le livre à l'autel, 263. Il met l'anneau à l'évêque, 263. L'orgue joue, 263. L'évêque va à l'autel qu'il baise en arrivant, 264. Tout le chœur, qui s'est levé, s'assied quand l'évêque est rendu à l'autel, 264. Le sous-diacre portant le calice, et le ministre portant les burettes, arrivent à l'autel en même temps que l'évêque, 264. Le diacre touche, avec la seconde hostie, la première, la patène et le calice en dedans et en dehors, et la donne à consommer au sacristain, 264. Il présente ensuite la patène et l'hostie à l'évêque, 264. Il fait goûter le vin et l'eau au même sacristain, 265. Il met du vin dans le calice, le sous-diacre y verse de l'eau; et il le présente à l'évêque, en l'offrant avec lui, 265. Le sous-diacre reçoit la patène et la tient couverte de la partie du voile qui pend à sa droite, en se plaçant derrière le célébrant et le diacre, 265. L'autel et ensuite le célébrant sont encensés, comme au Missel, 266. L'évêque reçoit la mitre du diacre assistant ou du cérémoniaire pour être encensé et se laver les mains, 266. Le prêtre assistant tient l'essuie-mains, 266. Le diacre encense le chœur, 266. L'évêque dépose la mitre et continue la messe, comme au missel, 266. La préface se chante avec les cérémonies ordinaires, 266. L'évêque dit le *Sanctus* avec le prêtre assistant et le diacre, 266. Différence entre le Missel et le Cérémonial quant à la manière de commencer le canon, 266, 267. Le diacre se tient assez près du célébrant pour relever au besoin les manches des tunicelles, 267. Au commencement du canon, six ou huit acolytes entrent au chœur avec leurs flambeaux allumés, et se placent *ad latera subdiaconi vel altaris*, 267. *Dicto Sanctus*, tous se mettent à genoux, 267. Le diacre découvre et couvre le calice quand il le faut, et soulève la chasuble pendant l'élévation, 267. Un cérémoniaire encense le saint sacrement *ter ducens thuribulum*, à chaque élévation, 268. L'élévation ne se fait que lorsque le *Sanctus* a été chanté jusqu'à *Benedictus*, etc., exclusivement. Aucun chant n'est permis pendant l'élévation; et l'orgue joue *cum omni melodia* 268. Après la dernière élévation, le chœur se relève, et l'on chante *Bene-*

dictus, etc., 268. Les porte-flambeaux se retirent, à moins qu'il ne doive y avoir communion, auquel cas ils demeurent à l'autel jusqu'à ce qu'elle ait été faite, 268. Le canon se poursuit et le *Pater* se chante comme à l'ordinaire, 268. A *dimitte nobis* du *Pater*, le sous-diacre monte à l'autel, et donne la patène au diacre, qui la remet au célébrant à la fin du *Pater*, 268. L'évêque dit *Libera nos*, etc., et baise la patène comme au Missel, 268. Le sous-diacre dépose le voile et retourne à sa place, 268. L'acolyte qui le reçoit le dépose à la crédence, 268. Après l'*Agnus Dei*, etc., le prêtre assistant passe à la droite, fait la génuflexion, reçoit la paix ; et, après avoir salué l'autel, il va la porter au chœur, 268, 269. Le diacre supplée, à gauche, le prêtre assistant, et le sous-diacre est à droite, pour couvrir et découvrir le calice, 269. La communion se fait comme à l'ordinaire, 269. L'évêque reçoit du diacre la mitre, pour le lavement des mains, pendant que le diacre assistant soulève les fanons, 269. C'est au prêtre assistant à transporter le Missel au côté de l'épître, 269. Le sous-diacre purifie le calice et le porte à la crédence, 269. La *Communion* se chante, 269, 270. L'évêque quitte la mitre pour la dire, 269. Il chante le *Dominus vobiscum* et les oraisons qui suivent, 269. Le diacre chante l'*Ite missa est, versus prout celebrans*, 269. L'évêque dit P*laceat*, etc., 269. Avant de donner la bénédiction, l'évêque salue un cardinal présent, l'archevêque ou autre supérieur, qui lui renvoient l'honneur de cette bénédiction, 270. Mais un légat devrait, dans ce cas, donner la bénédiction, 270. L'indulgence se publie par le prêtre assistant, placé du côté de l'épître, 270. L'évangile de saint Jean se commence par l'évêque, au milieu de l'autel, et se continue pendant qu'il va se déshabiller, 270. Il prend la mitre et la crosse, etc., 270. L'archevêque donne la bénédiction sans mitre et quitte le *pallium* avant l'évangile, 271. La communion se donnerait comme il est marqué au jour de Pâques, 271. De la messe chantée et de la bénédiction donnée par le pape, 271 et suiv.

Messe, præsente episcopo. L'évêque assiste *paré* à la grand'messe, 279. Ce qu'il y a à faire quand un évêque inférieur célèbre la messe devant son supérieur, 280. Les deux plus anciens diacres assistent l'évêque *in habitu canonicali*, 280. L'entrée se fait comme à l'ordinaire, 280. Dans les fêtes moins solennelles, l'évêque assiste *cum cappa*, 280, 281. Dans ce cas, il doit être assisté d'un prêtre assistant et de deux diacres, 281. Si c'est un évêque qui célèbre en sa présence, il lui défère l'honneur des bénédictions et autres, excepté la bénédiction après le sermon et la concession de l'indulgence, 281. Les cercles des chanoines se font devant l'évêque propre, 281. Ce qu'il y a de particulier quand un évêque inférieur célèbre devant un supérieur, 281, 282.

Messe pro defunctis, chantée par l'évêque, 288. On n'admet sur l'autel aucune tenture avec des représentations de *morts*, 288. On en peut mettre ailleurs, 289, 290. Ce qu'il faut préparer sur la crédence, 288. Comment sont ornés le fauteuil, les livres, etc. Point de tapis dans le chœur, 288. Un simple tapis noir couvre le marchepied de l'autel, et un autre se place sous le fauteuil, 288, 289. Le drap mortuaire est noir; comment il est fait à Rome, 288, 289. Ce que c'est que le *Castrum doloris*, 289. L'évêque prend les ornements propres aux messes de morts *in secretario*, 290. Les chanoines prennent les leurs dans ce même lieu, 290. L'évêque célébrant *ad faldistorium* s'habille à l'autel, 290. Les ministres se comportent alors comme aux autres messes, 290. On ne baise pas, mais on salue à l'ordinaire, 290, 291. Tous se mettent à genoux aux premières et aux dernières oraisons, excepté le célébrant et ses ministres, 290, 291. L'Épître et l'Évangile se chantent dans le chœur, 291. On donne au chœur des cierges qui sont allumés pour l'Évangile, l'élévation jusqu'après la communion et l'absoute, 291. Pour l'Évangile, le diacre ne demande pas la bénédiction, et l'on ne porte pas de cierges allumés, et il n'y a pas d'encens, 291, 292. En se rendant au lieu où il se chante, le cérémoniaire, le diacre, le sous-diacre et les deux chapelains marchent l'un devant l'autre, 291. L'évêque se rend à l'autel, à l'offertoire, 291. Il ne bénit pas l'eau, 291. Le sous-diacre ne tient pas la patène, 291. Il y a, à l'ordinaire, encensement de l'autel, 291. L'évêque seul est ensuite encensé, 291. Au *Sanctus*, quatre chapelains allument leurs flambeaux et demeurent à l'autel jusqu'après la communion, 291. Tous se tiennent à genoux jusqu'à *Per omnia*, etc., *ante Pax Domini*, 291. Le sous-diacre dit le *Sanctus* et l'*Agnus* à la droite du diacre, et il encense le saint sacrement à l'élévation, 292. On ne donne pas la *paix*, ni l'indulgence, ni la bénédiction, 292. L'évêque retourne au trône *cum mitra*, en disant l'évangile de saint Jean, 292. Il dépose les tunicelles pour prendre la chape, et les diacre et sous-diacre quittent leur manipule, 293. Le sermon se fait après la messe, et le prédicateur, qui est sans surplis, salue l'évêque, sans demander la bénédiction ni l'indulgence, 293, 303. Pour l'absoute, l'évêque demeure au trône, à moins qu'il n'y ait une représentation au milieu de l'église, 293, 294. Dans ce cas, le drap mortuaire s'étend au pied du trône, 293, 294. Si l'évêque officie *ad faldistorium*, ce drap mortuaire s'étend au pied de l'autel ou du sanctuaire, 293, 294. Les chanoines sont *parés* à l'absoute comme à la messe, quand c'est l'évêque qui l'a chantée, 294. Ce n'est qu'alors qu'ils descendent au lieu où est la représentation, 294. Au *Libera*, etc., l'évêque est assis, 294. Il bénit l'encens à la répétition du *Libera*, 294. S'il est au fauteuil, il monte à l'autel, quitte la mitre et dit **Pater noster**, 294. S'il est au trône, il dépose la mitre, se lève et dit, tourné vers l'autel, *Pater noster*, 294. Assisté du prêtre assistant, il asperge et encense le drap ou la *lectica mortuorum*, 294. Les acolytes viennent auprès du célébrant avec leurs chandeliers pour l'oraison, 294, 295. L'évêque dit ensuite *Requiem*, etc., et, après le *Requiescant in pace* chanté par les chantres, il bénit le drap mortuaire, 295. On quitte les ornements là où on les a pris, 295. *Ad faldistorium*, le diacre fait bénir l'encens, 295. Pourquoi l'on asperge les corps des morts, 295. Des cinq absoutes par des évêques ou des chanoines, 295, 296. C'est à la sacristie qu'ils prennent leurs ornements, 295. En allant *ad castrum doloris*, le thuriféraire et le porte-bénitier marchent devant, viennent ensuite le sous-diacre et les acolytes, puis les chanoines *parés*, ensuite les quatre prélats, ayant chacun un chapelain et un *scutiferus*, le prêtre assistant et enfin le célébrant entre les diacres assistants, 296. Les chanoines non *parés* demeurent au chœur, 296. Lorsque le corps est présent, la croix et les acolytes sont à la tête, le célébrant aux pieds, ayant à sa droite les thuriféraire et porte-bénitier, le plus digne prélat à l'angle de l'épaule droite du défunt, le second au pied gauche, le troisième à l'épaule gauche et le quatrième au pied droit, 297. On s'assied en arrivant *ad castrum doloris*, 297. Lorsque le *Non intres*, etc., qui se dit debout, est chanté, tous, à la représentation et au chœur, s'asseyent, excepté les assistants, chapelains, etc., qui demeurent debout, 297. Tous sont assis de la sorte à chacun des répons, 298. Ce sont les plus dignes qui font les premières absoutes, 297, 298, 299. Le diacre et le thuriféraire font bénir l'encens par celui des prélats qui doit faire l'absoute, 297. Au *Kyrie eleison* tous se lèvent, 297. Le prélat dit *Pater noster*, et, ayant à sa droite le diacre, il asperge et encense le corps, faisant à la croix et à chaque évêque un salut convenable, 297, 298. Il chante ensuite à sa place les versets et l'oraison, 298. Un chapelain tient le livre, mais il n'y a pas de bougeoir, 298. Observations sur ces cinq absoutes, 298. Pour la dernière absoute, c'est au prêtre assistant à faire bénir l'encens, 298. Ces absoutes sont conclues par le célébrant qui chante *Requiem*, etc., et par les chantres qui chantent *Requiescant in pace*. Tous s'en retournent comme ils sont venus, 299. Lorsque les quatre *absolvants* sont des chanoines, c'est à l'évêque à bénir l'encens à chaque absoute, 299. C'est à eux à porter leurs cierges, 299. Ils n'ont ni chapelains ni *scutiferi*, 299. A Rome, les prélats font porter leurs cierges par des *scutiferi*, 299. Lorsque le corps n'est pas présent, le célébrant se place toujours *ad caput lecti*, et alors il tourne toujours le dos à l'autel, 299.

MESSE PRO DEFUNCTIS, *præsente episcopo*, 300. L'évêque assiste aux messes *pro defunctis* en cape ou en chape, 300. Les ornements du trône sont de laine et violets, 300. L'évêque fait la confession, et on observe ce qui est prescrit ailleurs, 300. Avant le *Dominus vobiscum*, l'évêque descend au fauteuil; il est debout et découvert à *Dominus vobiscum*, et il se met à genoux à *Oremus*, 300, 301. Le prêtre assistant va au trône après l'oraison, **et y** demeure, faisant ce qu'il a à faire, jusqu'à ce qu'il ait encensé l'évêque, 301. L'évêque bénit l'encens et est seul encensé après le célébrant, 301. Il n'y a point de cercles, 301. L'évêque, ayant dit le *Sanctus*, descend se mettre à genoux *ad faldistorium*, 301. Il se lève quand le chœur répond *Amen*, après : *Per omnia sæcula sæculorum*; il se tient debout quand le célébrant chante *Pax Domini*, etc.; il fait ensuite la prostration, reçoit la mitre et va au trône, 302. Les diacres assistants sont *ad subsellia* depuis le *Sanctus* jusqu'à *Pax Domini*, etc., qu'ils vont *ad faldistorium* pour se conformer à ce que fait l'évêque, lui mettre la mitre et le suivre au trône, 302. Après les dernières oraisons, l'évêque se tient debout *ad faldistorium* pendant que le célébrant chante *Dominus vobiscum;* il prend la mitre et va au trône, et ce n'est que lorsqu'il y est rendu que le diacre chante *Requiescant in pace*, 302. Ce qu'il y aurait à faire si un évêque officiait *ad faldistorium, coram proprio episcopo*, 302, 303. Si l'évêque fait l'absoute, il prend l'amict, la croix, l'étole, la chape noire et la mitre simple, 303. Il chante le *Non intres* si l'absoute se célèbre, *corpore præsente* ou *sicut in die obitus*, 303. Un cérémoniaire va inviter le prêtre assistant, qui est demeuré au chœur, à aller faire bénir l'encens par l'évêque, 303. Le prêtre assistant se place auprès de la représentation à droite pour donner l'aspersoir à l'évêque, et il passe de l'autre côté pour le recevoir, et ensuite le servir pour l'encensoir ; cela fait, il retourne à sa place, saluant en arrivant et en partant, 303, 304.

MESSE SOLENNELLE DU SAINT-ESPRIT. Voyez *Synode*.

MERCREDI DES CENDRES, 325. L'on prépare sur une crédence, du côté de l'évangile, ce qui est nécessaire à la bénédiction, 325. L'encensoir et la navette peuvent se déposer au coin de l'autel, ainsi que le bénitier et l'aspersoir, 325. Les cendres faites avec les rameaux bénits de l'année précédente se mettent dans un bassin d'argent au milieu de l'autel, 325. On se conforme au Pontifical pour l'expulsion des pénitents, 325. Le célébrant et ses ministres attendent, tout habillés, à la banquette, l'évêque qu'ils saluent quand il arrive, 326. Aux féries, les banquettes, etc., sont garnies en vert, 326. L'évêque et les chanoines s'habillent comme il est marqué à l'office de la Purification, 326. Le sous-diacre, à genoux à la droite de l'évêque, tient le vase des cendres tout le temps de la bénédiction et distribution, 326. Il reçoit les cendres à son tour, et un autre sous-diacre tient le vase des cendres pendant ce temps-là, 326. L'évêque lit assis l'antienne *Exaudi*, dépose la mitre, se lève et chante les oraisons de la bénédiction, 326, 327. Le prêtre assistant, qui est au chœur, va au trône chaque fois qu'il faut faire bénir l'encens ou encenser l'évêque, et il y demeure depuis l'offertoire jusqu'au *Gratias agamus* de la préface, 327. Il donne la paix à l'ordinaire, 327. L'évêque bénit l'encens, asperge et encense les cendres, 327. Le célébrant impose les cendres à l'évêque assis et découvert, 327, 328. Il les reçoit ensuite debout et découvert, 327. Les chanoines *parés* les reçoivent deux à deux, inclinés et debout, 527, 328. Les cendres se donnent aux prélats avant les chanoines, 328. Les ambassadeurs des gouvernements indépendants reçoivent les cendres à genoux et après les chanoines *parés*, et tous les autres laïques après tous ceux du chœur et à genoux, 328. Cet ordre de préséance se garde le vendredi saint, à l'adoration de la croix, 328. L'évêque se lave les mains, et alors les chanoines sont debout et les autres à genoux, 328. L'évêque chante l'oraison *Concede nobis*, etc., 328. Les chanoines quittent leurs ornements après la distribution des cendres, 528, 529. L'évêque assiste à la messe en chape ou en cape, 528. Il fait la confession et le reste comme de coutume, 328. La confession ne se fait que lorsque les assistants et les chanoines ont repris l'habit canonial, 529. L'évêque lit à l'ordinaire l'*introït*, puis les *Kyrie* avec les chanoines en cercles, 529. Pour les oraisons, il descend du trône, dépose la mitre, se tient debout à *Dominus vobiscum* et se met à genoux à *Oremus*, 329. Les oraisons finies, il se lève, reçoit la mitre et retourne au trône, 329. Il lit l'épître pendant que le sous-diacre la chante et ce qui suit; il donne sa main à baiser au diacre et bénit l'encens, 329, 330. Il descend au fauteuil et se met à genoux pendant le verset *Adjuva nos*, en gardant la mitre, 329, 330. Il remonte au trône et bénit le diacre qui va chanter l'Évangile à l'ordinaire, 329, 330. Il baise le livre et est encensé par le prêtre assistant, 329, 330. Le sous-diacre chantre l'Épître *in albis*, 331. Le diacre quitte la planète et prend la large étole pour chanter l'Évangile, 329, 330. Le prédicateur observe les cérémonies ordinaires, 330. Pratique de la chapelle Sixtine au sujet du sermon, 330, 331. L'évêque dit le *Sanctus*, etc., avec les chanoines en cercle, 331. Il va se mettre ensuite à genoux *ad faldistorium*, il y demeure *usque ad Per omnia*, etc., *ante Pax Domini*, etc., comme aux messes *pro defunctis*, 331. Il est pareillement à genoux aux dernières oraisons, 331. Le diacre chante, tourné vers le peuple, *Humiliate capita vestra Deo*, 331. A ces mots, tous inclinent la tête, 331. L'évêque donne la bénédiction à l'ordinaire, 331. C'est ainsi que l'on doit se mettre à genoux pour les oraisons et après la préface aux messes fériales du Carême et des vigiles, 331. Si l'évêque célèbre la messe, il fait la préparation pendant le chant de none, 331, 332. Les chanoines demeurent *parés*, 332. Le prêtre assistant, qui est au chœur pendant none, *indutus pluviali*, va au trône, *dum episcopus lavat manus*, 332. Les diacres assistants, qui se trouvent tout *parés* demeurent au trône pendant que les diacre et sous-diacre *in albis* habillent l'évêque, 332. Ceux-ci doivent prendre le manipule et la planète quand l'évêque a été habillé, 332. La messe se célèbre comme à l'ordinaire, excepté en ce qui est propre à cet office, 332. L'évêque ne chante pas *Pax vobis*, et au verset *Adjuva*, etc., il se met à genoux au trône en gardant la mitre, 332.

Mercredi des Cendres, *absente episcopo*, 333. Le célébrant et ses ministres s'habillent à la sacristie, 333. Les diacre et sous-diacre usent de la planète, 333. Le vase des cendres se place sur l'autel, au coin de l'épître, 333. Le bénitier et l'encensoir se mettent à côté, sur une table, 333. Le célébrant bénit, asperge et encense les cendres comme au Missel, 333. Le plus digne du chœur lui donne les cendres, qu'il reçoit incliné et placé au milieu de l'autel, entre le diacre et le sous-diacre, 333. Les chanoines reçoivent les cendres inclinés, et les autres du chœur à genoux, 333. Les diacre et sous-diacre les reçoivent après eux, à moins qu'ils ne soient chanoines, 333, 334. Le célébrant se lave les mains après avoir déposé la chape, et il prend la chasuble à la banquette, 334. Il y a *sermo seu concio;* différence qu'il faut faire entre ces deux espèces d'instructions, 334.

Miserere. Voyez *Ténèbres*.

Mitre, 126. La *précieuse* se distingue par ses pierreries; l'*auriphrygiate* par sa tissure de soie blanche mêlée d'or, ou de drap d'or uni; la *simple* par la qualité de son étoffe, qui doit être de soie ou de lin, avec frange

rouge aux fanons, 126, 127. En présence du pape, les cardinaux usent de la mitre de soie, et les évêques de la mitre de toile, 127. A un office célébré par un cardinal, les évêques qui assistent *parés* font usage de la mitre de toile, 127. La précieuse sert quand il y a *Te Deum* à l'office, et *Gloria in excelsis* à la messe, 127. L'auriphrygiate peut alors servir, à la messe, depuis le *Kyrie* jusqu'à l'offertoire, et à vêpres, pendant les psaumes, 127. Le pape ne se sert que d'une mitre et les autres sont déposées sur l'autel, 127. L'auriphrygiate sert dans l'Avent et le Carême, excepté les dimanches *Gaude* et *Lætare*, et dans les offices où il n'y a ni *Te Deum*, ni le *Gloria in excelsis*, etc., aux processions, bénédictions, etc., 128. Il use alors de la simple, comme seconde, 128. Aux offices *pro defunctis*, et le vendredi saint, il fait usage de la simple, 128. Voyez *Acolytes, Diacres assistants*.
MOZETTE. Voyez *Évêque*.
MUSIQUE. Voyez *Orgue*.

NAPPE. Elle doit descendre jusqu'à terre. Voyez *Ornement des églises*.
NOBLES. Dans les processions de Saint-Marc, ils marchent derrière l'évêque, 405. Dans celles du saint sacrement, ils vont devant, 410. Voyez *Évêque, Messe solennelle*.
NUNC DIMITTIS. L'usage est à Rome de se signer à l'intonation de ce cantique, 215.
NUNC SANCTE SPIRITUS. Voyez *Tierce*, à la *messe solennelle* chantée par l'évêque.
NONCE APOSTOLIQUE. Dans le lieu de sa juridiction, il est encensé avant l'archevêque, 153, et de trois coups, 154. Ailleurs, il le serait après l'évêque, 155, et après les protonotaires participants, 153. Devant un nonce apostolique ayant juridiction, on se comporte comme devant un cardinal non-légat, 21. L'évêque ne fait pas usage du livre et du bougeoir, en présence du nonce apostolique, dans le lieu de sa juridiction, 157. Dans les processions du saint sacrement, il marche derrière l'évêque célébrant, *indutus cappa*, 412. Mais il serait en habit ordinaire s'il y avait un cardinal, 412. Dans le lieu de sa juridiction, on lui élève un trône vis-à-vis celui de l'évêque, et il reçoit avant lui l'encens et les autres honneurs, à moins que l'évêque ne célèbre lui-même, 110. Ceux qui n'ont pas de juridiction sur les lieux reçoivent les honneurs après l'évêque, 110. Dans les processions, ils passent devant les chanoines, 110, 111.

OFFICE DE LA MESSE, au fauteuil, 48. L'évêque est chaussé à la sacristie pendant qu'il dit tout bas les prières de la préparation, 48. Les diacre et sous-diacre, les cérémoniaires et chapelains se rendent d'avance au chœur, ordre qu'ils suivent, 48. L'évêque va au chœur entre le prêtre assistant et son cérémoniaire ; ce qu'il fait en arrivant, 48. Il reçoit les ornements au fauteuil, le dos tourné à l'autel, 48. Le prêtre assistant prend la chape avant de lui donner l'anneau, 48, 49. Les diacre et sous-diacre prennent alors le manipule, 49. Le prêtre assistant se place à la droite de l'évêque, et les diacre et sous-diacre à sa gauche, 49. On va à l'autel, la confession et l'encensement se font comme à la messe pontificale, 49. Mais le prêtre assistant demeure alors du côté de l'épitre, 49. L'évêque ayant été encensé va, entre le diacre et le sous-diacre, au fauteuil, où il s'assied pour déposer la mitre, 49. Les trois officiers sacrés font alors une ligne droite devant lui, le diacre au milieu ayant à sa droite le prêtre assistant, et à sa gauche le sous diacre, 49. C'est toujours ainsi qu'ils se placent quand il s'agit de mettre et d'ôter la mitre, 49. L'évêque et ses ministres sont toujours tournés vers l'autel quand ils disent quelques parties de la messe, 49. A l'introït et au *Kyrie*, le prêtre assistant est à la droite de l'évêque, et les diacre et sous-diacre un peu en arrière et sur une même ligne, 49. Au *Gloria in excelsis*, tout se fait comme à l'autel, 50. Au fauteuil, comme à l'autel, l'évêque se tourne toujours sur sa droite, 50. Il s'assied, après le *Gloria in excelsis*, et reçoit la mitre et le grémial, 50. Les ministres sacrés s'asseyent sur les marches de l'autel, ou à une banquette du côté de l'épitre, 50. L'évêque s'assied toujours seul *ad faldistorium*, le dos tourné à l'autel, ayant à sa gauche son cérémoniaire, qui demeure debout, 50. A la fin du *Gloria in excelsis*, le diacre ôte la mitre à l'évêque, et le sous-diacre lui ôte le grémial, et aux oraisons tout se fait comme à l'autel, 50. A l'épitre, le sous-diacre est en face de l'évêque assis au fauteuil, et le prêtre assistant et le diacre sont assis à leur place, 51. Après l'Épitre, le sous-diacre, debout, tient le livre ouvert à l'évêque pendant qu'il lit l'Épitre et l'Évangile, 51. Le prêtre assistant est pendant ce temps-là à la gauche, tenant le bougeoir, 51. Le bougeoir ne sert pas si le métropolitain est présent, comme il ne sert pas à un cardinal qui officie devant le pape, 51. Le diacre porte le livre des Évangiles à l'ordinaire, à l'autel, il va ensuite au fauteuil, y fait bénir l'encens, retourne à l'autel, dit *Munda cor meum*, va au fauteuil, y reçoit la bénédiction et baise l'anneau, 51. Pour lors, les diacre et sous-diacre forment une première ligne devant l'évêque ; derrière eux se trouvent les cérémoniaire et thuriféraire, et derrière ceux-ci les deux acolytes, 51. On fait à l'ordinaire pour le chant de l'Évangile, 52. C'est au diacre à encenser l'évêque après l'Évangile, 52. Pour le *Credo*, on se comporte comme au *Gloria in excelsis*. L'usage de Rome est que le diacre se mette à genoux à *Incarnatus est*, 52. A l'offertoire, tous se placent comme aux oraisons, 52. Le prêtre assistant va porter à l'autel le livre et le bougeoir, 52. Les diacre et sous-diacre assistent l'évêque en lui ôtant l'anneau et les gants, et en le servant au lavement des mains, 52. Il n'y a pas de goûter, et, quand le diacre en est empêché, c'est au cérémoniaire à mettre et ôter la mitre, 52. Tout se fait pour le reste comme à la messe pontificale, 52, 53. Si l'évêque est étranger, il ne donne pas les bénédictions *privées*. Après la bénédiction solennelle, l'évêque commence l'Évangile de saint Jean sans aller au coin de l'évangile, reçoit la mitre, descend de l'autel, fait le salut et va au fauteuil, où il dépose les ornements. Le prêtre assistant quitte la chape et n'a plus rien à faire. Les diacre et sous-diacre déposent leurs manipules et déshabillent l'évêque. Tous retournent à la sacristie dans le même ordre qu'ils sont venus, 53. L'évêque s'y déchausse en disant les prières de l'action de grâces, 53. S'il va se déshabiller à la sacristie, il descend de l'autel par le côté de l'épître, reçoit la mitre au bas des degrés, et entre à la sacristie, 53.

OFFICE DES VÊPRES au fauteuil, 53. Les assistants sont en chape, et il peut, outre cela, y avoir des chapiers, 53. Différentes manières de placer le fauteuil, 53, 54. L'évêque s'habille au chœur, 54. Il se comporte, pour les saluts et autres cérémonies, comme si le fauteuil était en un lieu séparé de l'autel, 54. Les chantres vont lui donner les intonations et se tiennent près de lui pendant qu'il chante les oraisons, 54. Les acolytes font comme aux autres vêpres, 54. L'évêque donne la bénédiction au milieu de l'autel, 54. C'est là qu'il chante l'oraison de la bienheureuse Vierge, 54. Les assistants s'asseyent à la banquette ou sur les degrés de l'autel, 54. L'évêque va se déshabiller à la sacristie, si l'on doit chanter complies après vêpres, 54.

OFFICE AD SOLIUM: de la messe *episcopo præsente*. Ensemble de cet office, 54, 55. Le célébrant et ses ministres, ainsi que le clergé, se rendent au chœur et y attendent l'évêque, 55. L'évêque va au chœur précédé de ses familiers et suivi des chanoines, 55. Il prie *ad faldistorium* en y arrivant, et il fait ensuite la confession avec le célébrant, pendant que le diacre et le sous-diacre la font ensemble, 55. Les chanoines assistants et tous les autres du chœur en font autant, deux à deux, 55. Après l'*Indulgentiam*, le célébrant va se placer entre le diacre et le sous-diacre, pour achever les prières, pendant que l'évêque les termine avec les assistants, 55, 56. L'évêque monte au trône et le célébrant va à l'autel, 56. Le prêtre assistant va au trône faire bénir l'encens et y encense l'évêque, 56. L'introït et le *Kyrie* se chantent de manière à ce que le *Gloria* puisse suivre sans interruption, 56. Les chanoines font le cercle pour dire le *Kyrie* et le *Gloria*, en même temps que l'évêque et le célébrant, 56. Ce qu'il y a de particulier à faire à cette messe par le célébrant, 57 ; par le diacre, 57, 58 ; par le sous-diacre, 58, 59 ; par les diacres assistants, 59, 60 ; par le prêtre assistant, 60, 61 ; par l'évêque, 61, 62 ; par les chanoines, 62, 138 et suiv.; par les cérémoniaires, thuriféraires, etc., 62. Ce qu'il y a de particulier aux vêpres, l'évêque y assistant *paré*, 62, 63. Ce qu'il y a à faire si c'est un évêque qui officie *ad faldistorium*, en présence de l'ordinaire, 63.

OFFICES AD STALLUM. On garnit la stalle de coussins et tapis de la couleur convenable, et l'on place un *faldistorium* au milieu du chœur, 63, 64. L'évêque fait la confession avec les chanoines, 64. Le célébrant, au coin de l'évangile, la fait avec ses ministres, 64. L'évêque se tient seul à sa stalle avec son cérémoniaire ; il dit avec un chanoine le *Kyrie*, *Gloria*, *Credo*, *Sanctus* et *Agnus*, après lesquels il bénit tous ceux qui sont au chœur ; il bénit aussi l'eau et est encensé par le premier chanoine présent, 64, 65. Les chanoines sont *ad subsellia* ou *ad stalla*; le premier va réciter avec l'évêque le *Kyrie*, etc., 64, 65. Le diacre encense le célébrant et le chœur, 65. La paix est portée à l'évêque avec l'instrument par le sous-diacre, qui donne ensuite la paix au chœur, à l'ordinaire, 65. Les saluts se font à l'ordinaire à l'évêque par le célébrant et ses ministres, 65. A l'autel et à la stalle, on observe de faire les cérémonies et de dire les prières, *Kyrie*, etc., en même temps, 65. L'évêque ne se retire du chœur que quand le célébrant a quitté l'autel, 65. On ferait tout de même s'il était en cape *ad stallum*, 65. A vêpres, le célébrant est encensé, à l'autel, de deux coups, 66. L'évêque est encensé à sa stalle par le premier chanoine, 66. L'évêque ne bénit pas l'encens, 66. Il demeure à la stalle pour le salut, 66.

ORAISONS. Voyez *Ton des oraisons*.

ORGUE, 167. Les dimanches et fêtes d'obligation, il y a orgue et musique, 167. C'est ce qui se pratique dans toutes les églises de Rome, excepté aux chapelles papales, 168. Il n'y en a pas en Avent ni pendant le Carême, excepté aux dimanches *Gaudete* et *Lætare*, à la messe seulement, et aux fêtes et féries solennelles qui s'y rencontrent, 168, ainsi que le jeudi et le samedi saints, 168. Ceci s'observe strictement à Rome, 168. L'orgue joue à l'entrée et à la sortie solennelle de l'évêque, 168. Pareillement lorsqu'un légat, cardinal, archevêque, évêque que l'on veut honorer, arrive, 168. A Rome, l'orgue joue pendant la basse messe d'un cardinal, quand il la dit solennellement, 168. Aux grandes fêtes, l'orgue joue à matines aussi bien qu'à vêpres, 169. Il est de règle que le premier verset des cantiques et hymnes, les versets auxquels il faut s'agenouiller, par exemple *Te ergo quæsumus*, etc., le *Tantum ergo*, etc., se chantent par le chœur et non par l'orgue, 169. Il en est de même du *Gloria Patri*, etc., et de la doxologie des hymnes, 169. A Rome, dans beaucoup d'églises, tout se chante à l'orgue, 169. On suit l'usage établi dans les églises de jouer ou de ne pas jouer aux autres offices, 169. Il faut qu'au chœur l'on dise à haute voix ce qui est figuré par l'orgue, 169, 170. Il est louable de faire accompagner l'orgue par une voix, 169, 170. A vêpres, l'orgue joue entre les psaumes, et il alterne avec le chœur à l'hymne et au cantique, 170. A la messe, il joue au commencement, après l'épitre, à l'offertoire, à l'élévation *graviori et dulciorioson*, à la communion et à la fin de la messe, 170. Il alterne avec le chœur aux *Kyrie, Gloria, Sanctus* et *Agnus*, 170. Ceci n'est pas toujours suivi à Rome, 170. Aux chapelles papales, il se fait un grand silence à l'élévation ; la consécration ne se fait que lorsque le *Sanctus* est fini, et le *Benedictus* se chante après l'élévation, 171. Le *Credo* ne se chante que par le chœur, 171. Le son de l'orgue doit être grave ; les chants étrangers à l'office sont réprouvés, et l'on n'admet pas d'instruments de musique, 171. La S. C. des rites veille à ce que cela s'observe à Rome, 171. L'harmonie des voix doit porter à la piété, et, pour cela, être *dévote, distincte* et *intelligible*, 171, 172. Ce qu'il faut penser de la musique de Rome, 172. Point d'orgue ni de musique aux messes et offices de morts, ni dans l'Avent, le Carême et les jours de féries, 172. C'est ce qui s'observe exactement à Rome, où néanmoins l'on chante quelquefois des messes *pro defunctis* en musique, 172.

ORNEMENT DES ÉGLISES, 94. La parure doit correspondre à la solennité de la fête et à la dignité des personnes qui célèbrent ou assistent, 94, 95. Riches tentures des églises de Rome, 95. Comment il faut orner l'extérieur des portiques, 95. L'intérieur de l'église et la tribune sont garnis de tentures de la couleur du jour, 95. Le siége de l'évêque doit surtout être bien orné, ainsi que celui d'un légat ou cardinal qui devrait assister à l'office, 95, 96. Les banquettes (*subsellia*) pour les prélats, chanoines, etc., doivent être convenablement ornées, 96. Au moyen des banquettes, on ménage des places de distinction aux laïques, 96, 97. Un prie-dieu (*genuflexorium*) avec coussins et tapis verts, si l'évêque est en noir, et violets s'il use alors de cette couleur, est préparé devant l'autel du saint sacrement et un autre devant le grand autel, 97. Ces coussins et tapis, quand un cardinal doit s'en servir, sont rouges si le cardinal est en rouge, et violets s'il est en violet, 97. Il doit y avoir, dans chaque église, une chapelle du saint sacrement bien ornée, 97, 98. Si le saint sacrement se trouve à l'autel où il faut faire l'office, on doit le transporter à un autre, 97. Ce que c'est que le *faldistorium*, 97, 98. L'on doit faire soigneusement toutes les génuflexions prescrites quand il y a nécessité de célébrer à l'autel où est exposé le saint sacrement, 98. On ne devrait pas s'asseoir alors, 98. En arrivant à l'autel du saint sacrement et en partant, l'évêque fait la génuflexion *in plano*; et au grand autel il fait à la croix un salut profond, 98. Il doit prier en arrivant à l'un et à l'autre de ces deux autels, 98. Le *faldistorium* dont l'évêque fait usage pour s'asseoir se place au côté de l'épître et est garni de draperies de la couleur du jour, 98, 99. Ce *faldistorium* se place, si l'autel a plusieurs degrés, sur un plancher élevé à la hauteur de la dernière marche, si le diocésain doit s'en servir, 99. Le grand autel doit être orné autant que possible et garni de parements des deux côtés, quand il n'est pas attaché au mur, 99. Il doit être couvert de trois nappes qui descendent jusqu'à terre, 99. Au lieu de corniches, on le garnit de franges, 99. L'on met dessus six chandeliers d'argent, etc., avec une croix de même métal dont le pied soit de la hauteur des premiers chandeliers, lesquels sont placés en herse, 99, 100. Un septième chandelier est placé derrière la croix quand l'évêque doit célébrer, 100. Des reliquaires, images de saints, etc., peuvent être placés entre les chandeliers, 100. Au fond est une draperie surmontée d'un dais garni d'étoffe de la couleur du jour, 100, 101. Le *ciborium* remplace le dais, 101. Ce que l'on entend par *ciboria, martyria, martyrum sepulchra, memoriæ confessiones, fenestella*, 101. Quand il n'y a pas de *secretarium*, tous les ornements pontificaux se déposent au milieu de l'autel, 101. Les livres sont garnis d'étoffes de la couleur du jour, 101, 102. Tous les degrés de l'autel, du moins le marchepied, doivent être couverts d'un tapis somptueux, et le pavé du chœur de drap vert, 102. Les tombeaux des saints sont parsemés de fleurs et herbes odoriférantes, 102. Les petits autels doivent être ornés comme le grand et avoir au moins deux chandeliers, avec une croix, 102. L'autel du Saint-Sacrement doit être plus orné que les autres, 102. Un lampadaire est placé à chaque autel, portant des lampes en nombre impair : cinq devant l'autel du saint sacrement, trois devant le grand autel, une devant chaque petit, lesquelles devraient être allumées au moins pendant la messe et les vêpres, 102 ; et trois devraient brûler tout le jour à l'autel du saint sacrement, 102, 103. Ce que c'est que le *lampadaire*, 103. Il faut garder la coutume de tenir des lampes allumées dans les confessions, 102. Cent vingt-deux brûlent continuellement à la confession de Saint-Pierre, 103. Il convient d'orner de draperies l'*ambon* et la chaire, 103. La *crédence* (*abacus*) se prépare, pour la messe pontificale, au côté de l'épître ; elle est séparée du mur ; elle a huit palmes de long, quatre de large et cinq de haut ; elle est couverte d'une nappe ; on y met deux petits chandeliers, le calice et tout ce qu'il faut pour la messe ; et le tout est couvert du voile, qui doit servir au sous-diacre, 103, 104. La crosse doit être portée par celui qui en est chargé, 104. Un réchaud avec ses pincettes, pour fournir du charbon, est placé dans la sacristie, 104. Au moins quatre flambeaux et tout au plus huit sont préparés pour servir à l'élévation, 104. Six ou sept chandeliers sont placés au frontispice de la tribune, comme à la chapelle Sixtine, 104. Des différentes parures à faire, suivant les solennités, dans les collégiales, 104. Les sièges de salons sont défendus au chœur ; décrets à ce sujet, 105. De la banquette et des autres sièges de chœur ; planche explicative, 104, 105, 106, 107. Il est louable de faire de grandes parures, 107. Ce qu'il y a à observer pour les fêtes de Pâques, Pentecôte, les dimanches, jours de féries en Avent, Carême, etc., 107, 108. Dans les fêtes moins solennelles, quatre chandeliers suffisent et deux aux jours de féries. Quelqu'un doit être chargé de veiller sur l'église pour qu'elle soit toujours en bon état, que l'ordre y règne, que les mendiants n'y quêtent pas, que les chiens et autres animaux n'y entrent pas, 108.

Paix, 155. A la messe pontificale, le prêtre assistant reçoit la paix de l'évêque et la donne au chœur, 155, 156. Il garde l'ordre observé dans l'encensement, 156. Les diacres assistants, sans baiser l'autel, la reçoivent de l'évêque après le prêtre assistant, 156. Les diacre et sous-diacre de la messe, s'ils communient, la reçoivent après la communion, 156. Le prêtre assistant ne salue personne avant de donner la paix, 156. Mais il salue après celui à qui il l'a donnée, et celui-ci doit lui répondre par un salut, 156. Un légat et un prince souverain *parum correspondent in reverentia*, 156. La *paix* se donne au premier de chaque ordre, et au premier de chaque côté du chœur, qui la donnent aux suivants, 156, 157. Elle se donne aux laïques avec un instrument, 156, 157. Ce qu'il y a de particulier à Rome pour ce qui regarde la paix, 157. Le prêtre assistant donne la paix au cérémoniaire, qui la donne au reste du chœur, 157. Lorsque l'évêque assiste à la messe, le prêtre assistant va recevoir la *paix* du célébrant, la porte à l'évêque, et, rendu à sa place au chœur, il la donne au sous-diacre ou au prêtre assistant de la messe, 157, 158, qui ensuite la donne au diacre et celui-ci au sous-diacre, 158. L'évêque la donne à ses assistants, 157. Comment ils doivent la recevoir, 157. Le prêtre assistant, en suivant l'ordre de l'encensement, porte lui-même la *paix* à ceux qui, au chœur, sont supérieurs à l'évêque, 158. *Absente episcopo*, la paix se porte au chœur par le sous-diacre après qu'il l'a reçue du diacre, lequel observe ce qui est marqué pour le prêtre assistant, 158. A la basse messe, la *paix* se porte avec un instrument, 158.

PARRAIN. On appelle ainsi celui qui fait prêtre assistant à la messe d'un nouveau prêtre, 84, 85.

PALLIUM, 119. Il se donne par des évêques commissionnés par le souverain pontife, 119. Autant que possible, cette cérémonie se fait dans l'église métropolitaine ou dans une autre de la province, 119 La messe se chante par l'évêque commissaire, 119. Le *pallium* se dépose au milieu de l'autel après la communion, 119. Les évêques commissaires *parés* et *ad faldistorium* reçoivent le serment de l'*Élu*, qui est vêtu de tous ses pontificaux, à l'exception de la mitre et des gants, 119. Comment se fait le *pallium*, 119, 120. Belle prière usitée à la bénédiction des agneaux, 120, 121. Cérémonies de la bénédiction du *pallium*, 121. Admirable prière qui se fait par le pape ou par le cardinal célébrant, 121, 122. Ce qui s'observe à Rome quand on donne le *pallium*, 122, 123. Formule employée par l'évêque en demandant le *pallium*, 123. Formule employée par le cardinal diacre pour le lui donner, 123. Actes qui se font ensuite, 123 et 124. Comment se donne le *pallium* par le cardinal diacre au procureur de l'élu, 124. Le *pallium* est un ornement vénérable, et l'on doit en instruire les fidèles, 124, 125. Les évêques mettent le *pallium* sur les épaules de l'élu qui se lève, monte à l'autel et donne la bénédiction solennelle, 125. Le métropolitain use du *pallium* dans sa province, 125. Jours où il peut en faire usage, 125, 126. Le *pallium* se met de manière que la partie double se trouve sur l'épaule gauche, 126. Les évêques ne prennent le nom de patriarches et d'archevêques, et ne font leurs fonctions pontificales que quand ils ont reçu le *pallium*, 126. En changeant d'églises, il leur faut obtenir de Rome un nouveau *pallium*, 126. L'archevêque est enterré avec son *pallium super humeros*, s'il est inhumé dans sa province, ou *sub capite*, si c'est ailleurs, 126. Le *pallium* doit être gardé avec soin, 126.

PANGE LINGUA. Voyez *Jeudi saint* et *Procession du saint sacrement*.

PAPE. Cérémonies observées à la création et au couronnement du pape, 439 et suiv. Anniversaires de ces deux jours célébrés à Rome, 458. Ces jours-là tous les prêtres du monde disent la collecte pour le pape, 439. Il fait chaque année l'anniversaire de son prédécesseur, 449. Dans l'octave des morts, il fait chanter à la chapelle Sixtine une messe solennelle pour tous les papes et cardinaux défunts, 451. Il a une chapelle composée de quinze maîtres de cérémonies, 24 et suiv. Il a toujours près de lui son premier cérémoniaire par qui il veut bien se laisser diriger, 50. Il prend les ornements *in sacello*, 242. Ce sont toujours les mêmes ministres qui le servent dans les offices, 73. Il bénit la rose d'or le quatrième dimanche du Carême, 335 et suiv. Il reçoit trois palmes et trois cierges, 318, 339. Il donne la communion, 396. A la basse messe il ne laisse pas traîner sa soutane, 2. Les évêques nouvellement élus, en cour de Rome, reçoivent de lui le rochet, 3. Ils doivent être en rochet et mantelet pour être admis à son audience publique, 3, et en *zimarra*, manteau long, etc., pour une audience privée, 13, 14. Le pape faisait autrefois *l'équitation* en prenant possession des basiliques, 8. On sonne les cloches des églises devant lesquelles il passe, 11. A la mort du pape, les évêques se mettent en noir, 14. Le pape prend les ornements dans une chapelle, 116. Il lave les pieds à douze prêtres étrangers et les sert à table. Voyez Jeudi saint. Il bénit, avant matines de Noël, l'épée et le chapeau ducal, 312 et suiv. Il est félicité par le cardinal doyen après la grand'messe de Noël, 313. Belles acclamations qui lui étaient autrefois adressées en ce jour, 313, 314. Il fait porter la paix aux cardinaux qui assistent à sa basse messe, 178. Il assiste à la basse messe à un fauteuil placé au milieu du chœur, 179, 180. Pour l'office solennel, il s'habille seul dans sa chapelle, 242. Principales cérémonies de la messe et de la bénédiction pontificale, 271 et suiv. Après le sermon, il donne la bénédiction et accorde l'indulgence, 330, 331. En présence du pape, les cardinaux usent de la mitre de soie, et les évêques de la mitre de toile, 127. Ils n'usent pas du bougeoir, 51. Le pape bénit solennellement le *pallium* aux premières vêpres de Saint-Pierre, 121, 122. Il dit la basse messe avant la procession du saint sacrement, 422, 423. Il est porté pendant la procession, et il a l'air d'être à genoux et en adoration, quoiqu'il soit assis, 422, 423. Il assiste, en suivant à pied le cardinal célébrant, à la procession du jour de l'octave, 424. Ce qui s'observe à Ténèbres quand le pape y préside, 345 et suiv. Il assiste aux messes *pro defunctis*, *paré* et *ad solium*, et quelquefois *ad stallum*, 286.

PAREMENTS. Voyez *Ornement des églises.*
PASSION. Comment elle se chante. Voyez *Dimanche des Palmes.*
PATÈNE. On la touche avec la seconde hostie pour la prégustation, 264. Le diacre la présente au célébrant, etc. Voyez *Messe solennelle.*
PAUVRES. Voyez *Jeudi saint; Lavement des pieds.*
PAX VOBIS. Voyez *Messe solennelle.*
PÉNITENTS. On se conforme au Pontifical pour l'expulsion des pénitents, 325.
PENTECÔTE, 394.
PLACEAT. Voyez *Messe solennelle.*
PLANÈTES PLIÉES. Voyez *Dimanches de l'Avent.*
PORTES. Voyez *Ornement des églises* et *Quarante heures.*
PORTIQUES. Voyez *Ornement des églises.*
POSTCOMMUNION. Voyez *Messe solennelle.*
PRÉINTONATION. Voyez *Vêpres* et autres parties des heures canoniales.
PRÉFACE. Voyez *Messe solennelle.*
PRÉLAT. Voyez *Évêques.* Les chanoines prélats marchent devant l'évêque dans les processions, 405.
PRÉSÉANCES. Voyez *Évêques, Archevêques, Cardinaux, Encensement*, etc., *Purification, Procession du saint sacrement, Synode, Trône.*

PRÊTRE ASSISTANT à Vêpres. C'est la première dignité qui fait prêtre assistant quand l'évêque officie, 39. A ces offices, les dignités sont en chape, les prêtres en chasubles et les diacres et sous-diacres en dalmatiques et tuniques, 59. Tous les chanoines ne devraient pas être en chape, 39, 40. Le prêtre assistant doit bien savoir ce qui est nécessaire pour remplir dignement son office, 39, 40. Pour Vêpres, il prend l'amict par-dessus le rochet et la chape, 39. Il s'habille ainsi dans un lieu séparé du chœur, 40. Il ne prend pas d'étole, 39, non plus que les diacres assistants, 40. C'est à lui à mettre l'anneau au doigt de l'évêque quand il s'habille, 39, 40, et à tenir le livre quand il entonne quelque partie de l'office, 39, 40, 41, 42. A la médiante du premier verset du premier psaume, il s'assied *ad scabellum assistentiæ suæ*, 40. A Rome, ce que c'est que ce banc, 41. Il observe alors de ne tourner le dos ni à l'autel ni à l'évêque, 40, 41, 42. Il entonne la troisième antienne, 40. Il fait bénir l'encens à l'antienne de *Magnificat*, 41. Il va à l'autel pour l'encensement, 41, 42. Il reçoit ensuite l'encensoir, le rend au thuriféraire et va au trône où il encense l'évêque, 41, 42. Il est encensé après lui, 41.

PRÊTRE ASSISTANT à la messe. Il a soin de tout marquer dans le Missel et avertit l'évêque s'il manque à quelque chose, 42. Il assiste en habit canonial à la préparation, 42, 43. Usage de Rome sous ce rapport, 43. Il tient le linge quand l'évêque s'essuie les mains, 42, et le livre quand il chante l'oraison, 42. Il va s'habiller quand il a servi au lavement des mains et reprend sa place au trône, 42. Il donne à l'évêque son anneau, 42, et fait bénir l'encens, 43. Il marche devant l'évêque en allant à l'autel, et il se tient à sa droite pendant la confession, 43. Il aide le sous-diacre à lui faire ensuite baiser le livre, et il se tient hors du marchepied, du côté de l'évangile, pendant l'encensement de l'autel, 43, 44. Il marche devant lui en retournant au trône, 43, 44. Il répond au *Kyrie* et s'assied comme à Vêpres, 43. Si l'évêque officie au fauteuil, il s'assied à gauche à une banquette, 44, 45. Il tient le livre à l'intonation du *Gloria* et du *Credo*, 44. Il sert au lavement des mains qui a lieu à l'offertoire, au *Lavabo* et à la communion, 44. Il entend le sermon à la droite de l'évêque, s'il officie au fauteuil, et à sa place ordinaire, si l'évêque prêche au trône, 44. Il prêche en chape, demande la bénédiction *incliné* et demeure debout pendant le *Confiteor*, dans la chaire où il publie les indulgences, 44. A l'offertoire, il porte ou fait porter le livre et le coussin à l'autel, 44, 45. Il monte à l'autel à gauche de l'évêque et lui indique tout ce qu'il a à dire, 45. Pendant l'encensement de l'autel, il tient le livre *extra cornu evangelii*, 45, 46. Il dit le *Sanctus* avec l'évêque, et ne se met à genoux qu'à l'élévation, 45, 46. Il dit encore avec lui l'*Agnus* et va à sa droite pour recevoir la paix, 45, 46. Pour cela, il fait la génuflexion, baise l'autel, reçoit la paix en répondant *Et cum spiritu tuo*, fait la génuflexion et va porter la paix au chœur, 45, 46. Avant de la donner il ne salue personne, et, s'il est chanoine, il ne salue, après l'avoir donnée, que les chanoines, magistrats, princes, 46. Il la donne au cérémoniaire qui l'a accompagné, et remonte à l'autel où il porte le livre au côté de l'épître, 46, 47. Il sert au lavement des mains, assiste au chant de l'oraison et publie l'indulgence après la bénédiction, 47.

PRÊTRE ASSISTANT aux Vêpres et à la messe, *præsente episcopo*. Il est le premier après les *dignités*, 47. Il assiste en habit canonial, 47. Il fait bénir l'encens et encense l'évêque, 47. Il reçoit la paix du célébrant, la porte à l'évêque et va à sa place du chœur où il la donne au sous-diacre ou au prêtre assistant de la messe. 47. Il se tient au trône jusqu'au commencement de la préface, excepté pendant les cercles des chanoines, parmi lesquels il prend sa place, et pendant le sermon où il doit se tenir au chœur, 47. Voyez Offices *ad faldistorium, ad solium et ad stallum*.

PRINCE ET PRINCESSE. C'est à celui qui a encensé l'évêque à encenser un grand prince, 152. Ses parents le seraient au jugement de l'évêque, 153. Une princesse le serait au rang de son mari, 154. Ils sont encensés de trois coups, 155. On lui porte la *paix* avec un instrument, 177, 178. On lui porte le Missel à baiser après l'Évangile, 178.

PROCESSION DE SAINT-MARC, 401. Tout le clergé séculier et régulier y assiste, 401. Les chanoines, au moins quelques-uns d'eux, devraient être *parés*, 401. Les laïques marchent devant, puis les religieux, ensuite les chanoines des collégiales, et enfin ceux de la cathédrale, 401. L'évêque est en crosse et mitre, avec la chape violette ; et les deux diacres assistants sont en dalmatiques, 401. Ce qui s'observe à Rome dans cette procession, 401, 402, 403, 404, 405, 406. La croix archiépiscopale est portée devant les chanoines, 403. On pourrait transporter des reliques et images de saints, 403. Usages de Rome pour faire vénérer les saintes reliques, 403, 404. Le clergé de l'église de la station vient au-devant de la procession, 404. On chante les litanies des saints en allant dans les rues, qui doivent être propres, 404. Les chanoines-prélats marchent devant l'évêque, et les autres, ainsi que les nobles, vont par derrière, 405. La messe des Rogations se chante, soit dans l'église de la station, soit à la cathédrale, l'évêque y donne la bénédiction, et l'on publie l'indulgence, 405. On chante dans l'église de la station une antienne avec l'oraison à la bienheureuse Vierge et au saint patron, 405.

PROCESSION DES ROGATIONS, 406. Tout se fait comme à la saint Marc, mais un peu moins solennellement, 406. Pratiques et usages de Rome, 406, 407. Les processions pour apaiser la colère de Dieu se modèlent sur celles des Rogations ; et celles qui se font en signe de joie ou à l'honneur des saints le sont sur la procession du saint sacrement, 407.

PROCESSION DU SAINT SACREMENT, 408. Comment elle se fait à Rome, 408 et suiv. L'ordre des préséances doit être fixé d'avance, 408. Les rues doivent être nettoyées, et l'église ornée, 409. L'ordre de la procession est fixé sur un rôle, 409, 410. Une *intimation* est envoyée à tous ceux qui doivent marcher en ordre de procession, 410. Tous devraient porter des flambeaux ou cierges allumés, 410. L'on suit cet ordre : les confréries, les religieux, les *curiales* et *officiales*, les nobles et magistrats, le clergé, la croix en tête, que suivent les séminaristes, les curés, les chanoines des collégiales et ceux de la cathédrale, *parés*, 410, 411. Huit bénéficiers *parés* portent les bâtons du dais, 410. La croix archiépiscopale est portée devant les chanoines, 411. La crosse est portée *ambabus manibus* devant l'évêque, 411. Huit chapelains portent des fanaux allumés, et deux acolytes marchent derrière eux, en encensant le saint sacrement, 411. L'évêque est seul sous le dais, avec les diacres assistants, pour porter le saint sacrement, 411, 412. Le porte-mitre marche derrière l'évêque, 412. Si quelque cardinal ou prélat supérieur à l'évêque est présent, il marche par derrière, *indutus cappa*, 412. S'il s'y trouve quelques cardinaux avec les métropolitain, nonce apostolique, etc., les seuls cardinaux sont en cape, et les autres en habit ordinaire, 412. Les prélats étrangers sont dans leur habit ordinaire, 412. Point de scènes ni de jeux à cette procession, 412. Des nobles et barons portent les bâtons du dais, 412, 413. Ce qui doit être préparé par le sacristain et prévu par le maître des cérémonies, 413. L'évêque assiste *paré* à la grand'messe, chantée par la première dignité, 413, 414. Tous prennent, en temps convenable, les ornements pour la procession, 414. C'est au chœur que les chanoines prennent les leurs, 414. L'évêque ne demeure jamais au trône sans assistants ; ce qu'il faut faire pour cela, 414, 415. L'hostie se consacre à la messe, qui se dit avant la procession, et elle se place dans l'ostensoir après la communion, 414. Le célébrant se déshabille à la sacristie et va ensuite, avec l'habit de sa dignité, prendre sa place parmi les chanoines, 415. L'évêque, debout, met de l'encens dans deux encensoirs, sans le bénir, 415. Rendu à l'autel, il dépose la mitre, et, à genoux sur le coussin, il encense le saint sacrement, 415. C'est le prêtre assistant qui fait mettre de l'encens au trône et suit l'évêque à l'autel, pour l'assister à l'encensement, 415. Le maître des cérémonies met et attache le voile sur les épaules de l'évêque, 415. Le diacre lui donne le saint sacrement pendant qu'il est à genoux sur le marchepied, et il fait la génuflexion ensuite, 415, 416. Les chantres entonnent *Pange lingua* quand l'évêque se lève en tenant le saint sacrement, 416. Les assistants soutiennent les bords de la chape, 416. Le cérémoniaire relève au besoin le *bas* de sa soutane, 416. Un noble soutient la chape par derrière, 416. Ce sont les bénéficiers *parés* qui portent le dais jusqu'à la porte de l'église, 416. Puis les nobles, le reste de la procession, 417. Le saint sacrement est toujours porté sous l'*ombrello* quand il n'est pas sous le dais, 417. L'évêque dit des psaumes et hymnes avec ses assistants, 417. Les autres du chœur en font autant deux à deux, 417. Il peut y avoir quelques reposoirs ; l'on y chante l'oraison du saint sacrement, et l'on y donne la bénédiction, 417. Au retour de la procession à l'église, les mêmes nobles ou d'autres de même rang portent le dais jusqu'à l'entrée du chœur, 417, 418. Le diacre, à genoux sur le marchepied, reçoit le saint sacrement des mains de l'évêque, 418. Le cérémoniaire ôte le voile à l'évêque pendant qu'il est à genoux sur le marchepied, 418, 421. L'évêque descend ensuite se mettre à genoux sur un coussin placé sur le dernier degré, 418. Le *Veneremur cernui* étant chanté, le prêtre assistant fait mettre de l'encens, et il retourne à sa place après l'encensement du saint sacrement, 418. Le saint sacrement s'encense à *Genitori*, etc., 418. On s'incline à *Veneremur cernui*, 418. Après le ℣. *Panem de cœlo*, chanté par les chantres, l'évêque se lève pour chanter l'oraison; et les assistants, à genoux, soutiennent le livre, 419. L'évêque, à genoux, reçoit le voile; et, étant monté sur le marchepied, il y fait la *prostration*, puis il prend lui-même le saint sacrement et donne la bénédiction, sans chanter, en faisant trois fois le signe de la croix, 419, 420. L'on ne chante rien et l'on ne sonne pas la clochette pendant cette bénédiction, 419, 420. Si l'orgue joue, ce doit être comme à l'élévation, 420. Importantes décisions sur ce sujet, tirées de Catalan, 420. L'évêque couvre ses mains du voile en donnant la bénédiction, 419, 420. Les diacres assistants, à genoux sur le bord du marchepied, soulèvent les bords de la chape, 420. Le thuriféraire peut encenser le saint sacrement de trois coups pendant la bénédiction, 420. Le thuriféraire et le porte-mitre ne se mettent à genoux que pendant la bénédiction, 421. D'après le Cérémonial, l'évêque devrait recevoir et déposer le voile debout et au pied de l'autel; et, sur le marchepied, il ne devrait faire qu'une simple génuflexion avant et après la bénédiction, 421. Le prêtre assistant va à l'autel pour y publier l'indulgence, 421. Les flambeaux ne s'éteignent que lorsque l'évêque a donné la bénédiction, 421. L'évêque prie quelque temps, fait la génuflexion à deux genoux, prend la mitre *extra cancellos*, et, ayant déposé les ornements à la sacristie, il est reconduit par les chanoines, 422. Le saint sacrement demeure exposé; usage de Saint-Pierre là-dessus, 422. L'évêque pourrait célébrer une messe basse avec solennité; ce qui se pratique à la chapelle Sixtine, 422, 423. Pendant l'octave, le saint sacrement est exposé pendant la messe et les vêpres, mais non entre les offices, 423. Il est à désirer qu'alors tous se tiennent debout; ce qui pourtant ne se fait pas à Rome, 423. Après les vêpres du dernier jour de l'octave, il se fait une nouvelle procession, mais moins solennelle, pour reposer le saint sacrement, 423, 424. Ce qui se pratique, dans cette occasion, à Saint-Pierre, 424. A Rome, il se fait des processions chacun des jours de l'octave, 424. *Absente episcopo*, le célébrant va, après la messe, à la banquette pour y déposer la chasuble et y prendre la chape, 435.

PROPHÉTIES. Comment elles se chantent. Voyez *Samedi saint*.

PROTONOTAIRES. Rang qui leur est assigné. Voyez, 153.

PSAUMES. Où et comment ils s'entonnent. Voyez *Vêpres, Matines, Petites heures, Complies*.

PUERI HEBRÆORUM. Voyez le *Dimanche des Palmes*, 340.

PUPITRE. Comment il est fait, et où il se place, 225 et suiv.

PURIFICATION, 315. Les cierges à bénir se placent sur une table, 315, 316. Des laïques sont admis à recevoir des cierges aux chapelles papales, 316. L'on place sur une crédence tout ce qu'il faut pour la cérémonie, 316. Les ornements de l'évêque se placent sur l'autel, 316. Au besoin, l'on met à l'autel deux parements, 316. Il faut, pour le maintien du bon ordre, avoir des gardiens, 316. L'évêque et les chanoines se revêtent de leurs ornements en même temps, 316, 317. Cet office étant férial, on fait usage de planètes, 517. L'évêque prie en arrivant à l'autel du saint sacrement et au grand autel, 316, 317. Il chante les oraisons sur le ton férial, 317. Il bénit l'encens, asperge et encense les cierges, 317. Le prêtre assistant va pour cela au trône et retourne à sa place, 317. Le chanoine le plus digne présente à l'évêque son cierge, qui est le plus orné, 317, 318. Les camériers, qui font à l'évêché les réceptions, sont à genoux tout le temps de la distribution des cierges, 518. On étend une nappe sur les genoux de l'évêque pour la distribution des cierges, 318. On présente trois cierges au pape, 318, 319. A Rome, les cierges se tiennent horizontalement quand on les distribue, 319. L'évêque en distribue aux chanoines, magistrats, officiers civils, prêtres, acolytes, clercs, chapelains, nobles, à tous ceux enfin qu'il lui plaît d'admettre, 319. Les diacres assistants descendent du trône et y remontent pour recevoir leurs cierges, 319. Règle à suivre pour fixer l'ordre des préséances, 319. Les chanoines font l'inclination et les autres la génuflexion, 320. Tous baisent le cierge et ensuite la main, et pourquoi, 320. C'est à la plus ancienne dignité à distribuer les cierges aux femmes, 519. Un du chapitre en distribue aux personnes de l'un et de l'autre sexe, 320. L'évêque se lave les mains, et on chante l'*Exurge*, etc., 320. Le diacre, si c'est après la Septuagésime, chante *Flectamus genua*, etc., le sous-diacre, *Levate*, et l'évêque chante l'oraison, pour laquelle les acolytes viennent à l'ordinaire, 320. Le prêtre assistant va au trône pour faire bénir l'encens, 320. On allume les cierges, le diacre assistant chante *Procedamus*, etc., le chœur répond *In nomine*, etc., 520. Les chantres sont les premiers devant pour la procession, viennent ensuite le thuriféraire, les acolytes et le sous-diacre portant la croix, les bénéficiers et autres du chœur, les chanoines *parés* et l'évêque entre ses deux assistants, 320, 321. Le célébrant et ses ministres se préparent pendant la procession, 321. Si c'est le dimanche de la Septuagésime, etc., les ornements sont violets, et ou n'allume plus les cierges, 321. Les chanoines se déshabillent au chœur après la procession, 321, 322. L'évêque prend des ornements blancs, dit la confession avec le célébrant, etc., 521. 522. Tous tiennent leurs cierges allumés à l'Évangile, et depuis l'élévatio jusqu'à la communion, 321, 322. Si l'évêque veut célébrer, l'on fai comme il est marqué ailleurs, et les chanoines sont *parés* d'ornements blancs, 322.

Purification, *absente episcopo*, 523. Les cierges se bénissent à l'autel et ils se déposent sur une table du côté de l'épître, 323. Le célébrant et ses ministres s'habillent à la sacristie, et, en se rendant à l'autel, ils saluent le chœur, 525. On se conforme à Baldeschi, 323. Après que les cierges sont bénits, le célébrant va, entre le diacre et le sous-diacre, au milieu de l'autel, et, se tournant, il reçoit son cierge du premier du chœur, 323, 524. Un chapelain tient ce cierge pendant la distribution, 324. Les diacre et sous-diacre reçoivent leurs cierges après les chanoines, à moins qu'ils ne soient eux-mêmes chanoines, 524. Les bénéficiers et autres reçoivent les cierges deux à deux, 524. L'on chante tout le temps de la distribution

Lumen ad revelationem gentium, etc., 324. La procession se fait comme il est marqué ailleurs, 324. Le célébrant et ses ministres prennent ensuite à la banquette les ornements qui conviennent à la messe, 324. Même règle pour allumer les cierges, 324, 325.

QUARANTE HEURES. Règles à suivre pendant les Quarante heures, 428 et suiv.

RÉGULIERS. Voyez *Évêque*.
REINE. Elle est encensée au rang de son mari, 154.
RELIGIEUX. Voyez *Procession*.
RELIQUES. Voir les pages 35, 100, 102, 184, 403, 404 et suiv.
REQUIESCANT IN PACE. Voyez *Messes pro defunctis*.
RESPICE QUÆSUMUS. Voyez *Ténèbres*.
ROCHET. Voyez *Évêque*.
ROI. C'est à celui qui doit encenser l'évêque à encenser le roi, 152. Celui-ci est encensé avant l'évêque, 154. A la messe, on lui porte la paix avec un instrument, 177, 178. Il baise le livre après l'Évangile, 178.
ROME. Tout indique que Rome prie pour toutes les autres villes, 36.
ROSEAU. Voyez *Samedi saint*.

SACELLUM. Voyez *Messe solennelle*.
SACRISTIE. Le silence et le bon ordre y doivent régner, 36, 38.
SACRISTAIN. Il en faut un dans chaque église, 34. C'est ce qui se pratique à Rome, 34, 35. Il faut le bien choisir, 34. Il devrait être prêtre et avoir des aides, 34. Il conserve toutes choses en bon état, 35. Il a soin que le tabernacle qui renferme la sainte eucharistie soit toujours sous clef, 35. Ce que l'on exige à Rome à ce sujet, 35, 36. Il veille à ce que des lampes brûlent toujours devant le tabernacle, et que l'on renouvelle les saintes espèces toutes les semaines, 35. Usage de Rome là-dessus, 36. Il voit à ce que le saint viatique soit porté aux malades avec pompe, 35. Ce qui se pratique à Rome à cet égard, 37. Il garde religieusement le baptistaire, les saintes huiles et les reliques, 35. Il renouvelle, chaque semaine, l'eau bénite des bénitiers, 35. Il fait les parures de l'autel, 36, et la prégustation du pain et du vin à l'offertoire, 36. Il sonne pour les heures canoniales, 36. En entendant, à Rome, sonner tant de cloches, l'on sent qu'elle est la ville qui prie pour les autres villes, 36. Il sonne à l'élévation et bénédiction du saint sacrement, 36. Ce qui se pratique à Rome là-dessus, 36, 37. Pareillement quand on porte le saint viatique, 36. Il sonne aussi, pour l'*Angelus*, le matin, à midi et le soir, 36. Pratiques de Rome concernant l'*Angelus*, 37. Il empêche tout désordre dans la sacristie, 36. Le silence devrait y régner, 38. Il fait célébrer les messes à des heures convenables, 36. C'est ce qui fait qu'à Rome tant d'hommes entendent chaque jour la messe, 38. A Rome, on sonne tous les soirs pour inviter à prier pour les morts et pour annoncer les grandes solennités, 38. Le Carême s'annonce par le son d'une grosse cloche, 38. Le sacristain reçoit et distri-

buc les rétributions de messes, 36. Ce qui s'observe là-dessus à Rome, 36. Il a soin que les essuie-mains soient propres, 36. Un ou deux chanoines doivent surveiller les sacristains, 36.

Saluts, 130. L'évêque ne marche jamais dans l'église couvert de sa barrette, 130. Il fait la génuflexion *in plano* à l'autel du saint sacrement, 130. Il prie à genoux à l'autel du saint sacrement et au grand autel en arrivant et en partant, 130. Il salue, tête nue, la croix du grand autel d'une inclination profonde, 130. Il la salue avec la mitre quand il va de l'autel au trône *per breviorem*, 255, et quand il va du trône ou du fauteuil à l'autel pour donner la bénédiction solennelle, 54. Il salue les chanoines d'une petite inclination de tête quand il monte au trône, 130. Les chanoines saluent l'autel et l'évêque d'une inclination profonde, 131. Les cardinaux en font autant à la croix et au pape, 131. Tous les autres du chœur font la génuflexion jusqu'à terre à l'autel et à l'évêque, 131. En arrivant au chœur, un chanoine prie à genoux, 131. Il salue ensuite l'évêque et l'autel, puis les chanoines et les autres du chœur, 131. Ce n'est qu'alors, *et non prius*, que tous se lèvent pour répondre à son salut, 131, 132. Quand le chœur est *debout*, ou *incliné*, ou à *genoux*, pour peu de temps, celui qui entre ou qui sort ne doit pas y marcher, et il se conforme à ce qui s'y fait, 131, 132. On salue le chœur du lieu où l'on se trouve et sans tourner le dos à l'autel, 131. Les prélats, magistrats et autres laïques, saluent l'autel, l'évêque et le chœur, comme font les chanoines, et on répond de même à leur salut, 132. Les bénéficiers font de même pour saluer le chœur ; tous leurs égaux et inférieurs se lèvent pour répondre à leur salut, mais non les chanoines et magistrats, 132. On appelle *mansionarii* les bénéficiers commensaux, 132. Il y a le chœur de l'évêque au trône, celui des chanoines *ad subsellia*, celui des magistrats et celui des bénéficiers, 132, 133. Il y a aussi celui de l'évêque célébrant au fauteuil, 133. Quelqu'un des assistants de l'évêque se levant, tous les autres se lèvent, 133. Si un chanoine se lève, tous les autres, ainsi que les bénéficiers et autres du chœur, se lèvent, 133. Un des laïques se levant, tous les autres se lèvent, 133. Tous se lèvent quand l'évêque se lève, 133. On salue le premier celui que l'on quitte, puis celui devant qui l'on passe, et enfin celui vers qui l'on va, 133, 134. Quand il se trouve au chœur plusieurs cardinaux, évêques, etc., on salue, d'un salut particulier, seulement le plus digne, puis le célébrant, 134. Celui qui donne à laver à l'évêque se met à genoux, excepté quand un cardinal légat ou le métropolitain est au chœur, 134. Il en est de même si un suffragant ou autre évêque célèbre devant l'ordinaire, 134. Il est de règle de baiser ce que l'on présente à l'évêque et au légat qui assistent à l'office, et ensuite leur main ; et quand on reçoit d'eux quelque chose, on baise la main d'abord, puis la chose reçue, 134. Mais on ne baise pas aux messes de morts, 134. En l'absence de l'évêque, on fait de même à l'égard des autres célébrants, 134. Toute chose bénite se baise avant la main qui la donne, 520.

Samedi saint, *celebrante episcopo*, 381. A l'autel et au trône il y a double draperie violette et blanche, 381. On prépare un cierge pascal avec un grand chandelier et cinq grains d'encens, 381, 382. L'on prépare encore un pupitre garni et un roseau portant trois cierges, 381, 382. La parure est comme aux dimanches de l'Avent, 382. Après sexte, on tire du feu d'une pierre et on l'allume, 382. L'évêque ou le célébrant paré bénit, asperge et encense le feu nouveau et les grains d'encens, 382. L'évêque, rendu au trône, prend la cape et bénit l'encens, assisté du prêtre assistant, 382. S'il n'a pas bénit le feu, il se rend *in cappa* au trône où il bénit l'encens, 382. Le sous-diacre, en planète et portant la croix, va avec le diacre et autres au lieu où sont le feu et les grains d'encens, 382, 383. Le *mazzerius cum baculo* marche le premier; ce que c'est que ce serviteur, et quelle espèce de bâton il porte à la main, 383. Il est suivi de deux acolytes dont l'un, qui est à droite, porte l'encensoir et la navette, 383. Vient après le sous-diacre portant la croix, et derrière lui le diacre en dalmatique blanche et marchant les mains jointes, 383. Deux ou quatre acolytes marchent derrière lui, 383. L'évêque, les chanoines et autres, s'asseyent au chœur, 383. Au retour, le *mazzerius* marche devant; par derrière sont deux acolytes, portant l'un les grains d'encens, à droite, et l'autre l'encensoir; ils sont suivis du sous-diacre, puis vient le diacre, portant le roseau, et à sa gauche le cérémoniaire portant une bougie allumée au feu nouveau, et enfin les deux ou quatre acolytes mentionnés plus haut, 383, 384. En entrant dans l'église, le diacre fait allumer par le cérémoniaire un cierge, et il chante *lumen Christi;* tous ceux du chœur se lèvent et se mettent à genoux, à l'exception du sous-diacre, et on répond *Deo gratias,* 384. La même chose se fait quand le diacre est au milieu de l'église et se répète quand il est auprès de l'autel, et à chaque fois il élève la voix, 384. L'évêque et les autres du chœur s'asseyent ensuite, 384. Ceux qui servent saluent l'autel et l'évêque et vont au lieu où doit se chanter l'*Exultet,* 384. Le diacre fait tenir le roseau par un acolyte, reçoit le livre et demande la bénédiction à l'évêque, 384. L'évêque observe de dire *paschale præconium,* au lieu de *Evangelium,* 384. Le diacre va *ad legile* et encense le livre, 384. Le sous-diacre, qui tient la croix tournée vers l'évêque et le thuriféraire, sont à sa droite, 384. L'acolyte portant le roseau et celui tenant les grains d'encens sont à sa gauche, 384. Tous sont debout pendant l'*Exultet,* 384. Tout se fait comme au Missel et le diacre observe de placer les grains d'encens du côté de l'évêque, 384. Ce cantique fini, tous font les saluts convenables, et l'on chante None; et au *Christus factus est,* etc., l'on se comporte comme à Ténèbres, 384, 385. L'évêque est chaussé et il lit les prières de la Préparation, 385. Les diacre et sous-diacre sont *in albis* pour habiller l'évêque, 385. Les ornements sont violets, excepté les souliers et les bas qui sont blancs, 385. Les chanoines se parent d'ornements violets, et il y a diacres assistants en planète, 385. L'évêque va à l'autel et dépose la crosse et la mitre pour le baiser, puis il retourne au trône en crosse et mitre simple, 385. Les diacre et sous-diacre d'office demeurent alors *ad scamnum,* 385. Un pupitre est mis au milieu du chœur, 385. Le lecteur y est conduit par un cérémoniaire. Il fait avant et après avoir chanté sa leçon le salut à l'autel et à l'évêque, et il va baiser la main de l'évêque avant qu'il se lève pour chanter l'oraison, 386. C'est le prêtre assistant qui tient le livre, le premier diacre qui chante *Flectamus genua*, et le second *Levate*. C'est de même que se chantent par des acolytes ou lecteurs en surplis toutes les prophéties; et il y a des traits après la quatrième, la huitième et la onzième, 386. L'évêque prend la chape pour la bénédiction des fonts et les chanoines demeurent *parés*, 386. Tout se fait comme au Missel, 386. Ce qu'il y a de particulier à Saint-Jean de Latran, 386. A défaut de l'évêque, une des dignités bénirait les fonts, 386, 387. L'évêque ou la dignité fait le baptême des catéchumènes, 387. Baptême solennel des Juifs à Saint-Jean de Latran, 387. L'on ne diffère plus de huit jours le baptême des enfants, 387. Pendant les litanies, l'évêque sans chape *procumbit cum mitra ad faldistorium*, 388. Les deux chantres sont *ante scabellum* en arrière de l'évêque, du côté de l'épître, 388. Les ordinants se prosternent comme au Pontifical, 388. Les litanies se doublent, 388. A *Peccatores*, l'évêque reçoit au même lieu les ornements blancs, et l'archevêque prend le *pallium*, 388. Les diacre et sous-diacre prennent auparavant la dalmatique et la tunique, 388. Les ornements se changent et les cierges s'allument, 388. La messe se célèbre selon les rubriques et cérémonies du jour, 388. A l'intonation du *Gloria in excelsis*, l'on sonne les cloches et l'on joue l'orgue, 388. C'est à la cathédrale à donner le signal, 388, 389. Pratique de Rome à ce sujet, 388, 389. L'oraison et l'épître se chantent ensuite, 389. Puis le sous-diacre dit à l'évêque: *Reverendissime Pater*, etc., et il lui baise la main, 389. Quelqu'un intime l'*Alleluia* à l'évêque qui l'entonne trois fois en élevant la voix, 389. Le chœur chante *Confitemini*, etc., et l'évêque poursuit la messe, 389. On ne porte pas de chandeliers à l'Évangile; il n'y a pas d'offertoire et on ne dit pas *Agnus Dei*, etc., 389. L'évêque est au trône pour vêpres, 389, 390. Le chœur chante l'antienne *Alleluia* assis, 390. Le sous-diacre intime l'antienne de *Magnificat* à l'évêque, et tout se fait comme aux vêpres ordinaires pour l'encensement, 390. La messe se continue à l'autel comme de coutume, et l'on publie l'indulgence, 390.

SAMEDI SAINT, *præsente vel absente episcopo*. Le célébrant en chape violette bénit le feu et les grains d'encens, 590. Le célébrant va attendre à la banquette l'évêque avec le diacre qui est en étole et dalmatique blanches, et le sous-diacre qui est en planète violette, 590. Ils demeurent debout pendant que l'évêque prie *ad faldistorium*, 590, 591. Si le célébrant est évêque, il fait ce qui est prescrit pour l'office *ad faldistorium*, 591. Ce qui s'observe en pareil cas à Saint-Jean de Latran, 591. Le prêtre assistant va au trône pour faire bénir l'encens, 592. On observe les mêmes cérémonies que ci-dessus quand on apporte au chœur le cierge triangulaire et les grains d'encens, et pendant le chant de l'*Exultet*, etc., 592. Pendant le *præconium*, le célébrant se tient à l'autel, tourné du côté du diacre, 592. Il va prendre ensuite à la banquette le manipule et la chasuble, 592. Le diacre quitte les ornements blancs et prend l'étole et la planète violettes, ainsi que le manipule, 392. Les leçons se chantent comme il est dit plus haut, 392. Le célébrant chante les oraisons, le diacre *Flectamus genua* et le sous-diacre *Levate*, et tous, excepté le célébrant, font la génuflexion, 392. L'évêque lit les traits, mais non les leçons, 393. En allant aux fonts baptismaux, les chanoines et autres du chœur marchent devant le célébrant qui est en chape, et l'évêque va par derrière, 393. Tout se fait comme au Missel, 393. Les catéchumènes sont baptisés à l'ordinaire, 393. Pendant les litanies, l'évêque est à genoux *ad faldistorium*, et le célébrant sans chape se tient à sa gauche *ante scabellum*, et les diacre et sous-diacre *in albis* sont à genoux derrière le célébrant, 393. Tous sont alors à genoux, 393. Les chantres sont derrière l'évêque, 393. A *Peccatores*, le célébrant va prendre les ornements de la messe à la sacristie ou à la banquette, et l'on change les parements et allume les cierges, 393. L'évêque fait la confession avec le célébrant qui se place à sa gauche, 393. Tout s'observe pour la messe comme dans le chapitre précédent, 394. Dans les collégiales, on fait de même, sauf ce qui est propre à l'évêque, 394. Les mêmes cérémonies s'observent la veille de la Pentecôte, 394.

SANCTUS. Voyez *Messe solennelle*.

SCUTIFERI. Ce que sont les ministres ainsi appelés, 471, 474.

SECRETARIUM, 116.

SECRÈTES. Voyez *Messe solennelle*.

SEIGNEUR. Il est encensé après l'évêque, et de trois coups quand il ne reconnaît aucun souverain, 154, 155.

SERMON, 142. Quand l'évêque chante la messe, c'est à lui ou au prêtre assistant à donner le sermon, 142. S'il ne fait qu'y assister, un autre prêche, 142. Le prédicateur prêche en habit canonial, s'il est chanoine, 142; et en habit ordinaire, s'il est régulier, 142, 143. Le sermon doit être sur l'évangile du jour, 142, 143. Un cérémoniaire conduit au trône le prédicateur qui baise l'anneau et demande la bénédiction, 142, 143. Formule particulière dont use l'évêque pour bénir le prédicateur, 142, 143. Le prédicateur demande l'indulgence, que l'évêque lui accorde, 143. Il monte en chaire, s'assied pour se reposer, se couvre; puis bientôt, se découvrant, il se met à genoux, dit seul et tout haut *Ave Maria* (qu'il est défendu de remplacer jamais par le *Regina cœli*) pendant que tout le monde demeure assis, se lève, se couvre et commence son discours, 143. Un évêque qui prêcherait ne demanderait à personne la bénédiction, 143. Si le prédicateur adresse la parole à l'évêque ou au légat, il fait un salut profond, 143. Le discours fini, il se met à genoux pendant que le diacre chante le *Confiteor*, 144. Il publie ensuite de mémoire ou sur une carte la formule de l'indulgence, 144. Tout discours extraordinaire se prêche à la fin de la messe, et le prédicateur ne demande pas la bénédiction, 144. On fait de même pour un discours à la louange d'un défunt, et le prédicateur est *in habitu ordinario;* ce qui à Rome requerrait le manteau long par-dessus la soutane *talaris*, 144.

Siéges. Les siéges de salons, défendus au chœur, 105 et suiv. Quels sont les vrais siéges de chœur, 105, 106. Des siéges des évêques en concile, 183, etc. Des siéges des chanoines en synode, 184.

Sous-diacre, 79. Le plus digne de l'ordre des sous-diacres sert l'évêque, 79. Il assiste à l'entrée solennelle, et s'habille comme le diacre, 79. Il ne fait pas usage de l'étole, et sa tunique a les manches plus longues et plus étroites que celles de la dalmatique, 79. Il chausse l'évêque, et comment, 79, 80, 81. Il aide le diacre à habiller l'évêque, 80. En allant à l'autel, il marche *post crucem*, portant le livre et le manipule, 80, 81. Il est un peu en arrière du diacre pendant la confession, et à l'*Indulgentiam*, etc., il met le manipule à l'évêque avec baisers du manipule *a latere* et de la main de l'évêque, 80, 81, 82. Il lui fait baiser le livre au haut de l'autel, et assiste à l'encensement, 80. Il dit, avec le diacre, à la banquette, les *Kyrie*, *Gloria*, etc., 80, 82. Il chante l'épître en la manière ordinaire, 80. Il va baiser la main de l'évêque en posant le livre sur ses genoux, 82. Il assiste au chant de l'évangile, en tenant le livre *ante pectus*, à moins qu'il ne soit *ad legile* ou *in ambone*, 82. Il va faire baiser le livre à l'évêque, 82. Il doit arriver à l'autel en portant le calice à l'offertoire, en même temps que l'évêque, 82, 83. Il présente au diacre la burette à vin, et verse l'eau dans le calice, 83. Il tient la patène, se met à genoux à l'élévation, va porter la patène à *Dimitte nobis* du *Pater*, 83, et reprend sa place au pied de l'autel, 83. Il dit l'*Agnus* à la droite du diacre, et demeure à la droite de l'évêque pendant que le diacre est au livre, 83. Il remonte à l'autel pour y recevoir la paix, à moins qu'il ne soit pour communier; car, dans ce cas, il ne la recevrait qu'après avoir reçu la sainte hostie, 83. Il purifie le calice et le reporte à la crédence, 83. Il se tient ensuite derrière l'évêque, et, après la messe, il aide à le déshabiller, 83, 84. Aux messes *pro defunctis* et à celles des dimanches en Avent et en Carême, il observe ce qu'il y a de propre ces jours-là, 84. Il porte la paix quand il n'y a pas de prêtre assistant, 58.

Spinulæ. Voyez *Pallium*.

Subsellia. Voyez *Ornement des églises*.

Suppedaneum. On se met en dehors du marchepied, 43, 44, 45, 46, 554, etc. Voyez *Ornement des églises*.

Suppléants. On doit se suppléer pour le bon service du chœur, 162. Ceux qui manquent à l'office, par leur faute, doivent être punis au jugement de l'évêque, 162. C'est aux inférieurs à suppléer les supérieurs, 162. Les chapitres se composent de dignités, chanoines, prêtres, diacres, sous-diacres, bénéficiers et clercs, 162. Comment on se supplée à Saint-Pierre, 162. Combien il est important de se suppléer, 162, 163. La première dignité est suppléée par la seconde ou par le chanoine qui suit par son rang, 163. Il en est de même des diacres et assistants, 163. Dans la nécessité, le dernier prêtre supplée le diacre ou le sous-diacre, 163. Dans ce cas, il revêt la dalmatique, 163. Il se place à gauche de l'évêque pour aider le diacre qui, à droite, ôte et met la mitre, parce que cela est de son ministère propre, 163. Les chanoines-prêtres suppléent les diacres et sous-diacres, mais ceux-ci ne suppléent ni les dignités, ni les chanoines-prêtres, 163, Lorsqu'une dignité supplée un des diacres, elle se met à droite de l'évêque ; mais le diacre, à gauche, ôte et met la mitre, 163. Lorsque, dans le chapitre, il n'y a pas de prébendes distinctes, les deux chanoines qui viennent après le premier du chapitre font diacres assistants, 165. C'est de la sorte que les bénéficiers et les clercs doivent se suppléer, 163.

SYMBOLE. Voyez *Messe solennelle*.

SYNODE. Il faut observer les cérémonies prescrites dans le Pontifical et le Cérémonial pour la célébration des conciles et des synodes, 182. Il faut consulter les saints canons pour tout ce qui concerne la discipline des conciles, 182. Le concile s'annonce dans l'église métropolitaine et dans toutes les cathédrales qui en dépendent, le jour de l'Épiphanie, 182, 183. Pendant un mois ou deux, la cédule d'indication demeure affichée aux portes des églises, 183. Pendant trois dimanches avant l'ouverture du concile, l'on exhorte, dans toutes les églises, les fidèles à prier, jeûner, communier, pour le bon succès de cette assemblée, 183. Ceux qui doivent assister au concile sont avertis à temps *de modo vivendi in concilio*, 183. L'église doit être ornée comme aux grandes solennités, 183. Des siéges sont préparés pour tous, et les évêques se placent non à des fauteuils, mais à des tabourets, 183. Le siége du métropolitain est placé *apud altare*, ceux des évêques le sont par devant lui, *per gyrum*, et les autres sont par derrière, *conduplicatis sedilibus*, 183, 184. Dans les synodes, les chanoines se placent de chaque côté de l'évêque ou par-devant, *facientes semicirculum*, 184. Tous les prêtres qui assistent à un synode pourraient être *parati*, 184. Toutes les cloches de la ville sonnent la veille et le jour de l'ouverture, 184. L'archevêque revêt, pour l'ouverture, l'amict, l'aube, le cordon, l'étole, la chape et la mitre précieuse, 184. Les évêques prennent par-dessus le rochet l'amict et la chape avec l'auriphrygiate, 184. Les abbés bénis prennent la chape et la mitre simple, 184. Les chanoines sont en chape, chasuble, dalmatique et tunique, 184. Tous les ornements sont rouges, 184. On se rend processionnellement à l'église, au son des cloches et de l'orgue, 184. On *montre* les reliques, 184. Comment, à Rome, s'exposent et se montrent les reliques, 184, 185, 186. La messe est *de Spiritu sancto*, sans mémoire et sans l'Évangile du dimanche à la fin, 184. Elle est chantée par l'archevêque ou le plus ancien suffragant, 184. Après la messe, l'archevêque quitte la chasuble et les tunicelles, et, ayant pris la chape, il entonne, à genoux *super genuflexorio*, l'antienne *Exaudi, Domine*, etc., et tout se fait comme au Pontifical, 186. L'on observe cet ordre des préséances : les évêques, selon la date de leur promotion ; les chanoines, s'ils procèdent *capitulariter*, autrement ce seraient les abbés titulaires mitrés ; les commendataires, les dignités, les procureurs des chapitres des cathédrales, etc., 186. Il n'y a de supplication solennelle que la première fois, 186, 187. On répète, au besoin, les évangiles marqués au Pontifical, 187. On chante, tous les jeudis, la messe du Saint-Esprit, 187. On établit des officiers du concile, 187. Après les acclamations, le métropolitain et les suffragants se donnent le baiser de paix, 187. Dans les synodes, il convient qu'il n'y ait pas d'acclamations, 187. Saint Charles les avait ordonnées, 187. Dans ce cas, comment les prêtres devraient se donner la paix, 187.

TANTUM ERGO, etc. Voyez *Procession* et *Bénédiction du saint sacrement*.

TE DEUM. Voyez *Matines*.

TÉNÈBRES. Ténèbres commencent trois heures avant la fin du jour, 345. L'évêque, en cape et sans caudataire, vient à l'église, suivi des chanoines, 345, 346. Comment le pape assiste à cet office, 345, 346. Les ornements peuvent être les mêmes à cet office que le dimanche précédent, 346. Au côté de l'épître est placé un chandelier triangulaire portant quinze cierges de cire jaune, 346. Remarque sur celui de la chapelle Sixtine, 346. L'évêque n'a pas de chanoines assistants, mais il est servi par le cérémoniaire et quelques chapelains, 346. Ce qui s'observe à ce sujet à la chapelle Sixtine, 347. L'évêque s'assied en arrivant au trône, se lève et dit *secrete Pater*, etc., tourné vers l'autel, 347. Tous s'asseyent quand le premier psaume est entonné, 347. A la fin de chaque psaume des nocturnes et des laudes, le cérémoniaire, en faisant un salut à l'autel et à l'évêque, éteint un cierge sur le chandelier triangulaire, en commençant par le côté de l'évangile, 347. Après le verset de chaque nocturne et pendant que l'on chante le répons, tous se lèvent, 347. Le *Pater* se dit tout entier secrètement, 347. Le lecteur salue l'autel et l'évêque et va au pupitre pour chanter sa leçon, 347. Usage, à ce sujet, de la chapelle Sixtine, 347, 348. Les plus jeunes chantent les premières leçons, 348. On se lève à *Benedictus;* et, au verset *Ut sine timore*, etc., un cérémoniaire commence à éteindre les cierges de l'autel, en commençant par le côté de l'évangile, et en en éteignant un à chaque verset, 348. Usage de la chapelle Sixtine, 348. Pendant que l'on répète l'antienne de *Benedictus*, le cérémoniaire tient le cierge du chandelier triangulaire, qui n'a pas été éteint, appuyé sur le coin de l'épître, et il le cache quand on commence *Christus factus est*, etc., 349. Tous s'agenouillent à *Christus factus est*, etc. Le *Pater* se dit en silence, et le *Miserere modulata voce*, 349. L'évêque, à genoux et incliné, dit l'oraison de mémoire ou dans un livre, 349. Il se fait un léger bruit par le cérémoniaire et les autres, lequel cesse quand le cierge allumé reparaît, 349. On s'en retourne comme on est venu, 349. Les jours suivants, tout au chœur est nu pour ténèbres, 349. Cet office se termine *sole occidente;* usage de la chapelle Sixtine, 350.

THURIFÉRAIRE. Voyez *Acolytes, Encensement. Décret* concernant l'encensement à la bénédiction du saint sacrement, 421.

TON DES ORAISONS, 164. Le ton solennel est usité aux fêtes doubles et semi-doubles, à matines, à la messe et aux vêpres, 164, ainsi qu'à laudes, aux saluts, processions et bénédictions du saint sacrement et à tierce, quand c'est l'évêque qui officie, 167. Le ton simple est usité aux fêtes simples, aux féries, aux offices *pro defunctis*, aux petites heures et à complies, 164, et aussi aux bénédictions des cierges, des rameaux, etc., 164. Exemples de ces deux tons, 164, 165, 166. Aux messes des simples et à celles des féries et pour les morts, le ton des oraisons est uniforme, 166. Aux offices fériaux ou *pro defunctis*, la finale se fait par la tierce *fa ré*, 166. Les oraisons doivent se chanter avec gravité et mesure, 166, 167.

Ton de l'évangile et des autres parties des offices. Il faut pour cela recourir *Pontificali romano, Sacerdotali romano, Directorio chori et aliis*. Usage de Rome pour le chant des oraisons, 167. Quand on chante plusieurs oraisons de suite sur le ton final, *extra missam*, chacune se conclut par *fa ré*, 167.

Tonsure. On la doit porter d'une grandeur qui convienne à l'ordre auquel on se trouve promu, 1.

Trait. Voyez *Mercredi des Cendres* et *Samedi saint*.

Triangulaire. Voyez *Ténèbres*.

Tribune. Voyez *Ornement des églises*.

Trône, 108. Le trône se place, à la volonté de l'évêque, ou au fond de la tribune ou au côté de l'évangile, 108, 109. Voir la planche, 106. Il a trois degrés et un marchepied, 108, 109. Le siége doit être élevé, fait de bois ou de marbre et orné de draperies de soie, 109. Les draperies d'or sont réservées aux cardinaux. Un dais orné de draperies de la couleur du jour est suspendu au-dessus du trône, 109, pourvu qu'il y en ait un plus somptueux au-dessus de l'autel, 109. L'évêque est au trône quand il célèbre la messe et les vêpres, 109. Quand il assiste aux offices, il prend un siége particulier si le chœur se trouve *ante altare*, et il est au trône si le chœur est *sub tribuna*, 109. Quand un cardinal assiste à un office, l'évêque, s'il célèbre, est *ad faldistorium*; et, s'il assiste, il prend la première place du chœur, *sub tribuna*, 109. Un évêque cardinal s'assied au trône avec un légat, 109. Tous les cardinaux, en assistant à l'office, s'asseyent au trône, pourvu que le cardinal-évêque soit le dernier, mais en célébrant il est au fauteuil, 109. Lorsque le chœur est sous la tribune, le légat, le cardinal-évêque et les autres cardinaux s'asseyent au trône, 109, 110. L'évêque non cardinal se place alors à l'opposite, *in humiliori loco*, ou à la première place au chœur, ou au fauteuil, 110. L'évêque cardinal et les autres cardinaux non légats s'asseyent au côté de l'évangile, au lieu où se place le trône ou dans le lieu le plus digne, quand le chœur est *sub tribuna*, 110, pourvu que le cardinal-évêque soit le dernier, 110. Le plus digne des cardinaux fait alors les honneurs, 110. S'il s'y refuse, le cardinal-évêque les fera ou les renverra au célébrant, 110. Il va donner la bénédiction à l'autel, 110. L'archevêque doit avoir un trône du côté de l'épître, 110. Les évêques étrangers sont placés avant tous les chanoines, 110. Les abbés bénis et faisant usage de la mitre et de la crosse sont placés au jugement de l'évêque, mais jamais *supra nec inter canonicos*, 110. On suit cet ordre à Rome, 110. Les nonces apostoliques ayant juridiction sur le lieu ont un trône, comme l'archevêque, et ils reçoivent l'encens et autres honneurs avant l'évêque, quand il ne célèbre pas, 110. Les nonces qui n'ont pas juridiction sur le lieu occupent la première place du chœur et reçoivent les honneurs après l'évêque, 110. Dans les processions, ils ont le pas au-dessus des protonotaires et des chanoines, 110, 111. Le visiteur apostolique, s'il est évêque, a la première place du chœur; et, si un nonce apostolique n'ayant pas de juridiction est présent, il se place après lui, 111. Le vicaire général occupe la place d'usage, 111. Viennent ensuite dans cet ordre les protonotaires apostoliques participants, les abbés, les protonotaires non participants, les simples protonotaires, les généraux d'ordres et les autres prélats apostoliques, 111. Des sièges plus ou moins ornés, *extra presbyterium*, sont réservés aux nobles, magistrats, 111.

TUNICELLES. Voyez *Messe solennelle*.

VENDREDI SAINT, *celebrante episcopo*. Tout est nu, 562. Les évêques ne portent pas l'anneau et mettent des bas noirs, 362. La crédence est couverte d'une simple nappe, 362. On n'y met qu'un seul bassin pour le lavement des mains, et un autre pour les offrandes à la croix, 362, 363. Tapis et coussin particuliers à préparer ce jour-là, 363. Ce que sont ceux de la chapelle Sixtine, 363. Le *faldistorium* est nu, 363. Les ornements du jour sont noirs, et l'évêque fait usage du grémial, 363. L'évêque, en cape, prie à l'autel du saint sacrement et à l'autel majeur, puis il va au *secretarium*, où il revêt les ornements pendant none, 363, 364. Les diacre et sous-diacre *in albis* habillent l'évêque, 364. Celui-ci est à genoux pendant le *Christus*, etc., et, après avoir chanté l'oraison, il va au trône revêtir les ornements, 364. Il ne fait pas usage des sandales et des gants, 364. Il ne dit pour préparation que les seules prières qui regardent les ornements, 364. A défaut d'ornements noirs, on en prend de violets, 364. Les chanoines sont *parés*, les diacre et sous-diacre sont en planète, et le second chanoine fait assistant au trône, 364. La croix archiépiscopale sert à pareil jour, 364. On se rend à l'autel comme à l'ordinaire, et l'évêque prie en arrivant, 364, 365. Les acolytes mettent une nappe sur l'autel, 365. L'évêque fait usage du *faldistorium*, placé sur le marchepied et tourné du côté de l'évangile, 365. Le prêtre assistant se place derrière l'évêque, et il a à ses côtés, mais en arrière, les diacre et sous-diacre, et près de ceux-ci sont les diacres assistants, 365. La première prophétie se chante par un bénéficier *in cotta*, au lieu où se chante l'épître, 366. L'évêque lit ensuite cette prophétie *sine candela*, 366. Il chante l'oraison après le trait, 366. Le sous-diacre *sine planeta* chante l'épître, 366. L'évêque dit l'épître et le reste pendant que l'on chante le trait, 366. Trois chapelains, en étoles noires, chantent la passion, 366. Ils ne vont pas baiser l'anneau de l'évêque, 366. L'évêque lit la passion à l'autel pendant qu'on la chante, et tous se tiennent debout, 366. A *inclinato capite*, tous s'agenouillent et se relèvent avec l'évangéliste, 366. Ils s'asseyent quand tout est fini, 366, 367. Le diacre *sine planeta* chante l'Évangile, et il n'y a ni cierges ni encens, 367. Le prédicateur demande, non la bénédiction, mais l'indulgence, 367. L'évêque, toujours assis au coin de l'épître, écoute le sermon, tourné vers le prédicateur, 567. Le sermon fini, celui-ci publie l'indulgence, car il n'y a ni absolution ni bénédiction, 367. L'évêque chante les oraisons, et le diacre chante, quand il le faut, *Flectamus genua*, et le sous-diacre répond *Levate*, 367. L'évêque dépose la planète et chante par trois fois, en élevant la voix, *Ecce lignum crucis*, 1° à l'angle postérieur de l'autel, 2° à l'angle antérieur; 3° au milieu de l'autel, 568. Les ministres étendent le tapis et placent le coussin *ante gradus Altaris, vel Presbyterii*, 367. C'est au sacristain à prendre la croix sur l'autel et à la mettre entre les mains du diacre, qui la donne à l'évêque, 368. C'est au prêtre assistant à tenir le livre, 368. Le cérémoniaire et autres ministres reprennent *In quo salus mundi pependit*, et le chœur chante *Venite, adoremus*. Comment il faut découvrir la croix, 568. L'évêque, assisté de son cérémoniaire, qui place à droite le bassin des offrandes, va déposer la croix sur son coussin et l'attache, 568, 369. L'évêque est déchaussé, au fauteuil, par ses familiers, et il va, au milieu de ses assistants, adorer la croix, 369. Il prie trois fois, sans s'incliner, et il fait son offrande, 369. Ayant repris ses souliers, il lit seul au fauteuil les *improperia*, 569. L'on va à l'adoration dans l'ordre suivant : les chanoines, bénéficiers et autres du chœur, puis les officiers et nobles laïques, 369, 370. En ce jour d'humiliation, un gouverneur ou prince passerait après les chanoines, 370. Le diacre et le sous-diacre étendent la nappe, qui doit être de toile, sur l'autel, 370. Le diacre porte à l'autel le corporal dans la bourse, 370. Le cérémoniaire porte le Missel, 370. On allume tous les cierges, 370. Le diacre reporte la croix à l'autel, et tous se mettent à genoux, 370. L'évêque se lave les mains et bénit l'encens, 370. L'on va deux à deux et en ordre de procession à la chapelle du reposoir, 370. C'est un sous-diacre *paré* exprès qui porte la croix, 370. Le prêtre assistant marche, entre le diacre et le sous-diacre, devant l'évêque, qui a à ses côtés les diacres assistants, 370. La croix archiépiscopale est portée devant les chanoines, 371. En partant, l'évêque ôte la mitre pour faire la génuflexion, 371. L'évêque quitte la mitre à l'entrée du reposoir, fait la génuflexion au pied de l'autel, se met à genou sur le dernier degré, se relève pour mettre de l'encens dans deux encensoirs, sans le bénir, encense le saint sacrement dans la custode, dont la porte a été ouverte par le sacristain, reçoit le grand voile sur ses épaules, reçoit ensuite du diacre assistant le saint sacrement, qu'il porte des deux mains couvertes du voile, 371. Des bénéficiers en chape portent le dais, 371. Deux acolytes encensent continuellement, 571. Les chantres chantent *Vexilla Regis*, etc. L'évêque le récite avec ses assistants, 371. Tous ceux de la procession le disent deux à deux, 371. Huit ou dix chapelains portent des torches de cire blanche allumées, 371. Ceux qui portent le dais s'arrêtent *ad cancellos*, etc., 371. L'évêque debout remet le saint sacrement au diacre à genoux, 372. Il se met à genoux et quitte le voile, il se relève, met de l'encens dans l'encensoir, sans prière, encense le saint sacrement, monte à l'autel, fait glisser l'hostie du calice dans la patène que tient le diacre, reçoit la patène et met l'hostie sur le corporal, reçoit ensuite le calice, dans lequel le diacre a mis du vin et le sous-diacre de l'eau, et le met, sans rien dire, sur le corporal, 372. Il y a prégustation du vin et de l'eau, 372. L'évêque met de l'encens dans l'encensoir sans le bénir, aidé du prêtre assistant, il encense les oblats, la croix et l'autel en disant les prières ordinaires et faisant la génuflexion au milieu, et il n'est pas encensé, 372. Il se lave les mains hors de l'autel, dit *In spiritu humilitatis, in medio Altaris*, à l'*Orate fratres*, etc., il ne fait pas le tour entier; il dit sur le même ton *Pater noster* et *Libera nos*; il élève la sainte hostie *sinistra super Altari retenta*; il la partage en trois; il ne dit ni *Pax Domini* ni *Agnus Dei*, etc., et il ne donne pas le baiser de paix, 373. Il ne dit que *Perceptio corporis tui*, etc., et il communie à l'ordinaire; il prend sans rien dire ce qu'il y a dans le calice, fait l'ablution de ses doigt, puis, étant incliné au milieu de l'autel, il dit *Quod ore, sumpsimus*, etc. Il se lave les mains au coin de l'épître; il va au trône, où il dépose les ornements, 373. Tous se déshabillent, et l'on chante vêpres avec les cérémonies usitées en ces jours, 373.

VENDREDI SAINT, *præsente episcopo*, 574. Tout se fait comme au chapitre précédent, 374. Le célébrant s'habille à la sacristie, et, s'il est prélat, il officie au fauteuil, et ce jour-là il ne tourne pas le dos à l'autel, 374. L'évêque, en arrivant, prie longtemps *ad faldistorium*, 374. Il a à sa gauche et un peu en arrière le célébrant et ses ministres, 374. Il va au trône avec ses deux assistants, et le célébrant, après avoir baisé l'autel, va *ad faldistorium vel ad scamnum*, 374. Deux clercs étendent la nappe sur l'autel, 374. L'évêque, en ce jour, ne bénit pas, ne fait pas baiser sa main, ne baise pas le livre et n'est pas encensé, 374, 375. Un bénéficier chante la première prophétie, en faisant, avant et après, la génuflexion à l'autel et à l'évêque, 375. Le chœur chante le trait *Domine audivi*, etc., 375. L'évêque et le célébrant lisent le trait et la seconde prophétie, 575. Le célébrant chante *Oremus*, le diacre, *Flectamus genua*, et le sous-diacre, *Levate*, 375. Tous s'agenouillent, excepté le célébrant, 575. Le sous-diacre dépose la planète et chante la seconde prophétie, 575. L'évêque et le célébrant lisent la prophétie et le trait, 575. La passion se chante par les chapelains et se dit par le célébrant comme au chapitre précédent, 375. Le reste de la passion se chante de même par le diacre, 375. Le sermon se prêche et l'indulgence se publie, mais le *Confiteor* ne se chante pas, etc., 575. C'est à l'autel que se chantent les oraisons qui suivent la Passion, avec le *Flectamus genua*, etc., comme au Missel, 376. Le tapis et le coussin s'arrangent comme au chapitre précédent, 376. La croix se découvre et l'*Ecce lignum crucis* se chante comme il est dit plus haut, 376. Elle se porte de même et s'attache sur le coussin, 376. Le célébrant, ayant salué l'évêque, va à sa place, y ôte ses souliers et la chasuble, 376. L'évêque, ayant été déchaussé par ses *scutiferi*, va, entre ses deux assistants, à l'adoration de la croix, comme il est dit plus haut, 376. Le célébrant y va entre les deux plus dignes chanoines, s'il est prélat, et à la droite du plus digne, s'il ne l'est pas, 577. Les chanoines et autres du chœur, comme il est dit plus haut, vont deux à deux à l'adoration, 377. L'évêque, ayant repris ses souliers, lit, assis et couvert, les *Impropria*, qui sont chantés par le chœur, 377. Tout est ensuite ordonné comme il est dit plus haut, pour la procession et la messe des *Présanctifiés*, 377 et suiv. Ce qu'il y a de particulier, c'est que l'évêque, prenant l'amict, l'étole et la chape noires, avec la mitre simple, va au reposoir pour transporter le saint sacrement, 377. En allant et revenant, le célébrant marche devant l'évêque, 377, 378. C'est à lui à prendre le saint sacrement dans la *capsula* et à le mettre entre les mains de l'évêque, 378. Il devra de même, rendu à l'autel, le recevoir de l'évêque et le placer sur l'autel, 378. L'évêque après avoir encensé le saint sacrement, va, couvert de la mitre, au trône; là, demeurant debout, il met de nouveau de l'encens dans l'encensoir, puis il descend au fauteuil, où il demeure à genoux jusqu'après la communion, 379. Le diacre, en allant au reposoir et en revenant, marche à la gauche du célébrant; il est encore à sa gauche pendant que l'évêque encense le saint sacrement, puis il se comporte le reste de cet office comme il est dit plus haut, 379. A la procession, le sous-diacre porte la croix; au retour, il se place à la gauche du diacre; puis il se comporte comme il est dit plus haut, 379. S'il n'y a pas eu sermon, l'indulgence ne se publie qu'après vêpres, 381. Dans les cathédrales, *absente episcopo*, ou dans les collégiales, on se conforme au Missel, 381.

VÊPRES célébrées par l'évêque, 189. Les fêtes commencent aux premières vêpres, 189. Elles sont plus solennelles quand l'évêque doit chanter la messe le lendemain, 189. Fêtes où il doit ainsi célébrer pontificalement, 189. Il pourra aussi chanter les secondes vêpres, au moins à Pâques, à Noël, à la fête des titulaires de la cathédrale et à celle du patron de la ville, 189. En arrivant à l'église, l'évêque prie à l'autel du saint sacrement, puis au grand autel, 189, 190. Pendant ce temps-là les chanoines revêtent par-dessus le rochet ou le surplis, l'amict et les autres ornements qui leur sont propres, 190. Cela fait, l'évêque s'assied un instant au trône, 190. Les diacres assistants le revêtent ensuite des ornements de vêpres, 190. Le prêtre assistant lui met l'anneau, 190. L'évêque, après s'être assis, se relève, et, ayant dit *Pater* et *Ave*, il chante le *Deus in adjutorium*, etc., observant de se signer en disant : *Deus*, au front; *in*, à la poitrine; *adjutorium*, à l'épaule gauche; *meum*, à l'épaule droite; et de rejoindre les mains à *intende*, 190. Pourquoi l'on s'assied au commencement de l'office; usage de Rome là-dessus, 190. A Rome, l'évêque prend la crosse avant de commencer vêpres, 190. Au *Gloria Patri*, etc., tous s'inclinent vers la croix de l'autel, 190, 191. Usage de Rome là-dessus, 190, 191. Un sous-diacre ou autre, conduit par un cérémoniaire, va intimer la première antienne à l'évêque, 191. Ils ne saluent que l'autel et l'évêque, 191. Ils demeurent tournés en face de l'évêque, 191. Ils retournent à leur place quand l'évêque a entonné l'antienne, 191. Tous s'asseyent quand le premier psaume est entonné, 191. Les psaumes se chantent en chant grégorien par les chanoines et autres du chœur, 191. Usage de Rome là-dessus, 192. Le *Gloria Patri*, etc., se chante *solemniori vocis modulatione*, 191, 192. L'orgue joue pour remplacer la répétition de l'antienne, que quelques-uns du chœur répètent tout haut, 191. Une voix pourrait accompagner l'orgue en répétant l'antienne, 191. On ne doit alors chanter rien autre chose, 191. Le premier diacre assistant entonne la seconde antienne, le prêtre assistant la troisième, le premier chanoine du chœur la quatrième, et le second diacre assistant la cinquième, 192. Coutume de Rome à ce sujet, 192. Les mêmes cérémonies s'observent aux intonations de toutes les antiennes; seulement, le salut qui se fait à un chanoine est une simple inclination de tête, 192. Si c'est un chanoine, au chœur, qui entonne l'antienne, tous les autres chanoines et autres du chœur se lèvent, 192. Si c'est un des assistants du trône, ceux-là seuls se lèvent qui sont au trône, 192. Un sous-diacre ou autre chante le capitule, au lieu où se chante l'épître, 192. Tous sont debout et découverts, excepté l'évêque qui garde la mitre, 192. Il garde la mitre pour recevoir l'intonation de l'antienne de *Magnificat*, qui lui est donnée par celui qui a coutume de le faire, 192, 193. A Rome, c'est au sous-diacre à le faire, 193. Il entonne l'hymne debout et découvert, 193. Elle se chante en musique ou en plain-chant, et l'orgue entre-mêle ses sons, 193. Alors une voix accompagne l'orgue, ou quelques-uns du chœur répètent tout haut les paroles de l'hymne qui correspondent, 193. A l'intonation du *Veni creator*, etc., et de l'*Ave maris stella*, etc., tous se mettent à genoux, 193. L'hymne entonnée, l'évêque se tient à genoux pendant la première strophe, *ante altare, vel in sua ipsa sede*, 193. A Rome, l'usage est qu'il demeure au trône, 193. L'évêque entonne l'antienne de *Magnificat*, qui lui est intimée par le sous-diacre ou un autre, 193. Il s'assied, reçoit la mitre et bénit l'encens, 193. Pendant ce temps-là, les acolytes, conduits par un cérémoniaire, vont plier le tapis de l'autel, *usque ad medium*, 193, 194. A l'intonation de *Magnificat*, tous se lèvent et font le signe de la croix, 194. L'évêque, entre les diacres assistants, va encenser l'autel, 194. Après qu'il l'a baisé, il reçoit l'encensoir du prêtre assistant, 194. Lorsqu'il l'a encensé, il retourne au trône, où il est encensé par le prêtre assistant, 194. Les acolytes vont étendre le tapis de l'autel, 194. L'évêque est découvert et tient la crosse tout le reste du cantique, 194. Le prêtre assistant, les diacres, les chanoines et autres sont encensés par le sous-diacre ou par un autre, 194. L'encensement cesse à *Dominus vobiscum*; mais le chant du cantique doit se prolonger assez pour que tout le chœur soit encensé, 194, 195. C'est ce qui se pratique à Rome, 195. L'on ne s'assied que lorsque l'on a répété l'intonation de l'antienne de *Magnificat*, 195. Les acolytes, conduits par un cérémoniaire, viennent au trône avec leurs cierges allumés, et s'y tiennent jusqu'au *Dominus vobiscum*, après l'oraison. Ils vont alors à leur place, à moins qu'il ne faille quitter le chœur aussitôt après vêpres, 195. L'évêque chante l'oraison et dit ensuite *Dominus vobiscum*, 195. Les chantres chantent *Benedicamus Domino*. Divers usages de Rome quant au lieu où ils doivent le chanter, etc., 195, 196. L'évêque donne la bénédiction solennelle au trône ou à l'autel, 195. L'archevêque donne la bénédiction sans mitre, après avoir salué sa croix, 196. A vêpres, l'on ne publie pas d'indulgence, 196. Si un cardinal non légat ou l'archevêque est présent, l'évêque le fait prier de bénir, 196. Celui-ci *remittit ex urbanitate benedictionem ab episcopo dandam*, 196. L'évêque quitte les ornements au trône ou au fauteuil, 196. Les chanoines se déshabillent au chœur, et conduisent l'évêque *extra portam ecclesiæ*. Usage de Rome là-dessus, 196. L'orgue joue, 196.

VÊPRES célébrées par l'évêque, quand il ne doit pas chanter la messe le lendemain, 196. Il est revêtu des mêmes ornements, 197. Il commence et termine les vêpres, comme on a dit plus haut, 197. Il n'y a alors que quatre ou six chanoines en chape pour faire chantres, 197. Le prêtre et les diacres assistants sont en habit canonial, 197. Les antiennes sont intimées par un des chantres, non aux assistants de l'évêque, mais aux chanoines, 197, 198. Le capitule se chante par un des chantres, à sa place, ou plutôt *in medio chori*, 197, 198.

VÊPRES célébrées par un chanoine ou autre, *præsente episcopo*, 198. L'évêque ne doit pas chanter vêpres *cum cappa*, 198. Lorsqu'il y assiste ainsi vêtu, il bénit l'encens et donne la bénédiction solennelle, 198. Usage de Rome là-dessus, 199. Les évêques doivent eux-mêmes mettre et ôter leur barrette, 198, 199. L'hebdomadier, s'il est chanoine, prend l'amict par-dessus le rochet ou le surplis, avec la chape, 198. Il salue l'évêque avant d'entonner le *Deus in adjutorium*, etc., 198, 199. Il se tient du côté de l'épître, 198. Usage de Rome à ce sujet, 199. Il a pour assistants quatre ou six bénéficiers, 198, 199. Les antiennes sont intimées par un des chantres aux plus dignes du chœur, 199. L'orgue joue à l'ordinaire, 199. Pendant le chant des psaumes, le célébrant est à sa banquette, entre deux assistants *parés* de chapes, 199, 200. Les autres chapiers sont à leurs sièges, au-dessous du célébrant, 199, 200. Le premier chantre chante le capitule et intime au célébrant l'hymne et l'antienne de *Magnificat*, 200. Le prêtre assistant va au trône pour faire bénir l'encens, et il va reprendre sa place au chœur à la répétition de l'antienne de *Magnificat*, 199, 200. Le célébrant salue l'évêque et va, entre ses deux assistants, encenser l'autel, où il est encensé de deux coups par le premier chantre, 201. L'évêque est encensé au trône de trois coups par le prêtre assistant, 201, 202. Les chanoines sont ensuite encensés *ordine suo*. C'est au dernier chapier à encenser le chœur, 202. Le célébrant chante l'oraison tourné vers l'autel, ayant de chaque côté les acolytes, et, au milieu d'eux, un clerc tenant le livre, 202. Après le *Benedicamus Domino*, etc., l'évêque, couvert de la barrette, donne la bénédiction, 202. L'archevêque est découvert, pour bénir, en présence de la croix archiépiscopale, 202.

VÊPRES *absente episcopo*, 202. Le célébrant et les chantres sont en chape, 202, 203. Les chanoines et autres se rendent au chœur d'avance, 203. On sort de la sacristie dans cet ordre : les acolytes, les cérémoniaires, quelques ministres, les chapiers, et le célébrant entre deux assistants, 203. Usage de Rome, 203. Rendus à l'autel, ils se mettent à genoux sur une même ligne, excepté les acolytes et autres clercs, qui vont aux côtés de l'autel, 203. Les chandeliers des acolytes se déposent, éteints, *in plano vel in inferiori gradu*, 203. Usage de Rome, 203, 204. Le célébrant et les chapiers disent l'*Aperi, tacita voce*, 203. Ils se lèvent, saluent l'autel et le chœur, et vont à leur place, 204. Le célébrant est à la stalle ou à la banquette pour vêpres, 204. Il ne doit pas faire usage du fauteuil, 204. A la stalle, il a sur son siége un coussin, et un autre sur le prie-dieu sur lequel se place son livre couvert de soie de la couleur du jour, 204. A la banquette, qui est garnie comme à la messe, il a devant lui un pupitre pour recevoir son livre, et alors un tapis est étendu sous ses pieds, 204, 205. Il s'assied en arrivant à sa place, et les chapiers et autres du chœur s'asseyent de même, 205. Usage de Saint-Pierre, 205. Tous se lèvent au signal du cérémoniaire, et, après le *Pater* et l'*Ave*, le célébrant chante le *Deus in adjutorium*, etc., 205. C'est au premier assistant, et, à son défaut, au cérémoniaire à soulever les bords de la chape quand le célébrant se signe, etc., 205, 206. Le premier chapier intime la première antienne au célébrant, 206. Les deux assistants sont à la banquette avec le célébrant, 206. Les chantres sont *in plano* au chœur, 206. C'est aux chapiers à entonner les psaumes au milieu du chœur, 206, 207. S'il n'y a pas de chapiers, deux chantres en surplis vont intimer les antiennes et entonner les psaumes au milieu du chœur, 206, 207. Un seul des chantres intime les antiennes, 207. Tous se découvrent et s'inclinent au *Gloria Patri*, etc. Tous ceux du chœur se lèvent quand un chanoine entonne une antienne, 207. Il ne se lève, et le chœur avec lui, que lorsque l'antienne lui a été intimée, 207. Quand il n'y a que deux chapiers, ils se tiennent à la banquette du célébrant, comme ses assistants, 207. Les acolytes vont auprès du célébrant pour le capitule et l'intonation de l'hymne, et ils retournent à leur place, 207, 208. Le célébrant chante à sa place et les mains jointes le capitule, 207. Les chapiers vont auprès du célébrant pour le capitule, et le premier lui intime l'intonation de l'hymne, 207, 208. Ils vont à leur place et s'y tiennent les mains jointes pendant l'hymne, 208. Les deux derniers chapiers vont chanter le verset au milieu du chœur, 208, 209. Le premier intime au célébrant l'antienne de *Magnificat*, 209. Tous sont assis pendant que l'on chante cette antienne, 209. Le *Magnificat* est entonné au milieu du chœur par les chapiers ou par deux chantres en surplis, 209. Le célébrant salue, de sa place, les chanoines et autres avant d'aller encenser l'autel, s'il y est en vue du chœur, 209, 210. Les chapiers l'accompagnent à l'autel, 209, 210. Les deux assistants montent seuls à l'autel pour l'encensement, et les chapiers chantres demeurent au bas des degrés, 209, 210. Le célébrant, assisté d'un prêtre *paré*, bénit l'encens et encense l'autel en la manière accoutumée, 209, 210. Après l'encensement de l'autel, il salue la croix et le chœur, et, accompagné des chapiers et autres ministres, il retourne à sa place, 209, 210. Avant d'être encensé, il salue le plus digne du chœur, 210. C'est au dernier des chapiers, s'il y en a au moins quatre, sinon, c'est au thuriféraire à encenser le chœur, 210, 211. Usage de Saint-Pierre concernant l'encensement du chœur, 211. Le *Magnificat* se prolonge jusqu'à ce que l'encensement soit fini, 211. Le chœur ne doit s'asseoir que lorsque l'on commence à répéter l'antienne de *Magnificat*, 211. Tous les chapiers et les acolytes viennent auprès du célébrant pour l'oraison, 211. Le célébrant chante les oraisons les mains jointes, 211. Les suffrages se chantent au milieu du chœur par les chantres, 211. Le *Benedicamus Domino* se chante par deux chapiers au milieu du chœur, 211, 212. Après le *Fidelium animæ*, etc., le célébrant, s'il doit y avoir complies, se retire comme il est venu à la sacristie, 211, 212. Sinon, l'on dit *Pater* secrètement, et le célébrant, ayant dit *mediocri voce Dominus det*, etc., commence à sa place l'antienne de la sainte Vierge qui se dit *submissa voce* par le chœur, puis il dit le verset et l'oraison, 211, 212. Que si on doit la chanter, il va au pied de l'autel, et, lorsque les chantres ont dit le verset, le célébrant chante l'oraison, 212. Au *Dominus vobiscum*, après les oraisons de vêpres, les acolytes vont à leur place à l'autel, si l'on doit chanter l'antienne de la sainte Vierge, 212. C'est ainsi que se chantent les vêpres, les dimanches et fêtes, *absente episcopo*, 212. 213. Le célébrant, ces jours-là, est toujours en chape, mais non les chantres qui pourraient, au besoin, être en surplis, 213. Fêtes où il faut six chapes, 213. Fêtes où l'on en fait servir quatre, 213. Dimanches et fêtes où il en faut mettre deux, 213. Jours de fêtes et de féries où le célébrant ne revêt pas la chape, 213. Il devrait y avoir des chapiers tous les dimanches, 213. L'on ne doit encenser l'autel que lorsque le célébrant est en chape, 213, 214.

Vêpres chantées à Saint-Pierre par un chanoine, 233, 234.

Vêpres chantées à Saint-Pierre par un évêque officiant *ad faldistorium*, 235, 236, 237.

Vêpres chantées à Sainte-Marie-Majeure par un cardinal officiant *ad faldistorium*, 237, 238.

Vêpres *pro defunctis*, 283. Le jour de la Toussaint on a coutume de joindre aux vêpres de la fête les vêpres et les matines *pro defunctis*, 283, 284. L'évêque doit y officier, s'il doit chanter le lendemain la messe solennelle, 283. Les chapitres disent les vêpres des morts le premier jour libre de chaque mois, excepté dans le temps pascal, 283. En Avent et pendant le Carême, excepté la semaine sainte, ils les disent tous les lundis non empêchés par un office à neuf leçons, 283. On y suit les règles du chœur, 283. Les oraisons propres sont préférées aux communes, 283, 284. On en dit trois le premier jour libre du mois et le lundi où il faut dire l'office des morts, 284.

Vêpres *pro defunctis*. Les vêpres de la Toussaint étant finies, l'évêque prend la cape de laine et descend à sa place du chœur, 284. On change les parements d'autel, et des chapelains ou autres disent complies dans le *secretarium*, 284. L'évêque n'a pas d'assistants, mais il est servi par ses chapelains, 284. L'évêque se lève quand le chœur chante l'antienne *Placebo*, etc., et il s'assied quand le premier psaume est entonné, 284. 285. Il se relève à l'intonation du *Magnificat* et se rassied à la répétition de l'antienne, 285. Il dit debout *Pater noster* et se met à genoux pour dire le reste secrètement, 285. Un chapelain entre les deux acolytes tient le livre, 285. L'évêque dit les versets à genoux, et, se levant à *Dominus vobiscum*, il chante l'oraison, 285, puis *Requiem æternam*, etc.; le chœur répond *Et lux perpetua*, etc., 285. Les chantres chantent *Requiescant in pace*, etc. L'évêque s'assied et se couvre, puis se lève, et l'on chante l'*Invitatoire* et le *Venite exultemus*, etc., 285. Tous s'asseyent quand le premier psaume de chaque nocturne est entonné et ne se lèvent que lorsque le répons a été dit, 285. L'évêque récite secrètement le *Pater*, qui se dit avant les leçons, 285. Les leçons se chantent par les lecteurs ou les chanoines, 285. Le chœur chante les répons, 285. On chante laudes, et on se signe en se levant à *Benedictus*, etc., 285. On s'assied et l'on se couvre à la répétition de l'antienne, 285. Pour l'oraison, on se comporte comme à vêpres, 286. On ne publie pas l'indulgence, et il n'y a pas de bénédiction, 286. Si l'évêque officie *ad solium*, il descend pour les prières, *ad faldistorium*, et à l'oraison, il n'y a pas d'acolytes, 286. Le pape assiste aux offices de morts *ad solium* ou *ad stallum*, 286. Les offices *pro defunctis* se célèbrent de même dans d'autres temps, 286. On observe ce qu'il y a de particulier à l'anniversaire du défunt évêque, etc., 286. L'évêque se place *ad stallum* quand il ne veut pas officier, 286. Le semainier prend la chape ou du moins l'étole pour faire tout ce qui est marqué, 286, 287. Quand il faut chanter au chœur deux messes, 287; quand on doit en chanter trois, 386.

VEXILLA REGIS, etc. Voyez *Vendredi saint*.

VICAIRE GÉNÉRAL. S'il est en habit canonial, il est encensé en son rang; mais, s'il est revêtu de l'habit de sa dignité, il l'est avant les chanoines *non parés*, 153, 154. Il occupe la place d'usage, conformément au décret de la sacrée Congrégation des rites, 111, 154.

VICE-ROIS. Ils sont encensés après l'évêque, 154.

VISITE PASTORALE. Voyez *Évêque*.

VISITEUR APOSTOLIQUE. Dans le lieu de sa juridiction, il est encensé avant l'archevêque, et de trois coups s'il est évêque; sinon, il l'est après l'évêque, 153, 154. Il occupe la première place du chœur s'il est évêque; mais il se place après un nonce apostolique, n'ayant pas juridiction, 111.

VOILE. Voyez *Procession* et *Bénédiction du saint sacrement*.

ZIMARRA. Elle remplace la soutane, 13 et 14.

FIN DE LA TABLE ANALYTIQUE.

ERRATA

Indulgent lecteur, soyez assez bon pour faire attention aux fautes suivantes :

Pages 19, lignes 15, au lieu de : *virid*, lisez : *viridi*.
— 21, — 1,2, — *les évêques qui officient... ne bénissent*, lisez : *l'évêque qui officie... ne bénit.*
— 50, — 31, — *summo*, lisez : *scamno*.
— 63, — 6, — *catique*, lisez : *cantique*.
— 82, — 5, — *se tourne*, lisez : *retourne*.
— 97, — 10, — *sed*, lisez : *sed si*.
— 194, — 17, — *dicendum*, lisez : *ducendum*.
— 196, — 5, — *illæ*, lisez : *illa*.
— 203, — 27, — *submissa*, lisez : *tacita*.
— 209, — 31, — *Magnificat*, lisez : *de l'antienne de Magnificat*.
— 240, — 18, — *paralis*, lisez : *paratis*.
— 246, — 19,20, — *il, il*, lisez : *elle, elle*.
— 273, — 19, — *pour*, lisez : *par*.
— 316, — 2, — *ad*, lisez : *et*.
— 411, — 25, — *devant*, lisez : *derrière*.
— 468, — 26, — *sacré*, lisez : *sacré*.

Puis pardonnez toutes les autres qui n'ont pas encore été aperçues.

MÊME LIBRAIRIE

CÉRÉMONIAL SELON LE RIT ROMAIN; par Joseph Baldeschi, ma[ître des]
cérémonies de la Basilique de Saint-Pierre de Rome, traduit de l'italien et c[ommenté]
par M. l'abbé P. Favrel, vicaire général d'Arras; dédié à Mgr l'évêque d'A[rras,]
approuvé par un grand nombre d'évêques pour l'usage de leurs diocèses. [Nouvelle]
*édition, augmentée et mise sur tous les points en harmonie avec les décisio[ns de la]
Sacrée Congrégation des rites qui ont paru jusqu'à ce jour.* 1 vol. in-12, a[vec une]
planche gravée et un tableau.

Le titre de ce livre semblerait le restreindre aux églises qui ont la sainte liturgie r[omaine,]
mais l'ouvrage a une portée plus étendue. On y trouve des principes qui sont la [base de]
toute liturgie catholique, des instructions qui conviennent à tous les membres du [clergé,]
quel que soit le rit auquel ils appartiennent. C'est un livre de science pratique à l'u[sage de]
tous les ecclésiastiques qui veulent acquérir la connaissance des rites sacrés, et les p[ratiquer]
avec régularité.

M. Favrel démontre d'abord, comme l'ont fait avant lui tous les théologiens, que [la matière]
dont il s'occupe, les *Rubriques*, méritent une étude sérieuse et un inviolable respect. [Il faut]
donc de côté les innovations malheureuses qui s'écartent de ces lois, il va aux source[s pures]
et autorisées. Il donne d'abord le cérémonial de Baldeschi, maître des cérémonies de [Saint-]
Pierre au Vatican, qui lui-même n'avait fait que reproduire des cérémoniaux an[ciens et]
accrédités, et qui, à l'égard de certains points douteux, transmet la pratique des égl[ises de]
Rome. Il le développe, il le commente, il le complète. On trouve dans les notes du trad[ucteur]
et dans les nombreux chapitres ajoutés par lui à l'œuvre primitive, une foule de [points]
très-importants qui n'avaient pas même été touchés par l'auteur. Tous ces points so[nt con-]
sciencieusement étudiés, et les solutions appuyées sur les autorités les plus graves. C[e livre]
n'est pas de ceux où les cérémonies commandées par la sainte Église sont confondu[es et]
mêlé avec d'autres, sans que rien mette le lecteur à même de les discerner. M. Favr[el a]
soin d'appuyer toutes les dispositions qu'il établit sur l'autorité qui en est la source [et le]
fondement.

Malgré l'ordre parfait qu'il a mis dans la distribution des matières, il ne s'est pas [dis-]
pensé d'en donner une table analytique, au moyen de laquelle les recherches pourro[nt être]
faites avec une grande facilité.

PETIT CÉRÉMONIAL ROMAIN, rédigé d'après les sources authentiques [par]
un chanoine de l'église de Moulins 1 vol. in-12.

DES USAGES ET DES ABUS en matière de cérémonies; par M. de Conny,
tonotaire apostolique (ad instar participantium), doyen de la cathédrale et v[icaire]
général honoraire de Mgr l'évêque de Moulins, chanoine honoraire de Paris. [1 vol.]
in-8.

Cet ouvrage est un des plus intéressants qui aient paru depuis longtemps sur les ma[tières]
liturgiques et canoniques. L'auteur y touche à une foule de questions, qu'il résout p[ar des]
exposés de principes les plus clairs et les plus solides. Les fondements mêmes du gallica[nisme]
pratique, le droit coutumier, les rapports des grands vicaires et des chapitres, tout c[e qui]
tient à l'organisation capitulaire y est discuté et éclairé à l'aide de documents précieu[x. On]
y trouve en outre des notions curieuses sur les insignes et ornements et sur les prése[ances]
ecclésiastiques.

L'auteur s'est attaché constamment à montrer l'accord qui existe entre les traditions [respec-]
tables de l'Église de France et les doctrines romaines. C'est de cette sorte qu'il résout n[otam-]
ment, à l'aide d'autorités irréfragables, cette question du chant à la bénédiction du [Saint-]
Sacrement, qui fut, il y a quelque temps, un objet de discussion.

NOUVEAU TRAITÉ DES SAINTS MYSTÈRES, conforme aux règles d[e la]
liturgie romaine; par l'abbé Richaudeau, ancien professeur de théologie, chan[oine]
honoraire, aumônier du couvent des Ursulines de Blois, *ouvrage approuvé* [par]
Mgr de Blois. 1 vol. grand in-18 jésus.

Au moment où le retour à la liturgie romaine s'opère dans un grand nombre de dio[cèses]
de France, beaucoup de prêtres doivent se trouver dans la nécessité de refaire leur s[cience]
des rites sacrés et d'étudier à fond, touchant l'oblation du saint sacrifice, bien des ch[oses]
qu'ils ne savaient qu'imparfaitement.

Il était donc devenu nécessaire de donner un *Nouveau Traité des Saints Mystères*, ac[com-]
modé aux règles de la liturgie romaine, et rendu plus complet au moyen, soit des décisio[ns et]
des décrets émanés du Saint-Siège depuis la mort de Collet, soit de la théologie de [saint]
Liguori et des autres ouvrages de ce genre qui ont paru depuis cinquante ans.

M. l'abbé Richaudeau, en accomplissant ce travail avec un succès remarquable, n'a [pas]
négligé de se servir de Collet toutes les fois qu'il l'a pu. Il a indiqué en outre soigneuse[ment]
les sources où il a puisé, et cité les textes lorsque la matière paraissait plus importante [ou la]
difficulté plus sérieuse.

www.ingramcontent.com/pod-product-compliance
Lightning Source LLC
Chambersburg PA
CBHW051321230426
43668CB00010B/1105